Gunda Scholdt

Praxisbuch der
Esoterischen Astrologie

Gunda Scholdt

Praxisbuch
der
Esoterischen Astrologie

Ebertin
Freiburg im Breisgau

Die Deutsche Bibliothek – CIP-Einheitsaufnahme

Scholdt, Gunda:
Praxisbuch der esoterischen Astrologie / Gunda Scholdt –
1. Aufl. – Freiburg im Breisgau : Ebertin, 1996
ISBN 3-87186-085-9

Mit 100 Zeichnungen von Martin Garms

1. Auflage 1996
ISBN 3-87186-085-9

© 1996 by Ebertin Verlag, Freiburg im Breisgau

Einband: Ulrike Bürger, München; Mandala: Johannes Frischknecht
Satz: Typomedia GmbH, Scharnhausen
Druck und Bindung: Wiener Verlag GmbH, Himberg
Printed in Austria

Gedruckt auf chlorfrei gebleichtem Papier

Inhalt

Inhalt

Mein Dank gilt allen, die mir im Rahmen des Geistigen Schulungszentrums auf einer tieferen menschlichen Ebene begegnet sind und die mir dadurch geholfen haben, die seelische Entwicklung des Menschen besser zu verstehen.

Ich danke Horst Neumohr, der mir zu Beginn meines Einstiegs in die Esoterische Astrologie durch seine Hellsichtigkeit ermöglicht hat, meine intuitiven Wahrnehmungen zu überprüfen, Carmen S. Schafft und Elfriede Tilp, die meine Arbeit in einer schwierigen Zeit aktiv unterstützt und gefördert haben, sowie Michaela Perkounigg, die mir bei der Korrektur des Buches geholfen und mich durch ihre kritischen Fragen veranlaßt hat, tiefer nachzudenken und schwierige Sachverhalte noch klarer und verständlicher zu formulieren. Ganz besonders aber gilt mein Dank Christina Gruber, ohne deren hingebungsvolle, aufopfernde, langjährige Hilfe und Mitarbeit dieses Buch niemals entstanden wäre.

Alles, was existiert, ist der Ausdruck eines geistigen Bewußtseins, das durch innewohnende Lebenskräfte alle materiellen Formen vergeistigt. Alles ist Gottheit in Manifestation. Alles ist eine Ausdrucksform von Bewußtsein.

Die Geschichte der Evolution der Menschheit ist die Geschichte der Evolution des Bewußtseins mit seinem Prinzip des zunehmenden Bewußtwerdens.

Das Ziel des Menschen ist Selbst-Bewußtsein.

Alle astrologischen Einflüsse dienen der Stimulierung dieses Bewußtseins.

Der Tibeter

Der Sinn dieses Buches

Was mich zu diesem Buch veranlaßt hat, ist der Wunsch, die Astrologie als Teil einer Geistigen Psychologie verständlich zu machen und das esoterische Fundament zu erklären, auf dem sie ruht, denn im System der Astrologie sind die Entwicklungsgesetze enthalten, denen das menschliche Bewußtsein unterliegt. Dieses Buch richtet sich deshalb auch nicht an Anfänger der Astrologie, die sich nur mal informieren wollen, und auch nicht an die, die in der Astrologie einen Unterhaltungswert suchen. Ich wende mich vielmehr an jene, die tiefer in die Esoterik einsteigen wollen, und die die Astrologie als einen ernsthaften Forschungsbereich begreifen, in dem es noch vieles zu überprüfen und vieles zu entdecken gilt, um diese größte und älteste aller Wissenschaften zu einer »Psychologie der Seele« zu machen, in der das Wesen des Menschseins und die Entwicklung des menschlichen Bewußtseins erkennbar wird.

Das in diesem Buch vorgestellte System ist das Ergebnis jahrzehntelanger Meditation, die eine intuitive Wahrnehmung entstehen ließ, sowie einer langjährigen praktischen Erfahrung in Gruppenarbeit und Einzelberatungen, durch die mir ein tiefer Einblick in die menschliche Psyche und die Bewußtseinsentwicklung des Menschen ermöglicht wurde. Es ist entstanden im Gruppenprozeß des Geistigen Schulungszentrums in Wörthsee, das sich als Teil einer weltweiten Gruppe von Menschen versteht, die es sich zur Aufgabe gemacht haben, eine Brücke zu schlagen zwischen dem geistigen Urwissen der Menschheit, das in den zeitlosen universellen Weisheitslehren zum Ausdruck kommt, und dem wissenschaftlich-rationalen Denken unserer Zeit, in dem das Wissen um die Bestimmung des Menschen und das Ziel menschlichen Lebens weitgehend verlorenging.

Die Grundlage für die esoterische Betrachtung des Menschen bildet das Gesamtwerk von Alice Bailey, das neben der Geheimlehre von H.P. Blavatsky wohl das umfassendste und tiefste esoterische Wissen enthält, das bis heute in schriftlicher Form vorliegt, und das die Autorin auf telepathischem Weg von dem tibetischen Meister Djwhal Khul empfangen hat. Es enthält im Rahmen einer *Abhandlung über die Sieben Strahlen* auch einen Band über *Esoterische Astrologie*, worin aber keine Hinweise auf eine im Praktischen anwendbare Astrologie gegeben werden, denn es ist eine Abhandlung über die Bewußtseinsentwicklung des Menschen, nicht aber über astrologische Deutung, wie wir sie im allgemeinen verstehen. Das Werk von Alice Bailey, das größtenteils schwer verständlich ist, da es einen Bewußtseinsbereich umfaßt, der unsere Wahrnehmung bei weitem übersteigt, kann daher nur den geistigen Rahmen für eine Astrologie bilden, die sich langsam wieder der Ursprünge dieser ältesten aller Wissenschaften bewußt wird und bereit ist, liebgewordene, weit verbreitete Pauschalaussagen auf ihre Zuverlässigkeit und ihren Wahrheitsgehalt zu überprüfen. Wie der »Tibeter« uns durch Alice Bailey wissen läßt, steckt unser Verständnis der Astrologie ja erst in den Kinderschuhen, und unser Wissen umfaßt erst den »äußeren Saum« dessen, was einmal erkannt werden wird. Und so kann sich die moderne Astrologie auch erst dann zu einem für die Welt wirklich bedeutsamen Faktor umwandeln, wenn die Intuition des Menschen erwacht ist.

»Es ist die intuitive Astrologie, welche schließlich die heutige sogenannte Astrologie verdrängen muß und so eine Kenntnis von jener uralten Wissenschaft wiederbringt, die die Sternbilder und unser Sonnensystem zueinander in Beziehung gebracht, die Aufmerksamkeit auf das Wesen des Tierkreises gelenkt und die Menschheit über die grundlegenden Beziehungen unterrichtet hat, welche die Welt der Erscheinungen und die subjektive Welt beherrschen und bestimmen.«

Alice Bailey: Esoterische Astrologie

Über viele Jahre war es mein Bemühen, den Weg zum Ursprung astrologischen Wissens zurückzuverfolgen, um zum Kern der Astrologie vorzudringen, zumal ich schon lange mit einem gewissen Unbehagen die vielen unterschiedlichen Häuser- und Deutungssysteme miteinander verglichen hatte und viele Widersprüche und Ungereimtheiten feststellen mußte. Ich wollte ein praktisch anwendbares astrologisches Deutungssystem finden, das mit der zeitlosen Weisheit vereinbar ist und der esoterischen Sicht astrologischer Zusammenhänge Rechnung trägt. Das war nicht leicht, und zunächst erschien es mir geradezu unmöglich, die herkömmlichen astrologischen Systeme mit den esoterischen Betrachtungen des »Tibeters« in Einklang zu bringen. Es gibt schon zu viele etablierte astrologische Systeme, die empirisch entwickelt wurden und inzwischen so weit verbreitet sind, daß sie einen allgemeinen Konsens in astrologischen Kreisen erlangt haben. Folglich habe ich auch über viele Jahre mit verschiedenen Systemen gearbeitet, doch stets versucht, genügend kritische Distanz zu wahren, um sie in praktischer Erprobung auf ihre Zuverlässigkeit zu überprüfen. Und vieles, was ich gelernt hatte und was mir als allgemein gültiges astrologisches Wissen vertraut war, hielt praktischer Überprüfung einfach nicht stand.

Dies hat mich veranlaßt, die Astrologie als eine sich noch entwickelnde offene Wissenschaft vom Wesen des Menschen zu begreifen, in der noch vieles durch Versuch und Irrtum erforscht werden muß. So hat es auch viele Jahre intensiven Nachdenkens und anhaltender Forschung bedurft, um eine Verbindung zu finden zwischen den universellen Weisheitslehren und einer praktischen Horoskopie, in die beide Ebenen einfließen: die Entwicklung des Bewußtseins und die äußeren Ereignisse des Lebens, die nur das Symbol oder die Spiegelung eines inneren Prozesses sind.

Ich bin mir bewußt, daß der Inhalt dieses Buches sehr komplex ist und daß es in einigen Teilen der gängigen Auffassung von psychologischer Astrologie widerspricht, die gerne vom »Schatten« spricht, den es zu integrieren gilt, um ganz zu werden. Diese Auffassung teilt die Geistige Psychologie nur bedingt, denn der Schatten, von dem hier die Rede ist, ist ja nichts anderes als ein verzerrtes Abbild unseres wirklichen Selbstes, das sich im Zuge einer langen Reihe von Inkarnationen immer mehr vom Urbild – dem höheren Selbst – entfernt hat. Der Schatten ist das niedere Selbst, der nur nebelhaft erkennbare Widerschein des wahren Menschen, und diesen gilt es nicht nur zu integrieren, sondern auch zu transformieren, damit er sich dem Urbild oder dem höheren Selbst wieder angleicht. Der wesentliche Unterschied in der Interpretation liegt folglich auch in der genauen Vorstellung einer Entwicklungsordnung, die das Bewußtsein des Menschen durchläuft, und einer ständigen Wandlung, in der sich der Mensch befindet und die im System der esoterischen Astrologie erkennbar wird.

In dieser Einführung geht es vor allem darum, die Astrologie als Teil der Geheimwissenschaft zu beschreiben, die den Menschen in seiner kosmischen Bedeutung erfaßt. Es war mir wichtig, den esoterisch-wissenschaftlichen Hintergrund der Astrologie und die Ganzheitlichkeit des astrologischen Systems deutlich herauszustellen, in der die geistige Dimension des Menschen sichtbar wird, der »gekreuzigt in Zeit und Raum« seine Bewußtseinsreise durch den Tierkreis antritt, um sich vom unbewußten »Tier-Menschen« zum geistigen Menschen zu wandeln. Denn der Mensch ist eingebunden in ein kosmisches Geschehen, das zu immer größerer Vollkommenheit strebt und das auch ihn in diese Entwicklung zum Höheren und Vollkommeneren einbezieht.

Dem praktischen astrologischen Teil wurde deshalb eine Einführung in die Grundlagen esoterischen Wissens vorangestellt, die uns anhand eines Zahlenschlüssels den Aufbau des Kosmos, die Entwicklungsstufen des Bewußtseins und die »geistige Anatomie« des Menschen erklärt, die für das Verständnis esoterischer Astrologie unerläßlich sind. Denn der Mensch ist ein physisches Wesen mit einem Bewußtsein, das sich ständig weiterentwickelt, um zu umfassender Selbsterkenntnis zu gelangen. Und um diese Entwicklung, die klaren Gesetzmäßigkeiten unterliegt, geht es in diesem Buch, mit dem die Grundlagen gelegt werden sollen für eine Psychologie der Seele, die den Menschen als Einheit von Körper, Seele und Geist begreift, eingebunden in ein globales kosmisches Geschehen, das ein analoges Ordnungsgefüge darstellt, in dem auch der noch so kleinste Teil das Ur-Prinzip widerspiegelt.

I

GRUNDLEGENDE BETRACHTUNGEN ZUR WISSENSCHAFTLICHEN ESOTERIK

1. Was ist Astrologie?

Was oben ist, ist wie das, was unten ist,
und was unten ist, ist wie das, was oben ist.
Hermes Trismegistos

Hinter allem Geschehen der äußeren Welt wirkt ein ewiges zeitloses Gesetz, und seine Wirkung zeigt sich auf allen Ebenen des Universums bis ins kleinste Atom. Dieses Gesetz ist das Gesetz des Rhythmus, der sich in Form von Schwingungen auf alle Lebensformen überträgt und die sichtbare Welt zu einem einheitlichen harmonischen Ganzen ordnet. Die Griechen nannten dieses Gesetz Logos, was im übertragenen Sinne Schöpfer oder Gott bedeutet, denn es stellt den »Pulsschlag des Lebens« dar, der die Vielfalt von Energien und Kräften lenkt, die hinter der sichtbaren Welt wirken und alle Formen der physischen Welt hervorbringen.

Wollen wir also das Geheimnis des Lebens entdecken oder das, was die Welt im Innersten bewegt, so müssen wir die Rhythmik untersuchen, der alles irdische Leben unterliegt. Diese wird uns durch die Beobachtung des gestirnten Himmels offenbart, der uns als Spiegelung irdischer Angelegenheiten dienen kann, wenn wir die Bewegungen der Gestirne in Beziehung setzen zur Bewegung der Erde, die durch Drehung um die eigene Achse unsere Zeit bedingt. Denn Zeit entsteht durch Bewegung, durch die Eigendrehung der Planeten und ihre Drehung um eine zentrale Sonne, die die Quelle materiellen Lebens bildet. Aber auch die zentrale Sonne bewegt sich ihrerseits um den Zentralstern einer Galaxie, der ihre Sonne bildet und so ihren größeren Rhythmus oder ihre Zeit bedingt.

Leben ist also Rhythmus, und jedes kleinere Leben ist stets eingebunden in einen größeren Rhythmus, der wiederum alle kleineren Rhythmen harmonisch zu einem umfassenderen einheitlichen Ganzen ordnet. Alles Leben ist ein Schwingen und Kreisen um einen zentralen Kern, der sich im Rhythmus des jeweils größeren Lebens bewegt. Dieses Prinzip finden wir im großen wie im kleinen, und so kann das Atom auch als ein Abbild des Sonnensystems betrachtet werden, denn die Elektronen umkreisen den Atomkern wie die Planeten die Sonne.

Aber auch der Mensch kreist um einen Kern, seine »geistige Sonne«, die den Kern seines Lebensprinzips bildet. Dies ist es, was uns im okkulten System der Astrologie als ewiges Vermächtnis erhalten ist, denn sie bewahrt das Wissen über die Vielzahl von qualifizierenden Energien und Kräften, die in Raum und Zeit auf den Menschen einwirken und die seine Entwicklung bedingen. Sie lehrt uns, daß alles Wirken im Physischen eingebunden ist in einen einheitlichen Schöpfungsplan, der uns im Tierkreis als dem »Urkreis des Lebens« offenbart wird. Dieser Tierkreis, der sich seit altersher in allen Kulturkreisen unabhängig voneinander erhalten hat, bewahrt in seiner Symbolik eine zeitlose und ewige Schöpfungsordnung, die durch die rhythmische Bewegung der Planeten eine Zeitqualität erhält, die auf alles physische Leben einwirkt.

Die Astrologie stellt daher das wohl umfassendste und komplexeste Wissen über die geistigen Entwicklungsgesetze irdischen Lebens dar, und sie ist in ihrem Ursprung Teil des Ur-Wissens der Menschheit, das als »Geheimwissen« gehütet wurde und alle Zeitalter überdauert hat. Doch leider wurde sie im Laufe der letzten zweitausend Jahre immer mehr verweltlicht und zum Teil so verändert und profanisiert, daß sie von vielen nur noch als Wahrsagerei verstanden wird, was heute die Mehrzahl der Intellektuellen und Wissenschaftler, die sich für kritisch und aufgeklärt halten, veranlaßt, sich verächtlich von diesem »Aberglauben« zu distanzieren. Diese Haltung ist angesichts der lächerlichen Rubriken in Illustrierten und anderen mehr oder weniger banalen Publikationen durchaus verständlich, doch diese haben mit Astrologie in ihrer ursprünglichen Bedeutung ja auch nicht das mindeste zu tun.

Die Astrologie in ihrer wahren Form ist eine Wissenschaft, die uns in symbolisch-verschlüsselter Form den geistigen Hintergrund unseres Lebens erschließt. Sie gründet auf dem Wissen, daß Makrokosmos und Mikrokosmos nach analogen Prinzipien funktionieren und daß der ganze Kosmos ein Ordnungsgefüge ist, das nach einem einheitlichen Gesetz aufgebaut ist. Denn jeder Teil entspricht dem größeren Ganzen im Prinzip und ist eingebunden in eine höhere Ordnung und einen einheitlichen Schöpfungsplan, der eine zeitlich abgestufte Entwicklung vorsieht, die uns den Ursprung aller physischen Phänomene und ihr zeitliches Geschehen erkennen läßt.

Es gibt jedoch zwei Arten von Astrologie: die *exoterische* und die *esoterische*. Die *exoterische* Astrologie beschäftigt sich vorwiegend mit der Persönlichkeit des Menschen und mit den äußeren Ereignissen seines Lebens, und sie versucht, mit verschiedenen Deutungs- und Prognosesystemen das Schicksal des Menschen zu entschlüsseln und vorauszusagen. Diese eher persönliche Interpretation einer universellen Symbolik hat im Laufe der Jahrhunderte viele unterschiedliche astrologische Berechnungs- und Deutungssysteme hervorgebracht, die nicht selten spekulativ sind und ernsthafter Überprüfung nicht immer standhalten, weil sie die unterschiedlichen Entwicklungsebenen des Menschen außer acht lassen. So müssen sich zwangsläufig Fehleinschätzungen einstellen, denn der Mensch gewinnt mit zunehmender Bewußtseinsentwicklung eine größere Freiheit, die dazu führt, daß Planeten, die den unentwickelten Menschen in ein Schicksal zwingen, vom entwickelten als willkommene Lernschritte erkannt und gemeistert werden, ohne daß sich äußere Ereignisse zeigen.

In der *esoterischen* Astrologie geht es weniger um äußere sichtbare Ereignisse, als vielmehr um die Entwicklung des Bewußtseins, die uns der Tierkreis offenbart, wenn wir seine tiefere geistige Dimension verstehen. Durch sie wird ein tiefgreifendes Verständnis der schöpferischen Kräfte und Energien möglich, die unser Bewußtsein prägen, und wenn wir dies mit unserem physischen Leben in Beziehung bringen, wird sich unsere Weltsicht verändern. Dies ist aber möglich ohne Ehrfurcht vor der Schöpfung und ohne eine Haltung der Bescheidenheit, die sich automatisch einstellt, wenn wir ehrlich forschen und bereit sind zu akzeptieren, daß die Erforschung des Bewußtseins erst am Anfang steht und die Astrologie eine sich noch entwickelnde Wissenschaft ist, *»die erst in ihrer ursprünglichen Schönheit und Wahrheit wieder hergestellt werden muß . . .«* (Alice Bailey). Dennoch ist es wichtig und sinnvoll, sich mit Astrologie zu beschäftigen, weil sie die einzige Wissenschaft ist, die uns die Möglichkeit gibt, unser Sein zu begreifen und uns als Teil einer Gesamtschöpfung wiederzufinden. Ihr System zu verstehen bedeutet, eine neue Dimension des Daseins zu entdecken, die uns ohne sie verschlossen bliebe. Sie zeigt uns das Wesen unseres Menschseins, den Aufbau und die Entwicklung unseres Bewußtseins, aber auch die hervorgehobenen Charaktereigenschaften und Erfahrungsbereiche unseres Lebens.

Wer Esoterische Astrologie erlernen will, sollte sich aber darüber im klaren sein, daß sie ein profundes Studium erfordert, das uns Stufe um Stufe erkennen läßt, wer wir sind und was zu dem macht, was wir sind. Denn erst mit zunehmendem Verständnis für das Wirken und Werden des ewigen Schöpfungsprozesses begreifen wir, daß nur ehrliches Streben nach Wahrheit und Weisheit die Tore des wahren Wissens öffnet und uns eindringen läßt in ein umfassenderes Verständnis der Schöpfungsordnung, die sich dem Intellekt und dem konkreten Verstand niemals erschließt. Wer sich aber ernsthaft auf die geistige Dimension der Astrologie einläßt, der wächst mit ihr. Sein Bewußtsein und sein Denken werden sich verändern, und er wird sein Leben nie mehr als sinn- oder ziellos empfinden können, da er sich als Teil eines größeren Ganzen ist, das als ewige Schöpfungsordnung auch sein Leben durchdringt.

Die moderne Wissenschaft blickt im allgemeinen verächtlich auf die Astrologie herab, da sie sich ihren Kriterien nicht unterordnen läßt und daher anscheinend jedes Beweises entbehrt. Doch diese Auffassung beruht nur auf der Tatsache, daß es sich hier um etwas noch Unerforschtes handelt, das sich der vordergründigen Betrachtung entzieht und nicht mit materiellen Kriterien erfaßt werden kann. Denn in der Esoterik geht es um das Bewußtsein, das hinter allen sichtbaren Formen verborgen ist und das die Evolution der physischen Welt bewirkt, und Bewußtsein läßt sich eben nicht mit den Methoden der exakten Wissenschaft messen. Für die Esoterik müssen also logischerweise andere Wissenschaftskriterien gelten. Sie hat ihre eigenen Gesetze, ihre eigene Terminologie und ihre eigene Methodik, die sich jedoch als ebenso zuverlässig erweisen, sobald man ihre Grundlagen beherrscht. Astrologie kann sich daher nicht auf statistische Untersuchungen stützen, die nicht in der Lage sind, das Wesen des Menschen zu erfassen. Der Versuch, astrologische Aussagen statistisch zu beweisen — eine Methode, die der exakten Naturwissenschaft entlehnt wurde —, ist für die tiefere Bedeutung der Astrologie von geringem Wert, da die fließende Grenzen und die unterschiedliche Entwicklungsebenen außer acht gelassen werden und die Ganzheit und Einmaligkeit eines Horoskops damit nicht erfaßt werden kann.

Wenn wir uns aber die Mühe machen, die Grundlagen dieses esoterischen Wissensgebietes zu erlernen, werden wir feststellen, daß Esoterik keineswegs etwas Mystisches oder Unbestimmtes ist. Vielmehr ist sie in ihrer ursprünglichen Form die »Wissenschaft von der Seele aller Dinge«, die als belebendes Bewußtsein überall in der Natur vorhanden ist. Sie beschreibt die Gesetze, die jeglicher Entwicklung, ob Tier, Pflanze, Mensch, Planet oder Sonnensystem zugrundeliegen, und sie läßt uns erkennen, daß alles nach einem übergeordneten Gesetz funktioniert, durch das die Teile stets zu einem größeren Ganzen geordnet werden. Denn hinter allem Sichtbaren steht ein einheitlicher großer Plan, der sich durch den Rhythmus der Planeten auf die gesamte materielle Formwelt überträgt, und diesen zu entdecken, ist die eigentliche Aufgabe des Menschen, der nach Erweiterung seines Bewußtseins strebt.

Ein Esoteriker ist daher auch ein Mensch, der über das Materielle hinausblickt und der nach dem Geheimnis dessen sucht, »was die Welt im Innersten zusammenhält« und dem Evolutionsprozeß zugrundeliegt. Er wendet seine Aufmerksamkeit von der Substanz- oder Formseite des Daseins ab, um die Quelle zu entdecken, die die physische Existenz hervorbringt, und zu diesem Zweck muß er in sich selbst die nötige Empfänglichkeit und Sensitivität für die Qualität oder das Bewußtsein entwickeln, das jeden physischen Körper beherrscht. Er kennt das Gesetz von Ursache und Wirkung und weiß daher, daß Ereignisse, Umstände, Geschehnisse und physikalische Phänomene jeder Art nichts anderes sind als Symbole des Geschehens in den inneren Welten, und in diese Welten versucht der Esoteriker einzudringen, soweit es sein Wahrnehmungsvermögen erlaubt.

Für den Bereich der esoterischen Wissenschaften, zu der die Astrologie in ihrer wahren Form gehört, müssen deshalb andere Kriterien gelten, Kriterien, die in dem hermetischen Grundsatz zum Ausdruck kommen: »Wie oben, so unten«. Diesem Grundprinzip der Metaphysik entsprechend, werden Makrokosmos und Mikrokosmos als analoge Prinzipien verstanden. Das winzigste Atom ist dem Prinzip nach ein genaues Abbild des Sonnensystems. Die gigantische Geschichte des Sonnensystems hat ihre Entsprechung im kleinsten Atom. Das Erkennen dieser Entsprechung und das Begreifen, daß alles Sichtbare nur ein Gleichnis der Wirklichkeit ist, stehen deshalb auch am Anfang der esoterischen Astrologie. Denn zwischen Atom und Sonnensystem steht der Mensch mit seiner Fähigkeit, sich gedanklich auf beide Ebenen zu projizieren und dabei durch Begreifen der kosmischen Gesetzmäßigkeiten seine innere Bedeutung zu erkennen.

Die esoterische Forschung wird grundsätzlich von einer synthetischen Haltung bestimmt. Vom Allgemeinen zum Spezifischen ist ihr Grundprinzip, und dies stellt den entscheidenden Unterschied zur materiell-wissenschaftlichen Forschung dar, die vom Besonderen auf das Allgemeine zu schließen versucht und dabei allzu oft die Tatsache übersieht, daß das Ganze mehr ist als die Summe seiner Teile. So gilt eine Erkenntnis in der Esoterik auch nur dann als bewiesen und wahr, wenn ein bekanntes oder vermutetes Gesetz auf allen Ebenen der Existenz nachgewiesen werden kann und nicht nur auf der physischen Ebene innerhalb eines vom Menschen geschaffenen isolierten Denkmodells wie in der Naturwissenschaft, die ihre Exaktheit ja nur dadurch gewinnt, daß sie auf die Erforschung der Seele oder des Bewußtseins sowie des Ursprungs des Lebens völlig verzichtet.

Die Astrologie, »die Königin der Wissenschaften«, wie sie in archaischen Zeiten genannt wurde, kann jedoch so lange ebenfalls keine Wahrheit vermitteln, wie sie darauf beschränkt bleibt, Planeten zu berechnen, Tendenzen abzuschätzen und Voraussagen für das Leben zu machen. Erst wenn sie als Schlüssel zum ganzheitlichen Verstehen des Menschen betrachtet wird, gewinnt sie ihre wahre Bedeutung zurück, nämlich die, eine Wissenschaft zu sein, die die kosmische Dimension des Menschen erklärt.

»Astrologie [ist] ihrem innersten Wesen entsprechend die reinste Darstellung okkulter Wahrheit in der heutigen Welt, denn sie ist die Wissenschaft, die sich mit jenen bestimmenden und herrschenden Energien und Kräften beschäftigt, die durch und auf das ganze Feld des Raumes und auf alles, was in diesem Raum ist, einwirken.«

Alice Bailey: Esoterische Astrologie

Wenn wir uns diese Tatsache bewußt machen und uns daran gewöhnen, stärker in Begriffen von Energien und Kräften, Kraftlinien und Energiebeziehungen zu denken, werden wir eindringen in die Welt der Ursachen, und wir werden Beziehungen zwischen Makro- und Mikrokosmos erkennen, die uns bisher verschlossen waren. Um diese Beziehungen zwischen Makro- und Mikrokosmos aber wirklich zu verstehen, wollen wir zunächst die Grundlagen der uralten universellen Weisheitslehren betrachten, die als »Geheimwissen« alle Zeitalter überdauert haben und die uns den Schlüssel liefern für das Verstehen kosmischer Zusammenhänge und den Ursprung astrologischen Wissens.

2. Grundlegende Thesen zeitloser Weisheit, die diesem Buch zugrundeliegen

I. Unser Universum ist die Wesensäußerung einer Energie oder eines großen Lebewesens, das die verantwortliche Ursache für die verschiedenen Formen und für die vielfältige Hierarchie empfindender Wesen ist. Diese These ist die Grundlage des Monismus. »Gott *ist* Eins«. Diese einzige Lebensessenz durchdringt alle Lebensformen, die Ausdrucksmittel einer zentralen universellen Energie in Zeit und Raum sind. Schöpferisches Leben bringt Existenz hervor und ist deshalb auch die Ursache der Dualität. Diese Dualität äußert sich als Geist (das Verborgene) und Materie (das Objektive, das in Erscheinung tritt).

II. Das eine Leben, das sich durch die Materie offenbart, erzeugt eine dritte Kraft: das Bewußtsein oder die Seele. Dieses Bewußtsein, das aus der Vereinigung der beiden Pole Geist und Materie hervorgeht, ist die Seele aller Dinge, die Weltseele oder das Welt-Bewußtsein. Es durchdringt alle Substanz und liegt allen Formen zugrunde: einem Atom, dem Körper eines Menschen, der Form eines Planeten oder eines Sonnensystems.

Das Eine offenbart sich in der Vielheit und bleibt doch immer eine Einheit, da alles Existierende über den Ätherkörper des Raumes stets zu einer Wesenheit verbunden bleibt.

III. Zweck des Lebens ist es, Bewußtsein zu entfalten oder die Seele zu offenbaren. Das Ziel der Evolution ist eine stufenweise Offenbarung von Licht. Licht flammt auf durch die Wechselwirkung zwischen den beiden Dualitäten Geist und Materie. Mit fortschreitender Evolution wird die Materie ein immer besserer Leiter für Licht.

IV. Alle Lebewesen manifestieren sich zyklisch. Reinkarnation ist das Mittel der Erfahrung, durch das die Seele zur Vollendung gelangt.

V. Der Mensch als »Ebenbild Gottes« entfaltet durch die Methode der Wiedergeburt sein Bewußtsein, bis er zu geistigem Bewußtsein erwacht ist, das sich durch eine zunehmend nach außen strahlende Lichtkraft der Seele und das Erkennen einer eigenbewußten Identität ausdrückt. Dieser vollentwickelte Mensch wird dann zum »Vermittler von Licht« für die übrige Natur, denn er ist der, der Erleuchtung bringt, sobald er sich wieder als Teil eines größeren Ganzen versteht, das die Quelle seines Lebens darstellt.

Diese grundlegenden Thesen werden im folgenden ausführlich erläutert, da sie den Kern aller universellen Weisheitslehren bilden, die hinter den verschiedenen Religionssystemen verborgen sind. Denn Religionen vermitteln keine Wahrheit, solange wir nicht fähig sind, hinter den Worten und rituellen Handlungen das Eine zu erkennen, das allem gemeinsam ist: Das göttliche Gesetz, das sich auf allen Ebenen der Existenz durch vielfältige Formen offenbart. Die verschiedenen Religionen der Menschheit sind deshalb auch nur »zeitgebundene Offenbarungen«, wie Alice Bailey es nennt; sie kommen und gehen mit dem Geist der Zeit. Doch was bleibt, ist der Kern oder die innere Wahrheit, die hinter diesen zeitgebundenen Formen verborgen liegt, und diese Wahrheit ist zeitlos und hat zu allen Zeiten im Verborgenen als »Geheimwissen« existiert, um von den Menschen entdeckt zu werden, deren Intuition erwacht war.

So hat es auch zu allen Zeiten große Meister der Weisheit gegeben, die dem Zerrspiegel der Religionen nicht mehr unterlagen und die sich der universellen Schöpfungsprinzipien voll bewußt waren. Es waren aber immer nur einige herausragende Gestalten, weil Intuition, die sich im Menschen als Weisheit zeigt, erst in einem relativ späten Entwicklungsstadium erwacht, wenn ein Mensch sich seiner selbst als Seele bewußt wird. Intuition, die das Denken der Seele kennzeichnet, so wie der Intellekt dem Denken der Persönlichkeit entspricht, sollte deshalb auch nicht mit unserer instinktiven Wahrnehmung »aus dem Bauch« verwechselt werden, die häufig auch als Intuition bezeichnet wird. Was hier gemeint ist, ist keine instinktive Reaktion, sondern eine erweiterte intellektuelle Wahrnehmung, die uns die Lebensgesetze und die Ganzheit menschlichen Lebens erkennen läßt.

Intuition ist daher auch umfassender und ganzheitlicher als der Intellekt, denn sie läßt uns hinter den vielfältigen Formen menschlichen

Denkens das Universell-Gültige erkennen, das den Ursprung physischen Lebens bildet und das in Form von geistigen Gesetzen auf das physische Leben einwirkt. Das Erwachen der Intuition ist folglich auch ein Zeichen, daß ein Mensch beginnt, sich des geistigen Ursprungs seines Lebens bewußt zu werden und sich für das Nicht-Sichtbare zu interessieren, das der physischen Welt zugrundeliegt. Dieses Nicht-Sichtbare, das den Hintergrund und die Ordnung unseres Lebens bildet, wird uns in der Geheimwissenschaft offenbart, die die geistigen Gesetze irdischen Lebens über Jahrtausende verborgen hat, um sie nur dem zugänglich zu machen, der reif genug war, ihre geheime Botschaft zu verstehen.

Die Geheimwissenschaft, die uns die universellen Lebensgesetze enthüllt und die deshalb als die universelle Wissenschaft vom Leben betrachtet werden kann, wird folglich auch nur jene ansprechen, die schon ein gewisses Maß an intuitiver Wahrnehmung besitzen und sich der Grenzen intellektuell-analytischer Betrachtung bewußt sind. Denn nur wer unvoreingenommen und ohne wissenschaftlichen Dogmatismus an die Geheimwissenschaft herangeht, wird offen und empfänglich sein für den untrennbaren Zusammenhang zwischen Geist und Stoff, der uns die Wahrheit hinter den Phänomenen der Welt erkennen läßt, die sich durch jede physische Form offenbart.

3. Die Grundlagen zeitlosen esoterischen Wissens

Was ist Geheimwissen?

Horchet in euch selbst und blicket in die Unendlichkeit des Raumes und der Zeit. Von da erklingen der Gesang der Sterne, die Sprache der Zahlen und die Harmonien der Sphären ... Was tun die Sterne? Was sagen die Zahlen? Was offenbaren die Sphären? O ihr Seelen, sie sagen, sie singen, sie offenbaren euer Schicksal.

Hermes Trismegistos

Die Grundlage der Geheimwissenschaft, die als universelle Weisheitslehre alle Zeitalter überdauert hat, bildet das Wissen um die transzendentale Harmonie und Ordnung des Kosmos, als deren Spiegelung die Welt erscheint. Sie enthüllt das Ordnungsprinzip, nach dem der Kosmos funktioniert, und dieses Prinzip wird durch die Geheimwissenschaft der Zahlen, der geometrischen Figuren und der Gestirne offenbart, die das Grundgerüst des universellen kosmischen Ur-Wissens der Menschheit bilden.

Mit Beginn unserer Zeitrechnung wurde dieses Wissen, das sich bis in sumerische Zeiten zurückverfolgen läßt, aber nicht mehr verstanden und daher weitgehend verdrängt, bis es schließlich nur noch in den Mythen vieler Völker der Erde in symbolischer Form erhalten blieb, und vom rationalen Verstand wissenschaftlich aufgeklärter Menschen in das Reich der Fabel verbannt wurde.

Doch in jüngster Zeit erlebt das Interesse für esoterisches Wissen eine Renaissance, und man beginnt, sich des großen Weisheitslehrers Ägyptens zu erinnern, des Hermes Trismegistos, der in Ägypten als Gott Thot verehrt wurde und der allgemein als der Begründer der hermetischen Wissenschaften gilt. Ihm wird ein Gesamtwerk von über 40 Bänden zugeschrieben, von dem aber nur noch weniges erhalten ist. Doch seine

Weisheit lebte in vielen Denkern, Wissenschaftlern und Philosophen des antiken Griechenlands weiter, von denen wir wissen, daß sie noch in die Mysterienwissenschaft eingeweiht waren.

So hat es in antiker Zeit die Trennung zwischen Religion und Naturwissenschaft auch noch nicht gegeben, und ein Astronom war zugleich ein Astrologe. Die Trennung zwischen Naturwissenschaft und Geisteswissenschaft beginnt erst mit zunehmender Objektivierung des Denkens, die mit Aristoteles ihren Anfang nahm und in unserer Zeit eine erschreckende Einseitigkeit erreicht hat, bei der der innere Zusammenhang von Geist und Stoff nicht mehr erfaßt wird. Wollen wir also den Sinn menschlichen Lebens wiederentdecken, so müssen wir zurückfinden zu den Quellen geistigen Wissens, das im Altertum in Mysterien- und Einweihungsschulen übermittelt wurde.

Von Pythagoras, dem wohl herausragendsten abendländischen Weisheitslehrer der Antike, wissen wir, daß er sich in Ägypten und Babylonien zum Priester weihen ließ. Er wurde in beiden Ländern in die Mysterien universeller Weisheitslehren eingeweiht, und dieses Wissen, das uns vor allem durch Platon und andere seiner geistigen Schüler überliefert wurde – da er selbst aufgrund des Gebotes der Geheimhaltung nichts Schriftliches hinterlassen hat –, ist bis in unsere Tage lebendig geblieben. Es bildet die Grundlage zum Verständnis aller esoterischen Wissenschaften, die seit dem vermeintlichen Siegeszug der Naturwissenschaft zwar von Wissenschaftlern in den Hintergrund gedrängt oder der Lächerlichkeit preisgegeben wurden. Doch es ist nie ganz verlorengegangen, da der Kern dieses Geheimwissens in symbolisch-verschlüsselter Form weitergegeben wurde, den nur der verstand, der die Sprache der Symbolik zu deuten wußte und der offen war für die intuitive Erkenntnis eines geistigen Zusammenhangs zwischen allem Lebendigen.

Pythagoras lehrte, daß die grundlegenden Prinzipien, nach denen das Universum funktioniert, im System der rationalen Zahlen zu finden sind, in denen sich die Strukturen des Makrokosmos wie auch des Mikrokosmos spiegeln. Im Zentrum seiner Weisheitslehren steht das Postulat der Einheit des Universums, in dessen Bauplan ein Zahlenschlüssel enthalten ist, der den musikalischen Harmonien entspricht und der alle Lebensvorgänge steuert. Er war sich bewußt, daß ein einziges Gesetz alle im Kosmos pulsierenden Energien regiert, das sich immer wieder auf allen Ebenen der Existenz analog auswirkt. Dieses Prinzip erkannte er in den rationalen Zahlen, die alle sichtbaren physischen Phänomene beherrschen. Seine gesamte Kosmologie basiert deshalb auf der Analogie zwischen den Zahlenverhältnissen des Weltaufbaus und denen der Musik. Sonne und Planeten können sich folglich auch nicht auf irgendwelchen beliebigen Umlaufbahnen bewegen, sondern die Längen dieser Bahnen sind so aufeinander abgestimmt, daß sie den musikalischen Harmonien entsprechen. Als Demonstration dieses kosmischen Vorgangs benutzte er eine Lyra, anhand derer er bewies, daß eine Saite die Noten der Tonleiter hervorbringt, wenn man ihre Längenverhältnisse so zueinander abstimmt, daß sie als Quotienten ganzer Zahlen ausgedrückt werden können.

So erklingt die Oktave des Grundtones bei der Hälfte der Saitenlänge, die Quinte bei zwei Dritteln, die Quart bei drei Vierteln etc., wie dies in der folgenden Tabelle verdeutlicht wird:

Oktave	1 : 2
Quinte	2 : 3
Quarte	3 : 4
Große Sexte	3 : 5
Große Terz	4 : 5
Kleine Terz	5 : 6
Kleine Sexte	5 : 8

Dabei fällt einem sofort eine Grundregel auf: Je niedriger die Zahlenverhältnisse, um so harmonischer ist der Zusammenklang. Dies ist – wie wir noch sehen werden – nicht nur eine musikalische, sondern eine kosmische Grundregel, denn der Höherentwicklung alles Lebendigen liegt das Streben nach Harmonie zugrunde. Folgen wir dieser Grunderkenntnis, daß alles Lebendige musikalisch-harmonisch geordnet und strukturiert ist, dann läßt sich das Wesen unseres Universums auch am Bild einer schwingenden Tonsaite erklären. Wenn eine Saite schwingt – das Urbild aller Klangerzeugung, dem auch unsere menschlichen Stimmbänder entsprechen –, dann schwingt nicht nur die ganze Saite im Grundton, sondern es schwingt zwangsläufig auch die halbe Saite mit, als nächsthöhere Oktave, aber auch das Drittel der Saite, die Quinte usw. Somit erklingen alle Töne der Tonleiter als Obertöne mit, wenn ein Grundton angestimmt wird. Die Obertonreihe kann folglich auch als Modell des Weltalls betrachtet werden, denn in jedem Ton sind potentiell alle Töne enthalten, so wie in jedem Atom prinzipiell das ganze Weltall enthalten ist.

Die Grundidee der gesamten pythagoräischen Philosophie beruht daher auf dem Wissen um die musikalisch-harmonische Ordnung des Weltalls. Sie ergibt sich aus der Beziehung von Zahlen und Klängen, die wiederum als Symbole einer zentralen geistigen Idee betrachtet werden können. So bildet die Korrespondenz zwischen den Zahlen und den Mechanismen der Natur auch das grundlegende Ordnungsprinzip, das sich auf allen Ebenen der Existenz analog auswirkt. Daraus ergibt sich logisch, daß die Umlaufbahnen der Planeten auch nicht beliebig sein können, sondern ebenfalls musikalischen Harmonien entsprechen müssen, da auch sie Teil dieses harmonisch-geordneten Klanggefüges sind.

Diese Idee wurde von Johannes Kepler – einem geistigen Schüler des Pythagoras – wieder aufgenommen und bestätigt. Er konnte beweisen, daß die Abstände zwischen den Ellipsen der Planetenbahnen des Sonnensystems mit den Abständen der Obertonreihe vergleichbar sind und daß Geschwindigkeiten wie auch Umlaufzeiten der Planeten so zueinander in Beziehungen stehen, daß sie musikalischen Harmonien entsprechen. Dies wurde inzwischen durch die moderne Wissenschaft zweifelsfrei bestätigt.[1] Doch nicht nur das. Kepler war sich auch bewußt, daß *wie oben, so unten* postulierte er, daß es als Vorbild der Vollkommenheit nur fünf Klänge, Zahlen und geometrische Formen im Raum eine Beziehung zueinander haben. Getreu dem hermetischen Grundprinzip *wie oben, so unten* postulierte er, daß es als Vorbild der Vollkommenheit nur fünf nach drei Richtungen des Raumes symmetrische Körper gibt, die einen gemeinsamen Mittelpunkt aufweisen, und diese werden aus regelmäßigen Dreiecken, Vierecken und Fünfecken gebildet. Diese Körper sind:

Tetraeder	–	Dreieckspyramide
Oktaeder	–	Achtflächner
Ikosaeder	–	Zwanzigflächner (aus Dreiecken)
Hexaeder	–	Würfel
Dodekaeder	–	Zwölfflächner (Diamant)

[1] Der Wiener Privatgelehrte Dr. Ernst Müller hat in *Harmonik des Planetensystems* mit besonderer mathematischer Exaktheit beweisen können, daß unser Planetensystem in musikalischen Grundintervallen erklingt.

Diese geometrischen Figuren stellte er so ineinander, daß der Würfel von der kleinstmöglichen Kugel umgeben und von der größtmöglichen Kugel ausgefüllt wurde. In diese innere Kugel setzte er dann die größtmögliche Dreieckspyramide und in deren innere Kugel den größtmöglichen Zwölfflächner, der eine letzte Kugel enthält. So erhielt er in und um die fünf Körper sechs Kugeln. Betrachtet man nun diese, die Körper umgebenden und sie ausfüllenden Kugeln, so entsprechen ihre Radien tatsächlich denen der Planetenbahnen von Merkur bis Saturn.

Keplers Modell des Weltgebäudes

Aufgrund dieses Bauplanes kam Kepler zu dem Schluß, daß es zwischen Jupiter und Mars einen unbekannten Planeten geben müsse, denn die Planetenabstände weisen eine genaue Zahlenreihe auf, wenn man für den Abstand des Planeten Saturn von der Sonne 100 einsetzt:

4	(4+3)	(4+6)	(4+12)	(4+24)	(4+48)	(4+96)[2]
Merkur	Venus	Erde	Mars	...	Jupiter	Saturn

Etwa 170 Jahre später entdeckte man hier die sogenannten Planetoiden, die Überreste eines zerborstenen Planeten. Und dies sollte materiali-

[2] Bekannt als Titius-Bodesche Reihe

stisch-wissenschaftlichem Denken zufolge ein Zufall sein? Dies zu glauben fällt schwer, angesichts jüngster wissenschaftlicher Entdeckungen der harmonikalen Forschung, die bestätigen, daß in der gesamten Natur, von den chemischen Elementen angefangen bis zum Menschen, harmonikale Gesetze nachgewiesen werden können.[3]

Die Anordnung aller Körper im Raum erweist sich demnach nicht als beliebig, sondern als ein nach genauen musikalischen Gesetzen abgestimmtes Ganzes, das sich wiederum in Zahlenformeln und geometrischen Formen ausdrücken läßt, die Ausdruck des inneren Bewußtseins sind. Die gleiche musikalisch-harmonische Ordnung finden wir in der Anordnung der Planeten, aber auch in den Atomen wieder, deren Spin-Zahlen den Intervall-Verhältnissen der Musik entsprechen, denn die Energie der Teilchen im Atom verändert sich nicht gleitend, sondern in ganzzahligen Sprüngen.[4]

So bestätigt die heutige harmonikale Forschung auch in der Mikrowelt musikalische Gesetze[5], und die antike Vorstellung von der Harmonie der Sphären erweist sich damit als Tatsache. Thomas Michael Schmidt schreibt dazu:

[3] Sowohl für die Botanik als auch für die Zoologie (und für den Menschen) gelten die nach ihrem Entdecker Gregor Mendel (1822–1884) benannten Mendelschen Vererbungsgesetze. Untersucht man deren komplizierten Zahlenmechanismus näher, so entdeckt man lauter ganzzahlige Proportionen bei den Ergebnissen von Kreuzungen in jeder Generation, und außerdem sind die Mengen von Exemplaren zusammengehöriger Kreuzungsgruppen stets Zweierpotenzen, so daß sich gleichsam ein Rahmen analog der Oktavgesetzlichkeit in der Akustik ergibt.
In der Botanik sind die Blattstellungszahlen eines der wichtigsten mathematisch erfaßbaren Naturgesetze. Bei den wechselständigen Pflanzen, bei denen jeweils nur ein Stengelblatt aus einem Knoten entspringt, verteilen sich diese Blätter nach der sogenannten »Hauptreihe der Blattstellungszahlen«. Diese gibt Winkelzuordnungen der Blätter an und drückt diese in Teilen des Vollkreises wie folgt aus: 1/2, 1/3, 2/5, 3/8, usw. Solche Brüche, die natürlich auch als Proportionen geschrieben werden können, kommen ebenfalls bei der Anordnung der Schuppen von Coniferenzapfen vor.
Ganz wesentlich ist auch der Mensch durch harmonikale Gesetze bestimmt, wie Anthropologie und Medizin nachgewiesen haben. Man könnte vereinfacht sagen, daß der Mensch räumlich und zeitlich harmonikal organisiert ist.
Entnommen aus: *Pythagoras, Weisheitslehrer des Abendlandes*, Inge von Wedemeyer
[4] Die sog. Plancksche Konstante
[5] Nachzulesen in: *Nada Brahma* von Joachim Ernst Berendt

»*Die antike Vorstellung, daß die irdische Musik nur Abglanz und gleichsam Stellvertreterin der Harmonie des Himmels sei, erhält (...) einen konkreten Sinn, denn hier wie dort sind es die gleichen mathematischen Verhältnisse, die einerseits den Tönen, andererseits den Planetenbewegungen zugrunde liegen. Lange bevor hier auf der Erde menschliche Musik ertönte, strahlten die mathematischen Urbilder der Töne in wahrhaft kosmischen Dimensionen vom Himmel. Den akustischen Verhältnissen ist deshalb ein universaler Charakter zu eigen. Als Ordnungsprinzipien gestalten sie sowohl die Planetenwelt, den Makrokosmos, als auch die menschlich-irdische Musik ... So offenbart sich durch die universale Geltung der Tonverhältnisse ein umfassender kosmischer Zusammenhang...*«[6]

Die antike Idee von der Sphärenmusik kann folglich nicht mehr als poetisches Bild abgetan werden. Sie ist vielmehr die Beschreibung der Tatsache, daß die Harmoniegesetze der irdischen Musik den universellen Harmoniegesetzen des Kosmos entsprechen und damit zugleich die universellen Gesetze des Lebens darstellen, da ein Tongefüge zum anderen stets in Resonanz steht.

»*Man vergesse nicht, daß der Schall alle Formen durchdringt; der Planet selbst hat seine eigene Note oder seinen eigenen Ton; auch jedes winzige Atom hat seinen Ton; jede Form kann in Musik umgesetzt werden und jedes Menschenwesen hat seinen besonderen Akkord; und alle Akkorde tragen zur großen Symphonie bei, die von der Hierarchie und der Menschheit gespielt wird.*«

Alice Bailey: Briefe über okkulte Meditation

Grundlage aller Geheimwissenschaften bildet also die Erkenntnis, daß der gesamte Kosmos ein Klangkörper ist, in dem es aufgrund der harmonikalen Beziehungen aller Lebensformen eine Übereinstimmung zwischen Makro- und Mikrokosmos gibt, da jeder Teil mit dem Ganzen in Resonanz steht. Diese holistische Vorstellung vom Weltall, als einem bis ins kleinste Atom harmonikal-geordneten Ganzen, wird in jüngster Zeit auch in fortschrittlichen Kreisen der Wissenschaft zunehmend akzeptiert, in dem Maße wie sich das mechanistisch-materielle Weltbild als unhaltbar erweist. Und an seine Stelle wird notwendigerweise die Wiederentdeckung des geheimen Ur-Wissens der Menschheit treten, das im wesentlichen auf drei Säulen beruht:

6 Zitiert aus: Joachim Ernst Berendt, *Nada Brahma*

1. Der Zahlenphilosophie oder Zahlenmystik, deren Quellen bis in babylonische Zeiten zurückreichen und die uns in der Kabbala überliefert ist. Der Kern dieser Geheimlehre bezieht sich auf die Schöpfung und ihre geheimnisvollen Gesetze, die sich im System der Zahlen ausdrücken lassen, da sie der Bildung aller Formen und aller sichtbaren und unsichtbaren Strukturen des Universums zugrundeliegen. Deshalb sind sie auch in der Lage, uns das Geheimnis des schöpferischen Werdegangs unseres Planeten zu offenbaren, indem sie uns die Qualität, die Bedeutung und den Sinn eines Phänomens oder einer Form erkennen lassen. Folglich haben Zahlen nicht nur eine rationale, sondern auch eine symbolische und eine geistige Bedeutung, und wenn wir ihr Wesen verstehen, besitzen wir den Schlüssel zur geistigen Welt.

2. Der esoterischen Geometrie, in der sich die kosmische Architektur spiegelt und die uns ein Wissen über die Energiebeziehungen im Raum ermöglicht, die jeglicher Entwicklung zugrundeliegen.

3. Der Esoterischen Astrologie, die auf dem Hintergrund dieser beiden Wissensbereiche entstanden ist, die aber außerdem noch dem Phänomen der Zeit Rechnung trägt und damit in der Lage ist, den Rhythmus des irdischen Lebens in Beziehung zu setzen zum Rhythmus des Sonnensystems, das die irdische Zeit bedingt.

Alles bewegt sich durch die Magie der Rhythmen, die in Tag und Nacht, in den Jahreszeiten, im Biorhythmus des Körpers oder in Ebbe und Flut zum Ausdruck kommen. Diese rhythmische Bewegung, die alle Lebensformen im Kosmos einem einheitlichen Gesetz unterstellt, gilt es zu entdecken, um die zyklische Entwicklung der Welt und des Menschen auf die Spur zu kommen. Denn es ist der Rhythmus, der das aktive Bindeglied zwischen dem größeren Ganzen und seinen Teilen darstellt. Jeder Rhythmus weist eine Frequenz oder Schwingung auf, und diese kann wiederum in Zahlen ausgedrückt werden. Dabei ist hervorzuheben, daß Harmonie auf allen Ebenen stets Ausdruck einfacher Zahlenbeziehungen ist, sowohl dessen, »was oben ist, wie auch dessen, was unten ist«.

Grundlage aller Geheimwissenschaften bildet deshalb die Erkenntnis, daß es aufgrund der harmonikalen Beziehungen aller Lebensformen im

Kosmos eine Übereinstimmung zwischen Makro- und Mikrokosmos gibt. Daraus ergibt sich als logischer Schluß, daß das Prinzip der Analogie, das die Basis esoterischer Forschung bildet, an die Stelle der linearen Kausalität treten muß, wenn es um ganzheitliche Erkenntnis geht. Denn das winzigste Atom ist dem Prinzip nach ein genaues Abbild des Sonnensystems, und dazwischen steht der Mensch, dessen Bewußtsein beide Ebenen in Deckung bringen muß, um Wahrheit zu erkennen.

Das Gesetz der Analogie als Grundlage ganzheitlichen Denkens

Unser Universum ist sicher nur eines innerhalb einer Reihe von Universen, deren Ausmaß und Anzahl das menschliche Fassungsvermögen bei weitem übersteigt. Der Versuch, immer größere Teleskope zu bauen, um in immer größeren Entfernungen Sterne, Planeten und Galaxien zu entdecken, dient zwar der Zunahme objektiven Wissens, doch werden wir dadurch mehr über uns und über den Ursprung der Schöpfung wissen? Der Intellekt wird niemals in der Lage sein, den Weltenraum zu begreifen, und dennoch trägt der Mensch in sich latent die Fähigkeit, sich und Gott zu erkennen, denn sein Bewußtsein ist ein Teil des Kosmos, und jeder Teil des Ganzen enthält das Ganze im Prinzip. Diese holistische Betrachtung der Welt ist die Grundlage aller esoterischen Wissenschaften, und der Beweis für die Richtigkeit dieses Prinzips wird uns inzwischen auch von der Naturwissenschaft geliefert, deren neueste Ergebnisse die uralte zeitlose Weisheit der Esoterik bestätigen.

Nach den Erkenntnissen der Quantenphysik müssen wir uns in der Tat von dem materialistischen Weltbild verabschieden, das auf letzten unzerstörbaren Bausteinen der Materie beruht, denn die Physiker haben uns inzwischen zweifelsfrei bewiesen, daß es Elementarteilchen im »naiven« Sinne von Newton gar nicht gibt. Sie sind deshalb dabei, eine andere Basis für die Naturerklärung festzulegen, und diese glauben sie in den »Kräften« gefunden zu haben. Diese Kräfte bilden inzwischen die alles bestimmenden Elemente für die Beschreibung der Natur, denn sie verursachen nicht nur ihren Wandel, sondern aus ihrer Struktur lassen sich auch die Eigenschaften der Elementarteilchen ableiten. So geht man heute davon aus, daß es vier Kräfte in der Natur gibt: die starke

Kernkraft, die elektromagnetische Kraft, die schwache Kernkraft und die Gravitation.

Doch was ist Kraft überhaupt? Diese Frage hat die Wissenschaft bisher kaum interessiert, denn sie begnügt sich im allgemeinen damit, Wirkungen festzustellen. In jüngster Zeit ist das Interesse jedoch gewachsen, das Ordnungsprinzip zu finden, dem die Natur gehorcht, da man entdeckt hat, daß es noch ein den Kräften übergeordnetes Prinzip gibt, und das sind die Symmetrien unserer Raum- und Zeit-Struktur. Man nimmt inzwischen auch in fortschrittlichen Kreisen der Wissenschaft an, daß es die Eigenschaften von Raum und Zeit sind, die die Eigenschaften der Kräfte und über diese auch die Eigenschaften der Elementarteilchen bestimmen. Unverkennbar befinden wir uns also in einer Zeit des Wandels, in der die Naturbeschreibung ein neues Element bekommen hat, das der Symmetrie, und dieses Element der Symmetrie, das die Kräfte steuert, entspricht ja dem fundamentalen Grundsatz der Esoterik: »Wie oben, so unten.«

Aufgrund der jüngsten Entdeckungen der Physik können wir unser altes materialistisches Weltbild also nicht mehr aufrechterhalten, sondern müssen es durch ideelle Begriffe ersetzen, womit sich die Wissenschaft den esoterischen Erkenntnissen zunehmend wieder annähert. Prof. Herwig Schopper schreibt dazu in dem Buch *Naturherrschaft*[7]:

»*Wir finden uns an der Stelle eines neuen wichtigen Paradigmawechsels. . . . Als ‹first principle›, als letztes Ordnungsprinzip der Naturerklärung schält sich immer mehr der Begriff der Symmetrie heraus. Was ist Symmetrie? Unter Symmetrie verstehen wir den Umstand, daß bei einer Symmetrieoperation, zum Beispiel bei Vertauschung von negativer mit positiver Ladung, oder bei Raumspiegelungen die Naturgesetze sich nicht ändern. Wir glauben heute, daß die Symmetrie der Raum-Zeit-Struktur und ihre Verletzung (Symmetriebrechung) letztlich die Eigenschaften der Kräfte und diese wiederum das Teilchenspektrum bestimmen.*«

Es gibt aber noch eine weitere interessante Übereinstimmung zwischen den neuesten wissenschaftlichen Erkenntnissen und den uralten Thesen zeitloser Weisheit: Durch das Ergebnis vieler Untersuchungen mit Teilchenbeschleunigern und komplizierten Detektoren ist die Wissenschaft heute der Meinung, daß Materie überall auf der Erde, aber auch im

[7] Hans Thomas (Hg.): *Naturherrschaft*

Weltall, aus zwölf Teilchen besteht. Man hat zwei Familien entdeckt: die sechs Quarks und die sechs Leptonen, und diese wiederum lassen sich in drei Paare von Leptonen und aus Gründen der Symmetrie auch in drei Paare von Quarks einteilen. Ist es nicht erstaunlich, daß es gerade drei sind, wo doch die Drei die geheime Schlüsselzahl der Esoterik ist? Und die Zwölf? Es gibt nur zwölf Elementarteilchen, und Zwölf ist die Zahl der schöpferischen Tierkreisenergien, die die Grundlage der Astrologie bilden.

Es läßt sich also eine klare zahlenmäßige Struktur im Aufbau der Materie feststellen, und diese entspricht der Zahl der Tierkreiszeichen, die die Esoterik als zeitlose Schöpfungsprinzipien begreift. Folglich gibt es ein der Naturwissenschaft noch unbekanntes Gesetz, nämlich das Gesetz der Zahl oder des Rhythmus, das alle physischen Lebensvorgänge steuert. Dieses Gesetz zu entdecken, ist die Aufgabe esoterischer Forschung und wohl zunehmend auch der exoterischen Wissenschaft, die ja mit der Quantenphysik an die Grenze materieller Betrachtung gestoßen ist. Es scheint daher nur konsequent, daß die neuesten Bestrebungen der Wissenschaftler sich darauf richten, in der Vielfalt der Erscheinungen eine Einheit zu finden, und in der Tat richten sich ihre Bemühungen jetzt darauf, die Urkraft zu entdecken, die die vier Grundkräfte der Natur zu einer einzigen zusammenfaßt. So erleben wir gegenwärtig eine deutliche Annäherung zwischen Wissenschaft und Esoterik, denn in dem Maße, wie die Naturwissenschaft an die Grenzen ihres bisherigen Verständnisses von Materie stößt und feststellen muß, daß es den kleinsten Baustein der Materie gar nicht gibt, sondern daß Materie in letzter Konsequenz nur eine Form von Energie ist, kann auch die Naturwissenschaft nicht mehr ausschließlich durch rein materielle Elemente bestimmt werden. So wird der Graben zwischen Naturwissenschaft und Esoterik zunehmend kleiner, denn schon heute besitzt die Physik durch die neuesten Entdeckungen einen transzendenten Hintergrund. Will sie Wahrheit erkennen, muß sie sich daher transzendentaler Wahrnehmung wieder öffnen. Diese Erkenntnis finden wir auch bei bahnbrechenden Naturwissenschaftlern wie Einstein, was in folgendem Zitat zum Ausdruck kommt:

»Das schönste und tiefste Gefühl, das wir empfinden können, ist das mystische. Es ist der Kern jeder wahren Wissenschaft. Jeder, der dieses Gefühl nicht kennt, der nicht fähig ist, sich zu wundern oder tiefste Achtung zu empfinden, ist, als ob er tot wäre. Meine Religion besteht in einer demütigen Bewunderung des erhabenen und

unbegrenzten Geistes, der sich in den winzigsten Phänomenen, die wir mit unseren schwachen und unvollkommenen Sinnen ermitteln können, offenbart. Meine tiefe Überzeugung eines unbegrenzten und erhabenen Geistes, dessen Vorsehung das unverständliche Universum bezeugt, ist meine Vorstellung von Gott.«

4. Symbolik als Schlüssel zum Verständnis des Universums

Alles Vergängliche
Ist nur ein Gleichnis . . .
  Goethe: Faust II

Zu allen Zeiten hat es zwei Wissensbereiche gegeben: das objektive Wissen, das die Phänomene der physischen Welt zu erkennen und zu systematisieren versucht, und das Geheimwissen, das in der Antike noch in Mysterien- oder Einweihungsschulen übermittelt wurde und das uns die verborgene Seite oder den Ursprung des Lebens erklärt.

Doch durch das Übergewicht, das Naturwissenschaft und Intellekt in den letzten Jahrhunderten zunehmend bekommen haben, ist das Verständnis für den Sinnzusammenhang aller Naturphänomene weitgehend verlorengegangen. Wir befinden uns daher in einer Zeit wachsender innerer Ratlosigkeit und Verwahrlosung, da die Rationalität und Wissenschaftlichkeit an die Stelle der Religion getreten sind und eine Macht über das Leben erhalten haben, die den Sinn und die innere Bedeutung menschlichen Lebens kaum noch erkennen lassen. Verwirrung und Verblendung machen sich allenthalben breit, wo der gesunde Menschenverstand weit mehr erreichen könnte als sogenanntes Expertenwissen, das Einzelphänomene unter dem Gesichtspunkt der Ökonomie und der Nutzbarkeit betrachtet, ohne das jeweilige Problem in einen globalen Zusammenhang zu stellen. Beziehungs- und Orientierungslosigkeit müssen sich zwangsläufig einstellen, wenn der Mensch die objektive Wahrnehmung als letztgültiges Kriterium der Wahrheitsfindung ansieht, denn die objektive phänomenale Welt ist ein Spiegel und damit ein seitenverkehrtes und zuweilen grob verzerrtes Abbild der Wirklichkeit. Unsere Sicht der Welt stellt folglich eine grobe Täuschung dar, solange wir nur das glauben, was unsere fünf Sinne uns vermitteln.

Die moderne Quantenphysik hat uns ja inzwischen bewiesen, daß es

Materie in der von uns wahrgenommenen Form gar nicht gibt, sondern daß es sich dabei um schwingende Energiefelder handelt, die in ständigem Wandel begriffen sind, die wir aber mit unseren fünf Sinnen als feste undurchdringliche Körper erfassen. Wie steht es also um unsere objektive Wahrnehmung? Wir sehen feste Körperformen, obwohl uns die Physik inzwischen bewiesen hat, daß unser Körper ein Energiefeld ist, in dem Milliarden von Elementarteilchen schwingen, die wiederum abwechselnd als Teilchen oder als Welle erscheinen. Objektiv betrachtet bedeutet dies, daß sie in schnellem Wechsel einmal physisch konkret und dann wieder als Energie vorhanden sind, und dennoch sehen wir einen konstant festen Körper mit festen Konturen. Der Satz: »Ich glaube nur, was ich sehe«, der von hart gesottenen Materialisten häufig als Beweis ihres Realitätssinns angeführt wird, gewinnt im Licht dieser neuen Erkenntnisse nun eine völlig neue Bedeutung. Ist er doch das unbeabsichtigte Eingeständnis einer Täuschung, denn was wir sehen, ist objektiv gar nicht vorhanden. Wer also nur glaubt, was er sieht, lebt zwangsläufig in einer Illusion, weil wir nicht das sehen, was wirklich ist, sondern eine Form, die – wie wir später noch sehen werden – eine symbolische Bedeutung hat. Dies mag nicht unmittelbar einsichtig sein, deshalb soll es anhand eines Beispiels erläutert werden.

Wo immer wir gehen, sehen wir über uns eine blaue Himmelskuppel und einen uns umschließenden Kreis, den wir als Horizont bezeichnen. Dies hat die Menschen in der Antike glauben lassen, daß die Welt eine Scheibe sei, um deren Zentrum die Sonne kreist (das geozentrische Weltbild). Inzwischen hat die Wissenschaft die objektiven Phänomene der physischen Welt erforscht. Sie hat die Erde als Kugel erkannt, die sich um sich selber dreht und die Sonne als Mittelpunkt umkreist (das heliozentrische Weltbild). Doch was ist mit unserer Wahrnehmung? Wo immer wir gehen, ist der Himmel eine blaue Kuppel über uns, der Horizont ein uns umschließender Kreis und der Betrachter sein geometrisches Zentrum. Die Wissenschaft bezeichnet dies als Sinnestäuschung und hat daraus auch den voreiligen Schluß gezogen, daß nicht der Mensch, sondern nur Maschinen, Apparate und Meßinstrumente die Wahrheit über die Welt erkennen können. Doch wer hat diese Maschinen konstruiert? Ist es nicht eben jener Mensch, dessen Wahrnehmung so unzuverlässig ist? Ist das nicht ein Widerspruch in sich? Der Mensch, der Schöpfer dieser Apparate, sieht nicht die objektive Wirklichkeit, sondern illusionäre Formen, während die von ihm konstruierten

Maschinen »richtig sehen«? Das kann nicht die ganze Wahrheit sein, und es drängt sich daher die Frage auf: Gibt es nicht vielleicht doch eine Erklärung für unser Sehen, das objektiv eine Täuschung ist? Was sehen wir, wenn es schon nicht die objektive Realität ist?

In der Esoterik geht man davon aus, daß es zwei Ebenen der Wirklichkeit und des Erkennens gibt: eine subjektive und eine objektive. Die objektive Welt, die Welt der physischen Phänomene oder der Formen ist für den Esoteriker eine Welt der Spiegelungen, ein Abbild der Wirklichkeit, und alles, was wir um uns herum wahrnehmen, ist nur ein Gleichnis dessen, was wirklich ist. Die Welt mit all ihren Phänomenen ist eine Welt der Wirkungen, ein Abbild oder ein Symbol der geistigen Wirklichkeit. Dies ist für uns aber erst erkennbar, wenn sich unsere mentale Wahrnehmung erweitert und wir beginnen, hinter den begrifflichen Formen menschlichen Denkens die Bedeutung der Dinge zu erforschen, die in ihrer Symbolik erkennbar wird. Unser bereits erwähntes Beispiel soll dies nochmals verdeutlichen.

Wenn wir den Horizont um uns betrachten, erkennen wir, daß dieser Horizont in einem relativen Verhältnis zum jeweiligen Betrachter steht, denn dieser bildet stets sein Zentrum, und Himmel und Erde scheinen sich entlang des Horizontkreises zu treffen. In Wirklichkeit kommen sie nicht zusammen, aber vom Standpunkt der inneren Wahrheit aus treffen sie sich, um ein Symbol zu formen, durch das der Mensch zu Weisheit gelangen kann, wenn er die Symbolik versteht. Denn das Auge eines Lebewesens nimmt immer nur das wahr, was dem jeweiligen Bewußtsein entspricht. Ein Tier sieht die gleiche Welt, und dennoch sieht es etwas ganz anderes als wir, weil es nur ein Bewußtsein über seine Umgebung hat, nicht aber über sich selbst. So unterscheidet sich der Mensch vom Tier auch durch die latente Fähigkeit, sich selbst wahrnehmen zu können. Er ist eine Dualität aus physischer Existenz und Bewußtsein, und dieses Bewußtsein bildet seinen geistigen Horizont, der wiederum seine Weltsicht bedingt. Mit der Geburt wird der Mensch in eine Bewußtseins- oder Einflußsphäre gestellt, die nur einen winzigen Teil des gesamten Wahrnehmungsspektrums ausmacht, und in den Grenzen dieser Einflußsphäre bleibt er solange eingeschlossen, bis er durch Erkenntnis und Bewußtwerdung seiner Selbst seinen einschließenden Horizont oder Grenzring durchbricht. Jeder Mensch sieht deshalb auch immer nur einen Ausschnitt der Wahrheit, und dieser Ausschnitt entspricht der Größe seines Bewußtseinskreises. Das äußere Symbol enthält also eine innere Wahrheit, die sich dem Menschen aber nur offenbart, wenn er sein Leben als Gleichnis der Wahrheit betrachtet. Denn die physische Welt, in der wir unser Dasein haben, ist voller Symbolik, und sie kann uns als lebendige Anschauung der Wirklichkeit dienen, sobald wir ihre Botschaft verstehen.

Wollen wir also den Sinn unseres Lebens begreifen, so können wir uns nicht allein auf unseren Intellekt verlassen, weil dieser ja nur der Orientierung in der physischen Welt dient. Die innere Welt aber, die Welt der Ursachen oder der Bedeutung erschließt sich uns erst, wenn unser Blick die physischen Formen durchdringt und wir gelernt haben, in dem Phänomen unseres Sehens, das objektiv betrachtet eine Täuschung darstellt, ein »stellvertretendes Geheimnis« zu sehen, das uns die Schöpfung offenbart.

Die Suche nach Wahrheit setzt daher die grundsätzliche Bereitschaft voraus, die Oberfläche der Phänomene zu verlassen, die der konkrete Verstand erfaßt, und uns über das Studium der Symbolik eine höhere Wahrnehmung zu erschließen, die ich als Intuition bezeichnen möchte. Auf diese Weise werden wir entdecken, daß in den geheimen, symbolisch-verschlüsselten Überlieferungen antiker Hochkulturen, wie der Sumerer, Chaldäer, Ägypter u. a., Wahrheiten verborgen liegen, die uns die innere Bedeutung der Welt erkennen lassen. Diese Fähigkeit zu intuitiver Wahrnehmung ist in uns allen angelegt, doch sie erwacht erst mit zunehmender Entwicklung, wenn wir uns unserer Seele bewußt werden, die das All-Wissen besitzt, da sie ein lebendiger Teil des kosmischen Bewußtseins ist. Intuition ist dem Verstand überlegen, weil sie die Fähigkeit der Seele einschließt, durch die illusionären physischen Formen hindurchzusehen und das Wesen der Dinge zu begreifen, das nur als Ganzheit erfaßt werden kann.

Wer Intuition erlangt, wird deshalb auch zunehmend erkennen, daß Wahrheit jenseits der menschlichen Glaubensvorstellungen liegt, denn es gibt eine universelle Ordnung des Kosmos, die sich in den vielfältigen Formen des Lebens offenbart, sobald wir die Form als Symbol der Wirklichkeit erkennen und nicht als die Wirklichkeit selbst. Dadurch werden wir entdecken, daß die geometrischen Symbole der Welt uns einen Zahlenschlüssel liefern, der uns den Zusammenhang zwischen Geist und Stoff offenbart und daß das Wesen der Dinge in der Zahl zu finden ist, die die Grundlage aller übrigen Symbole bildet. Wir wollen uns deshalb zunächst dem Studium der Ur-Symbolik zuwenden, da sie die Sprache des Geheimwissens ist und uns den Schlüssel liefert zum Verstehen der Ordnung des Kosmos und aller schöpferischen Prozesse.

Die Kosmogenesis in der Symbolsprache der Zahlen

Alles, was die Natur offenbart, scheint sich sowohl in Teilen als auch im Ganzen den Zahlen anzupassen. Sie veranschaulichen den Sinn, wie auch die Ordnung die den Gedanken dessen erschließen, der alles schuf.

Nicomachus von Gerasia

Die Sprache der Symbole kennt Zahlen, geometrische Figuren, Farben und Bilder. Doch von allen genannten Symbolen stellen die Zahlen die kosmischen Prinzipien in reinster Form dar. In ihnen drückt sich die Qualität oder das Bewußtsein aus, das im Physischen verkörpert ist. Das geheime Wissen der Zahlen, das als Kabbala bekannt ist, gilt als jüdische Überlieferung, doch in Wahrheit ist es viel älter und läßt sich bis in sumerisch-babylonische Zeiten zurückverfolgen. Hier liegen auch die Quellen des geistigen Ur-Wissens der Menschheit, das uns heute noch zugänglich ist, wenn wir die symbolische Sprache der Zahlen verstehen. Sie bilden den Hintergrund aller Schöpfungsmythen, denn in den Ur-Sprachen, zu denen auch das Hebräische gehört, war ein Buchstabe zugleich ein symbolisches Bild, aber auch ein Zahlensymbol, aus dem sich die Bedeutung des Ganzen ergab. Zahlen als Symbole bilden deshalb auch die Grundlage der Schöpfungsgeschichte unserer Bibel. Doch dies wird heute kaum noch verstanden, weil die Entsprechung von hebräischen Buchstaben und Zahlen in den Übersetzungen nicht vermittelt werden kann und das Verständnis für diesen Zusammenhang daher weitgehend verlorenging. Wollen wir also den Ursprung der Welt und ihre Entwicklungsgesetze begreifen, so müssen wir die esoterische Bedeutung der Zahlen wiederentdecken. Wenn es uns gelingt, ihr Wesen zu erfassen, dringen wir in das Geheimnis der Weltentstehung ein, denn Zahlen sind die Formeln, nach denen das Universum erbaut wurde. Sie stellen den *Bauplan des Lebens*[8] dar, der sich durch die esoterische Betrachtung der Reihe der Zahlen unserem Bewußtsein erschließt.

Die Zahlen bilden daher auch die esoterische Grundlage der Astrologie. Dies soll im folgenden kurz dargestellt werden, weil die universelle Ordnung des astrologischen Systems, seine Harmonie und seine Logik sich nur anhand der Zahlen aufzeigen läßt.

Die Null

Beginnen wir mit der Null, die eine Nicht-Zahl ist. Sie ist das Symbol der Einheit, des Zustandes vor der Welterschaffung oder des Zustandes des Alles/Nichts. Die Null ist die geheimnisvolle Leere, die der Schöpfung vorausgeht, in der nichts existiert, jedoch alles als Möglichkeit vorhanden ist.

Es ist die absolute Schöpferkraft in ihrer Potentialität, die sich selbst weder vermehrt noch vermindert, jedoch alles, was ist, verzehnfacht, verhundertfacht, vertausendfacht, ja bis ins Unendliche potenziert, ohne sich je selbst zu verändern. Die Null, das Nichts oder die Leere ist daher der universelle, absolute Ausdruck der unbegrenzten, unmanifestierten schöpferischen Potenz Gottes.

Die Eins

Aus Tao entsteht Eins,
Eins erzeugt Zwei,
Zwei erzeugt Drei,
und aus Drei entstehen die zehntausend Dinge.
Tao Te King

Die erste wirkliche Zahl ist die Eins, die den Beginn der Weltoffenbarung anzeigt. Mit ihr tritt das verborgene schöpferische Leben in eine sichtbare Manifestation. Es ist die Einheit, die für sich »all-ein« da ist, alles umfassend, alles enthaltend, der reine Zustand des Geistes, doch ohne Möglichkeit der Selbstwahrnehmung, da diese ein Gegenüber, also Trennung voraussetzt.

---

[8] Das Wissen über die Zahlen als Bauplan der Schöpfung ist im System des Tarot überliefert, das mehr als ein Kartenspiel ist, denn in seiner Zahlensymbolik ist das Geheimnis des menschlichen Einweihungsweges enthalten.

Die Zwei

Um ein Bewußtsein über sich selbst zu erlangen, bedarf es daher eines Spiegels, in dem das eigene Sein sich reflektieren kann. Dies ist der Schritt aus der Einheit in die Dualität. Damit entsteht die Zwei, die Trennung zwischen Schöpfer und Geschaffenem, zwischen Gott und der Welt oder, wie es in der Genesis symbolisch heißt, zwischen Himmel und Erde. Mit der Zwei entsteht deshalb auch die grundlegende Dualität der Welt, in der jede Kraft ihre Gegenkraft hat, was durch das Symbol des Yin und Yang ☯ am plastischsten ausgedrückt wird.

Die Drei

Die Zahl Drei herrscht überall im Universum und die Monade ist ihr Prinzip.

Ein Orakel von Zoroaster

Im Augenblick des »Sich-selbst-Erkennens« entsteht etwas Drittes, nämlich das verbindende Bewußtsein zwischen den beiden Dualitäten, das die beiden dualen Kräfte als wesensgleich erkennt und so die Identität zwischen Eins und Zwei oder zwischen Geist und Materie ständig wiederherzustellen versucht. Der Versuch der Selbst-Erkenntnis setzt also einen Entwicklungsprozeß in Gang von der Einheit über die Dualität zur Dreiheit: dem Erkennenden (1), dem Erkannten (2) und dem Erkennen (3).

»Das Kräftespiel zwischen jenen drei Polen ist es, das gleichsam die Feder des Weltenuhrwerkes darstellt, dessen ewiger Gang ist: Spaltung und Wiedervereinigung – Differentiation und Integration...

Es wird Drei so zur Schwingung, durch welche die Spaltung in die zwei entgegengesetzten Phasen unablässig ausgeglichen wird.

Drei ist die Schwingung schlechthin, deren uns vielleicht geläufigste Form die Drehung um eine oder mehrere Achsen vorstellt...

Alles Schwingen und Drehen ist also tatsächlich ein »Ringen« um die Wiedergewinnung der Einheit und um das Erhaltenbleiben dieser Einheit. Und dieses Ringens allgemeinster Ausdruck ist wohl durch die mathematische Formel gegeben:

$$y = sin \times - die Sinuslinie - die Schlangenlinie.«$$

Oskar Adler: Das Testament der Astrologie

Die Eins wird also automatisch zur Drei, denn in dem Moment, in dem Schöpfer und Geschaffenes sich erkennen, entsteht etwas Drittes, die Erkenntnis oder das Bewußtsein-zu-erkennen. Dies ist das Mysterium der göttlichen Trinität[9], die nicht drei Personen, sondern nur drei Aspekte der Einheit darstellt, die hinter der materiellen Welt wirken.

Einheit – Ur-Sein
Dualität – Geist – Materie
Dreiheit – Das Bewußtsein, das beide verbindet und als wesenseins erkennt.

Diese drei Urzustände schöpferischer Aktivität bilden den Hintergrund der materiellen Entwicklung, und sie wirken als Schwingungsrhythmus auf alle materiellen Formen ein. In dieser Dreiheit von Kräften verbirgt sich das Geheimnis der Evolution aller Formen, weil die dritte Kraft die erkennende und verbindende Kraft ist, die stets danach strebt, die materiellen Formen wieder an die Idee oder das Urbild des Geschaffenen anzugleichen, um die Welt zum Selbstausdruck des Schöpfers werden zu lassen und Ihn vollkommen widerzuspiegeln.

So wird die materielle Form im Zuge der Evolution immer mehr verfeinert, um die ihr zugrundeliegende Idee immer besser zum Ausdruck zu bringen. Dieser Prozeß, der auf allen Ebenen der Existenz unaufhörlich abläuft, bedingt die Entwicklung des Bewußtseins oder die Entstehung der Weltseele, die als empfindendes Bewußtsein jede physische Form durchdringt und ihre Eigenart und Qualität ausmacht (siehe Kap. II, 4.).

Die Drei ist also die hinter der Dualität unserer Welt stehende Einheit. Sie enthält das Grundmuster des universellen Schöpfungsprozesses, der ein Prozeß der Bewußtwerdung oder Selbst-Erkenntnis ist. Denn Gott spiegelt sich in der Welt, um sich in ihr zu erkennen, und im Augenblick der

[9] In archaischen Götter-Dreiheiten ist uns die dreifache Entfaltung der Schöpfungs-Einheit als Verkörperung des schöpferischen, erhaltenden und verwirklichenden Prinzips überliefert. Dies spiegelt sich noch in der Auffassung der Kausalität bei Aristoteles (Metaph. VII). »Alles was entsteht, entsteht durch etwas, aus etwas und als ein gewisses Etwas.« Von Hegel wurde diese Erkenntnis wieder aufgenommen als Dreischritt These-Antithese-Synthese, die er von der »Erkenntnis des Entgegengesetzten in seiner Einheit« überführte zum »Rhythmus des organischen Ganzen« der Natur und der Geschichte, wobei die durch Vereinigung der Gegensätzlichen entstandene Synthese jeweils die These einer neuen Phase von Veränderungen und Entwicklungen bildet.

Erkenntnis entsteht eine Verbindung oder eine Entsprechung zwischen Urbild und Abbild, und dies erzeugt Licht. Die Entstehung von Licht ist daher aus esoterischer Sicht das Ziel der gesamten irdischen Entwicklung, in der der Mensch als Mittler zwischen Geist und Materie eine fundamentale Rolle spielt, was im folgenden noch ausführlicher erläutert werden wird.

Die Vier

Mit der Vier beginnt eine neue Ebene der Existenz, denn sie ist der Ausdruck der Materie. Der dreifältige Geist gewinnt eine weitere Dimension hinzu, und das ist der Beginn der materiellen Entwicklung; oder, wie es in der Bibel heißt, der Fall aus dem Paradies. Dieser Fall aus dem Paradies stellt die Entstehung der Vier dar, deren Symbol das Quadrat oder das Kreuz ist, an das der »Christus in uns« geschlagen wird, um so die Erlösung der Materie zu bewirken.

Die Vier hat ihre Entsprechung in den vier Himmelsrichtungen, die symbolisch als die »Vier Ecken der Welt« bezeichnet werden und die den vier Jahreszeiten entsprechen. Die Naturwissenschaft spricht von den vier Dimensionen des Raumes: Länge, Breite, Höhe und Zeit, und ihnen entsprechen die vier Grundkräfte der Natur, die die Physik als die starke (Anziehungs-)Kraft, die schwache (Anziehungs-)Kraft, die Gravitation und die elektromagnetische Kraft kennt.

In der Astrologie kennen wir die vier Elemente Erde, Wasser, Feuer und Luft, denen die vier Grundbausteine des Lebens Wasserstoff, Kohlenstoff, Sauerstoff und Stickstoff entsprechen. Doch es gibt noch weitere Entsprechungen, die uns belegen, daß die Vier die Grundzahl der Materie ist. Durch die Erkenntnisse der Genforschung wissen wir, daß die DNS, die unseren genetischen Code enthält, vier Buchstaben hat, die sich stets in Form von Triplets (Dreierkombinationen) zusammenfinden, um die Vielfalt der physischen Anlagen zu bilden.[10]

Ist es angesichts dieser Tatsache nicht erstaunlich, daß schon die Pythagoräer lehrten, daß in den ersten vier Zahlen (1, 2, 3 und 4) die Entstehung der Welt dargestellt sei? Und in der Tat läßt sich auf der Ebene der Zahlensymbolik die Weltentstehung durch die Zahlen 1, 2, 3

---

[10] Diese Kombination von drei und vier wird uns als Grundmuster in der Astrologie immer wieder begegnen, denn die zwölf Tierkreiszeichen und die sieben Strahlen entstehen durch Addition und Multiplikation von drei und vier.

und 4 ausdrücken, deren Variation und mathematische Kombination die Vielfalt der Formen entstehen läßt, die in sich aber wieder alle die gleichen Urprinzipien enthalten.

Diese Erkenntnis verbirgt sich auch hinter der pythagoräischen Tetraktys, die das Mysterium der Weltentstehung enthält und als zentrales Symbol der Zahlenphilosophie der Pythagoräer gilt. Sie stellt das Geheimnis dar, wie die Vier,

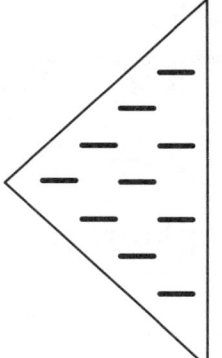

die Zahl der Materie, sich zur Zehn entwickelt, die esoterisch als Zahl der Vollendung gilt.

Die Grundlage kabbalistischer Zahlenmystik

Grundlegend für das Verständnis der Zahlenmystik ist die Tatsache, daß es nur neun reine Zahlen sind, die die Grundprinzipien des Kosmos ausdrücken, denn alle anderen Zahlen lassen sich durch Reduktion oder Quersummenbildung wieder auf eine einstellige Zahl zurückführen. Und jede dieser neun reinen Zahlen, die sich auch in geometrischen Figuren darstellen lassen, entspricht wiederum einem geistigen Prinzip oder einem ganz bestimmten inneren Bewußtseinszustand, der Ausdruck der geistigen Entwicklungsstufe einer Lebensform ist. So entsteht eine hierarchische Schöpfungsordnung, die sich auf alle Ebenen physischen Daseins übertragen läßt, da sie auf jeder Ebene analog wieder anzutreffen ist.

Dieses Wissen ist es, das uns im System der Kabbala überliefert wurde und im Bild des Lebensbaumes auf Seite 50 symbolisch dargestellt ist. In diesem Symbol sind zehn Zahlen einander geometrisch zugeordnet, um die hierarchische Entwicklung darzustellen, der alles irdische Leben unterworfen ist. Dieser Lebensbaum, das Ur-Symbol der Schöpfungsordnung, kann hier aber nicht näher erläutert werden. Er soll lediglich dazu dienen, uns bewußt zu machen, daß das Urwissen der Menschheit auf einem genauen Zahlenschlüssel beruht, der das Geheimnis schöpferischen Wirkens enthält und die Basis aller Geheimlehren der Welt bildet.

Wollen wir also die kosmische Schöpfungsordnung verstehen, so müssen wir den Symbolgehalt einer Zahl erfassen. Denn die gesamte Natur ist auf einem Zahlenschlüssel aufgebaut, der uns ihre Bedeutung erschließt, sobald wir eine Zahl nicht nur als Quantität begreifen, sondern auch in der Lage sind, sie als Symbol einer Qualität zu sehen.

So kann die esoterische Mathematik eine Brücke zwischen der esoterischen und materiellen Wissenschaft bilden. Durch sie läßt sich zeigen, daß Esoterik wissenschaftlich und mathematisch beweisbar ist und keinesfalls der Phantasie der Menschen entlehnt wurde.

Von den Pythagoräern wurde uns eine einfache Methode überliefert, um das Wesen und die Bedeutung der Zahlen zu erfassen. Man addiert alle Zahlen von Eins bis zu der Zahl, deren Sinngehalt man verstehen möchte, wobei jede mehrstellige Zahl durch Bildung der Quersumme auf eine einstellige Zahl zurückgeführt werden muß. Aus dieser Endzahl, die immer einstellig ist, läßt sich nun die Qualität einer Zahl ermitteln, und so können wir die Vielfalt des Universums qualitativ auf die Potenzen der Zahlen 1–9 reduzieren. Denn jede dieser Zahlen hat ihre ganz spezifische Qualität, die Teil des Gesamtentwicklungsprozesses ist, der in der Welt

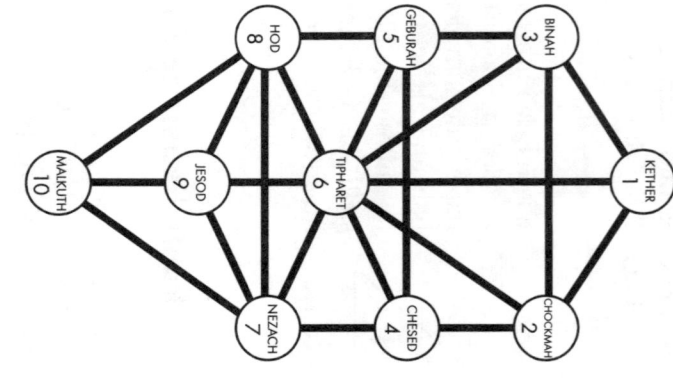

ständig abläuft. Sie symbolisiert ein ganz bestimmtes Entwicklungsstadium, das wiederum Ausdruck einer bestimmten Bewußtseinsqualität oder eines bestimmten Energiezustandes ist.

Machen wir die Probe aufs Exempel: Pythagoras lehrte, daß die Welterschaffung in den ersten vier Zahlen symbolisiert sei. Wenn wir also die Zahlen 1 + 2 + 3 + 4 addieren, so erhalten wir 10, und 10 gilt in der Esoterik als die Zahl der Vollendung, über die hinaus nur noch Variationen möglich sind, aber keine Neuschöpfung. Betrachten wir aber wiederum die Zusammensetzung der Zahl 10, so sehen wir, daß sie aus

1 (= Geist) und 0 (= Raum) besteht und 1 + 0 = 1,

womit wir wieder beim Ursprung wären. So schließt sich der Kreis, und die Entwicklung beginnt wieder von neuem auf einer höheren Runde der Spirale, was sich zahlenmystisch ebenfalls beweisen läßt.

$$10 = 1 + 0 = 1 \quad 11 = 1 + 1 = 2 \quad 12 = 1 + 2 = 3 \quad \ldots 19 = 1 + 9 = 10$$

Die Bewußtseinsentwicklung beginnt also mit der 1 und endet mit der 9, um auf der Ebene der 10 (= 1 + 0) eine neue Runde der Erfahrung zu beginnen. Denn alles Leben strebt aus der Einheit in die Differenzierung, um auf einer höheren Ebene des Bewußtseins wieder zur Einheit zurückzukehren.

Im vorhergehenden Kapitel habe ich mich auf die Beschreibung der Qualitäten der ersten vier Zahlen beschränkt. Wie Pythagoras lehrte, reichen sie aus, um die Weltentstehung zu erklären, denn jede weitere Entwicklung ergibt sich aus der Kombination dieser Zahlen.

Auch dies läßt sich esoterisch-mathematisch beweisen, da die Qualität einer Zahl nicht nur durch Quersummenbildung (also Addition) erkannt werden kann, sondern auch durch andere Rechenoperationen wie Multiplikation und Potenzierung, die Aufschluß über Sinn, Zielrichtung und Qualität eines Entwicklungsvorgangs geben. So erhalten wir durch die Multiplikation von Zahlen den schöpferischen Prozeß oder Werdegang, durch Addition enthüllt sich die Qualität oder das Wesen einer Form, und die Potenzierung einer Zahl stellt die Vollendung einer Entwicklung dar.

Esoterisch-mathematischer Beweis:

Die 2 ist die Zahl der Dualität, und diese Dualität findet ihre Vollendung in der Entstehung einer materiellen Welt.

$$2 \times 2 = 4$$

Die materielle Welt ihrerseits findet ihre Vollendung, wenn sie sich auf siebenfältige Weise, gemäß dem Urbild der Seele offenbart, die in den sieben Strahlen zum Ausdruck kommt (siehe Kap. II, 2).

$$4 \times 4 = 16 = \underline{1 + 6} = 7$$

Doch es gibt etwas, das über die materielle Welt hinausgeht, und das ist der Mensch, der aus der Verbindung von Geist und Materie hervorging und der sich in der Zahl 5 ausdrückt. Seine materielle Entwicklung findet ihre Vollendung ebenfalls in einer siebenfältigen Natur, doch diese 7 entsteht auf andere Weise, d. h. das Kräfteverhältnis hat sich geändert. Nun steht der fünffältige Mensch einer Dualität von Kräften gegenüber, während vorher die Einheit sich von einer sechsfältigen Kräftedifferenzierung abhob, was dem Entwicklungsplan der Erde entspricht.

$$5 \times 5 = 25 = \underline{2 + 5} = 7$$

Dies ist jedoch nicht das Endstadium; es gibt vielmehr etwas, das über diese materielle Entwicklung des Menschen hinausgeht, und das ist die Entwicklung der Geist-Seele oder des geistigen Bewußtseins, das in den Zahlen 6–9 seinen Ausdruck findet. Sie drücken Bewußtseinszustände aus, die über das rein menschliche Bewußtsein hinausgehen und im »Eingeweihten-Bewußtsein« ihre Vollendung finden. Die Zahl der menschlichen Vollendung oder der »Einweihung« ist deshalb die 9.

$$9 \times 9 = 81 = \underline{8 + 1} = 9$$

Die Zahl 9 stellt also den Endpunkt der geistigen Entwicklung des Menschen dar, die Zahl 7 den Endpunkt der physisch-seelischen Entwicklung.

Die Tatsache, daß die 9 eine Endzahl ist, läßt sich aber auch mathematisch beweisen: Multipliziert man 9 mit irgendeiner beliebigen Zahl, so erhalten wir durch Bildung der Quersumme wiederum 9, was beweist, daß es über die 9 hinaus nur noch Variationen gibt, aber keine Neuschöpfungen mehr, da alles in den ersten neun Zahlen schon enthalten ist.

$$1 \times 9 = 9$$

$$
\begin{aligned}
2 \times 9 &= 18 = 1 + 8 = 9 \\
3 \times 9 &= 27 = 2 + 7 = 9 \\
4 \times 9 &= 36 = 3 + 6 = 9 \\
5 \times 9 &= 45 = 4 + 5 = 9
\end{aligned}
$$

$$
\begin{aligned}
6 \times 9 &= 54 = 5 + 4 = 9 \\
7 \times 9 &= 63 = 6 + 3 = 9 \\
8 \times 9 &= 72 = 7 + 2 = 9 \\
9 \times 9 &= 81 = 8 + 1 = 9
\end{aligned}
$$

$$3485 \times 9 = 31365 = 18 = 9$$

Das gleiche Ergebnis erhalten wir aber auch durch die Additionsmethode:

$$1 + 2 + 3 + 4 + 5 + 6 + 7 + 8 + 9 = 45; \qquad 4 + 5 = 9$$

Esoterisch gesehen ergibt sich daher aus den ersten neun Zahlen und ihrer Mathematik die Hierarchie der Energien, die in der Einflußsphäre unseres Sonnensystems ihre Wirkung auf alles Leben in der physischen Welt ausüben. Wenn wir ihre qualitative Bedeutung verstehen, können wir das Rätsel des Lebens auf unserem Planeten entschlüsseln, denn Zahlen haben eine viel tiefere Bedeutung als wir normalerweise ahnen. Diese Kenntnis finden wir auch bei Goethe, was folgendes Zitat belegt:

»Du mußt verstehn!
Aus Eins mach Zehn,
Und Zwei laß gehn,
Und Drei mach gleich,
So bist du reich.
Verlier die Vier!
Aus Fünf mach Sechs,
So sagt die Hex,
Mach Sieben und Acht,
So ists vollbracht:
Und Neun ist Eins,
Und Zehn ist keins.
Das ist das Hexeneinmaleins.«
                    Goethe: Faust I

Natürlich kann das esoterische Gebiet der Zahlen hier nicht erschöpfend behandelt werden. Wir wollen uns deshalb der esoterischen Geometrie zuwenden, die ebenfalls eine Entsprechung zu den Zahlen und einen unmittelbaren Bezug zur Astrologie hat.

Die Geometrie als Ausdruck der Schöpfungsordnung

Die Geometrie hat vor der Schöpfung bestanden, ist genauso ewig wie der Geist Gottes, ist Gott selbst.

Johannes Kepler

Wie wir gesehen haben, sind Zahlen mehr als quantitative Größen, sie sind, wie Pythagoras lehrte, das »Wesen der Dinge«, und sie finden ihren lebendigen Ausdruck im geometrischen Aufbau aller lebendigen Formen der Natur. Wollen wir also den Aufbau und die Struktur unseres Kosmos erkennen, so ist ein Verständnis für die Harmoniegesetze unumgänglich, die in der kosmischen Geometrie des gestirnten Himmels manifestiert sind, aber auch im Aufbau aller lebendigen Formen unserer Erde, deren Wesen in ihrer Geometrie erkennbar ist. Denn die Harmonie der Sphären oder der Klang der Welt entsteht durch die geometrische Anordnung aller Körper im Raum, und ihre Qualität und ihr Wesen offenbaren sich uns durch die Geometrie.

Die Vorstellung von Gott als dem »Großen Geometer« des Universums war in der Antike noch lebendig und fand ihren sichtbaren Ausdruck in den Meisterwerken antiker Baukunst, besonders in den Pyramiden, die noch heute auf den Betrachter einen magischen Reiz ausüben, da sie die Harmonien des Kosmos aufs vollkommenste widerspiegeln. Die unübertroffene Schönheit und die Anziehungskraft dieser antiken Bauten beruhen auf der Tatsache, daß ihre Bauherren sich der Zahlenverhältnisse des Kosmos und damit der Gesetze universeller Harmonie noch bewußt waren. Dies belegt u.a. eine Inschrift, die sich auf einer Säule des von Ramses III erbauten Tempels befindet: »Dieser Tempel ist wie der Himmel in allen seinen Verhältnissen.«

Im Altertum war man sich der Tatsache also noch bewußt, daß das Geheimnis schöpferischen Wirkens in der Mathematik zu finden ist, und so bildet das Wissen über die Korrespondenz von Zahlen und geometrischen Figuren, die dem Formaufbau der Welt und allen Naturphänomenen zugrunde liegen, auch den Kern aller universellen Weisheitslehren. Auch in diesem Bereich erleben wir in jüngster Zeit eine Bestätigung durch die Wissenschaft, die erkannt hat, daß der genetische Code des Menschen das Modell eines geometrischen Gitters bildet und daß es das geometrische Anordnung der Moleküle ist, die die Informationen ermöglicht, welche Wachstum und alle übrigen Eigenschaften des sich entwickelnden Lebewesens hervorbringen. Denn jede physische Form enthält einen Zahlencode, und ihre Atome sind jeweils in einem geometrischen Gitternetz angeordnet, das ihr Wesen und ihre Eigenschaften bedingt. So ist das Phänomen der Photosynthese z.B. nur möglich, weil das Molekül des Chlorophylls ein zwölfmal symmetrischelliptisches Gitter aufweist. Jede andere Anordnung würde das Wunder, daß Sonnenenergie in vitale Stoffe umgewandelt wird, nicht vollbringen können.[11]

Um Sonnenenergie in Lebenskraft umzuwandeln, bedarf es also eines zwölffachen Körpers. Welch erstaunliche Feststellung! Sollte es Zufall sein, daß auch der Tierkreis zwölffach ist, der ja das Medium bildet, durch das der Mensch »Seelenlicht« empfängt, um es in Vitalität umzuwandeln? Ich werde auf diesen Punkt später noch ausführlicher zurückkommen und möchte mich hier nur darauf beschränken, eine Parallele aufzuzeigen, die das Prinzip der Analogie sichtbar macht, das im gesamten Naturgeschehen gefunden werden kann.

»Gott offenbart sich uns durch Zahl und Form«, und dieses Wissen ist es, das auch der Astrologie zugrundeliegt und ihre Struktur bedingt. Das esoterische Gebiet der Zahlen und der geometrischen Figuren ist jedoch zu umfangreich, um es im Rahmen dieses Buches behandeln zu können. Ich werde mich deshalb auf den Bereich beschränken, der für die Astrologie von Bedeutung ist, da auch sie auf den ersten vier Zahlen basiert, durch deren Kombination die Vielfalt der schöpferischen Energien entsteht, die unsere sichtbare Welt prägen.

[11] entnommen aus: Frédéric Lionel, *Das Vermächtnis des Pythagoras*

Die Zahlen 3 und 4 als Grundlage der Astrologie

Wir haben die Zahl 3 als Symbol für den Geist erkannt und die Zahl 4 als Symbol für die Materie. Addieren wir nun Geist (3) + Materie (4), so erhalten wir die Zahl 7, und 7 ist die Zahl der Seele oder des Bewußtseins, denn es gibt sieben Urkräfte oder Urbilder, nach denen sich die sichtbare Welt gestaltet. Wir werden ihnen im folgenden wieder begegnen als die »Sieben Strahlen« oder die Weltseele. Diese manifestiert sich in sieben Schwingungs- oder Bewußtseinszuständen, die als Bildekräfte in der Welt wirken und alles Sichtbare hervorbringen. Im Neuen Testament werden sie als die »*sieben Geister vor dem Throne Gottes*« bezeichnet; ein Beweis, daß das Wissen immer vorhanden war, jedoch unter dem Deckmantel der Symbolik nur selten erkannt wurde.

Multiplizieren wir aber 3 × 4, so erhalten wir 12, und 12 ist die Zahl der Sternbilder oder Tierkreisenergien, die verantwortlich sind für die Zyklen und Epochen im Geschehen der Welt sowie des Einzelmenschen. Auch diese Zahl finden wir immer wieder in der Bibel als die zwölf Stämme Israels, die zwölf Söhne Jakobs, die zwölf Jünger Jesu, um nur einige zu nennen, ein Hinweis, daß die Bibel in ihrer wahren Bedeutung nur verstanden werden kann, wenn wir die geheimen Botschaften der Zahlen entschlüsseln können, in denen der tiefere Sinn des Textes verborgenliegt. Denn die Zahl 12 steht für die grundlegenden Schöpfungsprinzipien, die den Tierkreis in seiner Entwicklungsordnung bestimmen und die als Archetypen hinter jeder sichtbaren Form wirken.

Geometrisch läßt sich dies natürlich auch wieder beweisen. Wie Johannes Kepler in seinem Werk *Schöpfungsgeheimnisse in Weltentiefen* demonstriert, ergibt sich die Zwölfteilung des Kreises, wenn man von einem Punkt des Kreises aus das regelmäßige Dreieck und von dem gleichen Punkt aus das Quadrat in den Kreis konstruiert.

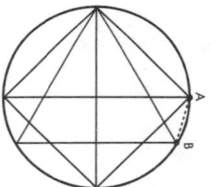

Die Strecke von A nach B beträgt 1/12 des Kreises.

Die zwölf Tierkreiszeichen sind also keine willkürliche Annahme, sondern sie ergeben sich geometrisch aus einem im Kreis eingeschlossenen Quadrat und Dreieck, die den Zahlen 3 und 4 entsprechen, dem Symbol für Geist (3) und Materie (4).

So kann das Grundschema des Horoskops auch als die geometrischsymbolhafte Darstellung der ersten vier Zahlen verstanden werden, in denen die Entstehung der Welt symbolisiert wird. Denn das Horoskop stellt ja die Geburt eines individuellen Bewußtseins dar, das dem großen Schöpfungsvorgang vergleichbar ist. Um dies zu veranschaulichen wollen wir das Bild des Horoskops in seinen Entstehungsstufen betrachten, die im Grunddiagramm enthalten sind.

Das Grundsymbol des Horoskops ist der Kreis mit seinem zentralen Mittelpunkt, das die Geburt eines durch Zeit und Raum begrenzten Bewußtseins darstellt, denn ein individuelles Bewußtsein entsteht immer durch Abgrenzung vom größeren Ganzen. Es ist daher auch das Symbol der Sonne, als Quelle unseres Bewußtseins und entspricht der Zahl 1. Auf dieser Ebene besteht noch das Bewußtsein der Einheit; es ist der Zustand des Geistes oder des in sich selbst konzentrierten Seins.

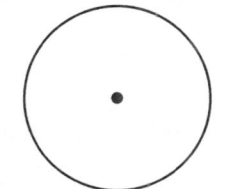

Doch dieses in sich selbst konzentrierte Sein muß sich nach außen verlagern, um sein Schöpfungspotential zu verwirklichen und Bewußtsein über sich selbst zu erlangen.

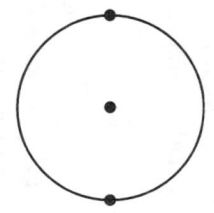

So entstehen durch die Projektion des in einem Punkt konzentrierten schöpferischen Willens auf zwei periphere Punkte des Kreises die drei Aspekte des einen großen Lebens. Das Zentrum teilt sich auf in drei Brennpunkte, und dennoch bleibt die Einheit bestehen. Dies ist die Entstehung der Ur-Dreiheit, die hinter allem Geschaffenen existiert. Es ist das Mysterium der göttlichen Trinität oder der drei Aspekte des Seins, die wir als Geist, Seele und Körper bezeichnen.

Sobald diese drei Punkte sich zu einer Linie verbinden, beginnt der große Schöpfungsakt. Es erfolgt die Teilung des Universums in Geist und Materie oder – wie es symbolisch heißt – in Himmel und Erde oder männlich und weiblich.

Dies ist die Potenz der Zahl 2. Es ist die Entstehung der Dualität in der Welt, die in der gesamten Schöpfung wirksam ist, denn die sichtbare Schöpfung ist die Folge dieser Teilung.

So entsteht die obere und die untere Hälfte des Horoskops, in der die Dualität des menschlichen Bewußtseins – Geist und Natur – zum Ausdruck kommt.

Dann folgt die Drehung des Durchmessers, und es entstehen zwei weitere Punkte, die zu einer Linie verbunden werden und die sich so kreuzen, daß vier gleiche Teile entstehen.

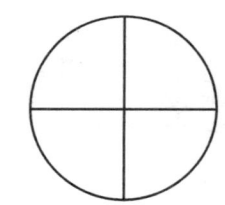

Dies ist die Geburt der Zahl 4 oder der »Wirksamkeit des Kreuzes«, das allen materiellen Angelegenheiten zugrundeliegt.

Durch diese Vierteilung des Kreises werden die beiden sich rechtwinklig kreuzenden Energieströme dargestellt, die Zeit und Raum symbolisieren. Sie stellen den Menschen in eine vierfältige Bewußtseinswelt, die die Basis seiner Entwicklung bildet und die in der Astrologie als die vier Quadranten bekannt sind.

Dieser Kreis mit einem eingeschlossenen Kreuz, der das Grundschema des Horoskops bildet, stellt die vier Ebenen der Existenz dar, in denen sich der Mensch bewußtseinsmäßig bewegt, ein Thema, das im folgenden noch ausführlich behandelt wird.

Da allem Existierenden aber stets eine Dreiheit von Kräften zugrundeliegt, wird jeder Quadrant nochmals in drei Felder unterteilt, wodurch wir die zwölf astrologischen Häuser erhalten, die sich aus der Dreiteilung der vier Quadranten ergeben.

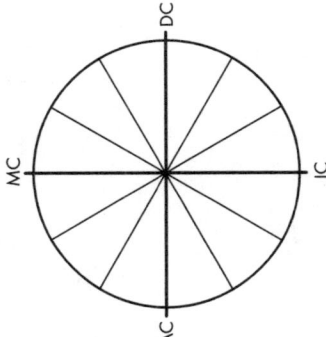

Wir sehen also, daß wir schon aus der Geometrie des Horoskops wichtige Schlüsse ziehen können, wenn wir sie in die Betrachtung mit einbeziehen. So wird deutlich, daß auch dem Horoskop die Zahlen 3 (Geist) und 4 (Materie) zugrundeliegen, aus deren Verbindung Bewußtsein entsteht. (Vgl. Kap. II, 4.) Das Grundschema des Horoskops kann deshalb auch als das Bewußtseinsfeld betrachtet werden, in dem der Mensch durch »Kreuzigung in Zeit und Raum« (das Kreuz der vier Quadranten) seine individuelle seelische Entwicklung beginnt, die durch die Projektion des Tierkreises und der Planeten auf dieses Grundmodell für den Einzelnen gedeutet und interpretiert werden kann.

Doch bevor dieses Thema vertieft werden kann, möchte ich nochmals zu den Zahlen zurückkehren. Sie stellen, wie eingangs postuliert, die Entwicklungsordnung dar, die allen natürlichen Prozessen zugrundeliegt. Sie müßten sich also im Aufbau des Universums, aber auch in der Struktur des Menschen nachweisen lassen. Dies soll durch eine kurze Einführung in die Esoterische Psychologie deutlich werden, da sie eine Voraussetzung für das Verständnis esoterisch-astrologischer Zusammenhänge bildet.

II

GRUNDLAGEN
DER
ESOTERISCHEN PSYCHOLOGIE

TABULA SMARAGDINA

Die geheime Arbeit des HERMES TRISMEGISTOS des Einen und Dreifachen.

Es ist wahr, ohne Falschheit,
sicher und zuverlässig;

Das, was oben ist, ist wie das,
was unten ist, und das, was unten ist,
ist wie das, was oben ist, und das
betrifft dieses eine wunderbare Werk.

Wie alle Dinge ihre Existenz dem Willen
des All-Einen verdanken,

entstammen alle Dinge dem All-Einen,
dem am meisten Verborgenen,
auf Anweisung des Einen Gottes.

Der Vater des All-Einen ist die Sonne,
seine Mutter ist der Mond,
der Wind hat es in seinem Innersten
getragen; aber seine Amme ist
der Geist der Erde.

Das All-Eine ist der Vater aller Dinge
im Universum.

Seine Macht ist vollkommen,
nachdem es sich vereinigte mit dem
Geist der Erde. Trennt sanft und
sorgfältig die Erde vom Feuer,
das Grobe vom Feinen.

In großem Maße steigt es von der Erde
zum Himmel auf und steigt wieder herab,
neugeboren auf der Erde,
und das Obere und das Untere
verstärken ihre Kraft.

Dadurch habt Ihr teil am Glanze
der ganzen Welt und die Finsternis
wird von Euch weichen.

Das ist die mächtige Kraft aller Kräfte.
Damit seid Ihr in der Lage, alle Dinge
zu überwinden und alles zu verwandeln,
was fein und was grob ist.

Auf diese Weise wurde die Welt
geschaffen:

Die Anordnungen, diesem Weg zu folgen,
sind verborgen.

Aus diesem Grunde bin ich
HERMES TRISMEGISTOS

Einer im Wesen aber in drei Aspekten.
In dieser Dreiheit ist die Weisheit
der ganzen Welt verborgen.

Damit endet, was ich zu sagen habe
über die Auswirkungen der Sonne.

zitiert nach Manley P. Hall, »Secret Teachings of the Ages«, Los Angeles 1988.

1. Die Einheit des Universums – Der Äther des Raumes

Es gibt nichts als Energie,
denn Gott ist Leben.
Alice Bailey

Die zeitlose Weisheit lehrt, daß der »Weltenraum« eine Wesenheit ist«, und mit dem Leben dieser Wesenheit, mit den Kräften und Energien, den Rhythmen, Zyklen und Epochen beschäftigt sich die Esoterische Astrologie. Dieser Weltenraum, der uns als Himmelskuppel erscheint, ist seinem Wesen nach ätherisch[12], und sein Lebenskörper besteht aus der Gesamtheit der Ätherkörper aller darin befindlichen Sternbilder, Sonnensysteme und Planeten. Durch dieses kosmische Lebensgewebe flutet ein ständiger Kreislauf von Energien und Kräften, und dies bildet die wissenschaftliche Grundlage der astrologischen Theorien.

Dieser Gedanke ist unserer materiell-geprägten Wissenschaft schwer zugänglich, da die eingende Substanz, die das kleinste Atom mit den entferntesten Galaxien verbindet, noch nicht wissenschaftlich erforscht ist, obwohl sie den Denkern, Wissenschaftlern und Philosophen der Antike längst als Äther bekannt war und auch von einigen fortschrittlichen Wissenschaftlern unseres Jahrhunderts als Tatsache anerkannt wurde. Dennoch blieb dieser Entdeckung die allgemeine Anerkennung bisher versagt, da die Allgemeinheit noch zu stark vom überholten Begriff einer festen Materie ausgeht, der aber – wie wir gesehen haben – nicht mehr zu halten ist, da in jüngster Zeit auch wissenschaftlich bewiesen

[12] Wissenschaftler wie Gurwitch und Vernadsky haben schon Anfang dieses Jahrhunderts ein elektromagnetisches Feld nachgewiesen. Gurwitch ist der Entdecker des Lichtes aus der Zelle.
Auch Sheldrake hat diesen Gedanken unter dem Begriff der »morphogenetischen Felder« wieder aufgenommen und schlüssige Beweise für dieses bestehende Energiefeld erbracht.

werden konnte, daß alles, was massive und solide Materie genannt wird, in Wahrheit gar nicht existiert. Wir wissen inzwischen, daß Materie sich auf den Begriff der Energie reduzieren läßt. So ist es nur noch eine Frage der Zeit, auch die Wissenschaft entdecken wird, was die Esoterik schon seit jeher behauptet, daß es nur eine einzige Substanz im Universum gibt, die sich in der Natur in wechselnden Graden von Dichte und Schwingung manifestiert.

Der »Äther des Raumes«[13], von dem hier die Rede ist, ist also diese einzige Substanz, aus der alles Lebendige geformt ist. Er ist eine Lichtsubstanz, die alle Teile des Universums zusammenhält und mit Leben erfüllt. Er ist das Trägermedium für den Austausch aller Kräfte und Energien, die ständig hin- und herfluten und sich in unaufhörlicher Bewegung befinden, denn sie gehorchen einem höheren übergeordneten Rhythmus, der sie alle zu einem größeren Ganzen verbindet.

Für den Esoteriker ist das Universum deshalb auch ein lebendiges, einheitliches, unteilbares Ganzes, ein universeller ätherischer Körper aus frei strömenden Energien, die eine Verschmelzung aus dynamischer und magnetischer Energie darstellen, was die Wissenschaft als elektromagnetisches Feld bezeichnet. Das Einwirken dieser beiden Kräfte auf die Materie hat zur Folge, daß die Atome, aus denen jede Art von Materie besteht, an den Äther herangezogen werden und nach einem einheitlichen Prinzip funktionieren. In rein physikalischem Sinne ist der Äther das Prinzip der Integration oder die Kohäsionskraft, die die physischen Atome zusammenhält. Er ist das elektro-magnetische Feld[14], das jedes Lebewesen umgibt und das inzwischen auch sichtbar gemacht werden kann.

Bezogen auf die Astrologie betrachtet die Esoterik den Äther des

[13] In wissenschaftlicher Terminologie entsprechen die Bio-Photonen dem Äther. Diese Photonen, durch die jeder lebendige Körper eine Lichtausstrahlung erhält, werden zur Zeit von Dr. Fritz Albert Popp wissenschaftlich erforscht. Er konnte diese Photonenausstrahlung aller lebenden Körper mit einem sog. Restlichtverstärker direkt sichtbar machen. Auch hier gibt es wiederum eine Annäherung der Naturwissenschaft an die Esoterik, denn diese Lichtausstrahlung ist nichts anderes als das, was die Esoterik als Aura bezeichnet und die von Hellsichtigen wahrgenommen werden kann.

[14] Es ist inzwischen wissenschaftlich anerkannt, daß die Körper von einem biomagnetischen Feld umgeben sind. Beweise hierfür liefert seit langem die Kirlianphotographie, mit der dieses Energiefeld sichtbar gemacht werden konnte. Hellsichtige sind ebenfalls in der Lage, den Ätherkörper zu sehen, wie es von Autoren wie Leadbeater, Dora van Gelder-Kunz, Beesley und Tansley dokumentiert ist.

Raumes als das Feld, in dem und durch das Energien und Kräfte aus vielen schöpferischen Quellen wirken. Sie geht davon aus, daß er Universen, Sternbilder, unser Sonnensystem und die dazugehörigen Planeten miteinander verbindet und nach einem einheitlichen Rhythmus funktionieren läßt. Ja, sie nimmt sogar eine Verbindung an zwischen dem entferntesten Himmelskörper des Weltalls und der kleinsten Lebensform unserer Erde, dem Atom, denn der Ätherraum gilt als ein riesiger, unermeßlicher, einziger Energieraum, in dem jede Form – vom Sonnensystem bis zum Atom – ihren festgelegten Platz hat.

» . . . Trotzdem ist dieser Ätherkörper – so ungeheuer groß und so wenig bekannt er in seinem Umfang auch ist – seinem Wesen nach begrenzt und hinsichtlich der Kapazität (relativ gesprochen) stillstehend. Wir sprechen manchmal von einem sich ausdehnenden Universum; in Wirklichkeit meinen wir ein sich ausdehnendes Bewußtsein, denn dieser Ätherkörper der Wesenheit Raum ist der Empfänger für viele Arten erfüllender und durchdringender Energien, ebenso der Bereich für die einschlußvolle Tätigkeit der darin wohnenden großen Wesen des Universums, der vielen Sternbilder, der weit entfernten Sterne, unseres Sonnensystems und der Planeten innerhalb dieses Systems, sowie all dessen, was die Gesamtheit dieser gesonderten lebenden Form ausmacht. Der Faktor, der sie alle verbindet, ist das Bewußtsein und sonst nichts, und der Bereich bewußten Gewahrseins wird geschaffen durch das Wechselwirken aller lebendigen, intelligenten Formen innerhalb des Ätherkörpers jenes großen Wesens, das wir Raum nennen.«

Alice Bailey: Telepathie und Ätherkörper

Der Faktor, der alle diese Formen verbindet, ist also ausschließlich das Bewußtsein, und dieses Bewußtsein wird geschaffen durch das Wechselwirken aller lebendigen, intelligenten Formen innerhalb des Ätherkörpers jenes großen Wesens, das den Weltenraum beseelt und mit Leben erfüllt. Das Leben, das durch alle sichtbaren Körper strömt und den ganzen Raum beseelt, ist also das Leben einer Wesenheit, denn es gibt nur »Ein Leben«. In allen Formen wirkt dasselbe Leben, in Zeit und Raum begrenzt durch die Ziele, die Wünsche, die Form und die Qualität des innewohnenden Bewußtseins, denn es gibt viele verschiedene Bewußtseinstypen, doch das Leben bleibt immer dasselbe und unteilbar.

Jede Form im Ätherkörper des Universums – sei es ein Sonnensystem, ein Planet oder ein Mensch – ist daher ein Brennpunkt aus Energie, um den herum eine Anhäufung aus Atomen entstanden ist; gleichzeitig ist sie aber auch ein Lebenszentrum im Ätherkörper der jeweils größeren Form, deren Bestandteil sie ist. Diese Aussage kann noch präzisiert werden: Jeder Körper in Raum und Zeit hat einen eigenen Ätherkörper, der ihn umgibt und durchdringt, der seiner Evolutionsstufe entspricht und eine individuelle Einheit bildet, aber durch Energieströme auch mit allen anderen Ätherkörpern verbunden ist.

»Da jede Form eine Anhäufung substantieller Lebewesen oder Atome darstellt, ist sie auch ein Zentrum im Ätherkörper derjenigen Form, deren Bestandteil sie ist. Sie hat als Grundlage für ihr Dasein einen lebendigen, dynamischen Kern, der die Form integriert und sie in ihrem wesensmäßigen Sein erhält. Die Form oder dieses Zentrum – sei es nun groß oder klein, ein Mensch oder ein Substanzatom – steht in Verbindung mit allen anderen Formen und bringt in dem umliegenden Raum Energien zum Ausdruck, ist für einige automatisch empfänglich und weist andere durch Nichtanerkennung zurück. Es überträgt oder übermittelt Energien, die von anderen Formen ausstrahlen, und wird so seinerseits zu einer einwirkenden Kraft. Eine Form ist also ein Lebenszentrum in einem Aspekt des Ätherkörpers der Wesenheit Raum, soweit es sich um lebendig-beseeltes Dasein, wie etwa das eines Planeten, handelt. Dasselbe gilt auch für alle kleineren Formen, etwa für jene, die man auf und innerhalb einer Ebene findet.«

Alice Bailey: Telepathie und Ätherkörper

Der individuelle Ätherkörper des einzelnen Menschen ist also kein abgesonderter menschlicher Träger, sondern ein integraler Bestandteil des Ätherkörpers der »Menschheit«. Sie ist durch ihren Ätherkörper wiederum ein integraler Bestandteil des Ätherkörpers unserer Erde, und dieser bildet mit den Ätherkörpern anderer Planeten und der Sonne zusammen den Ätherkörper unseres Sonnensystems. Dieses Sonnensystem, das die Grundlage unserer Astrologie bildet, ist wiederum nicht isoliert, sondern Teil eines noch größeren Ganzen, von dem es seine Lebensenergie erhält. Diese Kette von Verbindungen ließe sich fortführen, bis wir bei jenem großen Schöpferpotential ankommen, das die Quelle allen Lebens ist: Dem *Universum*, das von einer alles durchdringenden Wesenheit belebt wird, die wir *Gott* nennen.

Somit stellt das sichtbare *Universum* – esoterisch betrachtet – den *Körper Gottes* dar. Alles hat sein Leben in diesem *Körper* – jede Wesenheit ist ein Funke göttlichen Seins. Alle Energien und Kräfte sind Ausstrahlungen einer einzigen »Großen Absicht«, eines einzigen Großen Planes hinter der sichtbaren Schöpfung, und dieser Plan wird durch die ständige Einwirkung von vielfältigen qualifizierenden Energien auf den Äther des Raumes an alle lebendigen Organismen weitergegeben, die Teile des großen Ganzen sind. Diese Erkenntnis, die von fundamentaler Bedeutung ist, bildet die Grundlage und Begründung der Esoterischen Astrologie und ebenso die grundlegende Prämisse aller esoterischen oder geistigen Wissenschaften.

»Von den Lebenskräften, die nichts anderes sind als Strömungen, die durch die äußere Hülle ständig bewegten Raumäthers kreisen, gibt es viele Arten. Es ist eine der Vorstellungen, die den astrologischen Theorien zugrunde liegen, daß der Ätherkörper jeder Form einen Teil vom Ätherkörper des Sonnensystems bildet und deshalb das Mittel ist für die Übertragung von Sonnenenergien, planetarischen Kräften und von außersolaren oder kosmischen Impulsen, die esoterisch «Atemzüge» genannt werden. Diese Kräfte und Energien der kosmischen Strahlen kreisen beständig und folgen bestimmten Bahnen durch den Äther des Raumes in allen Teilen; also durchströmen sie auch dauernd die Ätherkörper aller exoterischen Formen. Das ist eine grundlegende Wahrheit und muß sorgfältig berücksichtigt werden, denn die Folgerungen daraus sind vielfältig und verschiedenartig; aber alle führen zur Idee der Einheit und des Einsseins aller Schöpfung zurück, was man nur auf der subjektiven Seite erfahren und wirklich erkennen kann.«
Alice Bailey: Weiße Magie

Aus esoterischer Sicht gibt es also nichts Unbelebtes oder Abgetrenntes im gesamten Universum. Alles ist miteinander verbunden und beseelt von einem einzigen großen Leben, das durch alle sichtbaren Körper strömt. Alles ist Leben, und dieses Leben ist unteilbar und bleibt immer dasselbe, jedoch begrenzt in Zeit und Raum durch die Qualität des Bewußtseins und die zeitlich unterschiedliche Bewußtseinsentwicklung der einzelnen vielfältigen Lebensformen, die ihrerseits Teil einer jeweils größeren Lebenseinheit sind. Durch diese, im Evolutionsplan festgelegte stufenweise Bewußtseinsentwicklung entsteht eine hierarchische Gliederung des Universums, die wir im folgenden näher betrachten wollen, da sie den Grundplan jeglicher Entwicklung bildet.

2. Der Aufbau des Makrokosmos –
Die Göttliche Trinität

Materie ist das äußere Medium, für das Offenbarwerden der Seele auf diesem Lebensgrund, und Seele ist das Instrument auf einer höheren Daseinsebene, damit der schöpferische Geist sich offenbaren kann. Diese drei bilden eine Dreiheit, die durch die Energie des Lebens, die sie alle durchdringt, zu einer Einheit verschmolzen ist.

H. P. Blavatsky: Geheimlehre

Die eine *Große Universelle Schöpferkraft*, die hinter dem Universum steht und die wir Gott oder Logos nennen, ist die Ursache allen Seins. Sie birgt in sich das unvergängliche ewige *Leben*, die Essenz aller Lebens- und Bewußtseinsformen. Sie ist der »Große Unaufhörliche Atem«, durch den die verschiedenen Welten in Erscheinung treten und vergehen, als Offenbarung dieser einen unvergänglichen und unbegreiflichen Wesenheit, die immer existiert und die – wie es in alten Mythen heißt – in regelmäßigen harmonischen Abständen »ein- und ausatmet«. Atmet sie aus, tritt die Welt in sichtbare Manifestation, atmet sie ein, so vergeht eine Welt.

Auf der Stufe der sichtbaren Manifestation tritt dieses eine große Schöpferpotential als *Dreifaltige Energie* in Erscheinung, und es sind diese drei Aspekte einer einzigen großen Energie, die sich hinter dem Symbol der *Göttlichen Trinität* verbergen, das wir in allen großen Ur-Religionen wiederfinden. In christlicher Terminologie nennen wir diese Trinität Vater, Sohn und Heiliger Geist, im Hinduismus Shiva, Vishnu und Brahma und im alten Ägypten Osiris, Isis und Horus. Doch auch in Griechenland spinnen die drei Moiren die Schicksalsfäden: Lachesis (die Vergangenheit), Atropos (die Zukunft), und zwischen den Gegensätzen von Vergangenheit und Zukunft steht vermittelnd Klotho (die Gegenwart). In der nordischen Götterwelt sind es die drei Nornen am Fuße der

Weltenesche: Urd (das Gewordene), Verdandi (das Werdende), Skuld (das Zukünftige).[15]
Die Begriffe wechseln wie die Erscheinungsformen der Religionen, doch die Grundwahrheit ist in allen Ur-Religionen die gleiche, denn die Göttergestalten stellen nur Gleichnisse dar, die eine schwer zu begreifende energetische Tatsache sichtbar machen sollen. Was verbirgt sich also hinter diesen Symbolen und hinter den mythischen Gestalten der großen Weltreligionen? Welche Energien und Kräfte wirken auf das Weltgeschehen ein? Die Bibel beginnt mit den Worten:

»Am Anfang schuf Gott Himmel und Erde ...«
Genesis I

Ein Märchen? Oder enthält die Bibel doch mehr Hintergrundinformation als der wissenschaftlich aufgeklärte Mensch wahrhaben möchte? Versuchen wir das Symbol zu deuten, so wird uns gesagt, daß die Entstehung der Welt durch Teilung geschieht. Die Einheit, der Ur-Zustand wird zerstört, um eine grundlegende Dualität (Geist/Materie) zu schaffen, innerhalb derer sich Entwicklung vollzieht. Geist und Materie sind demnach die beiden Seiten einer Medaille, entstanden aus dem gleichen Ur-Zustand der Einheit. Sie sind die ewig wirkenden Polaritäten in der Welt, das Verborgene und das Sichtbare, die Ursache und die Wirkung, Tag und Nacht, Licht und Finsternis. Diese grundlegende Dualität ist die Ursache jeglicher Entwicklung, denn durch das wechselseitige Einwirken dieser beiden Dualitäten aufeinander wird Bewußtsein ermöglicht. Der Geist spiegelt sich in der Materie und die Materie reflektiert den Geist. So entsteht im Zuge der Entwicklung eine neue dritte Kraft: die *Seele* oder das *Bewußtsein*. Schöpfung, Entwicklung, Evolution geschehen also um der Seele willen, die stets das mittlere Prinzip darstellt, das »Kind des Elternpaares Geist-Materie«. Dies ist es, was uns alle Schöpfungsmythen erzählen und was sich hinter dem Mysterium der Dreifaltigkeit verbirgt, die den dreifältigen Energiezustand symbolisiert, der allem Geschaffenen zugrundeliegt und den geistigen Grundrhythmus der Welt bedingt.

[15] Weniger bekannt sind: Ormuzd, Ahriman, Mithras (Persien); Amon, Mut, Chons (Theben, Ägypten); Anu, Enlil, Ea (Sumer); Ometeotl, Omecihuatl, Ometicutli (Azteken); Chaos, Eros, Gaia (Griechenland); Jupiter, Juno, Vulcan (Rom); Odin, Hönir, Lodur oder Loki (Germanische Götterwelt).

Alte indische Schriften bezeichnen diese drei Rhythmen oder Schwingungszustände, die durch alle materiellen Formen hindurch wirken, als Sattwa, Rajas und Tamas.

Sattwa (Harmonieaspekt)	— Positive Kraft	— ausstrahlend oder männlich
Rajas (Aktivitätsaspekt)	— Magnetische Kraft	— integrierend oder neutral
Tamas (Trägheitsaspekt)	— negative Kraft	— empfangend oder weiblich

Diese drei Schwingungszustände wirken unablässig auf die Materie ein und bewirken so ihre Evolution. Hinter allem Geschaffenen wirkt also eine dreifältige geistige Kraft, die uns im Bild der göttlichen Dreifaltigkeit vermittelt wird.

Dieses Mysterium läßt sich aber auch naturwissenschaftlich durch das Prinzip der Elektrizität veranschaulichen, in der das Prinzip einer dreifachen Kraft physisch sichtbar wird. Denn Elektrizität entsteht dadurch, daß ein positiver und ein negativer Pol durch einen Leiter verbunden werden. So wird eine zwischen beiden Polen oszillierende neutrale Kraft erzeugt, die den elektrischen Strom liefert, mit dem wir Licht und Energie gewinnen.

Und nichts anderes geschieht auf geistiger Ebene, da alle geistigen Gesetze ihre Entsprechung in Naturgesetzen haben. Wenn sich also Geist (+) und Materie (-) verbinden, entsteht aus dieser Vereinigung ebenfalls eine dritte Kraft: die Energie der Seele (solare Elektrizität), die als Licht oder Bewußtsein im Menschen zum Ausdruck kommt. So bietet uns das Bild der Elektrizität die lebendige Anschauung der dreifältigen Gottheit, die hinter allem Sichtbaren im Verborgenen wirkt.

Diese Dreiheit von Kräften, Beziehungen, Rhythmen oder Energien — um nur einige unzureichende Umschreibungen zu nennen — bildet somit die Grundlage jeglicher Entwicklung, angefangen vom Sonnensystem über den Menschen bis zum Atom, denn Entwicklung vollzieht sich stets zwischen zwei entgegengesetzten Kräften, gemäß dem Prinzip der Elektrizität. Diese Erkenntnis ist von elementarer Bedeutung, und wir werden ihr im folgenden immer wieder begegnen, da sie den Ausgangspunkt jeglicher Bewußtwerdung bildet. Diese Tatsache verbirgt sich auch hinter den schillernden Mythen und symbolischen Bildern aller Ur-Religionen und tritt offen zutage, sobald wir uns vom äußeren Schein und den Dogmen verweltlichter religiöser Vorstellungen nicht mehr blenden lassen. Denn alles, was wir in der physischen Welt sehen, ist in dreifältiger Form vorhanden; die sichtbare Welt stellt nur einen Aspekt der Wirklichkeit dar, und zwar den dichtesten. Dahinter verbirgt sich das, was man auch als die Seele des Universums bezeichnen könnte, und beides wurde wiederum von dem einen großen schöpferischen Willen ins Leben gebracht, der – wenngleich der menschliche Verstand dies nicht erfaßt – als ewiger, unaufhörlicher Atem hinter allem sichtbaren Geschehen wirkt und den wir Gott nennen.

In der Esoterik gehen wir deshalb immer davon aus, daß es drei grundlegende Seinszustände im Kosmos gibt, die sich hinter jeder sichtbaren Form verbergen, sei es nun ein Sonnensystem, ein Mensch, ein Planet oder ein Atom, weil das eine Leben sich stets in einer Dreiheit von Energien offenbart, die wir als *Leben, Bewußtsein, Form* oder *Leben, Qualität, Erscheinung* bezeichnen können.

Die griechischen Philosophen der Antike sprachen vom Logos, der sich in den drei Logoi: *Wille, Liebe-Weisheit* und *Intelligenz* offenbart. Diese Begriffe, die die Grundlage für ein esoterisches Verständnis der Welt bilden, sollen im folgenden genauer definiert werden. Denn nur wenn wir lernen, in Begriffen von Energien und Kräften zu denken, können wir uns vom illusionären Bild einer soliden materiellen Welt lösen, das – wie wir gesehen haben – ja auch wissenschaftlich nicht mehr zu halten ist.

Leben oder Geist – Das Prinzip des Willens – Vater

Der erste Aspekt dieser Dreifaltigkeit ist die alles durchdringende und alles bestimmende Energie des Schöpferwillens. Dieser Wille wird auch als Absicht oder Schöpfungsplan bezeichnet und ist die ewig bestehende, unsichtbare und doch immer gegenwärtige Ursache aller Manifestation in Zeit und Raum. Er ist der Plan, der der Gesamtschöpfung zugrundeliegt und der uns für lange Zeit unserer Entwicklung unergründlich und unbegreifbar bleiben wird, da der Verstand ihn nicht erfaßt. Wir müssen uns deshalb damit begnügen, hypothetisch anzunehmen, daß dieser Plan existiert und über die Allseele – das Bewußtsein des Universums – an alle Lebensformen übermittelt wird in Form von Naturgesetzen, die auf der physischen Ebene gelten und für alle verbindlich sind.

Seele oder Bewußtsein – Das Prinzip der Liebe – Sohn

Der zweite Aspekt der Dreifaltigkeit ist die Universalseele oder das große beseelende Bewußtsein, das die Qualität aller Lebewesen bestimmt. Diese Universalseele durchdringt den gesamten Kosmos und belebt jedes Atom der materiellen Welt. Sie ist das empfindende Bewußtsein, das in allen Formen vorhanden ist und die gesamte Schöpfung beseelt. Dieses Empfindungsbewußtsein oder die Seele ist das Ergebnis aus der Verbindung von Geist (Dreiheit) und Materie (Vierheit), und offenbart sich dementsprechend auch stets in einer siebenfältigen Abstufung von Bewußtsein, die in der Esoterik als die *Sieben Strahlen* bekannt sind.

Diese sieben kosmischen Strahlen sind sieben grundlegende Energieströme, die das schöpferische Bewußtsein oder die Seele des Universums verkörpern, die alles Sichtbare hervorbringt. Sie werden deshalb auch als die großen Baumeister oder Bildekräfte des Universums bezeichnet, die die folgende grundlegende Prinzipien zum Ausdruck bringen:

Die drei Aspektstrahlen:

1. Strahl: *Das Prinzip des Willens oder der Macht*
2. Strahl: *Das Prinzip der Liebe-Weisheit*
3. Strahl: *Das Prinzip der aktiven Intelligenz*

Die vier Attributstrahlen:

4. Strahl: *Das Prinzip der Harmonie durch Konflikt*
5. Strahl: *Das Prinzip des konkreten Wissens*
6. Strahl: *Das Prinzip des Idealismus oder der Hingabe*
7. Strahl: *Das Prinzip der zeremoniellen Ordnung oder Magie*

Diese Sieben Strahlen, die in der Esoterik auch als »Herz der Sonne« bezeichnet werden, bilden die Quelle des irdischen Bewußtseins, denn sie verkörpern das Licht der Seele, das sich entsprechend der sieben Spektralfarben stets in siebenfacher Abstufung manifestiert.[16]

[16] Es gibt auch im Bereich der Naturwissenschaft eine Entsprechung. Unsere Fernsehbilder werden durch drei Farbsignale – Rot/Blau/Grün – erzeugt, aus denen dann wiederum die vier sekundären Farben entstehen.

»Zweitens gibt es Energien, die von dem ausgehen, was man esoterisch «das Herz der Sonne» nennt; diese pulsieren in sieben großen Strömen durch die verschiedenen Planeten, ergießen sich in die Seele des Menschen und bringen jene Feinfühligkeit hervor, die wir Gewahrsein oder Bewußtheit nennen. Diese sieben Energiearten erzeugen die sieben Typen von Seelen oder Strahlen, und in diesem Gedanken liegt das Geheimnis der Seeleneinheit beschlossen. In der Erscheinungswelt findet man infolge der Impulse der sieben Energiearten, welche auf die Materie des Raumes einwirken, die sieben Typen von Seelen, die sieben Ausdrucksbereiche und die sieben Bewußtseinsgrade und Strahlenmerkmale. Diese Differenzierungen sind, wie ihr ja wißt, gleich der Färbung, die das Prisma annimmt, wenn es den Sonnenstrahlen ausgesetzt ist, oder wie die verschnörkelten Muster, die man bei einem Spiegelbild in einem klaren Teich findet.«

Alice Bailey

Eine Entsprechung und Bestätigung für diese Tatsache finden wir auch in den sieben Tönen unserer Tonleiter. Sie lassen sich ebenfalls auf die Sieben Strahlen zurückführen, denn Farbe und Ton entsprechen sich vollkommen, da sie Emanationen des gleichen »Ur-Wortes« sind, das sich in sieben unterschiedlichen Schwingungsfrequenzen äußert und dadurch sieben Abstufungen von Tönen, von Licht oder von Bewußtsein hervorbringt.

Die Sieben Strahlen sind sieben Abstufungen von Energie oder Licht, die sich auf der Ebene der Farben in drei primäre und vier sekundäre unterteilen lassen.

Drei primäre Farben:	I. Rot
	II. Blau
	III. Grün

Vier sekundäre Farben:	IV. Gelb
	V. Orangegelb
	VI. Rosa
	VII. Violett

Sie bilden als qualifizierende Energieströme den Hintergrund für jegliche Entwicklung im Physischen, denn sie enthalten die Information der sieben Seelen-Typen, die in Form von sieben Farben, Tönen oder Schwingungen eine siebenfältige Bewußtseinswelt entstehen lassen, in der wir unser Dasein haben.

Die Sieben Strahlen können deshalb auch als die Urbilder oder wahren Archetypen in der Welt betrachtet werden. Sie bringen sieben grundlegende Bewußtseinszustände hervor, die hinter jeder Erscheinungsform im Verborgenen wirken und die Evolution aller Formen bedingen. Denn auf jeder Ebene der Existenz – sei es nun ein Sonnensystem, ein Planet, ein Mensch oder ein Atom – finden wir ein siebenfältig abgestuftes Energiegefüge. Alles Geschaffene besteht aus sieben Qualitäten von Energie oder Bewußtsein. Dies gilt für unsere Erde genauso wie für den Menschen, aber auch für das gesamte Universum, weil ein kleines Energiepotential immer Bestandteil des Größeren ist und sich gemäß dem Urbilde offenbart.

»Diese «Beherrschung der Form durch eine Siebenzahl von Energien» (wie es im Alten Kommentar definiert wird) ist eine unveränderliche Regel (oder Norm) in der inneren Regierung unseres Universums und unseres speziellen Sonnensystems, und genauso im Falle des Einzelmenschen.«

Alice Bailey: Esoterische Astrologie

Dies ist das Mysterium der »Zahl 7«[17], die eine heilige Zahl ist. Sie spielt in allen mythischen Überlieferungen und Heiligen Schriften der Welt eine hervorragende Rolle, weil sie die siebenfältige Abstufung von Licht symbolisiert, die die Sieben Strahlen auf der Erde hervorbringen und das Bewußtsein aller Lebewesen prägen. Hinter der Zahl 7, die vor allem in der *Genesis* und der *Offenbarung des Johannes* als Schlüsselzahl auftaucht, verbirgt sich deshalb auch das Geheimnis der Evolution.

Materie oder Form – Das Prinzip der Intelligenz – Heiliger Geist

Die sichtbare Materie entsteht durch die Wirkung der vier Grundkräfte der Natur: der starken Kernkraft, der schwachen Kernkraft, der elektromagnetischen Kraft und der Gravitation, die die Anordnung und den

17 Die Wissenschaft hat inzwischen erkannt, daß die Zellen des menschlichen Körpers sich alle sieben Jahre vollkommen erneuert haben. Auch dies ist ein Beweis für diesen Tatbestand. Der siebenfältige Rhythmus bestimmt auch die körperliche Entwicklung und ist die Schlüsselzahl der irdischen Entwicklung überhaupt. (Vgl. Kap. II, 5. »Die siebenfältige Natur des Menschen«)

Aufbau der Elementarteilchen bedingen. Diese vier Kräfte wirken über den Äther auf alle Formen ein und gestalten so das sichtbare Universum, das der Esoteriker als die Verkörperung Gottes in der Welt betrachtet. Es umfaßt alle sichtbaren Lebensformen, Sterne, Planeten, Sonnensysteme, Mensch, Tier, Pflanze und Atom, die alle vom gleichen großen göttlichen Plan oder Willen ins Leben gebracht werden, nach seinen Gesetzen funktionieren und alle von dem einen großen Bewußtsein – der Weltseele – beseelt sind, das als Liebe oder anziehende Kraft wirkt und alle Formen miteinander verbindet.

Diese Lebensformen unterscheiden sich jedoch in ihrer Gestalt durch den unterschiedlichen Grad an Bewußtheit, der das Ergebnis eines unendlich langen, noch nicht abgeschlossenen Evolutionsprozesses ist. Denn die Energien der Sieben Strahlen, die die geistigen Urbilder alles Geschaffenen sind, wirken ständig auf die vier Grundkräfte der physischen Formen ein, um sie für die Seele empfänglich zu machen. Auf diese Weise geschieht eine langsame Angleichung der physischen Formen – die zunächst ausschließlich von den physischen Kräften beherrscht werden – an das »Weltbewußtsein«, das dem Urbild der Sieben Strahlen entspricht. So werden im Laufe eines unendlich langen Zeitraumes irdischer Entwicklung die physischen Formen aller Lebewesen in ihrer Schwingung so lange verändert und verfeinert, bis sie das Licht der Seele – die Farben der Sieben Strahlen – in reinster Form reflektieren und zum Ausdruck bringen können.

Aus esoterischer Sicht vollzieht sich die Evolution der Welt daher durch die ständige Einwirkung von *geistigen Energien auf physische Kräfte.* Denn gemäß dem Prinzip der Intelligenz, das die Formwelt regiert, passen sich alle Lebensformen ständig an veränderte Umweltbedingungen, aber auch an höhere geistige Impulse an, bis sie schließlich als vollkommener Reflektor des Lichtes der Sieben Strahlen unseres Sonnensystems dienen können. Die Entwicklung von Licht durch Evolution der physischen Formen ist also das Ziel irdischen Lebens, und sie bildet auch den Kern aller universellen Weisheitslehren der Welt, die ihrem Wesen nach »Religionen des Lichts« sind.

Ein Symbol für die Durchlichtung und Transformation von Materie finden wir im Physischen in der Umwandlung von Kohle in einen Diamanten, der eines der faszinierendsten Entwicklungsvorgänge der Natur darstellt. In Millionen von Jahren wird ein absolut dichtes, undurchsichtiges, relativ weiches Material in das härteste, aber vollkommen transparente Material umgewandelt, das das Licht der Sonne vollkommen reflektiert. In diesem Symbol liegt das Geheimnis der irdischen Entwicklung verborgen, denn auch die Erde und der Mensch müssen sich so verwandeln, daß sie am Ende zu einem vollkommenen Leiter für Licht werden.

Die qualifizierenden Energien und Kräfte des Universums

Die Einheit: Der Äther des Raumes

Die Dreiheit: Der Geist oder die Monade

Wille – Vater
Liebe-Weisheit – Sohn
Intelligenz – Hl. Geist

Die Siebenheit: Die Universalseele

Die sieben kosmischen Strahlen:

I   Wille oder Macht
II   Liebe-Weisheit
III   Aktive Intelligenz
IV   Harmonie durch Konflikt
V   Konkretes Wissen oder Wissenschaft
VI   Hingabe oder Devotion
VII   Zeremonielle Ordnung

Die Vierheit: Das physische Universum

Die vier Grundkräfte der Natur:

I   Die starke Kernkraft
II   Die elektromagnetische Kraft
III   Die schwache Kraft
IV   Die Schwerkraft

3. Der Aufbau des Mikrokosmos – Die menschliche Trinität

Auch der Mensch ist – wie alles Lebendige im Kosmos – ein dreifältiges Wesen, nämlich *Geist*, *Seele* und *Körper*.

Doch was verbirgt sich hinter diesen Bezeichnungen wirklich?

Der Geist oder das Leben des Menschen

Der Geist des Menschen ist für uns bisher nicht wahrnehmbar. Wir nehmen an, daß es ihn gibt, doch im allgemeinen haben wir keine präzise Vorstellung davon, was er wirklich ist, und so werden Geist und Denken auch häufig als Synonym gebraucht, was esoterisch falsch ist.

Esoterisch betrachtet ist der Geist der Lebensaspekt des Menschen, der der wissenschaftlichen Erklärung bis heute noch nicht zugänglich ist. Er ist das Leben selbst, das uns durchpulst, der Atem, der bei der Geburt von einem Körper Besitz ergreift und ihn beim Tod wieder verläßt. Dieses Leben, das in uns atmet, ist unser wahres »göttliches Ich«, das uns als göttlicher Lebensfunke in die Einheit der Schöpfung einbindet und den Rhythmus unserer Lebenszyklen bestimmt. Es ist der »Wille-zum-Leben«, der uns ins Dasein bringt und unsere Lebensspanne festlegt.

Die Seele oder das Bewußtsein des Menschen

Die Seele, die die Qualität eines der Sieben Strahlen[18] verkörpert und zum Ausdruck bringt, ist das wahre Selbst des Menschen. Sie ist ihrem

---

[18] Der Seelenstrahl eines Menschen bedingt seine Gruppenzugehörigkeit im geistigen Sinne, denn jeder Mensch gehört einer der sieben Gruppen von Seelen an, die jeweils eine geistige Gruppe bilden. Diese Zugehörigkeit zu einer der sieben Strahlengruppen ist die Ursache für das, was wir spontan als »Seelenverwandtschaft« zwischen Menschen spüren. (Vgl. Kap. II, 5. »Die siebenfältige Natur des Menschen«.)

inneren Wesen nach Licht und Liebe. Wir nehmen sie wahr als das innere Licht, das sich durch geistige Klarheit, wahres Selbst-Bewußtsein, Verantwortlichkeit und Zielgerichtetheit ausdrückt. Sie ist das Bewußtsein sowie die Fähigkeit der Selbst-Wahrnehmung und der Feinfühligkeit, die den Menschen vom Tier unterscheidet. Seele und Bewußtsein sind daher synonyme Begriffe. Beim unbewußten Menschen wirkt die Seele allerdings zunächst nur als die »Stimme des Gewissens«, beim höher entwickelten äußert sie sich als Feinfühligkeit, Empfindungsfähigkeit und Intuition, Eigenschaften, die im täglichen Leben als verstehende Liebe, Selbstlosigkeit, Verantwortungsbewußtsein und Weisheit zum Ausdruck kommen.

Die Formnatur oder die vier Körper des Menschen

Die Esoterik lehrt, daß der Mensch nicht nur einen physischen Körper hat, sondern daß er auch drei feinstoffliche Körper besitzt, über die er sich als Seele mit der Umwelt in Verbindung setzt. Diese vier Körper lassen sich sehr vereinfacht wie folgt darstellen:

Der physische Körper

Er ist die Gesamtsumme aller Zellen, Organe und Organsysteme, aus denen er besteht. Diese üben die vielfältigen Funktionen aus, die die Seele befähigen, sich auf der physischen oder objektiven Ebene als Teil eines größeren und umfassenderen Organismus zum Ausdruck zu bringen. Der physische Körper ist deshalb auch der »Reaktionsapparat« der Seele und dient dazu, unser »geistiges Ich« in Verbindung zu bringen mit den Schwingungen der Erde, auf der wir unser Dasein haben und aus deren Substanz unser Körper besteht.

Der Ätherkörper

Wie alle Lebensformen im Weltraum, hat auch der Mensch einen Lebens- oder Ätherkörper[19], der dem physischen Körper und seinem umfassenden, weitverzweigten Nervensystem zugrundeliegt. Dieser Ätherkörper hat vor allem den Zweck, den physischen Körper zu be-

[19] Die Wissenschaft bezeichnet das Licht des Ätherkörpers als Biophotonen, die inzwischen auch mit Geräten gemessen und nachgewiesen werden können.

leben, zu aktivieren und ihn dadurch in den Energiekörper der Erde und des Sonnensystems einzugliedern. Als Teil jenes riesigen universellen Energienetzes, das die Grundlage für alle großen und kleinen – makrokosmischen und mikrokosmischen – Formen bildet, ist er ein Gewebe von Energieströmen, von Kraftfäden und Licht, und entlang dieser Energiefäden strömen die kosmischen Kräfte, so wie das Blut durch die Arterien und Venen fließt. Dieser ständige individuelle Kreislauf der Lebenskräfte durch die Ätherkörper aller Lebewesen ist die Grundlage für alles manifestierte Leben und ein Ausdruck für den inneren Zusammenhang alles Lebendigen.

Der Astralkörper oder Emotionalkörper

Der Gefühls- und Empfindungskörper des Menschen entsteht durch das wechselseitige Einwirken von Begierden und Gefühlsreaktionen auf das Selbst oder die Seele im Innern. Diese Wechselwirkung zwischen den Impulsen der Seele und dem Begehren, das den Astralkörper kennzeichnet, wird vom Menschen als Gefühlsregung, als Schmerz oder Lust und all die anderen Gefühlsgegensätze, wie Freude und Leid, Glück und Unglück, Liebe und Haß erlebt. Durch diesen Körper äußert sich unsere Psyche, die durch die Verbindung von Gefühlen und persönlichen Gedanken entsteht. Sie entwickelt sich im Zuge der menschlichen Bewußtwerdung zeitweilig zu einer eigenständigen, bestimmenden Kraft, die sich den Zielen der Seele widersetzt, weil die Begierde und das Ich-Gefühl im Vordergrund stehen.

In den beiden feinstofflichen Körpern – dem Äther- und Astralkörper – liegen daher auch die häufigsten Ursachen von physischen Krankheiten und psychischen Störungen.

Der Mentalkörper

Er befähigt uns zu denken, denn er stellt jenen Anteil am »Denken Gottes« dar, den ein individueller Mensch durch sein Denkvermögen verwenden und beeindrucken kann. Durch diese Fähigkeit, selbständig zu denken, unterscheiden wir uns vom Tier und von der übrigen Natur, und dadurch gewinnen wir auch die Freiheit der eigenen Entscheidung, die uns potentiell zum Schöpfer unserer eigenen Lebensumstände macht. Denn allem Geschehen im Physischen geht ein gedanklicher Impuls voraus, und so nimmt die Freiheit des Menschen mit der Fähigkeit, selbständig zu denken, natürlich zu, aber auch die Gefahr der inneren

Abspaltung vom größeren Ganzen, solange das Ganze gedanklich noch nicht erfaßt wird.

Der Mentalkörper, der uns zu konkretem, logisch-schlußfolgerndem Denken befähigt, bildet deshalb auch die wichtigste Voraussetzung für die Entwicklung einer integrierten, selbstbewußten Persönlichkeit, die sich durch Selbständigkeit und Selbstbestimmung auszeichnet.

Auf einer höheren Ebene stellt er aber auch die Verbindung zur Seele her, in dem Maße, wie unser Denken immer umfassender wird und zunehmend in abstrakte geistige Bereiche hineinreicht.

Diese vier Körper, die im Zuge der Persönlichkeitsentwicklung zu einer Einheit verbunden werden müssen, sind die »Verbindungswerkzeuge« der Seele mit der Welt, in der sie ihre Aufgabe zu erfüllen hat. Durch sie tritt sie in Kontakt mit den »drei Welten menschlicher Evolution«: der physisch-ätherischen Ebene, der Astralebene und der Mentalebene, die die drei Bewußtseinssphären oder Realitäten irdischen Lebens bilden.

Dieser vierfachen Körpernatur – den Kontaktorganen der Seele – entspricht auf der physischen Ebene wiederum ein vierfaches körperliches Steuerungssystem, das alle Körperfunktionen lenkt:

- das dreifache Nervensystem mit Gehirn
- das Blutsystem
- das endokrine oder hormonelle System
- das feinstoffliche Nervensystem, das System der sog. »Nadis«.[20]

Über dieses »ätherische Nervensystem« wird der gesamte Körper zu einem einheitlichen Funktionieren veranlaßt, eine Tatsache, die der Wissenschaft aber bis heute noch weitgehend unbekannt ist.

[20] Eine Bestätigung für dieses ätherische Nervensystem finden wir in der fernöstlichen Medizin. Die chinesische Medizin und speziell die Akupunktur, deren Wirkung inzwischen auch im Westen unbestritten ist, basieren auf diesem ätherischen Nervensystem, das ein genaues Abbild des physischen Nervensystems darstellt und die Lebensenergie in den Körper transportiert.

Die menschliche Persönlichkeit als Synthese der vier Körper

Des Menschen Aufgabe ist es nun, sich dieser vier Körper bewußt zu werden. Über sie nimmt die Seele im Laufe einer langen Reihe von Inkarnationen Kontakt mit der Umwelt auf, um sich durch Erfahrungen in der physischen Welt zu einer eigenständigen Persönlichkeit zu entwickeln, die denken, fühlen und handeln kann. Das Ziel der Persönlichkeitsentwicklung ist es, diese drei Ebenen zu verbinden und dadurch Selbständigkeit und eine eigenständige Individualität zu erlangen. Ein Mensch, dessen Handeln und Denken noch nicht koordiniert sind, der sich hin- und hergerissen fühlt zwischen Gefühlen und Denken oder dessen Gefühle das Denken bei weitem dominieren, ist deshalb auch noch keine Persönlichkeit im eigentlichen Sinne. Erst aus der Vereinigung dieser drei Energien,

- der mentalen Energie oder dem Denkvermögen
- der astralen Energie oder der Wunschnatur
- der vitalen Energie oder der Lebenskraft

in einem physischen Körper entsteht die eigenständig denkende, fühlende und handelnde Persönlichkeit. Sie zeichnet sich dadurch aus, daß das Denken der bestimmende Faktor im Leben geworden ist und die Gefühle sie nicht mehr an der Durchsetzung ihrer Ziele hindern. Dieses Stadium der Persönlichkeit ist gekennzeichnet durch Ich-Durchsetzung und eine egozentrische Haltung, weil die Verschmelzung dieser drei Energien in uns jenes Individualitätsgefühl erzeugt, das wir als Eigenbewußtsein kennen und das uns eine eigenständige Identität verleiht. Der Mensch dieser Ebene erlebt sich als ein Einzelwesen, das von anderen getrennt ist. Ehrgeiz, Leistungsdenken und die Konkurrenz zu anderen bilden die Motivation seines Handelns.

Diese Phase der auf sich selbst konzentrierten Persönlichkeit, die vorwiegend Eigeninteressen kennt und sich als »dramatisches Ich« im Mittelpunkt des Weltgeschehens erlebt, ist aber nur ein notwendiges Zwischenstadium, über das wir mit zunehmender seelischer Reife hinauswachsen. Denn der Mensch ist eine Dualität aus physischer Existenz und Bewußtsein, und im Erkennen dieser Dualität liegt das eigentliche Ziel unseres Lebens. So beginnen wir den Sinn irdischen Lebens auch erst zu verstehen, wenn wir aufhören, uns mit unseren Körpern zu identifizieren und uns als das innewohnende Bewußtsein oder die Seele erkennen, die uns treibt, uns aus der Abhängigkeit von unserer Körpernatur zu befreien und nach Wahrheit zu suchen, um schließlich zur Erleuchtung unseres Bewußtseins zu gelangen.

Dieses Wissen, daß die Befreiung aus der Identifikation mit der materiellen Welt das Ziel der menschlichen Entwicklung ist, finden wir in allen Yoga-Systemen und Weisheitslehren der Welt, denn unser wahres Wesen ist reines Bewußtsein, das unabhängig von Zeit und Raum existiert und das nicht auf die Persönlichkeit einer Inkarnation begrenzt ist.

Die geistige Anatomie des Menschen

Die Dreiheit:

Geist	—	Wille
Seele	—	Liebe-Weisheit
Körper	—	Intelligenz

Die Vierheit:

Mentalkörper	—	Denken
Astralkörper	—	Fühlen
Ätherkörper	—	Vitalität
Physischer Körper	—	Handeln

4. Die Entwicklung des Bewußtseins

Das Bewußtsein des Universums – Die Weltseele

*Im ganzen Universum ist die Bewußtheit und
Empfindungsfähigkeit der Seele das Thema des
göttlichen Planes.*
Alice Bailey

Zu Beginn unserer Betrachtungen stand die Erkenntnis, daß die gesamte Schöpfung und damit auch der Mensch, als Teil dieser Schöpfung, sich als eine Dualität offenbart. Diese Dualität äußert sich als Geist (das Verborgene) und Materie (die sichtbare Welt der Formen), und aus der wechselseitigen Einwirkung dieser Dualitäten aufeinander entsteht eine dritte Kraft: das »Welten-Bewußtsein«, die Seele des Universums oder in christlicher Terminologie »der Sohn«.

Die Seele ist im Makrokosmos wie im Mikrokosmos also jenes Bewußtsein, das sich entwickelt, wenn der geistige und der stoffliche Aspekt des Seins miteinander in Beziehung treten. Deshalb ist sie weder Geist noch Materie, sondern die Beziehung zwischen beiden. Sie ist das Bewußtsein, das beide Aspekte wahrnimmt und in sich vereinigt, so wie ein Kind sowohl die Eigenschaften des Vaters wie auch der Mutter in sich trägt. Und dieses Bewußtsein, das sich als Geist und Materie zugleich erkennt, ist die Kraft, die auf das ätherische Lebensgewebe aller Körper im Raum einwirkt und dieses mit seiner Empfindungsfähigkeit und Qualität ausstattet.

Die Weltseele ist daher die Empfindungsfähigkeit der atomaren Substanz selbst, die die intelligente Wirksamkeit der Natur hervorbringt, sowie die Fähigkeit, auf die Schwingungen der Umwelt zu reagieren. Um es deutlicher zu machen, könnte man diese Kraft der Seele auch als Anziehungsenergie, Zusammenhalt, Empfindungsvermögen, Lebendigkeit oder Wahrnehmungsfähigkeit bezeichnen, kurz sie ist die *Qualität*, die in jeder Lebensform zutage tritt. Sie ist das subtile Etwas, das ein Mineral, eine Pflanze, ein Tier oder einen Menschen in seiner Art und seinem Charakter von anderen unterscheidet und ihm seine einmalige Eigenart verleiht. Die Qualitäten, Schwingungen, Farben und Merkmale in allen Naturreichen sind daher Seeleneigenschaften, doch jedes Naturreich bringt sie auf die ihr eigene Weise zum Ausdruck, denn die Weltseele offenbart sich – entsprechend der Qualitäten der Sieben Strahlen – in jedem Naturreich auf eine andere Weise, aber ihre Funktion ist immer die gleiche.

Die Seele ist also die *Qualität des Bewußtseins* auf jeder Ebene der Existenz, und sie ist es, die alle Lebewesen vorwärtstreibt, dem Licht entgegen, denn

> *»im ganzen Universum ist Bewußtheit und Empfindungsfähigkeit der Seele das Thema des göttlichen Plans, und dieses sich stetig erweiternde Bewußtsein – oder die Weltseele – bringt sich durch die Evolution des Universums zum Ausdruck.«*
>
> Alice Bailey

Die Seele ist folglich die Kraft, die Evolution bewirkt. Sie ist es, die mit ihren antreibenden Impulsen eine ständige Höherentwicklung aller Lebensformen bewirkt und allen Lebewesen durch ein sich stetig erweiterndes Bewußtsein und eine ständig wachsende Einbeziehungsfähigkeit immer größere Bewußtheit und Empfindungsfähigkeit verleiht. Diese Erkenntnis ist es, die Goethe am Schluß des Faust II sagen läßt:

> *»Alles Vergängliche ist nur ein Gleichnis;*
> *Das Unzulängliche,*
> *Hier wird's Ereignis,*
> *Das Unbeschreibliche,*
> *Hier ist's getan;*
> *Das Ewig-Weibliche*
> *Zieht uns hinan.«*

Das Bewußtsein des Menschen – Die individuelle Seele

Das Mysterium der Schöpfung enthüllt sich dem Menschen, wenn er sich selbst erforscht. Der Mikrokosmos enthüllt die Natur des Makrokosmos

Alice Bailey

Auch der Mensch als Mikrokosmos muß durch das Wechselwirken von Geist und Körper etwas Drittes hervorbringen, die individuelle Seele, die sich erst im Laufe einer langen Kette von Inkarnationen entwickelt. Diese individuelle Seele ist Teil der Weltseele, so wie jedes Einzelleben stets Teil eines größeren umfassenden Ganzen ist, doch ist sie stellt eine Differenzierung der in der Natur wirkenden Weltseele dar, da sie das Merkmal der *Individualität* besitzt. So fügt die Menschheit der Schöpfung etwas hinzu, das nur sie erbringen kann, denn nur der Mensch kann Individualität und Selbstbestimmung erreichen, da nur er die freie Willensentscheidung hat. Die Menschheit ist daher das Naturreich, das Himmel und Erde wieder verbinden wird. Sie ist es, die durch bewußte Anwendung ihrer Denkkräfte ihre tierische Natur verwandeln muß, um so »die Materie in den Himmel zu heben«, wie es uns symbolisch in der Himmelfahrt der Jungfrau Maria erzählt wird.

Der Mensch ist daher ein »Wanderer zwischen zwei Welten«, der stirbt und wiedergeboren wird. Sein Bewußtsein pendelt zwischen Geburt und Tod und bildet gleichsam die Verbindung zwischen Vergangenheit und Zukunft. Denn er vereint in sich die Quintessenz des ganzen irdischen Evolutionsprozesses der Vergangenheit (Mineral, Pflanze, Tier) und hat gleichzeitig die Aufgabe, etwas Neues zu entwickeln: die menschliche Individualität, die ihn zu einem Wesen macht, das sich selbst erhalten kann und weiß, wer es ist. Dies unterscheidet den Menschen vom Tier, das keine Möglichkeit zur Selbsterkenntnis hat, da seine Reaktionen ausschließlich von Instinkten geleitet werden.

Die Individualität, die besondere Eigenschaft des Menschen, ist es daher auch, die ihm die Kraft verleiht, Ideale zu erahnen, Schönheit zu empfinden, gefühlsmäßig auf Musik zu reagieren und sich an Farben und Harmonie zu erfreuen. Sie gibt ihm die Fähigkeit zur Kreativität und läßt in ihm ein Eigenbewußtsein, ein Selbsterkennen und ein Bewußtsein von Unsterblichkeit entstehen, das ihn zum »Ebenbild Gottes« macht. Gleichzeitig befähigt sie ihn aber auch in einer Weise zu leiden, wie es kein Tier vermag. Denn durch dieses Leiden, das seinen Entwicklungsweg begleitet, gewinnt der Mensch etwas Neues hinzu, seine Denk- und Urteilskraft, die die Frucht seiner Erfahrung ist und die ihn schließlich wahrnehmen läßt, was die Seele wahrnimmt.

Doch lange Zeit hindurch macht dieses »göttliche Ich« – die Seele – den Menschen zum »verlorenen Sohn« in der Welt, der hin- und hergerissen ist zwischen der Last des irdischen Daseins und der magnetischen Anziehung der Seelenebene, der Quelle, aus der er sein Leben bezieht. Diese Verbindung aus Seele und Körper ist in der griechischen Mythologie durch die Zwillinge Castor und Pollux dargestellt, die dem Tierkreiszeichen Zwillinge entsprechen. Der Vater des Pollux ist ein Gott, der Vater des Castor ist ein Mensch, der eine unsterblich, der andere sterblich. Diese grundlegende Dualität, die das Wesen des Menschen kennzeichnet, wird deutlich in den viel zitierten Versen aus Goethes Faust, der einen Menschen an der Schwelle zu Seelenbewußtsein darstellt:

»Zwei Seelen wohnen, ach! in meiner Brust,
Die eine will sich von der andern trennen;
Die eine hält in derber Liebeslust
Sich an die Welt mit klammernden Organen;
Die andere hebt gewaltsam sich vom Dust
Zu den Gefilden hoher Ahnen.«

Der Mensch, das »Kind eines himmlischen Vaters und einer irdischen Mutter«, hat also die Wahl zwischen zwei Wegen:

– einem, der zurückführt in das Erbe der Vergangenheit, die Formnatur mit ihren Trieben und Begierden, die sein wahres Bewußtsein verschleiert;

– und einem, der in die Zukunft und folglich ins Licht führt, in die Welt des Geistes oder der Einheit, der Quelle, aus der alles Leben hervorgeht und seine Kraft erhält.

Dies sind die beiden Polaritäten, zwischen denen sein Bewußtsein pendelt, doch um zu Harmonie zu kommen, muß er den mittleren Weg finden, der zwischen diesen beiden Ebenen liegt. Dieser mittlere Weg ist der »Pfad der Seele« oder der Weg des »erkennenden Denkens«, mit dessen Hilfe der Mensch sich selbst als das *verbindende Bewußtsein* zwischen Geist und Materie entdeckt.

Um zu uns selbst zu finden, müssen wir also erkennen, daß wir nicht identisch sind mit unserem Körper, auch nicht mit unseren Gefühlen oder Gedanken, sondern mit der Seele, die Licht und Liebe ist. Sie ist unser wahres Selbst, das umgeben ist von schwingenden Körpern oder Energiehüllen. Diese schwingenden Körper sind aber lediglich Kontaktorgane, über die die Seele Eindrücke aus der äußeren Welt erhält. Doch wir selbst sind »reines Bewußtsein«, das auch außerhalb des Körpers existiert und von Zeit zu Zeit wieder eine Form annimmt, um diese mit Bewußtsein auszustatten und so ihre geistige Höherentwicklung zu bewirken.

Die menschliche Seele ist also das »sich selbst erkennende Bewußtsein«, das das zeitlose Sein und die stoffliche Welt verbindet, um diese zu vergeistigen. Doch dieser Prozeß der Vergeistigung der Materie vollzieht sich über einen unendlich langen Zeitraum, und so geht der Mensch evolutionär auch durch verschiedene Stadien des »Un-Bewußtseins«, die ihn zunächst veranlassen, sich mit dem »Nicht-Selbst« oder der Formwelt zu identifizieren.

Die Stufen menschlicher Bewußtseinsentwicklung

Zu Beginn seiner Entwicklung fühlt sich der Mensch mit den Begierden und Wünschen seiner Körper identisch und nimmt den Unterschied zwischen sich als Bewußtsein (Geist-Seele) und seinem Körper nicht wahr. Dies führt zu einer Reihe von Leben, in denen sein Interesse ausschließlich von Verlangen und materieller Befriedigung erfüllt ist. Seine Handlungen werden durch instinktive, unbewußte Reaktionen auf die Umwelt bestimmt.

Dieser Bewußtseinszustand verändert sich im Laufe von zahlreichen Inkarnationen allmählich in Empfindungsfähigkeit für Umweltbedingungen, was zu einem intensiven Wunschleben führt – so wie es heute sehr häufig der Fall ist – und zur Entwicklung schöpferischer Vorstellungskraft. Am Ende dieser Phase steht der gefühlsverhaftete Mensch, der schwärmerisch und zum Teil fanatisch nach einem Lebensideal oder einem Idol sucht, dem er sich hingeben kann, weil er seine eigene

Identität noch nicht gefunden hat. Deshalb sucht er nach einer Identifikationsfigur oder einem größeren Ganzen (Heimat, Nationalität, Religion, Ideologie, Verein, Fan-Club), das ihm das Gefühl der Zugehörigkeit und damit der Gruppen-Identifikation ermöglicht. In dieser Phase ist der Mensch anfällig für Massenphänomene, denn sein Eigenbewußtsein ist noch schwach, und sein Leben wird weitgehend von seiner Wunschkraft bestimmt, die sich auf diesseitige oder jenseitige Ziele richten kann.

Von diesem Bewußtseinsstadium aus, das gekennzeichnet ist durch Lebenskraft, Empfindungen, Wünsche und Sehnsüchte nach diesseitigen oder transzendenten Idealen, entwickelt sich nun das mentale Bewußtsein: sein Merkmal ist Intelligenz, Forschungsdrang, intellektuelles Wahrnehmungsvermögen, Empfänglichkeit für Gedankenströmungen sowie eine zunehmende Fähigkeit, auf Ideen zu reagieren, die von der Ebene der Intuition kommen. Dies ist das Stadium schöpferischen Wirkens.

Auf das mentale Bewußtsein folgt das Stadium der integrierten Persönlichkeit, ein Bewußtseinszustand, in dem alle bisherigen Stufen zusammengefaßt sind und einheitlich funktionieren. Diese Persönlichkeitsintegration kann auf zwei Arten erfolgen:

– *als Ich-bezogene Persönlichkeit,*
die in egoistischer Einstellung und Selbstbetonung nur Eigeninteressen kennt und nach Geltung strebt. Der Mensch besitzt Macht und verfolgt seine selbstsüchtigen Ziele, indem er die Welt für seine Interessen nutzt. Er ist ehrgeizig und erfolgreich, und seine Interessen richten sich primär auf materielle Dinge und auf sich selbst;

– *als seelenbewußte Persönlichkeit,*
die die Sinnlosigkeit eines primär auf materielle Befriedigung und die eigene Person ausgerichtete Lebensweise erkannt hat. Der Mensch sucht nun nach einem nützlichen Leben, dessen Sinn sich nicht mehr auf die eigene Bedeutung beschränkt, weil er sich als Teil eines größeren übergeordneten Ganzen erlebt. Wenn dies der Fall ist, beginnt die Seele ihre Gegenwart fühlbar zu machen, und der Weg der Bewußtseinserweiterung oder der menschlichen Einweihung beginnt.

Es gibt noch ein fünftes Stadium, das des Eingeweihten oder geistigen Menschen. Mit diesem werde ich mich aber nur am Rande beschäftigen, da es für die meisten Menschen nur als Idealziel menschlicher Entwicklung erfaßt werden kann, nicht aber als gelebte Realität.

Diese Stufen menschlicher Bewußtseinsentwicklung, die hier nur sehr knapp dargestellt werden können, bilden den Hintergrund für das Verständnis der Esoterischen Astrologie. Sie kennzeichnen den langen Weg der Seele, die über unendlich viele Inkarnationen den Weg der Selbsterkenntnis geht, der über verschiedene Zwischenstadien zu Seelenbewußtsein führt. In diesem Zusammenhang sei an die Worte erinnert, die über dem Eingang des Apollo-Tempels in Delphi standen: »*Mensch erkenne dein Selbst*« und im Innern des Tempels, nur lesbar für den, der ihn nach Erfüllung dieser Forderung betreten durfte, die Fortsetzung dieses Satzes: »*Und du wirst Gott erkennen.*«[21]

Selbst-Erkenntnis, die zu Gott-Erkenntnis führt, ist aus esoterischer Sicht also das Ziel menschlicher Entwicklung, und so hat der Mensch im Rahmen der Evolution auch einen wichtigen Platz als Mittler zwischen Himmel und Erde. Er ist ein geistiges Wesen, das einen physischen Körper belebt, und das ist seine große Chance und sein Problem zugleich. Die Instinkte und Begierden seines Körpers sind es deshalb auch, die ihn über Millionen von Jahren auf der Erde festhalten. Sie verhüllen sein wahres Bewußtsein und machen ihn zum Sklaven von Begierden, von Machtgier und Besitz bis zu dem Zeitpunkt, an dem er sich als Seele erkennt und die Identifikation mit seinen Körpern aufgibt.

Diese grundlegende Verwandlung vom instinktiven, unbewußten zum geistig erwachten Menschen ist Teil des »göttlichen Plans«. Sie vollzieht sich durch die ständige Einwirkung der Sieben Strahlen, der planetarischen Energien und der Tierkreis-Energien auf die Substanz unserer Körper, die zunächst unbewußte, aber mit zunehmender Reife immer bewußtere Reaktionen hervorrufen. Und in dem Maße, wie sich ein Mensch dieser Energien bewußt wird und sie immer gezielter und positiver für seine Lebensgestaltung einsetzt, beginnt der Prozeß der Selbst-Erkenntnis, der zu Seelen-Bewußtsein führt. Zugleich erhöht sich aber auch die Schwingung seines Körpers, und diese Verwandlung findet ihren sichtbaren Ausdruck in der Entfaltung der sieben Chakras, die im folgenden ausführlicher beschrieben werden, da sie Teil des esoterischen Verständnisses vom Menschen sind.

[21] Zitiert aus: Oskar Adler, *Das Testament der Astrologie*

5. Die siebenfältige Natur des Menschen

So ist die Ziffer sieben, als Summe von 3 und 4, ein Element jeder antiken Religion, weil sie ein Element der Natur ist. . . . Das Universum ist eine Siebenheit; seine Totalität setzt sich aus Siebenergruppen zusammen — da die Wahrnehmungskraft aus sieben verschiedenen Seiten besteht, die den sieben Reichen entsprechen.

H. P. Blavatsky: Die Geheimlehre

Die Esoterik lehrt, daß jede physische Form durch eine Siebenzahl von Energien beherrscht wird, deren Ursprung die Sieben Strahlen sind. So tragen alle Himmelskörper – also auch Mensch und Atom – latent ein siebenfältiges Prinzip in sich, das durch den ständigen Einfluß der zyklisch wechselnden Sieben Strahlen im Laufe einer langen Entwicklung erst zur vollen Entfaltung gebracht wird. Wir können die Sieben Strahlen deshalb als sieben grundlegende Energieströme betrachten, die den Weltenplan zur Ausführung bringen, indem sie die Planeten als »Brennpunkte« benutzen, um die Materie mit ihren Qualitäten zu imprägnieren und so für die Seele empfänglich zu machen. Denn das »Eine Unteilbare Leben« teilt sich auf in sieben Lichtqualitäten oder sieben Strahlen, die in zyklischer Folge durch alle Naturreiche fließen und dadurch alle Bewußtseinsgrade in allen Schöpfungsbereichen hervorbringen. Die sieben Abstufungen von Licht oder die sieben Schwingungszustände des einen großen Lebens, die sich auf jeder Ebene der Existenz wiederfinden lassen, bilden den Hintergrund jeglicher Entwicklung. So werden Epochen und Kulturen geprägt, und sie stellen auch den Menschen in eine siebenfältige Bewußtseinswelt, die er mit zunehmender Entwicklung immer bewußter wahrnehmen lernt.

Bewußtwerdung oder geistige Entwicklung bedeutet deshalb auch nichts anderes, als sich zunehmend der nicht-physischen Ebenen der Existenz bewußt zu werden, denn schon heute bewegen wir uns in mindestens drei Ebenen, auch wenn wir verstandesmäßig nur die physische als Realität akzeptieren. Doch jede Nacht, wenn wir träumen, erleben wir uns in einer anderen Realität als der physischen. Wir tauchen ein in ein Bewußtsein, in dem der physische Raum-Zeit-Begriff nicht mehr existiert. Es muß also noch andere Realitäten geben, die auf unser Bewußtsein einwirken, und wenn wir uns beobachten, werden wir feststellen, daß wir uns auch im Wachbewußtsein zumindest in drei »Bewußtseinswelten« aufhalten,

– der physischen Welt, die mit unseren fünf Sinnen wahrgenommen wird,

– der astralen Welt, die unser Gefühlsleben und unser subjektives Empfinden ausmacht,

– der mentalen Welt, die unser Denken bestimmt.

In diesen drei Ebenen des Bewußtseins leben wir abwechselnd oder gleichzeitig, ob wir dies bewußt wahrnehmen oder nicht.

Es gibt aber noch eine vierte Ebene der Existenz, die sich oberhalb des Denkens befindet, und dies ist die Welt der Seele oder der Intuition. Sie ist uns aber noch wenig vertraut, da sich unser Bewußtsein im allgemeinen mit den drei Welten, der physischen, der gefühlsmäßigen und der mentalen begnügt. Doch sobald die Seele erwacht, nehmen wir zunehmend wahr, daß es diese Welt der Intuition oder des Lichtes ist, in die wir bewußtseinsmäßig eindringen müssen, um uns selbst zu erkennen, und daß wir die Möglichkeit haben, unser Bewußtsein auf höhere Ebenen der Existenz auszudehnen.

In der Esoterik sind die sieben Bewußtseinsebenen, die der Mensch im Zuge seiner Entwicklung wahrnehmen lernen muß, unter folgenden Bezeichnungen bekannt:

Die sieben Stufen irdischer Entwicklung

1. Die göttliche Ebene	Logos	Einheitsbewußtsein
2. Die monadische Ebene	Monade/Geist	Geistiges Bewußtsein
3. Die geistige Ebene	Gruppenseele	Gruppenbewußtsein
4. Die intuitionelle Ebene		
Die höhere Mentalebene	Seelen-Persönlichkeit	Seelenbewußtsein
5.		
Die niedere Mentalebene	Kleine Persönlichkeit	Eigenbewußtsein
6. Die Astralebene	Psyche	Gefühlsbewußtsein
7. Die physische Ebene	Körperliche Existenz	Körperbewußtsein

Diese sieben Ebenen der Existenz, die es im Zuge unserer Entwicklung zu entdecken gilt, entsprechen den Sieben Strahlen, die die sieben Grundschwingungen der Welt erzeugen, in der menschliches Leben sich vollzieht. Sie bestimmen ebenso die Qualität und die Lebensäußerung des Menschen, der grundsätzlich eine siebenfältige Natur in sich trägt, die sich aber erst im Laufe der Evolution voll offenbart.

Die Entwicklungsgeschichte des Menschen ist also noch nicht abgeschlossen. Auch sie unterliegt – wie alles Leben auf Erden – einem siebenfältigen Entwicklungsplan, der im System der sieben Chakras sichtbar wird, die durch die ständige Einwirkung der Sieben Strahlen im Laufe einer unendlichen Reihe von Inkarnationen zur vollen Entfaltung gebracht werden.

Die Sieben Strahlen bilden deshalb auch den Hintergrund für das tiefere Verständnis unseres Wesens. Sie sind ein integraler Teil der Esoterischen Astrologie, denn jeder Mensch wird in seiner Grundstruktur von fünf Strahlen geprägt, die man bei der astrologischen Beurteilung eines Menschen eigentlich berücksichtigen müßte, um sein vielschichtiges Wesen zu erfassen. Je ein Strahl bestimmt die Eigenschaft und Qualität des physischen, des astralen und des mentalen Körpers, ein Strahl bestimmt die Qualität der Seele und ein Strahl die Persönlichkeit. Die Sieben Strahlen sind daher ein wichtiger Baustein für das Verständnis der Geistigen Psychologie, und ohne sie bleibt auch die Astrologie ungenau und unvollkommen. Doch im Rahmen einer Einführung, bei der es vor allem um einen synthetischen Überblick der wesentlichen Grundlagen geht, kann das Gebiet der Sieben Strahlen nicht erschöpfend behandelt werden. Der Hinweis auf die Sieben Strahlen, die ein kompliziertes, aber höchst faszinierendes Thema darstellen, soll an dieser Stelle deshalb nur dazu dienen, das Prinzip einer siebenfältigen Entwicklungsskala aufzuzeigen, die – wie die Esoterik lehrt – auf jeder Ebene der Existenz in Erscheinung tritt, und dies soll im folgenden anhand der »Sieben Chakras« veranschaulicht werden.

Die sieben Energiezentren des Menschen – Die Chakras

Die äußere Entsprechung der Sieben Strahlen im Menschen sind die sieben Hauptenergiezentren oder die sieben Chakras, wie die Inder sie nennen, denn sie bedingen unser Bewußtsein und stellen die Stufenleiter unserer siebenfältigen Bewußtseinsentwicklung dar.

Diese Chakras befinden sich in unserem Lebens- oder Ätherkörper, der ein Spiegel der menschlichen Seele ist. Er ist das Gegenstück und die eigentliche Form der äußeren, greifbaren Erscheinung sowie das Medium zur Übertragung von Kraft und Energie an alle Teile des menschlichen Körpers und das Werkzeug des innewohnenden Lebens und Bewußtseins. Er bestimmt und bedingt den physischen Körper, da er selbst der Speicher und Übermittler der Energien ist, die aus den inneren Ebenen unseres Wesens, aber auch aus der Umwelt kommen, in der wir als geistiger und physischer Mensch leben.

Der Ätherkörper hat keine abgesonderten Organismen, sondern er ist ein Körper aus unbehindert strömender Kraft, die sich aus zwei in wechselnden Mengen vermischten oder vereinigten Energiearten zusammensetzt:

– aus dynamischer Energie,
– aus anziehender oder magnetischer Energie.

Diese beiden Energien, die in der Wissenschaft als elektro-magnetisches Feld bekannt sind, umgeben und durchdringen jeden Körper und bilden die Grundlage physischen Lebens. Durch ihr Wirken werden die physischen Atome an den Ätherkörper aller Formen herangezogen (magnetische Kraft) und zu bestimmten Aktivitäten veranlaßt (dynamische Kraft).

Der Ätherkörper kann deshalb auch als die physische Entsprechung des inneren Lichtkörpers der Seele betrachtet werden, denn er ist gekennzeichnet durch
a) seine Lichteigenschaft

b) seinen **Schwingungsrhythmus**, der immer der Entwicklungsstufe der Seele entspricht

c) seine **Zusammenhaltekraft**, die jeden Teil des Körpers mit dem anderen verbindet und verknüpft.

Als Entsprechung der Sieben Strahlen hat er aber auch sieben Energie-Brennpunkte, in denen die beiden vermischten Energien sich zu sieben Zentren verdichtet haben, die als die sieben Chakras bekannt sind. Diese Chakras, die sich im Ätherkörper entlang der Wirbelsäule und im Kopf befinden, sind sieben wichtige **Kraftzentren**, die ihrem Wesen nach Verteilungsstellen und elektrische Batterien sind. Sie stehen in Verbindung mit den sieben endokrinen Drüsen (Hormondrüsen), die eine wichtige Steuerungsfunktion für unseren Körper haben, und sie liefern dynamische Kraft und qualitative Energie in alle Organe der Körperregionen, denen sie zugeordnet sind.

Zentren	Drüse	Körper-Organe [22]
Kopfzentrum	Zirbeldrüse	Gehirn
Ajna-Zentrum	Hypophyse	Augen, Ohren, Nase
Kehlzentrum	Schilddrüse	Sprachwerkzeuge Bronchialsystem Gallenblase
Herzzentrum	Thymusdrüse	Herz
	Zwerchfell	
Solarplexus-zentrum	Bauchspeichel-drüse	Leber Magen Gallenblase
Sakralzentrum	Keimdrüsen	Das gesamte männliche und weibliche Reproduktionssystem
Basiszentrum	Nebennieren	Die ganze Wirbelsäule: das polare Gegenstück zum Kopfzentrum

22 Diese Darstellung, die dem »Esoterischen Heilen« von Alice Bailey entnommen wurde, ist sehr vereinfacht, da sie nur das Prinzip der siebenfältigen Entwicklung illustrieren soll. Auf eine differenziertere Darstellung wurde bewußt verzichtet.

Die Funktion der Chakras geht über die körperliche Ebene jedoch weit hinaus. Sie spiegeln auch die Ebene unseres momentanen Bewußtseins, denn durch ihre ständige Aktivität kommen unsere Qualität und unsere Strahl-Tendenzen zum Vorschein, und dadurch wird unsere Entwicklungsstufe angezeigt. Die sieben Hauptchakras können deshalb als die Tore betrachtet werden, die uns mit den sieben Bewußtseinswelten unseres Planeten verbinden, und ihre Entwicklung oder mangelnde Entwicklung entscheidet darüber, ob wir dies wahrnehmen oder nicht. So betrachtet sind die Chakras oder ätherischen Zentren die sichtbaren Stufen einer Entwicklungsordnung, die das menschliche Bewußtsein durchläuft. Ihre Aktivität oder relative Ruhe zeigt dem Hellsichtigen an, wo ein Mensch entwicklungsmäßig steht, denn der Schwingungsrhythmus der Chakras entspricht immer der Entwicklungsstufe des Bewußtseins.

Da die menschliche Entwicklung noch nicht abgeschlossen ist, sind die ätherischen Zentren im allgemeinen aber noch nicht voll erweckt. Deshalb besitzt auch erst ein vollkommen entwickelter Mensch (ein Meister der Weisheit) sieben vollkommen funktionierende ätherische Zentren[23] und folglich auch ein harmonisch funktionierendes Drüsensystem, das alle übrigen Körperfunktionen zu einem harmonischen Ganzen zusammenschließt.

Die Chakras beeinflussen aber nicht nur das körperliche Geschehen, ihr Entwicklungszustand entscheidet auch darüber, wie wir die Welt sehen. Denn das grundlegende Selbstverständnis eines Menschen und seine Weltsicht sind abhängig von der Ebene, aus der ein Mensch hauptsächlich seine Energien bezieht, da diese die Art seines Bewußtseins prägen. Lebt er beispielsweise primär über die Energien des Solarplexus und des Kehlzentrums, so werden sein Selbstverständnis und die Motivation seines Handelns sich aus persönlichen Vorteilserwägungen ergeben, weil sein Bewußtsein in der eigenen Person zentriert ist. Lebt er aber schon stärker aus der Energie des Herzzentrums und des Kopfzentrums, so ist er fähig, ganzheitlich zu denken, und er wird zunehmend erkennen,

[23] Wenn deshalb immer wieder davon gesprochen wird, daß man die Chakras durch Edelsteine, Atmen, Massage, Imagination oder ähnliches zur Entfaltung bringen könne, so handelt es sich hier um ein Mißverständnis. Zwar kann man durch Konzentration Energien bewegen und in Fluß bringen, verstärken oder abschwächen, doch der Bewußtseinsaspekt der Zentren, der unsere Entwicklung bedingt, bleibt davon unberührt.

daß der eigene Vorteil als Motivation des Handelns oft ein schlechter Ratgeber ist, weil dabei das Entwicklungsziel des Ganzen unberücksichtigt bleibt.

Diese Entwicklungsskala, die uns das System der Chakras bietet, wenn wir sie als Bewußtseinszentren betrachten, soll anhand der folgenden Tabelle wiederum nur sehr schematisch aufgezeigt werden, da es nur den Hintergrund dieses Buches bildet, nicht aber ein Hauptthema.

Zentrum	Energiequalität	Bewußtseinsstufe
Kopfzentrum	Geistiger Wille dynamisch	Einheits-Bewußtsein
Stirnzentrum	Licht/Seelenkraft magnetisch Intuition Geistige Schau	Eingeweihte und Meister (3. Einweihung)
Herzzentrum	Lebenskraft Gruppen-Bewußtsein Liebe	Seelenbewußte Persönlichkeiten (2. Einweihung)
Kehlzentrum	Schöpferische Energie Selbstbewußtsein	Mental entwickelte Menschen (1. Einweihung)
Solarplexuszentrum	Astralkraft Emotion Begierde Gefühl	Ich-betonte Persönlichkeit Gefühlsmenschen
Sakralzentrum	Lebenskraft/Vitalenergie Kraft der physischen Ebene Sexualität	Instinktives Bewußtsein
Basis der Wirbelsäule	Willensenergie universales Leben Sitz der Kundalini	Tierähnlicher Mensch

Die Erweckung der ätherischen Zentren

Auf den Menschen bezogen sind es vor allem zwei Kräfte, die die Entwicklung der ätherischen Zentren bewirken: die Kraft der Evolution und die Kraft des Denkens.

An erster Stelle steht natürlich die Kraft der Evolution, die alle Lebensformen dazu drängt, sich zu entwickeln. Dieser Drang ist in jedem Einzelwesen angelegt und bewirkt, daß das Bewußtsein immer umfassender wird und immer mehr einbeziehen kann. So wird die ständige Veränderung der Körperformen erreicht, die sich den jeweiligen Bedingungen optimal anpassen. Diese langsame evolutionäre Entwicklung ist ein Vorgang, der sich in der gesamten Natur vollzieht und folglich auch den Körper des Menschen betrifft.

Doch der Mensch muß sich nicht ausschließlich auf die langsame Kraft der Evolution verlassen, denn er kann seine Entwicklung beschleunigen, indem er sein Bewußtsein ausdehnt, um die Kräfte, Energien und Einflüsse zu erkennen, die seinen Charakter und seine Lebensäußerung bedingen. Auf diese Weise gewinnt er ein Wissen über die Prinzipien und Gesetze, die hinter der sichtbaren Welt wirken. Und sobald er beginnt, diese auf sein Leben anzuwenden, wird er zum bewußten Gestalter des eigenen Lebens, das nun nicht mehr von außen gelenkt wird, sondern das er selber in die Hand nimmt. Vereinfacht ausgedrückt, gibt es zwei Wege des Lernens in der Welt:

– der eine ist der langsame, passive, unbewußte *Weg des Leidens*, der Weg der Evolution, der am Ende auch Erfahrung und Wissen bringt, doch er ist äußerst mühsam, schmerzhaft und langsam;

– der zweite ist der schnelle, aktive *Weg des Erkennens*, der den Prozeß beschleunigt, indem wir uns als der innere Bewohner unseres Körpers erkennen und allmählich zum Beobachter des Lebens werden. Denn das erkennende, unterscheidende Denken gibt uns eine Richtung und die Kraft, das Steuer des Lebens selbst in die Hand zu nehmen. Und sobald wir uns vom Erlebenden und Erleidenden, der sich mit den Empfindungen seines eigenen Lebens verwechselt, zum wahrnehmenden Beobachter unseres eigenen Lebens gewandelt haben, wird unser Leben zielgerichtet, und wir werden eigenverantwortlich handeln und entscheiden können.

Diese Entwicklung vom unbewußten, emotionalen Erleben zum denkenden, sich selbst erkennenden Bewußtsein vollzieht sich über einen langen Zeitraum, in dem sich drei Ebenen der Wahrnehmung deutlich voneinander unterscheiden:

1. Instinkt

Instinkt ist das Kennzeichen der automatisch arbeitenden physischen Natur, des Vital- oder Lebenskörpers und der Wunschnatur. Er liegt unter der Schwelle des Bewußtseins, doch er lenkt (unterbewußt) noch einen großen Teil unseres Gefühlslebens, die meisten Gewohnheiten und das Leben des Organismus.

Instinkt bestimmt den unbewußten Menschen; er ist ein Erbe unserer Tiernatur und wirkt durch das Sonnengeflecht (Solarplexus) und die Fortpflanzungsorgane.

2. Intellekt

Intellekt ist intelligentes Eigenbewußtsein, das über den Verstand und das Gehirn die integrierte Persönlichkeit lenkt.

Intellekt ist das Kennzeichen des mental entwickelten Menschen; er wirkt durch die Vermittlerstelle Gehirn sowie durch das Stirn- und Kehlzentrum.

3. Intuition

Intuition hat vorwiegend mit Gruppenbewußtsein zu tun. Sie ist jener »höhere Instinkt«, der den Menschen befähigt, seine Seele zu erkennen, sich ihrer Führung zu überlassen und den Eindrücken zu folgen, die sie in das Leben ausstrahlt.

Intuition ist das Kennzeichen der Seelennatur; sie wirkt durch die höheren Denkkräfte des Herz- und Kopfzentrums.

Die Veränderung unseres Bewußtseins geschieht also durch die Entwicklung und Erweiterung unserer Wahrnehmungsfähigkeit vom Instinkt (der unserer Tiernatur entspricht) über den Intellekt (der die menschliche Natur kennzeichnet) zur Intuition (die eine Eigenschaft der Seele ist).

Diese Veränderung hat aber auch eine unmittelbare Auswirkung auf die Energiezentren unseres Körpers, die im eigentlichen Sinne »Bewußtseinszentren« sind. Die Fähigkeit zu denken, die wir als »göttliche Mitgift« bekommen haben, bildet deshalb auch die Grundlage unserer

Entwicklung, denn eines der wohl wichtigsten okkulten Gesetze lautet: »Dem Denken folgt Energie«. Durch die Art unseres Denkens und unserer Konzentration auf den einen oder anderen Bereich unseres Lebens bestimmen wir selbst den Energiefluß und damit auch die Entwicklung der Chakras. Konzentrieren wir uns gewohnheitsmäßig auf den Körper, fließt die Energie zu den unteren Chakras, die dem Körper entsprechen. Konzentrieren wir uns aber immer häufiger auf die Seele oder auf geistige Dinge, fließt mehr Energie zu den höheren Chakras, die diesem Bereich Ausdruck verleihen. Entwicklung vollzieht sich also durch die Veränderung unseres Denkens, das sich zunächst auf das konkrete physische Leben richtet, aber mit zunehmender Entwicklung in immer abstraktere oder geistigere Bereiche einzudringen vermag, um ein immer vollständigeres Bild der eigenen Wirklichkeit zu erlangen.

Deshalb gibt es auch eine grundsätzliche Teilung der Chakras in oben und unten, wobei das Zwerchfell die Grenze bildet. Diese Teilung symbolisiert die Dualität des Menschen, der zugleich göttlich und menschlich ist, denn er ist ein göttliches Wesen, das die Aufgabe hat, einen physischen Körper mit Bewußtsein auszustatten. So werden wir zum Mittler zwischen Himmel und Erde, indem wir das Energiefeld der Seele und des Körpers verschmelzen und uns beider Ebenen bewußt werden. Dies geschieht durch die langsame stufenweise Entwicklung des Denkens, das sich vom Instinktbewußtsein über die Zwischenstufe des Intellekts zu einem intuitiven Bewußtsein transformieren muß – einem Bewußtsein, das für das Licht der Seele, und damit für Erleuchtung, empfänglich ist.

4. Erleuchtung

Erleuchtung ist der letzte und umfassendste Zustand der Wahrnehmung, der den geistig erwachten Menschen oder den höheren Eingeweihten kennzeichnet. Mit diesem Begriff bezeichnen wir deshalb auch ein übermenschliches Bewußtsein, den »göttlichen Instinkt«, der einen Menschen befähigt, das Ganze zu erkennen, von dem er ein Teil ist.

Erleuchtung wirkt sich über die Seele durch das voll entwickelte Kopfzentrum aus und durchflutet am Ende der Entwicklung alle Zentren mit Licht und Energie. Auf diese Weise verbindet sie den Menschen in seinem Bewußtsein mit allen entsprechenden Bereichen der Gesamtschöpfung.

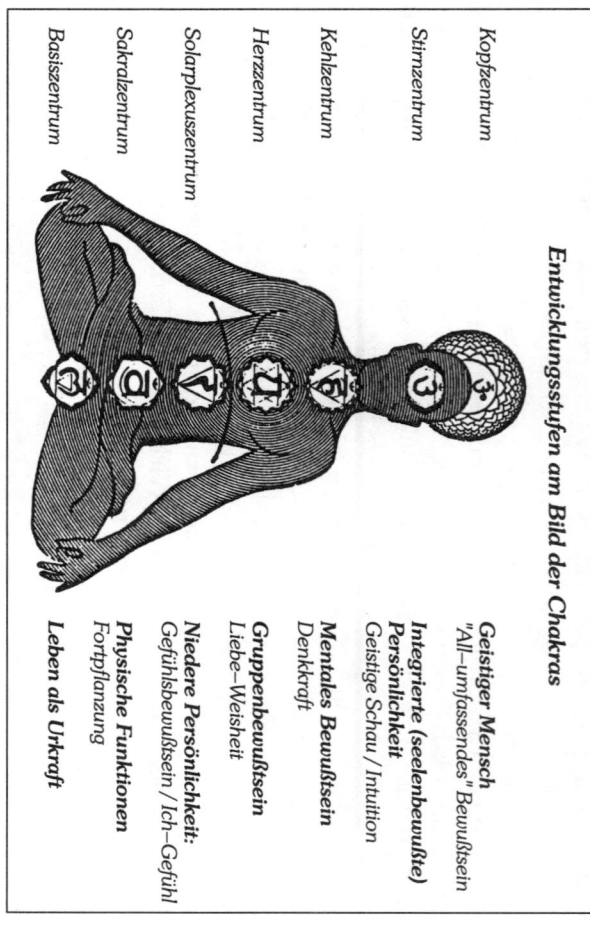

Entwicklungsstufen am Bild der Chakras

Kopfzentrum — **Geistiger Mensch**
"All-umfassendes" Bewußtsein

Stirnzentrum — **Integrierte (seelenbewußte) Persönlichkeit**
Geistige Schau / Intuition

Kehlzentrum — **Mentales Bewußtsein**
Denkkraft

Herzzentrum — **Gruppenbewußtsein**
Liebe–Weisheit

Solarplexuszentrum — **Niedere Persönlichkeit:**
Gefühlsbewußtsein / Ich–Gefühl

Sakralzentrum — **Physische Funktionen**
Fortpflanzung

Basiszentrum — **Leben als Urkraft**

Die Transformationsvorgänge in den Energiezentren

Im Zuge der Entwicklung vom instinktiven Bewußtsein des unbewußten Menschen zur intuitiven Wahrnehmung des entwickelten geistigen Menschen finden in den Energiezentren drei wichtige große Transformationsvorgänge statt, die die elementaren Kräfte der drei Zentren unterhalb des Zwerchfells in die drei Zentren oberhalb des Zwerchfells übertragen. Denn in dem Maße wie der Mensch sich seiner Seele bewußt wird, werden die höheren Zentren erweckt und bewirken durch die Kraft ihrer magnetischen Anziehung, daß die niederen Energien nach oben steigen und sich mit den höheren verschmelzen.

1. Die Energie des *Sakralzentrums* strömt ins *Kehlzentrum*, denn aus der physischen Zeugungskraft entwickelt sich die gedankliche Schöpferkraft. Daraus entsteht das schöpferische Bewußtsein.

2. Die Kraft des Wunschlebens, die im *Solarplexus-Zentrum* wirkt, wird ins *Herzzentrum* emporgehoben. Aus Begierde und der persönlichen Liebesfähigkeit des Menschen entwickelt sich die allgemeine Menschen-

liebe oder ein altruistisches Bewußtsein, das wir als Seelenbewußtsein bezeichnen.

3. Die Energie des *Basiszentrums*, in der die Urkraft des Lebens wirkt, wird ins *Kopfzentrum* emporgehoben, und so verbinden sich Geist und Materie wieder zu einer Einheit. Dies ist der Endpunkt der menschlichen Entwicklung, an dem der geistige Mensch in Erscheinung tritt. Diese dritte Phase liegt noch in der Zukunft der meisten Menschen und braucht uns deshalb im Augenblick nicht weiter zu beschäftigen.

Diese drei großen Transformationsvorgänge vollziehen sich im Laufe vieler Inkarnationen und bewirken so eine Veränderung in der Qualität der Energien, die eines Menschen Charakter, seine Fähigkeiten und seine Schwächen ausmachen. Sie bewirken auch viele Beschwerden und Krankheiten, die oft nicht erkannt werden, da die Medizin die Existenz des Äther- oder Energiekörpers bis heute nicht anerkennt. Aber auch in der Astrologie ist das Wissen über das Energiegeschehen des Ätherkörpers oft nicht vorhanden, und so findet der Unterschied in der Entwicklung der Menschen im allgemeinen zu wenig Beachtung. Es ist deshalb auch mein Anliegen, die Entwicklungsebenen, die für eine genaue Deutung eines Horoskops unerläßlich sind, in diesem Buch besonders deutlich herauszustellen, um zu zeigen, daß Astrologie eine wissenschaftliche Methode dafür ist, das Ziel und den Lebensweg eines Menschen zu erkennen.

Die vier wesentlichen Entwicklungsstadien in bezug zu den Chakras

Das Ziel des Menschen ist es, sich in einer dualen Welt seines wahren Selbstes bewußt zu werden, und dieser Prozeß der Selbstwahrnehmung spiegelt sich in der Entwicklung der Chakras, die uns wie auf einer Stufenleiter zu immer größerer Bewußtwerdung führen. Diese Bewußtwerdung ist durch deutliche Entwicklungsstadien gekennzeichnet, die wir bei der Deutung von Horoskopen berücksichtigen sollten.

1. Unbewußter Mensch – Instinktives Massenbewußtsein

Zu Beginn erkennt der Mensch lediglich, daß er von anderen Lebewesen getrennt ist. Diese Phase der Individualisation erlaubt ihm in einer Welt zu leben, die etwas höher steht als die Welt der Tiere. In diesem Bewußtseinsstadium sieht er sich vor allem als Mitglied einer Großfamilie, einer Glaubensgemeinschaft, einer Interessengruppe oder einer Nation, der er sich emotional zugehörig fühlt. Durch Sinneserfahrungen und Empfindungen erfährt er die Welt; Nahrung und Schutz sind die Motive, aus denen er primär handelt.

In diesem Stadium ist sein Bewußtsein in den *unteren Ebenen des Solarplexus-Zentrums* konzentriert.

2. Persönlichkeit – Individuelles Bewußtsein

Wenn das Bewußtsein auf der Ebene der Persönlichkeit konzentriert ist, wird das Denken durch Wünsche und bestehende Erfahrungen stimuliert. Gedanken und Gefühle vermischen sich in diesem Stadium und finden Ausdruck durch die Erfahrung von emotionalen und mentalen Beziehungen zu anderen. Das Denken und Handeln wird jedoch primär von persönlichen Wünschen und Ehrgeiz bestimmt und motiviert. So wird der Mensch zu einer auf sich selbst konzentrierten Persönlichkeit. Er fühlt seine eigene Bedeutung, ist egozentrisch und unternimmt alle Anstrengungen, um seine Interessen und Wünsche zu verwirklichen.

Diese Phase läßt sich bewußtseinsmäßig zwischen *Solarplexus und Kehlzentrum* lokalisieren.

3. Seelenbewußter Mensch (Jünger) – Gruppenbewußtsein

Während des nächsten Schrittes wird der Intellekt von persönlichen Motiven frei. Die Gedanken werden absichtslos und die Emotionen verwandeln sich in Liebe. In diesem Stadium verlieren die unteren Zentren allmählich die Kontrolle über den Menschen, und das Bewußtsein konzentriert sich in den höheren Zentren. So verlagert sich das Zentrum des Bewußtseins von der Persönlichkeitsebene zur Seelenebene. In diesem Zeitraum finden kleinere Einweihungen[24] statt. Die Beziehungen zu anderen werden nun noch auf der Seelen- oder Gruppen-

[24] Einweihungen sind Bewußtseinserweiterungen, die nach einem ganz bestimmten geistigen Entwicklungsplan vor sich gehen.

ebene erlebt, weil persönliche Wünsche und Zielsetzungen nicht mehr die bestimmenden Motive des Lebens sind.

Das Bewußtsein fängt an, *Kehl-, Herz- und Stirnzentrum* in Besitz zu nehmen.

4. Geistiger Mensch (Eingeweihter) – Geistiges Bewußtsein

Im vierten Stadium beginnt die Entwicklung des geistigen Menschen. Das Bewußtsein ist jetzt im *Kopfzentrum* konzentriert, und der geistige Wille, der sich mit dem höheren oder »göttlichen« Willen identifiziert, wird zur zentralen Kraft im Leben des Menschen.

Mit diesem Stadium werden wir uns vorerst noch nicht beschäftigen, da nur wenige Menschen dieses bisher erreicht haben.

Natürlich gibt es fließende Übergänge in der Entwicklung des Menschen; die obigen Bewußtseinsstadien sind deshalb auch nur als allgemeine Orientierungshilfe gedacht.

Bei der Deutung von Horoskopen werden wir es im Westen vor allem mit dem zweiten und dritten Entwicklungsstadium zu tun haben. Menschen, die noch im ersten Stadium leben, interessieren sich im allgemeinen nicht ernsthaft für Astrologie, da ihr Leben noch vollkommen unbewußt verläuft. Erst wenn ein Mensch auf der Ebene der Persönlichkeit lebt, wird er beginnen, Fragen über Sinn und Schicksal des Lebens zu stellen. Im praktischen Teil wird deshalb nur zwischen der Ebene der Persönlichkeit und der Ebene des seelenbewußten Menschen unterschieden. Dieser Unterschied muß bei der Deutung von Horoskopen allerdings berücksichtigt werden, da sonst keine Genauigkeit in den Aussagen erzielt werden kann.

III

GRUNDLAGEN DER ESOTERISCHEN ASTROLOGIE

107

1. Das kosmische Wirkungsfeld unseres Planeten

Hinter allem Geschehen im Physischen wirkt eine Dreiheit von Energien (Geist – Seele – Form), die sich auf der Seelenebene zur Siebenheit erweitert (Die Sieben Strahlen) und schließlich durch die Zwölf (Tierkreis) ein Energiefeld erzeugt, das alle sichtbaren Formen gestaltet und zur Entwicklung veranlaßt.

Bezogen auf die Erde, die ja der Mittelpunkt unseres Bewußtseins ist, lassen sich nach Alice Bailey astrologisch folgende Entsprechungen angeben:

Die drei göttlichen Ur-Prinzipien *Wille, Liebe-Weisheit, Aktive Intelligenz* sind für unser Sonnensystem verkörpert in den drei großen Sternbildern

Großer Bär

Sirius

Plejaden

Diese drei großen Sternbilder symbolisieren das Prinzip der »Göttlichen Dreifaltigkeit«, die als übergeordnete Kraft das Leben der Erde beherrscht.

Diese dreifältige Energie wird aber nicht unmittelbar von der Erde empfangen, sondern sie wird – ausgehend vom Sternbild des Großen Bären – in ein siebenfältiges Lichtspektrum oder in sieben kosmische Schwingungszustände transformiert, die als die Sieben Strahlen bezeichnet werden (Vgl. Kap. II, 2.). Diese Sieben Strahlen sind die sieben Seelentypen, die die verschiedenen Ebenen von Bewußtsein im Sonnensystem und auf der Erde hervorbringen. Sie bilden aber auch den Hintergrund der Bewußtseinsentwicklung des Menschen, der durch das System der Chakras, das den Sieben Strahlen entspricht, ebenfalls in einen siebenfältigen Entwicklungsplan hineingestellt ist. (Vgl. Kap. II, 5.)

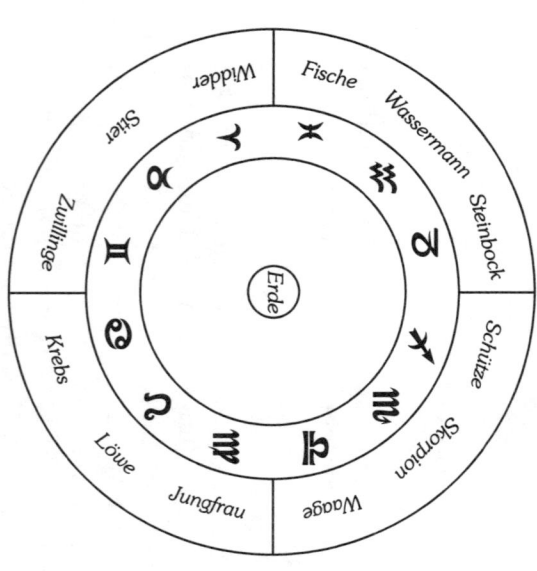

Diese Sieben Strahlen werden wiederum nicht unmittelbar auf die Erde gestrahlt, sondern ihre Wirkung erfolgt durch Vermittlung der Sonne, die die Ursache unseres Erdtierkreises ist. So empfängt die Erde die Wirkung der Sieben Strahlen durch Vermittlung der zwölf schöpferischen Energien des Tierkreises, wobei ein Strahl sich jeweils durch eine Dreiheit von Tierkreiszeichen zum Ausdruck bringt.

Ihre Wirkung wird von uns aber noch nicht bewußt wahrgenommen, und so werden wir die Strahlen lediglich im Zusammenhang mit den zwölf Planeten betrachten, die ihre Energiewirkung am unmittelbarsten und deutlichsten erkennbar zum Ausdruck bringen. Dabei lassen sich zwei Gruppen von Planeten unterscheiden: heilige und nicht-heilige Planeten[25], wobei die heiligen als die reinste Verkörperung der Sieben Strahlen betrachtet werden.

Die sieben heiligen Planeten:
Venus, Merkur, Jupiter, Saturn,
Uranus, Neptun, Vulkan (noch unentdeckt)

Die fünf nicht-heiligen Planeten:
Mond, Sonne (gelten als Planeten),
Mars, Pluto, Erde

Die heiligen Planeten wirken auf die Integration von Seele und Persönlichkeit ein, die nicht-heiligen vor allem auf die Entwicklung der Persönlichkeit.

Es gibt also ein hierarchisch abgestuftes Wirkungsfeld, in das der Mensch auf der Erde gestellt ist, und die Astrologie bietet uns ein esoterisch-wissenschaftliches System an, mit dessen Hilfe diese vielfältigen Einflüsse, die sich durch Verbindung der Sieben Strahlen mit den Tierkreiszeichen und Planeten auf der Erde ergeben, erkannt, unterschieden und bewußter erlebt werden können.

Dabei sollten wir wiederum beachten, daß die Wirkung der astrologischen Energien, die unser Bewußtsein und unseren Körper formen, sich verändert, denn der Mensch gewinnt erst mit zunehmender Entwicklung die Fähigkeit, diese Energien bewußt wahrzunehmen und zu nutzen.

Zu Beginn der Entwicklung werden die kosmischen Energien lediglich unvollkommen empfangen und nur teilweise wahrgenommen. Daher zeigt sich die Bewußtseinsstufe eines Menschen auch an seiner zunehmenden Resonanz- und Reaktionsfähigkeit auf die immer größer

[25] Die Bezeichnung heilig und nicht-heilig wurde von Alice Bailey gewählt, um die Wirkung dieser Planetengruppen auf das innere und äußere Wesen des Menschen zu unterscheiden, was in der exoterischen Astrologie ja nicht geschieht.

werdende Anzahl von Energieeinflüssen, die von den Strahlen, den Tierkreiszeichen und Planeten auf ihn einwirken.

Dies ist – wie der Tibeter uns wissen läßt – ein unveränderliches Gesetz und erklärt, daß bestimmte Planeten bisher unentdeckt geblieben sind und daher wenig mit der Evolution bis in unsere Gegenwart zu tun hatten, eben weil die Menschheit noch nicht auf sie reagieren konnte. Deshalb wird ein Planet im Physischen auch erst entdeckt, wenn eine innere Reaktion auf die Planeteneinflüsse verspürt wird. (Beispiel: Uranus 1781, Neptun 1846, Pluto 1930.) Die Planeten, Energien und Kräfte waren immer vorhanden, doch sie blieben unwirksam und folglich auch unentdeckt, weil die Menschheit die dazu nötigen Reaktionsinstrumente noch nicht entwickelt hatte. Sie hatten demzufolge keine Wirkung auf das Leben und die Geschichte der Masse der Einzelmenschen, denn sie werden erst dann machtvoll und »magnetisch belebend«, wenn wir eine bestimmte Entwicklungsstufe erreicht haben und für die höheren Einflüsse feinfühlig geworden sind. Die Planeten Uranus, Neptun und Pluto haben daher nur solange eine kollektive Wirkung, bis der Einzelne seine Persönlichkeit bis zu einem gewissen Grad entwickelt hat und bereit ist, auf feinere Schwingungen bewußt zu reagieren. Ist diese Bereitschaft vorhanden, so zeigt dies an, daß sein »Reaktionsapparat« (die dreifache Persönlichkeit) empfindungsfähiger ist als beim Durchschnittsmenschen und daß er auf einen höheren Schwingungsbereich reagieren kann als es sonst möglich wäre. Denn die Empfänglichkeit des Menschen für kosmische Einflüsse entwickelt sich stufenweise, wobei wir als Grundregel annehmen können, daß sich der wahrgenommene Einflußbereich ständig erweitert.

Folglich reagiert ein Mensch zu Beginn seiner Entwicklung nur auf die Planeten und bewußt nur auf die nicht-heiligen. Später kommt der Einfluß der heiligen Planeten hinzu, und dies deutet ein sich entwickelndes Seelenbewußtsein an. Im nächsten Stadium wird er sich zunehmend der Tierkreisenergien bewußt, die ihre Wirkung über die Planeten an den Menschen weitergeben, und der Einfluß der Energien der Planeten selbst wird nicht mehr wahrgenommen. Am Ende reagiert der Mensch auch auf die drei großen Sternbilder, doch dies ist heute noch sehr selten der Fall und wird deshalb auch nicht Gegenstand unserer Betrachtungen sein.

Im praktischen Teil des Buches werden zunächst die zwölf Tierkreiszeichen, die zwölf Häuser – eine Projektion der zwölf Tierkreiszeichen

auf die Erde – und die zwölf Planeten beschrieben, die die Grundele-
mente astrologischer Deutung sind. Erst wenn diese genügend verstanden
werden, ist es sinnvoll, die Sieben Strahlen, als Teil einer Geistigen
Psychologie, in die Deutung einzubeziehen.

2. Der Tierkreis als Urbild des Lebens

Die Entstehung des tropischen Tierkreises

Bevor wir den Tierkreis näher betrachten, sollen zunächst die Grundlagen deutlich werden, auf denen das astrologische System aufbaut. Es ist wichtig festzustellen, daß die Astrologie sich nicht auf die astronomischen Fixsternbilder (den siderischen Tierkreis) stützt. Diese stellen zwar die Quelle der Tierkreisenergien dar, doch sie werden durch das Medium der Sonne – die Quelle unseres Lebens – auf die Erde herabgestrahlt und durch diese in einen entsprechenden sekundären Tierkreis übertragen, den wir als *tropischen Tierkreis* bezeichnen. Dies wird verständlicher, wenn wir uns bewußt machen, daß das System der Astrologie nicht auf astronomisch-physikalischen Tatsachen beruht, sondern auf dem geistigen Wissen über die Beziehungsverhältnisse der Gestirne und ihrer Wirkung auf die Erde.

Dies erklärt auch die Tatsache, daß die Erde den Mittelpunkt astrologischer Betrachtung bildet und nicht die Sonne, die objektiv betrachtet das Zentrum unseres Sonnensystems ist. Doch von unserem Standort aus erscheint uns die Erde als ruhender Pol, um den sich die Planeten und die Fixsterne drehen, eine Perspektive, aus der sich das antike Weltbild gestaltete. Dies ist objektiv falsch, aber gleichzeitig eine esoterische Wahrheit, denn wie eingangs erwähnt (Kap. I, 4.), ist unser Sehen, das objektiv betrachtet eine Täuschung darstellt, in der Lage, uns eine innere Wahrheit zu vermitteln, wenn wir das Gesehene als Symbol oder als »stellvertretendes Geheimnis« betrachten. Alice Bailey schreibt in diesem Zusammenhang:

»*Ich habe häufig auf die Tatsache hingewiesen, daß die gesamte Wissenschaft der Astrologie auf einer nicht-existenten Voraussetzung beruht. Sie hat keine Grundlage in materiellen Tatsachen und ist doch ewig auf Wahrheit gegründet. Wie ihr ja weißt, ist der Tierkreis der imaginäre Pfad der Sonne am Himmel. Er ist also, vom exoterischen Gesichtspunkt aus, zweifelsohne eine Illusion. Andererseits aber existieren die Sternbilder, und die Energieströme, die hin und herfließen, sich vermischen und den ganzen Raumkörper durchdringen, sind keinesfalls Illusion, sondern bringen ganz bestimmte ewige Beziehungen zum Ausdruck.«*

Alice Bailey: Esoterische Astrologie

Die Astrologie basiert folglich nicht auf den physischen Gegebenheiten der Sternbilder oder Planeten, sondern auf den Energiewirkungen und Beziehungsverhältnissen dieser Himmelskörper, die die Esoterik als Lebewesen betrachtet und an deren Lebensäußerungen wir als Teil des Ganzen zwangsläufig teilhaben. Dies ist ein grundlegendes Prinzip, das wir bei der Betrachtung der Astrologie immer berücksichtigen müssen, wenn wir versuchen, durch astrologische Untersuchungen die Zeitqualität als Teil des Lebens auf der Erde zu erfassen.

In diesem Zusammenhang ist es hilfreich, uns bewußt zu machen, daß es das Zeit, so wie wir sie erleben, nur im Physischen gibt. Das Phänomen der Zeit wird ja dadurch hervorgerufen, daß wir uns auf einem Planeten befinden, der sich dreht und damit den Raum, in dem wir leben, an uns vorüberziehen läßt. Zeit entsteht also durch Bewegung, durch die Drehung der Erde und die kreisenden Bewegungen aller anderen Himmelskörper im Raum. Dadurch werden die Anordnungen und die Beziehungsverhältnisse der Himmelskörper zueinander ständig verändert, und dies wirkt sich natürlich auch auf die Erde aus, da sie ein integraler Teil des Sonnensystems ist.

So bildet das Wissen über den geistigen Ursprung zeitlicher Phänomene auch die Grundlage der astrologischen Wissenschaft, die übrigens die einzige Wissenschaft ist, die uns die Synchronizität zwischen den Konstellationen der Gestirne, ihrer Wanderung durch den Raum und den Ereignissen auf der physischen Ebene deutlich machen kann. Sie deutet und systematisiert die grundlegenden Beziehungen, die die Welt der Erscheinungen und die subjektive Welt der Energien beherrschen und bestimmen. Da diese Beziehungen aber nicht statisch sind, sondern einem ständigen Wandel unterliegen, ist sie auch in der Lage, die *Qualität einer Zeit* zu erklären, die in einem ganz bestimmten Augenblick – dem Zeitpunkt einer Geburt, einer Epoche oder eines Ereignisses – wirksam ist. Diese läßt sich an den Konstellationen der Gestirne wie auf einer Weltenuhr ablesen, weil alles nach einem einheitlichen großen Zeitplan funktioniert, der sich rhythmisch auf alle Lebewesen überträgt.

Der Zeitgeist, von dem so häufig die Rede ist, hat seinen Ursprung also im Rhythmus der Gestirne. Er beruht auf der zyklischen Veränderung der Beziehungsverhältnisse der Planeten zueinander, die sich durch ihre unterschiedliche Umdrehungs- und Umkreisungsgeschwindigkeit ergibt. Die Erkenntnis, daß es eine ständige Veränderung in diesen Beziehungsverhältnissen gibt, ließ das Horoskop (die Stundenschau) entstehen. Somit ist das Horoskop nichts anderes als die Momentaufnahme eines Zeitpunktes, in dem die Beziehungsverhältnisse der Gestirne untereinander festgehalten werden, um aufgrund der Kenntnisse ihrer Energiequalität eine genaue Analyse der Kräfte und Energien zu erstellen, die im Leben zur Verfügung stehen. Dabei wählt man stets den Zeitpunkt der Geburt, denn die Esoterik lehrt, daß die Qualität des Lebens im Physischen stets von seinem Anfang her bestimmt wird, aus dem sich der individuelle Rhythmus ableitet.

Die Basis der Astrologie bildet deshalb auch das Wissen, daß alle Lebewesen der Natur durch das Gesetz des Rhythmus in eine bestimmte Zeitqualität hineingestellt sind, und dieser große bestimmende Lebensrhythmus geht immer vom Zentralstern des Systems aus. Auf der Erde entsteht dieser Rhythmus natürlich durch die Sonne und die sie umgebenden Planeten. Doch weil das Zentrum unseres Bewußtseins sich (noch) auf der Erde befindet und nicht auf der Sonne, betrachten wir in der Astrologie die Bewegungen des Himmelsraumes vom geozentrischen Standpunkt aus. Deshalb stellen wir die Erde in den Mittelpunkt und nicht die Sonne, von der objektiv betrachtet der Rhythmus ausgeht. Auch steht die Erde – das Zentrum unserer Betrachtung – in Wirklichkeit ja nicht still, sondern sie ist in ständiger drehender und kreisender Bewegung. In der Astrologie betrachten wir sie dennoch als ruhend und übertragen die Bewegung auf eine gedachte und von uns wahrgenommene Himmelskuppel, auf der sich die Sternbilder und Planeten um unsere Erde zu drehen scheinen. Diese geozentrische Sicht bildet die Grundlage der astrologischen Betrachtung und – obwohl sie objektiv falsch ist – hat sie ihre Richtigkeit im System der Astrologie, die keine physischen Gegebenheiten erforscht, sondern die innere Zeitqualität, die sich an den jeweiligen Beziehungsverhältnissen der einzelnen Himmelskörper zueinander ablesen läßt.

Stellen wir also die Erde – das Zentrum unseres Bewußtseins – in den

Mittelpunkt unserer Betrachtung, so sind aus dieser Perspektive im wesentlichen drei Arten von Bewegungen bedeutsam, die wir perspektivisch auf den Himmelsraum übertragen und die exakt ineinandergreifen wie die Zahnräder eines Uhrwerkes, das den Weltenrhythmus bestimmt.

1. Der Tag

Die erste Bewegung ist die Drehung der Erde um ihre eigene Achse. Dadurch entstehen die beiden Pole und zwischen ihnen der *Erdäquator*. Die Dauer einer Erdumdrehung nennen wir *einen Tag*. Die Projektion des Erdäquators auf eine gedachte (und von uns wahrgenommene) Himmelskuppel nennen wir *Himmelsäquator*.

2. Das Jahr

Die zweite Bewegung ist die Drehung der Erde um die Sonne, die in einer kreisähnlichen Ellipse geschieht. Die Dauer einer solchen Umkreisung nennen wir *ein Jahr*. Infolge dieser zweiten Bewegung scheint die Sonne im Laufe eines Jahres eine Kreisbahn um die Erde zu ziehen. Diese Bahn der Sonne, die eigentlich die an den Fixsternhimmel projizierte Erdbahn ist, nennen wir *Ekliptik* oder *Zodiak*. Da die übrigen Planeten ebenfalls (mit einer geringen Abweichung) auf dieser Bahn zu wandern scheinen, bestimmt sie die Lage unseres Tierkreises.

Stünde die Erdachse senkrecht auf ihrer Bahnebene, so fielen Ekliptik und Himmelsäquator in einer Kreislinie zusammen. Da die Erdachse aber geneigt ist, bewegt sich die scheinbare Sonnenbahn nicht entlang des Äquators, sondern in einer Winkelabweichung von etwa 23°27', der nicht konstant ist, sondern jährlich um 0,43" kleiner wird. Aufgrund dieses Neigungswinkels entstehen zwei Schnittpunkte zwischen Äquator und Ekliptik, die als die beiden Äquinoktialpunkte bezeichnet werden und die beiden Tag- und Nachtgleichen des Jahres bilden.

Wenn die Sonne auf ihrer Wanderung den Himmelsäquator von Süden nach Norden überquert, dann ist auf der nördlichen Halbkugel die Frühlings-Tagundnachtgleiche. Dieser Punkt heißt seit alters her *Frühlingspunkt*. Ein halbes Jahr später, wenn sie den entgegengesetzten Schnittpunkt überquert, ist die Herbst-Tagundnachtgleiche. Diesen Punkt nennen wir deshalb *Herbstpunkt*. Zwei weitere Punkte, die als die *Sonnwendpunkte* bezeichnet werden, entstehen jeweils zu Beginn des Sommers und

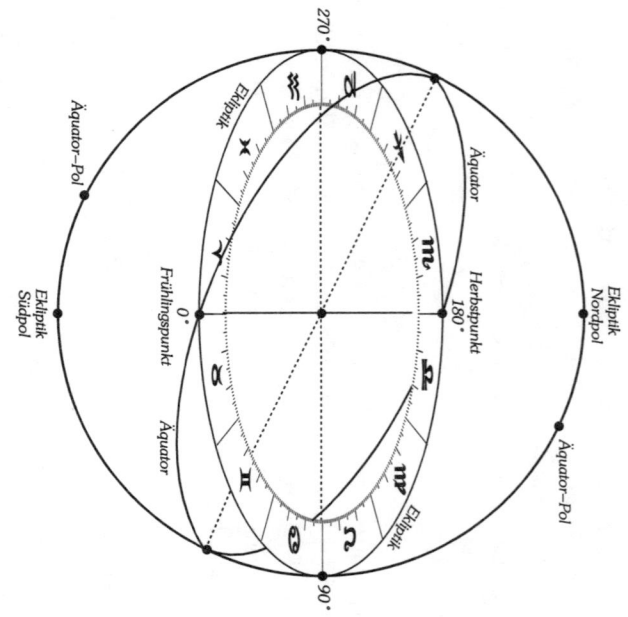

des Winters, wenn die Sonne umkehrt und in entgegengesetzter Richtung wandert. So erhalten wir vier markante Zeitmarken, die jeweils den Beginn einer der vier Jahreszeiten kennzeichnen. Im Horoskop entsprechen sie den vier Quadranten, was später noch ausführlicher besprochen wird.

Um der Klarheit willen, fasse ich nochmals zusammen: Die Tierkreisenergien, die im astrologischen Sinne einen Menschen beeinflussen, stehen im Zusammenhang mit der Sonne, die ihre »scheinbare« Bahn durch die Himmelsräume zieht. Die Astrologie verwendet nicht die astronomischen Sternbilder (den siderischen Tierkreis), sondern die jährliche Sonnenbahn (den tropischen Tierkreis), die man sich wie einen Ring aus Energie um die Erde vorstellen kann, der durch Frühlings- und Herbstbeginn (Äquinoktien) sowie die beiden Sonnwenden vier markante Zeitmarken hat. Diese scheinbare Sonnenbahn, die durch die Umkreisung der Erde um die Sonne hervorgerufen wird, bezeichnet man als *Ekliptik*. Auf ihr liegen die in der Astrologie verwendeten Tierkreiszeichen, die einen sekundären Erdtierkreis darstellen, eine Art Abbild des Ur-Tierkreises am Fixsternhimmel. Dieser Erdtierkreis hat eine zeitliche

Entsprechung zu den ursprünglichen Sternbildern. Er entsteht durch die Unterteilung seiner Kreisbahn in zwölf gleiche Zeitabstände oder in zwölf Abstände von je 30°. Den Anfangspunkt dieses Erdtierkreises bildet der Frühlingspunkt (20. März), und dieser Punkt liegt immer im Widder, der – wie es seiner Grundbedeutung entspricht – stets den Beginn des Tierkreises darstellt.

3. Das Platonische Jahr

Der Frühlings- oder Widderpunkt, mit dem der tropische Tierkreis beginnt, ist aber nicht konstant, sondern er verschiebt sich aufgrund der Dreh- und Pendelbewegung der Erdachse rückwärts, was die Äquinoktialpunkte in ca. 72 Jahren um ein Grad nach hinten wandern läßt. Diese Rückwärtsbewegung des Frühlingspunktes wird als *Präzession* bezeichnet. In einem Zyklus von ca. 25 900 Jahren (dem Platonischen Jahr) haben die Äquinoktialpunkte also wieder ihre Ausgangsposition erreicht. So befand sich der Frühlingspunkt vor etwa 2160 Jahren bei 0° Widder, d.h. die Sternbilder und Tierkreisgrade der Sonnenbahn oder Ekliptik waren identisch. Heute besteht eine Verschiebung um fast ein (Tierkreis-)Sternbild. Doch dieser Tatbestand hat in der Astrologie keine Bedeutung, da sie ja auf dem tropischen Tierkreis beruht, der stets am 20. März mit Widder beginnt. Damit wird auch der häufig geäußerten Kritik an der Astrologie der Boden entzogen, denn sie arbeitet ja nicht mit den astronomischen Sternbildern, und ihre Verschiebung hat auf das individuelle Horoskop daher auch keinerlei Auswirkung.

Auf die Erde bezogen hat diese Wanderungsbewegung allerdings eine wichtige Bedeutung. Daher müssen wir zu den beiden Bewegungen, die die irdische Zeit erzeugen, noch eine dritte hinzufügen, nämlich die Rückwärtsbewegung des Frühlingspunktes entlang des Tierkreises, wodurch das Platonische Jahr entsteht, das etwa 25 900 Jahre dauert, weil der Frühlingspunkt im entsprechenden Zeitraum einmal um den ganzen Tierkreis wandert. Dieses Phänomen der Präzession wirkt sich ganz entscheidend auf die Entwicklung der Erde aus, denn sie läßt Epochen von ca. 2160 Jahren entstehen, die jeweils eine deutliche Prägung durch ein Tierkreiszeichen haben. Gegenwärtig stehen wir an der Schwelle zum Wassermann-Zeitalter, und daraus ergeben sich viele Probleme und Umwälzungen, aber auch Chancen für ein neues Verständnis menschlichen Lebens.

Die drei beschriebenen Bewegungen oder Zeitebenen bilden die Grundlage astrologischer Betrachtungen. Sie bedingen die Qualität einer Zeit, die sich aus den rhythmischen, kreisförmigen Bewegungen der Himmelskörper in Beziehung zur Erde ergibt, und diese wirkt sich unmittelbar auf das Leben eines Einzelmenschen, der Erde und ganzer Zeitepochen aus. Denn alles ist eingebunden in den großen, alles durchdringenden kosmischen Rhythmus des Lebens, mit dem jedes kleinere Leben synchron verläuft, weil alle Lebensformen mit der einen großen Schöpferkraft verbunden sind, die im Zentrum des Alls als der »bewegungslose Beweger« wirkt.

3. Der Kreis als Modell des Lebens

Bekanntlich ist »Bewußtsein« eine Form von
Energie, und »Leben« ist Energie an sich.
Alice Bailey

Das Grundmodell des Lebens ist der Kreis, der als Symbol der Unendlichkeit gilt, weil er weder Anfang noch Ende aufweist. Denn Leben ist Unendlichkeit, ein nie enden wollender Strom aus Energie, der allgegenwärtig ist und niemals enden kann, da er niemals begann.

Ist Leben aber Unendlichkeit, so kann individuelles Leben nur mit einer Zäsur beginnen, mit einem Einschnitt in den unendlichen Kreis des Lebens, der nun Anfang und Ende aufweist. Diese Erkenntnis versucht die Esoterik im Bild des Lebensrades auszudrücken, das auf allen Ebenen wiederkehrt und die Vorstellung eines riesigen Räderwerks vermittelt, in dem sich unzählige kleinere Räder drehen, die einen jeweils analogen, aber kleineren individuellen Rhythmus zum Ausdruck bringen. So stellt der Beginn eines physischen Lebens eigentlich auch nur den Beginn eines eigenen Rhythmus dar, der einen neuen individuellen Anfangspunkt im »Urkreis des Lebens« setzt, und damit eine neue Qualität zum Ausdruck bringt, weil die Grundenergie jeden Lebens vom Anfangspunkt bestimmt wird. Der Zeitpunkt der Geburt markiert somit den Schnittpunkt zwischen geistigem und materiellem Leben. Es ist der Eintritt des Geistes in die physische Welt, mit dem ein neuer individueller Rhythmus beginnt.

Der Tierkreis kann deshalb auch als eine universelle Entwicklungsordnung betrachtet werden, die im unendlichen Kreislauf des Lebens einen Anfangs- und Endpunkt setzt, der individuelles Leben ermöglicht. Denn im Ur-Tierkreis stellt Widder, als das Prinzip des Geistes und des Lebenswillens, den symbolischen Anfang des Lebenskreises dar. Er ist das Zeichen, das den Tierkreis in Bewegung setzt, um der Gestaltlosigkeit des Lichts eine Form zu geben, die sich dann über die einzelnen Stadien des

Tierkreises stetig verändert, um schließlich wieder im großen Licht aufzugehen. Doch dies ist ein langer Prozeß, der sich über Äonen von Jahren erstreckt, und so erscheint der Tierkreis wie eine Geschichte, die lange zurückliegt und doch immer gegenwärtig ist. Er ist das Urbild jeglicher Entwicklung, die von Anfang an gesetzte Ordnung, die sich in Raum und Zeit entwickelt. Vom makrokosmischen bis zum mikrokosmischen Bereich findet sich eine dem Tierkreis analoge Ordnung überall dort, wo ein geschlossener Kreislauf von Geburt und Tod den Rhythmus des Lebens bestimmt. Die zwölf Tierkreiszeichen können deshalb auch als das Sinnbild jeglicher Entwicklung betrachtet werden. Sie sind die symbolischen Bilder einer Entwicklungsordnung in Zeit und Raum, die aus der Sprache der Astrologie – einer Sprache der Bilder und Symbole – erst in das rationale Denken übersetzt werden müssen, um in ihrem Bedeutungszusammenhang erfaßt zu werden. Jedes Tierkreiszeichen ist die notwendige Folge des vorangegangenen, denn im »Urkreis des Lebens« sind die einzelnen Entwicklungsstadien festgehalten, die im Zusammenhang erst ein Ganzes ergeben. Wie die Glieder einer Kette folgt ein Tierkreiszeichen dem anderen. Jedes Zeichen löst das vorhergehende ab und verkörpert somit das nächste Stadium der Evolution, bis die harmonische Ordnung des vollständigen Tierkreises sichtbar wird, in dem Anfang und Ende verschmelzen. Der Tierkreis birgt daher auch das Geheimnis jeglicher Evolution, und sein Ordnungsgefüge läßt sich auf allen Ebenen der Existenz wiederentdecken. Er erscheint als Kreislauf der Natur, wie er sich in den immer wiederkehrenden jahreszeitlichen Veränderungen zeigt, als Ablauf eines Tages, eines Jahres, eines Lebenszyklus oder aber eines noch längeren Zyklus irdischer Entwicklung.

So wird es uns auch nicht überraschen, daß wir in diesem Kreis des Lebens als dem Symbol der Vollkommenheit und des Absoluten auch wieder den Zahlen 1–4 begegnen, die die grundlegenden schöpferischen Prinzipien der Welt symbolisieren. Darum soll zunächst der zahlenmäßige Aufbau des Tierkreises betrachtet werden, aus dem sich die innere Struktur der Lebensgesetze ablesen läßt.

Die Ordnung des Tierkreises

Der Tierkreis stellt nicht nur die Stufenfolge einer Entwicklung dar, sondern er enthält auch unterschiedliche Beziehungsketten, die die einzelnen Tierkreiszeichen miteinander verbinden und die dem Urmodell des Schöpfungsvorgangs entsprechen, das in Kap. I, 4. beschrieben ist. Betrachten wir den Tierkreis also zunächst in seiner Tiefendimension, die uns wiederum den Zahlenschlüssel erkennen läßt, der jeglicher Schöpfung zugrundeliegt.

1. Der Tierkreis als Ganzes – Das Symbol der Eins

Der Tierkreis mit seinen zwölf schöpferischen Urprinzipien stellt als Ganzes die Evolution des geistigen Bewußtseins dar, die einer vorgegebenen Entwicklungsordnung folgt. Durch sie offenbart sich die Einheit des Geistes oder der Schöpferische Wille des Kosmos, das Leben an sich.

2. Die Polarität der Zeichen – Das Symbol der Zwei

Der Tierkreis enthält eine Zweiteilung in männliche oder positive und weibliche oder negative Zeichen, die sich abwechseln, wobei männlich und weiblich hier in ihrer Ursymbolik als aktiv oder gebend und passiv oder empfangend verstanden werden, was dem chinesischen Yin und Yang entspricht. Aus dieser Polarität der Zeichen ergibt sich ebenfalls eine Entwicklungsordnung, wobei in den männlichen Zeichen *Widder, Zwillinge, Löwe, Waage, Schütze, Wassermann* die dynamisch-gestaltende und schöpferische Kraft stärker zum Ausdruck kommt, während die weiblichen Zeichen *Stier, Krebs, Jungfrau, Skorpion, Steinbock, Fische* mehr bewahrenden und erhaltenden Charakter haben.

Auf dieser Ebene offenbart der Tierkreis die grundlegende Dualität alles Geschaffenen, den Gegensatz von Geist und Materie, der die Entwicklung von Bewußtsein erst möglich macht.

3. Die drei Kreuze – Das Symbol der Drei

Der Tierkreis enthält aber auch eine Dreiteilung, die drei Kreuze, die jeweils vier Tierkreiszeichen verbinden und die als Kardinales Kreuz, Fixes Kreuz und Veränderliches Kreuz bezeichnet werden.

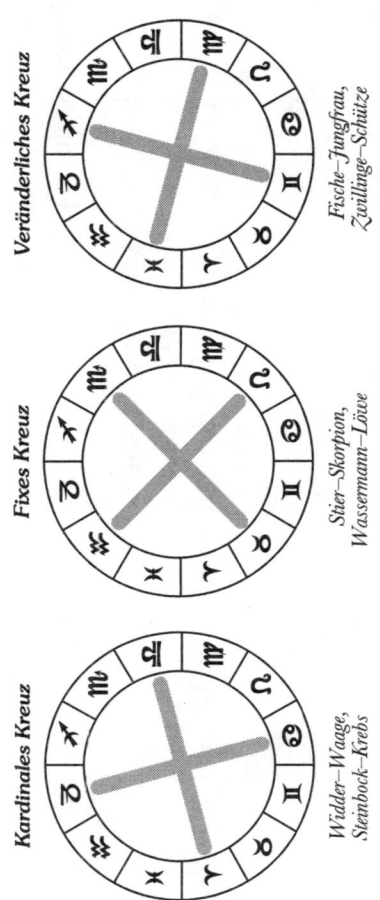

Kardinales Kreuz **Fixes Kreuz** **Veränderliches Kreuz**

Widder–Waage, Steinbock–Krebs *Stier–Skorpion, Wassermann–Löwe* *Fische–Jungfrau, Zwillinge–Schütze*

Auf dieser Ebene offenbart uns der Tierkreis die grundlegende Weisheit, daß allem Geschaffenen drei Urzustände schöpferischer Aktivität zugrundeliegen, die den Hintergrund der materiellen Entwicklung bilden. In den drei astrologischen Kreuzen ist daher auch das Urbild der »göttlichen Dreifaltigkeit« enthalten. Sie symbolisieren die drei schöpferischen Grundprinzipien *Wille, Liebe–Weisheit, Intelligenz*, die hinter jeder Lebensform im Verborgenen wirken und sich erst im Zuge einer langen Evolution durch die physische Form offenbaren.

Im Menschen entsprechen diese drei Kreuze den drei Aspekten seines Wesens *Geist, Seele* und *Körper*, die seine dreifältige Natur ausmachen. So hat das *Kardinale Kreuz* Widder, Krebs, Waage, Steinbock eine Entsprechung zum Geistaspekt des Menschen, das *Fixe Kreuz* Stier, Löwe, Skorpion, Wassermann wirkt auf die Seelenentwicklung ein, das *Veränderliche Kreuz* Zwillinge, Jungfrau, Schütze, Fische auf die Entwicklung der Persönlichkeit.

Veränderliches Kreuz

Heiliger Geist – physische Formwelt
PERSÖNLICHKEIT
Prinzip: Kosmische Intelligenz, die alle Vorgänge in der Natur regelt.

Fixes Kreuz

Sohn – Welt der Seele
SEELENBEWUßTSEIN
Prinzip: Liebe-Weisheit, die alle Formen der Welt verbindet.

Kardinales Kreuz

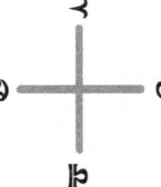

Vater – Geistige Welt
GEISTIGES BEWUßTSEIN
Prinzip: Schöpferischer Wille, der durch die Liebe wirkt.

4. Die vier Elemente – Das Symbol der Vier

Der Tierkreis enthält aber auch eine Vierteilung, die sogenannten vier Elemente *Feuer, Erde, Wasser, Luft*, die alten alchimistischen Anschauungen zufolge die vier Stufen des Seins symbolisieren. Danach stellt Feuer die Mentalebene der Schöpfung dar, Erde die materielle oder physische Ebene, Luft die Ebene der Intuition und Wasser die Astralebene.

Diese vier Ebenen des Seins finden sich im Tierkreis wieder in einer sich dreimal wiederholenden Folge der vier Elemente: Feuer, Erde, Luft und Wasser, die die zwölf Zeichen in eine besondere Ordnung stellen, deren tiefere Bedeutung im folgenden noch ausführlicher besprochen wird.

5. Die drei Zeichen eines Elements – Die Zwölf

Jedes der vier Elemente enthält wiederum drei Zeichen, die innerhalb des jeweiligen Elements eine hierarchische Entwicklungsordnung darstellen, die den drei Aspekten Geist, Seele und Körper entsprechen.

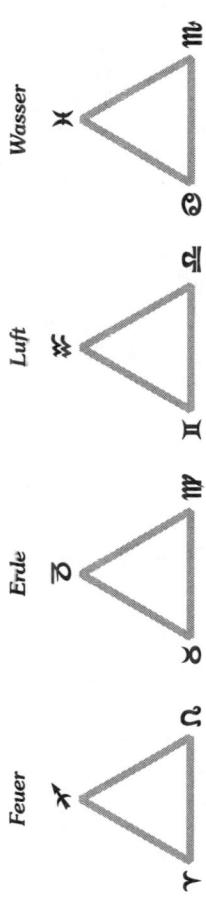

Die Zwölfteilung des Tierkreises ergibt sich also dadurch, daß jeweils drei Tierkreiszeichen mit den vier Elementen verbunden werden. So entdecken wir im Urkreis des Lebens, der das Entwicklungsschema des menschlichen Bewußtseins darstellt, auch wieder die Verbindung aus drei und vier, die jeglicher Bewußtseinsentwicklung zugrundeliegt. (Vgl. Kap. I, 4.)

Die Ordnung des Tierkreises ist also nicht willkürlich; sie ist vielmehr tiefgründig und vielschichtig, eine Einheit in der Vielheit, denn sie ist wohl durchdacht und auf jeder Ebene der Betrachtung analog und in sich stimmig. Dies soll anhand der folgenden Zusammenfassung nochmals demonstriert werden.

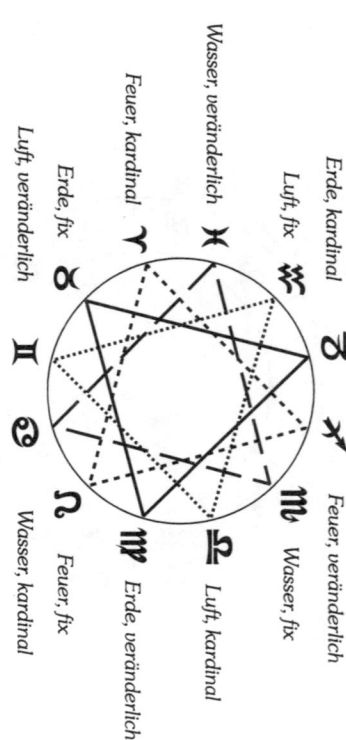

Erde, kardinal
Luft, fix
Wasser, veränderlich
Feuer, kardinal
Erde, fix
Luft, veränderlich

Feuer, veränderlich
Wasser, fix
Luft, kardinal
Erde, veränderlich
Feuer, fix
Wasser, kardinal

Die Feuerdreiheit

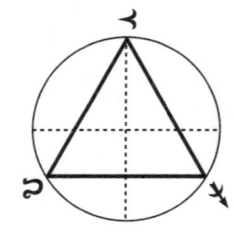

Vom Widder ausgehend haben wir zuerst das dreifache Feuer. Widder ist ein Zeichen des Kardinalen Kreuzes, Löwe des Fixen Kreuzes und Schütze des Veränderlichen Kreuzes.

Das Element Feuer bezieht sich auf die Welt des Geistes und ist seiner Natur entsprechend dynamisch-aktiv. Deshalb ist das erste Feuerzeichen auch ein aktives oder kardinales Zeichen.

Die Erddreiheit

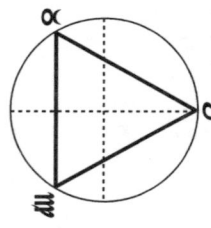

Dann kommt die Dreiergruppe der Erde, die mit dem Zeichen Stier beginnt. Stier ist ein Zeichen des Fixen Kreuzes, Jungfrau des Veränderlichen Kreuzes und Steinbock des Kardinalen Kreuzes.

Das Element Erde bezieht sich auf die physische Materie, die Form oder Stabilität gibt. Deshalb ist das erste Erdzeichen auch ein fixes Zeichen.

Die Luftdreiheit

Darauf folgt die Triade der Luft, die mit Zwillinge beginnt. Zwillinge gehört zum Veränderlichen Kreuz, Waage zum Kardinalen Kreuz und Wassermann zum Fixen Kreuz.

Das Element Luft bezieht sich auf die Beweglichkeit des Denkens. Es symbolisiert die Polarität im Raum, dessen Prinzip der Wechsel von einem Zustand in einen anderen ist. Deshalb ist das erste Luftzeichen, Zwillinge, ein veränderliches Zeichen.

Die Wasserdreiheit

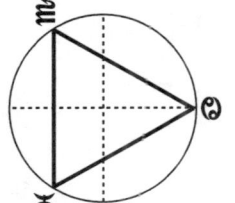

Als letztes folgt die Wasserdreiheit, die mit Krebs beginnt. Das erste Zeichen Krebs ist ein kardinales, das zweite Skorpion ein fixes und das dritte Fische ein veränderliches Zeichen.

Das Element Wasser bezieht sich auf die Welt der Gefühle, die auf der physischen Ebene Aktivität auslösen. Deshalb ist das erste Wasserzeichen Krebs auch ein kardinales Zeichen.

Wir finden hier eine zyklische Variation des Viererprinzips in der Dreiheit, in der sich das Geheimnis jeglicher Bewußtseinsentwicklung verbirgt.

4. Die geistige Bedeutung des Tierkreises

Der Tierkreis als Ganzes – Die Ebene der Eins

Betrachten wir den Tierkreis als Ganzes in seiner Entwicklungsordnung, so können wir darin die Stufen erkennen, die das Bewußtsein der Menschheit im Laufe einer unendlich langen Evolution vom unbewußten Urmenschen zum geistigen Menschen durchläuft. Dieses Thema ist für Anfänger der Esoterik allerdings schwer verständlich, und wer sich noch nicht eingehend mit der geistigen Struktur des Menschen befaßt hat, der sollte dieses Kapitel einfach überschlagen, da es sonst unter Umständen mehr Verwirrung stiftet als Nutzen bringt. Für jene aber, die die feinstofflichen Körper und Ebenen der Existenz bereits als eine natürliche Sache empfinden und die gewohnt sind, sich als Seele oder Bewußtsein zu betrachten, kann diese Ebene der Betrachtung vielleicht eine neue, ganzheitlichere Sicht der Astrologie vermitteln.

Die zeitlose Weisheit lehrt, daß es die Bestimmung des Menschen ist, sich seiner selbst als Seele bewußt zu werden, um dadurch Licht und Liebe in das Dunkel der Welt zu bringen. Die gesamte evolutionäre Entwicklung zielt also darauf ab, den Menschen zur Selbst-Bewußtsein zu führen, indem er sich zunehmend als Seele im physischen Körper wahrnimmt und schließlich begreift, daß er ein geistiges Wesen ist, das latent die Fähigkeit besitzt, den physischen Körper zu beherrschen und ihn nach seinem geistigen Willen zu formen und umzugestalten. Deshalb inkarniert sich die Seele immer wieder in der physischen Welt, um hier – eingeschlossen von vier Körpern – zur Erkenntnis ihres wahren Selbstes zu gelangen. Doch wie müssen wir uns das konkret vorstellen?

Wir haben bereits erkannt, daß der Mensch wie alles im Kosmos ein dreifaches Wesen ist, nämlich Geist, Seele und Körper. Wir haben außerdem gesehen, daß wir unser Entwicklungsziel nur durch fortwährend Reinkarnation erreichen, was bedeutet, daß die Körper abgelegt werden und das Bewußtsein – das wahre Selbst – weiterbesteht, um sich nach Ablauf einer gewissen Zeit wieder einen neuen Körper zu suchen. In diesem Zusammenhang sollten wir uns aber stets bewußt sein, daß nicht die Persönlichkeit wiedergeboren wird, sondern die Geist-Seele oder unser Bewußtsein, das die Erfahrungen aller Leben speichert und als Grundlage jeder neuen Inkarnation mit ins Leben bringt. Denn die Seele, die ja wiederum nur ein Teil der Weltseele ist, ist unser wahres Selbst, das sich im Physischen inkarniert. Sie ist es, die sich auf die »Reise um den Tierkreis« begibt, der die Stufen der Erfahrung darstellt, die die menschliche Seele auf ihrer Bewußtseinsreise durch Zeit und Raum durchlebt. Die Esoterik spricht in diesem Zusammenhang vom Rad des Lebens, das sich dreht, bis der Mensch durch bewußte (Gott-)Erkenntnis Befreiung vom Kreislauf der Wiedergeburt erlangt hat. Auch dies ist wiederum nur eine Illustration des Tierkreises, dessen einzelne Zeichen jeweils eine Station auf dem »Lernpfad der Menschheitsseele« darstellen, die die Aufgabe hat, alle Tierkreis-Energien zu erkennen, zu nutzen, um sie immer vollkommener zum Ausdruck zu bringen und schließlich zu beherrschen.

Dies ist ein unendlich langer Prozeß, der sich natürlich nicht in einem Leben vollziehen kann, sondern nur in vielen aufeinanderfolgenden Inkarnationen, in denen diese Energien der Reihe nach immer wieder erfahren, in ihrer Zielsetzung erkannt und zunehmend bewußter eingesetzt werden können. So wandert die Seele also unzählige Male um den Tierkreis – doch jeweils auf einer höheren Stufe des Bewußtseins – bis sich der Sinn ihres Daseins erfüllt hat. Zu diesem Zweck schafft sie sich in jedem Leben eine neue Persönlichkeit, die ihr auf der physischen Ebene als Werkzeug dient, denn nur über die Persönlichkeit – die Synthese der vier Körper – kann sie mit der Welt Kontakt aufnehmen. Und diese Persönlichkeit wird jedes Mal in einem anderen Zeichen des Tierkreises geboren, um der Seele die Erfahrung jedes Zeichens zu ermöglichen, bis sie alle in ihren Energiewirkungen, ihren Zielen und Möglichkeiten bewußtseinsmäßig erkannt hat und vollkommen zum Ausdruck bringen kann.

Aus diesem Grund können wir den Tierkreis auch als den *Pfad des Bewußtseins* betrachten, auf dem die menschliche Seele Stufe um Stufe voranschreitet, bis das Endziel der Befreiung aus der Materie erreicht ist. Die Tierkreiszeichen werden daher zunächst auf globaler Ebene als Stufen des Bewußtseins gesehen, die die menschliche Seele durchläuft, wenn sie sich durch wiederholte Inkarnationen mit der Erde verbindet.

Auf diese Weise können wir eindringen in das Bewußtsein der Welt und Auskunft erhalten über den universellen Schöpfungsplan, der von Anfang an feststeht und an dessen Gestaltung wir bewußt mitwirken können, sobald wir sein Geheimnis entschlüsseln.

Der Tierkreis als Pfad des Bewußtseins

Die zwölf Tierkreiszeichen stellen die zwölf Stufen eines Ganzen dar, das sich aber erst im Laufe der Evolution voll entfaltet. Der Tierkreis kann daher als ein Entwicklungsplan betrachtet werden und – auf den Menschen bezogen – als das Urbild seines Bewußtseins, das sich erst im Laufe unzähliger Inkarnationen zur Ganzheit entwickelt und damit seine eigentliche Bestimmung erreicht.

Machen wir also einen Bewußtseinssprung, verändern wir die Perspektive und betrachten wir anhand der ewigen Tierkreisordnung die Erfahrung, die die menschliche Seele macht, wenn sie die Erde berührt und sich auf ihre Entwicklungskräfte einläßt. Versuchen wir uns einzufühlen in den gigantischen Entwicklungsplan, den das menschliche Bewußtsein noch vor sich hat und der unser aller Zukunft darstellt.

Die ersten drei Zeichen *Widder, Stier, Zwillinge* sind innere »subjektive« Zeichen[26]. Sie verkörpern die drei kosmischen Prinzipien *des Willens, der Liebe und der Aktiven Intelligenz*, die durch unsere drei feinstofflichen Körper auf uns einwirken. (Vgl. Kap. II, 3.) Widder, Stier, Zwillinge stellen daher die vorgeburtliche Phase dar, in der die Seele die Schwingungsmuster des Mentalkörpers, des Astralkörpers und des Ätherkörpers aufbaut, die der physischen Existenz zugrundeliegen und der jeweiligen Bewußtseinsstufe der Seele entsprechen.

1. Phase: Widder

Widder ist immer das Stadium des Beginns, der erste Schritt zur physischen Manifestation. In diesem Zeichen beginnt der Abstieg der Seele in die Materie, was – analog dem großen Schöpfungsakt – durch Gedankenkraft geschieht.

[26] Diese Darstellung bezieht sich auf die Stufen menschlicher Bewußtwerdung und ist nicht identisch mit dem individuellen Horoskop, in dem Widder den Anfang des ersten (physischen) Quadranten bildet.

»Im Anfang war das Wort . . .«
Johannes Evangelium
»Und Gott sprach, es werde Licht . . .«
Genesis I

Zu diesem Zweck umgibt sich die menschliche Seele – die ihrem Wesen nach Licht ist – mit mentaler Substanz. So tritt die Mentalhülle oder der Mentalkörper des Menschen in Erscheinung, durch den sich der Geistaspekt oder der Wille der Schöpfung zum Ausdruck bringt.

Widder stellt daher den Beginn des nach außen drängenden Willens-zum-Leben dar, den ersten Impuls zur Manifestation einer »denkenden Seele«, die eine Differenzierung der Weltseele ist.

Das Ziel dieses Zeichens ist es, Gedankenkontrolle zu erlangen, denn der Wille kann sich im Physischen nur durch das Denken auswirken.

2. *Phase:* **Stier**

Stier verkörpert die Energie des Verlangens oder die Begierde, die die Seele zur Erfahrung treibt und die Anziehung an die Welt bewirkt. Zu diesem Zweck umgibt sich die menschliche Seele im Stier mit einer weiteren Hülle – dem Astralkörper –, die die Bindung an die physische Ebene und das empfindungsmäßige Wahrnehmen der Welt ermöglicht. Dies ist die Entstehung der »empfindenden Seele« oder der menschlichen Liebe, die auf Begehren beruht.

In diesem Zeichen lernt die Seele zunächst das Verlangen nach empfindendem Dasein zu konzentrieren, um es am Ende wieder aufzugeben, wenn der Kreislauf der Inkarnationen sich erschöpft hat. Wie schon Buddha lehrte, gibt es keine menschliche Inkarnation ohne Wunschbindung an die Welt. Wir werden also aufgrund des eigenen Begehrens immer wieder in die Welt geboren, und hört dieses auf, so erreichen wir die Befreiung vom Rad der Wiedergeburt.

Das Ziel dieses Zeichens ist die »Erleuchtung des Bewußtseins« oder das Erwachen des dritten Auges, das die geistige Schau ermöglicht.

3. *Phase:* **Zwillinge**

Zwillinge ist das Zeichen, das die grundlegende Dualität der Schöpfung zum Ausdruck bringt. In diesem Stadium des Abstiegs in die Materie schafft sich die Seele durch Zusammenbringen von Seele und Körper eine dritte Hülle, den Äther- oder Energiekörper, der der Spiegel der

Seele ist und dem Menschen Vitalität verleiht. Dies ist die Entstehung der »lebendigen Seele«, denn über den Ätherkörper erhält der Mensch seine Lebensenergie, und er ist es auch, der den physischen Körper mit dem gesamten Leben des Kosmos verbindet. Im Stadium der Zwillinge liegt deshalb auch der Ursprung unseres dualen Bewußtseins, das uns zugleich göttlich und menschlich macht.

Das Ziel dieses Zeichens ist es, sich der beiden Aspekte des eigenen Wesens, Seele und Körper, im Denken bewußt zu werden, um dadurch Wissen in Weisheit zu verwandeln.

Die drei ersten Zeichen Widder, Stier und Zwillinge stellen also die Phase der Entwicklung dar, die sich auf feinstofflichen Ebenen vollzieht, bevor die Seele sich im Physischen inkarniert. Dies ist nicht ganz leicht zu verstehen. Wir wollen uns deshalb wieder einmal der Symbolsprache der Bibel bedienen, in der uns diese Tatsache durch den Zustand des Gartens Eden beschrieben wird, der der physischen Menschwerdung oder dem Fall aus dem Paradies vorausgeht.

Widder entspricht Adam, dem Urbild des Menschen, dem Prinzip des Geistes oder der männlichen Seite der menschlichen Natur. Stier ist Eva, die andere Hälfte des Menschen, denn sie wurde aus einer Rippe oder besser aus einer Seite Adams gemacht. Sie symbolisiert die Materie oder die weibliche Seite der Natur. Widder und Stier sind daher die beiden Seiten der gleichen Grundenergie des Willens, der als Wille oder Begehren in Erscheinung tritt und den Menschen in seiner Entwicklung vorwärtstreibt. Im Widder zeigt sich dieser Wille im Bereich der Ideen und Gedanken und im Stier durch Verlangen und intelligentes Wünschen. Diese beiden antreibenden Energien bilden den Hintergrund unserer Entwicklung, denn sie bewirken in uns unbewußt ein ständiges Vorwärtsdrängen, das unsere Evolution bedingt.

Das dritte subjektive Zeichen, Zwillinge, wird durch den Baum der Erkenntnis symbolisiert, der dem Menschen die Fähigkeit verleiht, zwischen »Gut und Böse« zu unterscheiden. Dies ist eine Metapher für die grundlegende Dualität von Geist und Materie, die den Hintergrund unseres Lebens bildet und die nur im Denken erkannt werden kann. Der Baum der Erkenntnis steht also für die Fähigkeit des unterscheidenden Denkens, das uns die grundlegende Dualität der Schöpfung erkennen läßt und uns damit »Gott-Ähnlichkeit« verleiht, denn das Denken ist die schöpferische Kraft, die allen Erscheinungsformen im Physischen zugrundeliegt. Diese Fähigkeit der Unterscheidung zwischen Geist und Materie, die die Seele im Stadium Zwillinge erwirbt, bildet daher die Grundlage unserer Selbsterkenntnis, die uns am Ende zu Gott-Erkenntnis führt, wenn wir gelernt haben, das Göttliche in uns selbst zu entdecken und zum Ausdruck zu bringen.

Dieses unterscheidende Denken, das sich der Mensch ja gegen das Verbot Gottes erwarb, hat ihm aber aus dem Paradies vertrieben. Es gab ihm auch die Freiheit, sich gegen den Geist und für die Materie zu entscheiden, eine Freiheit, die nur der Mensch hat, denn nur er kann sich gegen Gott auflehnen. Er aß also vom Baum der Erkenntnis, um »wie Gott zu werden« und »*da wurden ihnen die beiden Augen aufgetan, und sie wurden gewahr, daß sie nackt waren . . .*« (Genesis 3) Die Fähigkeit zu denken, die uns vom Tier unterscheidet, läßt uns also vorübergehend in das Bewußtsein einer dualen Welt eintauchen und das Bewußtsein der Einheit verlassen, denn solange wir mit den beiden physischen Augen sehen, sehen wir nicht, daß Geist und Materie eins sind.

Die Entwicklung des menschlichen Bewußtseins beginnt also – wie der große Schöpfungsakt – mit dem Wahrnehmen von Dualität, denn zunächst einmal entdeckt der Mensch die Dualität im Physischen zwischen Mann und Frau. Er erlebt die körperliche Anziehung zwischen den Geschlechtern, und so beginnt die Entwicklung seines Denkens zunächst auch mit dem bewußten Erkennen des eigenen Körpers und der eigenen Sexualität (die Schlange als Verführerin). So wird der Boden für den Fall in die physische Existenz bereitet, die sich im nächsten Zeichen Krebs ereignet. Denn »*Gott der Herr machte Adam und Eva Röcke aus Fellen und bekleidete sie damit*« (Genesis 3), was einen symbolischen Hinweis auf den Tierkörper darstellt, der evolutionsgeschichtlich den Ausgangspunkt der menschlichen Entwicklung bildet.

Das Verlangen nach Wissen, das durch die verbotene Frucht des Baumes der Erkenntnis seinen Anfang nimmt, bewirkt also den Eintritt der Seele in das duale Bewußtsein der objektiven Welt, das uns Wirklichkeit oder Ganzheit nur in Gegensätzen erkennen läßt. Diese Gegensätze werden uns zunächst vorwiegend im Physischen wahrgenommen, bis sich unsere Wahrnehmung allmählich auch auf die geistigen Ebenen des Seins erstreckt und uns die Erkenntnis bringt, daß die Dualität ein kosmisches Prinzip ist, das auf jeder Ebene der Existenz als kosmische Sexualität existiert und die Erscheinungswelt bedingt. Indem wir dies begreifen, wird uns bewußt, daß wirkliche Einheit nicht durch sexuelle

Vereinigung mit dem anderen Geschlecht zu erreichen ist, sondern nur durch Vereinigung der männlichen und weiblichen Seite unseres eigenen Wesens, die als Seele und Körper zum Ausdruck kommen. So wendet sich unser Bewußtsein mit zunehmender Bewußtwerdung wieder nach innen, auf der Suche nach dem verlorenen Paradies oder der Einheit, die im Grunde unseres Herzens als Sehnsucht und Erinnerung geblieben ist und die uns am Ende unseres Erfahrungskreislaufs — bereichert durch individuelle Erfahrung — wieder in den Zustand der Einheit zurückbringt.

In den folgenden neun Zeichen von Krebs bis Fische erzählt uns der Tierkreis daher die Verwandlung unserer inneren Wahrnehmungsfähigkeit, die sich auch im äußeren Leben niederschlägt.

4. Phase: Krebs

Krebs ist das Tor zur physischen Geburt, denn hier umgibt sich die Seele mit einem weiteren Körper, dem dichten physischen. Nun tritt sie als lebendiger Akteur auf der physischen Ebene in Erscheinung und äußert sich zunächst als instinktives Gefühlsbewußtsein oder als das »Denken aus dem Bauch«, das uns oft spontan richtig handeln läßt, ohne daß wir es verstandesmäßig erklären könnten. Dieses instinktive Bewußtsein, das aus der Verbindung von Seele und Körper entsteht, bewirkt z. B. die Mutterliebe, die nicht auf den Menschen beschränkt ist, sondern als Instinkt auch im Tierreich vorhanden ist. Die Esoterik bezeichnet dieses Stadium der Wahrnehmung als das Empfinden der »Tierseele«, die das Erbe unserer Vergangenheit ist und die uns befähigt, gefühlvoll-empfindend auf Menschen und Tiere einzugehen.

Krebs stellt daher die erste Stufe der Seelenerfahrung in der Welt dar, das Anfangsstadium der Bewußtwerdung, in dem der Mensch sich noch mit dem gefühlsmäßigen Erleben und Erleiden der Masse identifiziert. Dies macht ihn abhängig vom Umfeld, in dem er lebt, denn sein Bewußtsein ist noch nicht individualisiert, und so wird sein Denken auch weitgehend von der öffentlichen Meinung und von allgemeinen Trends bestimmt. Weil es noch kein bewußte Eigenwahrnehmung gibt, identifiziert sich der Mensch dieser Ebene auch im allgemeinen nicht mit sich selbst, sondern mit der Nation, der Rasse, dem Verein oder der Familie, die ihm als übergeordnete Gruppe zur eigenen Identifikation dient.

Das Ziel dieses Zeichens ist es, dieses instinktive Massenbewußtsein — über das Zwischenstadium des Intellekts — in Intuition zu verwandeln.

5. *Phase*: Löwe

Wenn der Mensch sich durch intellektuelle Entwicklung vom Massenbewußtsein im Krebs gelöst hat und zur Individualität geworden ist, dann erreicht er bewußtseinsmäßig das Stadium Löwe. Nun erlebt er sich in Konkurrenz zu anderen, und er versucht sich zu profilieren, indem er seine Einmaligkeit und Eigenständigkeit betont. Löwe symbolisiert daher den Höhepunkt der Persönlichkeitsentwicklung, ein Stadium, in dem ein Mensch sich durch innere Unabhängigkeit und Führungseigenschaften auszeichnet. Sein Bewußtsein ist individuell geworden, und er hat sich zu einer selbstständigen Persönlichkeit entwickelt, die sich durch Selbstbewußtsein, mentale Integration und persönliche Leistungsfähigkeit auszeichnet.

Das Ziel dieses Zeichens ist die Entwicklung von Eigenbewußtsein und individueller Schöpferkraft.

6. *Phase*: Jungfrau

Das Stadium Jungfrau stellt die Geburtskrise der Seele dar, die hier ihre Gegenwart fühlbar macht durch erste schwache Impulse, ein sich entwickelndes Umweltgewissen und in wiederholten Sinnkrisen des Lebens. Denn in der Entwicklung von der menschlichen Persönlichkeit, die ihren Höhepunkt im Löwen erreicht, zur seelenbewußten Persönlichkeit, muß der Mensch seine individuellen Wünsche und Bedürfnisse mit den Erfordernissen der Umwelt in Einklang bringen. Jungfrau stellt daher die Entwicklungsphase dar, in der der Mensch beginnt, sich seiner Umweltverantwortung bewußt zu werden. Er sieht ein, daß die eigenen Wünsche die anderen gefährden, und so versucht er, zunehmend zurückzunehmen und mit dem seine emotionalen Impulse zunehmend zurückzunehmen und mit dem Denken zu kontrollieren. Emotionales, spontanes Handeln, das sich nur am eigenen Erleben orientiert, wird nun durch vorausschauendes Denken und Planen ersetzt, und der Mensch wird sich bewußt, daß er seinen Charakter formen und seine Egoismen aufgeben muß, denn durch dichte, ich-bezogene und auf persönliche Befriedigung konzentrierte Gedanken kann das innere Licht der Seele nicht nach außen scheinen. Diese Erkenntnis bildet auch den esoterischen Hintergrund des biblischen Gebotes »*Ihr sollt euer Licht nicht unter einen Scheffel stellen*« und der Geschichte von den sechs klugen und sechs törichten Jungfrauen.

So stellt Jungfrau – das Symbol der Reinheit – im Entwicklungsprozeß des menschlichen Bewußtseins auch das Stadium einer inneren Krise dar, durch die die Persönlichkeit »geläutert« wird und der Mensch schließlich erkennt, daß die »*Vernunft der Offenbarung der Seele immer voraus-geht*« (Alice Bailey).

Das Ziel dieses Zeichens ist die Offenbarung der »im Körper verborgenen Seele«. Diese macht sich in dem Maße bemerkbar, wie ein Mensch seine emotionalen, auf persönliche Befriedigung konzentrierten Wünsche und Entscheidungen durch vernünftiges, vorausschauendes Denken ersetzt und bereit ist, sein Profitdenken aufzugeben und dem Wohl des Ganzen zu dienen. Dadurch werden die Persönlichkeitshüllen gereinigt, und der Mensch wird fähig, die Liebe nach außen zu strahlen, die das Wesen der Seele ist. Dies ist die »zweite Geburt«, die die Bibel erwähnt.[27]

Mit dem Zeichen Jungfrau ist der Gang der Seele in die Welt der Materie oder die Individualisierung des Menschen abgeschlossen. Es beginnt jetzt der Pfad der Rückkehr, die Entpersönlichung oder die Rückbesinnung auf den Ursprung des Lebens.

7. *Phase: Waage*

Wenn der Mensch das Bewußtseinsstadium Waage erreicht, dann beginnt er, die Dualität seines Wesens, die ihn zwischen äußeren und inneren Zielsetzungen seines Lebens schwanken läßt, zunehmend in ein ausgewogenes Verhältnis zu bringen. Sein »Ich-Bewußtsein« wandelt sich nun in ein »Wir-Bewußtsein«, denn in dieser Phase wird er fähig, die anderen in ihrem Selbstverständnis bewußt als anders wahrzunehmen und sie dennoch als gleichwertige Partner zu akzeptieren. Dadurch hört das Konkurrenzdenken auf, und der Mensch erlebt sich nun als Teil einer größeren Gemeinschaft, in der die divergierenden Interessen der Menschen fair und gerecht aufeinander abgestimmt werden müssen. Auf diese Weise wird ein Gleichgewicht zwischen den Zielen der Persönlichkeit und der Seele erreicht. Die Dualität wird vor allem im Bereich der Gefühle als widersprechende Tendenzen wahrgenommen, und sie führen so lange zu Entscheidungsschwierigkeiten, wie ein Mensch gefühlsmäßig zwischen den Gegensätzen hin- und herschwankt, die sich aus Persönlichkeits- und Gemeinschaftsinteressen ergeben.

Das Ziel dieses Zeichens ist es, durch analysierendes und unterscheidendes Denken Wertmaßstäbe zu finden, die zu Gerechtigkeit führen und uns befähigen, die eigenen Interessen nicht mehr über die Interessen der anderen zu stellen. Dadurch erreichen wir eine Stufe des Bewußtseins, auf der wir andere erstmals wirklich bewußt wahrnehmen und in ihrem Anderssein zu verstehen suchen.

8. Phase: Skorpion

Skorpion stellt das Stadium der Entwicklung dar, in dem der Mensch sich auf den »geistigen Pfad« begibt. Dies bedeutet eine Neu-Orientierung der Persönlichkeit, die sich nun bewußt von der Begierde und den Triebkräften der Körpernatur zu lösen beginnt. Esoterisch betrachtet ist diese Stufe das »Stadium der Jüngerschaft«, das durch innere Prüfungen und Kampf gekennzeichnet ist, denn nun muß der Mensch sich von seiner »Tier-Seele« befreien, die ihn an die Körpernatur bindet. Er muß sich aber auch mit seiner Sexualität auseinandersetzen, denn durch die Umwandlung der sexuellen Energien in geistige Energien wird die Transformation des menschlichen Bewußtseins in ein geistiges Bewußtsein erreicht. Dieses Wissen bildet den Hintergrund vieler östlicher Yoga-Systeme, mit denen versucht wird, diesen Vorgang der Transformation durch bewußte Energielenkung zu beschleunigen.

Skorpion stellt daher eine Stufe im Evolutionsprozeß des menschlichen Bewußtseins dar, die die Mehrheit der Menschen noch nicht erlebt hat, denn es ist das Stadium der Erprobungen und Prüfungen, durch die der »Saulus zum Paulus« werden muß, bevor er für die »Einweihung« im Steinbock reif ist.

Das Ziel dieses Zeichens ist der Sieg des Geistes über die Materie oder die Unterwerfung der Persönlichkeit unter die Ziele der Seele. Deshalb muß im Skorpion das im Löwen erworbene Eigenbewußtsein überschritten werden, denn nun geht es nicht mehr um individuelle Kreativität und Individualität, sondern um die Fähigkeit, sich als Teil der Menschheit zu begreifen und sich durch eine klare gedankliche Haltung aus der Emotionalität und der Bindung an die Materie zu befreien.

9. Phase: Schütze

Wenn ein Mensch im Bewußtseinsstadium des Schützen lebt, dann hat er durch Selbstbeherrschung und Konzentration Gedankenkontrolle erreicht. Sein Leben wird nun von einer klaren ethischen Haltung und einer geistigen Zielsetzung bestimmt. Die materielle Welt mit ihren Verführungen und Verlockungen wird in ihrer Oberflächlichkeit durchschaut und verliert dadurch ihre Anziehung, denn der Blick des geistig erwachten Menschen ist auf das ›Licht des Pfades‹ gerichtet, das er nicht mehr aus den Augen verliert. Diese Phase, die noch in der Zukunft der Mehrheit der Menschen liegt, ist gekennzeichnet durch Konzentration, Zielgerichtetheit und die Fähigkeit, durch Gedankenkraft auf das eigene Leben und die Umwelt einzuwirken, weil die sexuelle Energie und die Wunschkraft durch Meditation und Gedankenlenkung in geistige Schöpferkraft umgewandelt wurden. In der Esoterik wird diese Bewußtseinsstufe als »angenommene Jüngerschaft« bezeichnet, denn nun ist der Mensch in der Lage, die Zielrichtung und geistige Bestimmung seines Lebens intuitiv zu erkennen und als Berufung zu leben.

Das Ziel dieses Zeichens ist Gedankenlenkung, um das physische Leben von einer geistigen Zielsetzung her bewußt zu gestalten, die durch Intuition erfaßt wird. So wird der Mensch zum geistigen Schöpfer seines eigenen Lebens und zum Anwärter auf die Einweihung, die im Steinbock erlebt wird.

10. Phase: Steinbock

Steinbock ist das »Tor zur Einweihung« oder zur geistigen Geburt. In dieser Phase hat sich der Wille erfüllt, der im Widder seinen Anfang nimmt und den Menschen auf der Evolutionsleiter vorantreibt. Denn durch »angewandten Willen« erreicht der Mensch – über die Stadien stufenweisen ehrgeizigen Strebens um Einfluß und Macht, aber auch um Selbsterfahrung und Erkenntnis – schließlich die geistige Klarheit, den Schöpfungsplan in seinem Bewußtsein zu realisieren. Nun erkennt er, daß sein Leben eingebunden ist in einen gigantischen Schöpfungsplan, in dem es darum geht, die Materie zum Ausdrucksmittel der Seele zu machen. Dadurch wird er sich bewußt, daß die Vorstellung eines individuellen, persönlichen Lebens eine Illusion ist, denn er sieht nun klar, daß sein eigenes Leben ja nur ein winziger Teil eines größeren Lebens ist, das ihn atmet und dessen Absicht er zum Ausdruck bringt. Durch diese Erkenntnis und das stufenweise Begreifen einer »höheren Absicht«, die sein Leben lenkt, hört die Identifikation mit der Persönlichkeit auf, und der Mensch unterstellt sich dem höheren Willen des Ganzen, den er mit zunehmender »Entpersönlichung« immer bewußter wahrnimmt.

Dieses stufenweise Erkennen des größeren Lebens (das wir Gott nennen) und die Identifikation mit seiner Absicht und Zielsetzung bewirken gleichzeitig eine stufenweise Durchlichtung oder Transformation aller Zellen des Körpers, und wenn dieser Vorgang abgeschlossen ist, erstrahlt das Seelenlicht ungehindert durch den physischen Körper nach außen (Heiligenschein). Dieses Stadium der Durchlichtung bezeichnet die Esoterik als die erste große Einweihung der Seele, bei der der physische Körper des Menschen verklärt wird. Diese Einweihung, der viele kleinere Bewußtseinserweiterungen, aber auch zahlreiche Lebenskrisen und Prüfungen vorausgehen, bildet den Abschluß der physischen Entwicklung, denn nun hat die Formnatur durch vollkommene Entwicklung der Chakras Vollkommenheit erreicht. Diesen Vorgang finden wir in der Bibel beschrieben durch die »Verklärung Jesu auf dem Berge« vor den Augen seiner Jünger (Matth. XVIII/1–8), ein Ereignis, das für die meisten von uns natürlich noch keine erlebte Realität sein kann, das uns allen aber in ferner Zukunft einmal bevorsteht.

Das Ziel dieses Zeichens ist die Verklärung des physischen Körpers durch Einweihung, was – wie das Bild des Berges suggeriert – nur durch angestrengtes Bemühen erreicht werden kann und durch Entschlossenheit, sich aus dem »Tal der Illusion« zu befreien, das uns klarer Sicht beraubt, solange wir uns nicht aus der Verblendung materiellen Glücks befreit haben. Denn ein Eingeweihter zu sein bedeutet, sich des geistigen Schöpfungsplanes, der hinter allem physischen Geschehen wirkt, voll bewußt zu sein und die Fähigkeit zu besitzen, die geistig erfaßte Wahrheit auch im Physischen zu demonstrieren.

»Einweihung ist der Beweis dafür, daß man intuitives Verstehen in zweckmäßiger Weise zum Ausdruck bringt.«
Alice Bailey

11. Phase: Wassermann

Das Stadium Wassermann symbolisiert das Ideal wahren Menschseins, und es stellt deshalb die Stufe des Bewußtseins dar, wo sich ein Mensch seiner geistigen Bruderschaft mit seinen Mitmenschen wirklich bewußt wird. Der einzelne abgesonderte Mensch erkennt sich als Teil der Menschheit und erwacht so zum wahren Menschen, der in der *Offenbarung des Johannes* als Engel dargestellt wird. In dieser Phase ist die Beziehung zu anderen durch Liebe und eine geistige Lebensweise gekennzeichnet, die bis heute natürlich erst wenige, weit fortgeschrittene Menschen erreicht haben, die Eingeweihte oder »Meister der Weisheit« sind.

Ihr Denken und Handeln ist nicht mehr persönlich, sondern universal. Sie wirken meist unauffällig im Hintergrund des Weltgeschehens, um der Menschheit in ihrer Entwicklung zu helfen, denn die erwachte Seele, die Liebe und Licht ist, offenbart sich im Dienst an der Welt.

Das Ziel dieses Zeichens ist Gruppenbewußtsein und Weltdienst, ein Grundgedanke, der auch im Ur-Christentum enthalten war und den wahren Kern dieser Religion bildet, denn unmittelbar nach dem Abstieg vom Berggipfel, wo Jesus die Einweihung empfing, begann er wieder zu dienen durch Wort und Tat.

12. Phase: Fische

Fische ist das Stadium des Welterlösers, das nur wenige Auserwählte berufen sind, wirklich zu leben. Hier beweist die vollendete Einzelseele, daß sie sich durch den »Tod der Persönlichkeit« endgültig von der Formnatur befreit hat. Der Tod der Persönlichkeit bedeutet jedoch nicht den physischen Tod, sondern die vollkommene Loslösung des Bewußtseins von der Identifikation mit der Form, die die menschliche Seele viele Äonen von Jahren durch ihre Begierden und Zwänge festgehalten und in ihren Handlungen bestimmt hat.

Dieses Stadium des Bewußtseins, das noch weit in der Zukunft des Durchschnittsmenschen liegt, läßt sich am besten am Leben des Meisters Jesu demonstrieren. Sein Leben diente dem Zweck, uns den »Weg höherer Evolution« zu demonstrieren, denn alle wichtigen Ereignisse seines Lebens entsprechen Stationen auf dem menschlichen Einweihungsweg[28], den er uns symbolhaft vorgelebt hat. Diese Bewußtseinsphase, die durch vollkommene Auslöschung des persönlichen Willens gekennzeichnet ist, hat deshalb auch keine reale Bedeutung für uns, sondern sie kennzeichnet das Leben der Welterlöser oder Avatare, die in regelmäßigen Abständen auf die Erde kommen, um die Entwicklung der Menschen auf eine neue Stufe zu heben.

Das Ziel dieses Zeichens ist das Aufgeben des Eigenwillens durch vollkommene Identifikation mit dem höheren göttlichen Willen. So wird der Mensch ein Welt-Erlöser, und dieser Bewußtseinszustand wird uns durch den Ausspruch Jesu verdeutlicht: »Nicht mein Wille, sondern Dein Wille geschehe«. In diesem Satz liegt das Geheimnis des Endziels menschlicher

[28] Dieses Thema wird von Alice Bailey ausführlich behandelt in: *Von Bethlehem nach Golgatha*.

Entwicklung verborgen. Er kennzeichnet die Stufe, wo der Mensch das Paradies wiederfindet, das er in ferner Vergangenheit durch das Essen vom Baum der Erkenntnis verließ, weil er wieder im Einheitsbewußtsein aufgeht.

Das Bewußtsein der Liebe und der Einheit mit allem Lebendigen ist also das Endziel der menschlichen Entwicklung, und dies ist es, was uns der Tierkreis in der Stufenfolge seiner symbolischen Bilder erzählt, die den inneren Erfahrungsprozeß schildern, den die menschliche Seele in ihrer Entwicklung vom instinkthaften Ur-Menschen zum geistig erwachten Menschen durchläuft.

Männliche und weibliche Zeichen – Die Ebene der Zwei

Wenn wir die Ebene der Einheit verlassen, auf der jedes Tierkreiszeichen die logische Folge des vorhergehenden ist, so läßt sich wiederum zwischen jedem zweiten Zeichen eine Beziehungskette herstellen, da es eine männliche und eine weibliche Entwicklungslinie gibt.

1. Männliche Zeichen: Der positive Pol der Schöpfung – Geist

1. *Widder:*
Im Widder wird der Geist erstmals mit der Materie in Verbindung gebracht; es ist der Wille-zu-leben, der Lebensfunke, der den Tierkreis oder das Rad des Lebens in Bewegung setzt.

2. *Zwillinge:*
Der Geist wird im Denken als das höhere Selbst erkannt, das der Materie gegenübersteht und auf sie einwirkt. Durch Erkennen dieser Wechselwirkung gelangt der Mensch zu Selbsterkenntnis, und es entsteht das Bewußtsein, eine denkende Seele zu sein, die sich als die »Beziehung zwischen beiden« erkennt.

3. *Löwe:*
Das geistige Selbst gelangt zu Eigenbewußtsein, und indem es sich mit dem niederen Pol – der Persönlichkeit – identifiziert, entwickeln sich Selbstbestimmung und ein intensives Ich-Gefühl.

4. Waage:

Nachdem im Löwen Eigenbewußtsein und Selbstbestimmung erlangt wurden, tritt die grundlegende Dualität des Menschseins, die in den Zwillingen erstmals erkannt wurde, wieder deutlicher ins Bewußtsein. Der Mensch identifiziert sich wechselseitig mit dem niederen und höheren Pol seines Wesens, um sie durch abwägendes Denken schließlich zum Ausgleich zu bringen und so Harmonie zu erreichen.

5. Schütze:

Das erreichte emotionale Gleichgewicht dient als Basis, um die gedankliche Konzentration zu verstärken und dem Leben eine selbstgewählte geistige Ausrichtung zu geben. Der Drang nach Entwicklung verstärkt sich und führt zu geistiger Zielstrebigkeit, die ein deutliches Merkmal dieses Zeichens ist.

6. Wassermann:

Die Fähigkeit zu Konzentration, die im Schützen erlernt wurde, läßt eine intuitive Wahrnehmung entstehen, durch die der Mensch sich als Teil eines größeren Ganzen erkennt. Nun richtet sich sein Interesse nicht mehr primär auf die eigene Person, sondern er begreift sich als Teil der Menschheit und wird offen für globales, vernetztes Denken. Das individuelle Bewußtsein, das im Löwen erreicht, in der Waage und im Schützen ausgeglichen und konzentriert wurde, findet im universellen Bewußtsein des Wassermann seine Vollendung, dessen eigentliche Berufung der Weltdienst ist.

2. Weibliche Zeichen: Der negative Pol der Schöpfung – Materie

Das Entwicklungsziel der männlichen Zeichen ist es, den Willen der Schöpfung im Denken zu erfassen und im physischen Leben aktivhandelnd zum Ausdruck zu bringen.

1. Stier:

Im Stier tritt das Prinzip der Begierde oder der magnetischen Anziehung in Erscheinung, das die Seele an die materielle Form bindet, um durch

Verlangen nach Erfahrung und Wissen zur Erleuchtung des Bewußtseins zu gelangen.

2. Krebs:

Im Krebs gelangt die menschliche Seele an den tiefsten Punkt ihrer Erfahrung, denn sie verschmilzt mit dem Licht der Materie, das dunkel und zerstreut ist. Dadurch verliert sich das Bewußtsein allumfassender Liebe – das ist ein Wesensmerkmal der Seele ist –, und der Mensch geht im Massenbewußtsein der Menschheit auf, solange er sich mit Empfindungen, Emotionen und Gefühlen identifiziert.

3. Jungfrau:

In der Jungfrau beginnt der Mensch, sich durch kritisch-analytisches Denken aus der Abhängigkeit des emotionalen Massenbewußtseins zu lösen. Klug und vorausschauend handelnd versucht er, sich von den Emotionen der Umgebung unabhängig zu machen, indem er seine Eigenständigkeit im Denken betont und seine gefühlsmäßigen Reaktionen auf die Umwelt zurückhält, sofern sie der eigenen Vernunft oder Erfahrung zuwiderlaufen.

4. Skorpion:

Im Skorpion gelangt die menschliche Persönlichkeit an einen Krisenpunkt, denn nun gilt es, die Begierde aufzugeben, die sich vor allem durch emotionales Festhalten, aber auch durch Verlangen nach Macht und Besitz ausdrückt. Es entbrennt ein Kampf zwischen den beiden Seelen des Menschen, der körpergebundenen, gefühlsverhafteten »Tierseele« und der mit dem Denken verbundenen Geist-Seele, die nun die Herrschaft über die niedere Persönlichkeit erreichen soll.

5. Steinbock:

Im Steinbock dominiert das Denken die Gefühle. Hier gelangt die menschliche Seele an den Punkt ihrer stärksten Verdichtung, wenn das Denken materiell ausgerichtet ist. Es wird in diesem Zeichen aber auch größte geistige Klarheit erreicht, sobald ein Mensch sein Denken benutzt, um in geistige Bereiche einzudringen und den tieferen Sinn des Daseins bewußtseinsmäßig zu erfassen.

6. *Fische:*

In den Fischen wird das Prinzip der Begierde (Stier), das die Seele an die materielle Welt bindet, durch innere Loslösung schließlich in unpersönliche, selbstlose Liebe verwandelt. Denn nur durch Loslösung von allen persönlichen emotionalen Bindungen wird der Mensch frei vom Rad der Wiedergeburt und fähig zu erkennen, daß sein persönliches Leben Teil eines größeren Lebens ist, das alle individuellen physischen Formen durchdringt.

Das Entwicklungsziel der weiblichen Zeichen besteht darin, Begierde durch zunehmende Intelligenz und Loslösung von der Identifikation mit der Materie in Liebe und Weisheit zu verwandeln.

Die drei Kreuze – Die Ebene der Drei

Im Kardinalen Kreuz, dem Fixen Kreuz und dem Veränderlichen Kreuz offenbart sich die göttliche Dreifaltigkeit, die sich durch die drei Aspekte des Seins – *Wille, Liebe-Weisheit* und *Intelligenz* – zum Ausdruck bringt.

Im Menschen entsprechen diese drei Kreuze seiner dreifältigen Natur: Geist, Seele und Körper. Sie symbolisieren die drei großen Bewußtseinsstufen, die wir in unserer Entwicklung von der auf sich selbst konzentrierten Persönlichkeit – über das Stadium des Seelenbewußtseins – zum vollentwickelten geistigen Menschen durchlaufen.

1. Das Veränderliche Kreuz – Persönlichkeit

Der Beginn der menschlichen Entwicklung vom instinktiven Massenbewußtsein bis zur integrierten Persönlichkeit wird durch das Veränderliche Kreuz bestimmt. Es ist das Kreuz der weltlichen Erfahrung und der Identifikation mit der Form, durch die die Seele Erfahrungen in der physischen Welt gewinnt.

Diese Phase ist gekennzeichnet durch Unbeständigkeit, wechselnde Erfahrungen und ein Denken in Extremen und Gegensätzen, denn ein Mensch, der sich bewußtseinsmäßig auf diesem Kreuz befindet, sieht noch nichts von dem, was hinter der physischen Erscheinungswelt wirkt. Sein Leben wird von persönlichen Wünschen, Sexualität und materiellen Zielen beherrscht. Er begehrt und strebt, aber er leidet und quält sich auch und ist das offensichtliche Opfer von Umständen, weil er den Hintergrund noch nicht wahrnimmt, auf dem die Ereignisse der materiellen Welt ihren Ursprung haben. So unterliegt er auch häufigen Gefühlsschwankungen und pendelt zwischen Extremen, da seine Psyche noch weitgehend vom Unbewußten bestimmt wird.

So reift der Mensch durch die Erfahrungen unzähliger Reinkarnationen zu einer Persönlichkeit heran, die auf sich selbst bezogen ist und das Ziel ihres Ehrgeizes im Materiellen sucht, bis er schließlich zur Erkenntnis gelangt, daß es hinter dem Sichtbaren etwas zu geben scheint, das sein Leben lenkt und ihm eine Richtung gibt. Zwar ist er noch nicht fähig, die Vision klar zu erkennen, doch mit der Zeit beginnt er, sich nach vielen Leben des Erfolges, aber auch des Mißerfolges und des Leidens, in den höheren Plan (der Seele) zu fügen. Und in dem Maße, wie er das tut, wird er zum »Aspiranten«, der seine psychische Empfänglichkeit zu erweitern sucht, um in das Unsichtbare einzudringen, das sein Leben lenkt.

Der Zweck des Veränderlichen Kreuzes – Zwillinge, Jungfrau, Schütze, Fische – ist die Entwicklung einer sensitiven Reaktion unserer vier Körper (physischer Körper, Ätherkörper, Astralkörper, Mentalkörper) auf die Impulse der Seele und die Verschmelzung und Vereinigung dieser Körper zu einer beherrschten und integrierten Persönlichkeit.

Die Kennzeichen dieses Kreuzes sind Unbeständigkeit, wechselnde Erfahrungen und die Suche nach Glück und Erfolg im materiellen Leben. Es umfaßt die Phase der Entwicklung, in der wir uns durch wiederholte Reinkarnationen vom instinktiven Massenmenschen zur eigenbewußten Persönlichkeit wandeln, die schließlich durch die Suche nach Erleuchtung und einem höheren Sinn des Lebens zum Aspiranten wird.

Dieser Übergang von der materiell orientierten Persönlichkeit zum Aspiranten, der beginnt, das Drängen der Seele im Inneren zu spüren, ist gekennzeichnet durch eine tiefe Unzufriedenheit. Die Begierde hat sich in hohem Maße erschöpft, und es stellt sich Überdruß ein. Das Erleben in der materiellen Welt befriedigt nicht mehr, denn die Bedürfnisse der physischen Natur sind nicht mehr vorherrschend. So versucht der Mensch dieser Ebene, sich aus der Welt der Gefühle (Astralebene) zu lösen. Er ist nun mental eingestellt und ist sich dessen mit zunehmendem Unbehagen bewußt, bis er sich der Führung der eigenen Seele unterwirft und so zum Dienst am Nächsten und zu Selbstlosigkeit fähig wird. Dadurch wird er vom Aspiranten zum Jünger und betritt symbolisch das Fixe Kreuz.

2. Das Fixe Kreuz – Seelenbewußtsein

Sobald der Mensch sich von der Identifikation mit der physischen Form gelöst hat und zum »dienenden Jünger« geworden ist, befindet er sich bewußtseinsmäßig auf dem Fixen Kreuz.

Das Stadium der Aspiration oder des Übergangs, das durch Schwankungen und Unausgewogenheit gekennzeichnet ist, weil hier die mystische Vision oder das (über-)sinnliche Erleben höherer Daseinsbereiche den Erfahrungshintergrund bildet, wird nun durch das Stadium des »Okkultisten« abgelöst. Dieser ist bestrebt, sein Bewußtsein und seine Wahrnehmung durch das Studium des Verborgenen zu erweitern, dessen Gesetze und Prinzipien er gedanklich zu erfassen und zu verstehen sucht. So erlangt der Mensch die geistige Schau, die ihm den höheren Sinn des irdischen Lebens enthüllt.

In dieser Phase beginnt er den Sinn und Zweck der Erfahrung auf dem Veränderlichen Kreuz zu begreifen. Er kommt zur Erkenntnis, daß es eine geistige Absicht hinter dem Leben im Physischen gibt, und so erreicht er das Stadium der Verantwortlichkeit, der Wahrnehmung seines höheren Selbstes und der geistigen Zielsetzung seines Lebens. Dadurch werden Begierde und Verlangen in Selbstlosigkeit und Liebe umgewandelt, denn das Fixe Kreuz ist das Kreuz der Wandlung und des Lichtes.

Der Zweck des Fixen Kreuzes – *Stier, Löwe, Skorpion, Wassermann* – ist es, die auf dem Veränderlichen Kreuz entwickelte Persönlichkeit in die richtige Beziehung zur Seele zu bringen und den »Jünger« auf die drei Einweihungen vorzubereiten, die auf diesem Kreuz erreicht werden.

Das Kennzeichen dieses Kreuzes ist zunehmende selbstlose Liebe, ein Sinn für Gruppenbeziehungen und eine entwickelte Feinfühligkeit, die den seelenbewußten Menschen von der auf sich selbst konzentrierten Persönlichkeit unterscheidet.

3. Das Kardinale Kreuz – Geistiges Bewußtsein

Dieses Kreuz bestimmt den »Weg der höheren Evolution«, der seinen Anfang nimmt, wenn ein Jünger das Stadium des »Nirwana« erreicht hat. Es kennzeichnet daher den Eingeweihten, der sich als voll entwickelte Seele auf der Endstufe menschlicher Entwicklung befindet. Sein

Bewußtsein hat sich von der Formseite des Lebens gelöst. Dadurch ist er in der Lage, Liebe und Weisheit durch die entwickelte Persönlichkeit zum Ausdruck zu bringen, und er beginnt nun, die Vision des Ganzen klar zu erkennen, das als Wirklichkeit hinter dem Sichtbaren steht.

Der Zweck des Kardinalen Kreuzes – *Widder, Krebs, Waage, Steinbock* – ist die Identifikation mit dem Geistaspekt des Seins oder mit dem »Einen Großen Leben«, das uns atmet und von dem jeder ein Teil ist.

Das Kennzeichen dieses Kreuzes ist Synthese und das Wahrnehmen der Einheit allen Lebens. Der persönliche Wille ist eins geworden mit dem Willen des größeren Ganzen, weil der Eingeweihte sich nun mit dem einen göttlichen Leben identifiziert, das universell und unpersönlich ist. Dies ist das Ziel der menschlichen Entwicklung, das bis heute nur von von »Meistern der Weisheit« erreicht wurde und daher noch in der Zukunft der meisten Menschen liegt.

Das Thema der drei Kreuze ist für die Esoterische Astrologie grundlegend. Wir werden ihnen in den drei Entwicklungsstufen der Tierkreiszeichen indirekt wiederbegegnen, wo sie in ihrer spezifischen Charakteristik für jedes Zeichen beschrieben sind.

Das Veränderliche Kreuz entspricht der ersten Entwicklungsstufe (Persönlichkeit), das Fixe Kreuz der zweiten (Seelenbewußtsein) und das Kardinale Kreuz der dritten (Geistiger Mensch).

Die vier Elemente – Die Ebene der Vier

Feuerzeichen

Selbst-Entfaltung
Ich-Kern, Wille

Tendenz:
Aktives Tätigsein und Durchsetzungskraft, Dynamik, gestaltend, starke Willenskraft.

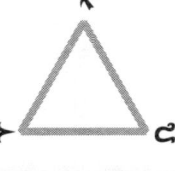

Esoterische Bedeutung

Die drei »göttlichen Aspekte«, die sich im Menschen als Geist, Seele und Körper manifestieren. Die Feuerzeichen symbolisieren die drei Stufen der Selbstwerdung oder des Ich-Bewußtseins, die den Entwicklungsweg des Menschen kennzeichnen und die seine mentale Konzentration oder seine Willenshaltung bestimmen.

Die gemeinsame Grundschwingung der drei Zeichen

Die Feuerzeichen sind gekennzeichnet durch starke Eigendynamik, Enthusiasmus und die Schnelligkeit der Bewegung. Sie sind lebensbejahend und besitzen meist eine starke Persönlichkeitsintegration. Sie haben ein großes Bedürfnis nach Freiheit und Unabhängigkeit und besitzen viel Willenskraft, einen starken Glauben an sich selbst, Stärke und viel Tatkraft. Oft sind Führungseigenschaften vorhanden, denn Feuerzeichen haben die Fähigkeit, tonangebend zu sein und Anstöße für Neuerungen auch gegen zeitbedingte Widerstände von außen zu geben.

Die drei Stufen der Selbstwerdung

1. **Widder:** Wille zum Leben, Selbst-Behauptung.
Der Widder bezieht seine stärkste Kraft aus dem Willen, der alle seine Handlungen motiviert, denn er hat die Aufgabe, Ideen in die Welt der Gedanken zu bringen, damit diese von der Masse aufgegriffen, verstanden und gelebt werden können. Seine Betonung liegt daher auch in der Fähigkeit, Bahnbrecher und Wegbereiter für Neues zu sein. Er ist der Pionier in allen Bereichen des Lebens, der Kämpfer, der für seine Überzeugungen auch einsteht und sich mit Entschlossenheit und Mut gegen alle zeitbedingten Widerstände behauptet.

2. **Löwe:** Leben aus dem eigenen Zentrum, Selbst-Bewußtsein.
Der Löwe ist ein ich-betonter, eigenbewußter Mensch, denn seine Aufgabe ist es, Selbstbewußtsein zu erlangen, um so als zentrale Führernatur von Mittelpunkt von Gruppen zu werden. Die Betonung dieses Zeichens liegt in der persönlichen Integration und persönlichen Leistungsfähigkeit, die das individuelle Bewußtsein des Menschen entstehen lassen.

3. **Schütze:** Konzentration auf das höhere Selbst.
Das Bewußtsein des Schützen ist nicht mehr begrenzt auf die eigene Individualität, sondern es geht nun um die Erweiterung des Bewußtseins, um das Verstehen und Einschließen fremden Lebens. Die Kon-

zentration liegt auf dem Erreichen eines jeweils höheren Ziels, dem das ganze Streben gilt und auf das sich alle Wünsche richten. Durch diese Zielstrebigkeit, die ein wesentliches Merkmal dieses Zeichens ist, erlangt der Mensch schließlich eine intuitive Wahrnehmung und erkennt, daß alles Leben sich stets weiter und höher entwickeln muß und niemals stehen bleiben kann.

Luftzeichen

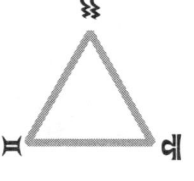

Wahrnehmen der Dualität Erkenntnisfähigkeit

Tendenz:
vielseitig, kontaktschaffend, in allen Richtungen sich bewegend, überwiegend geistige oder intellektuelle Interessen, wandelbar.

Esoterische Bedeutung

Die drei Ebenen des Denkens, über die der Mensch die grundlegende Dualität der Schöpfung (Geist und Materie) denkend erfaßt und schließlich zur Synthese bringt. Dieses denkende Erkennen erfolgt in drei Stufen: Gegensatz (Zwillinge), Gleichgewicht (Waage) und Synthese (Wassermann). Wird diese Synthese im Denken erreicht, entsteht Licht im Bewußtsein, und der Mensch erkennt sein wahres Selbst oder die Seele, die die Verbindung zwischen Geist und Materie ist.

Die gemeinsame Grundschwingung der drei Zeichen

In den Luftzeichen kommt das universale Denken zum Ausdruck, das sich im Menschen als die Fähigkeit zeigt, sich selbst als »den Denkenden« zu erkennen, der zwischen Geist und Materie steht. Für Luftzeichen liegt der Schwerpunkt daher in der Welt der Gedanken und Ideen; Theorien und Sprache sind wichtiger als Gefühle. Sie besitzen meist wenig Bodenhaftung, sind beweglich, wechselhaft, kommunikationsfreudig und wenig gefühlvoll, denn ihre Aufgabe ist es, sich aus der Unmittelbarkeit des Erlebens zu lösen, um auf diese Weise Objektivität und ein unterscheidendes Denken zu erlangen.

Die drei Stufen des erkennenden Denkens

1. *Zwillinge:* Wahrnehmen der grundlegenden Dualität der Schöpfung. In den Zwillingen ist das unterscheidende Denken betont, denn der Mensch soll hier die grundlegende Dualität erkennen, die zwischen Seele und Persönlichkeit oder dem inneren und äußeren Wesen des Menschen besteht. Zwillinge leben daher stets im Bewußtsein des Gespaltenseins, ihr Denken ist intellektuell-analytisch. Sie sind schwankend-beweglich, wechselhaft, sehr flexibel und kontaktfreudig.

2. *Waage:* Ausgleich der Dualitäten, der »Weg der Mitte«. In der Waage ist die Fähigkeit betont, die grundlegende Dualität zwischen Seele und Persönlichkeit in ein harmonisches Gleichgewicht zu bringen, in dem keine der beiden dominiert. So sind Waage-Geborene auch stets bemüht, auf jeder Ebene des Bewußtseins Disharmonien und Ungleichgewichte auszugleichen, die vor allem im Bereich der Gefühle auftreten, denn nur im Zustand des Ausgeglichenseins finden sie zu sich selbst und zu ihrer eigenen Mitte. Sie sind daher stets kompromißbereit, diplomatisch und wirken ausgleichend und harmonisierend in Beziehung mit anderen.

3. *Wassermann:* Aufhebung der Dualität, ganzheitliches Denken. Im Wassermann wird die Dualität aufgehoben, denn es geht um das Erkennen der Einheit und der universellen Verbundenheit alles Geschaffenen. Das Denken wird ganzheitlich und läßt den Menschen erkennen, daß jedes individuelle Leben stets nur Teil eines größeren Ganzen ist und daß sein persönliches Wohlergehen in unmittelbarem Zusammenhang mit dem Wohlergehen der ganzen Menschheit steht. Das Zentrum des persönlichen Bewußtseins wird aufgelöst, denn es geht hier um die Hinwendung zum Universalen und zum Dienst an der Allgemeinheit, der eine logische Folge ganzheitlichen Denkens ist.

Wasserzeichen

Welt der Gefühle
Empfindungsfähigkeit

Tendenz:
Vorherrschaft des Gefühls, empfindsam, reaktiv, phantasievoll, träumerisch, leicht verletzbar.

Esoterische Bedeutung

Wachstum und Entwicklung der Persönlichkeit, die dem Gesetz von Ursache und Wirkung unterliegt. Dadurch entwickelt sich die persönliche Empfindungsfähigkeit zur allgemeinen Menschenliebe.

Die gemeinsame Grundschwingung der drei Zeichen

Die Wasserzeichen symbolisieren den Prozeß der Bewußtwerdung durch langsame, aber sichere Vertiefung der Empfindungsfähigkeit. Unsichtbare Faktoren spielen eine große Rolle. Es besteht ein starker Kontakt zum Bereich der Gefühle und Empfänglichkeit für Stimmungen und Atmosphärisches. Der Schwerpunkt des Bewußtseins liegt im Bereich tiefer Emotionen und Gefühlsreaktionen, zwanghafter Leidenschaften bis hin zu überwältigenden Ängsten. Es besteht ein Hang zu dramatischen Effekten, zu Selbstmitleid, aber auch die Fähigkeit zu tiefer Hingabe und echtem Mitgefühl.

Die drei Stufen gefühlvoll-empfindenden Wahrnehmens

1. Krebs: Gefühlsempfänglichkeit, psychisches Empfinden.
Im Krebs liegt die Betonung auf der Ebene gefühlsmäßig-empfindenden Wahrnehmens, wodurch der Mensch die Fähigkeit des Mitfühlens und psychischer Feinfühligkeit, aber auch die Fähigkeit des Leidens erwirbt. Aufgrund der großen Empfindsamkeit und Verletzlichkeit, die sich aus der starken Empfänglichkeit für die Gefühle anderer ergibt, entsteht der tiefverwurzelte Wunsch nach Schutz und Eingebundensein in ein familiäres Umfeld, das dem Menschen Liebe oder emotionale Geborgenheit geben kann. Daraus resultiert auch eine starke Abhängigkeit von der Gefühlssphäre und den Einflüssen der Umwelt,

die erst endet, wenn die Intuition an die Stelle psychischer Wahrnehmung tritt.

2. Skorpion: Kampf zwischen dem niederen und höheren Selbst, Tod des »kleinen emotionalen Ich«.

Im Skorpion geht es um die Überwindung der im Krebs erlangten Emotionalität durch die Macht des Denkens, mit deren Hilfe er die Schleier seiner Gefühlsillusionen und seiner täuschenden Selbstwahrnehmung durchdringen muß, um das Licht der eigenen Seele zu entdecken. Die Betonung liegt auf Kampf und auf der Überwindung egozentrischer Denkgewohnheiten und emotionaler Abhängigkeiten, die die Umwandlung des emotional-gefärbten Gefühlslebens in ein mental-betontes, erkennendes Selbstbewußtsein behindern. Denn Skorpion ist das Zeichen des »Stirb-und-Werde-Prozesses«, den das menschliche Bewußtsein durchlaufen muß, um vom physisch-emotionalen Menschen zum seelenbewußten Menschen zu werden, der seinen Egoismus aufgibt und dadurch die Fähigkeit verliert, zu verletzen und zu zerstören.

3. Fische: Mystisches Einheitsempfinden, Hingabe an das Ganze. In den Fischen sind die Grenzen der Persönlichkeit aufgelöst, denn die Fähigkeit gefühlsmäßiger Wahrnehmung bezieht sich nicht mehr nur auf die eigene Gefühlswelt wie im Krebs oder den Kampf zwischen dem niederen und höheren Selbst wie im Skorpion, sondern auf das größere Ganze, das hinter der sichtbaren Welt liegt und in dem der Mensch sich als Seele beheimatet weiß. Die Grenzenlosigkeit des Empfindens bildet daher auch den Hintergrund, auf dem sich Medialität, Hingabe, die Bereitschaft zu Opfer und hingebungsvollem Dienen, aber auch Selbsttäuschung und Illusionen entwickeln, da die große Weite und überpersönliche Einheit des Bewußtseins die Selbstwahrnehmung erschwert. Fische sind daher aufgerufen, ihre Individualität durch Identifizierung mit dem jeweils größeren Ganzen zu erreichen, das als Hintergrund für die Entwicklung dient und dem sie sich mit ganzem Herzen und ganzer Liebe hingeben, um mit ihm zu verschmelzen.

Erdzeichen

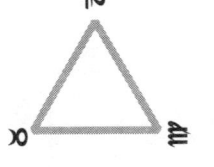

Materielle Lebensäußerung
Praktische Erfahrung

Tendenz:
Sinn für Realitäten, für das Stoffliche, Sachbindung, gegenstandsverhaftet, praktische Veranlagung, zweckmäßiges Handeln, solide, zuverlässig, geduldig-zäh.

Esoterische Bedeutung

Begehren als Antrieb menschlicher Evolution, das in geistiges Streben umgewandelt wird und so zu Erleuchtung, Seelenbewußtsein und Einweihung führt.

Die gemeinsame Grundschwingung der drei Zeichen

Erdzeichen besitzen eine unmittelbare Beziehung zur materiellen Welt. Sie sind sachbezogen und realistisch in ihren Anschauungen, und die praktische Erfahrung steht im Vordergrund. Der Schwerpunkt des Bewußtseins liegt auf der äußeren Ebene des Lebens, und so hat die praktische Vernunft auch stets Vorrang vor Gefühlen oder theoretischen Überlegungen. Die Betonung liegt im Handeln, das Wirkungen setzt und sichtbare Ergebnisse bringen soll. Die Stärken der Erdzeichen sind Geduld, Ausdauer und Beharrlichkeit. Sie sind bedächtig, vorsichtig, eher konventionell und achten stets darauf, daß sie die Früchte ihrer Arbeit auch ernten. Aufgrund ihrer praktischen Begabung ist die Lebensvorsorge im allgemeinen kein Problem, doch durch zu starkes Festhalten an der sichtbar-materiellen Welt kommt es häufiger zu Stagnationen in der Entwicklung, da der Lebensfluß angehalten wird. Erdzeichen sollten sich deshalb stärker für die Realität der unsichtbaren Welt öffnen und ihr Handeln von geistigen Zielen leiten lassen.

Die drei Stufen der materiellen Lebensäußerung

1. Stier: Verlangen nach sinnlicher Erfahrung und Wissen. Im Stier liegt die Betonung im Bereich der Begierde und der sinnlichen Wahrnehmung, die zum Ausgangspunkt der Entwicklung wird und die den Menschen an die Erde bindet. Diese Kraft der Begierde ist es, die ihn auf der Evolutionsleiter vorantreibt und ihn durch stetige Verfeinerung des Geschmacks und der sinnlichen Wahrnehmung vom dumpfen Genießer zum kulturell-interessierten, feinsinnigen Ästheten werden läßt, der nun nicht mehr nach materiellen Werten, sondern nach geistigen Erfahrungen sucht, die die »Erleuchtung« des menschlichen Denkens bewirken.

2. *Jungfrau*: Menschliche Vernunft.

In der Jungfrau liegt die Betonung im Körper und im Denken zugleich, denn hier geht es um die Fähigkeit zu intelligentem, an die jeweiligen Bedingungen des Lebens angepaßtem Verhalten. Die Begierde, die im Stier noch die Triebkraft der Entwicklung bildet, soll hier einem intelligenten, zweckentsprechenden Handeln weichen. Jungfrau zeichnet sich daher durch Zurückhaltung, Analyse und Selbstbeobachtung aus, um dadurch zum Erkennen des Gesetzes von Ursache und Wirkung zu kommen, dem das eigene Leben unterliegt. Denn Jungfrau ist das Zeichen der Ernte, und hier wird sich der Mensch durch Selbstbeobachtung zunehmend bewußt, daß er nur das ernten kann, was er gesät hat. Das begierdenhafte, lustbetonte Vorwärtsdrängen, das den Stier bewegt und zur Entwicklung treibt, muß hier angehalten werden, um offen und empfänglich zu werden für die »innere Stimme«, die von der Seele kommt und die die Stimme des Gewissens oder der höheren Vernunft ist.

3. *Steinbock*: Erkennen eines übergeordneten Gesetzes.

Im Steinbock tritt der Wille zum Erfolg an die Stelle sinnlicher Begierde oder zweckgerichteten Handelns, denn hier geht es um Öffentlichkeitswirkung, die über die eigene Person hinausgeht. Im Vordergrund steht daher das Gefühl der Verantwortung für die Allgemeinheit. Diese erscheint entweder als Pflicht, das eigene Leben in die Hand zu nehmen, vorwärtszustreben und etwas aus sich zu machen, oder aber auf fortgeschrittener Ebene als Verantwortung für all jene, die noch des Schutzes eines übergeordneten Gesetzes bedürfen, das das Verhalten einer Gemeinschaft regelt. Denn im Steinbock geht es um »Entpersönlichung« und die Bereitschaft, das eigene Handeln einem allgemein-gültigen Gesetz zu unterwerfen, das je nach Entwicklungsstufe ein weltliches oder geistiges Gesetz sein wird. Gilt das weltliche Gesetz als oberste Richtschnur des Handelns, so wird der Steinbock-Geborene ehrgeizig versuchen, seinen Weg zu machen und Macht und Einfluß über andere zu gewinnen, die er dann ebenfalls unter dieses Gesetz zu zwingen versucht. Ist er sich aber schon des geistigen Gesetzes bewußt, das alles kosmische Geschehen lenkt, so versucht er nicht mehr auf der Stufenleiter weltlichen Erfolges nach oben zu kommen, sondern sein Streben richtet sich nun darauf, »geistig höherzusteigen«. Er ist nun bemüht, den Plan der Schöpfung stufenweise im Bewußtsein zu erkennen, und dieses gedankliche Erkennen immer größerer kosmischer Zusammenhänge bezeichnet die Esoterik als »Einweihung«.

Die Gegensatzpaare der Tierkreiszeichen

Die zwölf Tierkreisenergien, die die Entwicklungsordnung des Lebens darstellen, können auch als sechs Tierkreis-Paare betrachtet werden, denn die jeweils gegenüberliegenden Zeichen erscheinen unserem dualen Bewußtsein als Gegensatz, obwohl sie eigentlich nur die materielle und geistige Ausprägung des gleichen Prinzips darstellen.

Gang in die Materie		*Elemente*		*Gang aus der Materie*
Widder	Feuer	–	Luft	Waage
Stier	Erde	–	Wasser	Skorpion
Zwillinge	Luft	–	Feuer	Schütze
Krebs	Wasser	–	Erde	Steinbock
Löwe	Feuer	–	Luft	Wassermann
Jungfrau	Erde	–	Wasser	Fische

Auffallend ist dabei, daß nur jeweils zwei Elemente, nämlich Erde und Wasser oder Feuer und Luft, ein Gegensatzpaar bilden, Feuer und Wasser oder Erde und Luft dagegen nicht. Die Elemente lassen sich symbolisch daher wieder auf die Dualität Geist/Materie zurückführen, denn Erde/Wasser entspricht der Materie und Feuer/Luft dem Geist.

Widder – Waage

Im Widder manifestiert sich der Wille-zum-Leben, der zunächst ungestüm und impulsiv ins Leben drängt. Selbstbehauptung und Selbstdurchsetzung stehen im Vordergrund, bis ein Mensch die eigenen Ziele und die Interessen der anderen durch das abwägende und ausgleichende Denken der Waage in ein gerechtes und harmonisches Verhältnis zueinander bringt.

Gegensatz: Ich-Bewußtsein   — Wir-Bewußtsein
         Selbstbehauptung   — Partnerschaft

Stier – Skorpion

Im Stier tritt das Prinzip der Begierde in Erscheinung, das den Menschen in seiner Entwicklung vorantreibt, bis er durch Übersättigung und Überdruß schließlich im Skorpion erkennt, daß er der Gefangene seiner Wünsche ist und Freiheit nur erlangen kann, wenn er sich den Zielen der Seele unterwirft und seine niedere Natur beherrscht.

Gegensatz: Bindung an Form-   — Loslösung vom Formbe-
         bewußtsein   wußtsein
         Verlangen nach empfinden- — Überwinden der Begierde
         dem Dasein   (Askese)

Zwillinge – Schütze

In den Zwillingen erwacht der Intellekt des Menschen, der ihn die Welt und sich selbst in Gegensätzen wahrnehmen läßt, bis er durch Zielgerichtetheit und geistige Konzentration Intuition erlangt und die Ganzheitlichkeit der Welt im Denken erfaßt.

Gegensatz: Unterscheidendes Denken — Ganzheitliches Denken
         (Intellekt)   (Intuition)

Krebs – Steinbock

Krebs ist das Tor zur physischen Geburt, Steinbock das zur geistigen Geburt. Im Krebs beginnt die Seele sich als empfindendes Körperbewußtsein zu manifestieren, mit dem der Mensch sich in die Erlebniswelt seiner Mitwelt einfühlen kann. Dies ist die Entstehung der psychischen Wahrnehmung. Im Steinbock wird diese psychische Wahrnehmung durch Entpersönlichung in eine geistige Wahrnehmung umgewandelt. Der Mensch wird sich seiner Geist-Seele bewußt, die als Gegenpol zur Psyche die Dualität seines Wesens ausmacht.

Gegensatz: Psychisches Empfinden   – Geistige Wahrnehmung
»Tier«-Seele   – Geist-Seele

Löwe – Wassermann

Im Löwen wird der Mensch zu einer Persönlichkeit, indem er sich aus dem Massenbewußtsein löst und Individualität erlangt. Sein Bewußtsein identifiziert sich mit der eigenen Person. Im Wassermann erweitert sich dieses persönliche Bewußtsein zu einem Gruppenbewußtsein, das den Menschen seine Seelenverwandtschaft mit anderen erkennen läßt.

Gegensatz: Persönliche Identität   – Geistige Identität
Auf sich selbst konzentrierte   – Persönlichkeit, die sich als
Persönlichkeit   Teil eines Kollektivs erlebt

Jungfrau – Fische

Jungfrau stellt die Geburtskrise der Seele dar, die durch die entwickelte Persönlichkeit als Vernunft und Liebe zum Ausdruck kommen muß. Die Entwicklung der Formnatur und ihre Bedürfnisse stehen daher im Vordergrund, bis der Mensch durch Einfluß der Fische soviel Losgelöstheit und Selbstlosigkeit erreicht hat, daß er sich nicht mehr mit der Persönlichkeit, sondern mit der Seele identifiziert, die nicht an Raum und Zeit gebunden ist.

Gegensatz: Zweckgebundenheit   – Zweckfreiheit
Anpassung an Existenz-   – Freiheit von Anpassungs-
bedingungen   zwängen

Die Gegenzeichen sind jeweils die beiden Seiten des gleichen Prinzips, und die Entwicklung eines Menschen zeigt sich daran, inwieweit er es geschafft hat, sie anzunähern und in der Mitte zu verbinden. Denn der Geist verbindet sich mit der Materie, um sich durch sie zu offenbaren, und die Materie antwortet, indem sie auf den Impuls des Geistes zunehmend reagiert und ihn durch die Form zum Ausdruck bringt.

Ein fortgeschrittener Mensch zeichnet sich also dadurch aus, daß er das Prinzip seines Aszendenten oder seines Sonnenzeichens nicht mehr einseitig zum Ausdruck bringt, sondern daß er es schon mit den Qualitäten des Gegenzeichens verbunden hat und zunehmend in der Mitte dieser gegensätzlichen Prinzipien lebt. Denn die Seele ist das mittlere

Prinzip zwischen Geist und Materie, und sie entwickelt sich durch zunehmende Verbindung dieser beiden Seiten der Schöpfung. Dies soll als Abschluß der geistigen Bedeutung des Tierkreises noch kurz angedeutet werden.

Ein unentwickelter Widder-Geborener wird viel aggressiver, rechthaberischer und einseitiger veranlagt sein als ein fortgeschrittener, der aufgrund seiner Bewußtseinsentwicklung das Gegenzeichen Waage bereits mit zum Ausdruck bringt und deshalb weit diplomatischer, rücksichtsvoller und harmoniebedürftiger ist, als der, der nur die eine Seite des Widder-Waage-Paares erfaßt. Dies gilt natürlich auch für den Waage-Geborenen, der durch den zunehmenden Einfluß der Widder-Energie seine Entscheidungsschwierigkeiten, seine Unentschlossenheit, sein Zögern und seine Bequemlichkeit überwindet und zu energischem Handeln fähig ist, sobald sich beide Prinzipien anzunähern beginnen.

Ein unentwickelter Stier-Geborener ist lustbetonter und sinnenfreudiger als ein entwickelter, der durch den Einfluß des Gegenzeichens mehr nach geistiger als nach körperlicher Befriedigung sucht und zunehmend versucht, sich von der Begierde zu lösen, da sie eine zu starke Bindung an die Erde erzeugt. Auch ein Skorpion-Geborener entwickelt sich durch Annäherung an das Gegenzeichen Stier, indem er seine starke Neigung zu Abstraktion und zum Strukturieren von Lebendigem überwindet und seine Gedanken mit Leben erfüllt und an den Lebensfluß anpaßt.

Ein unentwickelter Zwillinge-Geborener wird zu Unbeständigkeit und Wechselhaftigkeit neigen, bis er durch das Gegenzeichen Schütze zunehmend Zielgerichtetheit und Konzentration lernt, die ihn tiefer in ein Problem einsteigen lassen. Aber auch der Schütze lernt durch Annäherung an das Gegenzeichen, seine intuitiv erfaßten Wahrheiten zu analysieren und gedanklich zu untermauern, was ihn vor geistigem Hochmut und Selbstüberschätzung bewahrt, die den unentwickelten Schützen kennzeichnen. Denn nur durch Verbindung des analytischen und synthetischen Denkens wird der Mensch fähig, die geistigen Gesetze des Kosmos wirklich zu verstehen und auf das physische Leben zu übertragen.

Der unentwickelte Krebs-Geborene ist ein stimmungslabiler, empfindsamer und empfindlicher Mensch, der von der Liebe und Zustimmung seiner Umwelt abhängig ist, bis er durch den Einfluß des Gegenzeichens Steinbock Disziplin, Ordnung und Ausdauer gelernt hat, wodurch er mehr Selbstbewußtheit und Stabilität erlangt. Der unentwickelte Steinbock zeichnet sich durch Ordnung, Disziplin und Ehrgeiz aus, und es mangelt ihm meist an Einfühlungsvermögen in andere, bis er sich durch Annäherung an das Krebs-Prinzip den Empfindungen seiner Mitwelt öffnet.

Der unentwickelte Löwe-Geborene ist selbstbestimmt, egoistisch und auf die eigene Vormachtstellung konzentriert, bis sich sein Eigenbewußtsein durch Annäherung an das Gegenprinzip Wassermann zu Gruppenbewußtsein erweitert. Der Wassermann fühlt sich instinktiv an Gruppen, Vereine und menschliche Kollektive gebunden, weil sein Bewußtsein nicht in der eigenen Person zentriert ist. Doch durch den Einfluß des Löwen erlangt er zunehmend eine persönliche Individualität, die ihn zu einem eigenständigen, selbstbewußten Mitglied innerhalb eines Kollektivs werden läßt.

Der unentwickelte Jungfrau-Geborene denkt zweckgebunden und orientiert sich ausschließlich an persönlichen Nützlichkeitserwägungen, bis er durch den Einfluß der Fische zunehmend zu selbstlosem, umweltgerechtem Denken und Handeln fähig wird. Der unentwickelte Fische-Geborene ist so wenig zweckorientiert und so unrealistisch, daß sein Leben meist etwas weltfremd, unorganisiert und chaotisch erscheint, bis er durch den Einfluß des Gegenzeichens Jungfrau gelernt hat, seine Pläne, Überlegungen und Entscheidungen an die Erfordernisse der realen Welt anzupassen und sich nicht mehr von Phantasien leiten zu lassen.

Die Betrachtung der Gegensatzpaare ist an dieser Stelle bewußt sehr kurz gehalten, denn ihre Wechselwirkung und Bedeutung für die Entwicklung eines Menschen wird im Kap. IV für jedes Tierkreiszeichen nochmals einzeln behandelt.

IV

DIE ZWÖLF GRUNDTYPEN
DES TIERKREISES

Die Wirkung der zwölf Tierkreiszeichen auf den Einzelnen

Die Wirkungen der astrologischen Energien auf den einzelnen Menschen sind sehr vielfältig und komplex. In der Literatur finden wir – trotz gleicher Ausgangsbasis und grundlegender Übereinstimmung – sehr unterschiedliche Beschreibungen, weil es nahezu unmöglich ist, das gesamte Wirkungsspektrum eines Tierkreiszeichens in Kurzform zu erfassen. Der Charakter und das Wesen eines Menschen bilden sich aus der Kombination einer Vielzahl von Energien, die einzigartig sind. Daher gibt es auch keinen reinen Widder- oder Skorpion-Typ, sondern immer nur eine Betonung astrologischer Energien, die den Grundlebensrhythmus bestimmen und als hervorgehobene Tendenzen im Leben erscheinen.

Dennoch ist es richtig, daß die Energien, die einen Menschen bestimmen, feststehen und daß es durchaus möglich ist, diese zu erkennen und zu definieren. Aus der Vielzahl von Einzelerkenntnissen läßt sich das Gesamtbild eines Menschen erstellen, das seine Veranlagung, sein Wesen, seine Stärken, seine Schwächen sowie sein Lebensziel und seine Entwicklungsmöglichkeiten ziemlich genau erfaßt. Voraussetzung ist allerdings, daß wir uns stets bewußt sind, daß die »Wissenschaft der Astrologie« erst am Anfang steht und daß die vielen Behauptungen, Meinungen und die vielen Prognosesysteme noch nicht der Weisheit letzter Schluß sind. Häufig sind Interpretationen noch zu einseitig festlegend und persönlich gefärbt, und zu selten wird berücksichtigt, daß die menschliche Seele im Zuge ihrer Bewußtwerdung unterschiedlich auf die gleichen Energieeinwirkungen reagiert.

Um eine Genauigkeit in der Deutung zu erreichen, müssen wir deshalb beachten, daß sich die Verhaltensweisen eines Menschen aus der Fähigkeit seiner Körper ergeben, positiv oder negativ, d.h. fördernd oder hemmend auf die planetarischen Energieeinwirkungen zu reagieren. Kein Astrologe sollte deshalb für sich in Anspruch nehmen, das Schicksal eines Menschen voraussagen zu können und genau zu wissen, welchen Charakter dieser oder jener Mensch habe. Unser Charakter wird im

Laufe vieler Leben gebildet, in denen wir uns vom unbewußten instinktiven Urmenschen zum geistigen Menschen wandeln, der sich durch ein vollkommen entwickeltes Denken, durch immer größere Feinfühligkeit und ein immer umfassenderes Verständnis für subtilere Daseinsebenen auszeichnet. Wichtig ist es daher, die Bewußtseinsebene eines Menschen zu berücksichtigen, bevor wir irgendwelche Aussagen über ihn treffen, denn ein und dieselbe Energie kann ganz unterschiedliche Wirkungen im Menschen hervorrufen, je nachdem ob er seine Körper beherrscht oder nicht. Trifft eine Energie auf einen unentwickelten Körper, so ruft sie Widerstand hervor und damit alle negativen Eigenschaften, die sie hervorbringen kann und die ihrer Eigenart und Charakteristik entspricht. Trifft eine Energie aber auf einen entwickelten verfeinerten Körper, so wird sie alle positiven, schöpferischen und aufbauenden Kräfte im Menschen hervorrufen, die einem Energietyp eigen sind.

Dies erklärt auch den häufig zitierten Satz: »*Die Sterne machen geneigt, aber sie zwingen nicht*«, denn es ist unsere Aufgabe, uns der kosmischen Energien, die auf uns einwirken, zunehmend bewußt zu werden, um sie schließlich zu beherrschen und in immer positiverer Weise zum Ausdruck zu bringen. Dieser Punkt ist wichtig, und nur wenn wir ihn beachten, können wir die Astrologie von ihren verzerrenden, vereinfachenden und zum Teil viel zu pauschalen Interpretationen befreien, um sie als eine geistige Wissenschaft wiederzuentdecken, die ernsthafter Forschung zugänglich wird.

Im folgenden wird deshalb der Versuch gemacht, die Tierkreisenergien auf den verschiedenen Ebenen des Bewußtseins zu beschreiben, um ein tieferes Verständnis für ihre unterschiedlichen Wirkungen zu ermöglichen.

1. Die durchschnittlichen typischen Verhaltensmerkmale

Jeder Mensch weist die für sein Tierkreiszeichen typischen Verhaltensmerkmale auf. Natürlich kann hier zunächst nur der reine Typ beschrieben werden, der nicht das gesamte Wesen eines Menschen ausmacht, denn jeder Mensch wird vorherrschend von zwei grundlegenden Energien bestimmt, dem Sonnenzeichen und dem Aszendenten, die die Ausprägung des reinen Typs verändern, abschwächen oder verstärken.

2. Die drei Entwicklungsebenen eines Tierkreiszeichens

– Persönlichkeitsbewußtsein
– Seelenbewußtsein
– Geistiges Bewußtsein

Diese drei Stufen durchläuft ein Mensch im Laufe seiner Entwicklung, wobei die Stufe des geistigen Bewußtseins das Endstadium der Entwicklung darstellt, das für die meisten von uns noch in der Zukunft liegt. In der Praxis werden wir uns deshalb auch nur mit den ersten beiden Entwicklungsebenen beschäftigen, der Persönlichkeit und dem seelenbewußten Menschen, die uns in der Welt im allgemeinen begegnen.

3. Die esoterische Bedeutung oder das geistige Ziel einer Tierkreisenergie

Am Schluß der esoterischen Bedeutung werden zwei Schlüsselworte von Alice Bailey zitiert, die die Zielrichtung für jedes Tierkreiszeichen angeben, je nachdem ob ein Mensch diese Energie als Seele oder Persönlichkeit zum Ausdruck bringt. Diese Worte, die in komprimierter Form das Wesentliche eines Zeichens enthalten, sind »Worte der Kraft«, die genutzt werden können, um das in uns zu stärken, was als Latenz vorhanden ist. Wollen wir also die Energie der Seele stärker zum Ausdruck bringen, um die eigene Entwicklung zu beschleunigen, so können wir das *Schlüsselwort der Seele* des eigenen Aszendenten als Saatgedanken oder Mantra in der Meditation verwenden. Durch häufige Konzentration auf die Zielrichtung unseres Aszendenten wird sich diese Energie in uns allmählich verstärken und zur sichtbaren Realität werden.

Die Beschäftigung mit Astrologie hat deshalb nicht nur einen theoretischen Wert, sondern sie verstärkt auch unsere Möglichkeiten, auf die eigene Entwicklung Einfluß zu nehmen, denn *»dem Denken folgt Energie.«* (Vgl. Kap. II, 5.). Wenn sich also unser Selbstbild und das Verständnis für uns selbst verändern, so verändert sich auch unser physisches Leben. Folglich ist es auch entscheidend für unser Selbstverständnis, ob wir uns primär als Persönlichkeit oder als Seele begreifen, weil die eigentlichen Entwicklungschancen unseres Lebens im Aszendenten verborgen liegen, der die Zielrichtung der Seele enthält, während das Sonnenzeichen die

Persönlichkeitsmerkmale verkörpert. Dieser Punkt wird im praktischen Teil noch ausführlicher erläutert.

In der folgenden Beschreibung der einzelnen Tierkreiszeichen wird diese Unterscheidung, die sehr subtil ist, aber noch nicht berücksichtigt. Sie gelten also für Aszendent und Sonnenzeichen gleichermaßen, weil es zunächst darum geht, sich das Wesenstypische einer Tierkreisenergie bewußt zu machen, die als Aszendent oder Sonnenzeichen auf den verschiedenen Ebenen des Bewußtseins in unterschiedlicher Weise erfahren wird und als Folge auch unterschiedliche Ausdrucksformen des Verhaltens mit sich bringt.

Wenn wir nun die Wirkung der Tierkreisenergien betrachten, wie sie im Leben eines Einzelnen zum Ausdruck kommen, sollten wir uns aber bewußt machen, daß diese Merkmale nicht zufällig und vereinzelt sind, sondern daß sie sich aus der Entwicklungsordnung des gesamten Tierkreises ergeben. Die Erfahrungen der vorausgegangenen Zeichen wirken in den nachfolgenden sozusagen unterbewußt mit und liefern die logische Erklärung für die typischen Verhaltensmerkmale des jeweils folgenden. Jedes Tierkreiszeichen ist daher die logische Folge des vorausgegangenen. Es setzt die erreichten Erfahrungen aller vor ihm liegenden Zeichen voraus, ohne sie selbst noch auszudrücken und fügt selbst ergänzend etwas Neues hinzu, um das Ganze sinnvoll zu gestalten.

Versuchen wir also, den Sinn und Zweck der Tierkreiszeichen zu erfassen, ihre Charakteristik und ihre Auswirkung auf den Menschen, doch seien wir uns immer bewußt, daß diese Eigenschaften nur wesenstypisch und modellartig beschrieben werden können und daß ein Tierkreiszeichen niemals die Ganzheit eines Menschen erfassen kann, da diese sich erst aus der Kombination der vielfältigen Einzelfaktoren eines Horoskops ergibt.

DIE SYMBOLE DER TIERKREISZEICHEN

	Zeichen	Zeitraum
♈	**Widder**	20. März bis 20. April
♉	**Stier**	20. April bis 21. Mai
♊	**Zwillinge**	21. Mai bis 21. Juni
♋	**Krebs**	21. Juni bis 23. Juli
♌	**Löwe**	23. Juli bis 23. August
♍	**Jungfrau**	23. August bis 23. September
♎	**Waage**	23. September bis 23. Oktober
♏	**Skorpion**	23. Oktober bis 22. November
♐	**Schütze**	22. November bis 22. Dezember
♑	**Steinbock**	22. Dezember bis 20. Januar
♒	**Wassermann**	20. Januar bis 19. Februar
♓	**Fische**	19. Februar bis 20. März

Widder

Widder-Prinzip: Lebensimpuls, Initialkraft, Wille-zu-sein

20. März – 20. April
1–30 Grad im Tierkreis
Element: Feuer
Kardinales, männliches Zeichen

Die erste Phase des Tierkreises

Am Anfang war die freie Energie, die Gestaltlosigkeit des Lichts oder der noch ungeformte »Urstoff des Geistes«, der sich über die drei Stadien *Widder-Stier-Zwillinge* (1. Quadrant) an eine Form bindet. Widder ist daher das Zeichen jeglichen Beginns, wie auch des Beginns eines jeweils neuen Erfahrungszyklus, und so kommt der Wille-zu-leben in diesem Zeichen auch am unmittelbarsten zum Ausdruck.

Typische Verhaltensmerkmale

Der Widder-Geborene ist ein Mensch von großer Dynamik, voller Elan und Lebenskraft, der spontan handelt, ohne lange abzuwägen. Impulsiv seiner Eingebung folgend, versucht er, neue Ideen in die Welt zu bringen, ohne Rücksicht auf Widerstände, die sich ihm in den Weg stellen mögen. Diplomatisches Taktieren, langatmige Vorbereitungen oder abstrakte Theorien sind seine Sache nicht. Schwierige Probleme löst er durch tatkräftiges Handeln, denn Widerstände sind da, um überwunden zu werden, an ihnen wächst er und mißt seine Stärke. Sein Mut und seine Waghalsigkeit entstehen aus seiner Unbedenklichkeit und seiner Unbefangenheit, mit der er jede Lebenslage betrachtet. Er hat eine kurze Reaktionszeit und stellt sich jeder Situation, denn spontan aus dem Augenblick heraus entscheidend, bevorzugt er Stegreifmethoden, bei denen das aufgegriffen wird, was sich gerade vorfindet. Oft scheint es, als besitze er einen untrüglichen Instinkt dafür, wo der Kern einer Sache zu finden ist, denn seine Lösungen sind stets die naheliegendsten und einfachsten. Zweifel läßt er nicht gelten, Umwege verachtet er, und so ist er oft schneller als andere, denn er folgt immer dem ersten Impuls auf dem direkten Weg zum Ziel. Impulsiv vorwärtsdrängend und schnell in seinen Entschlüssen, ist er stets bereit, Risiken auf sich zu nehmen, da seine leidenschaftliche Abenteuerlust und seine spontane Begeisterung stärker sind als alle Bedenken oder die möglichen Folgen seines Tuns, über die er erst gar nicht nachdenkt.

Verankert im »Hier und Jetzt«, lebt der Widder-Geborene stets gegenwartsbezogen. Zukunftsangst kennt er nicht, aber auch Vorratshaltung und Sicherheitsdenken sind bei ihm eher schwach ausgeprägt. Der Verlust von materiellen Gütern erschüttert ihn wenig, doch er reagiert sehr empfindlich auf die Einschränkung seiner Bewegungsfreiheit und seines Handlungsspielraumes, denn er haßt Zwänge und angepaßtes Verhalten. Von Natur aus ein Einzelkämpfer, ist er frei von Meinungsdruck und normiertem Verhalten, und er besitzt den Mut zu unabhängigen Entscheidungen und zum bedingungslosen Eintreten für sein Tun. Sein Denken, das in Sofortlösungen die jeweils aktuelle Seite eines Problems zu erfassen versucht, nimmt keine Rücksicht auf gewohnte Begriffe oder traditionelle Verhaltensweisen. Der unbewußt verspürte Drang nach Einheit seines Wesens veranlaßt diesen Typus, sich in jeder Lebenslage zu behaupten, ohne Rücksicht auf Sicherheiten, aber zuweilen auch ohne Rücksicht auf die Interessen der anderen, die er in seinem Übereifer zu Beginn der Entwicklung nicht selten übersieht. Andererseits gewinnt er aber gerade dadurch Eigenständigkeit und Authentizität, die ihn befähigen, der Umwelt neue Impulse zu geben oder Wege zu ebnen, die vor ihm noch niemand gegangen ist. So wird er auch häufig zum Initiator und Neuerer, der bereit ist, für sein Ideal auch zu kämpfen.

Er ist ein Mensch, der ohne viel Worte zu machen, Hand anlegt und keine Arbeit scheut, wenn nur »die Sache in Gang kommt«. Gegebenenfalls robust die Ellbogen gebrauchend, ist er ein Draufgänger, der von sich und anderen zuweilen das Äußerste fordert. Hat er einen bahnbrechenden Einfall, so wird er zum Einpeitscher der Verwirklichung. Denn zeitlebens steht er unter der Gewalt eines inneren Imperativs des Wollens, der keine äußere Schranke anerkennt und deshalb auch nie den Weg des geringsten Widerstandes wählt. Seine persönliche Initiative braucht Raum für selbständige Entschlüsse, und so ist er auch kein Mensch, der sich bereitwillig Autoritäten beugt. Ihm entspricht es vielmehr, Leitlinien zu setzen, die Dinge ins Rollen zu bringen und Neuerungen zum Durchbruch zu verhelfen. Altgewohntes, Festlegungen, Stagnation sind ihm unerträglich; er will neue Entwicklungen voranbringen, und meist ist er ihnen sogar um einen Schritt voraus.

Als leidenschaftliche Kämpfernatur ist er der geborene Pionier, der Vorläufer, der den Drang verspürt, alte überholte Strukturen zu zerstören, um neuen Lebensformen Platz zu machen. In seiner spontanen Begeisterung und seinem Übereifer fällt er dabei manchmal mit der Tür ins Haus, da es ihm primär nicht auf die Erreichung eines umgrenzten materiellen Ziels ankommt, sondern auf das jeweilige Prinzip, das er vehement und zuweilen mit Fanatismus vertritt. Dies sollte man bedenken, bevor man sich wieder mal über das Vorpreschen eines Widders ärgert, denn hat er gesagt, was zu sagen war, dann ist er wieder ausgesprochen friedlich und offen für jedes Gegenargument, das er meist erst im nachhinein abzuwägen bereit ist.

Diese Eingleisigkeit und die Direktheit, mit der er seine Ziele verfolgt, machen die Stärke, aber auch die Schwäche dieses Zeichens aus. Ohne zu zögern und unbeirrbar in seinen Zielen und Idealen ist er ein Mensch, der alles auf eine Karte setzt. So ist er auch absolut undiplomatisch, da er faule Kompromisse oder Umwege von vornherein ablehnt. Er ist offen und ehrlich, denn als »geistiges Kind« des Tierkreises hat er noch nicht gelernt, seine Impulse zurückzuhalten. Sein Temperament ist ungezügelt, und im Rausch der eigenen Begeisterung kann er andere schon mal überrollen, aber auch grenzenlos begeistern und mitreißen, denn ein Widder macht niemals etwas halbherzig. Sein Handeln ist stets authentisch und gefühlsecht; er liebt keine Winkelzüge und kein Taktieren, denn er steht immer mit seiner ganzen Person hinter dem, was er sagt und tut. Deshalb erwartet er auch, daß man ihn so akzeptiert, wie er ist, und nicht selten ist er tief enttäuscht und überrascht, daß seine Offenheit und Wahrheitsliebe von anderen gar nicht geschätzt wird.

Er ist ein Mensch ohne Raffinesse und Verstellungen, der sich nicht scheut, sich so zu zeigen, wie er ist. Meist bekennt er sich freimütig zu seinen Fehlern, aber er hält auch mit Kritik bei anderen nicht zurück, denn er spricht gewöhnlich offen aus, was er denkt und zuweilen auch das, was andere mühsam zu verbergen suchen. Diese Eigenschaft trägt ihm natürlich nicht immer Sympathien ein, zumal sein Einfühlungsvermögen in die Empfindlichkeiten anderer zu Beginn der Entwicklung nur schwach ausgeprägt ist und ein Gefühl für Maß und Grenzen mitunter fehlt. Mit seiner Impulsivität und Unbedenklichkeit zerschlägt er deshalb auch so manches Porzellan, und hin und wieder steht er fassungslos vor einem Scherbenhaufen, ohne zu begreifen, wie es dazu kam. Denn so manche ausgesprochene Wahrheit, die er in seiner Vorliebe für klare Verhältnisse anspricht, kann empfindliche Gemüter so hart treffen, daß man ihm dies nur schwer verzeiht. Hier liegt das Problem des Widders, der nicht selten ein ganzes Leben braucht, um seine Impulsivität zu beherrschen und mehr Verständnis für die Empfindlichkeiten seiner Mitmenschen aufzubringen, die seine Wahrheitsliebe, seine Offenheit, aber auch sein Tempo nicht immer aushalten können. Doch hat man sich einmal an sein Tempo und seine Distanzlosigkeit gewöhnt, ist der Umgang mit ihm einfach und unkompliziert. Er ist absolut vertrauenswürdig und verspricht selten mehr, als er zu halten bereit ist. Er mag sich hin und wieder überschätzen, aber Bösartigkeit und bewußte Irreführung sind im allgemeinen nicht im Spiel. Wenn er erzählt, wird er zuweilen etwas übertreiben, denn oft läßt er sich von seiner eigenen Begeisterung so sehr mitreißen, daß das eine oder andere etwas gewichtiger erscheinen mag, als es ist. Solcher Art sind seine Lügen, aber im übrigen kann man ihm so ziemlich alles glauben, da er im allgemeinen sagt, was er denkt.

Dies gilt auch in Beziehungen, auch hier gibt es für den Widder Zwiespältigkeiten der Gefühle auf Dauer nicht. Im Zweifelsfall wird er sich schnell entscheiden, denn Unsicherheiten und Unklarheiten kann er nicht ertragen. Tritt eine Krise in der Partnerschaft auf, so wird es immer der Widder sein, der das klärende Gespräch sucht, um unterschwellige Mißverständnisse auszuräumen. Wenn er Probleme hat, wird er diese nicht mit sich selbst ausmachen oder sich zurückziehen, wie z.B. der Krebs, der in die Einsamkeit flüchtet, um seinen Kummer zu verdauen. Nein, dies würde einem Widder niemals einfallen, denn extrovertiert und auf die Auseinandersetzung mit der Umwelt angelegt, will er einem Konflikt nicht ausweichen. Zuweilen scheint er die Konfrontation direkt zu suchen, denn durch sie erfährt er seine Grenzen und findet seine Eigenständigkeit und Identität. So ist er auch niemals bereit, stillschweigend Dinge einfach hinzunehmen und zu warten, bis sich ein Problem von selber löst. In Krisenzeiten wird er vielmehr hektisch-lebendig, und er wird sich, von Ruhelosigkeit umhergetrieben, in energische Aktivität stürzen oder einen Gesprächspartner suchen, mit dem er seine Probleme ausdiskutieren kann.

Der Widder kennt nur eine Gangart, die nach vorn. So ist Geduld auch keine seiner Eigenschaften und Warten eine seiner größten Prüfungen. Seine Ausdauer ist nur kurz, und weil seine Energie stets an Herausforderungen gebunden ist, kann er nicht zusehen, wie sich Dinge entwickeln. Er muß eingreifen, ohne Rücksicht auf die Widerstände, die sich ihm in den Weg stellen mögen. Aufgrund dieser starken Willensbetonung unterliegt er oft einer zu großen Leistungsspannung, die zuweilen über die körperliche Kraft hinausgeht. Er ist äußerst zäh und neigt dazu, sich mit dem Willen zu überfordern, was zu zeitweiligen körperlichen Zusammenbrüchen führen kann. Zeiten der Überaktivität wechseln mit Phasen der Neuorientierung, doch am stärksten ist immer die Anfangsenergie, der ursprüngliche gedankliche Impuls, der sofort in Handeln umgesetzt werden muß, damit die Kraft nicht nachläßt und seine Begeisterung nicht ihren mitreißenden Schwung verliert.

Sanftmut und weibliche Hingabe suchen wir in diesem Zeichen deshalb auch meist vergebens, und unter Widder-Geborenen beiderlei Geschlechts ist eine Angleichung zur männlichen Seite hin deutlich wahrnehmbar. Denn das Männlich-Heldenhafte ist die reinste Ausprägung dieses Zeichens, das sich mit zunehmender Entwicklung nicht nur auf Eroberung, Kampf oder physische Auseinandersetzungen beschränkt, sondern sich auch als ein unerschrockenes Eintreten für ein Lebensrecht, eine Gesinnung oder eine Überzeugung zeigt, mit deren Wert die Persönlichkeit sich identifiziert und der sie ohne Rücksicht auf eigene Risiken zum Durchbruch verhelfen will. Mit kämpferisch-herausforderndem Verhalten tritt der Widder-Geborene der Umwelt gegenüber; er weicht keiner Hürde aus, und je höher das Risiko, umso mutiger wird er sich zeigen. Sein Leben ist an Herausforderungen gebunden, und nur selten wird man einem Widder seine innere Unsicherheit anmerken, denn je unsicherer er ist, umso mehr »haut er auf den Putz«. Sein Handeln wirkt daher zuweilen brüsk und wenig einfühlsam, doch gerade durch diese Kompromißlosigkeit und das mutige Eintreten für eine Idee gewinnt er seine Stärke, seine Widerstandskraft und sein Selbstwertgefühl, das stets an bestandene Herausforderungen gebunden ist, die es im Physischen oder im Geistigen zu bewältigen gilt.

So sind die Kriterien für Entwicklung in diesem Zeichen auch nicht der Mut, die Kraft, die Stärke und die Unerschrockenheit an sich, da diese auf jeder Entwicklungsstufe vorhanden sind. Doch während der reife Mensch versucht, seinen Mitmenschen kraft seines geistigen Ideals einen neuen Weg zu öffnen, den vorher noch niemand gegangen ist, und ihn auch unter persönlichen Opfern zu verteidigen, ist der Mut des unreifen Widders nicht getragen von einem Ideal, das er in die Welt bringen möchte, sondern vom Wunsch nach Erfahrung der eigenen Kraft und Stärke und dem Ausloten der jeweiligen Grenzen. Entscheidend ist daher die Art die Art des Ideals oder die Motivation des Handelns, die mit zunehmender Entwicklung selbstloser wird, sowie das Maß an Einfühlungsvermögen und die Fähigkeit zu nuancierter Betrachtungsweise, die den entwickelten Widder-Menschen besonnener, ruhiger und rücksichtsvoller werden lassen, sobald er gelernt hat, seine spontanen Reaktionen auf Umweltreize gedanklich abzufedern.

Die Stärken und Schwächen des Widder

Die Stärken sind großer Idealismus, Begeisterungsfähigkeit, Mut, schnelle Reaktion und Entschlußkraft sowie ein Sinn für das Naheliegende und für einfache Lösungen.

Die Schwächen dieses Zeichens sind Ungeduld, überschnelle Reaktionen und mangelndes Verständnis für die Sensibilität anderer. Impulsivität, Rücksichtslosigkeit und eine gewisse unbewußte Aggressivität sind zu Beginn der Entwicklung ebenso spürbar wie die Neigung zu Übereifer und Fanatismus.

Die drei Entwicklungsebenen im Widder

Es gibt drei Bewußtseinsstadien in diesem Prinzip, und diese werden durch folgende Zeichenherrscher stufenweise entwickelt:

1. Persönlichkeit	Exoterischer Herrscher	Mars
2. Seelen-Bewußtsein	Esoterischer Herrscher	Merkur
3. Geistiger Mensch	Hierarchischer Herrscher	Uranus

1. Stadium: Entwicklung der Persönlichkeit

Zeichenherrscher: Mars   Leitmotiv: Selbst-Behauptung

Zu Beginn der Entwicklung ist der Widder-Typus ein streitlustiger Mensch, der zu Aggression neigt und stets kampfbereit ist, da es ihm darum geht, sich in der Welt durchzusetzen und zu behaupten. Draufgängerisch, abenteuerlustig und ohne Rücksicht auf sich und andere, versucht er seine Stellung im Leben zu finden, die eigenen Kräfte zu erproben und seine Grenzen auszuloten. Ziellose Impulsivität und sexueller Antrieb sind auf dieser Stufe vorherrschend; sein Selbstausdruck ist eigenwillig-emotional, und der Wunsch nach Vorherrschaft und Selbstbehauptung dominiert seine Handlungen. Er scheut keine Widerstände und ist stets bereit, sich auf waghalsige Unternehmungen einzulassen, ohne die Risiken vorher abzuwägen. Mut und Draufgängertum sind daher ein Merkmal dieser Ebene, doch dieser Mut ist keine Tugend, die einer bewußten Haltung entspringt, sondern einfach Impulssache, denn der Widder neigt zu Idealismus, häufig aber auch zu zerstörendem Fanatismus, der auf unentwickelter Ebene jede Ideologie kennzeichnet. Ist er einmal von einer Sache ergriffen und überzeugt, wird er sie vehement und mit Überzeugung verteidigen und im Extremfall sogar seine Gesundheit oder sein Leben aufs Spiel setzen, wenn es nur der Sache dient. Diese Haltung stärkt die Entwicklung des Willens und gibt dem Widder-Geborenen eine Richtung, die anfangs noch wenig ausgeprägt ist, da er auf unreifer Ebene einer Fülle von Ideen und Impulsen ausgeliefert ist, die er nur schwer kanalisieren kann.

Mit zunehmender Persönlichkeitsentwicklung wird sein Handeln aber bewußter und überlegter. Zwar wird er sich noch immer zu unüberlegten, spontanen Gefühlsreaktionen hinreißen lassen, doch sein dynamisches Vorpreschen ist nun begleitet von gedanklicher Konsequenz und dem mutigen Eintreten für unpopuläre Wahrheiten, die er schonungslos vertritt, auch wenn sie seinem Image schaden. Es drängt ihn, seine Ideen in die Welt zu bringen und sie selbst dann kämpferisch zu verteidigen, wenn sie nicht im Trend der Zeit liegen. So sind Mut und Kampfgeist auch ein Wesenszug dieses Zeichens, in dem es weniger darum geht, ein bestimmtes, klar umgrenztes Ziel zu erreichen, sondern eher darum, das Leben in seinen tiefsten Tiefen zu erfahren und allen Widerständen unerschrocken und konsequent die Stirn zu bieten, wenn es gilt, die eigenen Überzeugungen zu vertreten und sich dem Kampf des Lebens zu stellen.

2. *Stadium*: Seelen-Bewußtsein

Zeichenherrscher: Merkur   *Leitmotiv*: Harmonie durch Konflikt

Wenn Merkur die Wirkung des Mars verstärkt, verliert sich die Leidenschaft des Kriegers, und der Mensch erlebt und erprobt sich auf der Ebene des Denkens. In dieser Phase werden Konflikte nicht mehr physisch ausgetragen. Stärke und Mut erweisen sich nicht mehr als physische Attribute, sondern nun versucht der Mensch, durch Erkennen der grundlegenden Dualität des menschlichen Wesens Harmonie in sein Leben zu bringen, indem er sich dem notwendigen Konflikt stellt und keiner Schwierigkeit ausweicht. Dies bringt zunächst einmal widerstreitende Tendenzen im Bereich der Gefühle und Gedanken mit sich, und es entsteht ein längerer innerer Kampf.

Doch in dem Maße, wie das Gegensatzpaar Widder-Waage sich anzunähern beginnt und das persönliche Denken – erleuchtet durch den »Götterboten Merkur« – seine Einseitigkeit verliert, wird die illusionäre Wahrnehmung der Wirklichkeit zerstreut, die den unentwickelten Widder zu Kampf und Opposition veranlaßte. Nun wird der Mensch fähig, in abstrakte Bereiche des Denkens einzudringen, um das geistige Ziel menschlichen Lebens zu erfassen. Dies veranlaßt ihn, sein Temperament und seine Impulsivität zu zügeln und das Denken zu nutzen, um Konflikte im Dialog zu lösen und Harmonie zwischen sich und der Umwelt herzustellen. So erfährt der seelisch erwachte Mensch dieselbe Läuterung des Charakters, die der unentwickelte Widder durch die »Feuer von Krieg und Kampf« auf der physischen Ebene erlebt, durch das erleuchtete Denken, das ihm auf dieser Ebene als Wegweiser seiner Handlungen dient und ihn den höheren (göttlichen) Plan erkennen läßt, der der Entwicklung des menschlichen Bewußtseins zugrundeliegt. Dieses Verstehen des Schöpfungsplans bringt eine Wende und Umkehr im Leben des Widder-Geborenen, der jetzt Entschlossenheit zeigt, Befreiung zu erlangen und den Pfad der Rückkehr anzutreten, wie es uns in der biblischen Geschichte vom »verlorenen Sohn« symbolisch geschildert wird. So endet der Kampf, denn Harmonie kennzeichnet den, der sich des erleuchtenden Prinzips des höheren Denkens bewußt ist.

3. *Stadium:* Geistiger Mensch

Zeichenherrscher: Uranus   *Leitmotiv:* Spirituelles Bewußtsein

Wenn Uranus auf hierarchischer Ebene herrscht, dann ist das das Gegensatzpaar Widder-Waage im Bewußtsein verschmolzen. In dieser Phase verliert die Persönlichkeit ihre Bedeutung als beherrschende und lenkende Kraft, und es entsteht der Wille zur Mitarbeit am großen Schöpfungsplan. Denn Uranus beherrscht den okkulten Pfad und entfaltet ein spirituelles Bewußtsein, mit dem der geistig erwachte Mensch die Ganzheit des Lebens erkennt. Nun dient der Wille des Widder-Geborenen nicht mehr der Erfahrung in der Welt, sondern er ist einzig darauf gerichtet, geistige Ideen in das Denken der Menschheit zu bringen, um ihren Fortschritt zu beschleunigen. So verliert der Eigenwille seine Bedeutung für den Eingeweihten, der sich bewußt ist, daß der höhere (göttliche) Wille sich im universellen Rhythmus des Lebens manifestiert, dem alle kleineren Rhythmen untergeordnet sind.

Die esoterische Bedeutung des Widderzeichens

Symbol: ♈ Zwei nach unten gedrehte Hörner.

Lichtqualität: Das Licht des Lebens selbst.

Bedeutung: Das Eintreten der Seele in die Dualität der Erscheinungswelt; entweder der Wille zur Inkarnation oder die Rückkehr zur Ausgangsquelle.

> »Dies ist der schwache Lichtpunkt, im Mittelpunkt des Manifestationszyklus, matt und flackernd. Er ist der Scheinwerfer des Logos, der das sucht, was für die göttliche Wesensäußerung benutzt werden kann.«
> Alice Bailey

Widder ist das Anfangs- und Endzeichen des Tierkreises, das Alpha und Omega, von dem Christus sprach. Es kennzeichnet den ersten Schritt der

Seele zur Inkarnation, den Anfang der ständig wiederkehrenden Erfahrungskreisläufe sowie den Beginn jenes Zeitraumes, in welchem die Seele ihre Zielsetzung und Methode ändert und schließlich den Weg der geistigen Erneuerung und Einweihung geht. Im Widder entsteht daher die Resonanz der Seele auf den Geist; es ist der Wille zur Inkarnation oder der Wille-zu-sein, der den Schöpfungsprozeß des Menschen in Gang setzt.

Dieser Prozeß vollzieht sich in drei Stufen: Zunächst einmal schafft sich der Geist eine Form, durch die er wirken kann: die Seele. Und diese wiederum schafft sich einen dreifachen physischen Körper, durch den sie in der sichtbaren Welt in Erscheinung tritt. In dieser Tatsache drückt sich das wahre Wesen der Dreifältigkeit oder des dreifältigen Menschen aus, und Widder ist daher in seiner niedersten Erscheinungsform der Schöpfer jener Tätigkeiten, Zustände und Vorgänge, die zur Manifestation der Seele durch das Medium der physischen Form führen. Auf einer höheren Stufe der Entwicklung ist er auch Urheber jener schöpferischen Unternehmungen, die zur Manifestation des Geistes durch die Seele führen. Der normale Entwicklungsprozeß des Menschen ist ebenfalls dreifach, denn Geist, Seele und Körper müssen im Laufe der Evolution verbunden werden, was durch die Erfahrung unzähliger physischer Reinkarnationen geschieht.

Widder verkörpert daher die Energie des Willens-zum-Leben, er ist das »Licht des Lebens selbst«, das den Menschen veranlaßt, Erfahrungen auf der physischen Ebene zu machen.

»Widder weckt den Willen, die niederste Ebene zu erreichen und dort zu herrschen, das Äußerste kennenzulernen und so alle Erfahrungen durchzumachen.«

Alice Bailey

Das Ziel des Widder

ist die Erfahrung und die schließliche Beherrschung der Mentalebene durch angestrengtes Bemühen, Tatkraft und den Kampf für das jeweils höchste Ideal, das dem Leben eine geistige Richtung gibt. Denn Widder verkörpert die Energie des Willens, der sich nur über die Mentalebene äußern kann. Dieses Zeichen ist daher ein mentales Zeichen und zielt darauf ab, den Menschen dazu zu führen, sich von höheren geistigen Impulsen inspirieren zu lassen, die durch zunehmende mentale Entwicklung immer klarer erfaßt und in die Tat umgesetzt werden.

Die Entwicklung des Willens, die das Ziel dieses Zeichens ist, erfolgt in drei Stufen:

1. Der Wille äußert sich über das Verlangen. Der Mensch ist hart im Nehmen und handelt wenig zielbewußt, denn der Wille begrenzt sich auf persönliche Ziele.

2. Der Wille äußert sich zunehmend durch ein immer klarer werdendes Denken, mit dem die inspirierenden Impulse der Seele und universelle Ideen erfaßt und verstanden werden.

3. Der Wille wird erkannt als das höhere Selbst, das Teil eines noch größeren Lebens ist, dem der Mensch nun seinen persönlichen Willen unterordnet.

Der Schlüssel zur Transformation

Die wichtigste Aufgabe des Widder-Geborenen ist es, Selbstkontrolle und Zurückhaltung zu üben, um sich nicht von den geistigen Impulsen überwältigen zu lassen. Er muß lernen, seine Eingebungen zu verstehen und zu begründen, und sich bemühen, Harmonie in sein Leben zu bringen, indem er Gedankenkontrolle übt und seinen persönlichen Willen zügelt, um auch anderen Raum für die eigene Entfaltung zu geben. Ist diese persönliche Zurückhaltung einmal erreicht, wird er fähig, Ideen in die Welt zu bringen und andere geistig zu inspirieren. Denn Widder ist das Zeichen, in dem der Wille des Menschen gestärkt wird und in dem er schließlich eine Herrscherstellung erreicht, sobald sich das Zentrum des Bewußtseins auf die Mentalebene verlagert hat.

»Erfahrung führt zur Herrscherstellung, und in diesem Zeichen entwickelt der Mensch, in dem sich die Kraft des ersten Strahles verkörpert, die Fähigkeit zu organisieren, Kräfte zu beherrschen (besonders die Energie des Todes), die Kraft der Zerstörung mit Liebe anzuwenden, Menschenmassen zu beherrschen, am Plan mitzuarbeiten und den göttlichen Willen durch gerechte und einwandfreie Leitung der planetarischen Angelegenheiten zu erfüllen.«

Alice Bailey

Die beiden Schlüsselworte für den Widder nach Alice Bailey

Persönlichkeit: »Möge wieder die Form begehrt werden.«

Seele: »Ich trete hervor und herrsche von der Ebene des Denkens aus.«

Stier

20. April – 21. Mai
30–60 Grad im Tierkreis
Element: Erde
Fixes, weibliches Zeichen

Stier-Prinzip: Verlangen/Begehren, geistiges Streben, Erleuchtung

Die zweite Phase des Tierkreises

Dem Willen-zum-Leben, der sich im Widder als expansive Durchsetzungskraft zeigt, folgt die Phase der Formbildung durch die magnetische Kraft des Begehrens. Diese Kraft ist es, die die Seele an die materielle Form bindet und die den Menschen auf dem Evolutionspfad vorantreibt, bis er durch Überwinden der Begierde Erleuchtung erlangt.

Typische Verhaltensmerkmale

Der Stier-Geborene ist ein Mensch von sinnlicher Anschauung, voller Natürlichkeit und Unmittelbarkeit des Empfindens und selbst bei hochentwickelter Intelligenz im wesentlichen nicht vom Intellekt dominiert. Naiv-lustbetont und mit natürlichen Maßstäben ist er ein in sich ruhender, sinnenfroher Mensch, der dem Genuß des Lebens nicht abgeneigt ist. Er liebt gutes Essen, eine kultivierte Lebensweise, aber auch Schönheit und Ästhetik haben eine große Anziehungskraft für ihn. Durch sie ist er, der sonst eher schwerfällig an alten Gewohnheiten des Lebens festhält, leicht zu motivieren und lenkbar. Seine Liebe gilt daher auch der Natur und der Kunst, und man wird nur selten einem Stier begegnen, der ganz ohne musische Neigung wäre. Doch für brotlose Kunst ist dieser Typus nicht zu haben, auch den Künstler weiß den realen Ertrag seines Schaffens zu schätzen, denn seinen Sinn für die Realitäten des Lebens verliert er niemals aus den Augen. Die materielle Basis des Lebens muß gesichert sein, ehe er sich kulturellen oder geistigen Dingen zuwendet. Er liebt das Leben und kann es genießen, allerdings nur im Rahmen seiner finanziellen Verhältnisse. Das Gleichgewicht zwischen Einnahmen und Ausgaben sollte gewährleistet sein, und so ist er auch stets darauf bedacht, nicht über seine Verhältnisse zu leben, sondern eine solide ökonomische Grundlage zu schaffen, die ihm Sicherheit gibt und ihn frei macht für einen persönlichen Lebensstil. Dieser ist geprägt durch einen gemächlichen, langsamen Rhythmus, durch einen Sinn für häusliche Atmosphäre, aber auch den Wunsch nach Geselligkeit und sozialer Einbindung in die Gesellschaft. Er sucht Ruhe und Beständigkeit und braucht einen stabilen Lebens- und Arbeitskreis, in dessen Ordnungsgefüge er einen sicheren Platz einnimmt, und so ist er auch stets bemüht, ein »soziales Netz« um sich zu knüpfen, das ihm als Basis gesellschaftlicher Kontakte dient. Von Natur aus kein Einzelgänger, ist er ein Mensch mit einem ausgeprägten Gemeinschaftssinn, und er braucht das Gefühl der Zugehörigkeit zu einer Gruppe, die ihm nach außen als Schutzraum für seine Entwicklung dient. Stiere haben daher große Angst, den Anschluß an die Gruppe zu verlieren, und sie leiden, wenn sie sich durch ihr Anderssein von der Gemeinschaft isoliert fühlen. Dies sollte man vor allem bei Kindern beachten, die sich leicht zu Taten verführen lassen, die ihnen charakterlich eigentlich fremd sind, aber Anerkennung in einer Gruppe bringen. Denn auch Außenseitergruppen vermitteln unter Umständen das Gefühl der Sicherheit, und um nicht ausgeschlossen zu werden, bringen Stiere oft erhebliche Opfer, damit sie das Gefühl der Gemeinsamkeit mit der Gruppe nicht verlieren.

So wird auch in Partnerschaften eine feste Bindung angestrebt, da der Stier-Geborene nur in gesicherter und vertrauter Umgebung die nötige Muße zur Selbstentfaltung findet. Stabilität, Treue und Zuverlässigkeit bilden das Fundament seiner Beziehungen. Er legt sich gerne fest, weil er Verantwortung und die Sicherung seiner Gefühle sucht. Doch gerade deshalb haben Stiere es oft nicht leicht, die von ihnen gewünschte Gemeinsamkeit und Gemeinschaft mit anderen herzustellen. Ihr Anspruch ist hoch, denn für sie ist eine Beziehung immer langfristig und auf Treue angelegt. Sie kann von ihrer Seite nicht so leicht wieder gelöst werden, da jede Bindung, die sie bewußt eingehen, für sie etwas Endgültiges hat und sie auch bereit sind, sich an diese Beziehung vollkommen hinzugeben. Dieses Bedürfnis nach dauerhafter Bindung kann dem Partner zuweilen das Gefühl vermitteln, in Besitz genommen zu werden, und den Wunsch erzeugen, sich aus der Vereinnahmung zu lösen.

Die Aufgabe des Stier-Menschen ist also nicht ganz leicht, denn ausgestattet mit der Energie der Anziehung, die ihn an Dinge und Menschen bindet, muß er lernen, seine Sicherheit in sich selbst zu suchen, indem er zunehmend seinen Eigenwert entdeckt. Er muß seine eigenen Wertmaßstäbe finden durch die Wechselwirkung des eigenen Standorts mit den Gegebenheiten der sozialen Umwelt, denn es geht in diesem Zeichen um die Frage, wie der Einzelne sich mit all seinen Wünschen und Begierden im Rahmen eines Gesamtgefüges verwirklichen kann, ohne dessen Ordnung in Frage zu stellen. So ist der Stier auch stets bereit, sich zurückzunehmen und seine Ansprüche dort zu begrenzen, wo sie das Lebensrecht anderer tangieren. Nie wird er sich aggressiv in den Vordergrund drängen, denn klare und geregelte Verhältnisse in allen Lebensbereichen und ein sozial-geregeltes Miteinander bilden die unerschütterlichen Grundlagen seines Lebens. Doch seinen Lebensraum und sein Recht wird er bis aufs Äußerste verteidigen. Er hat das Bedürfnis nach unumstrittenem Eigentum und nach einem klar abgegrenzten Wirkungskreis, in dessen Grenzen er sich gemütlich einrichtet. Werden diese Grenzen seines »Persönlichkeitsraums« aber mißachtet, so kann er ungewohnt empfindlich und heftig reagieren. Denn von Natur aus friedfertig und gutmütig, ist er ein Mensch, der nur selten die Fassung verliert. Er ist sehr geduldig, kämpfen wird er nur in Notwehr, und Kritik äußert er im Nicht-Hinhören. Ist er verletzt, wird er seine Gefühle nicht laut äußern, er schluckt seine Enttäuschungen und reagiert meist mit demonstrativ-vorwurfsvollem Schweigen. Es muß also viel geschehen, um einen Stier aus seiner sprichwörtlichen Gutmütigkeit zu reißen, doch wenn die Grenzen seiner Toleranz durch wiederholte Verletzungen seines Selbstwertgefühls und faktische Übergriffe auf sein Recht einmal wirklich überschritten sind, dann können sich lange zurückgehaltene Affektstauungen in heftigen Gefühlsreaktionen entladen, und er stampft nieder, was sich ihm in den Weg stellt.

Ansonsten läßt er sich aber nur wenig in seinem gemessenen Tempo beirren, das ihn zu gleichmäßiger, aber langsamer Entwicklung bewegt. Nur keine Hektik aufkommen lassen, ist seine Devise, denn Ruhe, Sicherheit und Bequemlichkeit sind ihm zunächst wichtiger als die lichte Höhen und visionär erschaute Zukunftsperspektiven. Seine Lebensanschauung liegt im Realen begründet; abstrakte Begriffe oder Theorien müssen Hand und Fuß haben, bevor sie sein Interesse wecken. Was er braucht, sind keine geistigen Höhenflüge, sondern verläßliche Regeln, die sich im praktischen Leben bewähren und anwenden lassen. Doch der

Stier lebt nicht vom Brot allein! Er braucht die Schönheit der äußeren Form, um sich wohlzufühlen, und so gehört ein gepflegtes Äußeres auch zum Selbstverständnis seines Lebens. Er besitzt einen ausgeprägten Sinn für die Harmonie von Farben und Formen, was ihm meist einen sicheren Geschmack verleiht, der in seiner Kleidung und Wohnung unmittelbar Ausdruck findet. Denn trotz praktischer Begabung und Realitätsbezogenheit stehen bei ihm nicht Zweckmäßigkeit oder Nützlichkeit im Vordergrund, sondern das Ideal der Schönheit sowie alles, was das Leben angenehm, schön und anziehend macht. So ist der Stier auch kein nüchterner Pragmatiker, sondern ein Realist mit einem Sinn für die verborgene Poesie des Lebens, bei dem die Form zum Ausdrucksmittel des Seelischen wird und die formschöne, kunstvolle Gestaltung Vorrang hat vor Rationalität. Anreize zur Entwicklung bilden deshalb auch weniger intellektueller Ehrgeiz und Leistungsstreben als Sinnesreize, die das Auge ansprechen und Ästhetik, die ihn über die bloße Befriedigung materieller Wünsche hinweghebt.

Ein Gipfelstürmer ist der Stier-Geborene daher nicht, und einen Abenteurer oder Eroberer werden wir in diesem Zeichen nur selten finden. Sein Ehrgeiz muß sich mit einem angenehmen Leben vereinbaren lassen, das er in behaglicher Ruhe genießen möchte, denn das Grundmotiv seines Lebens ist Verlangen, entweder nach sinnlicher Erfahrung oder nach Wissen, das mit zunehmender Entwicklung die sinnliche Erfahrung verdrängt. Die Wahrung liebgewordener, eingespielter persönlicher Lebensgewohnheiten ist zu Beginn der Entwicklung oft wichtiger als hart umkämpfte berufliche Positionen oder persönliche Erfolge. Konservativ und auf die Bewahrung des Bestehenden angelegt, werden Neuerungen nur sehr langsam aufgegriffen, da sie sein Sicherheitsgefühl gefährden. Mehr als andere erlebt dieser Typus daher jede Veränderung als den Verlust dessen, was er besitzt und was seine Sicherheit ausmacht, und so kann das Sammeln in diesem Zeichen auch zur Leidenschaft werden, solange der Mensch sich mit materiellem Besitz identifiziert und Schönheit und Harmonie nur im Äußeren gesucht werden.

Der Drang nach Sicherheit und Absicherungen sowie die Tendenz, Dinge festzuhalten und sich den notwendigen Veränderungen entgegenzustemmen, machen es dem Stier oft schwer, sich dem Fluß des Lebens anzupassen. Andererseits gewinnt er aber gerade dadurch Beständigkeit und Zuverlässigkeit, und normalerweise kann man sich bei ihm darauf verlassen, daß er nicht leichtfertig Versprechungen macht, die er nicht halten kann. Alles wird vorher gründlich durchdacht, und so ist er im allgemeinen auch zuverlässig und verpflichtungstreu. Schnelle und spontane Entschlüsse darf man vom Stier aber nicht erwarten, weil jeder Neubeginn schwerfällt. Will man ihn überzeugen und zu Neuem inspirieren, ist langsames, bedächtiges Vorgehen angesagt, denn zu starker Druck und wiederholtes Drängen lassen ihn eher mit Trotz reagieren, da er sich nur ungern aus der Ruhe und seinem gewohnten Rhythmus bringen läßt. Sein spontanes »nein« ist deshalb oft nur der Versuch, Zeit zu gewinnen und sich langsam und gründlich mit neuen Ideen oder einer neuen Situation auseinanderzusetzen. Doch hat er sich einmal zu etwas entschlossen, kann er sehr beharrlich und willensstark sein. Und so bekommt er auch sehr oft, was er will, denn mit seiner konzentrierten Wunsch- oder Willenskraft versucht er, sich – materiell oder geistig – das anzueignen, was begehrenswert erscheint und was das Lebensgefühl erhöht.

Das eigentliche Thema des Stier ist daher das »Haben oder Sein«, und das entscheidende Kriterium für Entwicklung liegt in diesem Zeichen in der Art des Verlangens, dessen zunehmende Verfeinerung die Entwicklung anzeigt. Solange das Haben überwiegt und der »Wille-zur-Erleuchtung« durch Festhalten an persönlichen Zielen und liebgewordenen Gewohnheiten gebremst wird, ist der entwicklungsmäßige Aufwärtsdrang langsam, und Stagnation und Verblendung sind häufiger anzutreffen. Mit zunehmender Entwicklung wird der Wunsch nach Wissen und Selbsterfahrung aber wichtiger als Sicherheiten und materielle Befriedigung, und sein Verlangen richtet sich nun darauf, das eigene »geistige Kapital« zu entdecken, das den Reichtum seines Lebens ausmacht. So geht es im Stier auch vor allem um die Wertmaßstäbe des Lebens, die entweder eine geistige Zielorientierung geben und Ansporn zur Entwicklung sind oder ihn stur und zuweilen halsstarrig festhalten lassen an persönlichen materiellen Zielen und an den Annehmlichkeiten des Lebens, die er nur ungern aufgibt. Doch hat er sich einmal entschlossen, loszulassen und sich dem Fluß des Lebens nicht mehr entgegenzustemmen, wird er zu einem aufbauenden, planenden und schöpferischen Menschen, der die Kraft besitzt, Menschen zusammenzuführen und zur Zusammenarbeit und Gruppenarbeit zu inspirieren.

Die Stärken und Schwächen des Stier

Die Stärken sind seine soziale Einstellung, seine große Ausdauer und Geduld sowie ein sicheres Empfinden für Harmonie, was ihn vor Extremen jeder Art bewahrt. Die Fundamente seines Lebens sind sicher verankert, und so bildet er häufig einen Pol der Ruhe inmitten der Hektik des Alltags.

Die Schwäche dieses Zeichens liegt im Ausweichen vor allen schnellen und überraschenden Veränderungen. Der Stier verharrt gerne in passiver Bequemlichkeit, hält an allen Sicherungen des Lebens eisern fest, und diese Beharrlichkeit kann bis zu allen Sturheit und Halsstarrigkeit gehen. Überdies ist er leicht nachtragend, denn er »schluckt« viel und vergißt nur langsam, und deshalb fällt es ihm auch schwer, Gegenstände und Personen loszulassen, an die er sich gebunden hat.

Die drei Entwicklungsebenen im Stier

Es gibt drei Bewußtseinsstadien in diesem Prinzip, und diese werden durch folgende Zeichenherrscher stufenweise entwickelt:

1. Persönlichkeit	Exoterischer Herrscher	Venus
2. Seelen-Bewußtsein	Esoterischer Herrscher	Vulkan
3. Geistiger Mensch	Hierarchischer Herrscher	Vulkan

1. Stadium: Entwicklung der Persönlichkeit

Zeichenherrscher: Venus   Leitmotiv: Begehren, intelligentes Wünschen

Zu Beginn der Entwicklung ist der Stier-Geborene ein erdgebundener Mensch mit dem Verlangen nach materieller Sicherheit und physischer Behaglichkeit. Seine Sinne sind ausgerichtet auf das Schöne im Leben und auf Lebensgenuß, denn die Erfahrung materiellen Lebens und das Bedürfnis nach Sicherheit stehen im Vordergrund. Konservativ und auf die Erhaltung des Bestehenden angelegt, sind die Merkmale seines Wesens Bodenständigkeit, Beharrlichkeit und Zähigkeit, aber auch Sturheit und Halsstarrigkeit, die den Stier nur schwer von einem einmal eingeschlagenen Weg abweichen lassen. Da er sich nur langsam auf Neues einstellen kann, sucht er nach Verläßlichkeit und Kontinuität in seinen Beziehungen, denn er braucht das Gefühl der Zusammengehörigkeit mit anderen, um sich wohlzufühlen. Der Stier-Geborene dieser Ebene erweist sich deshalb auch als ein Mensch von relativer Unbeweglichkeit und großer Anhänglichkeit an Besitz und Personen, und er sucht die Einbindung in ein gesellschaftliches Umfeld, um seinen Platz im Leben zu finden. Bereitwillig fügt er sich in die hierarchische Ordnung einer Gesellschaft ein, denn auf dieser Ebene mißt sich sein Selbstwertgefühl an der gesellschaftlichen Stellung, die er innerhalb dieser Ordnung genießt.

Doch mit zunehmender Persönlichkeitsentwicklung wird der Stier-Geborene eigenständiger, und er sucht nach Stabilität und Sicherheit in sich selbst. Nun beginnt er, sich eine persönliche Lebenskultur aufzubauen, in der Schönheit und Ästhetik eine wichtige Rolle spielen, denn Venus verleiht ihm einen Sinn für Proportionen und ein Empfinden für Harmonie. So verlagern sich die sinnliche Erfahrung und das Interesse an materiellen Dingen auch zunehmend in den Bereich der Kultur, der Bildung und der Kunst, durch die er nun versucht, über das rein Materielle hinauszugelangen und dem materiellen Leben einen höheren Sinn zu verleihen. Dadurch wird sein Leben feinsinniger, und die sinnliche Erfahrung wird durch den Wunsch nach Wissen ersetzt, was den Stier-Menschen veranlaßt, nach einem Lebensstil zu suchen, der beidem Rechnung trägt: seinem Bedürfnis nach materieller und emotionaler Sicherheit sowie einem regen kulturellen Leben, das Anregung und gedanklichen Austausch mit anderen bringt. Durch diesen Kontakt mit anderen, die ihm auch die Möglichkeit der Abgrenzung geben, gewinnt er seine Sicherheit und seinen Eigenwert, der nun zunehmend unabhängig von seiner Stellung in der Gesellschaft gesehen wird.

2. *Stadium:* Seelen-Bewußtsein

Zeichenherrscher: Vulkan *Leitmotiv:* Umwandlung des Verlangens in geistiges Streben

Wenn die Seele stärker ins Bewußtsein tritt, beginnt Vulkan die Wirkung der Venus zu verstärken. Dieser noch unentdeckte Planet (der durch Merkur verhüllt wird) verstärkt den Willen des Menschen, sich aus der Bindung an die Materie zu lösen und nach geistigem Fortschritt zu streben. Das Temperament des Stier-Geborenen, das ihn häufig zu dickköpfigem Festhalten an liebgewordenen, persönlichen Gewohnheiten veranlaßt, muß nun einer gelenkten geistigen Absicht weichen. Die Begierde hat sich erschöpft, der Wunsch zu besitzen und durch die Formenwelt Erfahrungen zu machen verwandelt sich in den Wunsch, die Begierde zu überwinden und nach geistiger Erkenntnis zu suchen. Denn wie Buddha lehrte, führt der Weg der Loslösung von der Begierde zur Erleuchtung, und dieser Weg des Lichts ist es, der den Stier dieser Ebene zu immer neuen Anstrengungen treibt.

Dieses Bemühen um geistige Erkenntnis bringt das Gegensatzpaar Stier-Skorpion in intensive Wechselbeziehung, und in dem Maße, wie sie verschmelzen, tritt die Liebe an die Stelle von Begierde und materiellem Verlangen. Nun wird sich der Mensch zunehmend der Sicherheit geistigen Lebens bewußt. Dadurch verliert die Welt der Formen, die nur ein matter Widerschein des Geistigen ist, ihre Anziehung, und allmählich erkennt der Stier-Geborene, daß das Bewußtsein, das hinter jeder Form verborgen ist, den eigentlichen Reiz und den Sinn des Lebens ausmacht. So verlagert sich der Schwerpunkt seines Bewußtseins von der Form auf die Seele, und nun setzt er seine ganze Beharrlichkeit und seinen Willen ein, um Erleuchtung zu erlangen und das Licht zu entdecken, das jedem lebendigen Wesen innewohnt und das wir als Seele bezeichnen.

3. *Stadium:* Geistiger Mensch

Zeichenherrscher: Vulkan *Leitmotiv:* Erleuchtetes Bewußtsein

Wenn Vulkan auf hierarchischer Ebene wirkt, dann ist das Gegensatzpaar Stier-Skorpion im Bewußtsein eins geworden. Da die Wunschnatur den geistig erwachten Menschen nicht mehr beherrscht, wird er zum »weißen Magier«, der – frei von Begierde – durch Liebe und Willen wirkt, um andere anzuheben und ihnen Erleuchtung zu bringen. Auf diese Weise entdeckt er die wahre Schönheit und die Kunst des Lebens, die darin besteht, zum »Gestalter von Seelen« zu werden, um die Materie ins Licht zu heben.

Die esoterische Bedeutung des Stierzeichens

Symbol: ♉ Zwei nach oben gewendete Hörner auf einem Kreis.

Bedeutung: In diesem Symbol ist das Streben des Menschen nach Erleuchtung dargestellt. Die beiden Hörner verbergen das dritte Auge oder das »Auge des Lichts«, durch das der Mensch die geistige Schau erlangt.

Lichtqualität: Das durchdringende Licht des Pfades.

> »Das ist ein Lichtstrahl, der vom Kernpunkt im Widder ausströmt und den Bereich der Lichtherrschaft offenbart.«
>
> *Alice Bailey*

Stier wird das »Zeichen des Hauptlebensantriebs« genannt, denn es beherrscht das Wünschen in allen Phasen der menschlichen Entwicklung, das durch den sogenannten »Willen Gottes« ausgelöst wird. In ihm liegt der Plan der Schöpfung verborgen, an dem wir alle durch Wiedergeburt teilhaben. Dieser Plan ist bis heute noch wenig offenkundig, da er sich bei der Masse der Menschen als Verlangen oder Begehren äußert, das sie an den Annehmlichkeiten des Lebens festhalten läßt, und erst beim seelisch entwickelten Menschen als gezielte Absicht oder geistiger Wille in Erscheinung tritt.

Der Stier verkörpert daher die Energie des »Wunsch-Willens« in allen Phasen der menschlichen Entwicklung: vom rein materiellen Verlangen über das geistige Streben bis hin zum Wunsch nach verständnisvoller Mitarbeit am großen Schöpfungsplan. Dieser Wunsch-Wille liegt jeglicher Manifestation in der physischen Welt zugrunde, und er ist auch die Ursache für die Evolution des menschlichen Bewußtseins:

– entweder unter dem Impuls materiellen Verlangens, was den persönlichen Willen des Menschen entstehen läßt, der sich als Aggression und Begehren äußert;

– oder unter dem Impuls des Wunsches nach geistiger Entwicklung, der zur Erleuchtung führt.

So ist das Zeichen Stier gekennzeichnet durch ständige Bewegung und

Aktivität, aber auch durch Kampf, denn es geht hier um die Verwandlung des Begehrens (einer Verzerrung des »göttlichen Willens« durch das niedere Selbst) in geistigen Willen (der Energie der Seele), der als Lenkung, Fortschritt und Übereinstimmung mit dem höheren Willen zum Ausdruck kommt. Dieser höhere Wille kann erst dann wahrgenommen werden, wenn der Mensch zum Denker geworden ist und seinen Mentalkörper entwickelt hat. Die Entwicklung vollzieht sich zunächst über Wünsche, Verlangen oder Begehren, durch die der Mensch Erfahrung und Wissen erlangt, die ihn aber auch lange Zeit hindurch klarer Sicht berauben und an falschen Werten festhalten lassen. Denn erst wenn das Denken an Stärke zunimmt und sich das persönliche Verlangen mit der Zeit erschöpft hat, tritt der geistige Wille an die Stelle des Begehrens, und der Mensch wird sich der Zielsetzung der Seele bewußt. Dadurch hört die Verblendung auf, die ihn lange Zeit hindurch an materiellen Zielen und Wertvorstellungen festhalten ließ, und nun entdeckt er, daß er durch sein Denken die Fähigkeit besitzt, das Wesen der Begierde zu durchschauen und sich bewußt zu werden, daß die dauerhafte Befriedigung des Verlangens nach Glück nicht im Irdischen, sondern nur im Geistigen gefunden werden kann. Und indem er erkennt, daß die physische Form nur ein Mittel zum Zweck ist und keinen Wert an sich darstellt, überwindet er die Begierde, die ihn solange an die Form bindet, bis er sie im wahrsten Sinne des Wortes »durchschaut«. Dieses Durchschauen der Form ist der Beginn des transzendentalen Bewußtseins, mit dem der Mensch sich als wesensgleich mit dem Geist erkennt. Ist dies erreicht, können die Formen der physischen Welt ihn nicht mehr blenden, sondern er betrachtet sie nur noch als Träger des inneren Lichtes, dessen er sich nun zunehmend bewußt wird.

Da Stier ein Erdzeichen ist, müssen sich Verlangen und Wille auf der äußeren Ebene des Lebens erfüllen. In diesem Zeichen geht es daher auch um die Gesundheit des physischen Körpers, denn die Ganzheit und Gesundheit des Körpers ist die Folge vergangenen Begehrens oder eines gegenwärtigen Idealismus, der das Maß an Licht bestimmt, das der Körper zur Steuerung seiner Funktionen zur Verfügung hat.

Das Ziel des Stier

ist die Erleuchtung des menschlichen Bewußtseins, die sich in dem Maße bemerkbar macht, wie menschliches Begehren in geistiges Streben verwandelt wird. Stier stimuliert daher auch den »Willen-zu-wissen«, mit dem Ziel des Erwachens des dritten Auges, das in der Esoterik als das Auge der Offenbarung gilt. Wenn dieses Auge erwacht, wird die Verblendung zerstreut, und der Mensch erlangt die geistige Schau, die ihn Wahrheit erkennen läßt, ohne daß es eines äußeren Beweises bedarf.

»Diese Erleuchtung enthüllt das essentielle Einssein, das auf der inneren Seite des Lebens besteht und macht den äußeren Anschein der Getrenntheit zunichte.«

Alice Bailey

In der Entwicklung des Stier von der Blindheit menschlichen Begehrens zum Licht der Erleuchtung zeichnen sich drei Stufen ab:

1. Begehren: Eine Phase, in der das Leben von Wünschen jeder Art bestimmt wird und der Lebensgenuß sowie materielle Ziele im Vordergrund stehen und die Quelle der Erfahrung bilden.
2. Geistiges Streben: Das persönliche Verlangen verwandelt sich in Liebe, und der Wunsch nach geistiger Entwicklung tritt an die Stelle materieller Ziele.
3. Opferwille: Der Wille, dem höheren Plan zu dienen, tritt an die Stelle geistigen Verlangens, und der Mensch wirkt nun als »Gestalter der Seelen«, denen er Erleuchtung bringt.

Der Schlüssel zur Transformation

Die wichtigste Aufgabe des Stier-Geborenen ist es, sein ungestümes Temperament im Zaum zu halten und sich bewußt zu machen, daß Verlangen, Begierde und vergebliches Wünschen sein Leiden und seinen Kampf ausmachen. Seine Entwicklung geschieht vor allem dadurch, daß persönliche Wünsche sich in geistiges Streben und strebenden Idealismus verwandeln, die zunehmend seine Entscheidungen bestimmen. Überdies sollte sich der Stier-Mensch vor allem die Art seines Sprechens bewußt machen, denn die Sprache enthält das Geheimnis schöpferischer Wirkens. So ist *»die direkte und begründete Sprechweise in einer zurückhaltenden und erklärenden Art«* nach Alice Bailey auch der Weg für den Stier-Geborenen, der grundlegende Wandlungen hervorruft und Transformation bewirkt. Dies wird in dem Maße geschehen, wie er seine Ideale in Worte und Taten umsetzt und bereit ist, seinen Hang zur Bequemlichkeit und seine Genußsucht aufzugeben, die den Weg ins Licht versperren.

Die beiden Schlüsselworte für den Stier nach Alice Bailey

Persönlichkeit: »Der Kampf sei unerschrocken.«

Seele: »Ich sehe, und wenn das Auge geöffnet ist, ist alles erleuchtet.«

Zwillinge

21. Mai – 21. Juni
60–90 Grad im Tierkreis
Element: Luft
Veränderliches, männliches Zeichen

Zwillinge-Prinzip: Unterscheidung, Erkennen der Dualität, Intellekt

Die dritte Phase des Tierkreises

Auf das Verlangen nach Formbildung im Stier folgt das Stadium, in dem der Mensch beginnt, die Dualität zwischen seiner Innen- und Außenwelt wahrzunehmen. Er entdeckt sich als denkendes Wesen, das in der Lage ist, eine Beziehung herzustellen zwischen sich als Bewußtsein und der materiellen Welt, die er intellektuell zu erfassen sucht, um sich in Abgrenzung zu ihr selbst zu erkennen.

Typische Verhaltensmerkmale

Der Zwillinge-Typus ist ein Mensch von unbeständiger Vitalität, geistigrege und sehr lebendig, denn unaufhörlich ist sein Verstand beschäftigt. Seine Realität ist die Welt der Gedanken, und lange Zeit behält er etwas Jugendliches, da seine innere Beweglichkeit ihn niemals in Situationen erstarren läßt. Weltoffen, von großer Neugier, Wißbegierde und Sensationslust beseelt, wird man ihn nur selten in ruhiger Beschaulichkeit antreffen, denn er ist immer unterwegs. Sein vielseitiges Interesse hält ihn in ständiger Bewegung, und die Leichtigkeit, mit der er Kontakte zu anderen Menschen findet, macht ihn zu einem ausgesprochen geselligen Menschen, der überall zu finden ist, aber nirgends lange bleibt. Denn unbegrenzt scheint das Spektrum von Interessen, das alle Bereiche des Lebens umfaßt und das es den Zwillingen schwermacht, Prioritäten zu setzen und sich vollständig mit einem Interessenbereich zu identifizieren. Ruhelos, von Unrast getrieben und voller Wissensdrang sind sie stets auf der Suche nach neuen unentdeckten Horizonten, denn Unbekanntes, nicht Entdecktes macht sie unruhig, und keine Strecke scheint zu weit zu sein, wenn es gilt, neue Lebensbereiche kennenzulernen oder neue Kontakte zu knüpfen.

So ist das Hauptanliegen der Zwillinge-Geborenen auch die Kommunikation und die Herstellung von Beziehungen und die Sprache ihr wichtigstes Medium. Von Natur aus sprachbegabt, sind sie gute Unterhalter, oft von großer Lebendigkeit des Ausdrucks, schnell, schlagfertig und intellektuell-beweglich. Sie sind sehr gesprächig, und das Sprechen fällt ihnen meist leichter als das Zuhören, denn Reden gehört nun mal zu ihrem Element. Frisch, lebhaft, wendig, suchen sie Kontakt, sobald sich ein Gesprächspartner einstellt, und an diesen mangelt es ihnen selten, denn sie sind offen für Menschen jeden Typs, da die Beweglichkeit ihres Denkens ein großes Spektrum an Kontakten zuläßt. Aufgeschlossen und interessiert an allem, was in ihrer Umwelt passiert, sind sie stets auf dem neuesten Stand und überall, wo etwas los ist, sind sie sogleich zur Stelle. Sie brauchen die bewegte Oberfläche, sie wollen Informationen austauschen und sich mitteilen, lebhaft, unbekümmert im Urteil, mit heiter-beschwingter Ironie Einfälle hervorsprudelnd, wie sie gerade kommen. Immer auf der Suche nach neuen Erlebnissen, nach Sensationen und neuen Erfahrungen, scheint ihnen das Journalistische im Blut zu liegen, und wer einen Zwilling zu seinen Bekannten zählt, kann sicher sein, daß ihm keine Neuigkeit entgeht, da sie verläßlich dafür sorgen, daß Nachrichten auch im Umlauf bleiben. Doch diese Informationen bleiben meist an der Oberfläche, denn Gründlichkeit und Tiefe des Gefühls sind ihre Sache nicht. Sie interessiert vielmehr der schnelle Gedankenaustausch, die Schlagfertigkeit und schnelle Reaktion von Mensch zu Mensch und weniger die Tiefe einer Beziehung, eines Problems oder die letzten Sinnfragen des Lebens, denn Sinnzusammenhänge werden hier zunächst nur auf begrifflicher Ebene erfaßt.

Zwillinge sind daher schwankend-beweglich und zu Beginn ihrer Entwicklung unzuverlässig, da sich ihr Standpunkt immer wieder verändert, abhängig von der jeweiligen Position, die sie gerade einnehmen und die durchaus im Widerspruch stehen darf zu dem, was sie noch gestern vertreten haben. Denn letzte Gewißheiten scheint es für sie lange Zeit nicht zu geben, da die seltsame Doppelnatur dieses Zeichens sie zwingt, scheinbar Widersprüchliches oder Gegensätzliches wechselseitig zum Ausdruck zu bringen. Zwillinge werden deshalb auch niemals in einer

Weltanschauung erstarren; sie haben keine festgelegten Ziele oder Standpunkte, und Grundsätzlichkeit oder Prinzipientreue suchen wir in diesem Zeichen vergebens. Im ständigen Bemühen, Objektivität und Neutralität des Standpunktes zu bewahren, pendeln sie hin und her zwischen dem Für und Wider einer Sache, die für sie eben niemals eindeutig entschieden werden kann. Häufig sehen sie sich gezwungen, zwei einander entgegengesetzte Wege gleichzeitig zu gehen, da sie sich für keinen der beiden wirklich entscheiden wollen. Für sie gibt es noch keinen geraden Weg, der etwa in der Mitte zwischen den Gegensätzen liegt, wie es die Waage anstrebt, und so ziehen sie es vor, beweglich zu bleiben. Wechselnde Standpunkte scheinen ihnen lange Zeit hindurch mehr Sicherheit zu geben als Festlegungen oder eindeutige Stellungnahmen, denn die Eindeutigkeit einer Richtung schreckt sie. Die Neigung, letzte Gewißheit niemals gelten zu lassen, ehe nicht die entgegengesetzte Seite auch betrachtet wurde, führt zu einer gedanklichen Distanz, mit der sie die eigenen Positionen ebenso bewerten wie die der anderen. Leicht schaffen sie es, fast alle einander widersprechenden Ansichten und Geistesrichtungen zu akzeptieren und dadurch offen zu sein für Menschen unterschiedlichsten Charakters.

Die Kehrseite dieser Veranlagung liegt in der Gefahr »geistiger Charakterlosigkeit«, mit der sie heute in einer Diskussion einen Standpunkt ablehnen, der morgen mit den Argumenten des heutigen Gegners verteidigt wird. Denn leicht beeindruckbar durch Äußerungen und Anregungen aus der Umwelt, lassen sich Zwillinge schnell umstimmen. Sie sind offen für alles, was möglich und theoretisch denkbar erscheint, und so sind ihre Stellungnahmen auch niemals als endgültig zu betrachten, denn ihr Versuch, alles zu relativieren, läßt sie jede neue Einsicht sofort wieder in Zweifel ziehen und nach anderen Erklärungen suchen. Auffallend ist dabei ihre Beweglichkeit, ihre Schlagfertigkeit und die Leichtigkeit, mit der sie sich über vieles einfach hinwegsetzen, was andere nachdenklich abwägen, denn ihnen geht es weniger um die Tiefe eines Problems, als um die Vielfalt und Vielfältigkeit möglicher Wissensaspekte. Verschiedene Denkmöglichkeiten werden durchgespielt, emotionslos, ohne dogmatische Festlegungen und ohne persönliche Identifikation. Ihr Interesse gilt daher auch keinem Spezialgebiet, es erstreckt sich vielmehr auf alle Bereiche des Lebens, die im Denken reflektiert und auf ihre Verschiedenartigkeit untersucht werden.

Das Leben der Zwillinge verläuft deshalb auch nicht geradlinig und zielorientiert, sondern es gibt viele Umwege und häufigen Wechsel. Vieles wird begonnen und nicht zu Ende geführt, um sich stets die Möglichkeit offen zu halten, nochmals etwas Neues auszuprobieren. Durch diese Versuche, möglichst viele voneinander verschiedene Richtungen zu gehen und viele unterschiedliche Möglichkeiten auszuprobieren, entsteht die Vielseitigkeit, die ein charakteristisches Merkmal dieses Zeichens ist, aber auch Wankelmut, Unbeständigkeit und eine gewisse Oberflächlichkeit, die den Zwillinge-Geborenen lange Zeit hindert, sich tiefer auf ein Problem oder einen Menschen einzulassen.

Dies gilt auch in Partnerschaften, denn gerade hier erweist sich die große Offenheit für neue Kontakte und für Abwechslung nicht selten als Problem. Der ständige Wunsch nach einem spannenden, abwechslungsreichen Leben birgt auch die Gefahr, daß es zu viele oberflächliche Verbindungen gibt, die ihn den Wert einer dauerhaften Beziehung oft zu spät erkennen lassen. Und so sind die, deren ganzes Leben darauf ausgerichtet ist, Verbindungen zu schaffen, am Ende manchmal allein, denn die vielen Bekanntschaften, die sie pflegen, erlauben nicht immer, daß daraus auch tiefe Beziehungen oder verläßliche Freundschaften entstehen.

So läßt sich die Entwicklungsstufe eines Zwillinge-Menschen auch daran ablesen, wie konzentriert und gründlich er sich einer Sache oder einem Menschen zuwendet. Zu Beginn seiner Entwicklung ist Konzentration ein Fremdwort für diesen Typus, der gerade im ständigen Wechsel des Standpunktes die Beweglichkeit und die Objektivierung seines Denkens erreicht. Das Bedürfnis nach objektiver Betrachtung und Neutralität des Standpunktes führt aber auch dazu, daß er sich mit keinem seiner Argumente identifiziert. Der Zwillinge-Geborene erweist sich deshalb auch zunächst als ein unkonzentrierter und unbeständiger Mensch, der zu tieferen Erkenntnissen unfähig scheint, obgleich sein Verstand pausenlos beschäftigt ist, denn in seinem Bedürfnis nach Relativierung und Differenzierung geht das tiefere Verständnis eines Sachverhalts oft verloren. In diesem Zeichen besteht daher die Gefahr, daß die unterscheidende kritische Fähigkeit zu einer völligen Richtungslosigkeit führt, solange man die »zwei Seelen in der eigenen Brust« zwar wahrnimmt, aber unfähig ist, sie zu einer höheren Einheit zusammenzuschließen, und immer wieder versucht ist, zwei einander widersprechende Möglichkeiten wechselseitig zu verfolgen, ohne den inneren Zusammenhang zu erkennen.

Doch mit zunehmender Reife wird deutlich, daß der durch den Intellekt verursachte Widerspruch, der bei den Zwillingen zunächst im Vordergrund steht, nur die Vorstufe zur Erkenntnis ist, daß alles Geschaffene – also auch der Mensch – eine Dualität von Kräften darstellt, die im Denken als die beiden Gegenpole des Gleichen erkannt werden müssen. So unterscheidet sich der entwickelte Zwillinge-Geborene vom unentwickelten auch dadurch, daß er zur Zusammenschau fähig ist, weil er die jeweils gegensätzlichen Aspekte einer Sache als »die beiden Seiten einer Medaille« erkennt, während der unentwickelte nur die Veränderlichkeit eines Sachverhalts, die Zwiespältigkeit erfaßt, nicht aber das Wesen oder die Sache an sich.

Die Stärken und Schwächen der Zwillinge

Die Stärken sind ihre schnelle Auffassungsgabe und die große Beweglichkeit des Denkens, ihre Wißbegierde und Interessenvielfalt. Durch ihre Fähigkeit, unterschiedlichste Standpunkte ohne Kritik oder Bewertung gelten zu lassen, sind sie offen für die verschiedenartigsten Menschen und können so als Mittler dienen. Sie sind objektiv und wenig voreingenommen, da sie stets Neutralität bewahren und für keine Seite wirklich Partei ergreifen.

Die Schwäche liegt in einer denkerischen Vielseitigkeit, die in Diskussionen oft verhindert, daß der Kern einer Sache erkannt wird. Dies kann zu einer intellektuellen Pseudo-Wirklichkeit führen mit der Tendenz, sich überall das Passende herauszusuchen, ohne eigene schöpferische Leistung und persönliche Stellungnahme. Anstelle gründlichen Wissens und wesentlicher Erkenntnisse tritt dann theoretisches Wissen ohne persönlichkeitsvertiefende Wirkung und ohne Identifizierung mit der Sache. Unzuverlässigkeit, Zerstreutheit und ständiges Wechseln des Standpunktes sind zu Beginn der Entwicklung ebenso typisch wie die Schwierigkeit, ihre Gedanken auch in die Tat umzusetzen, da sie sich auf nichts wirklich eindeutig konzentrieren.

Die drei Entwicklungsebenen in den Zwillingen

Es gibt drei Bewußtseinsstadien in diesem Prinzip, und diese werden durch folgende Zeichenherrscher stufenweise entwickelt:

1. Persönlichkeit	Exoterischer Herrscher	Merkur
2. Seelen-Bewußtsein	Esoterischer Herrscher	Venus
3. Geistiger Mensch	Hierarchischer Herrscher	Erde

1. Stadium: Entwicklung der Persönlichkeit

Zeichenherrscher: Merkur   *Leitmotiv:* Beweglichkeit und Unbeständigkeit

Zu Beginn der Entwicklung kennzeichnen Unbeständigkeit und innere Unrast den Zwillinge-Typus, denn er ist pausenlos damit beschäftigt, Erkenntnisse über die Welt zu sammeln. Aktivität, Angetriebensein und große Neugier kennzeichnen sein Wesen, was ihn als einen quirligen, sehr redseligen bis geschwätzigen Menschen erscheinen läßt, der stets den neuesten Klatsch auf Lager hat und ständig unterwegs ist, um Bekannte und Freunde zu treffen, weil er Alleinsein nicht aushält. Am liebsten wäre er an mehreren Orten zugleich; er reist gerne und oft, denn unterwegs sein, bedeutet Kontakt mit Menschen, und das ist es, was er sucht und was sein Leben ausmacht. Diese intensive Kontaktsuche, die weltoffene Neugier und der Wunsch, ständig Neues zu erfahren, werden durch Merkur bewirkt, der darauf ausgerichtet ist, das Gefühl für Unterschiede zu verstärken. Dies ist die Basis für intellektuelle Entwicklung, aber auch für Widersprüche, da auf dieser Ebene die Vielfalt der Dinge im Vordergrund steht. Solange diese unverbunden nebeneinander bestehen, fällt es dem Zwillinge-Menschen schwer, sich für eines zu entscheiden, wo doch so viel Neues, noch Unentdecktes ständig lockt und als Reiz empfunden wird. Der unentwickelte Zwillinge-Geborene ist deshalb auch unkonzentriert, unbeständig und unzuverlässig, da er keinen eigenen Standpunkt vertritt. Vielmehr zeichnet er sich dadurch aus, daß er andere Standpunkte wechselseitig übernimmt und zum Ausdruck bringt, weil es ihm bei der Vielzahl der Meinungen und Ansichten, für die er gleichermaßen offen ist, schwerfällt, bei einer eigenen Meinung zu bleiben und einen festen Standort zu gewinnen.

Doch mit zunehmender Persönlichkeitsentwicklung gewinnen Zwillinge einen größeren Überblick über die vielfältigen Aspekte des Lebens, die sich mit stärker werdendem Intellekt zu Denksystemen verdichten und ihnen eine bessere Orientierung ermöglichen. Nun pendeln sie mit Vorliebe zwischen den verschiedenen Denksystemen hin und her; sie finden es reizvoll, sich im Gespräch wechselseitig auf die eine oder andere Seite zu schlagen, um die Relativität der unterschiedlichen Standpunkte zu demonstrieren und sichtbar zu machen. Sie legen Wert darauf, die Stärke und Beweglichkeit ihres Denkens in Diskussionen zu erproben und ihre Sprache zu vervollkommnen, da diese ja ihr wichtigstes Medium ist. Nicht selten brillieren sie durch Redegewandtheit und sprachliche Formulierungen. Elegant können sie sich aus der Affäre ziehen und andere verbal beeindrucken. Sie sind reaktionsschnell und schlagfertig, denn die Beweglichkeit ihres Denkens und die Anpassungsfähigkeit an ihre Gesprächspartner bedeuten ihnen weit mehr als Konsequenz oder Standfestigkeit des Standpunktes. Der Intellekt bildet daher auch die Grundlage ihres Selbstwertgefühls und die Sprache das Mittel zur Selbstdarstellung, die sie im Kontakt mit ihrer Umwelt suchen. Und so ist die Zwillinge-Persönlichkeit auch überall dort zu finden und am richtigen Platz, wo Menschen sich begegnen und wo es darum geht, schnell zu reagieren und sich an wechselnde Situationen durch entsprechende Argumente oder das jeweils passende Wort anzupassen.

2. Stadium: Seelen-Bewußtsein

Zeichenherrscher: Venus   Leitmotiv: Erkennen der Dualität

Wenn die Seele deutlicher ins Bewußtsein tritt, beginnt Venus das Denken des Zwillinge-Geborenen zu verändern, da er sich nun mit den eigenen Gedanken stärker identifiziert. In dieser Phase wird ihm die Zwiespältigkeit seines Denkens bewußt, das sich einmal mit der Persönlichkeit identifiziert, die auf sich selbst und die eigene Durchsetzung bezogen ist, und dann wieder mit der Seele, die stets im Sinne des Ganzen denkt. Denn Venus, die »liebende Kraft des Denkens«, verleiht dem Menschen die Fähigkeit zu geisteswissenschaftlichem Denken, das nicht mehr Einzelfaktoren betrachtet, sondern die Phänomene der Welt in ihrem inneren seelischen Zusammenhang versteht. Dadurch erkennt der Mensch die Ursachen, die das Sichtbare bedingen, und Einzelphänomene, Zustände und Erscheinungsformen der Welt werden nicht mehr isoliert voneinander betrachtet, sondern in ein größeres Bezugssystem eingeordnet, das sich aus dem Verständnis des Ganzen ergibt. So verliert der Intellekt seine Oberflächlichkeit, und Argumente, Lebensphilosophien oder Weltanschauungen erscheinen nun nicht mehr beliebig und austauschbar, sondern erhalten eine Bewußtseinsqualität oder einen qualitativen Wert, der sich durch Bezug zum größeren Ganzen ergibt.

Die zunehmende Fähigkeit, Einzelfaktoren in ihren Sinnzusammenhängen und die Ursachen von Wirkungen zu erkennen, bringt das Gegensatzpaar Zwillinge-Schütze in Wechselbeziehung zueinander, und in dem Maße, wie ganzheitliche Gesichtspunkte erkannt und bevorzugt werden, wird das Denken intuitiv und offen für die Impulse der Seele, die sich dem Menschen erst mitteilen, wenn er aufhört, Einzelphänomene isoliert zu bewerten. Denn auch er ist ja Teil eines größeren Ganzen, und so ist Selbst-Erkenntnis, die die eigentliche Aufgabe der Zwillinge ist, auch erst möglich, wenn der Intellekt nicht mehr als Selbstzweck und Mittel zur Selbstdarstellung dient, sondern wenn sich ein Mensch entschließt, die durch Merkur erworbene Beweglichkeit und Leichtigkeit begrifflicher Kennzeichnung und sprachlichen Ausdrucks in den Dienst der Seele zu stellen. Auf diese Weise wird er zum sprachlichen Mittler oder Interpreten für höhere Ideen und intuitiv erkannte Wahrheiten, die der Menschheit Erleuchtung bringen und ihre Entwicklung fördern.

3. *Stadium:* Geistiger Mensch

Zeichenherrscher: Erde   *Leitmotiv:* Erkennen des Lebens-
aspektes

Wenn die Erde auf hierarchischer Ebene in den Zwillingen herrscht, dann hat der geistig erwachte Mensch das Gegensatzpaar Zwillinge-Schütze im Bewußtsein verschmolzen. Dadurch hört die wechselseitige Identifikation des Denkens mit der Seele oder der Persönlichkeit auf. Der Mensch hat sich nun selbst als das »verbindende Bewußtsein« erkannt, das die beiden großen Lebensströme der Erde (Geist und Materie) durch

Entwicklung des Denkens in Wechselbeziehung hält, bis die physische Materie das Urbild des Geistes vollkommen widerspiegelt.

Die esoterische Bedeutung des Zwillingezeichens

Symbol: ♊ Oben und unten je eine Schale, die durch zwei vertikale Linien verbunden sind.

Bedeutung: Die grundlegende Dualität der Schöpfung Geist/Materie, in die der Mensch als Doppelwesen Seele-Persönlichkeit gestellt ist.

Lichtqualität: Das Licht des Wechselwirkens.

»Dies ist eine Linie von Lichtstrahlen, die das offenbart, was einander gegenübersteht: die grundlegende Dualität der Manifestation, die Beziehung zwischen Geist und Form. Es ist das bewußte Licht dieser Beziehung« Alice Bailey

Zwillinge ist das Zeichen der grundlegenden Dualität der Schöpfung, in die der Mensch als Einzelner gestellt ist und die es zu erkennen gilt, um sich selbst zu finden. Denn auch er besitzt eine Doppelnatur, die vielbeschworenen »zwei Seelen in einer Brust« oder die körpergebundene Seele und die Geist-Seele, die er durch Entwicklung seines Denkens verschmelzen muß, um zur Einheit des Bewußtseins zu gelangen. Das Geheimnis der Zwillinge ist daher die schnelle Reaktion, die zwischen den beiden Polen des menschlichen Bewußtseins (Seele-Persönlichkeit) zunehmend bestehen sollte und die sich durch eine Zunahme der Reaktionsgeschwindigkeit des Denkens und einer immer größeren Feinfühligkeit äußert. Diese Feinfühligkeit ist das Merkmal der Seele, und der entwickelte Mensch unterscheidet sich vom unentwickelten dadurch, daß er auf immer feinere Impulse und Energien reagiert und diese in seinem Bewußtsein registriert.

Diese Doppelnatur der Zwillinge findet ihre Entsprechung in der Funktion des Ätherkörpers des Menschen, der ebenfalls einer zweifachen Entwicklung unterliegt und mit der Energie der Zwillinge verbunden ist.

– In der ersten Entwicklungsphase – beim Durchschnittsmenschen – ist der Ätherkörper der Übermittler von astraler und mentaler Energie, d.h. von Persönlichkeitskraft, die wir auch als Psyche bezeichnen. Diese Energie, die eine Mischung aus astraler und mentaler Energie darstellt, versorgt den physischen Körper mit Lebenskraft und bewirkt, daß der Mensch von Gefühlen und einem Denken bestimmt wird, das die persönlichen Wünsche und Zielsetzungen in den Vordergrund stellt.

– Beim seelenbewußten Menschen wird der Ätherkörper zum Übermittler von Seelenenergie – und nicht von Persönlichkeitskraft –, und damit verringert sich die Kraft der Persönlichkeit, während die Kraft der Seele in dem Maße wächst, wie der Mensch unpersönlich und selbstlos wird.

Auf diese Weise verändern sich Absicht und Ziele des Lebens grundlegend. Der Einfluß des niederen Selbst schwindet, und der Mensch wird zum »Bruder, der im Licht wohnt« (Alice Bailey).

Das Ziel der Zwillinge

ist Selbst-Erkenntnis durch das bewußte Wahrnehmen dieser Dualität Seele-Persönlichkeit oder des sterblichen und unsterblichen Teils des eigenen Wesens. Diese Wahrnehmung entsteht durch Entwicklung des konkreten und abstrakten Denkvermögens, in dem sich die wesensmäßige Dualität des Menschen spiegelt und das ihn grundsätzlich befähigt, sich als körpergebundenes Wesen zu erkennen, aber auch in universelle, prinzipielle und wesenhafte Dinge einzudringen, die über das eigene persönliche Leben hinausgehen.

In den Zwillingen geht es also um die Entwicklung unseres Denkvermögens, das zunächst durch analysierendes Verstehen von Menschen und Lebenssituationen die Wechselbeziehungen zwischen der eigenen Person und der physischen Umwelt erfaßt. Dadurch entsteht eine intellektuelle Wahrnehmung oder ein unterscheidendes Denken, mit dem ein Mensch seine Persönlichkeit oder den »sterblichen Bruder« seines Wesens erkennt.

Doch in dem Maße, wie sich seine Erkenntnisfähigkeit auf abstrakte Bereiche der Wahrnehmung ausweitet, entdeckt er, daß die Gegensätze der Welt und die Widersprüche seines Denkens nur der sichtbare Ausdruck des geistigen und physischen Teils seines eigenen Wesens sind. Sie stellen nur die »beiden Seiten einer Medaille« dar, da das jeweils Höhere eine Entsprechung im jeweils Niederen hat und die ganze physische Welt einen Gegenpol zum geistigen Urbild darstellt, das es zu entdecken gilt, um die Welt zu erkennen.

Wahre Selbst-Erkenntnis – die wesentliche Aufgabe der Zwillinge – ist also nur möglich, wenn durch Entwicklung eines unterscheidenden Denkens der Unterschied zwischen Selbst und Nicht-Selbst, als Spiegel oder Schatten des Selbst, bewußt wahrgenommen wird. Diese Unterscheidungsfähigkeit wird durch die intellektuelle Entwicklung und schließlich durch das bewußte »In-Beziehung-Setzen« der abstrakten und konkreten Denkebene erreicht.

Die Entwicklung vom intellektuellen, analytischen Denken zu ganzheitlicher Erkenntnis vollzieht sich in drei Stufen:

1. Schwankende Beweglichkeit des Denkens, Unzuverlässigkeit und ständige Veränderung des Standpunktes: der Mensch nimmt die Vielfalt der Meinungen und ihre Unterschiedlichkeit wahr, ohne zwischen ihnen einen erkennbaren Bezug herzustellen.

2. Unbeständiges, analysierendes Verstehen von Menschen, Umwelt und Lebensumständen: der Mensch erkennt den Unterschied zwischen Persönlichkeit und Seele und nimmt sich selbst immer bewußter als diese Dualität wahr.

3. Die Seele wird erkannt als das eigentliche Selbst, das die beiden Ebenen des Denkens (konkret-abstrakt) in Wechselbeziehung halt und sich beider Ebenen wechselseitig bedient.

Der Schlüssel zur Transformation

Der Zwillinge-Geborene macht Fortschritte, indem er sein Denken leicht und rasch in alle Richtungen lenkt, sich aber zunehmend der Tatsache bewußt wird, daß die Erkenntnis der Welt letztendlich nicht im Wahrnehmen ihrer Gegensätzlichkeiten und Widersprüchlichkeiten gefunden wird, sondern im Erkennen des gemeinsamen Prinzips, das jede Polarität verbindet und deren Wesen ausmacht. So wird er fähig, die Vielfalt der Dinge nach Qualitäten zu unterscheiden und zu entdecken, was dem Selbst oder dem Nicht-Selbst – der Seele oder der Persönlichkeit – zuzuordnen ist. Er muß lernen, sich zu konzentrieren, um tiefer in ein Thema einzusteigen und Prioritäten zu setzen, anstatt sich in der ausufernden Vielfalt seiner Interessen zu verlieren. Denn Unbeständigkeit und Wandelbarkeit werden sich in dem Maße verlieren, wie klare Wertvorstellungen und eine Zielorientierung das Leben bestimmen, wodurch zwar die früh entwickelte Beweglichkeit des Denkens erhalten bleibt, aber die Neigung zu Unbeständigkeit und Leerlauf beherrscht werden.

Die beiden Schlüsselworte für die Zwillinge nach Alice Bailey

Persönlichkeit: »Unbeständigkeit tue ihr Werk.«

Seele: »Ich erkenne mein anderes Selbst, und indem dieses schwindet wachse ich und erglühe.«

Krebs

21. Juni – 23. Juli
90–120 Grad im Tierkreis
Element: Wasser
Kardinales, weibliches Zeichen

Krebs-Prinzip: Gefühlsempfänglichkeit, Einfühlungsvermögen, psychische Feinfühligkeit

Die vierte Phase des Tierkreises

Krebs leitet eine neue Ebene der Erfahrung ein, denn mit ihm beginnt die psychische Entwicklung. Der Mensch erlebt sich nun als emotionales Wesen, das psychisch-empfindend auf die Eindrücke der Umwelt reagiert. So ist Krebs wiederum ein Anfangszeichen, wie Widder, doch es geht hier nicht mehr um den Willen-zum-Leben, sondern um das Empfinden der Seele in der Form, die durch die drei Stadien *Krebs-Löwe-Jungfrau* (II. Quadrant) ihre individuelle Prägung und Eigenart erhält.

Typische Verhaltensmerkmale

Der Krebs-Geborene ist ein gefühlvoller und stimmungslabiler Mensch, der sich seinen Mitmenschen emotional verbunden fühlt, und er wird im allgemeinen auch stärker von Empfindungen und Stimmungen geleitet als von rationalen Gesichtspunkten. Er ist weich, empfindsam, leicht beeindruckbar, und die Kraft, sich im Äußeren durchzusetzen, ist zu Beginn der Entwicklung eher schwach ausgeprägt, denn die Überfülle an Gefühlen, denen er sich ausgesetzt fühlt, machen es ihm schwer, sich zu orientieren und eine Richtung zu finden. So ist das Grundgefühl seines Lebens auch von früher Kindheit an meist ein Gefühl der Schutzlosigkeit, der Unsicherheit bis hin zur Lebensangst, die ihm nur für die Sympathie seiner Mitmenschen nehmen kann. Besonders eingestimmt auf seine Umgebung, braucht er die Zuwendung seiner Umwelt, um sich geborgen und wohl zu fühlen. Die Bindung an seine Mutter, der erste

Mensch, in dessen Gegenwart er Geborgenheit und Schutz erlebt hat, bleibt für den Krebs-Geborenen daher auch ein Leben lang prägend, und war diese gestört, so überträgt sich dies auf seine späteren Beziehungen. Denn das Bedürfnis nach Zärtlichkeit, nach Sympathie und Liebe bleibt ein Leben lang bestehen und wirkt sich unmittelbar auf seine Leistungen aus. Fühlt er sich angenommen, ist die Welt für ihn in Ordnung, wenn nicht, sinken seine Stimmung und seine Leistungen rapide. Im Krebs hat das ganz persönliche Gefühlsleben deshalb auch ein besonderes Gewicht, und seine Einstellung zum Leben beruht sehr stark auf der Erinnerung an die Vergangenheit mit ihren Gefühlswerten, die die Quelle seiner Erfahrungen bildet. Sensibel, empfindsam und beeindruckbar wie er ist, braucht er größere Geborgenheit als andere, und so sucht der so leicht Gekränkte und Verletzte auch meist Schutz vor der Härte des Lebens in einer Partnerschaft, einem Zuhause oder in der vertrauten Umgebung von Menschen, die ihm Nähe und Wärme vermitteln. Überdies vermeidet er es, wo immer möglich, sich Konkurrenzsituationen zu stellen, bei denen er fürchten muß, der Unterlegene zu sein. Bevorzugt sucht er sich Menschen, die ihm unterlegen sind oder die fühlt sich zuweilen veranlaßt, gefällig zu sein, um sich der Zuneigung und Dankbarkeit anderer zu versichern. Denn oft unsicher im Ausdruck und wenig selbstbewußt, braucht er die Bestätigung von außen, und wo diese ausbleibt, sind seine Richtungsbestimmung und seine Selbstbehauptung schwach.

Aus diesem Grundgefühl schutzbedürftiger, sensibler Empfindsamkeit lassen sich auch alle weiteren Wesenszüge des Krebs-Menschen erklären. Da es ihm an Härte und Ellbogen für die Durchsetzung seiner Ziele fehlt, geht er mit Vorsicht und Scheinanpassung vor, denn durch seine große Verletzlichkeit ist er ein Mensch, der im »Glashaus sitzt«, und so wird er sich auch hüten, als erster mit Steinen zu werfen. Seine Aggressionen äußert er indirekt in Beleidigtsein, Verstimmungen und leichtem Gekränktsein, mit dem er in anderen Schuldgefühle zu erzeugen sucht, um sie unbewußt für ihr Fehlverhalten zu bestrafen, oder er zieht sich in sich selbst oder seine Phantasiewelt zurück, um sich für die ständigen Kränkungen des Lebens zu entschädigen. Doch laut wird er sich nicht zur Wehr setzen, und so sind wechselnde Gemütszustände und Launenhaftigkeit ein nie fehlendes Merkmal dieses Zeichens, denn Mißhelligkeiten zwischen sich und der Umwelt wirken sich im Krebs-Geborenen durch sofortige Verstimmungen seines Gemüts aus, denen er sich nur schwer entziehen kann. Daraus resultieren zuweilen auch Instabilität und Unzuverlässigkeit. Einmal zeigt er sich unerwartet großzügig und dann wieder unverständlich kleinlich, je nach Gefühlslage, denn was heute gilt, gilt morgen nicht mehr unbedingt.

Diese Abhängigkeit vom emotionalen Umfeld macht es dem Krebs-Geborenen schwer, seine eigene seelische Mitte zu finden. So verfügt er zwar über viel psychische Kraft, aber wenig Zielstrebigkeit. Dem Kampf im öffentlichen Leben stellt er sich nur ungern, und dem Leistungsdruck einer auf Wirtschaftlichkeit genormten Gesellschaft kann er nur schwer standhalten. Es fehlt ihm an Genauigkeit, Ordnung und situationsgerechtem Verhalten, und da die rationale Seite seines Wesens vergleichsweise schwach ausgeprägt ist, fühlt er sich häufig überfordert durch die Anforderungen einer rational geordneten, phantasielosen Welt, die der seelischen Entwicklung wenig Raum läßt. Denn dem Krebs-Geborenen geht es vor allem darum, die Tiefen seines Wesens auszuloten und das zu finden, womit er sich seelisch identifizieren kann. Da dies aber nur selten auf Anhieb gelingt, verläuft sein Leben wenig geradling; ist die erste Begeisterung verflogen, springt er schnell wieder ab. Diese Leistungsschwankungen fallen schon bei Kindern auf, die viel Zeit mit Tagträumen und Phantasien verbringen und wenig Neigung zu diszipliniertem Arbeiten zeigen. Ihre Leistungskurve ist nicht gleichmäßig, sondern hat zyklische Höhen und Tiefen, ihr Arbeitsrhythmus ist oft unausgeglichen und sehr extrem, und ohne äußeren Druck setzen sie nur selten alle Energien ein. Späte Entscheidung für einen Beruf sowie häufiger Wechsel von Interessen und Neigungen sind daher typisch, denn die Selbstfindung im Krebs braucht ihre Zeit.

Dies zeigt sich auch im Bereich der Beziehungen, denn trotz vorhandener Liebe zum eigenen Heim und tiefer Sehnsucht nach Geborgenheit, Familie und dauerhafter Zuneigung kennzeichnen wechselhafte Begegnungen und Beziehungen den Werdegang dieses Typus. Auch hier findet der Krebs erst spät zu seiner eigenen Lebensform. Trennungen und Scheidungen sind daher häufig, wobei Frauen eher dazu neigen, in der Familie ihre Erfüllung zu sehen, da sie von Anbeginn so auf Mutterschaft eingestellt sind, daß diese den Inhalt ihres Lebens ausmacht, falls der angeborene mütterlich-pflegende Instinkt nicht in übertragenen Formen pflegender Hingabe oder schöpferischer Gestaltung gelebt wird. Männer finden dagegen meist erst relativ spät ihren natürlichen Rückhalt in einer dauerhaften Beziehung, in der sie dann allerdings auch ihre Erfüllung und Selbstverwirklichung sehen.

Doch zu Beginn der Entwicklung kennzeichnen Unsicherheit und mangelndes Eigenbewußtsein den Krebs-Geborenen, der seine Stabilität und Durchsetzungsfähigkeit erst mit zunehmender innerer Reife erlangt. Sein Leben ist geprägt durch wechselhafte Erfahrungen, seelische Krisen und die Schwierigkeit, den eigenen Weg zu finden. Inkonsequent in seinen Entscheidungen, erscheint sein Leben nicht selten wechselhaft bis chaotisch, denn der Krebs schöpft aus der Tiefe seiner inneren Erlebniswelt, die er aber nur selten ergründen kann und die es ihm schwermacht, sein Eigenes zu finden. Deshalb neigt er zunächst dazu, sich auf traditionelle, ererbte Lebensstrukturen zu stützen, und auf unbewußter Ebene entsteht häufig ein Mißverhältnis zwischen übernommenen Meinungen und Maßstäben, die ihm nicht entsprechen, und einer zu großen Gefühlstiefe und Emotionalität, die er nicht beherrschen kann. Zudem besteht immer die Gefahr, daß er in Sentimentalitäten abrutscht und die Leidenschaftlichkeit seiner Gefühle ihn überwältigt, solange er sich der eigenen inneren Richtkraft nicht bewußt ist. Die Anteilnahme am Leben seiner Mitmenschen sowie seine Fürsorglichkeit für andere sind daher nicht immer uneigennützig. Vielmehr ist er auf seine Mitmenschen angewiesen, da er immer ein Gegenüber braucht, um sich seelisch auszudrücken und die Überfülle seiner Gefühlseindrücke zu ordnen und überschaubar zu machen. Daraus resultiert auch sein ständiges Bedürfnis, sich anderen zu erklären, sich mitzuteilen und sein Gefühlsleben zu offenbaren. In vertrauter Umgebung wird ein Krebs deshalb keine Gelegenheit auslassen, um über seine Gefühle und intimsten Erlebnisse zu sprechen, die für ihn erst durch die Sprache zu einer greifbaren Erfahrung zu werden scheinen. Alles Gesprochene und Geschriebene hat für ihn einen hohen Stellenwert, da die Sprache seiner eigenen Gefühlsgetriebenheit ein System der Ordnung entgegenstellt, das ihm hilft, sein Gefühlsleben zu disziplinieren und die Erlebnisse seines Lebens zu konkretisieren und damit verständlich zu machen.

Bei unbewußten Menschen kann dieser Hang, ihr Innerstes zu offenbaren, in »seelischen Exhibitionismus« und im Extremfall in Gefühlstyrannei ausarten, wenn die eigene Empfindsamkeit bis zur Selbstverzärtelung getrieben wird und sie die Umwelt zwingen, daran teilzunehmen. Überdies erweist sich die mütterlich-fürsorgliche Haltung des

Krebs-Geborenen, die dem eigenen Wunsch nach emotionaler Geborgenheit entspringt, auf unbewußter Ebene zuweilen als problematisch. Dies gilt insbesondere dann, wenn sie sich in überfürsorglichem Bemuttern zeigt, das vor allem freiheitsliebende Kinder mit Ablehnung und Auflehnung reagieren läßt, da sich die so Umsorgten seelisch erdrückt und ihrer Eigenständigkeit beraubt fühlen.

Eine Wende im Leben des Krebs-Menschen tritt aber ein, wenn er sich bewußt wird, daß er für seine liebevolle Zuwendung an andere, die zunächst dem Wunsch nach Dankbarkeit und Gegenliebe entspringt, keine Gegenleistung erwarten darf. Denn solange seine seelische Anteilnahme an Erwartungen gebunden ist, wird er immer wieder enttäuscht, da andere dieser Erwartung nicht immer nachkommen wollen und können. »Sein Weg aus dem Leid« ist deshalb auch der Weg vom Selbstmitleid zu echtem Mitgefühl, das in ihm den Wunsch weckt, anderen zu helfen. Mitgefühl und sich entwickelnde psychische Feinfühligkeit kennzeichnen daher den entwickelten Krebs-Menschen und bilden die Basis für soziale, seelsorgerische und andere helfende oder therapeutische Berufe. Diese liegen ihm besonders, denn er fühlt sich seinen Mitmenschen in ihrem Leid verbunden, da er lange Zeit – durch Identifikation mit den eigenen Gefühlen – selbst ein am Leben Leidender ist. Aber auch im Bereich schöpferischen Gestaltens und der Phantasie liegen seine Fähigkeiten, und sein Interesse richtet sich auf alle Bereiche des Lebens, in denen Kreativität zählt und die Identifikation mit der inneren Erlebniswelt möglich ist. Häufig finden wir in diesem Zeichen künstlerische Neigungen oder musische Begabungen, vor allem im Bereich der Musik und der Dichtung, die der innerlich erlebten Eigenwelt am unmittelbarsten Ausdruck verleihen.

Die schöpferische Begabung des Krebs-Menschen kann sich aber erst voll entfalten, wenn er seine Verletzlichkeit, das leichte Gekränktsein bei Mißverstandenwerden ebenso überwindet wie die Nachahmung von Fremdem aus Schwäche, Bequemlichkeit und Angst vor Sympathieverlust. Und so ist das Kriterium für Entwicklung in diesem Zeichen auch die relative Stabilität, Zuverlässigkeit und das Vertrauen zu sich selbst und in die eigenen Fähigkeiten, das den Krebs-Geborenen mit zunehmender innerer Reife die Sicherheit gibt, zu sich selbst zu stehen und die eigene Empfindsamkeit zu nutzen, um anderen zu helfen, anstatt sich selbst ständig in den Gefühlen der anderen zu spiegeln. Erst wenn die Vielfalt erlebter Dinge sich zum Symbol allgemeinmenschlicher Empfindungen verdichtet, erlangt der Krebs seine eigentliche Bestimmung und wahre Größe, die in seiner gelebten Mitmenschlichkeit liegt.

Die Stärken und Schwächen des Krebs

Seine Stärken sind Kreativität, Phantasie sowie ein großes Einfühlungsvermögen in das Erleben anderer Menschen. Er besitzt Fürsorglichkeit, Mitgefühl und ein Gespür für häusliche Atmosphäre.

Seine Schwächen sind Empfindlichkeit, Verletzlichkeit und große Gefühlsschwankungen, die in Gefühlstyrannei ausarten können, sowie ein gewisses Widerstreben, sich anstrengenden, langwierigen Prozessen zu unterwerfen. Mangel an Disziplin und klaren Konturen ist zu Beginn der Entwicklung ebenso typisch wie Unzuverlässigkeit und Mitläufertum aus Unsicherheit und Angst vor Sympathieverlust.

Die drei Entwicklungsebenen im Krebs

Es gibt drei Bewußtseinsstadien in diesem Prinzip, und diese werden durch folgende Zeichenherrscher stufenweise entwickelt:

1. Persönlichkeit	Exoterischer Herrscher	Mond
2. Seelen-Bewußtsein	Esoterischer Herrscher	Neptun
3. Geistiger Mensch	Hierarchischer Herrscher	Neptun

1. *Stadium:* Entwicklung der Persönlichkeit

Zeichenherrscher: Mond   *Leitmotiv:* Gefühlsempfänglichkeit

Zu Beginn der Entwicklung dominiert das emotionale Empfinden das individuelle Bewußtsein des Krebs-Menschen. Er ist gefühlsgetrieben, emotional und äußerst empfindlich und verletzbar. Wie ein Schilfrohr im Wind ist er großen Gefühlsschwankungen ausgesetzt, da er auf alles reagiert, was er gefühlsmäßig aus der Umwelt aufnimmt. Daraus ergibt sich ein nie fehlendes Charaktermerkmal, das der Launenhaftigkeit, denn er reagiert auf alle feinen Stimmungs- und Sympathieänderungen sofort mit entsprechenden Ver-Stimmungen seines Gemüts. In dieser Phase krankt und leidet er deshalb auch an allen Mißhelligkeiten, die zwischen ihm und seiner Umgebung auftreten in besonders empfindlicher Weise, da sein Selbstbewußtsein noch schwach ist und er große Angst verspürt, sich der Umwelt ungeschützt auszuliefern. So flüchtet er meist in die Geborgenheit eines familiären Kollektivs, er hält fest an der Sicherheit des Heimes und an kollektiven Normen, obwohl er in sich den Drang nach Weite spürt. Seine Individualität ist in dieser Phase noch schwach ausgeprägt, und es fällt ihm schwer, sich gegen die Mehrheit zu behaupten, da er geliebt werden will. Aus Unsicherheit neigt er dazu, sich an andere anzulehnen und, wenn es sein muß, »mit den Wölfen zu heulen«, denn nichts fürchtet er mehr als den Sympathieverlust seiner Umgebung, die ihm nur dann das Gefühl der Sicherheit und Geborgenheit gibt, wenn er sich mit ihr in gefühlsmäßiger Übereinstimmung befindet. Krebse sind daher wenig eigenbewußt und leicht von außen bestimmbar und manipulierbar, solange sie ihr eigenes inneres Wesen noch nicht entdeckt haben.

Doch mit zunehmender Persönlichkeitsentwicklung tritt der Intellekt an die Stelle des Mitfühlens und Mitleidens, und nun beginnt der Krebs-Mensch eine Strategie des Überlebens zu entwickeln, die seiner inneren Unsicherheit Rechnung trägt. Nichts fürchtet er mehr als Kritik oder Blamage, und so versucht er Menschen, die ihm gefährlich werden könnten und die er als überlegen empfindet, aus seiner näheren Umgebung zu entfernen. Diese Auswahl geschieht allerdings nicht aktiv, da dies der Passivität seiner Natur widerspricht. Vielmehr behält er in seinem Umkreis nur Menschen, denen er etwas zu geben hat, weil sie der Hilfe und Unterstützung bedürfen und deren Überlegenheit er folglich nicht zu fürchten braucht.

Seine Fürsorglichkeit und Hilfsbereitschaft sollte man deshalb nicht überbewerten; sie entspringt vor allem dem Wunsch, sich andere zu verpflichten, um ihrer Sympathie und Dankbarkeit sicher zu sein. Denn mit zunehmender Selbstwahrnehmung wird er sich seiner eigenen Verletzlichkeit und seiner emotionalen Abhängigkeit von anderen schmerzvoll bewußt. So versucht er, aus der Not eine Tugend zu machen, indem er sein instinktives Gruppenbewußtsein nutzt, um im Schutz eines Kollektivs, das sozusagen eine »Leibgarde« bildet, seine Individualität zu entwickeln, ohne sich der harten Konkurrenz rivalisierender Persönlichkeitsinteressen auszusetzen, bei der er fürchten muß, immer wieder der Unterlegene zu sein.

2. *Stadium*: Seelen-Bewußtsein

Zeichenherrscher: Neptun   *Leitmotiv*: **Mitmenschlichkeit**

Wenn die Seele deutlicher wahrgenommen wird, tritt Neptun an die Stelle des Mondes. Nun wird sich der Krebs-Geborene seiner Verbundenheit mit seinen Mitmenschen wirklich bewußt, und in dem Maße, wie sein Gefühlsegoismus nachläßt, verwandeln sich seine Empfindlichkeit und seine Verletzlichkeit in echtes Mitgefühl. Er erkennt, daß sich seine Hoffnung, sein Sehnen und seine Wünsche auf persönlicher Ebene niemals erfüllen können, denn persönliche Gefühle sind Schwankungen unterworfen; sie bewegen sich auf und ab wie Ebbe und Flut. Stabilität erreicht der Krebs daher erst, wenn sich seine Zuneigung und seine Liebe auf die Menschheit richten und nicht mehr an die Erwiderung persönlicher Gefühle gebunden sind.

In dieser Phase beginnt das Gegensatzpaar Krebs-Steinbock sich anzunähern, und der Krebs-Geborene begreift, daß die persönlichen Gefühle einer disziplinierten Kontrolle unterworfen werden müssen, um nicht auszuufern. Er ist nun auch bereit, Pflichten anzuerkennen, ernst zu nehmen und sich innerlich aus dem sicheren Verbund eines (Familien-) Kollektivs zu befreien, um zu mehr Eigenständigkeit zu gelangen und Eigenverantwortung zu übernehmen. So erweitert sich seine anfängliche persönliche Fürsorge, die einem ausgeprägten Mutterinstinkt und Familiensinn entspringt, auf die Menschheit, die er nun als seine eigentliche Familie und seine Herkunft begreift. Dadurch verliert sich das Gefühl der Isolierung, das sein anfängliches Leiden ausmachte. Und in dem Maße, wie er sich als Teil dieser Menschenfamilie begreift, beginnt er, uneigennützig zu helfen, einfach aus dem Gefühl der Solidarität heraus, ohne Erwartung einer unmittelbaren Gegenleistung. Dies verstärkt das Gefühl der inneren Verbundenheit mit seinen Mitmenschen, und wenn er schließlich beginnt, sie als seelenverwandt zu erleben, wird er fähig, sie wirklich zu lieben.

3. *Stadium:* Geistiger Mensch

Zeichenherrscher: Neptun   **Leitmotiv: Allgemeine Menschenliebe**

Wenn Neptun auf hierarchischer Ebene herrscht, dann hat der geistig erwachte Mensch das Gegensatzpaar Krebs-Steinbock im Bewußtsein verschmolzen. Durch geistige Entwicklung unpersönlich geworden, richten sich seine Liebe und seine entwickelte Mitmenschlichkeit nun darauf, der Menschheit zu helfen, indem er versucht, den noch unentwickelten Menschen in ihrem Leiden und ihrer Hilflosigkeit die Gewißheit zu geben, daß sie nicht alleine sind und daß es immer Menschen geben wird, die ihnen vorangehen und ihren Weg des Leidens mit ihrer Liebe und ihrer Weisheit begleiten.

Die esoterische Bedeutung des Krebszeichens

Symbol: ♋ Die beiden Scheren des Krebs.

Bedeutung: Dieses Symbol zeigt die beiden Gegenpole männlich-weiblich als Ausdruck der Fruchtbarkeit der Materie.

Lichtqualität: Das Licht in der Form.

»Dies ist das zerstreute Licht der Substanz selbst, das »dunkle Licht« der Materie, das in der »Geheimlehre« erwärmt wird. Es ist das Licht, das die Stimulierung durch das Seelenlicht erwartet.«

Alice Bailey

Krebs ist das Zeichen für den weiblichen Daseinsaspekt der Natur. Es steht für Fruchtbarkeit und Mutterschaft im wörtlichen wie im übertragenen Sinne, denn hier inkarniert sich die Seele in einen physischen Körper. Krebs ist das Tor, durch das die Seele geht, um in der äußeren Erscheinungswelt eine physische Form anzunehmen. Es ist das »Tor zur physischen Geburt« im Gegensatz zum Steinbock, in dem der Mensch die «geistige Geburt» erlebt, die ihn zum Eingeweihten macht, wenn die

Persönlichkeit zum vollkommenen Ausdrucksmittel der Seele geworden ist.

Im Krebs gelangt die Seele daher an den tiefsten Punkt ihrer Erfahrung, denn durch die Annahme einer physischen Form begibt sie sich auf die Ebene des Massenbewußtseins, des jeder Lebensform innewohnenden intelligenten Bewußtseins, das die gesamte physische Natur beherrscht. Dieser Abstieg in die Form ist das Opfer, das sie den niederen Lebewesen – der Welt der Atome – bringt, um sie zu erlösen, indem sie diese durch die magnetische Kraft ihres Bewußtseins von Inkarnation zu Inkarnation in einen immer höheren Schwingungszustand bringt, der Ausdruck eines wachsenden, immer umfassenderen Bewußtseins ist. Krebs ist daher das Zeichen der Wiedergeburt in das Kollektiv Menschheit, das die Seele immer wieder zur Annahme einer physischen Form veranlaßt, bis der Körper zum vollkommenen Ausdrucksmittel der Seele geworden ist. Dies ist der eigentliche Sinn der unzähligen Inkarnationen, denn der Aufbau angemessener Formen und deren Anwendung und Beherrschung sind unentbehrlich, wenn der Mensch weise und verständnisvoll am Plan der Schöpfung mitarbeiten will.

Im Krebs steht der Bezug zur Familie oder zur Gruppe im Vordergrund, die sein persönliches Umfeld bildet, denn sein Bewußtsein ist auf der physischen und astralen Ebene polarisiert. Es schwingt im langsamen Rhythmus des Massenlebens; es ist das Instinkt-Bewußtsein, wo das Bedeutsame noch im Unterbewußten liegt. Dieses Massenbewußtsein, das der Individualisierung vorangeht, findet seinen Ausdruck in der öffentlichen Meinung, die weitgehend von Emotionen und Empfindungen beeinflußt wird und daher instabil und wechselhaft ist. Die folgenden Zeichen von Löwe bis Schütze dienen dann der Stabilisierung und Strukturierung der Gefühle und Empfindungen, bis sich dieses instinktive Massenbewußtsein nach der Einweihung im Steinbock – über die Zwischenstufe des Eigenbewußtseins – in Gruppenbewußtsein verwandelt hat. Diese Verwandlung vom Instinkt-begabten Menschen zum denkenden, in den Entwicklungsplan der Erde eingeweihten Menschen, umfaßt viele Entwicklungsstadien und unzählige Re-Inkarnationen, in denen das Leiden Teil des Entwicklungsplans ist. Denn Leiden ist der Weg, der den Menschen durchlässig macht für höhere geistige Energien, solange er noch nicht fähig ist, sein Leben bewußt zu gestalten und im höheren Sinne zu denken.

Krebs ist daher auch der Ort des Leidens, der symbolischen Einkerkerung der Seele, um die niederen Lebewesen (die Atome) zu erlösen, die, wie der Mensch, ein Teil des göttlichen Lebens sind. So bedeutet physische Geburt für die Seele auch stets den Verzicht auf ihre Freiheit und ihr »All-umfassendes Bewußtsein«, das sie mit der ganzen Schöpfung verbindet. Dieser zeitweilige Verzicht auf das All-Wissen ist das Opfer, das die Seele bringt, um die unbeseelte Materie zu durchlichten, denn Bewußtsein ist gleichbedeutend mit Licht. Das Leben jedes Menschen dient aus esoterischer Sicht daher stets einem höheren Zweck, weil die eigene Bewußtseinsentwicklung gleichzeitig auch der Bewußtseinsentwicklung der Atome dient, die der Mensch mit jeder Inkarnation zum Gruppenverband seines Körpers zusammenschließt und für die er als Seele ein Leben lang verantwortlich ist.

Das Ziel des Krebs

ist es, eine Reaktion der Substanz oder der Atome des Körpers auf die Einflüsse von außen und auf Umweltgegebenheiten zu erreichen, aber auch die Entwicklung feinfühliger Reaktionen auf die Impulse und Inspirationen der innewohnenden Seele, die mit zunehmender Entwicklung immer deutlicher wahrgenommen werden.

Die Entwicklung einer feinfühligen Reaktion erfolgt in drei Stufen:

1. Entwicklung eines reaktionsfähigen Körpers durch den Aufbau einer angemessenen körperlichen Form, wobei die Art der Gefühle und Gedanken den Zustand des jeweiligen Körpers positiv oder negativ beeinflußt.
2. Entwicklung einer mitfühlend-empfindenden Psyche, mit der der Mensch am Geschehen der Umwelt Anteil nimmt.
3. Die Menschheit wird als ein Ganzes gesehen, und der Einzelne fühlt sich ihr in selbstloser Liebe verbunden.

Der Schlüssel zur Transformation

Das Leiden des Krebs-Menschen verringert sich, wenn der Intellekt stärker wird und an die Stelle des instinktiven Massenbewußtseins psychische Feinfühligkeit tritt, durch die sich der Mensch der seelischen Verbundenheit mit seinen Mitmenschen bewußt wird. Denn die sinnliche Begierde und das selbstsüchtige Verlangen nach Liebe, die dieses Zeichen auf unentwickelter Ebene kennzeichnen, machen ihn abhängig von der Zuneigung der Umwelt, deren Anerkennung er für sein Selbstwertgefühl braucht, solange sich sein empfindendes Wahrnehmen auf den Körper und nicht auf die Seele richtet. Eine Wende in der Entwicklung des Krebs-Menschen tritt daher erst ein, wenn sich der Wunsch nach Liebe in den Wunsch wandelt, anderen Liebe und seelischen Beistand zu geben, ohne eine unmittelbare Erwiderung zu erwarten. Durch Entwicklung von Mitgefühl, Güte und Leidenschaftslosigkeit treten sinnliche Begierden und das Bedürfnis, geliebt zu werden allmählich in den Hintergrund, und wenn der Krebs-Geborene diese Eigenschaften bewußt pflegt, wird er erleben, daß wahre Liebe selbstlos, aber auch grenzenlos ist und keiner unmittelbaren Erwiderung bedarf. Und in dem Maße, wie er bereit ist, anderen selbstlos Hilfe zu leisten, anstatt um eigene »Streicheleinheiten« bemüht zu sein, wird er sich der Liebe und des Lichtes bewußt, die sein eigentliches Wesen kennzeichnen, und es verliert sich das Gefühl der inneren Isolation, die das eigentliche Leiden des Krebs-Menschen ausmacht.

Die beiden Schlüsselworte für den Krebs nach Alice Bailey

Persönlichkeit: »Trennung sei die Regel, und dennoch existiert die Menge.«

Seele: »Ich baue ein erleuchtetes Haus und wohne darin.«

Löwe

23. Juli – 23. August
120–150 Grad im Tierkreis
Element: Feuer
Fixes, männliches Zeichen

Löwe-Prinzip: Selbstbestimmung, Eigenbewußtsein, Individualität

Die fünfte Phase des Tierkreises

Auf das Gefühl des Eingebundenseins in das »Kollektiv Menschheit« folgt das Stadium des Löwen, in dem der Mensch sich als eigenständige Persönlichkeit erlebt. Er versucht, sich deutlich von der Masse zu unterscheiden, indem er seine Einzigartigkeit und individuelle Kreativität beweist.

Typische Verhaltensmerkmale

Der Löwe-Geborene ist ein lebensfroher, willensstarker Mensch voller Lebenskraft und großer Eigenständigkeit, denn das Zentrum des Bewußtseins liegt in ihm selbst. Nie würde er sein Tun einem allgemein verbindlichen Prinzip oder Plan unterwerfen, denn er ist der, der alleine steht und aus der Masse herausragen möchte. So handelt er auch immer aus dem unmittelbaren Lebensgefühl heraus, oft spontan oder improvisiert, doch sein Gesichtspunkt ist stets individuell. Einzigartigkeit ist sein Ziel. Aufgehen in der Masse wird er mit aller Kraft verhindern. Ihn interessiert das eigene Leben, nicht Prinzipien oder Weltanschauungen. Seine volle Intensität gilt dem gelebten Augenblick; er lebt in der unmittelbaren Gegenwart, aus der er seine Kraft bezieht, und er handelt schnell und ohne lange zu überlegen, ob er anderen dabei vielleicht zuvorkommt. »Wer nichts wagt, der nichts gewinnt« ist sein erklärtes Motto, und ganz offensichtlich gewinnt er fast immer. Denn die Selbstverständlichkeit und Lebendigkeit, mit der er alles tut, verfehlen ihre Wirkung auf die Umwelt nicht, und so ist er im Privaten wie Beruflichen auch meist sehr erfolgreich.

Typisch für den Löwen ist seine kraftvolle Vitalität, die sich selbst nicht in Frage stellt, denn in diesem Zeichen wirkt die stärkste lebenspositive Kraft, und so erscheint ihm das Leben auch zunächst als Schauplatz zur Erprobung seiner eigenen Stärke und Leistungsfähigkeit. Sein Weltbild basiert auf der freien Initiative des Einzelnen, die dem Menschen Größe und Würde verleiht. Er haßt alles Kleinliche und Subalterne und ist für Detailprobleme und Arbeit in untergeordneter Stellung höchst ungeeignet. Über alles Theoretische und Bürokratische setzt er sich einfach hinweg, er redet nicht lange herum, sondern handelt. So ist er auch ein Mensch, der stets spontan und unmittelbar aus der Situation heraus entscheidet, und immer wird er für sich die notwendige Handlungsfreiheit fordern, denn Unabhängigkeit und Eigenständigkeit des Handelns sind ihm oberstes Gebot. An Prinzipien oder gesellschaftliche Spielregeln fühlt er sich kaum gebunden, er kennt letztlich nur die Personentreue. Sorgsam achtet er darauf, daß seine Unabhängigkeit und Individualität gewahrt bleiben, und er reagiert äußerst empfindlich auf jede Einmischung in seine Angelegenheiten oder auf Kritik an seiner Person, die er schlicht als »Majestätsbeleidigung« empfindet. Ohne sachliche Rücksichten und ohne sich in Beziehung zu anderen zu setzen, versucht er stets das zu tun, was er sich selbst schuldig zu sein glaubt, denn sein Selbstverständnis bezieht er aus sich selbst. Niemals wird er sich einfach an andere anlehnen oder die Hilfe anderer suchen, solange er sich selber zu helfen weiß. Sollte er dennoch einmal bei anderen Rat suchen – was selten genug der Fall ist –, so muß es sich um eine echte Notlage handeln. Doch normalerweise nimmt er alles selbst in die Hand, weil er zu sich noch immer das meiste Vertrauen hat und größten Wert darauf legt, sich nicht von außen bestimmen zu lassen. Dies zeigt sich schon bei Kindern, die sich jeder Disziplinierung von seiten der Erwachsenen widersetzen und mit Auflehnung reagieren, wenn man sie zu etwas zwingen will.

Diese innere Unabhängigkeit, die ein entscheidendes Merkmal des Löwe-Geborenen ist, macht seine Kraft und Stärke aus, aber auf unbewußter Ebene auch seine Eitelkeit und seinen Egoismus, der ihn über andere einfach hinweggehen läßt, da er sich gerne im Rampenlicht sieht. Mit der größten Selbstverständlichkeit setzt er sich auf den besten Platz, denn getragen vom Eigenwert und Kraftgefühl seiner eigenen Person, versucht er den Ton anzugeben, wo immer er auftritt. So gehört Bescheidenheit auch nicht zu seinen Tugenden, und vornehme Zurückhaltung kennt er nicht. Er will Wirkung ausstrahlen, wo immer er auftritt, sei es in einer durch ihn geschaffenen Atmosphäre der Wärme oder durch Attribute äußerer Macht und Geltung. Sein Auftreten ist offenherzig, frei, aber bestimmt in Absicht und Ausdruck, und er besitzt einen hohen Grad an Selbstbewußtheit, verbunden mit einem Gefühl für die Wichtigkeit der eigenen Person, das sich erst mit zunehmender mentaler Entwicklung relativiert und zu echtem Selbstbewußtsein führt.

Doch zu Beginn seiner Entwicklung erlebt sich der Löwe als Zentrum, um das sich alles dreht; er sucht die Lebensfülle, die Daseinserfüllung aus eigener Kraft sowie das Gefühl der Einzigartigkeit. Durch einen besonderen, nicht selten aufwendigen Lebensstil versucht er seine Vormachtstellung zu erreichen, da sein Selbstwertgefühl sich am Erfolg und Ansehen mißt, das er genießt und das ihn heraushebt aus der Masse seiner Mitmenschen. So scheint ihm das Beste auch gerade gut genug, um zu zeigen, was er sich leisten kann, und es interessiert ihn wenig, was allgemein üblich ist. Dieser Hang zum Erlesenen kann bis zur Verschwendung gehen, denn der Löwe versucht zu imponieren und immer großzügig zu leben, auch wenn seine finanziellen Mittel begrenzt sind. »Leben und leben lassen« ist sein Wahlspruch, und wie könnten ihn kleinliche pekuniäre Erwägungen davon abhalten, des Lebens Annehmlichkeiten zu genießen? Er lebt jetzt, und Zukunftsängste sind ihm weitgehend unbekannt. Seine Entscheidungen sind Impulssache und entspringen stets dem momentanen Lebensgefühl, der Emotion des Augenblicks, die keinerlei moralische Wertung zuläßt, denn er ist der, der alleine steht. Dieses »Alleine-Stehen« bedeutet für den Löwen aber nicht Einsamkeit, wie etwa beim Steinbock, der seinen Erfolg nicht selten durch innere Vereinsamung bezahlt, sondern vielmehr im Mittelpunkt zu stehen und bedeutender als andere zu sein.

Seine positive integrierende Kraft läßt ihn immer wieder zum Mittelpunkt einer Gesellschaft oder einer Gruppe von Menschen werden, die ihm als Feld der Darstellung dienen und ihm Gelegenheit geben, die Überfülle seiner Kraft zu verbreiten. Er braucht ein Publikum, das ihm Aufmerksamkeit und Bewunderung schenkt, und durch die Art seiner Erscheinung und seines selbstsicheren Auftretens schafft er es auch fast immer, die Aufmerksamkeit der anderen auf sich zu ziehen, da sie sich von seiner natürlichen Autorität, seiner warmherzigen Art und sonnenhaften Ausstrahlung angezogen fühlen. So wird er leicht und selbstverständlich zum Führer von Gruppen, und leicht erringt er leitende

Funktionen, ohne sich sonderlich anstrengen zu müssen. Er versteht es ausgezeichnet, Arbeiten zu delegieren – zumal es ihn nicht besonders zur Arbeit drängt – und dadurch andere durch sein Vertrauen in die eigene Kreativität und Gestaltungskraft zu Aktivität und zur Mitarbeit anzuspornen.

Diese Fähigkeit, andere anzuspornen und ihr Selbstbewußtsein durch das eigene Vorbild zu stärken, machen Löwe-Geborene auch zu liebevollen Vätern und Müttern, die ihre Kinder in ihrer Individualität nicht behindern, da sie selbst eigenbewußt durchs Leben gehen und dies meist auch von anderen erwarten. Im allgemeinen sind sie ausgesprochen kinderlieb und verstehen es ausgezeichnet, Kindererziehung und persönliche Bedürfnisse in Einklang zu bringen. Einer Löwe-Frau bedeuten Eheleben und Muttersein selten eine Einschränkung ihres Eigenlebens, denn sie steckt auch zu Hause ihr Reich ab, in dem ihr Wille unumschränkt gilt und wo sie keinerlei Einmischung duldet, wobei sie bei ihren Kindern ebenfalls Freiheit und Eigenständigkeit fördert. Auch der Mann empfindet Familie und Kinder meist als lebendige Aufgabe und die Sorge für ihre Zukunft kaum als Last, solange seine Autorität unausgesprochen gilt, denn in seinem Herzen bleibt er doch immer ein Patriarch.

Diese Führungsrolle, die das Selbstverständnis des Löwen ausmacht, prägt natürlich auch seine Beziehungen und seinen Umgang mit anderen Menschen, und so scheint es ihm lange Zeit hindurch normal zu sein, daß andere ihm mit Respekt begegnen, während er sich seiner Sonderstellung bewußt ist. Nie wird er sich mit dem Mittelmaß zufriedengeben, denn in seinem Selbstverständnis steht er eben doch über den anderen. Diese Einstellung wird immer wieder deutlich in seinen Beziehungen, die zwar von Hilfsbereitschaft und Mitmenschlichkeit geprägt sind, doch unter der stillschweigenden Voraussetzung der eigenen Dominanz. Schwächeren, auch Kindern, wird er gerne ein Recht zubilligen, das er Rivalen versagt. Menschen, die ihm unterlegen oder untergeordnet sind, wird er mit Nachsicht behandeln, jedoch auf Abstand halten; respektvoll aber betrachtet er nur jene, die er für ebenbürtig hält, da sie – wie er – unabhängig sind und eben durch diese Unabhängigkeit Achtung gebieten. Doch wenn man die Hilfe eines Löwen braucht, so ist er meistens zur Stelle, denn Menschlichkeit, Großmut und die Liebe zu allem Lebendigen sind die natürlichen Attribute dieses Zeichens.

Er ist stets für andere da, wenn es um praktische Hilfe geht, mit seelischem Kummer sollte man allerdings nicht zu ihm kommen, denn hierfür fehlt ihm häufig das nötige Einfühlungsvermögen und Verständnis. Er wird nicht lange zuhören, sondern schnell auf allgemeine Themen ausweichen, weil psychische Erörterungen und Probleme anderer ihn langweilen und sein positives Lebensgefühl stören. So wird er auch stets versuchen, allem aus dem Weg zu gehen, was seine Behaglichkeit und Daseinsfreude trübt und gar nicht erst versuchen, sich in die seelischen Leiden anderer einzufühlen. Doch in Notsituationen kann man auf ihn zählen. Er wird spontan helfen und seine Unterstützung anbieten, auch wenn er seine Möglichkeiten dabei mitunter überschätzt, weil Zweifel an seinen Fähigkeiten ihn nur äußerst selten befallen. Seine Grundstimmung ist vertrauensvoll-positiv; er ist der geborene Sieger. Sollten sich dennoch einmal Schwächen zeigen, so werden diese einfach nicht zugegeben, weil dies seiner Vorstellung von der eigenen Würde, dem Selbstwertgefühl und dem grenzenlosen Vertrauen zu sich selbst und seiner eigenen Kraft widerspricht, zumindest solange sein Selbstbewußtsein äußerlich ist und nicht wirklich aus dem Herzen kommt.

Der Wunsch nach Privilegien und nach Macht, die den Löwe-Geborenen auf unreifer Ebene auszeichnen, stellen deshalb auch den Angelpunkt seiner Entwicklung dar, denn gerade hier zeigt sich, ob er einfach herrschen will, ohne sich selbst entwickelt und diszipliniert zu haben, oder ob er seine Berufung darin sieht, anderen zu helfen, ebenfalls mehr Eigenständigkeit und Selbstbestimmung zu gewinnen. Denn erst mit zunehmender Entwicklung beginnt der Löwe, sich als »Gleicher unter Gleichen« zu begreifen und sich seiner Verantwortung für seine Mitmenschen bewußt zu werden. Und so zeigt sich das Maß an Entwicklung beim Löwen auch daran, ob sein Selbstbewußtsein echt ist und von innen kommt oder ob er auf äußere Statussymbole oder äußere Demonstrationen von Macht setzt, die ihn auf unentwickelter Ebene als stolzen, egozentrischen, auf Dominanz angelegten Menschen erscheinen lassen, der keine Gelegenheit ausläßt, sich selbst in der Bewunderung der anderen zu sonnen und die eigene Stärke und Bedeutung als ausreichenden Lebenszweck zu betrachten.

Doch mit zunehmender geistiger Reife erkennt der Löwe-Geborene seine Verantwortung für seine Mitmenschen. Er beginnt, sich als Teil eines größeren Ganzen wahrzunehmen, in dem er die Rolle hat, seine Vitalität und integrative Kraft zu nutzen, um anderen, die noch weniger innere Stärke besitzen und nicht auf der Sonnenseite des Lebens stehen,

Mut zu machen, ihr Leben selbst in die Hand zu nehmen. Nun wird er ihren Prozeß der Individualisierung unterstützen, anstatt die eigene Bedeutung und den eigenen Führungsanspruch in den Vordergrund zu stellen. So erweist sich der entwickelte Löwe als magnetischer Führer, der anderen Kraft gibt, selbst den Schritt in die Freiheit zu wagen. Er wird sie anspornen zu selbständigen Entscheidungen und eigenbewußtem Handeln, das sich keiner Autorität mehr beugt, außer der der eigenen Seele, die nun ihren Führungsanspruch geltend macht und zum leitenden Prinzip des Lebens wird.

Die Stärken und Schwächen des Löwen

Seine Stärken sind sein ausgeprägtes Bewußtsein für Unabhängigkeit, Spontaneität und sein Wille zu absoluter Selbstbestimmung. Der Löwe hat unbestrittene Führungseigenschaften, die aber erst voll zur Geltung kommen, wenn er Verantwortlichkeit gegenüber der Mitwelt gelernt hat und durch echtes Selbstbewußtsein die Bedeutung der eigenen Person nicht mehr überschätzt.

Seine Schwächen sind eine zu starke Egozentrik, Eitelkeit, Selbstherrlichkeit und ein Hang zur Verschwendung bezogen auf die eigene Person. Typisch sind zu Beginn der Entwicklung auch mangelndes Feingefühl und wenig Bereitschaft, sich anzustrengen sowie mangelnde Kritikfähigkeit.

Die drei Entwicklungsebenen im Löwen

Es gibt drei Bewußtseinsstadien in diesem Prinzip, und diese werden durch folgende Zeichenherrscher stufenweise entwickelt:

1. Persönlichkeit	Exoterischer Herrscher	Sonne
2. Seelen-Bewußtsein	Esoterischer Herrscher	Sonne (Neptun)
3. Geistiger Mensch	Hierarchischer Herrscher	Sonne (Uranus)

1. Stadium: **Entwicklung der Persönlichkeit**

Zeichenherrscher: Sonne   *Leitmotiv:* **Konzentriertes Eigen-**
interesse

Zu Beginn der Entwicklung ist es die wichtigste Aufgabe des Löwen, eigenbewußte Aktivität, Stärke und persönliche Leistungsfähigkeit zu entwickeln. Auf dieser Ebene finden wir einen Menschen mit einer ausgesprochen egozentrischen Haltung, der primär um sein eigenes Wohlergehen bemüht ist. Lebensfreude, Selbstbejahung und die Neigung, sich das Leben so angenehm wie möglich zu machen, sind auf unentwickelter Ebene typisch, gepaart mit Eitelkeit und Stolz über die eigene Leistung, die sich nur am persönlichen Erfolg mißt, nicht aber an sachlichen Notwendigkeiten. Im Mittelpunkt steht die menschliche Persönlichkeit, die das Leben in vollen Zügen genießen will, ohne die Folgen des eigenen Handelns für andere zu bedenken. Er versucht, allen Verpflichtungen und weitreichenden Verantwortlichkeiten aus dem Weg zu gehen, denn sein Handeln ist emotional und spontan und entspringt dem Gefühl des Augenblicks, das sein unmittelbares Erleben ausmacht. Das Ich erlebt sich auf dieser Ebene als dramatischen Mittelpunkt der Welt und ist vollkommen überzeugt von der Wichtigkeit der eigenen Person, die zum Angelpunkt des Bewußtseins wird.

Doch mit zunehmender Persönlichkeitsentwicklung erwacht der Ehrgeiz des Löwen, und der Wunsch zu dominieren läßt ihn nach einer Führungsposition streben. Nun ist seine Haltung die eines egozentrischen Menschen, der nach Rang und Stellung verlangt, denn er will Einfluß gewinnen und eine Vorrangstellung einnehmen. Sein Bemühen gilt daher vor allem der Ausbildung und Stärkung seiner intellektuellen Fähigkeiten, um die eigene Leistungsfähigkeit zu erhöhen und ein unabhängiges Urteilsvermögen zu gewinnen. Er ist um Selbsterkenntnis bemüht und wird sich zunehmend bewußt, daß er die Herrscherstellung, die er anstrebt, nur erreichen kann durch systematische Entwicklung der eigenen Fähigkeiten. Er erkennt, daß er seine Wunschnatur disziplinieren muß, die bisher in der Jagd nach Vergnügen zum Ausdruck kam und seine angeborenen schöpferischen Fähigkeiten in ihrem Ausdruck behindert. Denn solange Triebe und Wünsche das Leben bestimmen, ist der Mensch ein »Sklave seines Körpers« und unfähig zu wirklich freier Entscheidung. So widmet sich der Löwe nun auch der Vervollkommnung seiner eigenen Fähigkeiten, indem er sich selbst eine gewisse Disziplin auferlegt, um die Selbständigkeit und Unabhängigkeit zu erreichen, die ihm zur Erweiterung seines Machtbereichs notwendig erscheinen.

2. *Stadium:* Seelen-Bewußtsein

Zeichenherrscher: Sonne (Neptun)   *Leitmotiv:* Idealismus und **Gruppenverantwortung**

Wenn die Seele deutlicher wahrgenommen wird, beginnt der Mensch zu begreifen, daß er keine Sonderstellung einnimmt, sondern daß er Teil eines größeren Ganzen ist. In diesem Stadium konzentriert sich der Einfluß der Sonne über Neptun und veranlaßt den Löwe-Geborenen sein Leben einem idealen Ziel zu widmen, das immer deutlicher wahrnehmbar wird. Sein Interesse kreist jetzt nicht mehr vorwiegend um die eigenen Bedürfnisse, denn der Schwerpunkt des Bewußtseins verlagert sich von »dem, der alleine steht« zur Umweltgruppe, und seine egoistischen Interessen weichen den Erfordernissen der Gruppe, die nun eine größere Bedeutung für sein Leben bekommt.

Auf diese Weise tritt das Gegensatzpaar Löwe-Wassermann in intensive Wechselbeziehung und veranlaßt den Löwe-Menschen, eine größere Verantwortung für andere zu übernehmen. Zunehmend sieht er seine Aufgabe nun darin, eigenbewußte Aktivitäten und Zielsetzungen zu entwickeln, die in Einklang mit den Bedürfnissen der anderen und der Umwelt stehen. Seine Empfindlichkeit und die unbewußten, unbeherrschten Reaktionen auf Emotionen und Umweltimpulse lassen nach, und in dem Maße, wie seine Feinfühligkeit zunimmt, wird er sich der Impulse der Seele bewußt. Die Entwicklung von Feinfühligkeit und Selbstbeherrschung ist in diesem Zeichen deshalb auch ein Kennzeichen, daß der Seelenkontakt zunimmt und das eigentliche Selbst oder das »wahre Ego« seinen Einfluß spürbar macht. Nun ist er sich seiner selbst voll bewußt und beginnt, seine feinfühlige Wahrnehmung auf die Umwelt und seine Mitmenschen auszudehnen und deren Bedürfnisse in die eigenen Entscheidungen einzubeziehen. Wenn dies der Fall ist, dann ist der Löwe-Mensch zu einer integrierten Persönlichkeit geworden, und er wird sich zunehmend seiner Seelenverwandtschaft mit anderen bewußt.

3. *Stadium*: Geistiger Mensch

Zeichenherrscher: Sonne
(Uranus)

Leitmotiv: Bewußtsein des
›höheren Selbst‹

Wenn die Sonne auf hierarchischer Ebene herrscht, dann konzentriert sich ihr Einfluß durch Uranus. In diesem Stadium hat der geistig erwachte Mensch das Gegensatzpaar Löwe-Wassermann im Bewußtsein verschmolzen. Die entwickelte Individualität des Löwen, sein Eigenbewußtsein und seine persönliche Leistungsfähigkeit dienen jetzt ausschließlich Gruppeninteressen. Durch geistige Entwicklung hat er viele Talente und Fähigkeiten gewonnen. Er ist sich seiner Identität zutiefst bewußt (Sonne), er besitzt Feinfühligkeit (Neptun) und hat einen Zugang zu okkultem Wissen (Uranus). So wird er zum dynamischen Führer, der die Massen begeistert, zur Integrationsfigur für andere oder zum magnetischen Mittelpunkt einer Gruppe, einer Hausgemeinschaft oder eines Volkes. Denn der vollkommen entwickelte Löwe-Mensch besitzt die Fähigkeit, andere im positiven Sinne zu beherrschen und sie zur Einheit zu führen, da er die Herrschaft über sich selbst erlangt hat. Nun geht es nicht mehr um Macht, sondern ausschließlich um geistige Ziele, denn die materiellen Aspekte des Lebens haben keine wirkliche Anziehungskraft mehr für den, der sein »geistiges Ich« erkannt hat und sich mit ihm identifiziert.

Die esoterische Bedeutung des Löwezeichens

Symbol: ♌ Der Schwanz des Löwen.

Bedeutung: Dieses Symbol weist auf den »König der Tiere« hin und bedeutet menschliches Eigenbewußtsein, das zur Herrscherstellung führt.

Lichtqualität: Das Licht der Seele.

»Ein zurückgestrahlter Lichtpunkt des Logos oder des Göttlichen. Das im Krebs zerstreute Licht konzentriert sich und offenbart schließlich den Kern.«

Alice Bailey

Löwe ist das Zeichen der Individualität. Durch seinen Einfluß wandelt sich das instinktive Massenbewußtsein, das im Krebs noch vorherrschend war, in intelligentes Bewußtsein und intellektuelles Denkvermögen, durch das der Mensch eine eigene Identität gewinnt. Eigenbewußtsein sowie ein stark ausgeprägtes Bewußtsein von Unabhängigkeit und der Wille zur Selbstbestimmung sind daher auch deutliche Merkmale des Löwen.

»Aus der Masse oder Herde tritt das sich selbst genügende Einzelwesen heraus, das sich immer mehr bewußt wird seiner Identität oder Einheit, seines Alleinseins und seiner isolierten Haltung als »der im Mittelpunkt Stehende« seines kleinen Kosmos.«

Alice Bailey

Löwe verkörpert die Energie, die den Menschen zu Selbstbewußtsein führt und die ihn sagen läßt: »Ich bin«. Denn der Mensch muß sich erst selbst erkennen, ehe er sein wahres Selbst und seine Mitmenschen erkennen kann.

Doch was ist echtes Selbstbewußtsein? Wir sollten es nicht mit dem Eigenwillen verwechseln, der in einem Leben zum Ausdruck kommt, das von persönlichen Wünschen beherrscht wird und wo sich ein Mensch als dramatischen Mittelpunkt seines Lebens sieht. Echtes Selbstbewußtsein entsteht durch Kontakt mit der eigenen Seele, die die Zielrichtung unseres Lebens bestimmt. Wird ein Mensch nur von Wünschen, Emotionen und Ehrgeiz bestimmt, so ist das kein Zeichen von Selbstbewußtsein, denn der wirklich selbstbewußte Mensch ist sich der Wegrichtung und des Zieles eines von ihm selbst bestimmten Lebens bewußt, und wenn dies der Fall ist, dann ist auch mentale Wahrnehmung und ein gewisses Maß an persönlicher Integration vorhanden.

Im Löwen erlangt der Mensch daher zunächst Eigenbewußtsein und ein Verantwortungsgefühl individueller Art, um dadurch zu erkennen, daß er Teil eines größeren Ganzen ist.

»Im Löwen erwacht der Mensch zu seiner eigenen Identität. Er konzentriert seine Absichten, lernt Sinn und Nutzen der Selbstsucht kennen, um darüber zu entdecken, daß sie den Gesetzen der Seele zuwiderläuft. Zuletzt wird er von den Lebensvor-

gängen so in die Enge getrieben, daß er sich der Nutzlosigkeit des Eigen-Interesses bewußt wird.«

Alice Bailey

Wirkliches Selbstbewußtsein wird erst durch den Kontakt mit der eigenen Seele erreicht, und wenn dieser Kontakt bewußt wahrgenommen wird, verlagert sich das Bewußtsein zunehmend von Eigeninteressen zu Gruppen-Erfordernissen, die nun an die Stelle persönlicher Wünsche treten. Und wenn Begierden und persönliche Wünsche durch Selbstdisziplin wahrer Selbsterkenntnis gewichen sind, wird der Mensch im Löwen zum »herrschenden, seiner Selbst bewußt Wirkenden« (Alice Bailey), der von äußerer Macht unbeeinflußt bleiben kann, weil er Selbstbeherrschung erreicht hat.

Das Ziel des Löwen

ist volles Eigenbewußtsein, mentale Integration und persönliche Leistungsfähigkeit sowie Feinfühligkeit gegenüber der Umwelt und später gegenüber der Seele. Die wichtigste Aufgabe des Löwen ist daher die eigenbewußte Aktivität in bezug auf die Umwelt und die Entwicklung einer feinfühligen Reaktion auf Umweltimpulse, um Selbstgewahrsein und ein individuelles Verantwortungsgefühl zu erlangen.

Diese Entwicklung erfolgt in drei Stufen:

1. Empfindlichkeit gegenüber den Impulsen der Umwelt und Empfindungsfähigkeit gegenüber dem Willen, den Wünschen und Begierden der eigenbewußten Persönlichkeit oder des niederen Selbst.
2. Feinfühligkeit gegenüber der Seele als der bestimmenden Triebkraft anstelle der Empfindlichkeit gegenüber der Umwelt.
3. Die spirituelle Sensitivität des seelenbewußten Menschen gegenüber der Umwelt.

Der Schlüssel zur Transformation

Ein häufiges Hindernis in der Entwicklung des Löwen ist seine anfängliche Trägheit oder passive Lebenseinstellung, die ihn – dem vom Schicksal Verwöhnten – glauben läßt, es reiche, einfach zu leben und alles andere regle sich schon von selbst. Solange diese Einstellung besteht, gibt es in diesem Zeichen keinen wirklichen Fortschritt. Erst wenn der Löwe-Geborene die Initiative selbst ergreift und seine eigene Entwicklung bewußt vorantreibt, erreicht er Selbstdisziplin, die er sich selbst auferlegen muß, da er sich gegen jede Einschränkung von außen energisch zur Wehr setzt. So bildet die Einsicht, daß geistiger Fortschritt ohne Selbstdisziplin nicht möglich ist, auch den Schlüssel zur Entwicklung in diesem Zeichen. Hat er diese aber als Notwendigkeit erkannt und für sich errreicht, so ist sein Leben gekennzeichnet durch Selbstbestimmung, eine gute gedankliche Auffassungsgabe und einen ausgeprägten Intellekt. Es zeigt sich auch ein gewisses Maß an persönlicher Integration, die ihm zunehmend Größe und innere Autorität verleiht, in dem Maße, wie Stolz und Eitelkeit sich in ein Gefühl für Würde wandeln. Und sobald er seine egozentrische Haltung aufgibt und sich seiner Gruppenverantwortung bewußt wird, wird er fähig, seine integrative Kraft zu nutzen, um Menschen zusammenzuführen und zu einen, ohne sie an seine Autorität zu binden.

Die beiden Schlüsselworte für den Löwen nach Alice Bailey

Persönlichkeit: »Andere Formen mögen bestehen. Ich herrsche, denn
       ich bin.«

Seele: »Ich bin Das, und Das bin Ich.«

»Ich bin« ist das Leitmotiv des selbstbewußten, egoistischen, individuellen Löwen. »Ich bin Das« ist das Wort des Löwe-Menschen, der Selbstbewußtsein erlangt hat und sich auf die universale Wesensäußerung im Wassermann vorbereitet.

Jungfrau

23. August – 23. September
150–180 Grad im Tierkreis
Element: Erde
Veränderliches, weibliches Zeichen

Jungfrau-Prinzip: Intelligenz, Anpassung, Vernunft

Die sechste Phase des Tierkreises

Auf die spontane Lebensfreude und kraftvolle Vitalität des Löwen folgt das bewußte Verhalten der Jungfrau, die versucht, ihre Individualität mit den Bedingungen der Existenz in Einklang zu bringen, denn um sein Lebensfähigkeit zu erhalten, muß der Mensch lernen, vernünftig zu handeln und sich der Abhängigkeit zwischen seiner physischen Existenz und der Umwelt bewußt werden.

Typische Verhaltensmerkmale

Jungfrau-Geborene sind sachliche, zurückhaltende, eher bedächtige Menschen, die sich nüchtern an nächstliegende Tatsachen halten. Ihr Verhalten ist geprägt von kritischer Distanz und vorsorglicher Skepsis, denn sie versuchen die Umwelt bewußt wahrzunehmen und sich darauf einzustellen, um das Überleben zu sichern. Zu diesem Zweck besitzen sie eine gute Beobachtungsgabe und einen hohen Grad an vitaler, fast elementarer körperlicher Verbundenheit mit allem, was ihnen aus der äußeren Welt zufließt. Ihr Sinnesapparat ist besonders fein und spürt wie ein Sensor in die Umwelt hinein, um die jeweiligen Impulse aus der Umgebung aufzunehmen, sie zu verwerten und angemessen auf sie zu reagieren. Eine Jungfrau zu überraschen ist deshalb fast unmöglich, denn immer auf der Hut, versucht sie sich auf alle Eventualitäten des Lebens einzustellen. Diese permanente Reaktionsbereitschaft, dieses ständige unterschwellige Auf-dem-Sprung-Sein führt zu einem Spannungszustand zwischen äußerer Besonnenheit des Handelns und ständiger innerer

Aufmerksamkeit, mit der sie alle potentiellen Bedrohungen abzuwehren versucht. Es drängt sie, das Leben berechenbar zu machen, alle Risiken durch vorausschauendes Denken auszuschalten, doch weil dies meist nicht restlos gelingt, kommt es häufig zu einem tiefen Vertrauensschwund gegen das Schicksal, und das Gefühl der Bedrohung des Menschen durch das Unberechenbare ist allgegenwärtig.

Diesem Mangel an Vertrauen in die Schöpfung versucht die Jungfrau durch Vorsorge und durch ständige Wachsamkeit zu begegnen, mit der sie sich jeder Lage optimal anzupassen bemüht. Ihr Bedürfnis nach Sicherheit ist groß und zeigt sich in einer übertriebenen materiellen Absicherung sowie einer Vorratshaltung und Hortungstendenz, die über das Maß des wirklich Benötigten oft weit hinausgeht und zuweilen den Eindruck erweckt, daß hier das Überleben für den Ernstfall geprobt wird. Denn das Bedürfnis nach Sicherheit steht in direktem Verhältnis zur Lebensangst, die Jungfrau-Menschen beherrscht, solange die Seele noch keine Realität im Leben geworden ist, und dieser Angst versuchen sie durch materielle Absicherung zu begegnen, aber auch durch Minimierung aller Risiken. Jungfrau-Geborene werden sich daher auch niemals auf Unternehmungen einlassen, deren Folgen sie nicht absehen können. Wo sich andere vertrauensvoll und voller Begeisterung in Abenteuer stürzen, bewegen sie sich in Bahnen erworbener Routine, ständig nach Gelegenheiten ausschauend, die genutzt werden können. Unbekanntes, Unvorhersehbares, Nicht-Abwägbares läßt sie ängstlich zurückweichen, denn nichts fürchten sie mehr als einen Enthusiasmus, der ins Bodenlose führt. So ist ihre Freude auch stets verhalten, ihre Begeisterung nicht spontan, und nicht selten reicht eine einzige kritische Bemerkung einer Jungfrau, um aufkommenden Enthusiasmus im Keime zu ersticken, denn alles, was sie tun, muß überschaubar und kalkulierbar sein. Zwar besitzen sie eine neutrale Neugierde der Welt gegenüber; sie sind stets offen für neue Möglichkeiten, die Umwelt zu durchforsten, doch vorsichtig gehen sie vom Gesicherten aus und vergewissern sich Schritt für Schritt des Umfangs praktischer Folgen. »Sicherheit aus Skepsis« lautet ihre Formel für die Lebensbewältigung, und so haben sie in unvorhergesehenen Situationen auch oft größte Schwierigkeiten, einen Entschluß zu fassen. Im allgemeinen lassen sie sich nur von dem leiten, was sie »am eigenen Leibe« erfahren und erprobt haben, und zeigen wenig Neigung, dem wohlmeinenden Rat anderer zu vertrauen. Vorsicht und Skepsis dominieren daher auch ihre Beziehungen, auch hier sind sie eher zurückhaltend, denn die Angst, sich zu verlieren, ist groß. Meist erwarten sie, daß der andere den ersten Schritt tut, und wenn dies nicht geschieht, verhalten sie sich abwartend oder ziehen sich zurück. Diese Reserviertheit kann den Kontakt zu anderen Menschen erschweren, zumal Jungfrauen meist sorgsam darauf achten, ihr Eigenes zu bewahren und nicht leicht auf die Vorstellungen und Bedürfnisse anderer eingehen. Zwar suchen sie die Nähe der anderen, aber sie wollen ihre Eigenheiten und ihre Eigenständigkeit unbeeinflußt erhalten. So stoßen sie im Gemeinschaftlichen auch immer wieder an Grenzen, die sie durch äußerliche Anpassung zu überbrücken suchen, doch innerlich bleiben sie oft unbeteiligt und isoliert, denn unter sachlichen Argumenten und einer Anpassungsbereitschaft, die harte Konfrontationen zu vermeiden sucht, bleiben sie im Kern meist auf sich selbst konzentriert.

In dieser Ich-Bezogenheit liegt deshalb auch das Problem der Jungfrauen, denn solange die materialistische Natur die Oberhand hat – was zu Beginn ihrer Entwicklung stets der Fall ist –, steht die optimale Nutzung der Lebensbedingungen für eigene Zwecke im Vordergrund. So sind Jungfrau-Geborene in diesem Stadium auch eigenwillige, stark auf sich selbst bezogene Menschen, die viel Kraft in die Sicherung ihrer eigenen Existenz investieren und sich ihren Mitmenschen erst zuwenden, wenn sie sich selbst gesichert glauben. Nichts fürchten sie mehr als übergangen zu werden und bei der Verteilung der Güter des Lebens zu kurz zu kommen. Ihr Leben erscheint daher als ein ständiges Sich-Bemühen und eine permanente Anstrengung, um nicht auf der Strecke zu bleiben, und weil die erdbedingte relative Schwerfälligkeit dieses Zeichens die individuelle Anpassung an wechselnde Umweltbedingungen erschwert, ist es nur logisch, daß gerade Jungfrauen darauf bedacht sind, den eigenen Krafteinsatz so gering wie möglich zu halten. Bei all ihren Handlungen versuchen sie, die eigenen Kräfte sparsam und rationell einzusetzen, gemäß dem Prinzip der »Intelligenz« in der Natur, das sicherstellt, daß Energie ökonomisch eingesetzt wird, weil jede Verschwendung das Überleben gefährden könnte.

Die Selbstbeschränkung und Bescheidenheit, die ein Merkmal dieses Zeichens ist, zeigt sich zunächst in der strengen Unterscheidung zwischen allem Nutzbringenden oder Zweckmäßigen und dem Nutzlosen oder gar Schädlichen, das sie auf jeden Fall von sich fernzuhalten versuchen. Denn ihr innerer Motor ist die Gefahr, die überall zu lauern scheint und der es durch Vorsicht und vorausschauende Planung zu begegnen gilt. So gehören Gesundheitsvorsorge und methodisches Vorbeugen von Erkrankung und Schädigung sowie das Interesse am Heilen und an Körpertherapien ebenso zu diesem Zeichen wie Überempfindlichkeit gegen alle Einflüsse von außen bis hin zu Hypochondrie, wenn die Sorge um die Gesundheit bis ins Extrem getrieben wird.

Diese Abwehrreaktion gegen alles Schädliche oder Fremde erfolgt zunächst rein instinktiv, doch mit zunehmender mentaler Entwicklung wird die Unterscheidung zwischen dem Nützlichen oder Lebenserhaltenden und dem Nutzlosen oder Lebenszerstörenden immer bewußter getroffen. So entsteht aus dem instinktiven Wunsch zu überleben, schließlich ein wissenschaftliches Interesse mit dem Drang, das Verhältnis zwischen Mensch und Natur zu erforschen und sich der Zusammenhänge zwischen beiden bewußt zu werden. Denn erst wenn die Lebensbedingungen in ihren Funktionen erfaßt und begreifbar werden, wird die Angst vor dem Unbekannten besiegt und die Unsicherheit, die ein Grundgefühl dieses Zeichens ist, in Grenzen gehalten. So streben Jungfrauen auch danach, sich die Welt verfügbar zu machen und von ihr Besitz zu ergreifen durch Erkennen der Gesetzmäßigkeiten, die sie in Begriff und Zahl benennen. Ihr Denken muß Koordinierungspunkte finden, um vernünftige eigenständige Entscheidungen zu treffen, die sich im Praktischen bewähren. Die Tendenz zu bewußter Erkenntnis hat daher stets einen Bezug zum praktischen Leben, denn – wie bei allen Erdzeichen – steht auch in der Jungfrau die praktische Lebensbewältigung im Vordergrund, wobei hier Zweckmäßigkeit, Sachbezogenheit und vor allem die Nutzbarkeit zu Leitlinien des Handelns werden.

Jungfrauen sind realitätsnahe Empiriker, die sorgfältig prüfend von der eigenen Erfahrung ausgehen und stets von Bekanntem auf Unbekanntes schließen, da Spekulationen oder gläubiges Vertrauen nie in der Lage wären, ihr Bedürfnis nach Sicherheit zu stillen. Ihnen geht es um Fakten und wissenschaftlich gesicherte Erkenntnisse, auf die sie ihr Lebensfundament aufbauen können. Ihr Denken ist erfahrungsgebunden-kritisch, nüchtern, realistisch und aus Übervorsicht zuweilen kleinlich, haarspalterisch und pedantisch. Ihr Blick ist vorwiegend auf das Detail gerichtet, das sie in allen Einzelaspekten auszuleuchten versuchen, gründlich, methodisch und in lückenloser Vollständigkeit. Sie versuchen die Funktionalität und die Mechanismen der Welt zu erfassen durch das Sammeln und die Systematisierung von Einzelbeobachtungen, um daraus ihr Weltbild und ihre Sicherheit zu gewinnen. Sie haben die Fähigkeit zu analytischer Wahrnehmung und Genauigkeit der Beobachtung, ihr Blick ist jedoch meist auf das Detail gerichtet, auf das Registrieren der Dinge in all ihren Einzelheiten und deren methodisches Einordnen nach Zweck und Nutzen, eine Methode, die auch unsere moderne Wissenschaft kennzeichnet, in der der Computer die Funktion des Sammelns und Systematisierens übernommen hat.

Ihre Begabung liegt vor allem im Bereich von Spezialaufgaben, die Präzision erfordern und die auf ein bestimmtes Sachgebiet begrenzt sind. Da Jungfrauen stets von ihrer Aufgabenstellung bestimmt werden, der sie sich gründlich und mit Ausschließlichkeit zuwenden, fallen ihnen fachübergreifende Flexibilität und schneller Wechsel von Aufgaben schwer. Sie sind gute Diagnostiker und Analytiker, begabt für die Nahbeobachtung und die Erforschung naturwissenschaftlicher Fakten in all ihren Einzelerscheinungen, die sie gründlich und präzise aufzuzeichnen verstehen, um sie in eine zweckmäßige und überschaubare Ordnung zu bringen. So ist die Jungfrau auch stets bemüht, sich einen Überblick zu verschaffen, indem sie vom Detail ausgehend auf das Ganze zu schließen versucht. Die Dinge, die sie umgeben, müssen deshalb auch »säuberlich geordnet« sein, und nichts erträgt sie weniger als das sorglose ›laissezfaire‹ des Gegenzeichens Fische, mit dem man den Dingen einfach ihren Lauf läßt. Doch gerade aufgrund ihres Bemühens, alle Einzelheiten zu erfassen und statistisch zu ordnen, geht zuweilen der Blick für das Wesentliche verloren, da solche Nahblicke auf materiell begriffene Dinge oft blind machen für die Seele des Ganzen. So besteht in diesem Zeichen auch immer die Gefahr der Überdifferenzierung, des Sich-Verlierens im Beiläufigen, wo der »Wald vor lauter Bäumen« nicht mehr gesehen wird, weil das Detail eine Bedeutung bekommt, die die Gesamtschau verdrängt und eine Synthese erschwert.

Ein entscheidendes Kriterium für Entwicklung bildet daher die Fähigkeit, Einzelheiten in einem größeren Zusammenhang zu sehen sowie die Bereitschaft, die eigenen Fähigkeiten in den Dienst eines größeren überpersönlichen Ganzen zu stellen. Denn Jungfrau ist das Zeichen der Abhängigkeit, des Bemühens und der Arbeit im Dienste anderer oder einer Sache, der sich Jungfrau-Geborene meist unauffällig, aber hingebungsvoll und mit ganzer Seele widmen. Sie sind sachbezogen, äußerst pflichtbewußt und werden in ihrem Verhalten stets von ihrer Aufgabenstellung bestimmt, in der sie vollkommen aufgehen, gleichgültig, ob es sich um eine sachliche oder ideelle Aufgabe handelt. Und so unterscheidet sich der entwickelte Jungfrau-Typus vom unentwickelten auch durch den Zweck, dem er dient, denn dieser entscheidet darüber, ob es ein Leben der Persönlichkeit ist, in dem die materialistische Natur vorherrscht, oder ob sich allmählich eine Seelenschwingung zeigt, die den Menschen erkennen läßt, daß sein Nützlichkeitsdenken sich nicht länger nur auf die eigene Person beschränken sollte, sondern seine Mitmenschen und die gesamte Umwelt miteinschließen muß, deren Wohlergehen er nun genausoviel Aufmerksamkeit schenkt wie zu Beginn der Entwicklung dem eigenen Überleben.

Die Stärken und Schwächen der Jungfrau

Die Stärken sind große Sach- und Aufgabentreue, eine methodisch-wohldurchdachte und präzise Vorgehensweise, rasches Orientiertsein in genauer Nahbeobachtung, gedankliche Innenschau und kritische Analyse sowie die Fähigkeit, sich inneren und äußeren Notwendigkeiten durch Vernunft anzupassen.

Die Schwächen dieses Zeichens sind Mangel an Vertrauen, Existenzangst sowie Opportunismus und angepaßtes Verhalten um der Bequemlichkeit willen. Zu Beginn der Entwicklung werden materielle Fakten und Gesichtspunkte oft überbetont und machen den Menschen zu einem »Kleinkrämer«, der sich in schonungsloser Kritik, kleinlichen Sorgen und Pedanterien aller Art verliert, da das Detail eine Bedeutung bekommt, die die Wahrnehmung des Ganzen verdrängt.

Die drei Entwicklungsebenen in der Jungfrau

Es gibt drei Bewußtseinsstadien in diesem Prinzip, und diese werden durch folgende Zeichenherrscher stufenweise entwickelt:

1. Persönlichkeit	Exoterischer Herrscher	Merkur
2. Seelen-Bewußtsein	Esoterischer Herrscher	Mond (Vulkan)
3. Geistiger Mensch	Hierarchischer Herrscher	Jupiter

1. *Stadium:* Entwicklung der Persönlichkeit

Zeichenherrscher: Merkur   *Leitmotiv:* **Menschliche Intelligenz**

Zu Beginn der Entwicklung steht bei Jungfrau-Geborenen das ängstliche Bangen um die eigene Existenz im Vordergrund, denn das Vertrauen in die Schöpfung und seine Mitmenschen ist gering. Vorsichtig, eher resignierend als optimistisch gehen sie an die Dinge heran, und so erscheint ihnen das Leben auch meist recht mühsam, denn ihr enges Zweckdenken erlaubt ihnen nicht, die Dinge leicht zu nehmen. Skeptisch, eher Negatives als Positives erwartend, sind sie pausenlos damit beschäftigt, die Dinge des Lebens zu ordnen und aufzupassen, daß sie den Überblick behalten und nichts übersehen, was ihr Leben gefährden könnte. Da ihr Blick aber vorwiegend auf das Detail gerichtet ist, das sie in seiner Bedeutung meist überschätzen, lassen sie sich von den kleinen unwesentlichen Dingen des Lebens zu sehr vereinnahmen. Dies gibt ihnen zwar die Fähigkeit zu handwerklicher Präzision und großer Genauigkeit bei jedweder Arbeit, doch es fällt ihnen auf dieser Ebene noch schwer, zwischen wichtigen und unwichtigen Dingen zu unterscheiden. So neigen sie auch dazu, sich in ihren diversen Beschäftigungen zu verlieren, da sie sich mit jeder Aufgabe vollkommen identifizieren, sobald sie sie einmal angenommen haben und ihr Drang zu ordnen und zu systematisieren spürbar wird.

Sie haben ein unwiderstehliches Bedürfnis, die Dinge der Welt in ihre eigene Ordnung zu bringen. Nichts wollen sie dem Zufall überlassen, um bei ihrer Neigung, alles aufzuheben, Vorräte anzulegen, Dinge anzuhäufen und zu sammeln, auch stets den Überblick zu behalten. Sie neigen zu Pedanterie und sind oft kleinlich in den kleinen Dingen des Alltags, da es ihnen schwerfällt, großzügig über die Unzulänglichkeiten der anderen hinwegzusehen. Dies zeigt sich auch in einer gewissen Unduldsamkeit anderen Menschen gegenüber, im Herumnörgeln bis hin zu schonungsloser Kritik, da das kritische Denken zunächst nach außen gerichtet wird, solange es zur Eigenanalyse noch nicht fähig ist. So erscheint ihre Welt in dieser Phase auch als ein kompakter, fest abgegrenzter Mikrokosmos. Was nicht hineinpaßt, wird abgelehnt oder nicht verstanden, und Menschen, die diese Grenzen überschreiten, erfahren harte Kritik, weil »über dem Splitter im Auge des anderen häufig der Dorn im eigenen« übersehen wird.

Doch mit zunehmender Persönlichkeitsentwicklung erwacht der Wissens- und Forscherdrang der Jungfrau-Geborenen, und nun beginnen sie in systematischer Kleinarbeit, Wissen zu sammeln, um daraus Erkenntnisse für das eigene Leben zu gewinnen. Ständig ist ihr Geist nun beschäftigt, denn es drängt sie, die eigene Existenz zu begreifen. Ihr Vorgehen ist jedoch analytisch-wissenschaftlich, durch Beobachtung von Einzelphänomenen wird versucht auf das Ganze zu schließen. Deshalb dringen sie nur selten in das Wesen der Dinge ein, das nur durch Synthese erkannt werden kann, nicht aber durch Analyse der Einzelaspekte. Tiefere Erkenntnisse wachsen den Jungfrau-Geborenen eher langsam zu, weil sie viel Zeit brauchen, um Einzelbeobachtungen zu einem größeren Ganzen zu ordnen. So sind sie auch ständig mit diesem und jenem beschäftigt, sie pflegen ihre Interessen und gehen ihren Liebhabereien nach, denen sie viel Zeit widmen. Meist werden sie dabei mehr von äußeren Umständen gelenkt als von inneren Beweggründen, die aufgrund der großen Geschäftigkeit und Gewissenhaftigkeit, mit der sie sich an selbst-auferlegte Pflichten binden, nicht erkannt werden. Zweckorientiert und auf Nützlichkeit ausgerichtet, suchen sie daher auch weniger die freie Initiative als vielmehr die Sicherheit einer auf einen überschaubaren Bereich begrenzten Aufgabenstellung, mit der sie sich identifizieren können und bei der sie das Gefühl haben, einen zwar bescheidenen, aber nicht unwesentlichen Beitrag zur Vergrößerung des menschlichen Wissens zu leisten.

2. *Stadium:* Seelen-Bewußtsein

Zeichenherrscher: Mond (Vulkan)

Leitmotiv: Wahrnehmen der Seele im Inneren

Wenn die Seele deutlicher wahrgenommen wird, beginnt der Mond als esoterischer Planet die Wirkung des Merkur zu verstärken. Nun wird sich der Jungfrau-Geborene zunehmend bewußt, daß die Materie als Medium dient, um den geistigen Willen (der hier durch den verborgenen Planeten Vulkan wirkt) zu manifestieren. In dieser Phase erlebt der Mensch eine Sinnkrise, und nicht selten versinkt er für einige Zeit in Hoffnungslosigkeit und Resignation, denn die Basis seines Weltverständnisses, das auf äußerem Wissen basiert, muß nun dem inneren Licht der Seele weichen, das aber bisher nur schwach wahrgenommen wird. So entsteht das Gefühl der Leere, das häufig durch Überbeschäftigung kompensiert wird, doch dauerhaft nur überwunden werden kann, wenn der Mensch eine Vision des größeren Ganzen erlangt. Er muß empfänglich werden für die Tatsache, daß es zwischen allem Lebendigen ewigwährende Beziehungen, aber auch Veränderungen gibt, die klaren Gesetzmäßigkeiten unterliegen und letztendlich immer ins Licht führen, auch wenn dies sehr viel Zeit braucht. Das Erkennen des Faktors Zeit ist deshalb auch bedeutsam für dieses Stadium, denn Entwicklung vollzieht sich in klaren vorgezeichneten Rhythmen. Sie unterliegt dem Wechsel von Ebbe und Flut, von Höhen und Tiefen, wie sie durch den Mond – als dem Symbol für die Formnatur – verkörpert sind, und das Ergebnis einer Entwicklung ist daher nicht sofort sichtbar. Es muß also ein Umdenken stattfinden; der Blick muß sich von der äußeren phänomenalen Welt auf die Welt der inneren Energien verlagern, um die Ursache zu erkennen, die das Sichtbare hervorbringt.

Diese Fähigkeit, materielle Fakten im Rahmen eines größeren Ganzen zu betrachten, entwickelt sich, wenn das Gegensatzpaar Jungfrau-Fische in Wechselbeziehung tritt und aufeinander einwirkt. Nun durchbricht der Jungfrau-Geborene die Grenzen seiner intellektuell-analytischen Wahrnehmung, und es wird ihm bewußt, daß alles seine Zeit hat, aber auch, daß er »säen muß, um zu ernten«. Er erkennt, daß er seine Kräfte nicht verschleudern darf, sondern haushälterisch mit ihnen umgehen muß, um Kraft zu haben für innere Reifungsprozesse, auf die sich nun sein Wille richtet. Zunehmend wird ihm klar, daß es diese inneren, durch »Arbeit-an-sich-selbst« erworbenen Qualitäten sind, die ihn von der Dunkelheit ins Licht führen, und daß die vielen persönlichen Dinge, mit denen er sich beschäftigt war, niemandem nützen, wenn sie nicht in Beziehung zum größeren Ganzen stehen. Und so entwickelt sich in dieser Phase allmählich ein immer umfassenderes Verständnis für das größere Ganze, aber auch die Erkenntnis, daß der Mensch sich auf dem »Weg nach innen« reifend verwirklichen muß, um der Welt von Nutzen zu sein, und daß alles äußere, theoretische Wissen letztlich nur Ballast ist, der abgeworfen werden muß, um im »Licht der Seele« oder der inneren Erkenntnis zu leben.

3. Stadium: Geistiger Mensch

Zeichenherrscher: Jupiter   **Leitmotiv:** All-umfassende Weisheit

Wenn Jupiter auf hierarchischer Ebene herrscht, dann ist das Gegensatzpaar Jungfrau-Fische im Bewußtsein verschmolzen. Nun bildet die Persönlichkeit keine Grenze mehr zwischen dem eigenen Erleben und dem der anderen, denn der Mensch hat die innere Verbundenheit mit allen anderen als Realität erfahren. Da er gelernt hat, mit sich selbst in Einheit zu leben, ist sein Leben nun ausschließlich dem Dienst in der Welt geweiht, der er Heilung zu bringen sucht durch die Kraft der Liebe, die allein in der Lage ist, alles Negative zu besiegen.

Die esoterische Bedeutung des Jungfrauzeichens

Symbol: ♍ Drei Bögen, die von einem vierten durchkreuzt werden.

Bedeutung: Die dreifache Formnatur, die die Seele verbirgt.

Lichtqualität: Das vereinte zweifache Licht.

> *»Die beiden Lichter sind sichtbar — hell und stark, das Licht der Form; das andere schwach und trübe, das Licht Gottes. Dieses Licht ist gekennzeichnet durch das Zunehmen des einen und das Schwinden des anderen. Es unterscheidet sich von dem Licht in den Zwillingen.«*
>
> — *Alice Bailey*

Esoterisch verstanden stellt dieses Zeichen »den Mutterleib der Materie« dar, der die Seele über lange Zeit hindurch verbirgt, um sie am Ende der »geistigen Schwangerschaft« in die Welt zu gebären. Denn Jungfrau verkörpert den dritten Aspekt der göttlichen Dreiheit, den Aspekt der materiellen Schöpfung, und ihr Merkmal ist »Aktive Intelligenz«. Diese Kraft der Intelligenz, die alle natürlichen Prozesse steuert, ist der Materie innewohnend. Sie bewirkt die optimale Anpassung der physischen Formen an die jeweiligen Existenzbedingungen und schafft damit die besten Voraussetzungen für einen Selektionsprozeß in der Natur, der nur die

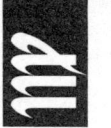

stärksten, am besten an die Natur angepaßten Formen überleben läßt. Dieser Prozeß der Auslese verfolgt den Zweck, durch ständige Evolution Formen zu schaffen, die zunehmend besser in der Lage sind, sich dem Zweck der innewohnenden Seele anzupassen, mit dem Endziel der Offenbarung der Seele in der Natur.

Auf den Menschen bezogen ist Jungfrau daher das Symbol seiner Formnatur oder der Persönlichkeit, die eine Synthese seines physisch-ätherischen, astralen und mentalen Körpers bildet. Diese Persönlichkeit soll sich im Laufe der Zeit durch Evolution zum »offenbarenden Werkzeug« einer individuell denkenden und liebenden Seele entwickeln, denn die Geburt der Seele in einem physischen Körper ist das Ziel dieses Zeichens.

Die Bedeutung des Tierkreiszeichens Jungfrau taucht daher auch in den Mythologien unterschiedlichster Zeitalter und Kulturen in Form der »Jungfräulichen Mutter« auf. So ist die jungfräuliche Geburt Jesu auch nur ein Symbol, das auf die tiefere Bedeutung des Tierkreiszeichens Jungfrau verweist, denn jungfräulich bedeutet nichts anderes als die Reinheit der Gedanken, die eine Voraussetzung für Seelenbewußtsein ist. Deshalb kann Christus als Symbol des entwickelten Seelenbewußtseins auch nur von einer Jungfrau geboren werden, von einem Menschen, der »rein geworden ist im Herzen«, da er sich vom Materialismus abgewandt und erkannt hat, daß die Liebe größer ist als alles Wissen und alle Macht dieser Erde.

Das Zeichen Jungfrau ist ein Doppelzeichen; es verkörpert die Mutter (als Symbol für die Materie) und das Kind (als Symbol der Seele), das im Herzen des Menschen als Liebesbewußtsein geboren werden soll. Doch dieser Prozeß braucht seine Zeit, und so stellt Jungfrau auch die Phase des verdunkelten Bewußtseins dar, in der die Seele »im Schoß der Zeit« verborgen ist. Es ist das »Tal der Tiefenerfahrungen«, das der Mensch durchschreitet, ehe er sein Denken nutzt, um sich seiner geistigen Identität bewußt zu werden. Denn solange er die Wahrheit in der Form sucht und seine Wahrnehmung auf das Sichtbare begrenzt, ist er unfähig, Wahrheit zu erkennen, da er vor der Fülle einzelner, sich widersprechender Fakten kapitulieren muß, die sich zu keinem übergreifenden System zusammenfügen lassen. Das Licht am Ende des Tunnels wird daher auch erst wieder sichtbar, wenn der Jungfrau-Geborene aufhört, seine Welt auf sich selbst und sein eigenes Denken zu begrenzen und Wahrheit und Sicherheit durch Anhäufung materieller Fakten und Gesichtspunkte zu suchen. Erst wenn er sich für andere Menschen öffnet und bereit ist, für sie da zu sein und ihnen zu dienen, wird das »Herzdenken« aktiv, das ihn die Wirklichkeit hinter den physischen Dingen erkennen läßt. Aus diesem Grund wird Jungfrau von Alice Bailey auch als das Zeichen der »Tiefenerfahrung, der langsamen, sanften, machtvollen Krisen« bezeichnet, die im Inneren stattfinden, aber am Ende doch zum Licht führen. Denn sobald der Mensch gelernt hat, sein eigenes Leben in ein größeres Ganzes einzuordnen und sich bewußt zu werden, daß die Welt der Formen – zu der auch jeder Gedanke und jedes Gefühl gehören – nur die äußere Hülle des innewohnenden Bewußtseins darstellt, wird er aus der Dunkelheit ins Licht treten und fähig sein, die Seele durch die entwickelte und verfeinerte Persönlichkeit in der Welt zu offenbaren.

Das Ziel der Jungfrau

ist das Wahrnehmen des verborgenen geistigen Lebens im Innern, das Erkennen der Seele in der Form und das Entfalten des Seelenprinzips oder Christusbewußtseins durch die Persönlichkeit, was die Esoterik auch als die »zweite Geburt« bezeichnet.

»Im Zeichen Jungfrau beginnt der Mensch die Absicht zu erkennen, um derentwillen das Formleben besteht, und das Verlangen nach persönlicher Befriedigung beginnt sich zu wandeln; das Verlangen des Menschen nach innerer Erkenntnis des ihm innewohnenden Christus beginnt immer mehr vorherrschend zu werden, bis schließlich die innere, geistige Realität aus der Knechtschaft der Materie befreit und in ihrem eigenen, wahren Wesen in der Welt offenbart wird.«

Alice Bailey

Dieser Prozeß der bewußten Wahrnehmung der Seele im Innern vollzieht sich in drei Stufen:

1. Entwicklung des analytischen Denkens durch naturwissenschaftliche Experimente, wobei der äußere materielle Beweis im Vordergrund steht. Es ist die Phase des Konfliktes und der widerstreitenden Meinungen, in der die eigene Erfahrung zum Maßstab für andere gemacht wird. Dies ist die Zeit der Saat.

2. Das Denken wendet sich nach innen, und der Mensch versucht nun, die eigene Psyche oder die innere Realität zu erforschen, um die Persönlichkeit zu vervollkommnen, sie zu stärken und innerlich auszurichten. Dies ist die Zeit der inneren Reife.

3. Das Denken ist nun fähig, geistige wie physische Gesetzmäßigkeiten

gleichermaßen zu erfassen und in Übereinstimmung zu bringen, woraus sich die höhere Vernunft entwickelt, die sich als Weisheit äußert. Dies ist die Zeit der Ernte.

Der Schlüssel zur Transformation

In der Jungfrau geht es darum, die Persönlichkeit immer stärker unter den Einfluß der Seele zu bringen. Dies geschieht dadurch, daß der Mensch den Blick von den äußeren Dingen des Lebens auf das Innere lenkt und beginnt, sein detailliertes Wissen und seine individuelle Erfahrung in einen größeren geistigen Zusammenhang zu stellen. Denn erst wenn er fähig ist, das eigene Leben in Bezug zum größeren Ganzen zu betrachten, in dem auch die eigenen Wesensmerkmale einen tieferen Sinn ergeben, erwacht die Seele im Inneren, und erst dann bekommt das Wissen, das er in mühevoller Kleinarbeit gesammelt hat, eine lebendige Bedeutung und beginnt zu leben. Deshalb sollten sich Jungfrau-Geborene auch Zeit nehmen für Eigenanalyse und kritische Innenschau, denn die Seele hat ihre eigene Zeit und kann nicht wahrgenommen werden, wenn Betriebsamkeit und die ständige Beschäftigung mit diesem und jenem den Tagesablauf bestimmen. Sie müssen lernen, eine Zeit des Tages für die Innenschau zu reservieren, und in dieser Zeit keinem Gedanken an Pflichten oder an drängende Erledigungen Raum zu gewähren. Nichts darf in dieser Zeit drängen, nichts muß erledigt werden, denn nur wenn Gedankenstille herrscht, ist die Seele wahrnehmbar. Wenn diese Haltung der inneren Aufmerksamkeit, der Wachsamkeit täglich trainiert wird und die ernsthafte Entschlossenheit besteht, sich Zeit zu nehmen für die inneren Dinge des Lebens, dann treten die inneren seelischen Qualitäten an die Oberfläche, und die geschäftige, auf die eigene Sicherheit bedachte, eher pessimistisch-resignative Haltung verliert sich im Licht der Seele, die uns die Gewißheit gibt, daß alles Leben zum Licht strebt und der Erfolg letztlich unausweichlich ist.

Die beiden Schlüsselworte für die Jungfrau nach Alice Bailey

Persönlichkeit: »Materie regiere.«

Seele: »Ich bin die Mutter und das Kind. Ich bin Gott, ich bin Materie.«

Waage-Prinzip: Ausgewogenheit, Ausgleich der Gegensätze, Harmonie

23. September – 23. Oktober
180–210 Grad im Tierkreis
Element: Luft
Kardinales, männliches Zeichen

Die siebte Phase des Tierkreises

Waage leitet wiederum eine neue Ebene der Erfahrung ein, denn durch die drei Stadien *Waage-Skorpion-Schütze* (III. Quadrant) lernt der Mensch, die anderen in sein Denken einzubeziehen und die Umwelt als Spiegel zu benutzen, um sich selbst im Gegenüber zu erkennen. Waage stellt daher auch die Wegmitte des Tierkreises dar, den Übergang von der Erfahrung des Ich zur Entdeckung des Du, das nur im Denken wirklich erkannt werden kann.

Typische Verhaltensmerkmale

Waage-Geborene sind Menschen, die stets nach Ausgleich und Harmonie streben, sie sind von ruhiger Wesensart, lieben höfliche Umgangsformen und neigen zu beschaulichem Nachdenken. Anpassungsbereit und anpassungsfähig versuchen sie, allen Reibungen und Konflikten aus dem Weg zu gehen und sich emotional nicht allzu tief einzulassen, denn ihr tiefstes Lebensbedürfnis ist Ausgeglichenheit und eine unbeschwerte Lebensharmonie, hinter die alles Störende, Irritierende und Konfliktträchtige zurücktreten muß. Ihr Wesen ist meist freundlich und heiter, sie sind kontaktbedürftig und anregbar durch Verhältnisse und Mitmenschen, denn sie sind Menschen der Begegnung, die andere brauchen, um sich in ihnen zu spiegeln und ihrem Bedürfnis nach Austausch und Präsentation gerecht zu werden. Abhängig von der Beschaffenheit ihrer Umwelt, sind sie innerlich immer auf die Gemeinschaft eingestimmt und stets bereit, auf das »Du« hinzuleben. Persönliches erleben sie in Beziehung zur Außenwelt, und erst durch die Begegnung, durch den Gedankenaustausch mit anderen finden sie zu sich selbst und überschreiten die Grenzen des Normalmaßes. Bei Mangel an Kommunikation besteht die Gefahr der Stagnation, denn Problemlösungen erfolgen stets durch Eindrücke von außen, und ohne entscheidende Anstöße aus der Umwelt neigen sie zu Bequemlichkeit und Passivität.

So ergeben sich die Stärken und Schwächen der Waage-Menschen auch aus ihrer Kontaktoffenheit und Anregungsbereitschaft durch ihre Mitwelt, denn der Schwerpunkt ihres Selbstverständnisses liegt nicht im Willentlich-Bestimmenden, wie im Gegenzeichen Widder, sondern in ihrer Fähigkeit, auf das einzugehen, was ihnen aus der Umwelt zufließt. Sie finden zu sich, indem sie Anregungen und Impulse anderer aufgreifen, und aufgrund ihrer Anlehnungs- und Harmoniebedürftigkeit sind sie stets bereit, ihr Eigenes zurücktreten zu lassen und sich zuweilen auch durch Überanpassung Auseinandersetzungen zu ersparen, die sie meiden, wo immer es geht. Dieses Ausweichen vor Konflikten und tieferen Auseinandersetzungen und das Vermeiden von Reibungen kann zu Passivität und einer gewissen Lauheit führen, die den Waage-Typus, trotz einer meist vorhandenen Anmut, ein wenig langweilig und kontrastlos erscheinen läßt.

Zu Beginn der Entwicklung werden Waage-Geborene stets versuchen, die Richtung des geringsten Widerstandes einzuschlagen und allem Unangenehmen, Häßlichen möglichst aus dem Weg zu gehen. Sie verhalten sich abwartend, anstatt zu handeln, und wenn nötig, lassen sie andere für sich handeln oder entscheiden. Das Hauptthema dieses Zeichens ist deshalb auch die Entscheidung, und hier liegt ihr größtes Problem, da jede Entscheidung eine Festlegung bedeutet, die dem abwägenden, vermittelnden Denken, das stets das Für und Wider einer Sache zu berücksichtigen sucht, selten gerecht wird. Gilt es schnelle Entscheidungen zu treffen, sind sie oft schwankend und unsicher, denn alles, was sie tun, muß vorher sorgfältig abgewogen werden. Spontane Entschlüsse und Handlungen sollte man daher von einer Waage auch nicht erwarten, denn diese müssen eben immer reiflich überlegt sein. Bleibt einmal keine Zeit zum Abwägen, fällt ihr spontan nichts ein, dann siegt meist der Wunsch, Konflikten auf bequemste Weise aus dem Weg zu gehen, indem die Entscheidung einfach vertagt wird, und dies kann unter Umständen so lange dauern, bis sich eine Entscheidung erübrigt. Aufgrund dieser

Entscheidungsunsicherheit und einer ausgeprägten Tendenz zu Bequemlichkeit fehlt es den Waage-Geborenen oft an Konsequenz und Tatkraft.
Die Fähigkeit und Bereitschaft zur Entscheidung und zum Handeln ist
deshalb auch ein Entwicklungsmerkmal dieses Zeichens, denn erst mit
zunehmender Reife, wenn der geistige Überlegungen und gedankliche Planspiele auch in
werden theoretische Überlegungen und gedankliche Planspiele auch in
die Tat umgesetzt. Und hat die Waage einmal ein ethisches Wertesystem
gefunden, an dem sich ihr Standpunkt festmachen kann, und sich für
einen Weg entschieden, der idealerweise der »Weg der Mitte« sein sollte,
so besitzt auch sie Entschlußkraft und Führungsqualitäten aufgrund ihres
vorurteilslosen, offenen, sich jeder Situation anpassenden Verhaltens,
ohne den eigenen Standpunkt wieder zu verlieren.

Charakteristisch für den Waage-Typus sind Toleranz und die Bereitschaft zu Ausgleich und Versöhnung. Da sie der äußeren Form mehr
Gewicht geben als der Tiefe von Gefühlen, ist die Basis einer erfolgrei-
chen Beziehung meist nicht Emotionalität und Leidenschaft, sondern der
Austausch von Interessen und Lebensharmonie, die die Schlüsselnote
dieses Zeichens darstellt. Dies zeigt sich meist schon in einem harmonischen Äußeren, aber auch im Verhalten anderen gegenüber, denn Waagen sind vermittelnd im Ausdruck, von verbindlicher Freundlichkeit im
Ton und stets um Verständnis mit anderen bemüht. Nie werden sie sich
hinreißen lassen, unbequeme Wahrheiten unverblümt auszusprechen,
ohne einen versöhnlichen Zwischenton zu finden, denn unversöhnliche
Gegensätze scheint es für sie nicht zu geben, weil ihr Denken stets
bemüht ist, Gegensätze auszugleichen und das Verbindende zwischen
divergierenden Meinungen zu finden. So hat ihr Leben auch meist wenig
scharfe Konturen und wenig Kontraste. In ihrem Bemühen, immer den
Punkt zu finden, an dem sich Widersprüche auflösen, gleichen sie harte
Auseinandersetzungen so weit als möglich aus, und um des »lieben
Friedens« willen sind sie auch schon mal bereit, ihre Position zu über-
denken oder einfach nachzugeben. Dies mag zuweilen als mangelnde
persönliche Note erscheinen, doch es entspricht ihrem Grundbedürfnis,
sich situationsgerecht zu verhalten und eine Form zu suchen, die anspricht und allen Beteiligten gerecht wird, denn Waage-Geborene möch-
ten gefallen.

Alle Verhaltensweisen der Waage ergeben sich aus ihrem Bedürfnis
nach Ausgeglichenheit, Ausgewogenheit und Harmonie. Menschen dieses Zeichens besitzen ein ausgeprägtes Gefühl für Ebenmaß und Stil, sie

verstehen es, eine ästhetisch-wohltuende Atmosphäre zu schaffen, denn sie haben einen Blick für das Schöne. Meist legen sie großen Wert auf guten Geschmack in Kleidung und Wohnung, und ihr Sinn für Ästhetik, Symmetrie und für das harmonische Abgestimmtsein von Farben und Formen wird in jedem Lebensbereich sichtbar. Denn Schönheit, die wahrer Harmonie entspringt, gehört zu den Grundbedürfnissen ihres Lebens, und die bewußte Anordnung aller Einzelelemente zu einem harmonisch geordneten Ganzen entspricht ihrem Lebensgefühl. Deshalb geben sie dem Formal-Geordneten, schön Arrangierten auch stets den Vorzug vor dem spontanen, individuellen Lebensausdruck. Dieses Bedürfnis nach Lebensharmonie erklärt auch ihre Vorliebe für alles Dramatische, für schöne Inszenierungen, für Theater und für Kunst.

Sie lieben das Schauspiel, aber auch das gesellschaftliche Zeremoniell, das die Verhaltensweisen der Menschen untereinander harmonisch regelt und das auch bei kleinsten Anlässen immer wieder durchschimmert. Dieser Sinn für harmonisch-geregelte Beziehungen macht Waage-Geborene zu Meistern der Diplomatie, denn selbst in Zeiten größter Bedrängnis werden sie noch immer versuchen, Haltung zu bewahren und die Regeln höflich-gesellschaftlichen Umgangs und einer gepflegten Atmosphäre beizubehalten, um Unausgewogenheiten oder Mißstimmungen weitgehend auszuschließen.

Es liegt nahe, daß dieses Bedürfnis nach Harmonie auch den Hang zum positiven Denken einschließt, das ihrem Leben meist eine heiter-unbeschwerte Note verleiht. Denn ihr ausgleichendes Denken, das stets die Mitte zwischen den Gegensätzen sucht, kennt keine Einseitigkeit. So sind Licht und Schatten auch stets untrennbar verbunden und Schwarz-Weiß-Denken eine Unmöglichkeit, denn nichts erscheint ihnen eindeutig negativ oder positiv. Werden einseitige Stellungnahmen geäußert, so wird sich die Waage veranlaßt fühlen, auch die andere Seite zu Wort kommen zu lassen, um den Ausgleich wieder herzustellen, denn sie ist immer bemüht, die relativierende Kraft ihres Denkens einzusetzen, um die Andersartigkeit eines abweichenden Standpunkts zu verstehen. Einseitigkeit und Extremlösungen werden wir bei einer Waage deshalb vergebens suchen, da sie niemals unbesehen ablehnt, was dem eigenen Wollen zuwiderläuft, denn nicht Konfrontation, sondern Integration ist ihre Devise. Innere Unausgewogenheiten, Divergenzen und Disharmonien werden nicht offen ausgetragen, sondern im Denken gehalten, wo der Schwerpunkt ihres Bewußtseins liegt. Dies erklärt auch ihren Mangel an Spontaneität und ihre Unfähigkeit, Kontraste zu setzen, denn jede spontane Entscheidung ist ein Kontrast und jede Parteinahme eine Abgrenzung der einen Seite gegen die andere, was dem Waage-Prinzip aus tiefster Seele widerspricht. Menschen dieses Typs werden sich folglich immer bemühen, eine vermittelnde Position einzunehmen, denn nur in der Mitte zwischen den Extremen finden sie sich selbst und gewinnen ihre Sicherheit, die weitgehend von der Umweltharmonie abhängt.

Doch wahre Harmonie kann nur entstehen durch gerechten Ausgleich zwischen den konkurrierenden persönlichen Interessen und den Interessen der Allgemeinheit. Nicht zufällig ist die Waage deshalb auch das Symbol der Justiz, die dafür Sorge tragen sollte, daß Gerechtigkeit waltet und die Rechte des Einzelnen in einem ausgewogenen Verhältnis zu den Rechten der Allgemeinheit stehen. Im Streitfall wird die Entscheidung der Waage-Geborenen eher die Mitte der Divergenzen darstellen, nicht aber das tatsächliche Recht der einen oder anderen Partei, und das bringt ihnen vielfach Mißverständnisse und Enttäuschungen ein, weil sich keine der streitenden Parteien verstanden fühlt. Doch Waagen richten nicht moralisch, sondern ethisch, und in ihrem Selbstverständnis muß das Recht des Einzelnen in einem ausgewogenen Verhältnis zum Ganzen stehen, was die alleinige Bewertung eines individuellen Standpunkts ausschließt und nur einen fairen Kompromiß zuläßt.

So sind Harmonie, Schönheit, Gerechtigkeit und Objektivität auch die leitenden Prinzipien und Zielsetzungen dieses Zeichens, doch diese bleiben zunächst nur Wunschvorstellungen bei einem Menschen, der sich noch heiter-unbeschwert durchs Leben treiben läßt, ohne sich höherer geistiger Werte bewußt zu sein. Auf unbewußter Ebene erscheint das Bedürfnis nach Harmonie eher als ein Ausweichen vor unbequemen Konflikten, und der Sinn für Schönheit bleibt meist auf Eitles, Äußerliches beschränkt. Denn erst mit zunehmender Reife wird der Mensch fähig, den »edlen Mittelweg« zu finden, der den gerechten Ausgleich zwischen Persönlichkeits- und Allgemeininteressen darstellt, und nur durch ein ethisches Wertesystem gefunden werden kann, das als eigentliches Ziel der Waage erscheint.

Die Stärken und Schwächen der Waage

Die Stärken liegen in der Vermittlung, in der Fähigkeit, Interessenkonflikte und Gegensätze harmonisch auszugleichen und aufgrund des ausgeprägten Sinns für Toleranz, Fairness, Ausgewogenheit und Gerechtigkeit ihre Individualität zugunsten der Gemeinschaft zurückzustellen.

Die Schwächen dieses Zeichens sind Entscheidungsschwierigkeiten und mangelnde Entschlußkraft. Aus Angst vor Sympathieverlust weicht die Waage unangenehmen Dingen und Spannungen gerne aus, und sie neigt zu abwartendem Verhalten, bis Konflikte sich von selber lösen. Das Streben nach Harmonie kann daher leicht zum Selbstzweck werden und zur reinen Förmlichkeit erstarren, woraus sich ein Mangel an echter Auseinandersetzung und Passivität ergibt.

Die drei Entwicklungsebenen in der Waage

Es gibt drei Bewußtseinsstadien in diesem Prinzip, und diese werden durch folgende Zeichenherrscher stufenweise entwickelt:

1. Persönlichkeit	Exoterischer Herrscher	Venus
2. Seelen-Bewußtsein	Esoterischer Herrscher	Uranus
3. Geistiger Mensch	Hierarchischer Herrscher	Saturn

1. *Stadium:* Entwicklung der Persönlichkeit

Zeichenherrscher: Venus *Leitmotiv:* Individuelles ausgeglichenes Leben

Zu Beginn der Entwicklung stehen die Schönheit und Harmonie des äußeren Lebens im Vordergrund, und der seelisch unentwickelte Waage-Mensch zeigt deshalb auch die Neigung, sich mit schönen Dingen zu umgeben. Eitelkeit, ein gewisser oberflächlicher Charme und die Tendenz, sich unbeschwert durchs Leben treiben zu lassen, sind vorherrschend, denn die Waage dieser Ebene nimmt das Leben von einer heiteren, problemlosen Seite. Sie liebt das Ästhetisch-Ausgewogene und das harmonisch Arrangierte, aber auch das Schauspiel und die Kunst, die der reinen Erbauung dient und kein Engagement verlangt. Sie sucht einen ruhigen, beschaulichen Standort im Leben und ist in dieser Phase auch gekennzeichnet durch Passivität und Bequemlichkeit, was ein wenig an den unentwickelten Stier-Typus erinnert, der ja auch von Venus beherrscht wird. Doch im Unterschied zum Stier, in dem sich ihr Einfluß stärker an Verhaftung an materielle Wertvorstellungen zeigt, verleiht die

Venus den Waage-Geborenen eher eine sanfte, feminin-anmutige Wesensart, mit der sie versuchen, allen harten Auseinandersetzungen auszuweichen. Um der Ausgewogenheit willen sind sie jederzeit bereit, ihren Standpunkt aufzugeben, und bereitwillig verzichten sie auf jede Parteinahme und eindeutige Stellungnahmen, wenn es gilt, Konflikte zu vermeiden. Nur nicht vorschnell handeln, ist ihre Devise! Schließlich regeln sich die Dinge ja meistens von selbst, wenn man nur lange genug wartet. Nur keine Einmischung in Dinge, die einen nichts angehen und wegsehen, wo sich Häßliches zeigt. Das sind die Leitlinien ihres Verhaltens, und ihr Bemühen um Unparteilichkeit erweist sich auf dieser Ebene auch zunächst als totales Desinteresse und Gleichgültigkeit, die ein negatives Zerrbild der Gerechtigkeit ist. Um Harmonie zu bewahren, geht die Waage allen Streitigkeiten aus dem Weg, nach dem Motto, von ihrem Standpunkt aus haben eben alle recht, und eine Entscheidung zugunsten des einen oder anderen Standpunkts sollte man tunlichst vermeiden. Unentschlossenheit, mangelndes Engagement und Flucht vor Auseinandersetzungen sind ebenso typisch für diese Entwicklungsstufe wie der Hang zum formalen Arrangement anstelle von Engagement, um keine Dissonanzen zwischen sich und der Umwelt entstehen zu lassen.

Doch mit zunehmender Persönlichkeitsentwicklung wird die Notwendigkeit erkannt, eindeutige Entscheidungen zu treffen und dem abwägenden Denken auch Taten folgen zu lassen. Waage-Geborene bewahren sich aber die Fähigkeit, harte Konfrontationen zu vermeiden, da sie stets diplomatisch vorgehen und ihr Bemühen um Harmonie auch inmitten von Streit und Dissonanz oberstes Ziel bleibt. Anstelle von Aggression und kämpferisch-engagiertem Handeln, das dem Gegenzeichen Widder entspricht, setzt die Waage-Persönlichkeit zur Durchsetzung ihrer Ziele Eleganz und Diplomatie ein, und sie versteht es, in kleineren Dingen nachzugeben, um größere zu erreichen. Harte Auseinandersetzungen vermeidend, stellt sie den anderen niemals vor vollendete Tatsachen, sondern sie zeigt sich stets kompromißbereit. Nicht selten übernimmt sie die Rolle des Schiedsrichters oder Vermittlers, weil sie die Gabe besitzt, durch Höflichkeit, Zurückhaltung und Abwägen der konkurrierenden Standpunkte eine Lösung zu finden, die allen Seiten gerecht wird. So sind Waage-Geborene auch leichter als andere in der Lage, Konflikte zu schlichten und ein harmonisches Miteinander zumindest auf der formalen Ebene zu erreichen.

2. *Stadium*: Seelen-Bewußtsein

Zeichenherrscher: Uranus

Leitmotiv: **Ausgleich der Gegensatzpaare durch bewußte Wahl**

Wenn die Seele deutlicher ins Bewußtsein tritt, beginnt Uranus seinen Einfluß spürbar zu machen und die Wirkung der Venus zu verstärken. Dies ist der Punkt der Wende, an dem der Waage-Geborene erkennt, daß innere Harmonie und Ausgewogenheit dauerhaft nur durch den Ausgleich der Gegensätze erreicht werden kann, zwischen denen er gefühlsmäßig hin- und herschwankt. Er muß sich also der beiden Seiten seines Wesens bewußt werden und den Widerstreit der Interessen zwischen Seele und Persönlichkeit auflösen.

Dadurch beginnt das Gegensatzpaar Waage-Widder sich anzunähern, und der Mensch begreift, daß er die Mitte finden muß zwischen dem geistigen Impuls der Seele, die ausschließlich Gruppeninteressen dient, und den Zielen der Persönlichkeit, bei der das Eigeninteresse im Vordergrund steht. Durch sorgfältiges Abwägen seiner Wertvorstellungen, die sich nun zunehmend an der Wirklichkeit der Seele orientieren, lernt er, die inneren Gegensätze auszugleichen und im Handeln zu vereinen. Uranus zeigt deshalb die Neu-Orientierung im Leben des Waage-Menschen an, der sich für den Weg der Seele entschieden hat und bereit ist, sich von Äußerlichkeiten und materiellen Wünschen abzuwenden, um zu geistiger Erkenntnis zu gelangen. Es ist der Punkt, an dem ein Mensch zu begreifen beginnt, daß die beiden Seiten seines Wesens sich im Prinzip gleichen und daß das Niedere stets nur die Spiegelung des Höheren ist. Dadurch verliert der oberflächliche äußere Schein des Schönen seinen Glanz und seine Anziehungskraft, und der Waage-Mensch erreicht Harmonie und inneres Gleichgewicht, weil er gelernt hat, sein Leben an geistigen Werten zu orientieren und seine Gedanken auch in Handeln und Aktivität umzusetzen.

3. *Stadium:* Geistiger Mensch

Zeichenherrscher: Saturn   *Leitmotiv:* **Gesetz und Gerechtigkeit**

Die esoterische Bedeutung des Waagezeichens

Symbol: ♎ Die Waage als Zeichen der Gerechtigkeit und des Ausgleichs.

Lichtqualität: Das Licht, das sich zur Ruhe begibt.

Bedeutung: Das Ausbalancieren der beiden Kräfte Geist und Materie, die nur in der Mitte wirklich ausgeglichen sind.

> *Das ist das Licht, das hin und her schwankt bis ein Gleichgewichtspunkt erreicht ist. Es ist das Licht, das durch eine Auf- und Abbewegung gekennzeichnet ist.*
>
> Alice Bailey

Wenn Saturn auf hierarchischer Ebene herrscht, dann hat der geistig erwachte Mensch die Verschmelzung des Gegensatzpaares Waage-Widder im Bewußtsein erreicht. Nun erlebt er sich als Teil der Menschheit und wird zum Sachwalter und Bürgen von Gesetz und Gerechtigkeit, da er weiß, daß sie allein in der Lage sind, Harmonie und Schönheit in der Welt herzustellen. Entschlossen tritt er jedem Unrecht entgegen, doch ohne die eigene Friedfertigkeit und die innere Balance wieder zu verlieren, weil sein eigenes Leben durch Selbstbeherrschung, Liebe und Selbstlosigkeit gekennzeichnet ist.

Die Waage beherrscht den »Pfad der Wahl«, auf dem die Entscheidung getroffen werden muß zwischen einem weiteren Leben der Persönlichkeit oder der Hinwendung zur Seele. Der Mensch macht in diesem Zeichen daher die individuelle Erfahrung eines ausgeglichenen Lebens, in dem sich die Waagschalen in der einen oder anderen Richtung senken. Dies bedeutet die Entscheidung zwischen einem eher bequemen Leben, in dem man sich von Instinkten und Gewohnheiten leiten läßt, oder einem selbstgelenkten Leben, in dem eine Entscheidung bewußt durch kritisches

Nachdenken und Abwägen der verschiedenen Wege getroffen wird, die einem Menschen in einer Inkarnation offenstehen.

Esoterisch betrachtet ist die Waage der »Ort des Gerichts«, wo der Mensch sich entscheidet, wohin sich die Waagschalen neigen sollen. Daraus entsteht die seltsame Schaukelerfahrung zwischen dem geistigen und dem persönlichen Ich, zwischen persönlichem Verlangen und spirituellem Streben, die der Mensch durch bewußte Entscheidung in der einen oder anderen Richtung zum Ruhepunkt bringen muß. Denn eine Entscheidung, die durch kritische Überlegung getroffen wurde, ist von grundlegendem Wert in der Entwicklung, bringt sie doch die Erfahrung, daß jede Entscheidung ihre Folgen hat, eine Erkenntnis, die in der Esoterik als das »Gesetz des Karma« bekannt ist. Dieses Gesetz, dem jeder Mensch unterliegt, bringt Ursache und Wirkung einer Handlung in Beziehung und sorgt auf diese Weise für Ausgleich und Gerechtigkeit.

So geht es im Waagezeichen auch um die bewußte Entscheidung für die Werte des Lebens, die der Einzelne zum Maßstab für sein Handeln macht. Er soll sich der persönlichen Verantwortung bewußt werden, die er für sich, aber auch für seine Umwelt hat, indem sein Handeln entweder von Egoismus oder von Gemeinsinn bestimmt wird. Da die Wahrheit aber im allgemeinen in der Mitte zwischen den Gegensätzen liegt, muß in diesem Zeichen jeweils der Punkt gefunden werden, an dem geistige und materielle Interessen oder persönliche und gemeinschaftliche Gesichtspunkte sich die Waage halten. Denn nur an diesem Punkt sind die Waagschalen ausgeglichen, und ein Gefühl der Sicherheit und inneren Ruhe stellt sich ein.

Um zu wahrer Harmonie zu gelangen, muß sich der Waage-Geborene daher vor allem der Gegensatzpaare auf der Gefühlsebene bewußt werden, die sein Bewußtsein zwischen Seele und Körper hin- und herpendeln lassen und eine illusionäre Gefühlswelt schaffen, die zunächst seine Wertvorstellungen bestimmen. Um diese Gefühlsgegensätze als Illusion zu entarnen, ist es notwendig, ein Empfinden für echte Werte zu entwickeln und durch ein unterscheidendes analytisches Denken die »Wogen der Emotionen« zu glätten, die den Blick für die Wirklichkeit verstellen.

Das Ziel der Waage

ist es, ein Gleichgewicht herzustellen zwischen der physischen Natur des eigenen Körpers und der geistigen Natur der Seele, um so zu vollkommener Harmonie mit sich selbst und der Umwelt zu gelangen. Dieses Gleichgewicht erreicht der Mensch durch Entwicklung eines ausgleichenden Denkens, das ihm die Möglichkeit gibt, Gefühle zu beherrschen, ohne sie zu unterdrücken, indem er durch Analyse und Selbsterkenntnis die Irrationalität von Gefühlen und Emotionen begreift.

Auf diesem Weg lassen sich drei Entwicklungsschritte erkennen:

1. Der Versuch, gute und gerechte Beziehungen zu anderen Menschen herzustellen.
2. Der Ausgleich der Gefühlsgegensätze durch Objektivierung des eigenen Standpunkts.
3. Die bewußte Entscheidung für den geistigen Weg der Selbstlosigkeit.

Diese drei Kriterien, die zu Ausgleich und Gerechtigkeit führen, sind esoterisch gesehen auch die Grundlage von wahrer Gesetzgebung und Gerichtsbarkeit, die vom Tierkreiszeichen Waage beherrscht werden.

Der Schlüssel zur Transformation

Der Fortschritt im Zeichen Waage erfolgt durch Erkennen der Tatsache, daß die Wahrheit stets in der Mitte zwischen den Gegensätzen liegt, denn die scheinbaren Gegensätze der Welt wie Liebe und Haß, Freude und Trauer, Leben und Tod sind im Licht der Seele betrachtet nur die zwei Seiten einer Medaille, die unser Ich-Bewußtsein als Gegensätze wahrnimmt. Das Ziel aller Wahrheitssuchenden ist es deshalb auch, die Gegensätze, die sich vor allem im Bereich der Gefühle und Emotionen zeigen, als Illusion zu erkennen und auszugleichen, um den goldenen Mittelweg zu finden, der allein wahre Harmonie und Ausgeglichenheit bringen kann. Der ideale Standort der Waage ist stets die »sensible Mitte«, der Ort, wo Geist und Körper in vollkommenem Gleichgewicht sind und in gemeinsamem Handeln Ausdruck finden, was Extreme jeder Art ausschließt.

Die beiden Schlüsselworte für die Waage nach Alice Bailey

Persönlichkeit: »Es werde eine Wahl getroffen.«

Seele: »Ich wähle den Weg, der zwischen den beiden großen Kraftlinien dahinführt.«

Skorpion

23. Oktober – 22. November
210–240 Grad im Tierkreis
Element: Wasser
Fixes, weibliches Zeichen

Skorpion-Prinzip: Aufgeben der Begierde, Tod des Ego,
Seelenherrschaft

Die achte Phase des Tierkreises

Dem betonten Harmoniestreben der Waage folgt noch einmal ein Aufbrechen der Gegensätze zwischen dem Machtstreben der Persönlichkeit und dem Willen der Seele, die hier in einem inneren Kampf ausgetragen werden. Denn Skorpion ist das Zeichen der Wandlung und Neuorientierung, aber auch der Prüfungen, in dem die Abweichungen des persönlichen Verhaltens vom geistigen Urbild korrigiert werden müssen, um Seelenstärke und die Transformation des eigenen Wesens zu erreichen.

Typische Verhaltensmerkmale

Der Skorpion-Geborene ist ein hintergründiger, nicht leicht zu durchschauender Mensch, bei dem sich hinter einem nach außen eher verhalten wirkenden Temperament oft intensive Leidenschaften, Affekte und Spannungen verbergen, die nur eines geringen Anlasses bedürfen, um aufzubrechen. Heitere Gelassenheit ist ihm daher fremd; er ist streitbar bis umstritten und selten ausgeglichen, denn sein Leben ist von einer inneren Zerrissenheit gekennzeichnet, deren Motive meist im Dunkeln bleiben, weil er zunächst dazu neigt, die »Abgründe des Lebens« zu verdrängen und vor anderen zu verbergen. Gleichzeitig stellen sie für ihn aber auch eine eigenartige Faszination dar, denn er ist ein Mensch, der »hinter die Dinge« blicken will. Es reizt ihn, alles Unentdeckte, Dunkle, in der Tiefe des eigenen Wesens Verborgene zu ergründen, weil er Macht gewinnen will über die (eigene) Natur und das Leben. Doch diese

Macht, die er erstrebt, muß in diesem Zeichen durch Transformation von egoistischen Motiven frei werden, um sich positiv auf die eigene Entwicklung auswirken zu können. Das Thema seines Lebens liegt deshalb auch im Spannungsgefälle Macht — Ohnmacht, das deutlich empfinden wird und sein zeitweiliges Leiden ausmacht. Denn Skorpion stellt immer einen Wendepunkt im Leben eines Menschen dar, an dem die Losung »Umkehr« heißt. Der Lebensgenuß, die naive Daseinsfreude, die im Stier entwickelt wurden, sollen nun einem inneren seelischen Entwicklungsprozeß weichen. Weil dies einem Menschen aber zunächst nicht einsichtig ist, ist das Leben im Skorpion oft von inneren Auseinandersetzungen und Krisen begleitet, die ihm bewußt machen sollen, daß der persönliche Leistungsehrgeiz zugunsten einer inneren seelischen Entwicklung aufgegeben werden muß.

Doch dazu ist ein Mensch — solange er sich seiner wahren geistigen Natur noch nicht bewußt ist — natürlich nicht so ohne weiteres bereit, und so gleicht das Leben des Skorpion-Typus auf unbewußter Ebene auch einem Kampfplatz der Gefühle und Leidenschaften, die ihn lange Zeit gefangenhalten und ihn zu einem ohnmächtig Leidenden machen. Denn solange er sich seines inneren Wesens nicht bewußt ist, projiziert er die Zwiespältigkeiten und die Unausgewogenheit seines Gefühlslebens und seiner tiefen Emotionen auf seine Umgebung, die ihm als Projektionsfläche für seine inneren Kämpfe dient. Mehr als andere neigt er deshalb auch zu Projektionen des eigenen Verhaltens auf andere, und häufig ist er in Konflikte mit der Umwelt verstrickt, obwohl er nichts mehr scheut, als in seinen Schwächen und Unzulänglichkeiten erkannt zu werden. Der Kontakt zu seinen Mitmenschen ist meist wenig offen, er verfolgt das Geschehen um sich herum aus sicherer Distanz, um für jeden Angriff gewappnet zu sein. Lange Zeit hindurch versucht er, die eigenen Schwächen zu verdrängen, da sie seiner Vorstellung von sich selbst widersprechen. So unterliegt der Skorpion-Geborene auch immer wieder der Versuchung, seine Wahrnehmung der Welt an die eigenen Vorstellungen und Ideen anzupassen und sein Leitbild zum Maßstab für andere zu machen. Er neigt zu Vor-Urteilen, denn er hat von allem eine feste Vorstellung, die sich meist aus der eigenen »(v)erdichteten« Welt aus Gedanken und Gefühlen gestaltet, die aus der Vergangenheit stammen und die er eisern verteidigt, um seine Sicherheit nicht zu gefährden. Er hat Vorstellungen von Menschen wie von Abläufen, und wenn es im Leben zu lebendigen Abweichungen kommt, ist er enttäuscht oder er wittert Verrat. Denn jede Abweichung von gewohnheitsmäßigen rituellen Tagesabläufen rüttelt an den Grundfesten seines Weltbildes, das er eisern verteidigt, weil Gewohnheit Sicherheit gibt. Dieses Festhalten an alten liebgewordenen Gewohnheiten und gewohnten Denkstrukturen macht deshalb auch das Leiden dieses Zeichens aus, das Veränderung erzwingt, auch gegen den erbitterten inneren Widerstand des Menschen, der diesen »Stirb-und-Werde-Prozeß« noch nicht begreift.

Die nach außen zur Schau gestellte Gefaßtheit und Haltung, mit der der Skorpion versucht, sein häufiges Gekränktsein und seine Emotionen zu verbergen, ist nicht von Dauer, denn hinter dieser Fassade werden Gefühle oft zurückgehalten und verdrängt. Die Ruhe und Distanz, mit der der Skorpion-Geborene der Außenwelt begegnet, gleicht nur allzu oft der Ruhe vor dem Sturm, denn die starken inneren Spannungen und die gestauten Emotionen lösen sich in periodisch auftretenden seelischen Krisen, die im Privaten ausgetragen werden. Sein Leben ist daher auch gekennzeichnet durch ständige Höhen und Tiefen und, auf unbewußter Ebene, durch häufige Dissonanzen mit der Umwelt, denn die inneren Konflikte, die ständig nach Entladung drängen, führen ihn instinktiv dorthin, wo sich Konflikte austragen lassen. Er fordert sie unbewußt geradezu heraus, um Aggressivität oder (Sexual-)Spannungen abzureagieren, obwohl er meist das Gefühl hat, daß diese Konflikte von außen an ihn herangetragen werden, da er die wahre Natur und die Abgründe seines eigenen Wesens lange Zeit hindurch verdrängt. So ist das Spannungsgefälle auch häufig unberechenbar, und wer von außen daran rührt, ist vor Überraschungen nicht sicher. Denn äußerst empfindlich und reizbar durch Bemerkungen aus der Umwelt, sind seine Reaktionen zuweilen überscharf und unangemessen. Seine Ausdrucksweise ist oft brüsk, und er verletzt schnell durch harte Formulierungen, solange Toleranz und Liebe sein Leben noch nicht bestimmen. Immer auf Abwehr eingestellt und schwierig im Umgang, weil er sich schnell angegriffen fühlt, ist er auf unreifer Ebene häufig in Auseinandersetzungen verstrickt, denn seine Neigung zu gedanklicher Fixierung kann innere Leitbilder und Gedankenmuster schaffen, die mit der äußeren Realität nicht mehr übereinstimmen. Dies erzeugt Täuschungen und Illusionen und führt immer wieder zu Schwierigkeiten mit Mitmenschen und zu Projektionen eigener Vorstellungen und Handlungen auf andere, bis er erkennt, daß er selbst der Urheber seiner Konflikte ist.

Doch diese Erkenntnis braucht Zeit. Deshalb sind Ausgeglichenheit oder Maßhalten auch lange Zeit Fremdworte für den Skorpion-Geborenen. Sein Prinzip ist das Alles oder Nichts, nur das Absolute befriedigt, und so pendelt sein Leben auch immer wieder zwischen den Extremen. Er neigt zu Exzessen, Übertreibungen und Überforderungen, und der Wunsch, sich auszuleben kann unvermittelt umschlagen in strenge Askese. Dieses immer wieder auftretende Unmaß in allen Bereichen des Lebens ist Ausdruck von einerseits verlorengegangenen und andererseits gesuchten Maßstäben, die dem Leben eine klare Richtung geben. Er sehnt sich nach beherrschter, disziplinierter und prinzipieller Konsequenz des Handelns; er möchte sich über die Niederungen des Lebens erheben, um »vom im Staube kriechenden Skorpion zum Adler« zu werden, der sich in die Lüfte erhebt. Doch das tägliche Leben beweist ihm immer wieder, wie vieles ihn noch an die Erde bindet. So ist sein Leben auch meist recht bewegt, spannungsreich und nur selten ohne Schicksalsschläge, denn das Loslassen liebgewordener Gewohnheiten und eingefahrener Verhaltensmuster fällt gerade in diesem Zeichen schwer, das am stärksten auf die Vergangenheit ausgerichtet ist und dennoch Veränderung des Verhaltens erzwingt.

Der Skorpion ist ein Mensch einsamer Entschlüsse, der wenig Neigung zeigt, anderen die Beweggründe seines Handelns mitzuteilen, geschweige denn sie um Rat zu fragen. Der Kampf, das Ringen um eine Entscheidung tritt nicht an die Oberfläche, er findet im Inneren statt, und wenn eine Entscheidung einmal getroffen ist, ist sie umso grundsätzlicher und unwiderruflicher. Denn hartnäckig im Verfolgen seiner Ziele setzt er durch, was er sich vorgenommen hat, auch gegen den Widerstand aller anderen. Er hat den Hang zur Perfektion, er neigt zu Leistungsehrgeiz und Unnachgiebigkeit bis hin zu Fanatismus, und eine Idee, von der er besessen ist, wird er missionarisch und hartnäckig vertreten, ohne Rücksicht auf sich und andere. Er ist ein äußerst eigenwilliger Mensch, der unbeirrbar an seinen Vorstellungen und Meinungen festhält und diese auf seine Umwelt zu übertragen versucht. So erweist sich jeder Versuch, ihm einen neuen ungewohnten Standpunkt zu vermitteln, auch als äußerst schwierig und erfordert außergewöhnliche Geduld, um die »Mauer« seiner eigenen Gedanken« zu durchbrechen, mit der er sich seine eigene Welt erbaut und die er mit aller Kraft und Leidenschaftlichkeit verteidigt.

Die starke Eigenwilligkeit des Skorpion-Geborenen läßt aber häufig zu wenig erkennen, wie sehr die Gemeinschaft Kraftquelle und Prüffeld für ihn ist, denn die Umpolung der Energien und die Umwandlung der eigenen Triebstruktur in soziales Verhalten sind die zentrale Aufgabe dieses Zeichens. Skorpione sind deshalb sehr empfänglich für die emotionalen Energien ihrer Mitwelt, sie saugen sie förmlich auf, um sie, je nach Entwicklungsstufe, verwandelt oder durch eigene Emotionen verstärkt zurückzugeben. Die Fähigkeit zur Umwandlung von Emotionen in Liebe ist daher ein Kriterium für Entwicklung, und solange diese Transformation nicht erreicht wurde, ist der Skorpion-Typus ein in sich gespaltener, wenig ausgeglichener Mensch. Überdies wird wohl in keinem anderen Prinzip die Sexualität so ambivalent erfahren wie in diesem, da trotz starker sexueller Triebkraft unterschwellig oft der Wunsch vorhanden ist, sich durch Verzicht aus ihrem Bann zu lösen. Denn die Transformation des Menschen vollzieht sich ja primär durch die Umwandlung seiner Triebkräfte in geistige Energien. Dies ist es, was der Skorpion instinktiv spürt und was ihn häufig unbewußt veranlaßt, sich Lebenssituationen oder Partner zu suchen, die ihm das Ausleben der Sexualität erschweren, um auf diese Weise offener zu werden für die transzendentalen Ebenen des Seins, die sein eigentliches Ziel sind.

Da dieser Verzicht, der die Umpolung der Energien bewirkt, aber im allgemeinen nicht bewußt erlebt wird und nicht freiwillig geschieht, bedarf es nicht selten einer Krankheit oder anderer dramatischer Lebenskrisen, um den Eigensinn des Skorpion-Geborenen zu erschüttern und ihn in seine »karmisch-bedingten« Schranken zu verweisen. Das Gefühl, ein ohnmächtiges Opfer von widrigen Umständen zu sein, wird deshalb auch häufig erlebt, solange ein Mensch sich der eigenen inneren Wandlung widersetzt, weil er nicht bereit ist, von eingefleischten Wünschen und Vorstellungen loszulassen. Das Gefühl, ein Gefangener im Leben zu sein, das auf unentwickelter Ebene typisch ist, wird im Skorpion erst überwunden, wenn ein Mensch ein gewisses Maß an Demut und Liebe, aber auch an Opferbereitschaft erlangt hat, die ihn befähigen, den Problemen des Lebens mit größerer innerer Gelassenheit zu begegnen, weil er nun die Einsicht gewonnen hat, daß Transformation nur durch Loslösung von der Vergangenheit möglich ist. Doch solange sein Denken und Handeln von Egoismen und von Persönlichkeitsinteressen bestimmt wird, leidet er an der Welt, und gegen dieses Leid lehnt er sich mit ganzer Kraft und Leidenschaftlichkeit auf bis hin zur Selbstzerstörung, wenn Triebkräfte nicht transformiert wurden und sich durch Unterdrückung gegen die eigene Person richten.

Die häufig zu Beginn der Entwicklung deutliche Destruktivität, die durch Unzufriedenheit und Frustration entsteht und sich gegen andere und sich selbst richten kann, verliert sich deshalb auch erst, wenn der Skorpion-Geborene durch Bewußtseinsentwicklung erkennt, daß sein Kampf gegen sich und andere ein Scheingefecht ist. Denn in Wahrheit ist es ja nur der Kampf mit den eigenen Triebkräften und mit den »Abgründen des eigenen Unterbewußtseins«, der erst endet, wenn der Mensch sich mit zunehmender Reife der Eigenverantwortung bewußt wird, die er für seine Lebensgestaltung hat. Ausgeglichenheit, Ruhe und Gelassenheit findet der Skorpion deshalb auch erst, wenn er die schöpferische Kraft des Denkens entdeckt, mit der er sich entweder sein eigenes Gefängnis baut oder aber Befreiung erlangt, je nachdem ob er es in destruktiver oder konstruktiver Weise einsetzt. Denn wer nur Entladung von Spannungen, nur »Abreagieren« sucht, bleibt im Negativismus stecken und hat häufig das Gefühl, ein Opfer von Umständen zu sein. Doch sobald die Macht des Denkens erkannt und positiv genutzt wird, tritt eine entscheidende Wende in seinem Leben ein, denn erst positives Denken, kritische Selbstprüfung und der Wille, sich wirklich zu verändern, geben Ruhe, Sicherheit und ein erhöhtes Lebensgefühl, mit dem der Skorpion all seine Schwierigkeiten meistert, sobald er gelernt hat, das Denken in positiver, konstruktiver Weise für die eigene schöpferische Gestaltung seines Lebens einzusetzen, anstatt sich durch destruktives Denken immer wieder selbst Steine in den Weg zu legen.

Die Stärken und Schwächen des Skorpion

Seine Stärken liegen in der Konsequenz, dem eigenen Willen und der Unnachgiebigkeit, mit der er seine Grundsätze und Überzeugungen verfolgt. Er verbeißt sich gerne in schwierige Aufgaben, denn Zähigkeit und Unbeirrbarkeit sind seine hervorstechendsten Eigenschaften. Überdies besitzt er eine unübertroffene Regenerationskraft sowie Kampfgeist, mit dem er allen Widerständen trotzt, die sich ihm entgegenstellen und seine Entwicklung hemmen.

Die Schwächen dieses Zeichens sind mangelnde Flexibilität, ein Bedürfnis nach Macht sowie große Verletzlichkeit, Trotz und Selbstmitleid, was Skorpione lange Zeit hindert, sich mit den eigenen Schwächen und Unzulänglichkeiten zu konfrontieren. Sie neigen dazu, Gefühle zu verdrängen und sind daher äußerst empfindlich und leicht gekränkt. Sind sie ernsthaft verletzt, reagieren sie auf unentwickelter Ebene mit Grausamkeit, Rachsucht, unerbittlicher Härte und Sarkasmus, da es ihnen schwerfällt zu vergessen und zu verzeihen. Gefangen in ihren eigenen Vorstellungen, an denen sie eisern festzuhalten versuchen, sind sie oft intolerant und fanatisch und haben große Schwierigkeiten, sich in andere Menschen einzufühlen und sie zu verstehen.

Die drei Entwicklungsebenen im Skorpion

Es gibt drei Bewußtseinsstadien in diesem Prinzip, und diese werden durch folgende Zeichenherrscher stufenweise entwickelt:

1. Persönlichkeit	Exoterischer Herrscher	Mars (Pluto)
2. Seelen-Bewußtsein	Esoterischer Herrscher	Mars
3. Geistiger Mensch	Hierarchischer Herrscher	Merkur

1. Stadium: Entwicklung der Persönlichkeit

Zeichenherrscher: Mars (Pluto) **Leitmotiv: Illusion und Täuschung**

Zu Beginn der Entwicklung ist der Skorpion ein Mensch, der sehr stark in seiner eigenen Gefühls- und Vorstellungswelt gefangen ist, was ihn hindert, sich so zu erkennen, wie er ist. Seine Selbstwahrnehmung ist noch nicht sehr zuverlässig, und so gleicht er auch oft dem Don Quichote, der gegen Windmühlen kämpft, die er in seiner Selbsttäuschung für Feinde hält. Denn Mars, der Herrscher dieses Zeichens, der dem Menschen Stärke, Mut und Kampfgeist verleiht, wird auf unentwickelter Ebene nach außen gerichtet auf ein selbstgeschaffenes Feindbild, auf das die inneren Konflikte projiziert werden können, um die eigenen Schwächen zu verdrängen. So ist das Verhalten des Skorpion-Geborenen auch meist gekennzeichnet durch (fanatisches) Festhalten an den eigenen Überzeugungen, durch Intoleranz und mangelndes Verständnis für die Ansichten und das Selbstverständnis anderer Menschen. Harmonische Beziehungen sind auf dieser Ebene deshalb nur schwer zu erreichen, denn die eigenen Probleme werden meist unter den Teppich gekehrt oder auf Mitmenschen projiziert, die der Skorpion-Mensch in seiner mangelnden Selbstwahrnehmung für seine Konflikte und Probleme verantwortlich macht. Häufig fühlt er sich daher auch vom Leben betrogen, denn während er sich abmüht und unablässig kämpft, um nur ja nicht den sicheren Boden unter den Füßen zu verlieren, muß er ohnmächtig zuschauen, wie andere sich leichtfüßig durchs Leben treiben lassen. Diese Ohnmacht und die anfängliche Unfähigkeit, aus Fehlern zu lernen, da dies erst durch selbstkritische Reflexion der eigenen Schwächen und Unzulänglichkeiten möglich wird, bewirkt häufige Mißstimmungen bis hin zu Zeiten tiefster Depression sowie Selbstmitleid, da er in seiner Umwelt immer wieder an Grenzen stößt, die er nicht akzeptieren will und die seinen Eigenwert und seinen Stolz empfindlich treffen. Diese häufigen Kränkungen und Demütigungen machen den unreifen Skorpion zuweilen zu einem Menschen mit dem »Stich in den Rücken«, denn in seiner Hilflosigkeit und mangelnden Liebesfähigkeit, die durch Ehrgeiz und Egoismus überlagert sind, sinnt er nicht selten auf Rache, um sich für die empfundenen Kränkungen und Verletzungen zu entschädigen.

Doch mit zunehmender Persönlichkeitsentwicklung wird die Macht des Denkens verspürt, die die Gefühle zunehmend in den Hintergrund drängt. Nun wird die Wirkung des Pluto stärker wahrnehmbar, der den Menschen in seine Schranken verweist und ihn die Vergeblichkeit seiner Auflehnung gegen das Schicksal spüren läßt. Auf diese Weise lernt er Grenzen zu akzeptieren, doch gleichzeitig beginnt er auch seine mentale Kraft zu nutzen, um über die eigenen Grenzen zu gehen und diese zu erweitern. Er beginnt, sich den Herausforderungen des Lebens zu stellen, seine Macht zu erproben und immer wieder Grenzsituationen zu suchen, die ihm die Möglichkeit geben, seine Widerstandskraft, seinen Mut und seine innere Stärke zu testen. So erweist sich die Skorpion-Persönlichkeit als zäher, ausdauernder Kämpfer, der keine Schwierigkeiten scheut, um die eigene Leistung und Stärke unter Beweis zu stellen und allen Widerständen zum Trotz das zu erreichen, was er will.

2. *Stadium:* Seelen-Bewußtsein

Zeichenherrscher: Mars   *Leitmotiv:* **Tod des »kleinen Ich« zugunsten des Selbst**

Wenn die Seele im Menschen deutlicher wahrgenommen wird, richtet sich die Energie des Mars nach innen, und sie erfährt eine Verstärkung durch Pluto, der die Zerstörung der alten Gefühlsmuster und trennenden, auf die eigenen Interessen begrenzten Gedanken zerstört. Dadurch erkennt er die Sinnlosigkeit egoistischen Handelns und beginnt, aktiv zu kämpfen, um seine niedere emotionale Natur in den Griff zu bekommen und die Begierde zu überwinden, die ihn abhängig macht.

In diesem Stadium beginnt das Gegensatzpaar Skorpion-Stier sich anzunähern, und damit fällt Licht auf die Probleme des Skorpion. Nun wird das Denken von der Seele erleuchtet, und der Mensch erkennt die Hürden, die er kraft seiner eigenen Gedanken zwischen der eigenen Wahrnehmung und dem Licht der Seele aufgebaut hat. So begreift er, daß sein Leben nicht durch äußere Umstände bestimmt wird, sondern daß er mit seinen Gedanken die Situationen seines eigenen Lebens selbst erschafft. Dadurch wird ihm mit zunehmender Deutlichkeit bewußt, daß die Befreiung des Menschen sich nur im Denken vollziehen kann, da es die Kraft des Denkens ist, die ihn entweder in Abhängigkeit hält von Begierden, Wünschen und Emotionen, oder aber die Befreiung von diesen irdischen Fesseln ermöglicht. So richtet sich seine Hingabe und sein Streben nun darauf, die Transformation der emotionalen Triebkräfte in geistige Kräfte zu erreichen, um innerlich frei zu werden. Und in dem Maße, wie ihm dies gelingt, entdeckt er in sich die Liebe, die nun sein Fortschreiten auf dem »Geistigen Pfad« begleitet. Dadurch wird er sich der seelischen Verbundenheit mit seinen Mitmenschen bewußt, und er erkennt, daß er einer von vielen ist, die sich abmühen und kämpfen wie er, um ins Licht zu kommen und dadurch den Fortschritt der Welt zu beschleunigen.

3. Stadium: Geistiger Mensch

Zeichenherrscher: Merkur　　　　*Leitmotiv:* **Jüngerschaft**

Wenn Merkur die Wirkung des Mars beherrscht, dann hat der geistig erwachte Mensch das Gegensatzpaar Skorpion-Stier im Bewußtsein verschmolzen. Mars, der den äußeren Kampf und das innere Ringen um die Vorherrschaft des Geistes lange Zeit hindurch bestimmt hat, ist nun dem erleuchteten Denken gewichen, das den Menschen mit seinem wahren geistigen Ich verbindet. Nun haben materielle und emotionale Bedürfnisse keine Anziehungskraft mehr für den, der die Begierde der niederen Persönlichkeit überwunden hat und das Licht des »geistigen Pfades« erblickt. Ungeachtet der Schwierigkeiten und Mühen, die es dem Menschen abverlangt, ist er entschlossen, diesem Pfad zu folgen und den

Menschen als Vorbild und Führung zu dienen, die noch nicht in der Lage sind, dieses Licht zu sehen. Denn wer sich seines geistigen Selbst wirklich bewußt ist, der läßt sich von den vielfältigen Formen materiellen Lebens nicht mehr blenden, die nichts als ein Schatten des Wirklichen sind.

Die esoterische Bedeutung des Skorpionzeichens

Symbol: ♏ Der Stachel des Skorpion.

Bedeutung: Dieses Zeichen weist auf die dreifache Persönlichkeit hin und zeigt die gefährliche Natur des Menschen, die sich nicht gewandelt hat und verletzt. Der geläuterte geistige Skorpion wird als Adler dargestellt.

Lichtqualität: Das Licht des Tages.

»Dies ist der Ort, wo drei Lichter sich begegnen — das Licht der Form, das Licht der Seele und das Licht des Lebens. Sie begegnen sich; sie verschmelzen; sie nehmen zu an Intensität.«

Alice Bailey

Skorpion stellt immer einen Wendepunkt im Leben eines Menschen dar. Es ist das Zeichen der Erprobungen und Prüfungen, denn bevor der Mensch eine »Einweihung« erreichen kann, muß er sich von seiner »alten Persönlichkeit« trennen, die ihn lange Zeit hindurch gefangenhielt und blind machte für die eigene innere Wirklichkeit der Seele. Skorpion ist daher das Zeichen heftiger innerer Kämpfe zwischen Seele und Persönlichkeit.

»In diesem Zeichen wird die Persönlichkeit erniedrigt und muß sich mit der Seele auseinandersetzen; sie wird okkult »getötet«, um wiedererweckt zu werden als Diener der Seele.«

Alice Bailey

Dieser Kampf ist hart und langwierig, und solange die Persönlichkeit eigenmächtigen Zielen folgt, wird das Gefühl der Ohnmacht schmerzhaft empfunden, denn der Skorpion lebt ständig aus der Erinnerung, und diese ist – verbunden mit der Fähigkeit der Imagination – eine schöpferische Kraft. So schafft er sich kraft seiner eigenen Gedanken die Situationen vergangener Leben immer wieder neu, um daran zu überprüfen, wie stark er noch an persönliche Wünsche und vergangene Erlebnisinhalte gebunden ist, die in diesem Zeichen aufgegeben werden müssen, die er aber dennoch mit aller Kraft festzuhalten versucht. Die Angst, vor dem Nichts zu stehen, ist allgegenwärtig, und sie wird meist erst in größeren dramatischen Krisen überwunden, wenn der Skorpion-Geborene mit dem Rücken zur Wand steht und es wirklich keinen anderen Ausweg mehr gibt. Die Krisen sind daher unvermeidlich, und sie sind umso heftiger, je weiter das eigene Denken und Verhalten sich von der inneren Wirklichkeit entfernt hat. Bei unbewußten Menschen scheint das Leben im Skorpion deshalb auch von häufigen Schicksalsschlägen bestimmt zu sein, denen sie als wehrloses Opfer gegenüberstehen. Denn erst auf fortgeschrittener Stufe gelangt der Mensch allmählich zu der Erkenntnis, daß seine Lebenskrisen in ständigen Wiederholungen bestehen, die solange anhalten, bis er die Ursache seiner Konflikte erkannt hat und sein Verhalten den Zielen der Seele anpaßt.

Das Ziel des Skorpion

ist die Befreiung von der illusionären Wahrnehmung, mit der der Mensch lange Zeit hindurch die eigene Bedeutung überschätzt. So sind die Prüfungen auch nichts anderes als »karmisch-bedingte« Lebensumstände, die den Menschen zwingen, sich durch ständige Wiederholung und Neuorientierung von einer falschen Persönlichkeitsorientierung zu befreien, die in der Esoterik als der »Hüter der Schwelle« bezeichnet wird, da sie dem Menschen den Weg ins Licht der Seele versperrt.

Nach Alice Bailey sind es jeweils drei Prüfungen auf drei Ebenen, da sie die drei Aspekte des Menschen betreffen:

– Auf der physischen Ebene betreffen sie das Geschlechtsleben und das körperliche Wohlbehagen durch egoistisch eingerichtete Lebensbedingungen sowie das für eigene materielle Zwecke angehäufte Geld.
– Auf der emotionalen Ebene sind es Furcht, Haß und Ehrgeiz, die alle Aktivitäten, Beziehungen und Ziele des Lebens bestimmen.
– Auf der mentalen Ebene sind es Stolz, Absonderung und Grausamkeit als Verhärtungen des Intellekts, die wahre Gruppenbeziehungen verhindern.

Es sind also neun Charakterfehler, die überwunden und als nicht-existent bewiesen werden müssen, bevor der Mensch zum »Tor der Einweihung« gelangt, denn 9 ist die Zahl des Eingeweihten oder des vollkommenen Menschen. Diese Prüfungen erstrecken sich über viele Inkarnationen, und in jedem Skorpion-Leben wird der Mensch erneut mit seinem »Hüter der Schwelle« konfrontiert, der die Summe aller negativen Persönlichkeitsmerkmale umfaßt, die er in der Vergangenheit erworben hat und die ihn hindern, die Wirklichkeit zu erkennen, so wie sie ist.

Die »Ent-Täuschung« ist daher auch zugleich der Weg und das Ziel dieses Zeichens, und diese erfolgt in drei Stadien:

1. Der Intellekt entwickelt sich und gewinnt die Oberhand kraft des geschulten, vernünftig denkenden und folgernden Verstandes, mit dem es der Skorpion-Geborene schafft, seine emotionelle Natur zu beherrschen.

2. Der Intellekt wird erleuchtet durch das Licht der Seele, das wie ein »Scheinwerfer auf die Welt der Gefühle« gerichtet wird, um Verblendung und Illusion aufzulösen.

Diese Reihenfolge ist wichtig: Im ersten Stadium liegt die Betonung auf dem Kampf der Persönlichkeit, die sich von der Herrschaft des niederen Wünschens befreien will. Im zweiten geht es um die Befreiung von der »Weltverblendung«, die für den Menschen erkennbar wird, sobald die Seele das Denken des Menschen erleuchtet.

3. Wenn diese beiden Stadien erreicht sind, wird das eigentliche Ziel des Skorpion erkannt, nämlich richtige und harmonische Beziehungen mit der Seele und der Umwelt herzustellen, denn diese Fähigkeit bildet die Voraussetzung für die geistige Entwicklung.

Der Schlüssel zur Transformation

Das Hauptproblem des Skorpion-Menschen ist seine Eigenwilligkeit, seine Egozentrik und sein Bedürfnis nach Macht, die aufgegeben werden müssen, bevor die Seele ihren Einfluß geltend machen kann. Erst wenn der Skorpion bereit ist, die Ursachen für seine Schwierigkeiten und sein zeitweiliges Versagen bei sich selbst zu suchen und nicht mehr äußere Umstände dafür verantwortlich macht, wird er auch die nötige Stärke besitzen, um sich endgültig aus dem Bann und der Herrschaft seines »kleinen Ichs« zu befreien, das allein sein Leiden und seine Ohnmacht bewirkt. Und so lautet das Motto dieses Zeichens auch:

»Wir erheben uns durch Niederknien, wir siegen, wenn wir uns ergeben!«

Denn nur durch Demut und bedingungslose Hingabe an ein geistiges Ziel kann der Kampf im Skorpion endgültig gewonnen werden.

Die beiden Schlüsselworte für den Skorpion nach Alice Bailey
Persönlichkeit: »Maya gedeihe und Täuschung herrsche.«
Seele: »Krieger bin ich, und aus dem Kampf gehe ich siegreich hervor!«

Schütze

Schütze-Prinzip: Zielstrebigkeit, Gedankenlenkung, Intuitionx

22. November – 22. Dezember
240–270 Grad im Tierkreis
Element: Feuer
Veränderliches, männliches Zeichen

Die neunte Phase des Tierkreises

Auf das Stadium des »Stirb und Werde« in Skorpion folgt im Schützen die Ausrichtung des Bewußtseins auf ein jeweils höheres Ziel, das durch Konzentration und Zielstrebigkeit erreicht wird. Nun ist der Blick nicht mehr auf die Vergangenheit, sondern auf die Zukunft gerichtet, die intuitiv erfaßt und durch gedankliche Projektionskraft zur greifbaren Realität wird.

Typische Verhaltensmerkmale

Schütze-Geborene sind ausdrucksstarke, zielstrebige Menschen von großer Eigendynamik; sie sind lebhaft-impulsiv und lieben Aufgaben, die sie herausfordern, denn ihre Leistungsspannung braucht hochgesteckte, herausragende Ziele. Wie alle Feuerzeichen werden sie von starken Willensimpulsen geleitet, sie sind selbstbestimmt, sicher im Auftreten und oft von mitreißender Beredsamkeit, denn das Selbstverständnis des Ziels erfüllt ihre ganze Person. Um ihre Kraft voll auszuschöpfen, brauchen sie etwas, das sie erfüllt, für das sie sich begeistern können und das ihrem Leben Ziel und Richtung gibt. Haben sie ein Ziel erreicht, so suchen sie alsbald ein neues. So sind sie auch immer auf der Suche nach neuen Möglichkeiten, neuen Projekten oder neuen Visionen, denn die Kraft der Expansion ist ihr Prinzip. Der Drang nach Freiheit und die Sehnsucht nach Weite und nach fernen unbekannten Horizonten ist ein Wesenszug dieses Zeichens, das den Schütze-Typus in seinem Entwicklungsdrang niemals innehalten läßt, denn Gegenwart ohne Bewegung wird als Beengung empfunden. Vergleichbar einem Rad, das sein Gleichgewicht nur in der Bewegung halten kann, fühlen Schützen in sich ein Vorwärtsdrängen, das Festhalten am Bestehenden unmöglich macht. Mit Dynamik und Intensität suchen sie Herausforderungen, die sie niemals in der Routine erstarren lassen und ihnen das Gefühl geben, sich über sich selbst zu erheben. Um ihre Begeisterung zu erhalten, brauchen sie Motive der Eroberung, ein Ideal, eine übergeordnete Idee oder eine Vision der Zukunft, die ihr ganzes Leben erfüllt. Überzeugend sind sie vor allem im Verfolgen zukunftsträchtiger Ziele, die ihnen vollen Einsatz fordern, denn ohne Zukunftsperspektive verlieren sie ihr inneres Gleichgewicht und werden unsicher bis zur Lethargie. Dies weiß der Schütze-Geborene ganz instinktiv, und so ist er innerlich auch immer ausgerichtet auf ein fernes Ziel, das ihn anzieht und ihm eine Richtung gibt.

Diese innere Zielorientierung und der Lebensschwung machen den Schütze-Geborenen zu einem sehr lebendigen, kraftvollen Menschen von großer Bewegungsfreude, dessen Hauptproblem darin liegt, wie sich seine hochgesteckten Ziele und sein großer Enthusiasmus mit den Aufgaben des täglichen Lebens vereinbaren lassen, die ja nur selten wirklich großartig und erhebend sind. Folglich ist er dort am richtigen Platz, wo selbständige Aufgaben und weitreichende Pläne zu verwirklichen sind. Er braucht Freizügigkeit und eine selbstgewählte, in ihrem Wert unbestrittene Aufgabe, und wo diese nicht gegeben ist, behält er bei den ihm anvertrauten Aufgaben stets das Gefühl der Vorläufigkeit mit der Erwartung, daß das Richtige schon noch kommen wird. In gleichbleibend geordneten Verhältnissen fühlt er sich deshalb eingesperrt, und festgefügte Lebenspläne lehnt er ab. Um seine volle Leistung, seine Dynamik, seine Wendigkeit und Geschicklichkeit zu entfalten, braucht er Entscheidungsfreiheit und einen großen Handlungsspielraum. Auch die finanziellen Ressourcen sollten nicht zu knapp bemessen sein, denn der Schütze will stets aus dem Vollen schöpfen und zeigt im allgemeinen wenig Neigung, sich einzuschränken. Zum Haushalten mit knappen Mitteln ist er daher wenig geeignet, zumal er sich ungern mit Kleinigkeiten abgibt. Ihn interessiert das Ganze, der große Wurf, nicht der Kleinkrieg täglicher Unzulänglichkeiten, über die er sich einfach hinwegzusetzen versucht, und so stolpert er auch zuweilen über Hindernisse, die ihm nicht der Beachtung wert schienen. Solche Enttäuschungen können ihn für kurze Zeit vollkommen zu Boden werfen, aber schnell rafft er sich wieder auf und gewinnt seinen Lebensschwung zurück, mit dem er sich auf neue Herausforderungen einläßt. Denn der Schütze ist eine optimistische Bewegungsnatur, die auf Einschränkungen und Rückschläge zwar mit großem Unmut reagiert, aber nie lange in einem Zustand verharrt und immer wieder zum Neuanfang bereit ist.

Zielstrebigkeit und der ständige Drang, sich zu entwickeln, sind daher auch die markantesten Eigenschaften dieses Zeichens. Diese machen den Schützen zu einem Menschen, der stets aufgeschlossen ist für neue Erfahrungen und Eindrücke, die seinen Gesichtskreis erweitern. Er liebt große Reisen und sucht den geselligen Kontakt zu seinen Mitmenschen, denn erst im Austausch mit anderen gewinnt er seinen eigenen Standort und seine Weltsicht, die fremdes Leben einschließt. Sein Selbstverständnis ist aufgebaut auf der Vielfalt und Unterschiedlichkeit menschlicher Lebensformen und Verhaltensweisen, deren innerer Zusammenhang sich erst in der Begegnung mit Andersdenkenden erschließt. Er hat meist ein lebhaftes Interesse an Bildung und Kultur, aber auch an psychologischen oder weltanschaulich-religiösen Themen, die den Hintergrund und den Sinn menschlichen Lebens berühren. Die Suche nach immer neuen Gesprächspartnern und der Wunsch nach Erweiterung des eigenen Bewußtseins dienen daher auch dem Ziel, die Vielfalt und Unterschiedlichkeit des Lebens in sich aufzunehmen und die Zusammenhänge der Welt zu verstehen, um daraus eine übergreifende Weltanschauung zu gewinnen. Geistig-rege und von schneller Auffassungsgabe ist der Schütze ein begeisterter Lernender, aber auch ein begabter Lehrer, denn er ist der geborene Verkünder, der andere gerne an seinen erkannten Wahrheiten teilhaben läßt. Weltoffen und von großer Verständnisbereitschaft für alles, was anders ist als er selbst, besitzt er meist eine intuitive Offenheit für die größeren Zusammenhänge des Lebens, was ihn vor allzu dogmatischen Festlegungen bewahrt. Sein Denken ist positiv-aufbauend, und sein Lebensgefühl und Selbstverständnis sind von großem Optimismus und Vertrauen in die Zukunft geprägt, das ihn stets aufwärtszieht, auch wenn es hin und wieder einmal Rückschläge geben mag, weil er seine eigenen Fähigkeiten nicht selten überschätzt.

So wirken Schützen auf unbewußter Ebene auch meist etwas großspurig und prahlerisch, denn sie versuchen stets den Eindruck zu erwecken, als ob sie über alles Bescheid wüßten. Ihr Wissen und die eigene Erfahrung stehen aber oft im Widerspruch zu ihrer unerschütterlichen Selbstüberzeugung, die mehr oder weniger deutlich bei allen Schützen zum Ausdruck kommt. Dies läßt sie manchmal ein wenig überheblich und arrogant erscheinen, denn sie neigen zu einem pathetisch erlebten Gefühl der eigenen Würde und einem Standesbewußtsein, das sich zunächst nur auf große Gesten und auf Äußerlichkeiten stützt. Zu Beginn der Entwicklung klaffen Sein und Schein meist ein wenig auseinander, weil angestrebte Erfolge in schwärmerischer Übertreibung vorweggenommen und unbedeutende Ereignisse durch Überschätzung der eigenen Bedeutung aufgebauscht werden.

Mit zunehmender Reife treten aber Einsicht, Toleranz, Großzügigkeit und ein Sinn für Humor an die Stelle von Unechtheit und Selbstüberschätzung, und nun erweist sich der Schütze-Geborene als ein Mensch von heiter-beschwingter Lebensart, der seinen Mitmenschen mit großer Aufmerksamkeit und Sympathie begegnet. Dies macht ihn allgemein zu einem beliebten, anregenden Gesprächspartner, dem man gerne zuhört, da ihm der Gesprächsstoff niemals auszugehen scheint. Er redet über Gott und die Welt, ohne jemals dogmatisch zu sein, obwohl er seine Wahrheiten zuweilen schonungslos vertritt und kaum Zweifel daran aufkommen läßt, daß er auf jeden Fall Recht hat. Aber die Art, in der er sich vermittelt, ist gefällig, liebenswürdig und verständnisvoll, und die Sicherheit, mit der er seine Überzeugungen vertritt, löst wenig Widerstand bei anderen aus. So ist er auch ein Mensch, der andere leicht in seinen Bann zieht, sie mitreißt oder verführt, je nach Entwicklungsstufe. Auf jeden Fall aber wirkt seine Art auf viele motivierend, und nicht selten wird er zum Hoffnungsträger für andere, da er es versteht, anderen Lebensmut und Zuversicht zu geben, zumal es für ihn, der sich der großen Zusammenhänge des Lebens intuitiv bewußt ist, hoffnungslose Situationen überhaupt nicht zu geben scheint und nichts, für das es bei reiflicher Überlegung keine Lösung gäbe. Überdies hat man stets den Eindruck, daß ihm vieles einfach zufällt, was andere mühsam zu erkämpfen suchen, da es ihm natürlich scheint, auf der Sonnenseite des Lebens zu stehen und er deshalb auch nur Gutes erwartet.

Diese positive Grundeinstellung des Schützen ergibt sich aus seiner tief verwurzelten Glaubensbereitschaft, die man auch als »religiöse Intuition« bezeichnen könnte. Es ist die im tiefsten Innern intuitiv erfühlte Ich-Verbundenheit mit einem größeren Ganzen oder einem übergeordneten Prinzip, in dem sich das Leben stets zum Höheren und Besseren hin entwickelt, und dies ist es, was dem Schützen Vertrauen in das Leben und Selbstsicherheit gibt. Doch die Entwicklung entscheidet darüber, welchen Gebrauch ein Schütze von dieser Intuition macht.

Bei seelisch unreifen Menschen kommt es häufiger zu einem Übermaß an Eifer, Aberglauben und Schwärmerei, denn durch ihr leichtes Angesprochensein für Religiös-Weltanschauliches lassen sich Schützen schnell zu einer Begeisterung hinreißen, die kritischen Fragen wenig Raum läßt. Andererseits gewinnen sie aber gerade dadurch ihre mitreißende, bisweilen umwerfende Überzeugungskraft, mit der sie eine einmal erkannte Wahrheit am liebsten der ganzen Menschheit verkünden würden, auch wenn ihre Wahrheiten zunächst noch sehr persönlich sind und nur Teilwahrheiten darstellen, die sich erst später in eine umfassende Weltsicht erweitern. Doch dies kümmert den Schützen wenig. Wenn er eine Berufung in sich spürt, ist er kaum noch zu bremsen, da seine Zuversicht und sein Selbstvertrauen Selbstzweifel gar nicht erst aufkommen lassen. So kommt es auf unbewußter Ebene auch des öfteren zu Verblendung und Selbstüberschätzung, die sich im Bereich religiös-weltanschaulicher Fragen im Extremfall bis zum Gefühl der Auserwähltheit steigern kann, das den eifernden Missionar hervorbringt, erfüllt von einem Sendungsbewußtsein, das weder Demut noch Selbstkritik kennt.

Mit zunehmender mentaler Entwicklung verstärkt sich jedoch die intuitive Wahrnehmung, und dadurch entwickelt der Schütze-Geborene ein wirkliches Verständnis für geistige Zusammenhänge. Sein Interesse gilt nun verstärkt den philosophischen und ethischen Fragen des Menschseins und allem, was dem Leben in der Welt eine Bedeutung und einen tieferen Sinn verleiht. Dadurch treten geistige Ziele an die Stelle persönlicher Bestrebungen, Religionen werden als zeitgebundene Offenbarungen erkannt, und es beginnt die Suche nach einem Lebensziel, das einem höheren ethischen Anspruch gerecht wird.

Die Höhe der Entwicklung zeigt sich beim Schützen daher an der Art der Ziele. Je sinntragender die Ziele, umso mehr werden die Aufgaben als Berufung erlebt; je sinnentleerter, umso äußerlicher wird Wirkung und Persönlichkeitserfolg gesucht. Zunächst geht es um Erfolg, um das Erreichen ehrgeiziger persönlicher Ziele und um Popularität, und der Hang, nach Höherem zu streben, zeigt sich im Wunsch nach Statussymbolen, nach äußerem Glanz und prestigeträchtigen Posten. Doch auf fortgeschrittener Stufe verlieren sich allmählich die großartigen, auf Wirkung bedachten Handlungen. Nun treten geistige Ideale und Zielsetzungen an die Stelle persönlicher Ziele, die den Schütze-Geborenen intensiv suchen lassen nach den letzten Sinnfragen des Lebens, nach Ethik und tiefer Menschlichkeit. Denn in diesem Zeichen geht es um die

Größe und Würde des Menschseins, und so ist das Ziel des entwickelten Schützen auch die geistige Höherentwicklung, die Erhebung des Menschen über das Animalische hinaus, da er intuitiv die hierarchische Ordnung des Kosmos spürt, in der jedes Lebewesen die Aufgabe hat, voranzustreben und sich nach dem jeweils Höheren auszurichten.

Die Stärken und Schwächen des Schützen

Seine Stärken sind Einsichtsfähigkeit, ein Verständnis für andere und Andersdenkende, Großmütigkeit und Toleranz. Aufgrund seines Strebens nach echter Menschlichkeit und umfassendem Verständnis vermeidet er Konfrontationen und ist stets bereit, andere zu versöhnen. Ausgeprägt sind auch sein Sinn für Gerechtigkeit, sein Streben nach Freiheit und die Fähigkeit, alles aus einer übergeordneten Perspektive und in einem größeren Zusammenhang zu sehen.

Die Schwächen dieses Zeichens sind Selbstgefälligkeit, Jovialität sowie Selbstüberschätzung und geistige Überheblichkeit. Ein Hang, im Überfluß zu leben bis hin zu Gigantomanie, Großspurigkeit und unechten Posen sind bei mangelnder Entwicklung ebenfalls vorhanden, da den Ansichten und Meinungen, die er mit großer Überzeugung vertritt, oft die wirkliche Erfahrung fehlt.

Die drei Entwicklungsebenen im Schützen

Es gibt drei Bewußtseinsstadien in diesem Prinzip, und diese werden durch folgende Zeichenherrscher stufenweise entwickelt:

1. Persönlichkeit	Exoterischer Herrscher	Jupiter
2. Seelen-Bewußtsein	Esoterischer Herrscher	Erde
3. Geistiger Mensch	Hierarchischer Herrscher	Mars

1. Stadium: Entwicklung der Persönlichkeit

Zeichenherrscher: Jupiter   **Leitmotiv: Wohlstand und Expansion**

Zu Beginn der Entwicklung steht beim Schütze-Geborenen die Suche nach Wunschbefriedigung im Vordergrund. Erfolg, Wohlstand und Popularität sind die Triebfedern seines Handelns. Sie halten ihn in ständiger Bewegung, da es ihn treibt, die Welt in ihrer Vielfalt wahrzunehmen, zu erleben und an ihrer Fülle teilzuhaben. Heiter, selbstsicher, voller Lebensoptimismus sucht er den Kontakt zu seinen Mitmenschen, denn er ist ein geselliger Mensch und liebt es, andere zu unterhalten. Überzeugt von sich und den eigenen Fähigkeiten, gibt er sich meist selbstsicher, überlegen und zuweilen ein wenig selbstgefällig, da die Bescheidenheit nicht zu seinen Tugenden gehört. Seine Ansprüche sind hoch, und so versucht er, seinem Leben eine besondere Note zu geben, indem er sich mit Statussymbolen und äußeren Dingen umgibt, die ihm Überlegenheit, Respekt und Ansehen verschaffen, denn er möchte sich auf jeden Fall über das Mittelmaß erheben. Solange sich das Prinzip der Expansion auf Materielles richtet, sind seine Ansprüche wenig bescheiden und zuweilen überdimensioniert bis hin zu Gigantomanie, der der unentwickelte Typ dieses Zeichens immer wieder erliegt, weil Maßhalten ein Fremdwort für ihn ist.

Doch mit zunehmender Persönlichkeitsentwicklung verstärkt sich der Wunsch, den eigenen Wissenshorizont auszuweiten und das Leben zu nutzen, um zu lernen und sich weiterzubilden. Er ist nun aufgeschlossen für Bildung, Kultur und für neue Einsichten, die sein Selbstverständnis erweitern. Er ist aber nicht nur ein willig Lernender, sondern auch ein begabter Lehrer, der es liebt, anderen seine Weltsicht zu verkünden und sie an seiner Erfahrung teilhaben zu lassen. So gilt sein Interesse auf dieser Ebene nicht mehr ausschließlich materiellem Wohlstand, sondern er sucht nun bevorzugt Tätigkeiten auf Gebieten, in denen es um die Förderung der menschlichen Entwicklung und um eine bessere Verständigung zwischen unterschiedlichen Lebensformen und Denkweisen geht. Denn der Schütze ist von seinem inneren Wesen her ein Kosmopolit, dessen Lebenseinstellung geprägt ist vom Verständnis für andere und Andersdenkende, die erst den Reichtum und den Reiz seines eigenen gedanklichen Lebens ausmachen.

2. *Stadium:* Seelen-Bewußtsein

Zeichenherrscher: Erde   *Leitmotiv:* **Das intuitive Streben des suchenden Menschen**

Wenn die Seele deutlicher ins Bewußtsein tritt, beginnt der esoterische Planet Erde die Wirkung des Jupiter zu verstärken. In dieser Phase wird der Mensch ein Suchender, der intensiv nach dem Sinn des irdischen Lebens forscht, das sich für ihn nun nicht mehr im Streben nach Wunschbefriedigung und Leistungsehrgeiz erschöpft. So konzentriert er sich immer stärker darauf, das eigene Wesen zu verstehen und das geistige Wissen der Menschheit wiederzuentdecken, das durch das Vorherrschen intellektuell-wissenschaftlichen Denkens in den Hintergrund gedrängt wurde. Und in dem Maße, wie sich sein Denken ins Geistige richtet, erwacht seine Intuition, die ihn erkennen läßt, daß die Erde ein Schulungsfeld ist, in dem der Mensch lernen muß, zwei große Lebensströme (Geist/Materie) zu einer Einheit zu verbinden.

Durch diese Erkenntnis beginnt das Gegensatzpaar Schütze-Zwillinge sich anzunähern, und der Schütze-Geborene ist nun in der Lage, Intellekt (eine Eigenschaft der entwickelten Persönlichkeit) und Intuition (eine Eigenschaft der Seele) zu verbinden. In dieser Phase betritt er den »Pfad der Jüngerschaft«, den man in der Esoterik auch als die »Erfahrung des Jüngers auf dem Erdenplan« bezeichnet, weil der Mensch nun eine globale Weltsicht erreicht hat, die ihn erkennen läßt, daß unser Globus ein Ganzes ist und das Leben jedes Einzelnen eine Auswirkung auf das Ganze hat. Dies zu verstehen, ist das Ziel des Schützen, der kraft der Intelligenz der Erde zunehmend einzudringen vermag in das Prinzip kosmischer Intelligenz, das alle irdischen Lebensvorgänge steuert. Nun wird ihm bewußt, daß das Leben auf der Erde Teil eines geistigen Entwicklungsprozesses ist, in dem der Mensch die Aufgabe hat, seinen Körper durch Gedankenkraft zu lenken und schließlich vollkommen zu beherrschen. Das geistige Verstehen der Lebensgesetze und ihre Umsetzung im Physischen bilden also die Voraussetzung für die Vergeistigung irdischen Lebens, das in diesem Stadium des Bewußtseins beginnt.

Deshalb ist die Erde auch kein exoterischer Planet. Sie erscheint nur zweimal, im Zeichen Zwillinge auf hierarchischer und im Schützen auf esoterischer Ebene, weil ihr Prinzip der kosmischen Intelligenz erst auf den Menschen einwirken kann, dessen mentale Entwicklung fortgeschritten ist und der beginnt, sich seines geistigen Seins bewußt zu werden. Ihre Wirkung wird folglich nur von jenen gespürt, die Seelenbewußtheit erlangt haben, und Seelenbewußtsein ist wiederum nur möglich, wenn der Intellekt entwickelt ist und die intuitive Wahrnehmung stetig zunimmt. Wenn dies der Fall ist, bringt der Planet Erde den Schützen unter den Einfluß irdisch-planetarischer Erfahrung, die etwas anderes ist als die individuelle Erfahrung, denn nun beginnt der Mensch, global zu denken und zu handeln und seine Zielsetzungen bewußt mit den Notwendigkeiten der Menschheit und der ganzen beseelten Natur der Erde in Einklang zu bringen.

3. Stadium: Geistiger Mensch

Zeichenherrscher: Mars   **Leitmotiv: Idealismus**

Wenn Mars als hierarchischer Herrscher des Schützen wirkt, dann hat der geistig erwachte Mensch das Gegensatzpaar Schütze-Zwillinge im Bewußtsein verschmolzen. Das Streben nach Erfahrung und Bewußtseinserweiterung, die intuitive und konzentrierte Haltung des suchenden Jüngers haben ihre Früchte getragen. Nun bestimmt Idealismus die Zielsetzungen des Schützen, der intuitiv das geistige Zukunftsbild der Welt erschaut und sein ganzes Leben darauf ausrichtet, der Menschheit zu helfen, diese Vision gedanklich zu erfassen. Er wird sich nun berufen fühlen, ein Lehrer der Menschheit zu sein, der versucht, die intuitiv erfaßte Wahrheit und Weisheit, die er erlangt hat, weiterzugeben, ohne sich an bestimmte religiöse Formen zu binden, weil er erkannt hat, daß Wahrheit universell ist und über allen Religionen und Weltanschauungen steht. Dennoch wird er Verständnis für jene zeigen, die sich noch einer bestimmten Religion und Weltanschauung zugehörig fühlen, weil er weiß, daß der Mensch Formen der Verehrung braucht, bevor er sich abstraktem geistigem Wissen zuwenden kann. Denn das materielle Wissen muß dem geistigen Wissen stets vorausgehen, weil die Form Zeit braucht, um sich durch Evolution an die geistigen Energien anzupassen.

Die esoterische Bedeutung des Schützezeichens

Symbol: ↗   Der Pfeil, der nach oben gerichtet ist.

Bedeutung: Zielgerichtetes Verlangen sowie intuitives Streben und geistige Zielsetzung.

Lichtqualität: Ein Strahl gelenkten, konzentrierten Lichtes.

»Hier wird der Lichtpunkt zum Strahl; er offenbart ein größeres Licht in der Ferne und erleuchtet den Weg zum Zentrum des Lichtes.«

Alice Bailey

Das Symbol des Schützezeichens hat eine Veränderung erfahren, vom Zentauren (altes archaisches Symbol) über den Bogenschützen auf einem weißen Pferd bis zum heutigen abstrakten Symbol des Pfeils mit einem Bruchstück des Bogens. In dieser Veränderung läßt sich das Thema des Schützen gut erkennen.

Auf unentwickelter Stufe bewirkt die Energie des Schützen die Entwicklung der menschlichen Seele mit ihren menschlichen Zielen, ihrer Selbstsucht, ihrer Identifikation mit der Formnatur, ihrem Verlangen und ihrem Streben. In diesem Stadium ist die Befriedigung des persönlichen Verlangens und der animalischen Triebe das Ziel. Das Leitmotiv des Zentauren – dem Symbol der Persönlichkeit – ist Ehrgeiz.

Doch in dem Maße, wie das Denken des Menschen sich entwickelt, wird der Zentaur zum Bogenschützen, der sich auf ein bestimmtes Ziel konzentriert. Die Einheit mit dem »Tier im Menschen« wird gelöst, und als Zeichen der geläuterten Persönlichkeit wird das Pferd nun weiß. Das Leitmotiv des Bogenschützen – dem Symbol der Seele – ist geistiges Streben und Gedankenlenkung.

Im heutigen Stadium der Entwicklung drückt der Pfeil die Energie des Schützen am besten aus, denn der Brennpunkt des menschlichen Lebens liegt nicht mehr nur auf den äußeren Aspekten des Lebens. Er hat sich auf innere Ziele verlagert, die vom emotionalen Ehrgeiz bis zum geistigen Streben reichen oder vom konkreten Denken, das auf persönliche Interessen gerichtet ist, bis hin zum erleuchteten Denken, das durch Konzentration auf die Seele erreicht wird.

Schütze ist daher das Zeichen, in dem der Mensch Konzentration und Zielgerichtetheit beweisen muß, und so ist der Schütze-Geborene auch immer auf ein höheres Ziel ausgerichtet, durch das er sich eine neue Art von Sinneserfahrung oder Bewußtseinserweiterung erhofft. Er konzentriert sich auf dieses Ziel und verfolgt eine ganz bestimmte klar erkannte Absicht. Diese Absicht reicht vom körperlichen Verlangen über persönlichen Ehrgeiz bis hin zum geistigen Streben des Menschen, der durch Konzentration auf die Seele zur Erleuchtung gelangt. Zielstrebigkeit ist daher auf jeder Ebene des Bewußtseins das Leitmotiv dieses Zeichens.

Das Ziel des Schützen

ist Gedankenlenkung und die Konzentration auf die Seele, um die Voraussetzung zu schaffen für eine höhere Art mentaler Wahrnehmung, die in der Esoterik als Intuition bezeichnet wird. Diese höhere mentale Wahrnehmung erwacht, wenn der Intellekt entwickelt und angewandt wurde und der Mensch für das Licht der Seele (den wahren Denker) empfänglich geworden ist, weil er gelernt hat, seine Gedanken zu konzentrieren und auf ein geistiges Ziel zu richten. Erst wenn die ständige Bewegung der Gedanken aufhört, die das persönliche Denken kennzeichnet, wird der Mensch empfänglich für das Licht der Seele, in dem sich die eigene Zukunft offenbart. Nun fällt Licht auf alle weltlichen Probleme, und er erkennt den Sinn des Lebens, der eben in der Entwicklung zum Licht besteht, das die Evolution der gesamten Schöpfung bestimmt.

In der Entwicklung des Schützen vom emotionalen Ehrgeiz bis zum konzentrierten intuitiven Bewußtsein lassen sich drei wichtige Stadien erkennen:

1. Zielstrebige Wunschbefriedigung und Ehrgeiz bestimmen die Richtung des Lebens.

2. An die Stelle von äußeren Lebenszielen tritt die intensive Suche nach dem Sinn des Lebens. Der Mensch wird ein geistig Strebender, der um Wahrheit bemüht ist, und diese konzentrierte innere Haltung läßt schließlich eine intuitive Wahrnehmung entstehen, mit der der Zusammenhang zwischen Geist und physischem Leben erfahrbar wird.

3. Der Schöpfungsplan wird intuitiv erkannt, und das Ideal wahren Menschseins bestimmt die Zielsetzungen und Handlungen des Lebens.

Der Schlüssel zur Transformation

Die wichtigste Aufgabe des Schützen ist die Beherrschung der Formnatur durch Gedankenkraft. Dies geschieht durch gezielte Gedankenlenkung, die sich meist erst durch Meditation und ernsthafte Beschäftigung mit geistig-esoterischen Wissensbereichen einstellt. Dem Studium von Symbolik und dem Erlernen von Astrologie kommt in diesem Zeichen daher eine besondere Bedeutung zu, weil dies die Intuition weckt und den geistigen Hintergrund des Lebens erkennbar macht. Die Grundlage für Fortschritt bildet daher ein geistig-spirituelles Verständnis des Lebens, das die materielle Zielorientierung ablöst und den Schützen veranlaßt, sein Leben durch bewußte Lenkung seiner Gedanken der jeweils intuitiv erkannten Wahrheit anzupassen. Auf diese Weise lernt er die Kraft seiner Gedanken zu nutzen, um seinem Leben eine selbstbestimmte Richtung zu geben. Dies ist ein notwendiger Schritt in der Entwicklung, denn wir bestimmen die Zielrichtung unseres Lebens selbst durch die Kraft unserer Gedanken, die uns entweder an die Materie binden oder uns frei werden lassen für ein höheres gedanklich-schöpferisches Leben. Folglich gibt es auch keine schöpferische Lebensgestaltung und keine persönliche Freiheit außer durch Gedankenkraft, und diese gilt es in diesem Zeichen konzentriert und gezielt ins Geistige zu richten, um im Steinbock schließlich ans »Tor der Einweihung« zu gelangen.

Die beiden Schlüsselworte für den Schützen nach Alice Bailey

Persönlichkeit: »Es werde Nahrung gesucht.«

Seele: »Ich sehe das Ziel. Ich erreiche das Ziel und sehe dann ein weiteres.«

Steinbock

Steinbock-Prinzip: Ehrgeiz, Höherstreben, Unpersönlichkeit

22. Dezember – 20. Januar
270–300 Grad im Tierkreis
Element: Erde
Kardinales, weibliches Zeichen

Die zehnte Phase des Tierkreises

Mit Steinbock beginnt wiederum eine neue Ebene der Erfahrung, denn nun lernt der Mensch über die drei Stadien *Steinbock-Wassermann-Fische* (IV. Quadrant), sich als Teil eines größeren Ganzen wahrzunehmen. So stellt Steinbock auch den ersten Schritt zur Empersönlichung dar, die den Menschen veranlaßt, sich bewußt einer höheren Ordnung zu unterstellen und seine Individualität den Normen, Maßstäben und Gesetzen einer Gemeinschaft unterzuordnen.

Typische Verhaltensmerkmale

Der Steinbock-Typus ist ein Mensch, bei dem Leistung und Disziplin an erster Stelle stehen, denn er fühlt in sich den unaufhaltsamen Drang, den »Gipfel« zu erreichen. Motiviert durch großen Leistungswillen liebt er Verantwortung und wird – wo immer sein Platz im Leben ist – mit Ausdauer und Beharrlichkeit versuchen, nach oben zu kommen. Sein Bedürfnis nach beruflichem Aufstieg oder öffentlichem Wirken ist groß, sein Lebensstil jedoch eher bescheiden, denn er liebt keinen Luxus und ist meist äußerst sparsam bis hin zum Geiz. Er spart eisern, vor allem für Notzeiten, denn er möchte auf jeden Fall selbständig bleiben und auch im Alter niemandem zur Last fallen. Bescheiden und genügsam in seinen Bedürfnissen, aber beharrlich und zäh im Verfolgen seiner Absichten, trotzt er allen Widerständen, die sich ihm in den Weg stellen mögen, da er aus Erfahrung weiß, daß das »Füllhorn des Lebens« über ihm nicht ausgegossen wird. Was er besitzt, hat er durch Arbeit erreicht, Mäßigkeit und Verzicht sind die Merkmale seiner Lebensführung, Ordnung, Pünktlichkeit und Zuverlässigkeit seine selbstverständlichen Grundsätze. Denn in diesem Zeichen geht es um die Konzentration auf das Wesentliche, um die Zusammenziehung aller Kräfte zugunsten eines Zieles, das zu einer bestimmten Zeit als erstrebenswert erscheint und dem alle anderen Wünsche und Bestrebungen untergeordnet werden.

So mißt sich die Entwicklungsstufe des Steinbock-Geborenen auch daran, was er als Ziel seines Ehrgeizes erstrebt. Zu Beginn der Entwicklung geht es natürlich primär um persönliche materielle Bestrebungen, die sein Leben erfüllen und für deren Erreichen er keine Mühe scheut, denn stark sind sein Ehrgeiz und das Bedürfnis nach geachteter Stellung und öffentlichem Ansehen, die für ihn Zeichen seines persönlichen Wertes sind. Zuverlässig, gewissenhaft und korrekt im Einhalten von Vorschriften und zäh an seinen Zielen festhaltend, erreicht er das, was er sich vorgenommen hat, allerdings nicht ohne Aufbietung aller ihm zur Verfügung stehenden Kraft, denn Steinbock ist das Zeichen des Lebenskampfes. Seine Verdienste und Erfolge werden nicht leicht errungen; sie sind von langer Hand geplant, und nicht selten schlägt er ungewöhnliche Wege ein, nimmt Umwege und Entbehrungen in Kauf, um sein erstrebtes Ziel zu erreichen. Geduldig klettert er auf der Stufenleiter des Erfolges nach oben, nicht gerade raketenartig, aber mit langsamem, konsequentem Gleichschritt. Er versteht es gut, mit seinen Kräften umzugehen, sie werden nicht vergeudet, aber auch nicht gespart, und so gibt es wohl kaum einen Charakter, der den Widrigkeiten und Hindernissen des Lebens so gelassen und zäh begegnet wie er, denn das Ziel immer vor Augen, versucht er keiner Hürde auszuweichen, sondern sie zu übersteigen.

So muß in seinem Leben auch meist alles in den Hintergrund treten, was sich hindernd vor die Verwirklichung seiner Lebensaufgabe stellt. Er ist stets darauf bedacht, das Gefühlsmoment, das vor allem im Gegenzeichen Krebs in Gestalt von Launen und Stimmungen eine überragende Rolle spielt, in Schranken zu halten, damit sie keinerlei Einfluß auf sein Handeln gewinnen. Betrachtet er Gefühle doch eher als seine Privatangelegenheit, die niemanden etwas angehen und im Stillen ausgetragen werden sollten. So bleibt das, was er eigentlich denkt, auch meist verborgen hinter dem, was zu sagen üblich ist. Seine persönlichen Neigungen wird er bereitwillig zurückstellen, wenn sie geltenden Maßstäben der Gemeinschaft oder seiner Auffassung von Pflichterfüllung und Verantwortlichkeit widersprechen. Denn Pflichterfüllung ist ihm ein grundlegendes Bedürfnis, und diese rangiert im allgemeinen vor dem Privatleben. Auch der Beruf oder die geachtete gesellschaftliche Stellung sind ihm häufig wichtiger als die Familie, die nur allzu leicht dem Ehrgeiz geopfert wird, der das Leben dominiert und seine hauptsächlichen Zielsetzungen bestimmt.

Dieses Verhalten wird verständlich, wenn wir bedenken, daß Steinbock den ersten Schritt zur Entpersönlichung darstellt, denn hier geht es darum, neutrale Wertmaßstäbe und Ordnungsprinzipien zu finden, auf die sich das Zusammenleben in einer Gemeinschaft ausrichten kann. Dazu bedarf es der Einschränkung des Individuellen überall dort, wo ausufernde individuelle Freiheiten den geordneten Ablauf des Gemeinschaftslebens stören könnten. Steinböcke verstehen sich daher auch oft als »Hüter der öffentlichen Ordnung«, denn übergeordnete Prinzipien gelten ihnen mehr als individuelle Wünsche, die sie bereitwillig dem Allgemeingültigen unterordnen. Häufig sind ihnen Gesetze wichtiger als persönliche Gefühle, und sie sind im allgemeinen auch bereit, herrschende Autoritäten und geltende Normen der Gesellschaft zu akzeptieren, die für sie zur Richtschnur ihres Handelns werden. Ihre Grundhaltung im Leben ist bewahrend-konservativ, und sie halten sich gerne an traditionelle Werte, die ihrem Wunsch nach Kontinuität entgegenkommen. Alle Neuerungen werden sie lange prüfen und erst dann übernehmen, wenn sie schon einen breiteren Bekanntheitsgrad erreicht haben. Sie halten lange an liebgewonnenen Gewohnheiten und Ansichten fest, denn ihre Meinungsbildung ist eher langsam und orientiert sich an übergeordneten Maßstäben und Gesetzen, die fest und unerschütterlich sein sollten, da sie ein System der Ordnung brauchen, nach dem sie ihr Leben ausrichten.

So hat der Steinbock im allgemeinen auch eine unpersönliche Rechtsauffassung. Geltendem Recht wird er sich ohne weiteres unterwerfen und dieses auch dann mit Eifer vertreten, wenn er selbst dabei den Kürzeren zieht. Denn Recht, Ordnung, Pflichterfüllung und die Verantwortung des einzelnen gegenüber der Gesellschaft sind die Werte, die der Steinbock als gemeinschaftserhaltende Prinzipien bereitwillig akzeptiert. Meist übersieht er dabei allerdings, daß diese Eigenschaften nicht ohne weiteres auf andere zu übertragen sind. Nicht selten hat er deshalb etwas Schulmeisterliches, Belehrendes oder Erzieherisches, was Menschen, für die Spontaneität und das unmittelbare Erleben wesenstypisch sind, als Einschränkung ihrer Freiheit empfinden und mit Unmut reagieren läßt. In Extremfällen zeigt er sich überbürokratisch und dogmatisch in seiner Rechtsauffassung, die er als allgemeingültig und unumstößlich vertritt. Im Regelfall wird er aber auch von anderen nichts erwarten, was er selbst nicht zu tun bereit wäre, denn Konsequenz des Handelns und Einschränkung der individuellen Bedürfnisse zugunsten eines höheren Ordnungsprinzips sind wesenstypisch für dieses Zeichen. Diese Lebensauffassung, die aus der instinktiv empfundenen Verantwortung für die Allgemeinheit resultiert, zeigt sich oft schon im Kindesalter, denn Steinbock-Kinder sind schon früh ernst, fleißig und strebsam. Sie sind meist vernünftiger als andere, ordnen sich freiwillig Pflichten unter und übernehmen auch schon in jungen Jahren die Rolle des Erziehenden, indem sie sich berechtigt fühlen, anderen zu sagen, was »man« tun oder lassen sollte.

Der Weg des Steinbock-Menschen ist meist ein einsamer Weg, denn er setzt nicht auf die Hilfe anderer, sondern alles, was er erreicht, möchte er sich selbst verdanken. Seine Erwartung richtet sich vor allem auf sich selbst und die eigene Leistung, die den Angelpunkt seines Lebens bildet. Als verstandesbetonter Mensch ist sein Denken gründlich und pragmatisch, denn seine Lebenshaltung nüchterner Realismus bis hin zu Pessimismus, denn, so wird er gerne argumentieren, »wer nichts Gutes erwartet, kann auch nicht enttäuscht werden«. Diese Grundhaltung, die sein ganzes Leben durchzieht, läßt die Erdenschwere nur erahnen, die das Grundgefühl seines Wesens ausmacht. Denn er weiß um den langen Weg, den er gehen muß, um es zu etwas Dauerhaftem zu bringen, und darauf ist er schon von klein auf eingestellt. So ist das Leben des Steinbock-Geborenen auch vor allem der Arbeit gewidmet, und er arbeitet hart, entweder an seiner Karriere oder aber an sich selbst. Er scheut keine Mühen, Schwierigkeiten spornen ihn eher an, denn er erwartet ja nicht, daß man ihm ein Königreich zu Füßen legt. Vielmehr spürt er in sich den intensiven Drang, alles aus eigener Kraft zu schaffen und allein und ungeteilt die Verantwortung für sein Tun zu tragen, da diese die Quelle seiner Selbstachtung und das Bewußtsein des eigenen Wertes bildet. So ist es dem Steinbock-Geborenen auch fast unmöglich, das Leben leicht zu nehmen, denn er fühlt in sich die Schwere der Verpflichtung, den Zwang, sich durch Leistung zu beweisen und für die Konsequenzen seines Tuns auch gerade zu stehen. Diese Form des Verantwortungsbewußtseins – das so bei keinem anderen Zeichen vorhanden ist – läßt ihn meist als nachdenklichen, ernsten Menschen erscheinen, zuweilen mit hintergründigem Humor, aber wohl niemals ganz unbeschwertheiter. Er hat sich stets unter Kontrolle und wird niemals spontan oder absichtslos handeln, denn er will im Leben etwas erreichen, und dafür ist er bereit, auf manche Annehmlichkeit zu verzichten. Den Ausgangspunkt zu beruflichem Erfolg bilden meist nicht Beziehungen oder Popularität, sondern Selbstdisziplin, Gründlichkeit, große Tüchtigkeit, Fleiß, Ausdauer und Konsequenz, mit der er das Ziel seines Lebens verfolgt, das der Arbeit gewidmet ist.

Dieses Ziel ist auf unentwickelter Ebene zwar rein materiell und persönlich, doch mit zunehmender geistiger Entwicklung verlagert sich das Interesse des Steinbock-Geborenen vom äußeren Erfolg auf die innere Seite des Lebens, und ihm wird bewußt, daß die wahre Arbeit des Menschen im sinnvollen Dienst am anderen besteht. In diesem Stadium tritt der Ehrgeiz in den Hintergrund, und die Notwendigkeit zu dienen wird deutlich erkannt. Nun wendet er sich gemeinschaftserhaltenden Aufgaben zu, die Teil seines Lebensplanes werden und in deren Erfüllung er alle Widerstände zu überwinden sucht, die die Beharrungskraft der Materie ihm entgegensetzt. So erweist sich die erworbene Selbstdisziplin, sein Verantwortungsgefühl, aber auch seine Ausdauer und Zuverlässigkeit schließlich als unverzichtbare Qualitäten des Steinbock-Menschen, der sich entschlossen hat, sein Leben und seine Arbeitskraft in den Dienst der Allgemeinheit zu stellen und hierin seine Erfüllung zu sehen.

Die Stärken und Schwächen des Steinbock

Die Stärke liegt im Erfassen des Wesentlichen. Sein Handeln ist klar und übersichtlich, seine Sprache präzise, kurz und bündig, ohne überflüssige Worte. Er ist pflichtbewußt, belastungsfähig, zäh, ausdauernd und besitzt eine ausgezeichnete Konzentrationsfähigkeit mit dem Drang nach tieferen Erkenntnissen.

Die Schwäche dieses Zeichens ist ein zu starker Ehrgeiz, der Empfindungen und liebevolle Mitmenschlichkeit verkümmern läßt, wenn der Kopf das Herz verdrängt. Wenn dies eintritt, neigt der Steinbock zu Schwermut und Melancholie, und er wird trotz äußerlichem Erfolg und Ansehen innerlich vereinsamen, was eine spürbare Verhärtung seines Wesens zur Folge hat und sich in einer starren Haltung, in Unnachgiebigkeit, Geiz und Dogmatismus äußern kann.

Die drei Entwicklungsebenen im Steinbock

Es gibt drei Bewußtseinsstadien in diesem Prinzip, und diese werden durch folgende Zeichenherrscher stufenweise entwickelt:

1. Persönlichkeit   Exoterischer Herrscher   Saturn
2. Seelen-Bewußtsein   Esoterischer Herrscher   Saturn
3. Geistiger Mensch   Hierarchischer Herrscher   Venus

1. Stadium: Entwicklung der Persönlichkeit

Zeichenherrscher: Saturn   **Leitmotiv: Ehrgeiz**

Zu Beginn der Entwicklung begegnen wir im Steinbock-Geborenen einem Menschen, der ernst, fleißig und strebsam ist, denn er will im Existenzkampf des Lebens nicht unterliegen. So wirkt er auch selten heiter und unbeschwert, sondern eher ein wenig bedrückt durch die Last der Verantwortung, die auf seinen Schultern zu ruhen scheint. Ausgelassenheit oder zweckfreies spontanes Handeln sind ihm wesensfremd, denn stets fühlt er in sich ein inneres Vorwärtsdrängen, einen inneren Aufruf zur Pflicht, der sich in Sätzen wie »ich sollte eigentlich« oder »das tut man nicht« oder »das darfst du nicht« manifestiert. Meist hat er etwas Schulmeisterliches bis Zwingendes, das nur selten entspannte Heiterkeit aufkommen läßt. Starr und dogmatisch in seinen Auffassungen, orientiert er sich an Traditionen und kollektiven Normen, denen er seine persönlichen Empfindungen bereitwillig unterordnet. So fühlt er sich auch immer wieder aufgerufen und berechtigt, andere zu disziplinieren oder sie zu ermahnen, Vorschriften einzuhalten und Hinweisschilder nicht zu ignorieren, da er sich selbst an diese Ordnung gebunden fühlt. Dabei legt er sich und anderen zuweilen »Steine in den Weg«, weil es ihm schwerfällt, sich über bürokratische Vorschriften einfach hinwegzusetzen, auch wenn deren Sinn nicht klar erkennbar ist. Da er ein übergeordnetes Gesetz braucht, in das er sein Leben einordnen kann, fühlt er sich auch ein wenig als »Hüter der öffentlichen Ordnung«, der dafür Sorge trägt, daß individuelle Freiheiten nicht ausufern und die Ordnung des größeren Ganzen, etwa des Staates, der Firma oder des engeren Familienkreises, gefährden. Denn auf dieser Entwicklungsebene wird das Prinzip der »Ent-Persönlichung« des Steinbock noch unbewußt erlebt, als ein unreflektiertes Akzeptieren übergeordneter Gesetze und Ordnungsprinzipien eines Gemeinwesens, in dessen Rahmen sich der einzelne nach besten Kräften zu behaupten sucht, ohne sie zu hinterfragen.

Doch mit zunehmender Persönlichkeitsentwicklung wird das Denken des Steinbock-Menschen klarer und individueller, und nun gilt sein ganzes Streben dem persönlichen Erfolg, denn er will nach oben kommen und sich durch Leistung beweisen. Er achtet darauf, sich nicht von Gefühlen bestimmen zu lassen, weder von den eigenen, noch von denen der anderen. Er strebt nach einer angesehenen Stellung, nach Einfluß und Macht, und da dieser Weg nach oben steinig und schwierig für ihn ist, kann er nur wenig Rücksicht nehmen auf die, die seinen Weg kreuzen oder jene, die am Rande seines Weges zurückbleiben. Streng gegen sich selbst und andere, versucht er durch unermüdliche Arbeit, Fleiß und Strebsamkeit eine geachtete Stellung zu erringen, da sein Selbstwertgefühl sich an dem mißt, was er durch eigene Leistung erreicht hat. In dieser Phase erschöpft sich das Leben des Steinbock-Geborenen meist in Arbeit und beruflicher Karriere, die sein Leben dominieren. Er ist bereit, sein Privatleben diesem Ziel zu opfern, und so geschieht es nicht selten, daß er auf dem Höhepunkt seines Erfolges und seiner Macht erkennen muß, daß er zwar alles erreicht hat, aber dennoch nicht glücklich geworden ist.

2. *Stadium:* Seelen-Bewußtsein

Zeichenherrscher: Saturn   *Leitmotiv:* Geistiges Streben

Wenn die Seele deutlicher ins Bewußtsein tritt, verlagert sich der Einfluß des Saturn von der äußeren Ebene auf die innere Entwicklung des Menschen, und nun wird sich der Steinbock-Geborene zunehmend der Verhärtung des eigenen Wesens bewußt. Er erkennt, daß weiterer Fortschritt nur möglich ist, wenn er sich seinen Mitmenschen wieder zuwendet, die er auf dem Weg nach oben aus den Augen verloren hat. Er beginnt, die Einsamkeit und Getrenntheit von anderen zu spüren und wird sich zunehmend der Tatsache bewußt, daß die Menschheit ein Ganzes ist und der Mensch für seine Mitmenschen Verantwortung trägt, in dem Maße wie seine eigene Entwicklung zunimmt.

Dadurch tritt das Gegensatzpaar Steinbock-Krebs in Wechselbeziehung, und das strebende Bemühen des Steinbock richtet sich nun darauf, geistiges Wissen und innere charakterliche Qualitäten zu erlangen, die die Integration der Persönlichkeit fördern und sich nicht mehr am äußeren Erfolg orientieren. So wandelt sich durch Einsicht und Selbstdisziplin langsam sein Charakter. Er ist jetzt mehr für andere da und wird zunehmend fähig, das eigentliche Wesen des Menschseins zu erahnen, das nicht im materiellen Erfolg seinen Ausdruck findet, sondern in der Fähigkeit, sich selbst als Teil eines größeren Ganzen wahrzunehmen, in dem jeder Einzelne die Verantwortung für sein individuelles Leben hat. Und indem er diese Verantwortung lebt und ernst nimmt, entdeckt er den Sinn des »Karma-Gesetzes«, das die Seele von Leben zu Leben zur Wiedergeburt zwingt, um ihr die Chance zu geben, die durch den menschlichen Eigenwillen hervorgerufenen Verirrungen und Abweichungen vom »Pfad des Bewußtseins« zu korrigieren. So versucht er nun, sich vom Zwang zum Form-Dasein zu befreien, indem er sein persönliches Leben den geistigen Gesetzen anpaßt, anstatt sich von weltlichen Gesetzen leiten zu lassen. Durch leidvolle Lebenserfahrung weise geworden, erkennt er schließlich, daß der Größte nicht der ist, der eigensinnig auf seiner persönlichen Freiheit beharrt und dennoch blind gegenüber der Wirklichkeit ist, sondern der, der gelernt hat, sein persönliches Leben den Gesetzen des Lebens unterzuordnen, um dadurch wirklich frei zu werden von den Fesseln materiellen Verlangens, die ihn an die Erde binden und seinen Aufstieg ins Licht behindern.

3. Stadium: Geistiger Mensch

Zeichenherrscher: Venus   **Leitmotiv: Spirituelle Liebe**

Wenn Venus auf hierarchischer Ebene herrscht, dann ist das Gegensatzpaar Steinbock-Krebs im Bewußtsein verschmolzen, und nun ist sich der geistig erwachte Mensch seiner wahren Berufung bewußt. Durch Vollendung seiner Persönlichkeit hat er Unpersönlichkeit erlangt, die eine Erweiterung der persönlichen Liebe ist. Nun gilt seine Liebe nicht mehr nur einem Einzelwesen, seiner Familie oder einem persönlichen Freund, vielmehr ist er fähig geworden, die ganze Menschheit zu lieben, obwohl er ihre Unzulänglichkeiten und Schwächen klar erkennt. Denn Unpersönlichkeit bedeutet nicht ein Sich-Abschließen von anderen, sondern die Fähigkeit, andere zu sehen, wie sie wirklich sind und sie dennoch zu lieben. Diese Fähigkeit zur unpersönlichen oder spirituellen Liebe, die durch Persönlichkeitsvollendung erst möglich wird, bildet deshalb auch die Basis seines Wirkens, und in dieser Endphase der Entwicklung gilt sein Bemühen nicht mehr der eigenen Entwicklung, sondern er versucht, die Entwicklung der anderen zu fördern. Vom »Tode in der Form« zum Leben erwacht, ist er nun bereit, sich selbst zu erniedrigen, um die anderen zu erhöhen. Dieses Stadium läßt sich am besten durch die Worte Jesu verdeutlichen, der ein im Steinbock geborener Eingeweihter war:

»Da rief Jesus seine Jünger zu sich und sprach zu ihnen: Ihr wisset, daß die weltlichen Fürsten ihre Völker niederhalten, und die Mächtigen tun ihnen Gewalt an. Aber so soll es nicht sein unter euch; sondern wer groß sein will unter euch, der sei euer Diener; und wer unter euch der Erste sein will, der sei aller Knecht. Denn auch des Menschen Sohn ist nicht gekommen, daß er sich dienen lasse, sondern daß er diene und gebe sein Leben zu einer Erlösung für viele.«

Markus 10, 42–45

Die esoterische Bedeutung des Steinbockzeichens

Symbol: ♑ Das Steinbock-Symbol kann nicht erklärt werden; es muß durch Meditation selbst herausgefunden werden.

Lichtqualität: Das Licht der Einweihung.

> *»Dies ist das Licht, das den Weg zum Berggipfel erhellt und die Verklärung (Transfiguration) bringt; so offenbart es die aufgehende Sonne.«*
>
> *Alice Bailey*

Steinbock ist das Tor zur »geistigen Geburt«, so wie der Krebs das Tor ist, durch das die Seele geht, um in der physischen Welt eine Form anzunehmen.

»Durch das Tor des Krebs strömt ›das magnetisch magische Licht‹, das die Seele an den dunklen Ort der Erfahrung geleitet. In ähnlicher Weise ist es der magnetische Zug der Steinbock-Energie, der die Seele auf dem zurückkehrenden Rade (im Gegensatz zum nach außen gehenden Rad der Geburt) der Wesensäußerung und

*Jüngerschaft stetig vom Formleben und dessen Erfahrungen hinwegzieht und jenes
›strahlende Licht‹ bildet, ›das die Seele sicher zum Berggipfel führt.‹‹*

Alice Bailey

Dieses Zeichen ist das schwierigste und geheimnisvollste, und es ist nicht leicht zu beschreiben, denn es bereitet den Menschen auf das vor, was die Esoterik als »Einweihung« bezeichnet. Diese Einweihung, von der wir meist nur eine unklare oder gar keine Vorstellung haben, findet – symbolisch betrachtet – stets auf dem Gipfel eines Berges statt, und alle großen Gipfelerfahrungen, wie sie uns die Bibel vermittelt, sind ein Hinweis auf einen Einweihungsvorgang. So empfing Moses die zehn Gebote auf dem Berg Sinai, und Jesus wurde auf einem Berg verklärt und empfing vor den Augen seiner Jünger die Vision des höheren Schöpfungsplanes, durch den er wußte, was er zu tun hatte. Auch viele andere Mystiker haben von Gipfelerfahrungen berichtet, durch die sie die Einswerdung ihres Wesens erlebt haben, und diese »Einswerdung« ist es, die stets mit dem Zeichen Steinbock verbunden ist.

Steinbock ist daher immer ein Zeichen relativer Vollendung; es kennzeichnet den Höhepunkt der individuellen Entwicklung, aber auch den Punkt der stärksten materiellen Verdichtung, zu der die menschliche Seele fähig ist. Denn in diesem »Zeichen der Kristallisation« erreicht der Mensch die größte individuelle Eigenständigkeit im Denken, und so wird hier auch ein »Grad an Härte« erreicht, über den hinaus keine Steigerung möglich ist. Der Mensch ist also am Endpunkt seiner Persönlichkeitsentwicklung angekommen, die ihn entweder an den Höhepunkt weltlichen Ehrgeizes führt oder aber den Beginn eines neuen Entwicklungszyklus darstellt, an dem der Steinbock-Geborene sich seinen Mitmenschen wieder zuwendet und beginnt, seinen Willen und seine Leistungsfähigkeit für das Wohl des Ganzen einzusetzen, anstatt nur an den eigenen persönlichen Aufstieg zu denken.

Doch die Erkenntnis der Wertlosigkeit allen irdischen Strebens nach Macht reift nur langsam und durch eigene schmerzhafte Erfahrungen. Deshalb bewirkt der Steinbock-Geborene auch von Zeit zu Zeit unbewußt »seine eigene Vernichtung durch Schicksalsschläge, die ihn aufgrund des Karma-Gesetzes treffen, wenn die Kristallisation zu stark geworden ist« (Alice Bailey). Immer wieder wird in diesem Zeichen ein gewisses Maß an Verdichtung erreicht, nur um wieder zerstört zu werden, damit das innewohnende Leben befreit und in einer neuen Form erscheinen kann. Esoterisch wird dieses Zeichen deshalb als »ein periodisches Anhalten oder Unterbrechen« bezeichnet, da in der bestehenden Form ein weiterer Fortschritt nicht mehr möglich ist. Der Mensch muß also erst wieder vom Gipfel einsamer Macht heruntersteigen, er muß wieder demütig werden und in das »Tal der Schmerzen, der Verzweiflung und des Todes« hinabsteigen, um danach wieder einen neuen Aufstieg zu wagen. Bemühung, Anstrengung, Ringen um Fortschritt kennzeichnen deshalb auch die Erfahrung im Steinbock. Denn erst wenn die »Kräfte der Unterwelt« besiegt sind, die die eigene Vergangenheit des Menschen symbolisieren, gelangt er in das verklärende Licht der Einweihung, in dem er das Geheimnis der Seele entdeckt.

Steinbock ist daher auch ein Zeichen der Extreme, denn hier erreicht die Seele die stärkste materielle Verdichtung, aber auch die größten geistigen Möglichkeiten, da es sich entweder als Höhepunkt weltlichen Ehrgeizes erweist oder aber — auf hoher Entwicklungsstufe — als höchste geistige Klarheit, die den Menschen sein geistiges Ziel erschauen läßt. Es ist das Zeichen, in dem sich die Willensnatur des Menschen erfüllt, die im Widder ihren Anfang nimmt. Im Steinbock wird deshalb stets ein neuer »Zyklus des Bemühens« eingeleitet, entweder des individuellen Bemühens der Persönlichkeit, bei der Ehrgeiz die antreibende Kraft ist, oder aber des Eingeweihten, der die Vision der globalen schöpferischen Ordnung zu erreichen sucht, in die er sich aus Liebe zur Menschheit als bescheidener Diener einordnet.

Das Ziel des Steinbock

ist es, den Schöpfungsplan zu erkennen, der aller Manifestation zugrundeliegt und in dem das Geheimnis der Seele bewahrt ist. Zu diesem Zweck muß der Mensch durch praktische Lebenserfahrung sein Gehirn in einen immer höheren Lichtzustand bringen, so daß es in der Lage ist, durch eine immer größere Anzahl von Licht-Verbindungen (Synapsen) in immer größeren Zusammenhängen zu denken, bis schließlich der Zusammenhang des größeren Ganzen erkennbar wird, aus dem der Mensch sein Leben bezieht.

»Der Schöpfungsplan wird Stufe um Stufe nach dem Gesetz und durch die Methode der in der Manifestation gewonnenen Erfahrung im Bewußtsein realisiert. Dies ist Einweihung«

Alice Bailey

Diese Erkenntnis des großen Plans, der hinter der sichtbaren Schöpfung wirkt, erfolgt nur langsam und vollzieht sich über viele Leben, in denen der Mensch durch Versuch und Irrtum immer wieder in den Schmerz gehen muß, ehe er neue Höhen erreichen kann. Denn die Form, die zu Verdichtung und Kristallisation neigt, muß immer wieder zerstört werden, um dem größeren geistigen Fassungsvermögen angepaßt zu werden.

In dieser Entwicklung vom ehrgeizigen Wollen zum bescheidenen Dienst an der Menschheit lassen sich drei Stadien erkennen:

1. Ehrgeiz drängt den Menschen von Leben zu Leben durch das »Tor des Krebses«, bis er die Wertlosigkeit aller irdischen Befriedigung erkennt.

2. Geistiges Streben und das Verlangen nach Befreiung tritt an die Stelle weltlichen Ehrgeizes, und sie werden die antreibenden Impulse seines Lebens.

3. Ein echtes Gefühl für die Wirklichkeit löst das irdische wie auch das geistige Streben ab, und der Mensch wird zum bescheidenen Diener der Menschen.

Der Schlüssel zur Transformation

Das Problem dieses Zeichens ist der Ehrgeiz und die starke materielle Verdichtung, die die Energie des Steinbocks bewirkt, da sie den Menschen dieses Typus oft materialistisch, stolz und egoistisch werden läßt, solange der Kopf das Herz beherrscht. Ein geistiger Fortschritt kann in diesem Zeichen daher nur erzielt werden, wenn Demut erlangt wird, denn nur durch Demut werden wir fähig, wirklich zu lieben. Sinnigerweise haben fast alle Steinbock-Geborenen Probleme mit den Knien, die symbolisch auf das »Niederknien« hindeuten, das allgemein als ein Akt der Demut gilt und deshalb auch in vielen Religionen zum Ritual geworden ist. Symbolisch betrachtet kann der Mensch nur auf seinen Knien durch das »Tor der Einweihung« gehen. Solange er anmaßend dort steht, kann ihm das Wissen eines Eingeweihten nicht gefahrlos anvertraut werden. So ist es auch die Eigenschaft der Demut und die Bereitschaft zu dienen anstatt zu herrschen, die in diesem Zeichen zum Ausdruck gebracht werden muß und die allein den Weg in das Leben des Geistes öffnet. Denn am »Tor der Einweihung« begegnet der Mensch der Dualität wieder in Form des eigenen »Hüters der Schwelle«, den er

Kraft der eigenen Gedanken erschaffen hat, und der Gegenwart der Seele, deren Licht er in sich trägt. Sie versperren ihm solange den Zugang, bis er begreift, daß allein die Kraft der Liebe in der Lage ist, diese beiden widerstreitenden Teile seines eigenen Wesens zu vereinen und ihm den Weg ins Licht zu öffnen, der das Geheimnis der Seele offenbart.

Die beiden Schlüsselworte für den Steinbock nach Alice Bailey

Persönlichkeit: »Ehrgeiz herrsche, und das Tor stehe weit offen.«

Seele: »Versunken bin ich in überirdischem Licht, doch diesem Licht wende ich den Rücken zu.«

Wassermann

20. Januar – 19. Februar
300–330 Grad im Tierkreis
Element: Luft
Fixes, männliches Zeichen

Wassermann-Prinzip: Aufhebung der Dualität, Gruppenbewußtsein, Universalität

Die elfte Phase des Tierkreises

Der Unterordnung des persönlichen Lebens unter ein gemeinschaftliches Ordnungsprinzip, das den Steinbock kennzeichnet, folgt die Phase universellen Denkens, in der die globalen Zusammenhänge des Lebens erfaßt werden. Der Mensch erlebt sich nicht mehr als Einzelwesen, sondern als Teil einer Gruppe, der er sich zugehörig fühlt und in deren Dienst er seine Erfüllung findet.

Typische Verhaltensmerkmale

Der Wassermann-Geborene ist ein Mensch von großer Freiheitsliebe und Unabhängigkeit, der stets versucht, sich nicht in ausgetretenen Pfaden zu bewegen, die neue Entwicklungen hemmen. Sein Bewußtsein ist auf Veränderung angelegt, und so verläuft sein Leben im allgemeinen auch nicht gleichmäßig und in vorgezeichneten Bahnen. Unfähig, in Routine zu erstarren und sich im Gegenwärtigen zu verankern, liebt er das Überraschende und Unvorhergesehene, das seinem Leben Schwung und Spannung verleiht. Er will den Fluß des Lebens spüren und braucht Abwechslung in Beruf und Privatleben. So ist man bei ihm vor Überraschungen auch nie sicher, denn der ständige Drang nach Veränderung der Verhältnisse führt zu häufigen »Verwandlungen«, entweder innerlich oder äußerlich. Äußerlich zeigt sich der Drang nach Veränderung in einer großen Aufgeschlossenheit für neueste menschliche Errungenschaften und technischen Fortschritt, was sich zuweilen bis zu Aktualitätssucht steigern kann, aber auch als Tendenz zu wechselnden Partnerschaften, häufigem Ortswechsel oder als Wunsch, den unmittelbaren Lebensraum durch Umbau oder häufiges Umstellen der Wohnungseinrichtung immer wieder zu verändern. Der Wassermann braucht diesen Wechsel, denn nichts ist ihm unerträglicher als ein Zustand der Unbeweglichkeit und Stagnation, wo nichts geschieht und alles in den Bahnen einer eingefahrenen Routine verbleibt.

Das Bedürfnis nach Veränderung bezieht sich aber nicht nur auf äußere Ereignisse des Lebens, es prägt auch sein Weltverständnis. Als progressiver, individueller, freiheitsliebender Mensch, der keine äußere Autorität anerkennt, verspürt der Wassermann-Geborene stets den Wunsch, sich von althergebrachten traditionellen Werten zu lösen, und wenn nötig, auch alle Brücken hinter sich abzubrechen, um einen Neuanfang zu wagen. Er ist aufgeschlossen für Reformen und Zukunftsweisendes, und so wird er auch stets der Avantgarde angehören, die für neue Ideen empfänglich ist, bevor die Masse sie aufgreift. Denn sein Denken ist nicht logisch-kausal, sondern intuitiv, was zu Beginn der Entwicklung in einer großen Sprunghaftigkeit des Denkens zum Ausdruck kommt. Auf höherer Entwicklungsstufe wandelt sich sein betont sprunghaftes Denken in eine intuitive Offenheit für übergreifende Zusammenhänge des Lebens, die jenseits des logisch-kausalen Denkens liegen. Daraus erwächst auch seine Offenheit und Unvoreingenommenheit gegenüber grenzüberschreitenden Wissenschaften, wie Esoterik, Parapsychologie und Astrologie. Diese stellen für ihn meist eine große Faszination dar, weil sie seinem intuitiven Verständnis von der Universalität des Lebens entsprechen, das ihn davor bewahrt, Lebensvorgänge nur rational-wissenschaftlich zu betrachten.

Dieses Prinzip der Universalität oder der Ganzheitlichkeit, das den geistigen Hintergrund dieses Zeichens bildet, bewirkt, daß der Einzelne sich – mit zunehmender Entwicklung – immer deutlicher als Teil eines größeren, überpersönlichen Ganzen begreift, in dem das eigene Leben erst einen Sinn und eine Bedeutung bekommt. Sein Selbstverständnis und seine Sicherheit erreicht der Wassermann-Geborene daher durch Engagement für andere, für eine überpersönliche Idee oder ein Gemeinschaftsprojekt, aus dem er das Gefühl der eigenen Bedeutung gewinnt, denn er bezieht sein eigentliches Selbstverständnis aus dem Umfeld, in dem er lebt und arbeitet. Um eine Richtung zu bekommen, braucht er einen geistigen Hintergrund oder einen globalen Zusammenhang, in den er sein Leben einordnen kann. Hat er ihn gefunden, tritt das Persönliche dahinter zurück, und er wird bereit sein, seine ganze Kraft einzubringen und in den Dienst einer Gruppe zu stellen, der er sich zugehörig fühlt. Fehlt das Umfeld von Gleichgesinnten oder eine geistige Ausrichtung, dann gilt ihm alles mehr oder weniger gleich, was denkbar und theoretisch möglich ist, wobei er im allgemeinen intuitiv offen ist für ganzheitliche Gesichtspunkte und alles, was die Verbundenheit zwischen den Menschen fördert. Er besitzt ein instinktives Empfinden für die Gleichheit aller Menschen und das Allgemein-Verbindende der Menschennatur, was sich häufig in einer sozialistischen Weltanschauung niederschlägt, in der das Prinzip der Chancengleichheit oberste Priorität hat. Er zeigt daher auch große Aufgeschlossenheit für sozialen Fortschritt und die Grundideen wahrer Demokratie, in der der Einzelne sich frei und ungebunden je nach Veranlagung entfalten kann und niemand benachteiligt wird. Die Grundlage seiner Lebensphilosophie ist Freiheit und die Emanzipation des Menschen; es geht ihm um die Entpolarisierung menschlicher Interessen, um Gleichberechtigung und soziale Gerechtigkeit, denn er spürt in sich den Wunsch, Gegensätze zu überbrücken und in einer lebendigen Synthese zu vereinen.

Doch seltsam kontrastierend zu dieser egalitären, demokratischen Grundauffassung steht zu Beginn der Entwicklung oft der persönliche Lebensstil, der eher Distanz zu anderen und eine gewisse Abgehobenheit der Gedankenwelt erkennen läßt, in der der Wassermann-Geborene seine Eigenart und Originalität um jeden Preis zu erhalten sucht, denn niemals würde er in die Fußstapfen eines anderen treten wollen. Zwar ist er offen für Anregungen von außen, und unvoreingenommen hört er sich an, was andere zu sagen haben, doch nur, um daraus seine eigenen Schlüsse zu ziehen, die sich nicht auf Konventionen oder traditionelle Wertvorstellungen stützen. Es drängt ihn, sich von allen einschränkenden Bindungen der Familie, der Tradition oder Gesellschaft zu befreien, um seine eigene, ganz persönliche Meinung und seinen eigenen Lebensstil zu finden, in dem die persönliche Note stets überwiegt. So wird er auch immer darauf achten, sich nicht zu stark in emotionale Abhängigkeiten verstricken zu lassen, und er reagiert empfindlich auf jede Art von Einengung und Einschränkung seiner persönlichen Freiheit und Eigenständigkeit, die er unter allen Umständen verteidigt. Bereitwillig wird er Hilfe leisten, solange er das Gefühl hat, daß er es freiwillig tut. Fordert man aber diese Hilfe oder versucht man gar, ihn zu verpflichten, wird er dies als Einengung empfinden und schnellstens versuchen, sich der Vereinnahmung zu entziehen. Gerne hält er sich am Rande eines Geschehens auf, denn es sollte emotional nicht zu eng werden und die eigene Freiheit der Entscheidung immer gewahrt bleiben. Aufgrund seiner Neigung, sich stets alle Türen offen zu halten, hat der Wassermann auch große Schwierigkeiten, verbindliche Zusagen für die Zukunft zu machen. Seine Entscheidungen gelten immer nur für den Augenblick, und was morgen kommt, wagt er heute noch nicht zu sagen, um für neue Möglichkeiten weiter offen zu bleiben.

Diese Unverbindlichkeit und der Versuch, sich von allen einengenden Bindungen freizuhalten, machen ihn zuweilen zu einem »Einsamen in der Menge«, der sich zwar in Gruppen bewegt, doch seinen Mitmenschen mit innerer Distanz begegnet. Denn der Wassermann besitzt ein universelles, dezentralisiertes Bewußtsein, und dies macht es ihm zu Beginn der Entwicklung nicht leicht, sich selbst wahrzunehmen. Die oberflächliche Selbstwahrnehmung und der Hang zu Überheblichkeit sind deshalb typisch für den unentwickelten Wassermann, der auch sich selbst aus dieser abgehobenen überhöhten Perspektive betrachtet, die ihm leicht das Gefühl des Besonderen und des Herausgehobenseins vermittelt. Dies erschwert warmherzige Kontakte zu anderen, und so ist der Bereich der emotionalen Beziehungen auch häufiger ein Problem dieses Zeichens, in dem Freundschaften oder eine Ehe auf partnerschaftlicher Basis meist einen höheren Stellenwert haben als enge Liebesbeziehungen, durch die er sich nur allzu leicht seiner inneren Freiheit beraubt fühlt. Denn die wichtigste Aufgabe des Wassermann-Menschen ist es, sich durch Begreifen universeller geistiger Zusammenhänge vom »Seelenverwandtschaft« mit seinen Mitmenschen bewußt werden, um die innere Distanz zum Erleben und Erleiden anderer zu überwinden, mit der er gerne versucht, sich aus allem herauszuhalten, was emotional verbindlich oder einengend ist.

Doch diese Entwicklung braucht natürlich Zeit, und so erscheint der Wassermann-Geborene zunächst als ein Mensch, der das Leben gewohnheitsmäßig aus einer etwas abgehobenen Position betrachtet. Er ist freundlich, offen, aber innerlich distanziert und unverbindlich, denn er empfindet sich anders als andere, bis hin zum Außenseiter. Bewußt bewegt er sich zwar als »Gleicher unter Gleichen«, doch innerlich bewahrt er sich meist das heimliche Gefühl, etwas Besonderes zu sein und nicht selten auch über den anderen zu stehen. Äußerlich wird er dies aber nicht zur Schau stellen, denn gleichzeitig fühlt er in sich das Bedürfnis nach gedanklicher Nähe mit Gleichgesinnten, Freunden und Bekannten, die er braucht, um zu sich selbst zu finden. Sein Bewußtsein ist nicht in der eigenen Person zentriert, sondern ausgerichtet auf das Wahrnehmen der Zusammengehörigkeit der Menschen, die aus geistiger Sicht ein unteilbares Ganzes bildet. So wirkt der Wassermann auch nicht durch die physische Unmittelbarkeit seiner Person, wie das Gegenzeichen Löwe, in dem einzig das unmittelbare Erleben und die persönliche Erfahrung zählen, sondern durch das, was er an Überpersönlichem in sein Leben integriert hat. Sein Denken ist auf das Gemeinsame und Verbindende ausgerichtet, auf ein übergeordnetes Prinzip, in dem sich die Unterschiede zwischen den Menschen aufheben, ihre Individualität in den Hintergrund tritt, um in einem übergeordneten Kollektiv aufzugehen und ihm zu dienen. Seine wahre Erfüllung erreicht er im Dienst an der Gemeinschaft und in der Verpflichtung an seine Mitmenschen. Auf persönlicher Ebene kann sich dies in der Zugehörigkeit zu einem Verein, im loyalen Dienst in einer Firma, der Zugehörigkeit zu einer Interessengruppe oder der Sorge für die Familie äußern. Auf hoher Entwicklungsstufe zeigt es sich in einer liebevollen Mitmenschlichkeit und einer wahrhaft brüderlichen Gesinnung anderen Menschen gegenüber.

Dieses Ziel ist natürlich erst zu erreichen, wenn die Persönlichkeit schon eine gewisse Entwicklung durchlaufen hat und die mentale Entwicklung abgeschlossen ist. Der unentwickelte Wassermann zeichnet sich daher vor allem durch mangelnde Selbstwahrnehmung aus, die es ihm schwermacht, den eigenen Standort zu erkennen und zu sich selbst zu finden. Seine theoretischen Gedanken gehen oft weit über das hinaus, was er im Leben umgesetzt und an Persönlichkeitsentwicklung erreicht hat, und so kann der Wassermann-Typus sein wahres Wesen, das Nächstenliebe und Mitmenschlichkeit ist, auch erst auf einer relativ hohen Entwicklungsstufe voll zum Ausdruck bringen, wenn er sich seiner geistigen Verbundenheit mit seinen Mitmenschen wirklich bewußt wird. Denn erst wenn ein Mensch sich als Teil der Menschheit versteht und den Wunsch verspürt, anderen zu dienen, wird er zum wahren Menschen erwachen, und dieses Erwachen zu Humanität und Mitmenschlichkeit – das eigentliche Ziel des Wassermann – nennen wir Gruppen-Bewußtsein.

Die Stärken und Schwächen des Wassermann

Die Stärke des Wassermann ist die Fähigkeit zur Synthese, zu ganzheitlicher Betrachtung der Lebensvorgänge. Er besitzt die Bereitschaft zur Veränderung, ist progressiv, freiheitsliebend und aufgeschlossen für alles Zukunftsweisende, für soziale Gerechtigkeit und menschlichen Fortschritt. Seine Erfüllung erreicht er im Dienst an der Allgemeinheit.

Die Schwächen dieses Zeichens sind Sprunghaftigkeit des Denkens, mangelnde Kontinuität und Instabilität sowie eine anfänglich oberflächliche Selbstwahrnehmung. Überheblichkeit und das Gefühl des Sonderseins oder des Besonderen gehören daher zum Erscheinungsbild dieses Typus, solange das persönliche Leben hinter dem Höhenflug der eigenen Gedanken zurückbleibt und die mentale Entwicklung noch schwach ist.

Die drei Entwicklungsebenen im Wassermann

Es gibt drei Bewußtseinsstadien in diesem Prinzip, und diese werden durch folgende Zeichenherrscher stufenweise entwickelt:

1. Persönlichkeit   Exoterischer Herrscher   Uranus
2. Seelen-Bewußtsein   Esoterischer Herrscher   Jupiter
3. Geistiger Mensch   Hierarchischer Herrscher   Mond (Neptun)

1. Stadium: Entwicklung der Persönlichkeit

Zeichenherrscher: Uranus   *Leitmotiv:* **Dienst an sich selbst**

Zu Beginn der Entwicklung ist der Wassermann-Geborene ein Mensch von oberflächlicher Selbstwahrnehmung, der gewohnheitsmäßig einer gewissen Überheblichkeit unterliegt, denn er nimmt sich als »über den Dingen stehend« wahr, ohne daß er das Universelle, Übergreifende tatsächlich begreift. So betrachtet er die Welt auch meist aus einer Art Vogelperspektive, und nicht selten entsteht dadurch das Gefühl der Überlegenheit, das eine gewisse Distanz zu anderen aufbaut und emotionale Nähe erschwert. Zwar lebt und arbeitet er bevorzugt mit anderen Menschen zusammen, da er die Gesellschaft seiner Mitmenschen braucht. Innerlich bleibt er aber meist ein wenig distanziert und isoliert, denn er fühlt sich herausgehoben aus der Masse und lebt in einer leicht abgehobenen Gedankenwelt, die ihm des öfteren das Gefühl vermittelt, über den anderen zu stehen. So ist sein Lebensstil auch meist unkonventionell und zuweilen extravagant. Auf keinen Fall will er sich einfach an das anlehnen, was andere vor ihm getan haben, oder einfach Dinge übernehmen, die gelten, weil sie traditionell immer gegolten haben. Ausgerichtet auf die Zukunft, versucht er, Traditionen zu durchbrechen, er ist offen und aufgeschlossen für wechselnde Begegnungen, doch es fehlt ihm noch das tiefere Verständnis für andere und für sich selbst. Denn sein Bewußtsein ist nicht in der eigenen Person zentriert, sondern ausgerichtet auf das Universelle, Einheitliche und Menschenverbindende, das er bewußtseinsmäßig aber noch nicht erfaßt. So sucht er sein Selbstwertgefühl vorwiegend durch verläßlichen und treuen Dienst im Rahmen eines Kollektivs, etwa einer Firma, eines Vereins, eines Arbeitsteams oder einer Familie, für die er all seine Interessen und all seine Kraft einsetzt. Innerlich bleibt er aber stets ein Individualist, der darauf achtet, frei und ungebunden zu bleiben, und wenn nötig, einfach auszusteigen.

Doch mit zunehmender Persönlichkeitsentwicklung wird das Denken stärker und eigenständiger, und nun wird der Wassermann-Geborene zunehmend empfänglich für ganzheitliche Ideen und alles, was dem Leben des Menschen Fortschritt und Entwicklung bringt. Er ist aufgeschlossen für neueste technische Errungenschaften und technische Einrichtungen, die den Lebensstandard des menschlichen Lebens heben, aber auch für soziale Reformen und menschheitsverbindende Ideen, die die Chancengleichheit aller garantieren. So sehen wir den Wassermann-Typus dieser Ebene auch auf der Seite der Reformkräfte einer Gesellschaft; er tritt ein für gedankliche Freiheit, Emanzipation und Menschenrechte, denn das Prinzip der Gleichheit aller Menschen und der Humanität ist tief in ihm verwurzelt. Doch der Wunsch nach Eigenständigkeit, Unabhängigkeit und persönlicher Lebensgestaltung, die ihm als unverzichtbares Gut erscheinen, halten ihn meist noch davon ab, sich aktiv für die Freiheiten anderer einzusetzen. So bleiben die humanistischen Ideale und die Ideen eines auf Gleichheit und Gerechtigkeit aufgebauten Menschenbildes meist noch eine innerlich gelebte Utopie, ohne die Kraft, bei der Entstehung einer gerechten neuen Welt durch Konsequenz und gelebte Mitverantwortung aktiv mitzuwirken. Seine Aufgeschlossenheit für grenzüberschreitende Wissenschaften ist aber vorhanden und macht es ihm leicht, sich aus der Umklammerung einer persönlichen Gottesvorstellung zu lösen. Deshalb ist er auch meist ein Freidenker, der sich kollektiven Normen und traditionellen Denkweisen mit Leichtigkeit entzieht. Doch solange das persönliche Interesse noch im Vordergrund steht, fehlt meist die innerlich erlebte Verbundenheit mit anderen Menschen, die schließlich die Kraft mobilisiert, sich für konkrete Veränderungen und Fortschritt im Physischen stark zu machen. Und so ist die Wassermann-Persönlichkeit auch nicht selten ein Schöngeist, der die eigene Utopie einer besseren, humaneren Welt pflegt, aber noch nicht genug Liebe besitzt, um das eigene Leben wirklich in den Dienst der Gesellschaft zu stellen.

2. Stadium: Seelen-Bewußtsein

Zeichenherrscher: Jupiter   *Leitmotiv:* Gruppenbewußtsein

Wenn Jupiter auf esoterischer Ebene die Wirkung des Uranus verstärkt, dann beginnt der Wassermann-Geborene, die universellen Zusammenhänge des Lebens und die geistige Verbindung aller Menschen zu verstehen. Dadurch verliert er das Interesse an seiner persönlichen Entwicklung, und es wird ihm bewußt, daß er Teil einer Gruppe von Menschen ist, die bewußtseinsmäßig auf der gleichen Stufe stehen wie er. Intuitiv fühlt er sich zu ihnen hingezogen, und hinter der trennenden Fassade des Äußeren nimmt er die Seele oder das Gemeinsame, alle Menschen Verbindende wahr.

So tritt das Gegensatzpaar Wassermann-Löwe in intensive Wechselbeziehung, und der Wunsch nach Freiheit und persönlicher Unabhängigkeit wandelt sich in den Wunsch, etwas Nützliches für die Menschheit zu tun. Die Individualität und Eigenständigkeit des Wassermann-Geborenen, die durch den Einfluß des Gegenzeichens Löwe gestärkt wurden, bleiben zwar bestehen, doch er nutzt diese Fähigkeiten nun dazu, der Menschheit zu dienen und sie in ihrer geistigen Entwicklung voranzubringen. Auf dieser Ebene beginnt der Mensch, sich als Teil eines größeren Ganzen zu erleben; er wird sich der Illusion eines einzelnen, abgetrennten Lebens bewußt und erkennt die Schönheit des Gruppenlebens, des Gruppeninteresses sowie seine individuelle Verantwortlichkeit gegenüber der Menschheit. Er begreift, daß sich jeder Mensch zwar zu einer unabhängigen, einzigartigen Persönlichkeit entwickeln muß, doch nur, um diese dann wieder in den Dienst der Menschheit zu stellen, die auf der Seelenebene ein untrennbares Ganzes bildet. Auf diese Weise wird er sich seiner »Bruderschaft« mit seinen Mitmenschen bewußt, und indem er ihnen dient, entdeckt er die Liebe als die Kraft, die alles Lebendige innerlich zusammenhält und alle Seelen miteinander verbindet.

3. Stadium: Geistiger Mensch

Zeichenherrscher: Mond (Neptun)   Leitmotiv: Universalität

Wenn der Mond – durch den sich die Wirkung des Neptun konzentriert – auf hierarchischer Ebene herrscht, dann ist das Gegensatzpaar Wassermann-Löwe im Bewußtsein verschmolzen. Das Individuelle ist zum Universalen geworden, denn der Wassermann hat die Synthese zwischen abstraktem und konkretem Denken erreicht und ist so zur lebendigen Seele geworden. Sein Denken ist nun universal, und er hat die Bindung, die alle Dinge zu einem wirksamen synthetischen Ganzen vereinigt, als die Kraft der Liebe erkannt und in seinem Leben verwirklicht.

Dies ist das Endziel der menschlichen Entwicklung. Der Einzelne gibt seine persönliche Identität zugunsten des Ganzen auf, doch er behält seine geistige Identität. Das im Löwen erworbene Eigenbewußtsein ist zu allgemeiner Menschenliebe geworden, und so ist das Kennzeichen des vollendeten Wassermann auch die Universalität seines Bewußtseins, die ihn die Synthese allen Lebens erkennen läßt, und die universale Liebe, die ihn am Endziel der Seelenentwicklung zum Weltdiener macht.

Die esoterische Bedeutung des Wassermannzeichens

Symbol: Zwei parallele wellenförmige Kraftlinien.

Bedeutung: Diese beiden Linien stellen die beiden großen Lebensströme dar, die ständige Bewegung, wechselnde Aktivität und immer wiederkehrende Veränderung erzeugen.

Lichtqualität: Das Licht, das auf Erden über das Meer scheint.

»Es ist das Licht, das immer in der Dunkelheit scheint und mit seinen heilenden Strahlen alles reinigt, was geläutert werden muß, bis einmal das Dunkel gewichen ist.«

Alice Bailey

Wassermann ist das Zeichen der Universalität oder des geistigen Bewußtseins, in dem das duale Denken aufgehoben wird durch das Erkennen der Tatsache, daß Geist und Materie nur zwei Schwingungszustände des »Einen Großen Lebens« sind, das den Ursprung alles Lebendigen bildet. Es ist das Zeichen der Synthese, in dem es gilt, die Seele oder die Liebe als das verbindende Bewußtsein zu entdecken, das Geist und Materie in lebendiger Wechselbeziehung hält, um sie im Laufe der Evolution einander anzunähern. Denn das Bewußtsein der Welt, wie auch des Menschen, entwickelt sich durch das ständige Einwirken des Geistes (Aktion) auf die Materie (Reaktion) und das Wechselwirken zwischen beiden. Daraus folgt die Evolution der physischen Formen, aber auch die Entwicklung des Seelenbewußtseins, und dies ist es, was der Mensch im Denken erkennen muß, um sich selbst als Seele zu entdecken.

Im Wassermann geht es vor allem darum, sich durch Entwicklung eines ganzheitlichen spirituellen Bewußtseins und intuitiver Wahrnehmung aus der Dualität menschlichen Denkens zu befreien und die universellen geistigen Zusammenhänge zu erkennen, die die physische Welt und das geistige Sein verbinden. Deshalb ist der Mensch in diesem Zeichen auch ständigen Veränderungen und Entwicklungskrisen ausgesetzt, bis er sich durch Entdecken des »Gesetzes des Wechselwirkens« als Teil eines größeren Lebens begreift, das ihn Höhen und Tiefen, Geburt, Tod und Wiedergeburt bringt, die nur eine Spiegelung des kosmischen Gesetzes der Periodizität oder der zyklischen Entwicklung sind. So überschreitet der Mensch sein persönliches Bewußtsein, und er erkennt, daß er – wie jede Zelle im Körper – Teil eines Gruppenlebens ist, mit dem er untrennbar verbunden ist. Und indem er sich dieses größeren Lebens bewußt wird, das »ihn atmet« und sein Leben lenkt, versucht er noch tiefer einzudringen in das Wesen dessen, von dem er ein Teil ist. So wird er durch ständige Erweiterung seines Denkens und Erkennen immer größerer Zusammenhänge schließlich eins mit dem Bewußtsein des größeren Ganzen und fähig, das eigene höhere Selbst als das verbindende Bewußtsein zwischen Geist und Materie zu erfahren. Hat er dann am Ende die vollkommene Einssein mit dem höheren Selbst erreicht, – was erst auf einer hohen Entwicklungsstufe möglich ist – wird ihm bewußt, daß es allein die Kraft der Liebe ist, die alle Formen des Lebens zu einer Einheit verbindet. Er erkennt Geburt, Tod und Wiedergeburt nun als wechselnde Erscheinungsformen des »Einen Großen Lebens«, dessen Wesen Liebe ist, und in dem Maße, wie er selbst fähig wird, wirklich zu lieben, entdeckt er schließlich sein eigenes göttliches Selbst.

Das Ziel des Wassermann

ist das Eindringen in das Geheimwissen, das unter dem Begriff des Okkulten oft mißverstanden wird. Denn es geht hier nicht um Magie oder Macht, sondern um das Erkennen des inneren Zusammenhangs alles Lebendigen und das Begreifen der geistigen Gesetze, denen alles Physische unterliegt und die die Bewußtseinsentwicklung des Menschen bewirken. Tod und Leben sind nur zwei Erscheinungsformen des »Einen Großen Lebens«, das auf beiden Ebenen wirkt, und diese Tatsache gilt es zu erkennen, um sich der Ewigkeit oder des geistigen Seins bewußt zu werden. Doch dieses Erkennen des eigenen Seins kann nicht durch den Intellekt erreicht werden, sondern nur durch Intuition oder das »Denken im Herzen«, das sich durch Dienen und tätige Nächstenliebe entwickelt, jedoch nicht durch intellektuelle Aktivität. Aus diesem Grund ist das Hauptmotiv des Wassermann-Geborenen der (Gruppen-)Dienst, der sich wie ein roter Faden durch alle Stadien der Entwicklung zieht, denn Dienen ist die wissenschaftliche Methode, die die Seele anwendet, um sich in der Liebe zum Nächsten selbst zu entdecken.

In der Entwicklung von der oberflächlichen Selbstwahrnehmung bis zum Erkennen des höheren Selbst als dem »Bewußtsein der Liebe« lassen sich drei Stufen erkennen:

1. Der Dienst an der Persönlichkeit wird mit zunehmender Entwicklung zum Dienst an anderen.
2. Oberflächliche und egoistische Tätigkeit wandelt sich in den Wunsch, der Seele zu dienen.
3. Eigen-bewußtes Leben wandelt sich in feinfühliges Wahrnehmen anderer im Sinne allgemeiner Menschenliebe.

Der Schlüssel zur Transformation

Das Problem des Wassermann-Geborenen ist das gedankliche Abgehobensein und das Sich-Heraushalten aus allen bindenden Verpflichtungen, die seine Freiheit und Eigenständigkeit beeinträchtigen könnten.

Lange Zeit zieht er es deshalb vor, im Kreis von Freunden und Gleich-gesinnten seine ganzheitlich-fortschrittliche Weltsicht zu diskutieren, an-statt Hand anzulegen und sich in die »Niederungen des Lebens« zu begeben, um konkret etwas zu verändern. So zeigt sich Fortschritt in diesem Zeichen auch erst, wenn der Wassermann-Geborene sein inneres geistiges Refugium verläßt und sich wirklich engagiert, um seinen, wenn auch bescheidenen Teil zur Befreiung der Menschheit beizutragen. Seine Aufgabe ist es, denen aktiv und tatkräftig zu helfen, die kraft ihres eigenen Denkens nicht in der Lage sind, sich aus dem »Sumpf der Emotionen« zu ziehen, der die Weltverblendung bewirkt. Der Wasser-mann-Geborene sollte deshalb seine intuitive Offenheit für ganzheitliche Ideen nutzen, um mitzuhelfen, eine bessere Welt zu schaffen, in der der Mensch im Mittelpunkt steht und nicht die Maschine oder Sachzwänge. Denn nur in dem Maße, wie er seine innere Verbundenheit mit seinen Mitmenschen erkennt, wird er – dessen Wesen Gruppenbewußtsein ist – zu sich selbst finden und ein Selbstbewußtsein erlangen, das in der Seele zentriert ist.

Die beiden Schlüsselworte für den Wassermann nach Alice Bailey

Persönlichkeit: »Begierde sei Herrscher in der Form.«

Seele: »Wasser des Lebens bin ich, ausgegossen für dürstende Menschen.«

Fische

19. Februar – 20. März
330–360 Grad im Tierkreis
Element: Wasser
Veränderliches, weibliches Zeichen

Fische-Prinzip: Passive Empfänglichkeit, Einheitsempfinden, »Selbst«-Losigkeit

Die zwölfte Phase des Tierkreises

Das letzte Zeichen des Tierkreises verkörpert die Vollendung der Einzelseele, die im Menschheitsbewußtsein aufgeht. So folgt dem Gruppenbewußtsein im Wassermann die Auflösung der Persönlichkeitsgrenzen zugunsten eines Einheitsempfindens, in dem das persönliche Selbst seine Bedeutung verliert.

Typische Verhaltensmerkmale

Fische-Geborene sind weiche, empfindsame, eher introvertierte und friedfertige Menschen, die nicht durch äußere Stärke imponieren. Ihre Grundhaltung im Leben ist passiv-empfänglich, ein sensibles Mitschwingen mit anderen, denn die Grenzen zwischen dem eigenen Erleben und den Erlebnisformen ihrer Mitmenschen sind fließend. Von Stimmungen und Atmosphärischem stark beeinflußbar, sind sie oft unbeständig und auf unreifer Ebene wenig zielbewußt. Ihre Reaktionen sind abwartend und indirekt; sie sehnen sich nach Kontinuität und Stabilität, doch diese sind aufgrund ihres fließenden Temperaments nur schwer zu erreichen. So können ihre Absichten, Ansichten und Interessen auch in kürzester Zeit wechseln, abhängig von der jeweiligen Stimmungslage der Umgebung, die sie feinfühlig aufnehmen. Häufig schwanken sie zwischen Hingabe und Abwehr, denn ihre Entscheidungen sind beeinflußt durch das, was ihnen aus der Umwelt zufließt, ohne daß es eines Wortes bedarf.

Unentwickelte Fische sind daher häufig fremdbestimmt, sie leben unbewußt fremdes Leben mit, und so sind sie meist schillernde, schwer zu durchschauende Menschen, die immer wieder seltsam gewandelt erscheinen und sich jeder Festlegung entziehen. Fast könnte man sie als »unbewußte Schauspieler« des Lebens bezeichnen, die Hintergründigem, aber auch den Stimmungen und Empfindungen ihrer Umgebung Ausdruck verleihen. Denn das eigentliche Wesen der Fische ist »Ich-Losigkeit« was natürlich nicht bedeutet, daß sie sich von Anfang an durch Selbstlosigkeit auszeichnen, sondern vielmehr, daß sie nicht die Fähigkeit besitzen, sich von anderen vollständig abzugrenzen. Offen für alle Schwingungen und Eindrücke, die ihnen aus der Umwelt zufließen, können sie sich leicht in die Erleidens- und Erlebensform der Umwelt einfühlen. Andere Menschen suchen deshalb gerne ihre Gesellschaft, um ihnen ihre Sorgen und Nöte anzuvertrauen, da sie stets als geduldige Zuhörer erweisen und bereit sind, anderen in seelischer Not zu helfen. Sie sind von Natur aus hilfsbereit, aufopfernd und voller Hingabe, und das Gebrauchtwerden bildet den stärksten Antrieb ihres Handelns, da ihr Bewußtsein den Mitmenschen und die gesamte kreatürliche Schöpfung mit einschließt. Andererseits führen die mangelnde Abgrenzung und ihre Feinfühligkeit zu einer gewissen Lebensuntüchtigkeit in einer leistungsorientierten Welt, in der sie nur schwer mithalten können, da ihre Entwicklung sich weitgehend im Inneren vollzieht.

So hat der Fische-Mensch auch oft Schwierigkeiten, sich in die reale Umwelt einzufügen, denn seine eigentliche Welt ist die Grenzenlosigkeit wahrnehmenden Empfindens, das vielfältiger und umfassender ist als die begrenzte Realität, in der nüchterne Tatsachen, konkrete Fähigkeiten und Durchsetzungskraft zählen. Fische leiden deshalb – vor allem zu Beginn der Entwicklung – an einem sich selbst nur selten eingestandenen Gefühl der eigenen Minderwertigkeit gegenüber den robusteren Menschen, die für den Existenzkampf im Dschungel des Lebens besser ausgerüstet scheinen. Um dies zu kompensieren, können sie zuweilen zu ausgeprägten Materialisten werden, die sich aus Passivität und Weitenangst an die üblichen Sicherungen klammern oder einen Halt in Beruf und Familie suchen. Doch die innere Elastizität und die Weite ihrer Empfindungen läßt sie nie ganz in Absicherungen und Gewohnheiten erstarren. Um sich der Enge und der Begrenzung irdischer Spielräume zu entziehen, greifen sie gerne auf ihre Phantasie zurück, mit der sie das Gefühl unbegrenzter Möglichkeiten wachzuhalten versuchen, wenn die

Realität zu bedrückend zu werden droht oder das Leben ihnen vorenthält, was sie sich in ihren Träumen ausmalen. Deshalb gilt ihnen die Möglichkeit zu etwas meist mehr als reale Gegebenheiten, und sie unterscheiden häufig nicht klar genug zwischen Phantasie und Realität. Fische neigen daher zu Selbsttäuschung und falscher Einschätzung der eigenen Möglichkeiten, die in ihrer Phantasie oft phantastischer erscheinen als sie in Wirklichkeit sind.

Im bürokratischen Wettlauf des Alltags, im Gerangel um Spitzenpositionen zieht der Fische-Geborene deshalb leicht den kürzeren, zumal die äußere Realität ihm eher lästig ist und ihn bei seiner komplizierten Selbstfindung stört. Der Kampf mit dem Alltag kann für Fische mitunter sehr nervenaufreibend sein und nicht selten zum Problem werden, weil sie dazu neigen, die lästigen täglichen Anforderungen der Realität einfach zu ignorieren oder aufzuschieben, bis sie zur Bedrängnis werden, oder sie sich einfach dem Zufall zu überlassen. Abwartend-passiv, voller Zuversicht auf die Selbstregulierung der Natur vertrauend, schauen sie zu, wie sich die Dinge entwickeln, anstatt zu handeln und regelnd einzugreifen, und so bewahrheitet sich für sie nur allzu oft der legendäre Satz eines prominenten Fische-Geborenen: *»Wer zu spät kommt, den bestraft das Leben.«*

Dies bedeutet natürlich nicht, daß Fische durch die Bank Träumer und Phantasten wären. Doch der Sinn für das Praktische und die Fähigkeit ökonomischen, sich an den Bedingungen der Existenz orientierenden Verhaltens – das dem Gegenzeichen Jungfrau zugeordnet wird – ist hier zunächst schwach ausgeprägt. So versuchen sie sich dem Druck wirtschaftlich-ökonomischen Verhaltens und den Zwängen des Alltags durch Nicht-Anpassung und Nachlässigkeit einfach zu entziehen. Mit Vorliebe halten sie sich im Hintergrund, um in gepflegter Unauffälligkeit am Geschehen der Umwelt teilzunehmen, deren Hektik und vordergründige Bedeutung ihnen nicht immer nachvollziehbar erscheint, da ihr eigener Rhythmus und ihr Zeitempfinden viel langsamer und weitreichender sind, als es unsere schnellebige Zeit verlangt. Dies zeigt sich vor allem bei Kindern, die schon sehr früh durch ihre Verträumtheit auffallen. Sie sind langsamer als andere, denn ihre Welt ist die grenzenlose Weite der Phantasie und des Unterbewußten. Sie sind Tagträumer und daher häufig Problemkinder und Spätentwickler, die irgendwie hilflos wirken, doch andererseits gerade dadurch den Schutz und die Fürsorge der Umwelt herausfordern.

Dennoch sollte man die Fische-Geborenen in ihrer Zähigkeit und Durchsetzungskraft nicht unterschätzen. Sie sind Meister der Tarnung, die sich mit Vorliebe im Hintergrund halten und nicht erkannt sein wollen, doch hinter der Maske ihrer Sanftmut entwickelt sich mit zunehmender Reife ein starker Eigenwille, der ihnen zunehmend Richtkraft und Stärke verleiht. Zwar neigen sie nicht dazu, direkt Widerstand zu leisten, denn sie vermeiden direkte Konfrontationen. Wenn sie Druck spüren, weichen sie aus und versuchen sich jeder Festlegung zu entziehen bis hin zur Notlüge, die ihnen zuweilen durchaus legitim erscheint, wenn sie ihnen hilft, sich vor zu großen Anforderungen oder vor Termindruck zu schützen. Typisch ist der Zick-Zack-Kurs, das Lavieren und Taktieren, mit dem sie versuchen, ihre Vorstellungen durchzubringen, ohne sich eindeutig festzulegen. Bietet sich Widerstand, weichen sie zurück, und sie werden erst wieder aktiv, wenn dieser nachläßt. Doch gewöhnlich erreichen sie trotzdem, was sie wollen, vielleicht nicht sofort, aber am Ende siegen ihre Langmut und ihr ungebrochener Wille, den sie fast immer durchsetzen, auch wenn es dabei gewisser Umwege bedarf.

Fische wirken im Stillen, sie scheuen alles Laute und Demonstrative, das sie ihrer Besinnlichkeit beraubt. Ihre Gefühlsäußerungen sind stets verhalten; Schmerz und Freude äußern sie nicht laut, denn nichts scheuen sie mehr als anderen ihre Seele zu offenbaren. Vielmehr erwarten sie, daß man ihre wortlosen Impulse versteht, und wenn dies nicht geschieht, sind sie enttäuscht. Aber zugeben würden sie das niemals, lieber bleiben sie unerkannt im Hintergrund, als einem Außenstehenden ihre geheimsten Wünsche anzuvertrauen. Einer eventuellen Enttäuschung beugen sie vor, indem sie schon vorher freiwillig verzichten, doch reden darüber wollen sie nicht, denn nicht jede Atmosphäre verträgt die Berührung mit dem Wort, das ihnen oft eher unangemessen erscheint, um auszudrücken, was sie empfindend wahrnehmen. Fische leiden daher häufig unter dem Gefühl des Nicht-Verstandenseins, da sie im allgemeinen mehr wahrnehmen als sie ausdrücken können. So haben sie auch zuweilen Schwierigkeiten, ihre Eindrücke konkret zu formulieren und verständlich auszudrücken, was sie innerlich bewegt. Dies führt häufiger zu Mißverständnissen und Verständigungsschwierigkeiten, weil nicht die Logik im Vordergrund steht, sondern die psychische Wahrnehmung, die die Wirklichkeit anderer Menschen deutlich erfühlt, sie aber nicht unbedingt rational erklären und ausdrücken kann. Oft sind sie Eindrücken ausgeliefert, die sich mehr bildhaft-beschreibend wiedergeben lassen als logisch-argumentativ. Ihre Erklärungen scheinen daher nicht selten weitschweifig, unpräzise und zum Teil irrational oder weit hergeholt, und solange das Denken nicht dominiert, liegt ihr Eigentliches hinter dem verborgen, was begrifflich faßbar ist. Denn sie besitzen feine Antennen für das Nicht-Sichtbare, sie sind hochsensibel und empfindsam gegenüber Situationen und Prozessen, die sie von der reinen Anschauung her begreifen. So können sie auch ohne zu sprechen befruchtend auf ihre Umgebung wirken, indem sie zu Übermittlern von Stimmungen, Einfällen oder Ideen werden und zuweilen auch von Übersinnlichem, das sie feinfühlig wahrnehmen.

In diesem Zeichen finden sich deshalb häufiger Trance-Medien oder medial begabte Menschen, deren Wahrnehmung in die subtilen Daseinsebenen eindringt. Diese Begabung kann aber erst dann positiv genutzt werden, wenn das Denken entwickelt ist und genügend Unterscheidungsfähigkeit erworben wurde, um das Wahrgenommene auch richtig zu deuten. Ist dies nicht der Fall und überwiegt die passive Empfänglichkeit, kann diese Medialität zu Selbsttäuschungen und Verblendungen führen, die die Persönlichkeitsentwicklung gefährden. Es bedarf daher gerade in diesem Zeichen sehr stark der Qualitäten des Gegenzeichens, denn das analytische Denken ist dringend notwendig, um der Grenzenlosigkeit des Empfindens eine ordnende Kraft entgegenzusetzen.

So zeichnet sich der entwickelte Fische-Mensch auch dadurch aus, daß seine Weichheit und Nachgiebigkeit zunehmend klarer Orientierung weichen und die psychische Wahrnehmung durch mentale Empfänglichkeit, klare Beobachtung und reflektierendes Denken ersetzt wird. Zwar werden Fische auch dann nicht durch kalte Rhetorik, argumentative Spitzfindigkeit oder Schlagfertigkeit hervortreten, die den rein intellektuellen Denkern eigen ist. Doch in dem Maße, wie das Denken zur dominierenden Kraft wird und das passive Geschehenlassen von vernünftigem Handeln abgelöst wird, ist der Fische-Mensch immer besser in der Lage, seine feinfühligen Wahrnehmungen auch richtig zu deuten und Grenzen zu ziehen zwischen dem eigenen Erleben und dem seiner Mitmenschen. So wird er eigenständig, und seine anfänglich demonstrative Opferbereitschaft, mit der er Anerkennung und Selbstbestätigung sucht und seine Schwäche tarnt, wird nun zunehmend zu bewußter Mitmenschlichkeit, die ihn offen macht für die Sorgen und Nöte anderer, ohne dabei sein Eigenes zu verlieren.

Ein Kriterium für Entwicklung ist in diesem Zeichen deshalb auch nicht die Hingabefähigkeit und Opferbereitschaft an sich, die allen Fischen eigen ist, denn sie neigen dazu, für einen geliebten Menschen alles zu tun bis zu unterwürfiger Selbstaufgabe. Doch mit zunehmender Entwicklung wird die Unterscheidung zwischen persönlicher Hingabe und selbstloser Menschenliebe deutlicher, die für entwickelte Fische-Menschen meist eine Berufung darstellt. Die seelische Reife der Fische zeigt sich deshalb auch an der Motivation und dem Grad an Bewußtheit, der die Bereitschaft zum Dienen bewirkt, denn der Fische-Geborene erreicht seine Bewußtwerdung durch vollkommene Identifikation mit dem, was er liebt. Und so ist es auch die liebende, aufopfernde Hingabe an andere, die ihn stufenweise von der anfänglichen Identifizierung mit persönlichen Beziehungen – über die Hingabe an ein erahntes höheres Ideal – schließlich zu sich selbst finden läßt, indem er sich durch selbstlosen Dienst am Nächsten aus der Abhängigkeit materieller und persönlicher Bindungen befreit.

Die Stärken und Schwächen der Fische

Die Stärken der Fische sind ihre Hingabefähigkeit, ihre Bereitschaft zu Opfer und zu Verzicht. Durch ihre Feinfühligkeit sind sie mitunter in der Lage, die Probleme der anderen besser zu erkennen als ihre eigenen, und so bildet das seelische Gebrauchtwerden auch die Voraussetzung für eine tiefere menschliche Bindung und die Erfüllung im Berufsleben. Ihre Größe erreichen sie durch Verzicht und hingebungsvolles Dienen, ihr Grundmotiv ist Hilfsbereitschaft und liebevolle Mitmenschlichkeit.

Die Schwäche dieses Zeichens ist die Flucht in die Hilflosigkeit, hinter der sie sich verstecken und mit der sie Eigenverantwortung und Eigeninitiative verweigern. Die Grenzenlosigkeit ihrer Empfindungen führt häufig zu Illusionen und Selbsttäuschung, solange kein klares Denken, keine Unterscheidungsfähigkeit und keine Selbstanalyse erreicht sind. Typisch sind zu Beginn Entscheidungsschwäche, Passivität, Flucht in Phantasiewelten und Hinhaltetaktik, mit der sie versuchen, Konfrontationen zu vermeiden, sowie mangelnde Konsequenz und Geradlinigkeit.

Die drei Entwicklungsebenen in den Fischen

Es gibt drei Bewußtseinsstadien in diesem Prinzip, und diese werden durch folgende Zeichenherrscher stufenweise entwickelt:

1. Persönlichkeit	Exoterischer Herrscher	Jupiter
	Kollektiver Herrscher	Neptun
2. Seelen-Bewußtsein	Esoterischer Herrscher	Pluto
3. Geistiger Mensch	Hierarchischer Herrscher	Pluto

1. Stadium: Entwicklung der Persönlichkeit

Zeichenherrscher: Jupiter (Neptun)   *Leitmotiv:* **Passive Empfänglichkeit**

Zu Beginn der Entwicklung ist der Fische-Mensch geprägt von einer großen Passivität und einem psychischen Empfinden, das ihn auf alle Kontakte aus der Umwelt sensitiv reagieren läßt. Im Grenzbereich der Realität und des Unbewußten lebend, hat er Schwierigkeiten, sich in die Umwelt einzufügen. Er ist unsicher und meist wenig geneigt, sich energisch im Leben zu behaupten, denn dies widerspricht seiner Vorstellung vom natürlichen Fluß des Lebens, von dem er sich einfach treiben läßt, ohne aktiv einzugreifen. Ohne erkennbare Eigenrichtung reagiert er zunächst sensibel auf jede Seelenströmung, die ihm aus der Umwelt zufließt. Im Vordergrund steht eine Art »Gefühlsmedialität«, mit der er sich in andere einfühlt, und solange das Denken nicht genügend entwickelt ist, ist der Fische-Typus daher unfähig, sich von seiner Umgebung ausreichend abzugrenzen. Daraus resultiert eine gewisse Labilität und Verführbarkeit, aber auch das Gefühl der Schutzlosigkeit gegen das Leid der anderen, das Fische mitzufühlen gezwungen sind, so als wäre es das eigene. Sie fühlen sich herausgefordert, anderen zu helfen, um das Leid zu lindern, das sie allenthalben spüren. Ihre Opferbereitschaft, die meist instinktiv vorhanden ist, hat jedoch durchaus egoistische Motive, denn sie können sich dem Leid der anderen nicht entziehen. Dies erklärt auch ihr zuweilen missionarisches Sendungsbewußtsein, mit dem sie in eindringlicher Weise versuchen, anderen zum Heil zu verhelfen, ob diese das nun wollen oder nicht. In deutlichem Kontrast dazu steht auf der anderen Seite ihre fast naive Kindlichkeit, die sie lange zu behalten suchen, um sich jeder Verantwortung zu entziehen, da dies ein aktives Eingreifen erfordern würde. Denn im Grunde ihres Wesens sind Fische beschauliche, verträumte Menschen, die nur allzu gerne der rauhen Wirklichkeit entfliehen. Sie lieben die gleichmäßige, fließende Bewegung und halten sich jederzeit den Hintergrund als Fluchtrevier offen, in den sie bis zur Ungreifbarkeit entschwinden, sobald die Forderungen nach mehr Eigeninitiative oder schnellen Entscheidungen sie bedrängen.

Doch mit zunehmender Persönlichkeitsentwicklung verliert sich die anfängliche Gefühlsmedialität und die Flucht vor Verantwortung und Festlegungen. Nun sucht der Fische-Geborene Selbstbestätigung und Anerkennung in Beruf oder Familie, wobei er kreativ-künstlerischen Interessen, aber auch sozialen oder im weitesten Sinne helfenden Berufen den Vorzug gibt, da er wenig Neigung hat, sich mit reinen Fakten zu beschäftigen oder sich sachlich-funktionalen Aufgaben zuzuwenden. Fische sind daher überall dort am richtigen Platz, wo sie das Gefühl haben, gebraucht zu werden, wobei sie allerdings großen Wert darauf legen, daß ihre Leistung auch gewürdigt und anerkannt wird. Denn in dieser Phase tritt der Fische-Geborene aus dem Hintergrund hervor, er versucht sich mit Fleiß und Ehrgeiz den lästigen, aber als notwendig erkannten Anforderungen der Realität zu stellen. Zeitweise wird dabei die materielle Absicherung aus Angst vor Versagen und Unsicherheit überbetont, denn nun versucht er seinen Platz im Leben zu finden und sich gegenüber den anderen robusteren Menschen zu behaupten durch wechselhaftes, aber selbstbestimmtes Verhalten, das den Eigenwillen und eigenen unabhängigen Standort betont. Daraus resultiert eine starke Willensbetonung, die in diesem Zeichen aber nicht direkt und offensiv zum Ausdruck kommt, sondern sich meist als unterschwellig-zwingende Emotionalität hinter der Weichheit und Sanftheit ihres Wesens verbirgt. Nicht selten führt dies dazu, daß Fische ihre Umgebung in erstaunlichem Maße beherrschen und kontrollieren, ohne daß dies auf den ersten Blick erkennbar ist.

2. *Stadium:* Seelen-Bewußtsein

Zeichenherrscher: Pluto   *Leitmotiv:* **Mentale Feinfühligkeit**

Wenn die Seele deutlicher ins Bewußtsein tritt, verstärken sich der Wille sowie die innere Richtkraft der Fische, und die schwankende Beweglichkeit weicht einer klar erkennbaren geistigen Zielsetzung. Nun wird sich der Mensch der Begrenztheit emotionaler Beziehungen bewußt, denn Pluto hat die Aufgabe, die einengenden emotionalen Bindungen zu zerstören, die den Menschen davon abhalten, sich höheren geistigen Ebenen zuzuwenden, die über den Bereich persönlicher Beziehungen und das Streben nach Selbstbestätigung und Anerkennung hinausgehen. So tritt die betonte Emotionalität der Fische-Geborenen in den Hintergrund, und sie verstehen es jetzt zunehmend besser, ihre feinfühligen Wahrnehmungen intellektuell zu deuten und zu analysieren, um zu einer objektivierbaren Erkenntnis zu gelangen.

In dieser Phase beginnt das Gegensatzpaar Fische-Jungfrau sich anzunähern, und aus dem medial-veranlagten, mystischen Menschen wird der mental betonte Mittler, der seine Feinfühligkeit nutzt, um die von ihm erfaßte Wirklichkeit mit der physischen Realität zu verbinden. Deutlich spürbar wird nun der Wunsch, anderen auf selbstlose Weise zu dienen. Der bewußte Verzicht auf ausschließliche persönliche Bindungen zugunsten allgemeiner Menschenliebe ist daher ein Merkmal dieser Entwicklungsstufe, auf der der Mensch versucht, sich von allem zu befreien, was ihn emotional an die Welt der Formen bindet, ihn abhängig macht und seine innere Freiheit einschränkt.

3. *Stadium:* Geistiges Bewußtsein

Zeichenherrscher: Pluto   *Leitmotiv:* **Identifikation mit dem Ganzen**
»Der Erlöser«

Wenn Pluto auf hierarchischer Ebene in Erscheinung tritt, dann bringt er den Tod oder das Ende aller persönlichen Bindungen an die Welt, da sein Bewußtsein nun eins geworden ist mit dem, was wir als »Göttlichen

Willen« umschreiben. In dieser Phase ist das Gegensatzpaar Fische-Jungfrau im Bewußtsein verschmolzen. So bilden Intellekt, menschliche Intelligenz und höhere Inspiration auch keinen Gegensatz mehr, sondern sie sind sich ergänzende Ebenen der Wahrnehmung. Die Dualität Seele-Körper hat aufgehört zu existieren, denn der Mensch lebt nun im vollen Bewußtsein der Einheit mit allem Lebendigen auf den unterschiedlichen Ebenen menschlicher Existenz.

Diese Stufe kennzeichnet das Bewußtsein aller großen Welterlöser oder »Avatare«, wie Christus, Buddha, Krishna u. a., die in regelmäßigen Abständen auf die Erde kommen, um ihre Entwicklung zu beschleunigen. Für uns normal Sterbliche stellt dieses Bewußtseinsstadium daher keine gelebte Realität dar, sondern nur das Ideal menschlicher Vervollkommnung und des höchsten Opferwillens zugunsten der Menschheit, das nur wenige Auserwählte berufen sind, wirklich zu leben.

Die esoterische Bedeutung des Fischezeichens

Symbol: ♓ Zwei gebundene Fische, die in Gegenrichtung schwimmen.

Bedeutung: Seele und Persönlichkeit, die durch ein Band — den Lebensfäden — miteinander verbunden sind. Dies ist ein Sinnbild für das Gebundensein der Seele an die Materie.

Lichtqualität: Das Licht der Welt.

»Dies ist das Licht, welches das Licht des Lebens selbst offenbart. Es macht der Dunkelheit der Materie für immer ein Ende.«

Alice Bailey

Die Fische sind ein duales Zeichen, in dem die Doppelnatur Seele und Form zum Ausdruck kommt. Durch die Verschmelzung dieser beiden entsteht im Laufe einer langen Entwicklung die vollendete Einzelseele, der »Gott-Mensch«. Fische ist daher — wie Widder — ein Anfangs- und Endzeichen, denn die Seele muß sich zunächst für die Materie empfänglich machen, sich ihrer Schwingung anpassen, um sich später erneut daraus zu lösen und sich dem Geist wieder anzunähern. Dieser Vorgang ist in der biblischen Geschichte des verlorenen Sohnes symbolisch dargestellt.

Die Fische sind daher das Zeichen eines zweifachen Verzichts, denn zunächst verzichtet die Seele auf das Leben des Geistes. Sie steigt in die Materie herab und schafft sich aus ihrem eigenen Zentrum heraus ihre eigene Persönlichkeit, über die sie sich auf der Erde materiell verankert. Dies ist die »Gefangenschaft der Seele« in der Substanz, denn solange sich die Seele mit der Form identifiziert, sind die Seelenkräfte verborgen, und die Kräfte der Persönlichkeit gewinnen immer mehr an Einfluß, weil die naturgemäßen geistigen Bestrebungen des Menschen behindert sind. Die persönlichen, besonders aber die emotionellen Kräfte sind deutliche Qualitäten der Fische auf dieser Entwicklungsebene wie auch ihre psychische Empfindungsfähigkeit und Medialität, die Ausdruck des Massenbewußtseins sind. Später, wenn die verborgene Seele innerlich aktiv wird und der Intellekt sich entwickelt, muß die Seele erneut einen Verzicht leisten, denn nun löst sie sich wieder vom Persönlichkeitszentrum oder vom Leben in der Form, um sich erneut auf das Leben des Geistes hin zu orientieren und im Dienst am Mitmenschen ihre Erfüllung zu finden.

Das Ziel der Fische

ist es, sich aus der Abhängigkeit und Versklavung durch die Materie zu befreien, in die sich die menschliche Seele durch Identifikation mit materiellen Wünschen und Zielsetzungen begeben hat. Denn durch die magnetische Wirkungskraft der Fische-Energie wird im einzelnen Menschen Empfindsamkeit und Empfänglichkeit für höhere Eindrücke erzeugt, die ihn auf die inneren subjektiven Ebenen des Seins reagieren lassen und ihn veranlassen, sich mit zunehmender Entwicklung von der Formseite des Lebens zurückzuziehen. Zunächst äußert sich diese Empfindsamkeit in niederen psychischen Fähigkeiten, die erst durch mentale Entwicklung in höhere spirituelle Fähigkeiten umgewandelt werden müssen. So sind die Fische auch ein Zeichen der Hemmnisse, Behinderungen und des zeitweiligen Leidens, denn durch die leidvollen Erfahrungen materieller Begrenzungen wird der Mensch offen für höhere Wahrnehmungen und für die »Durchdringungsfähigkeit der Weisheit«, die in diesem Zeichen erreicht werden soll, um den Materialismus zu überwinden und sich des geistigen Ursprungs wieder bewußt zu werden, der die eigentliche Heimat des Menschen ist.

Diese Entwicklung von psychischer Empfänglichkeit zu geistiger Bewußtwerdung erfolgt in drei Stufen:

1. Völlige Identifikation der Seele mit der Formnatur. Psychisches Empfinden und mediale Empfänglichkeit.

2. Verzicht und Loslösung vom Persönlichkeitszentrum, um im Dienst am Mitmenschen aufzugehen. Mentale Empfänglichkeit für das Bewußtsein der Seele, das in gelebter Mitmenschlichkeit zum Ausdruck kommt.

3. Opfer und Tod des trennenden Begehrens, das die Seele an die Erde bindet. Der Mensch befreit sich aus persönlicher (Liebes-)Beziehungen und persönlichen Bindungen, um sich in selbstloser Liebe für die Menschheit zu opfern.

Dies ist das Ziel der Seelenentwicklung des Menschen, das natürlich erst im Endstadium erreicht werden kann.

Der Schlüssel zur Transformation

Fische neigen zu mystischer Wahrnehmung und Empfindsamkeit, die in mentale Empfänglichkeit umgewandelt werden muß. Fortschritt in der Entwicklung wird in diesem Zeichen erreicht, wenn sich die Qualitäten des Gegenzeichens Jungfrau aneignen und sich durch kritische Eigenanalyse vom Astralen befreien. Gerade Fische sollten sich um gedankliche Klarheit bemühen und die Kraft des Intellekts einsetzen, um sich aus der emotionalen Abhängigkeit von anderen zu lösen, aber dennoch offen und empfänglich zu bleiben für die Nöte ihrer Mitmenschen. Denn nur durch selbstloses Dienen und Verzicht auf persönliche Anerkennung erreicht die Seele schließlich ihre Befreiung, und indem sie sich selbst von allen emotionalen Bindungen befreit, wird sie fähig, wirklich zu lieben und so an der Erlösung der Welt mitzuwirken. Dieses Wissen bildet auch den esoterischen Hintergrund des christlichen Gebotes »Liebe deinen Nächsten, wie dich selbst«, das wohl als die zentrale Idee des Urchristentums angesehen werden kann, dessen Symbol das Fischezeichen war.

Die beiden Schlüsselworte für die Fische nach Alice Bailey

Persönlichkeit: »Geh hinaus in die Materie.«

Seele: »Ich verlasse des Vaters Haus, und indem ich zurückkehre, errette ich.«

V

Die Planeten als Vermittler der Tierkreisenergien

Die Grundsymbole der Planeten und ihre Bedeutung

Die Planeten sind die beweglichen Prinzipien des Tierkreises, denn sie wirken als Verteiler für die vom Tierkreis ausgehenden Energien, die in unserem Sonnensystem zusammenlaufen und sich auf unserem Planeten konzentrieren. Bildlich gesprochen könnten wir sie als die Zeiger der »Weltenuhr des Tierkreises« betrachten, die die Zeitqualität einer Epoche anzeigen, indem sie sich zyklisch durch die Tierkreiszeichen bewegen. Auf diese Weise entsteht auf der Erde eine ganz bestimmte Energiequalität, die sich je nach der Stellung der Planeten ändert.

Um dies leichter zu verstehen, sollen zunächst die Energiequalitäten der einzelnen Planeten besprochen werden, um sie dann in Verbindung zu den Tierkreiszeichen zu betrachten, deren Qualität sie in unterschiedlicher Stärke und Intensität zum Ausdruck bringen, je nachdem, ob ihre eigene Qualität eine Affinität, eine Gegensätzlichkeit oder eine Indifferenz gegenüber den Tierkreiszeichen aufweist. Denn die Beziehung zwischen den Sternbildern und den Planeten gründet auf dem Gesetz der Affinität oder Verwandtschaft, das die magnetische Anziehung und die dynamische Reaktion zwischen Sternbildern und Planeten im Sonnensystem bewirkt. Und beide erhalten ihre Qualität wiederum von den »Sieben Strahlen«, die die Grundlage aller Manifestation in Zeit und Raum bilden, soweit es unsere Lebenssphäre betrifft.

Jeder Planet läßt sich daher auch einem Strahl zuordnen, der seinen Charakter und seine Wirkung im Physischen bestimmt, und dieser Charakter wird im Planetensymbol sichtbar, das Ausdruck der spezifischen Qualität eines Planeten ist.

Alle Planetenzeichen enthalten folgende Grundsymbole, aus denen die Grundenergie eines Planeten ersichtlich ist:

Die exoterische Astrologie arbeitet mit zehn Planeten: *Sonne* und *Mond* als Symbol der beiden großen Urprinzipien des Männlichen und Weiblichen in der Natur sowie *Merkur, Venus, Mars, Jupiter, Saturn, Uranus, Neptun* und *Pluto.*

In der esoterischen Astrologie kommen noch zwei weitere Planeten hinzu: *Erde und Vulkan*, die allerdings nur auf esoterischer Ebene Bedeutung haben, denn ihre Wirkung wird erst spürbar, wenn ein Mensch ein gewisses Maß an Seelenbewußtsein erreicht hat.

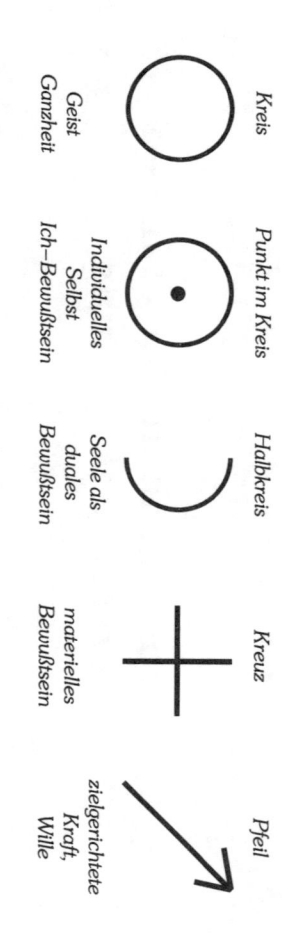

Kreis	Geist Ganzheit
Punkt im Kreis	Individuelles Selbst Ich-Bewußtsein
Halbkreis	Seele als duales Bewußtsein / materielles Bewußtsein
Kreuz	materielles Bewußtsein
Pfeil	zielgerichtete Kraft, Wille

Sonne
Kreis mit zentralem Punkt
Das individuelle Selbst
Ich-Bewußtsein

Mond
Doppelter Halbkreis
Die Formnatur als Spiegel des Selbst
Das Nicht-Selbst oder die körpergebundene Seele

Erde
Das Kreuz im Kreis
Die Begrenzung des Geistes durch Zeit und Raum
Materielles Bewußtsein

Mars
Schräg nach oben gerichteter Pfeil auf dem Kreis
Geistiger Impuls, der der materiellen Entwicklung eine Richtung gibt; nach außen gerichtete, männlich-dynamische, zielgerichtete Kraft
Persönlicher Wille

Venus

Kreis über dem Kreuz

Das geistige Selbst, das sich über die Materie erhebt; nach innen gerichtete, weiblich-harmonisierende Kraft

Menschliche Liebe

Merkur

Der Kreis steht über dem Kreuz und der Halbkreis über dem Kreis

Das Denkvermögen in seiner dreifachen Funktion: abstraktes Denken (O) materielles konkretes Denken (+) und schließlich die Intuition, symbolisiert durch den nach oben offenen Halbkreis

Das Denken als Mittler zwischen Seele und Persönlichkeit

Jupiter

Halbkreis über dem Kreuz

Die Seele beherrscht die Materie

Liebe-Weisheit

Saturn

Kreuz über dem Halbkreis

Die durch Zeit und Raum begrenzte Seele

»Karmische« Verantwortlichkeit

Uranus

Nach oben gerichteter Pfeil über dem Sonnensymbol

Der Wille ist ins Überpersönliche gerichtet und bewirkt die geistige Entwicklung. Das in sich selbst zentrierte Bewußtsein (☉) wird überschritten

Höheres geistiges Selbst

Neptun

Zwei verbundene Halbkreise über dem Kreuz

Der Dreizack als Symbol der »göttlichen Trinität«

Auflösung der Dualität durch eine »alles transzendierende Liebe«

Allumfassende selbstlose Liebe

Pluto

Für Pluto gibt es kein bekanntes archaisches Symbol. Deshalb werden unterschiedliche Symbole verwendet, wie ♇, ♇, ♇, ♇, ♇ und ♇ (Ephemeride).

Das esoterische Symbol des Pluto, das bisher keine Verwendung findet, ist jedoch der senkrechte Pfeil, und so scheint mir das nebenstehende Symbol die Qualität des Pluto am besten auszudrücken. Denn der Wille zur Zerstörung bringt festgehaltene, überholte gedankliche und psychische Strukturen an die Oberfläche des Bewußtseins, damit sie im Licht höherer Erkenntnis transformiert werden. Pluto stellt daher die Kraft des Todes oder der Zerstörung dar, die die Ego-Schale sprengt, um eine höhere geistige Entwicklung zu ermöglichen.

Tod als Befreiung zum Leben

Vulkan

Auch für den Vulkan gibt es kein archaisches Symbol. Intuitiv scheinen mir zwei Halbkreise, die in der Mitte durch einen horizontalen Strich verbunden sind, die Idee dieses Planeten am besten auszudrücken.

Vulkan steht für den Willen der Seele, die Vereinigung von Seele und Körper in der am stärksten verdichteten Erscheinungsform, der Materie, zu erreichen.

Geistiger Wille als »Gestalter des Seelenkörpers«

Sonne als Quelle des Bewußtseins

Das individuelle Selbst

Schöpferische Lebenskraft, Persönlichkeitskern, persönliche Identität, Selbst-Bewußtsein.

Die Sonne, das Leben, Licht und Wärme spendende Zentralgestirn unseres Planetensystems ist es, die die Planeten durch Gravitationskräfte in ihren Bahnen hält und ihre Bewegungen bestimmt. Sie ist die Quelle allen Lebens, und sie schafft die Voraussetzungen für Bewußtsein und das Entstehen von Leben auf der Erde und auf den übrigen Planeten ihres Systems.

In der Esoterik gehen wir allerdings davon aus, daß die Sonne dreifach ist, denn sie reflektiert die »göttliche Urdreiheit«, die auf jeder Ebene der Existenz wieder in Erscheinung tritt und die für uns in der Sonne als dem Zentralgestirn unserer Lebenssphäre verkörpert ist. Allem physischen Leben auf der Erde liegt deshalb eine Dreiheit von Energien zugrunde, und die Quelle dieser Dreiheit bildet die Sonne in ihren drei Aspekten:

1. Die physische Sonne

Durch die Energie der physischen Sonne wird unser Persönlichkeitsbewußtsein entwickelt, und dieser Aspekt der Sonne ist es auch, der in der Astrologie als Planet betrachtet wird.

2. Das »Herz der Sonne«

Das »Herz der Sonne«, das wir auch als den Seelen- oder Bewußtseinskern der Sonne bezeichnen könnten, bildet den Brennpunkt für die Konzentration der sieben kosmischen Strahlen auf die irdische Sphäre und den Menschen. Diese Strahlen pulsieren in sieben großen Energieströmen durch die verschiedenen Planeten und bringen so jenes feinfühlige Bewußtsein hervor, das wir als Seelenbewußtsein bezeichnen. Auf diese Weise entstehen sieben Typen von Energien, die ihre Wirkung auf die Erde, aber auch auf alle anderen Planeten ausüben und so den Hintergrund jeglicher Entwicklung bilden.

3. Die zentrale Geistessonne

Die zentrale Geistessonne stellt die Quelle allen Lebens dar. Sie verkörpert die Ebene der Monade oder der schöpferischen Urbilder, die über das »Herz der Sonne« in Form der Sieben Strahlen auf unsere Erde gestrahlt werden, um dann – belebt durch die Energie der physischen Sonne – als die Vielfalt von Formen zu erscheinen, die das irdische Leben hervorbringt.

Die Sonne ist deshalb das Symbol für die Einheit allen Lebens in unserem Sonnensystem, denn sie verkörpert an sich schon sämtliche Qualitäten unseres Planetensystems. Alles, was in unserer Welt an Wirklichkeit möglich ist, wird von der Sonne repräsentiert. Dies läßt sich am Beispiel des Lichtes veranschaulichen. Das Licht der Sonne ist weiß, denn es stellt die Summe aller Farben dar. Doch mithilfe eines Prismas können die sieben Spektralfarben des Sonnenlichtes sichtbar gemacht werden, die wiederum eine Entsprechung zu den Sieben Strahlen haben.

Esoterisch betrachtet ist das Prinzip der Sonne die Verkörperung der »göttlichen Trinität«, aber auch der sieben Bewußtseinsebenen unserer Erde, denn diese werden durch das siebenfältige Lichtspektrum der Sonne hervorgerufen und finden ihre Analogie in den sieben kosmischen Strahlen, die die Grundfärbung und Grundcharakteristik aller Planeten unseres Sonnensystems (einschließlich der Sonne) bestimmen.

Die Sonne, die Quelle allen Lebens und die Überträgerin der Sieben Strahlen an die sie umgebenden Planeten, nimmt in der Astrologie zusammen mit dem Mond eine Sonderstellung ein, denn sie ist das Symbol des Ur-Männlichen oder des Geistes im Gegensatz zum Ur-Weiblichen oder der Materie, die durch den Mond symbolisiert wird. Diese beiden Planeten sind das »Große Licht« und das »Kleine Licht« der Genesis des Alten Testaments. Die Sonne regiert den Tag oder das Bewußtsein, der Mond die Nacht oder das Unbewußte. Die Sonne verkörpert das gebende, aktiv-formende Prinzip, der Mond die Spiegelung oder das reflektierende, passiv-empfangende Prinzip. Am Bild des Himmels wird dies deutlich durch das von der Sonne abhängige Erscheinungsbild des Mondes. Überdies erscheinen beide von der Erde aus betrachtet viel größer als alle anderen Himmelskörper, und miteinander verglichen wirken sie gleich groß, was ihren wirklichen Maßen nicht entspricht. So zeigt uns der Himmel wieder einmal ein Symbol, denn der Mond ist ja der Spiegel des Sonnenlichtes. Durch seine Wanderung erzeugt er ständig wechselnde Winkel mit der Sonne, wodurch das Sonnenlicht in unterschiedlicher Intensität und Helligkeit auf die Erde reflektiert wird. Beide Planeten, Sonne und Mond, haben die Funktion eines Impulsgebers für die übrigen Planeten, denn ihre Rhythmen wirken für diese oft als auslösende Faktoren.

Im Horoskop stellt die Sonne unsere Wesensmitte oder unseren Persönlichkeitskern dar, der die Aufgabe hat, alle übrigen Teilkomponenten oder »Teil-Ichs« unseres Wesens, die durch die anderen Planetenkräfte symbolisiert werden, zu vereinen und als ein vereinheitlichtes, integriertes Ich zum Ausdruck zu bringen. Sie ist die zentrierende und integrierende Lebenskraft, die uns nach der Ganzheit unseres Wesens streben läßt, und so ist das Sonnenhafte in uns auch das Prinzip, das uns nach Art des Tierkreiszeichens, in dem wir geboren wurden, zu unserer persönlichen Identität finden läßt.

Zusammenfassend können wir sagen, die Sonne zielt im Gesamtorganismus des Menschen auf Integration und auf das Bewußtmachen unbewußter Wesensanteile hin. Sie ist – im Gegensatz zum Unbewußt-Reflektierenden des Mondes – die positive, lebensschöpferische Kraft, die das Streben nach Selbstverwirklichung, Selbstbewußtsein und nach Vollendung der Persönlichkeit bewirkt.

Die esoterische Bedeutung der Sonne

Strahlqualität: 2. Strahl

Prinzip: Liebe-Weisheit

Der 2. Strahl besitzt die Energiequalität der magnetischen Anziehung, die alle Einzelqualitäten zu einem Ganzen zusammenhält, und das ist es, was wir Liebe nennen. Die Qualität der Liebe oder der magnetischen Anziehung wirkt durch das Herzzentrum, und so sind Weisheit und Liebe auch ein einziges Prinzip, denn Weisheit entsteht durch das »Denken im Herzen«, das erst möglich wird, wenn Intelligenz und Liebe verschmelzen und wir diese beiden Qualitäten gemeinsam zum Ausdruck bringen. Die Verschmelzung von Intelligenz und Liebe ist daher das Ziel der menschlichen Bewußtwerdung oder der Entwicklung von Selbst-Bewußtsein, das sich stufenweise vom Ich-Bewußtsein zu Seelenbewußt-sein und schließlich in geistiges Bewußtsein wandelt.

Diese drei Stufen des Bewußtseins, die jeder Mensch im Zuge seiner geistigen Entwicklung durchläuft, werden im Horoskop von der Sonne symbolisiert, die die Quelle jeglichen Bewußtseins darstellt. Doch durch sie hindurch wirken esoterisch zwei andere Planeten, nämlich Neptun und Uranus, die ihren Einfluß durch die Sonne konzentrieren.

Es gibt daher drei Stufen von Selbst-Bewußtsein, die der Mensch im Zuge seiner Individuation durchläuft:

1. Persönlichkeit:	☉	Identifikation mit dem niederen Selbst, Eigenbewußtsein
2. Seelenbewußtsein:	☉ (♆)	Mystisches Empfinden höherer geistiger Ebenen des Seins durch Transzendierung des persönlichen Bewußtseins
3. Geistiges Bewußtsein:	☉ (♅)	Geistige Erkenntnis kosmischer Zusammenhänge durch Identifi-kation mit dem größeren Ganzen

Die Zuordnung der Sonne zu den Tierkreiszeichen

Die Sonne wirkt in ihren drei Aspekten durch das Tierkreiszeichen Löwe, dessen Ziel die Entwicklung von *Selbstbewußtsein* ist.

Mond als Nicht-Selbst

Die Formnatur,
die das Selbst reflektiert.
Die »körpergebundene Seele«.

Das Unbewußte: Instinkt, Gemüt, Gefühl;
angeborene Reaktionen auf Umweltreize;
Einbildungskraft, Phantasie,
Nachahmungsfähigkeit.

Der Mond, das reflektierende Prinzip der Sonne, symbolisiert die »Intelligenz der Materie« oder das verborgene Licht, das den physischen Informationsaustausch von Zelle zu Zelle ermöglicht. Er verkörpert die Intelligenz der Natur und bewirkt bei Mensch und Tier das Instinkt-Bewußtsein, das alle unbewußten Lebensvorgänge steuert und an den Rhythmus der Natur anpaßt.

Der Mond kann deshalb als der »Mutteraspekt der Schöpfung« betrachtet werden, als der materielle weibliche Aspekt, und so gilt er auch allgemein als das Prinzip der Fruchtbarkeit, das alle Wachstumsvorgänge in der Natur regelt. Seine Bewegungen wirken sich auf die Fruchtbarkeitszyklen und das Paarungsverhalten von Tieren aus, aber auch auf das Wachstum und Keimen von Pflanzen. Diese Erkenntnis hat sich seit alters her in den Mondkalendern für die Aussaat niedergeschlagen, die der Tatsache Rechnung tragen, daß sich die Strahlungsqualität der Sonne auf die Erde mit zunehmendem und abnehmendem Mond verändert. Der Rhythmus des Mondes, seine Zu- und Abnahme, bewirkt ein zyklisches Werden und Vergehen, ein Wachsen und ein Innehalten, das sich auf die gesamte physische Natur auswirkt. Er ist der Auslöser für Ebbe und Flut des Meeres, für jahreszeitliche Überschwemmungen der Flüsse, und er beeinflußt auch den menschlichen Körper, der ein Teil der Natur ist. Dies zeigt sich deutlich am Menstruationszyklus der Frau, der mit seinen durchschnittlich 28 Tagen dem Mondrhythmus entspricht.

Doch auch die menschliche Psyche reagiert auf den Zyklus des Mondes, und solange Gefühle und Emotionen das Leben bestimmen, erleben wir Stimmungsschwankungen, die durch die Stellung des Mondes bestimmt werden.

Der Mond regiert den unbewußten Teil unseres Wesens, unser Form-bewußtsein oder unsere Psyche, die die Esoterik auch als die »körper-gebundene Seele« bezeichnet. Er bewirkt unsere emotionale Beeindruck-barkeit und unsere angeborene Fähigkeit, auf Eindrücke und Umwelt-reize instinktiv-empfindend zu reagieren. Das Mondhafte in uns ent-spricht daher der tiefsten unbewußten Seelenschicht unseres Wesens, in der Empfindungen reflektiert werden, die stets von Stimmungen und Gefühlen begleitet sind. Diese Empfindungen, emotionalen Eindrücke und Erlebnisse schaffen das Reservoir unserer Erinnerungen, und die Spuren, die sie hinterlassen, bilden das »persönliche Unbewußte«, das unsere Handlungen von der Vergangenheit her bestimmt, solange wir es nicht bewußter gedanklicher Kontrolle unterwerfen.

Der Mond, als Herrscher des Unbewußten oder des instinktiven Form-bewußtseins, das wir mit dem Tierreich gemeinsam haben, verkörpert das Nicht-Selbst des Menschen im Gegensatz zum Selbst, das die Sonne repräsentiert. Sein Einfluß ist besonders ausgeprägt zu Beginn der menschlichen (Verstandes-)Entwicklung, wo Handlungen noch weitge-hend unbewußt verlaufen und instinktiv gesteuert werden. So hat der Mond auch eine besondere Beziehung zur frühen Kindheit, zum emotio-nalen Berührtsein durch Bezugspersonen dieser Phase sowie zu den Bildern und Erlebnissen, die sich uns eingeprägt haben und die unsere unbewußten Handlungen und gefühlsmäßigen Reaktionen bestimmen, solange die eigenständige Persönlichkeit (☉) nicht ausreichend entwickelt ist. Denn er beeinflußt den passiv-empfangenden Teil unseres Ver-standes, der Eindrücke aus der Umwelt in Form von Bildern empfängt, registriert und als Erfahrung im Gedächtnis speichert. Aufgrund dieser Speicherfähigkeit herrscht er über die uralten Gedankenformen, die uns gefangenhalten, bis wir uns durch Entwicklung von Eigenbewußtsein (☉) und Realitätssinn (♄) aus der Vergangenheit lösen, um uns der Seele zu öffnen, die unser eigentliches Selbst darstellt. Folglich ist der Mond auch das Symbol für die sich ständig wandelnde Psyche mit ihren unbewußten, aus dem Unterbewußtsein gesteuerten Reaktionen, ihren Stimmungen, Launen und Verstimmungen, die durch seinen Rhythmus verursacht werden. Er bewirkt die psychischen Hochs und Tiefs, die wie das Meer durch Ebbe und Flut gekennzeichnet sind und die sich eindeutig auf die Stellung des Mondes zurückführen lassen, denn psychische Krisen treten verstärkt bei Vollmond auf, während sie bei Neumond am unauffälligsten sind.

Doch mit zunehmender mentaler Entwicklung tritt der Einfluß des Mondes in den Hintergrund, und Merkur (Denkvermögen) und Saturn, als die höhere Oktave des Mondes, gewinnen immer mehr an Bedeutung. Durch sie grenzt sich der Mensch allmählich von den mondhaften Ebenen unbewußten, instinktiven, psychischen Wahrnehmens ab, um zu individueller gedanklicher Erkenntnis der Welt zu gelangen.

Zusammenfassend können wir sagen, der Mond schafft die Bedingungen und Voraussetzungen dafür, daß sich unsere psychische Empfindung oder der Instinkt, der im Menschen als sein tierisches Erbe weiterlebt, in gedankliches Wahrnehmen (☿) und menschlichen Verstand (♄) verwandeln kann.

Die esoterische Bedeutung des Mondes

Strahlqualität: 4. Strahl

Prinzip: **Harmonie durch Konflikt**

Esoterisch betrachtet ist der Mond ein toter Planet, ohne eigene Energiewirkung. Er stellt nur noch die »Gedankenhülle« für drei von ihm verhüllte Planeten dar, die das Schwingungsmuster oder das »atomare Bewußtsein« unserer drei Körper gestalten und die durch seine Form hindurch auf den Menschen einwirken.

Die drei vom Mond verhüllten Planeten sind:

• Vulkan für den physischen Körper
• Neptun für den Astralkörper
• Uranus für den Mentalkörprer

Der Mond bildet deshalb nur einen Konzentrationspunkt für höhere Energien (♀, ♆, ♅), die sich je nach Entwicklungsstand ändern. Identifiziert sich ein Mensch noch sehr stark mit seiner Körpernatur, so setzen wir Vulkan an die Stelle des Mondes, der unmittelbar auf den physischen Körper einwirkt und die Erfahrungen des Lebens in die Zellstruktur einbringt. Die Wirkung des Vulkan wird deshalb von Alice Bailey als »Amboßschläge der Zeit« umschrieben, durch die sich die physische Natur des Menschen langsam, aber stetig wandelt.

Identifiziert sich ein Mensch aber schon stärker mit dem Geistigen, dann wird sich die Wirkung des Uranus über die Stellung des Mondes verstärken und durch die Verfeinerung des Nervensystems eine stärkere Verbindung zwischen geistigem Sein und körperlicher Existenz bewirken, während Neptun ausschließlich auf den Astralkörper einwirkt und das Empfinden des Menschen allmählich vom körperlichen Fühlen auf das Empfinden feinerer Ebenen der Existenz ausweitet.

Dieses Thema der verhüllten Planeten ist zutiefst esoterisch und sehr kompliziert, und soll deshalb auch nicht weiter vertieft werden. Festzuhalten ist aber, daß die Wirkung des Mondes auf unsere Psyche und unseren Verstand indirekt ist, denn sie wird von den Zellen unserer drei Körper (Physischer Körper, Astralkörper, Mentalkörper) empfangen und unserem Bewußtsein als Gefühle, Stimmungen und Empfindungen vermittelt, dessen Ursachen meist unbewußt bleiben, weil wir die Aufbau- und Abbauvorgänge der Zellen unseres Körpergefüges nicht bewußt wahrnehmen. Die Ursachen unserer Stimmungen liegen deshalb meist unter der Schwelle unseres Bewußtseins und werden uns allgemein nur durch Traumbilder oder Erinnerungs- und Erfahrungsmuster bewußt, die in den Körperzellen gespeichert sind und unsere Handlungen, unsere Gefühle und unser Denken unbewußt von der Instinktebene her beeinflussen. Denn im Zellgefüge unseres Körpers ist die Erfahrung früherer Leben gespeichert, und folglich verfällt ein Mensch, der sich auf seine Instinkte verläßt und gedanklich wenig zielgerichtet ist, auch immer wieder in alte Gewohnheiten, die ihn in die Vergangenheit zurückziehen und die Seelenentwicklung hemmen.

Der Mond als Überträger des 4. Strahls stellt den Menschen deshalb durch die atomare Struktur seines Körpers oder durch das Schwingungsmuster, das er im Körper erzeugt, in einen grundlegenden Konflikt zwischen den lunaren Kräften (dem Bewußtsein des Körpers) und der solaren Kraft (dem individuellen Selbst), das sich mit zunehmender Entwicklung gegen die Mondkräfte behaupten muß.

Die menschliche Bewußtseinsentwicklung, die auf der Grundlage des instinktiven Mond-Bewußtseins beginnt, ist daher nur möglich durch anfänglichen Konflikt (4. Strahl) zwischen dem persönlichen Selbst (Gegenwart) und den Körpern (Vergangenheit), deren Schwingung dem sich wandelnden persönlichen Bewußtsein angepaßt werden muß. Doch solange unsere Instinkte stärker sind als unsere Vernunft, wirken die lunaren Kräfte dem Erwachen zu Eigenbewußtsein (☉) entgegen, und sie verdunkeln unser solares Bewußtsein, indem sie es an eine Form binden und unsere Selbstwahrnehmung behindern.

Der Mond wird in der Esoterischen Astrologie deshalb als das »Gefängnis der Seele« betrachtet, weil er unser Bewußtsein an die Form bindet und uns veranlaßt, uns mit den vielfältigen Gefühlsregungen und Körperempfindungen zu identifizieren, die unser wahres Selbst verschleiern.

Die Wirkung des Mondes als Symbol unseres Formbewußtseins unterliegt drei Entwicklungsstufen:

1. Physischer Körper: ☾ (♈)   Unbewußte, instinktive Gefühlsreaktion auf Umweltreize.

2. Astralkörper: ☾ (♆)   Reaktion auf Impulse der Seele, die psychisch-empfindend wahrgenommen werden.

3. Mentalkörper: ☾ (⚵)   Reaktion auf geistige Inspirationen der Seele, die intuitiv wahrgenommen werden.

Die Zuordnung des Mondes zu den Tierkreiszeichen

In der Zuordnung des Mondes zu drei Tierkreiszeichen spiegeln sich die drei Entwicklungsstufen unseres Formbewußtseins oder unseres körpergebundenen Verstandes, die der Mond symbolisiert.

Exoterisch: Krebs   – Persönlichkeit
Esoterisch: Jungfrau   – Seelenbewußtsein
Hierarchisch: Wassermann   – Geistiges Bewußtsein

1. Stadium: Instinktives Gefühls- oder Massenbewußtsein

Mond als exoterischer Herrscher des Krebs

Als exoterischer Herrscher des Krebs stellt Mond den Zustand der Selbst-Wahrnehmung dar, in dem sich die Seele noch vollkommen mit dem Körper identifiziert. Dadurch entwickelt sich die emotionale Seele, die den Menschen mit dem Tierreich verbindet und ihm die Fähigkeit verleiht, seine Umgebung und sich selbst empfindend wahrzunehmen. So erlebt er sich als Teil seiner Umwelt, auf die er unmittelbar emotional reagiert. Diesen Zustand der Wahrnehmung bezeichnet die Esoterik als »instinktives Massenbewußtsein«, denn auf dieser Ebene des Formbewußtseins ist der Mensch noch weitgehend durch seine Umwelt bestimmt, die ihn prägt, solange noch keine Individualität erreicht wurde. Stimmungslabilität und schwankende Gemütszustände sowie Unzuverlässigkeit sind die logische Folge, denn das Bewußtsein des Einzelnen, seine Wahrnehmung und Reaktion auf äußere Eindrücke reagiert unmittelbar auf die Stimmungslage seiner Umgebung, die ihm durch Sympathie und Geliebtsein Selbstvertrauen und Selbstachtung vermittelt oder ihn durch mangelnde seelische Übereinstimmung an seinem Selbstwertgefühl zweifeln läßt.

Auf persönlicher Ebene symbolisiert der Mond die »körpergebundene Seele«, die sich als instinktives Gefühlsbewußtsein äußert, das den Menschen in die Erleidens- und Erlebensformen seiner Mitwelt einbindet und ihn von seiner Umwelt abhängig macht.

2. Stadium: Psychische Wahrnehmung

Mond (der Vulkan verhüllt) als esoterischer Herrscher der Jungfrau

Auf esoterischer Ebene wird der Mond (durch den Vulkan wirkt) als Herrscher der Jungfrau betrachtet. Dies drückt den Zustand beginnenden Seelenbewußtseins aus, in dem der Mensch sich seiner Psyche bewußt wird, die einen unmittelbaren Einfluß auf den Körper und seine Befindlichkeit hat. Dadurch gewinnt die Pflege, Vorsorge und Gesundheit des Körpers in diesem Stadium auch eine besondere Bedeutung, denn nun beginnt der Mensch zu erkennen, daß er eine Verantwortung für diesen Körper hat und daß er gereinigt und transformiert werden muß, um der Seele als Ausdrucksmittel dienen zu können. Diese notwendige Reinigung, die ein wichtiges Thema der Jungfrau ist, bezieht sich aber nicht nur auf Hygiene, Fasten, Diät oder körperliche Gesundheit, sondern auch auf die Reinigung des Astralkörpers von niederen Emotionen, Wünschen und Begierden, die die Ursache für die meisten Krankheiten und psychischen Probleme sind und die Seele daran hindern, sich ihrer Natur gemäß zu äußern.

Die esoterische Zuordnung des Mondes zur Jungfrau symbolisiert daher die Phase der Verstandesentwicklung, in der ein Mensch lernt, vernünftigen gedanklichen Erwägungen den Vorrang zu geben vor unüberlegtem, emotionalem Handeln und bemüht ist, seinen Willen einzusetzen, um sein Leben langsam von Egoismen zu befreien und dadurch mit den Zielen der Seele in Einklang zu bringen. Dies bringt vorübergehend Krisen und nicht selten auch Krankheiten mit sich, denn diese gehen jeder Entwicklung und Transformation notwendigerweise voraus.

Auf der Seelenebene bewirkt der Mond (als verhüllender Planet des Vulkan) also die Erkenntnis, daß der Körper kein unabhängiger und eigenständiger Organismus ist, über den wir nach Lust und Laune verfügen können. Vielmehr muß er zum Ausdrucksmittel der Seele werden, die sich in uns mit zunehmender Entwicklung durch Liebe und einem immer stärker nach außen strahlenden Licht offenbart, das wir als Ausstrahlung eines Menschen wahrnehmen, deren Kraft sich auch auf andere überträgt.

3. Stadium: Allgemeine Menschenliebe

Mond (der Neptun verhüllt) als hierarchischer Herrscher des Wassermann

Wenn der Mond hierarchisch dem Wassermann zugeordnet wird, so kennzeichnet dies das letzte Stadium unseres Formbewußtseins, in dem ein Mensch erkennt, daß sein Selbst weit über die eigene körperliche Form hinausreicht und er in der Lage ist, sein Bewußtsein in den Kosmos auszudehnen und alles menschliche Leben einzuschließen. Er erlebt sich nun als Teil der Menschheit und begreift, daß sein eigener Verstand Teil einer größeren Intelligenz ist, die als »Weltseele« die ganze Natur steuert und die Evolution der Formen, aber auch die Entwicklung seines Bewußtseins bedingt.

Der Mond gilt auf hierarchischer Ebene daher nur noch als »verhüllender Planet des Neptun«, der bewirkt, daß der mental entwickelte Mensch die eigene Individualität wieder in den Hintergrund stellt und sich der allumfassenden Liebe bewußt wird, die die Beziehung zwischen allen Lebensformen bestimmt.

Mars als dynamische Lebenskraft

Persönlicher Willensimpuls, der das Handeln motiviert.

Antriebskraft, Triebkraft, Durchsetzungskraft, Aktivitätsenergie, zielgerichtete Kraft, Kampfgeist. Kraftvolle Dynamik. Sexualität. Angriffslust, Leidenschaft, Aggression.

Mars verkörpert die männliche Seite unseres Wesens, die Kraft der Selbstbehauptung und Selbstdurchsetzung, mit der wir unseren individuellen Lebensraum erobern. Er ist die elementare, unbewußt erlebte Lebenskraft, die Aktivität zur Folge hat, der dynamische Antrieb, der uns drängt, unsere Ideale und Vorstellungen ins Leben einzubringen und in die Tat umzusetzen. Diese Energie, die uns zum Handeln drängt, ist dabei zunächst völlig wertfrei; es ist die Antriebsenergie oder Triebkraft, der reine Betätigungsdrang, ohne aggressive oder zerstörerische Tendenzen, solange sie nicht auf Hindernisse stößt. Die marsische Kraft an sich ist weder konstruktiv noch destruktiv, sie ist Trieb oder Kraft an sich, die ihre jeweilige Wertigkeit durch die Motivation erhält, die eine Handlung auslöst und ihre Zielsetzung bedingt. So kann das »Marsische« unseres Wesens sich als Bewegungsfreude, persönlicher Willensimpuls und Leistungswillen äußern, aber auch als Wille zur Eroberung und Kraft der Durchsetzung im Konkurrenzkampf mit anderen.

Mars spielt daher eine besonders dominierende Rolle zu Beginn der Entwicklung, wenn der Mensch lernt, sich gegen andere durchzusetzen und seine Eigenständigkeit zu behaupten. Nicht zufällig ist er deshalb auch das Symbol des männlichen Geschlechts, denn er verkörpert eine dynamische, nach außen gerichtete Kraft. So steht er auch für männliche Sexualität, die auf einer gewissen Ebene der Entwicklung durch (aggressive) Eroberungstendenzen, primäre Triebhaftigkeit und Leidenschaftlichkeit der Gefühle gekennzeichnet ist, bis Venus als die ergänzende, weiblich-harmonisierende Kraft das Bewußtsein des Menschen über die Körperlichkeit hinaushebt. Wenn beide Planeten vereint wirken, dann wird Sexualität nicht mehr rein körperlich erlebt, sondern als ein Geschehen wahrgenommen, in das die Seele einbezogen ist. Dieser Entwicklungsvorgang gilt natürlich für beide Geschlechter, wobei die Dominanz des Mars beim Mann jedoch im allgemeinen überwiegt.

Auf unentwickelter Ebene, wenn das »Mond-Bewußtsein« noch vorherrschend ist, bewirkt Mars ein kämpferisches, hitziges Temperament, aber auch heftige Affekte, Wut und Jähzorn und bei anhaltender Destruktivität Zerstörungslust, Gewalt und Brutalität, solange aggressive Tendenzen nicht durch das Denken beherrscht werden.

Doch sobald das Leben eines Menschen stärker durch das Denken (☿) bestimmt wird und seine Gefühlslabilität (☽) nachläßt, wirkt die Mars-Energie als Mut zum Wagnis, zum Risiko und zur Initiative sowie als Impuls, Bestehendes nach dem eigenen Willen zu verändern. Sie ist Ausdruck unseres Selbsterhaltungstriebes, der durch Angriff und Verteidigung wirkt und in Kampfinstinkten und Eroberungstendenzen zum Ausdruck kommt, die darauf abzielen, den persönlichen Lebensraum zu erweitern. Sie zeigt sich aber auch als Wunsch, einem innerlich erkannten Ideal im Physischen zum Durchbruch zu verhelfen durch Kampfgeist, Mut und Durchsetzungskraft und das unerschrockene Eintreten für eine Überzeugung, selbst unter Aufopferung des eigenen Lebens.

Zusammenfassend läßt sich sagen, Mars verkörpert auf allen Entwicklungsebenen die Kraft, sich frei auszudrücken, sich durchzusetzen und für die eigenen Überzeugungen zu kämpfen, aber auch die Kraft, etwas mit Entschiedenheit zurückzuweisen und keine Kompromisse einzugehen. Solange seine Energie rein und unverbunden zum Ausdruck kommt, bewirkt er den Existenzkampf des Menschen, der sich in Konkurrenz zu anderen erlebt, weil er sich seiner Bruderschaft und seelischen Verbundenheit mit anderen Menschen noch nicht bewußt ist. Mars verleiht uns Stärke, Mut und Opferbereitschaft, um für eine Überzeugung einzutreten, und die Kraft, schwierige Situationen durchzustehen, aber auch Fanatismus bis hin zu Märtyrertum sowie konsequentes bis rücksichtsloses Vorgehen, wenn das eigene Ziel zu stark im Mittelpunkt steht und die anderen in ihrer Sensibilität nicht wahrgenommen werden. Denn er ist die Kraft, die uns anspornt, uns durchzusetzen und gegen andere zu kämpfen, bis wir durch den Einfluß der Venus gelernt haben, unsere Mitmenschen als wesensverwandt zu erleben und unser Konkurrenzverhalten zugunsten einer partnerschaftlichen Verbundenheit mit unseren Mitmenschen aufgeben. Ist dieses Stadium erreicht, so verlagert sich der Kampf von der physischen Ebene auf die inneren Ebenen unseres Wesens, denn nun geht es nicht mehr um die eigene Vorherrschaft über andere, sondern um die Vorherrschaft der Seele über die Persönlichkeit.

Die esoterische Bedeutung des Mars

Strahlqualität: **6. Strahl**

Prinzip: **Hingabe oder Devotion**

Durch den Einfluß des 6. Strahls bewirkt Mars die Fähigkeit der Hingabe an ein Ideal, das die Motivation für unser Handeln bildet, denn jeder Mensch trägt unbewußt ein »geistiges Vorbild« in sich, nach dem sich das Leben ausrichtet und das die Zielrichtung seines Willens bestimmt.

Mars verkörpert daher das Gesetz des Kampfes durch Hingabe an ein höheres Ideal, das als Leitbild unserer Bestrebungen dient und das sich durch Kampf, Krieg, Streit und Konflikt mit den Beharrungskräften des Physischen entwickeln muß.

»Mars bringt den Krieg herab bis in die Tiefen von Umständen, Umwelt und Dasein und verleiht gleichzeitig eine solche Hingabe an das jeweils auf dem Pfade erschaute Ziel, daß zuletzt ein Mißlingen unmöglich wird.«　　　*Alice Bailey*

In der Mythologie erscheint Mars, der dem griechischen Ares entspricht, als Gott des Krieges, denn er herrscht über den Lebenskampf, der durch die Gegensätze Geist und Materie auf unserem Planeten bedingt ist und der eigentlich ein Kampf um Entwicklung ist. Daher hat Mars nicht nur eine physische Aufgabe, sondern er beherrscht auch den spirituellen Lebenskampf, der ein Kampf um Einheit und Ganzheit ist, die nur erreicht werden kann, wenn wir uns der geistigen Zielsetzung unseres Wesens zunehmend bewußt werden und beginnen, unsere Ideale auch zu leben. Mars gibt uns daher die dynamische Kraft und den Willen, auf dem geistigen Weg voranzukommen, indem sich unsere gelebten und erkämpften Ideale oder Vorbilder ständig wandeln, bis wir schließlich den geistigen Entwicklungsweg als unser eigentliches Lebensziel und unser »inneres Kampfgebiet« erkennen.

Die Entwicklung des Mars-Prinzips zeigt sich an der Art des Vorbildes, das auf den drei Bewußtseinsebenen unterschiedlich wahrgenommen wird:

1. Als Idol oder Vorbild durch eine Person sowie persönliche Hingabe an eine Leitfigur oder eine Führergestalt.

2. Als Ideal, das sich hinter einer Religion, einer Ideologie oder einer Weltanschauung verbirgt, die das Handeln motiviert, und als idealistisch-motivierter Kampf für eine Weltanschauung.

3. Als geistige Idee oder als reines Prinzip, das schließlich intuitiv wahrgenommen wird und keines Denksystems mehr bedarf sowie als Kampf für eine Menschheitsidee.

Durch dieses stufenweise Erleben idealistisch-motivierten Handelns lernen wir, geistige Prinzipien in die Welt zu bringen und sie mit den physischen Kräften zu verbinden. Auf diese Weise werden die großen Gegensätze zwischen Geist und Materie mithilfe des Mars-Prinzips schließlich auch in uns zu einer Einheit verbunden. Zu diesem Zweck verleiht uns Mars Stärke, Kraft und den Mut, kompromißlos für die eigenen Überzeugungen einzutreten, und die Bereitschaft zu persönlichen Opfern, wenn sie der Durchsetzung eines idealen Ziels dienen.

Die Zuordnung des Mars zu den Tierkreiszeichen

In der Zuordnung des Mars zu den Tierkreiszeichen spiegeln sich die drei Entwicklungsstufen unseres Idealismus, der durch Kampf errungen werden muß:

Exoterisch: Widder und Skorpion – Persönlichkeitsbewußtsein
Esoterisch: Skorpion – Seelenbewußtsein
Hierarchisch: Schütze – Geistiges Bewußtsein

1. Stadium: Persönliche Durchsetzungskraft
Kampf um die eigene Identität

Mars als exoterischer Herrscher des Widder

Als exoterischer Herrscher des Widder stellt Mars unsere persönliche Durchsetzungskraft dar, die es uns ermöglicht, die eigene Identität gegen alle äußeren Widerstände zu behaupten, denn im Widder werden die Gegensätze Geist und Materie zum erstenmal zusammengebracht. Im Kampf, Aggression und Konflikt sind also vorprogrammiert, weil die eigene Lebenskraft mit ihrer Dynamik auf physische Kräfte trifft, die dem Prinzip der Trägheit unterliegen und auf Bewahrung des Bestehenden ausgerichtet sind. Mars gibt uns daher die Kraft der Selbstbehauptung und die Tendenz, uns gegen äußere Widerstände durchzusetzen. Dies führt zu einem konsequenten, unbeirrbaren, zuweilen unbewußt rücksichtslosen und wenig einfühlsamen Verhalten, solange das eigene Wollen im Vordergrund steht. Denn die Energie des Mars manifestiert sich als starker Willensimpuls, der nicht kalkuliert oder berechnet ist, sondern er entsteht unmittelbar aus der spontanen Begeisterung für ein Lebensziel, ein Ideal, eine Führungsgestalt oder ein Idol, das als Vorbild der eigenen Handlungen dient und dem Leben eine Richtung gibt.

Mars als exoterischer Herrscher des Skorpion *(in Verbindung mit Pluto auf kollektiver Ebene)*

Als exoterischer Herrscher des Skorpion symbolisiert Mars den Kampf um die eigene Identität, der sich von der Ebene des Handelns auf die gedankliche Ebene verlagert hat. Denn durch die Erfahrung der dazwischenliegenden Zeichen wurden die spontanen geistigen Impulse und Ideale, für die der Widder noch offen war, zu einer persönlichen festgefügten Gedanken- und Vorstellungswelt verdichtet, die die Persönlichkeit umschließt und ihr Selbstverständnis ausmacht. Der Kampf wird jetzt zwischen der selbstgeschaffenen gedanklichen Vorstellungswelt, die die Realität eines Menschen bestimmt, und den abweichenden Vorstellungen der anderen ausgetragen, die die eigene gedanklich vorgestellte Realität in Frage stellen. Mars als persönlicher Herrscher des Skorpion bewirkt vor allem die Bereitschaft, für die eigenen Denkkonzepte zu kämpfen und zu versuchen, sie auf andere zu übertragen, um darüber Macht und Einfluß zu gewinnen. So verlagert sich der anfängliche

Gegensatz zwischen Geist und Materie oder zwischen Idee und Handeln, der den Kampf im Widder motiviert, hier auf den Gegensatz zwischen der persönlichen Vorstellungswelt und dem Selbstverständnis der anderen. Kampf und Konflikt sind im Skorpion daher härter und unerbittlicher als im Widder, in dem Mars eher auf physische Erfahrung und die Eroberung von unbekannten Lebensbereichen ausgerichtet ist als auf die Verteidigung festgefügter gedanklicher Bastionen.

Auf persönlicher Ebene symbolisiert Mars den Kampf um Eigenständigkeit und die persönliche Durchsetzungskraft, die ein Mensch entwickeln muß, um sich aus dem Massenbewußtsein und der Abhängigkeit von anderen zu lösen. Er bewirkt Kampfgeist, Mut und Risikobereitschaft, die Kraft zum Handeln und den unbeirrbaren Willen, sich den vielfältigen Herausforderungen des physischen, aber auch des geistigen Lebens zu stellen.

2. Stadium: Kampf um die Vorherrschaft der Seele

Mars als esoterischer Herrscher des Skorpion

Wenn Mars auch als esoterischer Herrscher des Skorpion betrachtet wird, so verweist dies auf die Tatsache, daß der innere Zwiespalt zwischen Seele und Persönlichkeit, den jeder Mensch erlebt, sobald er die Seele im Inneren deutlich wahrzunehmen beginnt, nur durch Kampf überwunden werden kann. Der Kampf des Mars ist jetzt vor allem ein Kampf mit den eigenen Triebkräften der niederen Natur, die sich den Zielen der Seele unterwerfen müssen. Er richtet sich gegen nicht mehr zeitgemäße (Denk-)Gewohnheiten, psychische Muster und Verhaltensweisen und gegen die Begierde, die es zu überwinden gilt, um für das Licht der Seele offen und empfänglich zu werden.

Auf der Seelenebene betrifft Mars daher den inneren Kampf eines Menschen, der beginnt, das geistige Ideal menschlichen Lebens zu erschauen und seine Lebensweise darauf einzustellen.

3. Stadium: Unpersönlicher Kampf für ein Menschheitsideal

Mars als hierarchischer Herrscher des Schützen

Wenn Mars auf hierarchischer Ebene dem Schützen zugeordnet wird, so beschreibt dies die Fähigkeit zu idealistisch-motiviertem Handeln, bei dem persönliche Motive keine Rolle mehr spielen, weil der geistig erwachte Mensch in der Lage ist, sich mit der Menschheit als Ganzes zu identifizieren. Da es keine persönliche Identifikation mehr gibt, löst Mars in diesem Stadium keine persönlichen Konflikte mehr aus, und der Zwiespalt zwischen den Motiven der Seele und der Persönlichkeit besteht nicht mehr. Nun veranlaßt er den Menschen, sich für die Menschheit einzusetzen und auf geistiger Ebene einen unpersönlichen Kampf für die Durchsetzung des Ideals wahren Menschseins zu führen. Er gibt dem Menschen die Kraft, einer geistigen Idee im Physischen zur Durchsetzung zu verhelfen durch geistige Beherrschung der »lunaren« formbildenden Kräfte, die die Materie regieren und ihre Aktivität bestimmen. Diese Fähigkeit kennzeichnet das Endstadium marsischer Entwicklung, in dem der Mensch gelernt hat, die Materie dem Ideal der Seele unterzuordnen und sie mit Gedankenkraft gemäß dem geistigen Vorbild zu gestalten und zu verändern.

Merkur als intellektuelles Verstehen

Denken als Vermittler
zwischen höherem und niederem Selbst.

Denkvermögen, Intellekt, Sprachbegabung
Vermittlung, Kommunikation.

Symbolisierte der Mond das empfangende Geöffnetsein für Eindrücke aus der Umwelt und deren Verarbeitung im Gefühl, so wird durch Merkur die Fähigkeit entwickelt, Erlebnisse verstandesmäßig zu ordnen, zu bewerten und zu unterscheiden, was wichtig oder nicht wichtig, richtig oder falsch, zweckmäßig oder unzweckmäßig ist. Durch ihn lernen wir, zwischen Ich und Umwelt zu unterscheiden und uns aus der symbiotischen Verschmelzung mit der Natur zu lösen, die uns der instinktive »Mond-Verstand« zu Beginn der Entwicklung ermöglichte.

Merkur verkörpert daher eine höhere geistigere Art der Wahrnehmung als der Mond, ein intellektuelles Wahrnehmen, bei dem Erkenntnisse gewonnen werden durch unterscheidendes Denken, vergleichende Beobachtung und kritische gedankliche Bewertung des Erlebten. Durch ihn lernen wir, Situationen gedanklich zu beurteilen, zwischen »Gut und Böse« abzuwägen, um eigenständige verstandesmäßige Entscheidungen treffen zu können. So stellt Merkur den entscheidenden Schritt in der Entwicklung des Menschseins dar, denn er ist der Planet, der uns zu einem denkenden Wesen werden läßt und uns die Fähigkeit verleiht, gedankliche Wahrnehmungen sprachlich auszudrücken. Diese Fähigkeit zum sprachlichen Ausdruck und zur gedanklichen Interpretation von Lebenssituationen gibt dem Menschen – im Gegensatz zum Tier – die Freiheit der Entscheidung zwischen einem egozentrischen, zweckmäßigen und profitorientierten Handeln, bei dem der eigene Vorteil im Vordergrund steht, und einem Verhalten, das sich am Wohl der Gemeinschaft orientiert.

Die reine Merkur-Energie ist daher völlig wertfrei; es ist die Denkfunktion an sich, die sich je nach Entwicklungsstufe des Einzelnen mit dem physischen Leben oder dem geistigen Sein identifiziert. Sie umfaßt das Wissen um des Wissens willen, die neugierige Wißbegier dessen, der die Welt in all ihren Einzelerscheinungen entdecken, begreifen, begrifflich fassen (Zwillinge) und nach Maß und Zahl benennen will, aber auch das mehr zweckgebundene, ökonomisch-orientierte Denken, das kritisch-skeptischer Beobachtung entspringt und bei dem die eigene Person stets im Mittelpunkt des Erfahrenen steht (Jungfrau).

Auf einer höheren Entwicklungsebene führt Merkur uns aber auch in den Bereich des abstrakten Denkens, denn durch die Erfahrung methodischen Nachdenkens, gezielter Fragestellungen und statistischer Auswertungen als die Basis unseres Erfahrungswissens bilden, gelangt der Mensch schließlich schrittweise zum Begreifen abstrakterer Bereiche der Existenz, die Erkenntnisse über das bringen, was hinter der sichtbaren Welt liegt und ihre Gesetzmäßigkeiten erklärt.

Zusammenfassend können wir sagen, daß Merkur die zweifache Denkfunktion verkörpert:

– das *konkrete Denken*, das durch zweckmäßige Bewertungen und Nützlichkeitserwägungen gekennzeichnet ist bis hin zu schlauem, auf den eigenen Vorteil bedachtem, betrügerischem Verhalten, das sich ein Mensch durch Entwicklung seiner Intelligenz und eines eigenständigen opportunistischen Denkens erwerben mag;

– aber auch ein *methodisch-abstrahierendes Denken*, das sich unabhängig von der eigenen Person und von persönlichem Vorteil um das Erkennen von logischen geistigen Zusammenhängen bemüht durch aufmerksames, waches beobachtendes Interesse an allem, was die Welt bewegt und deren innere Struktur bedingt.

Mit Merkur verbinden wir daher sowohl die Fähigkeit, zu wesentlichen Erkenntnissen über die Schöpfung zu gelangen und diese in sprachliche Begriffe zu übersetzen, als auch die Versuchung, durch bloßes begriffliches Erfassen und Beschreiben der Dinge, unverbindlich und an der Oberfläche zu bleiben, was tiefere Erkenntnisse verhindert, solange das Erfassen von Sinnzusammenhängen durch Jupiter noch nicht entwickelt wurde.

Die esoterische Bedeutung des Merkur

Strahlqualität: 4. Strahl

Prinzip: **Harmonie durch Konflikt**

Während der Mond als Überträger des 4. Strahls sich auf den Widerstreit körperlicher Energien bezieht, die unser Unbewußtes prägen, trägt Merkur als Verkörperung des gleichen Strahls den Konflikt auf die Ebene des Denkens. Denn er stellt das Prinzip des Menschen als einem denkenden Wesen dar, das sich durch Erkennen der beiden widerstreitenden Teile seines Wesens zur Harmonie entwickeln muß, indem er Seele und Körper durch Entwicklung seiner Denkfähigkeit miteinander in Einklang bringt.

Merkur, der dem griechischen Gott Hermes entspricht, erscheint in der Mythologie deshalb als der Götterbote, denn er ist das vermittelnde Prinzip zwischen dem höheren und niederen Selbst oder der »göttliche Vermittler«, wie Alice Bailey ihn nennt, »der Botschaften zwischen den Polen schnell und mit Leicht hin- und herträgt«. Diese Pole sind die Wesensteile unseres Selbst – Persönlichkeit, Seele und Geist –, die wir durch gedankliche Entwicklung miteinander in Beziehung bringen müssen. Dies löst zu Beginn der Entwicklung naturgemäß Konflikte aus, denn zwischen dem persönlichkeitsorientierten Denken und den Gesetzen einer universellen Schöpfungsordnung besteht zunächst ein tiefer Interessengegensatz. Doch gerade dieser Konflikt, der bei jedem Menschen im Denken entsteht, sobald er sich des Gegensatzes zwischen sich und der Umwelt und später zwischen Seele und Persönlichkeit bewußt wird, bildet die Basis für das Erkennen der grundlegenden Dualität der Schöpfung, die schließlich durch Bewußtwerdung überbrückt werden muß.

Menschwerdung bedeutet also, konfliktfähig zu werden und sich der Ursachen der Konflikte bewußt zu werden, um sie schließlich auf einer höheren Ebene des Bewußtseins mithilfe von Venus und Jupiter zu versöhnen. Harmonie ist für den Menschen folglich nicht erreichbar ohne vorausgehenden Konflikt, und so ist Merkur auch das Prinzip, das uns im positiven Sinne konfliktfähig macht, indem wir lernen, unseren Gefühlen und Empfindungen durch die Sprache eine Form zu geben. Denn die Fähigkeit zu sprachlichem Ausdruck gibt uns die Möglichkeit zur Kommunikation mit anderen, die anders sind als wir selbst, indem wir lernen, uns unseren Mitmenschen zu erklären und unsere Handlungen zu analysieren und zu begründen, um sie auch anderen verständlich zu machen.

Mit Merkur, dem Planeten des unterscheidenden Denkens, ist deshalb stets das Prinzip der Dualität verbunden, denn er befähigt uns, Gegensätze zu erkennen und miteinander in Beziehung zu setzen:

– Diese Fähigkeit unterscheidenden Denkens bezieht sich zunächst auf unser persönliches Leben, in dem wir allmählich durch Analyse und gedankliche Bewertung persönlicher Eindrücke lernen, zwischen inneren und äußeren Wahrnehmungen zu unterscheiden und das Ich- und Du-Bewußtsein, das im Stadium des gefühlsmäßigen, instinktiven Wahrnehmens (☽) noch verschwommen ist, zu betonen, um zu einer eigenständigen Persönlichkeit zu werden. In dieser Phase ist das Denken persönlichkeitsbetont und bewirkt Meinungsverschiedenheit und die gedankliche Abgrenzung zu anderen.

– In einer zweiten Stufe vermittelt Merkur Botschaften zwischen Seele und Gehirn. So wird allmählich eine bewußte Beziehung hergestellt zwischen dem höheren und dem niederen Selbst – der körpergebundenen Seele und der Geist-Seele –, die unsere innere Zerrissenheit hervorrufen. Die »zwei Seelen in unserer Brust« werden daher mit zunehmender seelischer Entwicklung immer deutlicher wahrnehmbar. In dieser Phase wirkt Merkur als erleuchtendes Prinzip des Denkens, das eine Verbindung zwischen Seele und Persönlichkeit herstellt und uns befähigt, Konflikte harmonisch zu lösen.

– Wenn diese beiden Aspekte des Denkens entwickelt sind, gibt es noch einen dritten Aspekt, den des geistigen Wahrnehmens. In dieser Phase wirkt Merkur (der nun mit der Sonne gleichgesetzt wird) als reines Bewußtsein, das Seele und Geist verbindet.

Merkur umfaßt also die drei Aspekte unseres Denkvermögens, die uns befähigen, die grundlegende Dualität unseres Wesens wahrzunehmen und miteinander in Beziehung zu bringen. Er lehrt uns, die vielen Gegensätze in der Erscheinungswelt zu untersuchen, Extreme zu begreifen und auf einer höheren Ebene des Bewußtseins miteinander zu verbinden. Dadurch entwickeln wir die Fähigkeit, die unterschiedlichen Ebenen unseres Bewußtseins zu erkennen und uns gedanklich schnell zwischen ihnen zu bewegen. So erreichen wir allmählich jene mentale Wendigkeit und rasche gedankliche Auffassungsgabe, die jede Erfahrung deuten kann und uns schließlich zu intuitiver oder geistiger Wahrnehmung (☿) befähigt, die keine Sprachformen mehr benötigt. So kann Merkur in der Tat als Götterbote bezeichnet werden, der uns durch stufenweise Entwicklung vom konkreten, an Sprachformen gebundenen Denken über symbolisch-abstraktes Denken zur Intuition führt, die uns in die Welt der Ursachen eindringen läßt. Durch Verbindung von Seele und Gehirn bringt er zunehmend Licht in unser Bewußtsein, bis wir uns am Ende selbst als Licht erkennen und uns nicht mehr mit der Form identifizieren.

In der Entfaltung des Denkprinzips, das unsere Seelenentwicklung einleitet, sind drei Stufen erkennbar:

1. Das Denken ist persönlichkeitsorientiert und schafft Konflikte zwischen unterschiedlichen Auffassungen und konkurrierenden Interessenlagen einzelner, die als Gegensätze wahrgenommen werden.

2. Der Zwiespalt zwischen Seele und Persönlichkeit wird im Denken erfaßt. Dies bringt innere und äußere Konflikte mit sich, aber auch die Erfahrung von Harmonie, die aus bestandenen Konflikten erwächst. Dadurch wird eine positive Konfliktfähigkeit erreicht.

3. Das Denken reicht über das Physische hinaus und bewirkt die Abstraktion von der eigenen Person. Der Mensch ist nun fähig, in die Welt geistiger Ideen und Urbilder einzudringen, die die Ursachen physischen Lebens bilden.

Die Zuordnung des Merkur zu den Tierkreiszeichen

In der Zuordnung des Merkur zu den Tierkreiszeichen spiegeln sich die drei Entwicklungsstufen unseres Denkvermögens:

Exoterisch:	Zwillinge und Jungfrau	– Persönlichkeitsbewußtsein
Esoterisch:	Widder	– Seelenbewußtsein
Hierarchisch:	Skorpion	– Geistiges Bewußtsein

1. *Stadium:* **Trennendes, analytisches Denken**
Zweckorientiertes, praktisches Denken

Merkur als exoterischer Herrscher der Zwillinge

Als exoterischer Herrscher der Zwillinge erweckt Merkur in der sich entwickelnden Persönlichkeit vor allem einen Sinn für die Polarität irdischen Lebens, aus der sich uns ja nur eine Bedeutung erschließt. So hat das Männliche für uns ja nur eine Bedeutung, weil ihm das Weibliche als Gegenkraft gegenübersteht, die Nacht ist nur erklärbar, weil es den Gegensatz zum Tag gibt, das Licht nur, weil ihm die Dunkelheit gegenübersteht. Durch Wahrnehmen dieser Gegensätze und Erfassen ihrer Bedeutung wird der Mensch empfänglich für das dualistische Prinzip der Welt, das sich auch im Gegensatz zwischen der objektiven Erscheinungswelt und dem subjektiven Erleben der eigenen Person spiegelt. Das Erkennen dieses Gegensatzes, der im instinktiven Gefühlsbewußtsein noch nicht wahrgenommen wird, leitet die intellektuelle Entwicklung des Menschen ein und läßt ihn sich zunehmend seiner selbst bewußt werden gemäß der Erkenntnis Descartes: »*Ich denke, also bin ich*«. So wird die Neugier, die auch dem Tier eigen ist, auf das Erkennen von Ursachen und Naturgesetzlichkeiten gerichtet, denn das sich entwickelnde Denken treibt den Menschen, die äußere Welt in ihrer Vielfalt zu entdecken, erklärbar zu machen und mit der eigenen subjektiven Wirklichkeit in Beziehung zu setzen.

Merkur als exoterischer Herrscher der Jungfrau

Wenn Merkur als Herrscher der Jungfrau wirkt, dann geht es im Denken weniger um die wertneutrale Feststellung eines Sachverhalts oder um Gegensätzlichkeiten als vielmehr um die persönliche innere Erfahrung, die im Denken zum Ausdruck gebracht wird. Daraus resultiert eine persönlichere Bewertung von Sachverhalten sowie der Versuch, die persönliche Erfahrung zu nutzen, um eine immer bessere Anpassung an äußere Existenzbedingungen zu erreichen. Die Gesetzmäßigkeiten und Mechanismen der Welt werden erforscht, um sie für das eigene Leben besser zu nutzen und verfügbar zu machen. Das intellektuelle Bemühen ist jetzt nicht mehr wertfrei, sondern es dient stets einem Zweck, nämlich dem der eigenen Lebenssicherung und der besseren Nutzung wissenschaftlicher Erkenntnisse, um die Lebensbedingungen zu verbessern.

Auf der Ebene der Persönlichkeit bewirkt Merkur als Herrscher der Zwillinge die Fähigkeit zu intellektuellem Denken, das primär darauf ausgerichtet ist, Unterschiede und Gegensätze wahrzunehmen und diese sachlich-neutral zu bewerten und zu analysieren, um zu objektiven Erkenntnissen zu gelangen. Als Herrscher der Jungfrau verleiht Merkur dem Menschen eine eher praktische Intelligenz, die auf die optimale Anpassung des eigenen Lebens an die Umweltbedingungen gerichtet ist.

2. Stadium: Ausgleichendes, abwägendes Denken

Merkur als esoterischer Herrscher des Widder

Als esoterischer Herrscher des Widder kennzeichnet Merkur die Phase beginnenden Seelenbewußtseins, in der ein Mensch sein impulsives Vorwärtsdrängen und seine spontanen Eingebungen einer gedanklichen Kontrolle unterworfen hat, was ihn zu überlegtem und wohldurchdachtem Handeln befähigt. Er wirkt ausgleichend auf die dynamischen Willensimpulse sowie den spontanen Taten- und Bewegungsdrang des Mars und läßt den Menschen zurückhaltend, abwägend und ausgleichend auf Konflikte reagieren, die sich aus der Unterschiedlichkeit menschlicher Interessen ergeben. Denn Merkur wirkt hier als Vermittler zwischen Seele und Gehirn, und er bringt die Erleuchtung des Bewußtseins, sobald ein Mensch gelernt hat, seine unbewußte Aggressivität und Emotionalität in wohldurchdachte, konstruktive Bahnen zu lenken und seinem Leben durch Erkennen von inneren Lebensgesetzlichkeiten eine Richtung ins Geistige zu geben. Dadurch fällt Licht auf alle menschlichen Probleme und Konflikte, die sich friedlich lösen lassen, sobald ein Verstehen entwickelt wurde, das alle Standpunkte als entwicklungsbedingt respektiert und versucht, sie harmonisch aufeinander abzustimmen.

Auf der Seelenebene verleiht Merkur dem Menschen daher die Fähigkeit, Konflikte gedanklich auszutragen, ohne sich in Emotionen hineinziehen zu lassen, weil stets ein sachlich-neutraler Standpunkt gewahrt bleibt und die Lösung im fairen Kompromiß gesucht wird.

3. *Stadium:* **Schöpferisches Denken**

Merkur als hierarchischer Herrscher des Skorpion

Wenn Merkur als hierarchischer Herrscher des Skorpion gilt, so kennzeichnet dies den geistig erwachten Menschen, bei dem der Konflikt zwischen Seele und Persönlichkeit nicht mehr existiert. Er zeigt an, daß ein Mensch mit Hilfe des Mars durch Kampf und innere Auseinandersetzungen gegangen ist, die Begierde überwunden hat und nun durch ein entwickeltes, erleuchtetes Denken in der Lage ist, die eigene Persönlichkeit und ihre Zielsetzungen im Sinne des größeren Ganzen zu sehen und zu verstehen.

Der hierarchische Herrscher kommt deshalb auch erst in der Endphase der mentalen Entwicklung zum Tragen, wenn der Intellekt in der Intuition aufgegangen ist. Auf dieser Ebene wirkt Merkur als Prinzip der Erleuchtung, das den geistigen Weg erhellt durch die Fähigkeit, geistige Zusammenhänge zu erkennen und durch Gedankenkraft auf das Physische zu übertragen. So wird der Mensch zum bewußten Schöpfer seines eigenen Lebens und zum Mitgestalter der ihn umgebenden Welt.

Venus als Liebesfähigkeit

Die menschliche Seele,
die sich durch »intelligente Liebe« zum
Ausdruck bringt.

Liebesfähigkeit, liebevolle Zuneigung, Sinn für
Schönheit und Harmonie. Ästhetik.
Farb- und Formempfinden. Sinn für
Proportionen. Wertebewußtsein.

Während Mars die männlich-dynamische Kraft in uns symbolisiert, die
nach außen gerichtet ist und uns ein aktives kämpferisches Temperament
verleiht, läßt Venus die innere weibliche Seite unseres Wesens anklingen,
denn sie steht für Anmut, Schönheit und Liebe. Ihr Prinzip ist es, das uns
über das rein Ökonomisch-Zweckmäßige hinaus das erkennen läßt, was
schön oder häßlich, harmonisch oder disharmonisch und folglich gut
oder nicht gut ist, denn sie verleiht uns ein ästhetisches Wertebewußtsein,
an dem sich unser seelisches Empfinden orientiert. Venus kann deshalb
als das ausgleichende Gegenprinzip des Mars betrachtet werden; sie ist
die Kraft der Anziehung oder des *Ewig-Weiblichen*, das uns *»hinanzieht«*,
wie Goethe es nennt, da sie unsere niedere Natur über das Irdische
erhebt. Sie macht uns empfänglich für das Schöne und Wahre, denn sie
läßt uns nach ästhetischer Vollkommenheit streben, die sich vor allem im
Bereich schöpferischer Kunst, im Kunsthandwerk, aber auch in der
harmonischen Gestaltung unseres Lebens oder im Dienst am Schönen
zeigt, der dem Alltag seine lähmende Routine nimmt und das Bewußtsein über das Materielle erhebt. Durch sie entwickeln wir einen sicheren
Geschmack und ein Gefühl für Takt im täglichen Umgang mit unseren
Mitmenschen, ein ästhetisches Empfinden und ein Wertebewußtsein, das
der Liebe und unseren Beziehungen zu anderen den Vorrang gibt vor
ökonomischen Interessen.

Venus verleiht uns die Fähigkeit zu Liebe und liebender Zuneigung zu anderen; sie läßt uns das Verbindende zwischen den Menschen erkennen, im Gegensatz zum Trennenden, Konkurrierenden, das im Mars betont ist. So stellt sie die Kraft der Verbindung zwischen den Menschen dar, die unsere Beziehungsfähigkeit bedingt, und deshalb ist sie auch von jeher das Symbol der Liebenden gewesen. Dies hat allerdings dazu geführt, daß sie fälschlicherweise immer wieder mit Sexualität in Beziehung gebracht wird, was esoterisch jedoch nicht richtig ist, denn Venus ist eine mentale Kraft. Ihr Prinzip ist »das Liebesprinzip durch die lenkende *Macht des Denkens*« (Alice Bailey), das zwar zunächst als Verlangen nach körperlicher Liebe und Liebe zu äußerer Schönheit seinen Ausdruck findet, sich in seiner Ganzheit aber erst entfalten kann, wenn unser Denken entwickelt ist und wir Schönheit als Ergebnis harmonischer innerer Ordnung erkennen und Liebe als wahrnehmendes Verstehen des anderen.

Im gegenwärtigen Zustand der Evolution ist das Prinzip der Venus aber noch nicht voll entwickelt, denn unsere Liebe ist selten frei von Emotionen (♂) und trennenden, egoistischen Motiven. So ist unsere Umgebung, die durch rein ökonomisch-profitorientiertes Handeln und Denken gekennzeichnet ist. Der Schlüssel zu einer humaneren Gesellschaft, die schließlich durch die seelische Entwicklung des Menschen erreicht werden wird, liegt daher auch in der Liebe zur Schönheit, denn wahre Schönheit beruht auf Harmonie und bewirkt die Transformation unseres Energiekörpers und damit unserer Ur-Triebe und Verhaltensweisen. Dies können wir immer wieder erleben, wenn durch den Anblick einer schönen Frau, die spontan den Ausdruck von Bewunderung und Verehrung auslöst, selbst der ungehobeltste Mann zu ungewohnter Höflichkeit, Zuvorkommenheit und zivilisiertem Verhalten veranlaßt wird. Schönheit wirkt also verfeinernd auf den Menschen, und gäbe es in unserer Umwelt mehr Schönheit und Harmonie, so hätte dies automatisch eine Verfeinerung und Veredelung der menschlichen Natur zur Folge.

Die eigentliche Aufgabe der Venus ist folglich die Sublimierung von Triebreaktionen und zweckgebundenem, profitorientiertem Handeln und Denken durch Entwicklung eines ästhetischen Sinns und eines Harmoniebewußtseins, das ein Merkmal der Seele ist. Denn der Kosmos ist auf dem Prinzip der Harmonie aufgebaut, und in dem Maße, wie wir empfänglich werden für Harmonie und Schönheit, werden wir auch empfänglich für die Seele, weil diese sich durch die harmonische Ordnung der Formen zum Ausdruck bringt. Wahrheit ist deshalb immer zugleich Harmonie, und so liegt das Erzieherische dieses Prinzips auch in der Sensibilisierung für wahre innere Schönheit, die uns nur das Bewußtsein der Liebe erschließen kann.

Doch zu Beginn der Entwicklung dominiert der Kampf ums Überleben (♂), der uns mit dem Tierreich verbindet und in dem das bewußte Wahrnehmen von Schönheit als einer erhebenden Kraft noch nicht vorhanden ist. Schönheit bleibt daher äußerlich, und Liebe ist häufig noch eine Reaktion auf sichtbare, an physische Formen des Wunsch- und Mentalkörpers gebundene Schönheit. Doch wenn sich Merkur im Evolutionsprozeß mit Venus verbindet, so wird Schönheit auch auf mentalen Ebenen wahrnehmbar. Dies äußert sich in einem sicheren Form- und Stilempfinden sowie einem zunehmenden Interesse für Kunst und Geisteswissenschaften. Die Sprache wird über die reine Zweckmäßigkeit (☿) auf eine Ebene gehoben, auf der sie durch harmonischen Klang und Rhythmus der Schönheit des Seelischen Ausdruck verleiht, was in der Poesie ihren vollkommensten Ausdruck findet. So wird sie zum wichtigsten Medium der Seele, denn sie dient dazu, die Schönheit und Vollkommenheit einer Idee oder eines Gedankens durch Sprache zum Ausdruck zu bringen. Die Fähigkeit, Schönheit ohne Form erkennen kann, benötigt deshalb auch die Stufe beginnenden Seelenbewußtseins an. Doch bevor ein Mensch eine Idee als Schönheit ohne Form erkennen kann, benötigt er stoffliche, sichtbare Formen der Schönheit, die langsam ein Bewußtsein für Harmonie entstehen lassen. Antike Tempel und Götterbildnisse dienten zu Beginn der Entwicklung daher genau diesem Zweck, denn die im Tempel stattfindende Verehrung bildlicher Schönheit (♀) hebt den Menschen über die Materie hinaus, indem der menschliche Geist allmählich von der Form zur Idee geführt werden soll, die der Form ihre Gestalt gegeben hat.

Zusammenfassend können wir sagen, Venus hat vor allem die Aufgabe, ein Bewußtsein für harmonische Formen zu entwickeln, damit geistige Prinzipien oder Ideen sich in geeigneter Form im Physischen manifestieren können. Denn alles im Kosmos ist harmonisch nach Maß und Zahl geordnet, und das Wesen der Dinge offenbart sich in der Schönheit seiner harmonikalen Ordnung.

Die esoterische Bedeutung der Venus

Strahlqualität: 5. Strahl

Prinzip: **Konkretes Wissen oder Wissenschaft**

Das Prinzip der Venus stellt esoterisch betrachtet die Seele der Erde dar. Als »*Quelle intelligenten Denkvermögens*« ist sie das »*Liebesprinzip als Verbindendes auf allen Ebenen*« (Alice Bailey), das den Geist und die physische Natur in eine sinnvolle Beziehung bringt. Sie verbindet die allgegenwärtige Seele oder das »Solare« in uns mit dem Stofflichen durch Entwicklung unserer mentalen Liebesfähigkeit, die uns über die Begierde und das materielle Verlangen erhebt. Venus, die der griechischen Aphrodite, der Göttin der Schönheit und Liebe entspricht, sollte daher nicht mit Eros, dem Sohn der Aphrodite und des Ares, verwechselt werden, der ja nur einen Teilaspekt ihres Wesens darstellt. Venus verkörpert das Mentale, das, was die menschliche Natur allmählich vergeistigt und uns befähigt, das Geschlecht zu transzendieren, indem wir Sexualität als ein kosmisches Prinzip erkennen. Denn auf allen Ebenen der Existenz wird das Männliche als Symbol des Geistes und das Weibliche als Symbol der Materie durch Liebe in Beziehung gebracht und schließlich zur Einheit verschmolzen. Dies wird deutlich in der mythischen Vorstellung der Himmelshochzeit oder der »unio mystica«, die das Stadium symbolisiert, in dem Seele und Körper eins werden.

Venus verkörpert daher die Liebe als die verbindende und bewußtseinserhebende Kraft, die vor allem in Verbindung mit Merkur darauf einwirkt, daß wir uns als Seele erkennen und uns durch ein liebevollverbindendes Denken über das Formbewußtsein zu mentalem Bewußtsein erheben. Dies wird deutlich am Bild des Hermaphroditen, dem Symbol des wahren Menschen, der mythologisch aus der Verbindung des Hermes (☿) und der Aphrodite (♀) entsteht.

So zeigt sich die Wirkung der Venus auch unterschiedlich, je nachdem ob das Bewußtsein eher materiell oder geistig ausgerichtet ist. Mythologisch ist dies erkennbar an der Doppelverbindung von Aphrodite als der Geliebten des Ares (Mars), dem Gott des Krieges und dem Symbol von Leidenschaft und Aggression, aber auch als Gattin des Hephaistos (Vulkan), der die Geist-Seele symbolisiert. In diesen beiden Verbindungen der Venus (Aphrodite) kommt die Polarität von sinnenbetonter und geistiger Liebe zum Ausdruck.

In der Entwicklung unserer Liebesfähigkeit und unseres Schönheitssinns lassen sich drei Bewußtseinsebenen erkennen:

1. Der Körper steht im Mittelpunkt des Verlangens. Liebe zur äußeren Schönheit.

2. Schönheit wird als erhebende Kraft im Alltag wahrgenommen, und es entsteht der Wunsch, schöne Dinge zu schaffen und zu bewirken. Liebe äußert sich als wahrnehmendes Verstehen des anderen und als Harmonieempfinden, das in Beziehungen und in der Gestaltung des Lebens Ausdruck findet.

3. Liebe wird als Schönheit erkannt und zeigt sich im Verstehen geistiger Gesetzmäßigkeiten, deren innere Ordnung sich durch Schönheit, Wahrheit und Harmonie offenbart.

Die Zuordnung der Venus zu den Tierkreiszeichen

In der Zuordnung der Venus zu den Tierkreiszeichen spiegeln sich die drei Entwicklungsstufen unserer Liebesfähigkeit und unseres Harmoniebewußtseins:

Exoterisch: Stier und Waage – Persönlichkeitsbewußtsein
Esoterisch: Zwillinge – Seelenbewußtsein
Hierarchisch: Steinbock – Geistiges Bewußtsein

1. *Stadium:* Persönliche Liebe
Wunsch nach Harmonie

Venus als exoterischer Herrscher des Stier

Als exoterischer Herrscher des Stier stellt Venus unsere persönliche Liebesfähigkeit dar, die noch nicht frei ist vom Wunsch nach Besitz. Sie veranlaßt uns, nach einer liebevollen Ergänzung durch einen anderen Menschen zu suchen, weil sie uns fühlen läßt, daß wir durch die Liebe über uns hinauswachsen und die eigene Begrenztheit überschreiten. Doch weil das Prinzip der Liebe auf dieser Ebene noch an das materielle Erleben gebunden ist und Schönheit ohne Form noch nicht erkannt wird, äußert sich die Kraft der Venus zunächst als Verlangen nach Liebe und Besitz, nach einem genußvollen Leben, aber auch als Wunsch, Schönes zu besitzen und anzusammeln, um die Sinne zu erfreuen und das eigene Wohlbefinden zu erhöhen.

Venus als exoterischer Herrscher der Waage

Wenn Venus als Herrscher der Waage gilt, dann bewirkt sie einen Sinn für Harmonie und Ausgewogenheit, der in der äußeren Lebensgestaltung, aber auch im Umgang mit anderen zum Ausdruck kommt. Denn Venus bewirkt in der Waage ein Bedürfnis nach harmonisch-ausgeglichenen Beziehungen, was den Einzelnen veranlaßt, Konflikte und Dissonanzen in mitmenschlichen Kontakten zu vermeiden und stets nach Ausgleich divergierender Interessen zu suchen. Daraus resultiert ein höflich-respektvoller, harmonisch geregelter Umgang mit anderen, bei dem stets ein fairer Kompromiß gesucht und der eigene individuelle Standpunkt nicht über den der anderen gestellt wird, weil dies die Ausgewogenheit der Beziehungen stören würde.

Auf der Persönlichkeitsebene zeigt sich Venus als Liebe zum Leben, zu geselligem Kontakt mit anderen und zur Schönheit physischer Dinge, die in der Kunst, im Kunsthandwerk und in der Freude am Gestalten von Schönem ihren Ausdruck findet, das unser Bewußtsein über das Nützliche und Praktische erhebt. Als Herrscher der Waage symbolisiert Venus ein ästhetisches Empfinden, aber vor allem die Fähigkeit, Harmonie in menschlichen Beziehungen zu erreichen, indem versucht wird, durch gelebten Kompromiß die eigenen Interessen mit den unterschiedlichen Interessen der anderen in Einklang zu bringen.

2. *Stadium:* Liebevolles, verbindendes Denken

Venus als esoterischer Herrscher der Zwillinge

Wenn Venus auf esoterischer Ebene als Herrscher der Zwillinge gilt, so kennzeichnet dies das Stadium beginnenden Seelenbewußtseins, in dem das Denken des Menschen sich wandelt. Das Bewußtsein, das durch Merkur vor allem auf das Wahrnehmen von Unterschieden und Gegensätze ausgerichtet war und sich durch intellektuell-kritische Analyse auszeichnete, wird nun auf das Gemeinsame, die Menschen Verbindende gerichtet, um hinter den vielfältigen Formen menschlichen Denkens gemeinsame Grundprinzipien zu entdecken. Sprachliche Formulierungen werden verbindlicher und differenzierter, Kritik wird konstruktiv, da stets der Konsens gesucht wird und nicht mehr die Dissonanz.

Auf der Seelenebene bewirkt Venus deshalb ein liebevolles Denken, das den Anderen einschließt, statt ihn auszugrenzen. Denn gegensätzliche Positionen, die sich aus der Identifikation eines Menschen mit seiner Formnatur oder mit der Seele ergeben, werden im Denken erkannt und als Merkmal einer bestimmten Entwicklungsstufe verstanden. So erweist sich Liebe auf dieser Ebene auch als die Fähigkeit, andere in ihrem inneren Wesen wahrzunehmen und hinter die Fassade zeitbedingter Überzeugungen zu blicken, die den Kampf eines Menschen um Authentizität und Klarheit widerspiegeln, den jeder auf seine Weise austragen muß. Doch das Innere, allen Menschen Gemeinsame, das jeden Menschen mit seinen Mitmenschen verbindet, wird dadurch nicht berührt, und dies ist es, was uns durch den Einfluß der Venus mit zunehmender Seelenentwicklung bewußt wird.

3. *Stadium:* Spirituelle Liebe

Venus als hierarchischer Herrscher des Steinbock

Als hierarchischer Planet des Steinbock symbolisiert Venus die spirituelle Liebe, deren Merkmal Unpersönlichkeit, Selbstlosigkeit und die Bereitschaft zum Dienen ist. In dieser Phase ist sich der geistig erwachte Mensch der Liebe als der einzigen Kraft bewußt geworden, die uns über unsere physische Begrenztheit erhebt. Diese Ebene des Venus-Prinzips stellt das Endziel der Menschheitsentwicklung dar, wo die Persönlichkeit durch selbstlose Liebe zum vollkommenen »Spiegel der Seele« wird und aufhört, ein Instrument von Macht und Selbstherrlichkeit zu sein, weil die Liebe als das verbindende Bewußtsein zwischen Geist und Materie erkannt wird, das aller Manifestation im Physischen zugrundeliegt.

Jupiter als ganzheitliches Verstehen

Liebe-Weisheit,
die durch einen Sinn für das Ganze zum
Ausdruck kommt.

Sinngebung, geistige Zielsetzung des Lebens,
Streben nach Ganzheit, Ethik,
Mitmenschlichkeit,
Begreifen von Sinnzusammenhängen,
Zusammenschau, Erkennen ganzheitlicher
Zusammenhänge des Lebens.

Jupiter, der Göttervater Zeus der griechischen Mythologie, verkörpert
die Erweiterung des merkurialen Verstehens, das uns über das Physische
hinausdenken läßt ins Metaphysische, das allein den Sinn menschlichen
Lebens zu erklären vermag. Er läßt uns ein übergreifendes Ordnungsgefüge und geistige Zusammenhänge erkennen und öffnet unser Bewußtsein für das Überpersönliche, sei es im sozialen, religiösen, ethischen oder
philosophischen Sinne, denn er verleiht uns einen Sinn für das Ganze
und ein Verständnis dafür, daß der Sinn des Lebens in der menschlichen
Entwicklung liegt. Wir erleben seine Wirkung daher als ein gläubiges
Vertrauen in die Zukunft und das Leben, das unsere Entwicklungschancen und unseren Zukunftsentwurf schon in sich trägt. So ist Jupiter
auch der Planet, der uns zu mehr Ganzheit führt, denn er stimuliert in
uns den Drang nach Entwicklung sowie die Fähigkeit, über uns hinaus-
zustreben und uns aus einer engstirnigen, an Zweckmäßigkeit und Nützlichkeit orientierten Weltsicht zu befreien. Aufgrund dieser expansiven,
stets nach Erweiterung des Bewußtseins strebenden Kraft liegt die Gefahr
dieses Prinzips auch nicht in der Begrenztheit, sondern in seiner Weite.
Denn Jupiter kann zu Maßlosigkeit und Verschwendungssucht führen,
wenn das Interesse des Einzelnen noch zu stark auf sich selbst bezogen ist

und er noch nicht das größere Ganze sehen kann, in dessen Bewußtseinsfeld er als ein Teil funktioniert.

Zu Beginn der Entwicklung, wenn Mond, Mars und die niedere Ebene des Merkur als Kräfte des Lebens dominieren, verstärkt Jupiter in uns den Drang nach Fülle, nach weltlichem Wohlstand und einem Leben im Überfluß. In der Persönlichkeits-Astrologie hat er deshalb zu Recht die Bedeutung eines Glücksplaneten, da er weltlichen Reichtum vermehrt. Die Gefahr dieses Planeten liegt aber in einer zu starken Ausrichtung auf Wunschbefriedigung, und wird dieses Prinzip zu stark ausgelebt und das Materielle überbetont, so kann sich der Drang nach Erweiterung auf der körperlichen Ebene auch als Gewichtszunahme oder bei besonderer Konstellation als unkontrolliertes Wachsen und Wuchern von Zellen auswirken, die sich der Kontrolle eines übergeordneten Gegenregulativs (♄) entzogen haben. Wucherungen von Zellen entsprechen symbolisch daher der Umkehrung des Jupiter-Prinzips, wobei sich der Wunsch nach Entwicklung und Erweiterung nicht ins Geistige richtet, sondern nur im Materiellen gesehen wird. Dadurch findet eine Loslösung vom Ganzen statt, der Teil reagiert autonom, ohne Rücksicht auf den Gesamtorganismus, und bewirkt so die Zerstörung des Ganzen. Der »Glücksplanet« hat also auch seine negative Seite, obwohl bei diesem Prinzip im allgemeinen das Positive überwiegt, denn die Kraft der Erweiterung und des inneren Wachstums ist es, die uns zur Ganzheit unseres Wesens führt.

Auf entwickelter Ebene wirkt Jupiter nicht mehr als Glücksbringer, der weltlichen Reichtum beschert, sondern als die Kraft, die uns Weisheit und Erkenntnis bringt. Sie bewirkt in uns ein Streben nach lebendiger Ganzheit und nach Vollkommenheit, aber auch ein liebevolles Verständnis für die menschlichen Schwächen, die notwendigerweise mit unserer Entwicklung verbunden sind. Denn sobald wir beginnen, über uns hinauszublicken und uns als Teil eines größeren Ganzen und eines globalen Entwicklungsplanes zu begreifen, wird unser Denken – trotz Erkennens der eigenen Schwächen wie auch der Mängel und Untugenden anderer – menschlicher und umfassender, da wir den Menschen als »in Entwicklung befindlich« begreifen. So läßt Jupiter in uns auch ein umfassendes Verstehen für das »Menschlich-allzu-Menschliche« entstehen, aus dem ein liebevolles Miteinander, Respekt, Achtung und Toleranz erwachsen, durch die der andere als »Bruder auf dem Pfade des Lebens« betrachtet wird und nicht mehr als Gegner oder Konkurrent. Jupiter ist folglich auch der Planet, der uns schließlich bei entsprechender mentaler Entwicklung (☿ + ♀) einen geistigen Lebenshintergrund finden läßt, auf dem der Sinn des Lebens verständlich und begreifbar wird, sobald das menschliche Denken in der Lage ist, globale Zusammenhänge zu verstehen, weil die Vielschichtigkeit des persönlichen Bewußtseins mit dem innewohnenden, vereinenden und überpersönlichen Seelenbewußtsein verbunden ist. Daraus entsteht eine ethische Grundhaltung im Leben, frei von Dogmen, einengenden weltanschaulichen Festlegungen und Ideologien, denn Jupiter gibt uns die Fähigkeit, Einzelphänomene in einen sinnvollen Gesamtzusammenhang zu stellen.

Zusammenfassend können wir sagen, Jupiter ist das Prinzip, das uns auf jeder Ebene des Bewußtseins nach Erweiterung und Vervollkommnung streben läßt. Aufgrund seiner ganzheitlichen Sicht, läßt er uns den Lebenssinn an die Stelle des Zweckmäßigen, das gläubige Vertrauen an die Stelle der Lebensangst, Zusammenschau an die Stelle des Detailwissens sowie ethisches Handeln und Gerechtigkeit an die Stelle von Zügellosigkeit und Ungerechtigkeit setzen. So wirkt er als Gegenkraft zu dogmatischem, konzeptionellem Handeln und Denken (♄), denn er verleiht uns die Fähigkeit zur Zusammenschau und zu intuitiv erkannter Wahrheit, wenn der Intellekt (☿) entwickelt ist und das Denken des Menschen ins Metaphysische hinausgreift.

Die esoterische Bedeutung des Jupiter

Strahlqualität: 2. Strahl

Prinzip: **Liebe-Weisheit**

Jupiter verkörpert das Prinzip weisen ganzheitlichen Verstehens, das uns die Liebe als die innere Beziehung zwischen allen Lebensformen erkennen läßt, wenn wir beginnen, die Welt nicht mehr mit dem Verstand, sondern mit dem Herzen wahrzunehmen. So ist Jupiter auch der Planet, der unserem Denken die trennende, isolierende Kraft nimmt und uns unser Eingebundensein in einen höheren Schöpfungsplan verstehen läßt, in dessen Rahmen das eigene Leben erst seine wirkliche Bedeutung erhält. Denn durch die magnetische Kraft des 2. Strahls der Liebe-Weisheit werden Kopf und Herz zu einem vereinten Wechselwirken gebracht, und dadurch wird die Trennung zwischen Verstand und Liebe aufgehoben.

Weisheit kann sich folglich erst entwickeln, wenn ein Mensch beginnt, die größeren Zusammenhänge des Lebens zu verstehen, weil er durch Ausrichtung seines Denkens auf wesenhafte Dinge und Erkenntnisse intuitiv geworden ist. Dadurch wird das Denken vom Kopf ins Herz verlagert, und ein Mensch wird fähig, die Welt mit den »Augen der Liebe« zu sehen.

Jupiter ist daher der Planet, der uns weise, liebevoll, verständnisvoll und tolerant werden läßt, weil er das »Denken im Herzen« verkörpert. Doch dieses Herzdenken kann sich erst voll entfalten, wenn ein Mensch ein gewisses Maß an mentaler Entwicklung erreicht hat ($\female$) und Emotionalität in liebevolles Verstehen ($\female$) umgewandelt wurde. Ist dies der Fall, so wird ein Mensch offen und empfänglich für eine ganzheitliche Sicht der Welt, die uns die Verbundenheit unseres eigenen Lebens mit dem unserer Mitmenschen bewußt macht. So stellt Jupiter auch die Vollendung des menschlichen Denkens dar, das uns schließlich ein wirkliches Verstehen des Zusammenhangs zwischen physischem und geistigem Leben ermöglicht, wenn Kopf und Herz eins geworden sind und der intellektuelle Verstand die innere Wahrnehmung nicht mehr verdrängt.

In der Entwicklung von Liebe-Weisheit, durch die sich uns schließlich die Ganzheit alles Lebendigen offenbart, lassen sich drei Bewußtseinsebenen unterscheiden:

1. Suche nach einem erfüllten Leben durch Ausschöpfen des eigenen Entwicklungspotentials und der eigenen Lebenschancen.

2. Suche nach dem tieferen Sinn menschlichen Lebens, in dem das eigene Leben in einem größeren, kosmischen Zusammenhang gesehen wird.

3. Weisheit erweist sich als »Liebe zum Ganzen«, und der Sinn des Lebens liegt im Erkennen der Ganzheit, die sich in jedem Teil offenbart.

Die Zuordnung des Jupiter zu den Tierkreiszeichen

In der Zuordnung des Jupiter zu den Tierkreiszeichen spiegeln sich die drei Entwicklungsebenen unseres Strebens nach Weisheit und ganzheitlicher Erkenntnis:

Exoterisch:	Schütze und Fische	— Persönlichkeit
Esoterisch:	Wassermann	— Seelenbewußtsein
Hierarchisch:	Jungfrau	— Geistiges Bewußtsein

1. *Stadium:* Suche nach Erfüllung

Jupiter als exoterischer Herrscher des Schützen

Als exoterischer Planet des Schützen bewirkt Jupiter das Streben nach mehr Ganzheit, das die Persönlichkeit motiviert, dem eigenen Leben durch persönliche Verwirklichung im Beruf oder Privatleben eine Bedeutung zu geben, die über die materiellen Bedürfnisse hinausgeht. Denn Jupiter ist der Planet, der uns über das Zweckmäßigkeits- und Profitdenken hinaus nach Verwirklichung des eigenen Entwicklungspotentials streben läßt und drängt, uns mit der ganzen Kraft unseres Wesens ins Leben einzubringen.

Auf persönlicher Ebene fördert Jupiter daher das Streben nach Selbstverwirklichung. Er veranlaßt den Einzelnen, nach dem zu suchen, was ihm Erfüllung bringt und das Gefühl gibt, die eigenen Möglichkeiten zu erweitern und über sich selbst hinauszuwachsen.

Jupiter als exoterischer Herrscher der Fische (*in Verbindung mit Neptun auf kollektiver Ebene*)

Als exoterischer Herrscher der Fische verweist Jupiter auf das dem Menschen innewohnende Gefühl der Ganzheit des Lebens, das seinen Ausdruck im Mitgefühl für andere findet. Daraus erwächst das Bedürfnis, anderen zu helfen, denn Jupiter bewirkt hier ein ausgeprägtes mitmenschliches Empfinden mit den Hilfsbedürftigen und Leidenden dieser Welt. Dies findet seinen Ausdruck in überwiegend helfenden, sozialen oder sozial-politischen Aktivitäten, in denen ein Fische-Geborener die Erfüllung des eigenen Lebens sieht. Jupiter, der uns stets nach einer

Bedeutung und Sinnhaftigkeit streben läßt, die über das rein zweckgebundene Denken hinausreicht, zeigt sich auf dieser Ebene als Wunsch, dem eigenen Leben einen Sinn zu geben durch das Gefühl, für andere nützlich zu sein und ihnen zu helfen.

Auf der Ebene der Menschheit wird Neptun anstelle des Jupiters als Regent der Fische betrachtet, und hier liegen deshalb auch die Wurzeln einer tiefen religiösen Hingabe, wie auch der Sehnsucht nach Einheit und (All-umfassender) Liebe, die jeder Mensch im Grunde seines Herzens fühlt und die ihn nach Wegen suchen läßt, dieser Einheit näherzukommen.

2. *Stadium:* Erkennen der Seelenverwandtschaft

Jupiter als esoterischer Herrscher des Wassermann

Wenn Jupiter auf esoterischer Ebene dem Wassermann zugeordnet wird, so kennzeichnet dies das Stadium beginnenden Seelenbewußtseins, in dem ein Mensch sich der Seelenverwandtschaft mit seinen Mitmenschen bewußt wird. Er begreift nun, daß sich der Sinn des eigenen Lebens nur in Beziehung zum Leben der anderen ergibt und daß das eigene Handeln stets einen Einfluß auf das Ganze hat, weil alles untrennbar miteinander verbunden ist. Daraus ergibt sich eine ethische Grundhaltung des Lebens, die den Einzelnen veranlaßt, seinen Mitmenschen mit Respekt, Achtung und Liebe zu begegnen und die eigenen Entwicklungsmöglichkeiten stets unter dem Gesichtspunkt der Auswirkung auf das Ganze zu betrachten.

Auf der Seelenebene bewirkt Jupiter ein Bewußtsein liebevoller Verbundenheit mit anderen und den Wunsch, die eigene geistige Entwicklung zu vervollkommnen, um der Menschheit in tätiger Liebe zu dienen.

3. *Stadium:* Geburt des »Christusbewußtseins« in der Menschheit

Jupiter als hierarchischer Herrscher der Jungfrau

Wenn Jupiter als hierarchischer Planet der Jungfrau gilt, so kennzeichnet dies das Endziel der menschlichen Entwicklung. Durch umfassendes Verstehen des Zusammenhangs zwischen geistigem Sein und dem Sinn physischer Existenz ist der Mensch zu Weisheit gelangt, denn Herz und

Verstand sind eins geworden. Dadurch nimmt er das Leben als ein Ganzes wahr, und er erkennt sich als Teil dieser Ganzheit.

Auf hierarchischer Ebene stellt Jupiter das Bewußtsein des geistig erwachten Menschen dar, der es geschafft hat, sich in einem physischen Körper zu inkarnieren und diesen so zu verändern und zu entwickeln, daß er die Liebe und Weisheit der Seele in vollendeter Weise zum Ausdruck bringen kann. Dies ist die »Geburt des Christusbewußtseins« im Menschen, und deshalb werden symbolisch auch alle Welterlöser »jungfräulich« geboren.

Saturn als der »Hüter der Schwelle«

Individuelle Verantwortlichkeit
im Sinne des Karma-Gesetzes.
Das »soziale Gewissen«.

Realitätssinn, Pflichtbewußtsein,
Eigenverantwortlichkeit, Ich-Begrenzung,
Selbst-Beschränkung, (Selbst-) Disziplin.
Begrenzung, Verlangsamung, Verfestigung,
Starrsinn, Festhalten an Formen und
Traditionen, Dogmatismus, Kristallisation.

Saturn ist der letzte in der Reihe der persönlichen Planeten, und er bildet deshalb auch eine Grenze zwischen dem Individuellen und dem Über-bewußten, das bewußt erst erfahren werden kann, wenn Saturn unser Realitätsbewußtsein durch Erfassen universeller Lebensgesetze geformt und gefestigt hat. Als Grenzplanet oder »Hüter der Schwelle«, wie die Alten ihn nannten, wirkt er deshalb auch auf zwei Ebenen: Als persönli-cher Planet, indem er unsere Wahrnehmung auf unser Ich begrenzt, und als unpersönlicher Planet im Sinne des Karma-Gesetzes, indem er uns zwingt, uns mit unserer eigenen Vergangenheit auseinanderzusetzen und aus ihr zu lernen, um die eigene Zukunft schließlich immer bewußter im Sinne der Seele zu gestalten.

Doch dieser Prozeß braucht viel Zeit und vollzieht sich über viele Leben, und so ist es zunächst die Aufgabe des Saturn, uns – in Verbin-dung mit der Sonne – zu individualisieren. Durch Abgrenzung von der universalen Lebenskraft gibt er uns Gelegenheit, unser Ich von anderen Ichs zu differenzieren, damit wir uns zu einer getrennten, selbstgenüg-samen und mit zunehmender Entwicklung auch selbstverantwortlichen Persönlichkeit entwickeln können. Er ist der Planet, der die Grenzen unseres Ego-Feldes bildet – einem Komplex aus Bildern, Vorstellungen und Gedanken –, die unser persönliches Bewußtseinsfeld schaffen, innerhalb dessen wir uns als Ich empfinden. Dies stellt in Beziehung zum Allbewußtsein der Seele natürlich eine Begrenzung dar, doch diese zeitweilige Begrenzung auf uns selbst ist notwendig, damit wir lernen, selbständig, eigenbewußt und schließlich auch eigenverantwortlich zu handeln.

In der griechischen Mythologie erscheint Saturn als Kronos, der Gott der Zeit, der seinen Vater Uranos entmannt, was nichts anderes bedeutet, als daß er die absolute Zeit (δ) daran hindert, sich fortzuzeugen, um sich selbst, als Symbol der relativen Zeit, an seine Stelle zu setzen. Doch Uranos wirkt weiter als Bewußtsein der Zeitlosigkeit durch die Liebe, denn als seine Geschlechtsteile ins Meer des Poseidon (Ψ) fielen, entstand daraus die schaumgeborene Aphrodite, die Göttin der Schönheit und Liebe (φ), die allein fähig ist, unser Zeitbewußtsein aufzuheben.

Zu Beginn der Entwicklung, wo unsere Liebesfähigkeit noch persönlich und an Besitz gebunden ist, bewirkt Saturn in uns die Entstehung einer auf sich selbst begrenzten Persönlichkeit, die im Gegensatz zur Seele endlich und vergänglich ist. Denn er stattet uns mit einem relativen Zeitsinn aus, der uns Vergangenheit, Gegenwart und Zukunft als getrennt wahrnehmen läßt, obwohl sie in Wahrheit nur drei Aspekte des »Ewigen Jetzt« darstellen. Auf diese Weise entsteht eine zeitlich-chronologische Wahrnehmung der Ereignisse unseres Lebens – die in Wirklichkeit gleichzeitig ablaufen –, um uns Ursache und Wirkung von eigenen Handlungen erkennbar zu machen. So lernen wir, Eigenverantwortung für unser Handeln zu übernehmen und unser Leben langsam durch bewußte Entscheidungen selbständig zu gestalten. Mit Saturn ist deshalb immer ein inneres Wachstum zu mehr Eigenverantwortung verbunden. Durch Trennung des Bewußtseins vom größeren Ganzen führt er uns aus der instinktiven, psychischen Wahrnehmung des größeren Ganzen ($\mathcal{C}$), wie sie auf kindhafter Entwicklungsstufe geschieht, zu einer intelligenten, eigenbewußten und eigenverantwortlichen Lebensführung, indem er den Einzelnen veranlaßt, freie individuelle Entscheidungen zu treffen und sich nicht vom Massenbewußtsein beeinflussen zu lassen.

Da Eigenverantwortung und zeitweilige Begrenzungen aber erst mit zunehmender geistiger Reife als sinnvoll und notwendig erkannt werden, wird Saturn zu Beginn der Entwicklung meist als Einschränkung der persönlichen Freiheit ($\odot$) erlebt, was ihm in der traditionellen Astrologie zu Unrecht den Ruf eines Übeltäters eingebracht hat. Doch in Wahrheit ist er der Planet, der uns durch notwendige Phasen des Leidens, der

Begrenzung und Einschränkung führt, um unser Bewußtsein für unsere innere Realität und die Wahrheit geistigen Lebens zu öffnen. Er bewirkt eine Verlangsamung des Lebensflusses, und er begrenzt uns auf uns selbst, um uns die Möglichkeit zu geben, zu erkennen, daß wir immer nur das *»ernten, was wir gesät haben«*. Denn der Mensch hat die Freiheit des Willens, und diese Freiheit ist eine Chance, aber auch ein Fallstrick, weil sie uns die Möglichkeit gibt, uns falsch zu entscheiden und unsere Aktivitäten gegen die eigene innere Entwicklung zu richten und damit Leid zu erzeugen.

Saturn ist daher der Planet, der uns Grenzen setzt, innerhalb derer wir durch Versuch und Irrtum zu uns selbst finden müssen. Er hilft uns, unser Bewußtsein für die Realität des Lebens zu öffnen, die wir aufgrund unseres Zeitempfindens in zwei Zuständen wahrnehmen:

1. wie es ist
2. wie es wird.

Der erste Zustand ist im zweiten verborgen und kann von uns nur als Gleichnis erfahren werden, denn das »ewige Jetzt« wird von unserem Bewußtsein noch nicht erfaßt. Der zweite Zustand, das Werden, existiert als notwendige Begrenzung für die Entscheidung unseres individuellen Selbst und ist im Prinzip des Saturn verkörpert, der uns das Werden der Dinge wahrnehmen läßt, nicht aber ihr Sein, das erst durch Transzendierung der verstandesmäßigen Grenzen möglich wird. Die von uns durch unseren Verstand wahrgenommene Realität ist deshalb auch eine Realität *»so wie sie uns erscheint«*, aber nicht unbedingt *»so wie sie ist«*. Was wir als Wahrheit erkennen, ist unser eigener relativer Standpunkt der Wahrheit, der sich aufgrund unserer Bewußtseinsbegrenzung ergibt. Diese ist notwendig, um Eigenbewußtsein zu entwickeln, denn wenn wir von Anfang an alles gleichzeitig und miteinander verbunden sehen würden, wie es in Wahrheit im Geistigen ist, dann wären wir unfähig, uns von anderen zu unterscheiden.

Die Entwicklung zu einer eigenständigen Persönlichkeit bedingt also eine zeitweilige verstandesmäßige Abgrenzung vom größeren gemeinsamen Ursprung des Lebens, und so ist Saturn auch der Planet, der uns – in der Phase intellektueller Entwicklung – vom Überbewußten, aber auch vom Unterbewußten trennt, um uns die Möglichkeit zu geben, uns kraft unseres eigenen Denkens eine eigene Realität zu schaffen. In diesem Sinne kann Saturn als der »Grenzring unseres Bewußtseins« betrachtet werden, der uns von höherer Wahrnehmung trennt, aber auch einen Schutzwall gegen die psychische Wahrnehmung (☾) oder die Instinktebene unseres Bewußtseins bildet, die wir verlassen müssen, um ein eigenverantwortliches Denken zu entwickeln.

Als Planet der Individuation stellt Saturn – im Gegensatz zu Uranus, der uns die Universalität unseres geistigen Seins bewußt macht – die Begrenzung unseres Persönlichkeitsbewußtseins dar. Er wird daher zu Recht als der »Hüter der Schwelle« bezeichnet, der uns den Weg ins größere Dasein solange versperrt, bis wir uns durch gedankliche Entwicklung als Teil eines größeren Ganzen erkennen. Denn die Art unseres Denkens – seine Begrenzung oder Weitsichtigkeit – entscheidet darüber, ob es eine Barriere zu den höheren Ebenen des Bewußtseins bildet oder nicht. Realitätssinn im Sinne des Saturn bedeutet folglich auch ein zunehmendes Verstehen der Schöpfungsgesetze und ein Erkennen der Schöpfung »wie sie ist«. Nur so können wir den »Hüter der Schwelle« bezwingen und über unsere saturnische Natur der Trennung, Isolation und mentalen Begrenztheit hinauswachsen, indem wir unser Leben und unsere Freiheit der Entscheidung mit den universellen Schöpfungsgesetzen in Einklang bringen. Doch dazu sind wir freiwillig meist nicht bereit, denn die individuelle Vorstellung von persönlicher Freiheit sowie dem grenzenlosen Sich-Verausgaben und Sich-Ausleben (☉) ist dem Saturn-Prinzip diametral entgegengesetzt. Die Wirkung des Saturn wird daher zunächst als eine äußere Kraft erlebt, die das persönliche Lebensgefühl einschränkt und uns hindert, das zu tun, was wir persönlich wollen.

So liegt seine erzieherische, positive Aufgabe auch vor allem darin, uns begreiflich zu machen, daß das menschliche Leben in einen größeren Zusammenhang eingeordnet ist, in dem jeder seine Pflichten und Aufgaben hat, die sich nicht auf das Eigenerleben beschränken, und daß Freiheit nur durch Verantwortung erreicht werden kann. Durch Begrenzung, Einschränkung und Beschneiden egozentrischer Antriebe und Willensimpulse bietet er uns Gelegenheit, das Leben so zu erfahren, wie es wirklich ist, und unsere subjektiven Vorstellungen – wenn nötig durch Mißerfolg, Leid und Enttäuschung – mit dem größeren sozialen Ganzen in Einklang zu bringen. Auf diese Weise erkennen wir mit der Zeit, daß sich unsere Erwartungen und unsere Ziele oft nicht nach dem richten, »wie es ist«, sondern nach dem, wie wir glauben, daß »es sein sollte«. Und wenn wir schließlich begreifen, daß die Diskrepanz zwischen Erfolg und Mißerfolg unsere eigene Schöpfung ist, dann sind wir der Realität unseres Lebens schon ein wesentliches Stück näher gekommen. Denn Leid, Enttäuschung, Behinderung und Frustration, die auf unentwickelter Ebene durch Saturn hervorgerufen werden, sind unsere eigenen Schöpfungen, die dadurch entstehen, daß wir etwas erwarten, was unserer inneren Wirklichkeit nicht entspricht. Saturn lehrt uns daher, unsere Erwartungen der eigenen inneren Realität anzupassen und unsere emotionalen Lebensantriebe zurückzuhalten, um der Vernunft mehr Raum zu geben. Er wirkt als disziplinierende Kraft auf unsere spontanen Lebensantriebe ein, um unsere Nachdenklichkeit und unsere Vernunft zu stärken. So fördert er die Integration und Integrität der Persönlichkeit und stärkt unser »soziales Gewissen«.

Bei mental noch wenig entwickelten Menschen bewirkt er in Übersteigerung seines Prinzips aber auch eine zu große Selbstbeschränkung, Starrheit und Dogmatismus, solange die Liebe und Weisheit des Jupiter als Gegenkraft noch nicht genügend Ausdruck finden. Die schwierige Aufgabe des Saturn liegt also darin, eine Balance zu finden zwischen individueller Freiheit und dem Sich-Beugen unter lebensbedingte Notwendigkeiten, die erst mit zunehmender Reife im Denken erkannt werden und uns befähigen, das goldene Mittelmaß zu wählen, das »Freiheit durch Begrenzung« ist.

Zusammenfassend können wir sagen, Saturn ist die Kraft, die uns lehrt, im Sinne einer Gemeinschaft oder eines größeren Ganzen verantwortlich zu handeln, indem er unsere Tendenz zu ungebremster, nur der eigenen Person verpflichteten, freien Entfaltung da einschränkt und hemmt, wo sie dem sozialen Ganzen schadet. So ist er der eigentliche große Erzieher und Gesetzgeber unseres Lebens, aber auch der Schicksalsvollstrecker, wenn wir noch nicht gelernt haben, uns den höheren Gesetzmäßigkeiten und Verpflichtungen des Menschseins zu beugen.

Die esoterische Bedeutung des Saturn

Strahlqualität: **3. Strahl**

Prinzip: **Aktive Intelligenz**

Als Übermittler des 3. Strahls offenbart uns Saturn das Wesen der »intelligenten Substanz««, in der physisches Leben stattfindet und das klaren Naturgesetzlichkeiten unterliegt. Zu diesen Naturgesetzlichkeiten gehört im geistigen Sinne auch das »Gesetz des Karma««, das dem Saturn untersteht und den Menschen zur physischen Wiedergeburt zwingt, bis er sich durch Bewußtwerdung vom Rad der Wiedergeburt befreit hat. Saturn ist daher die Kraft, die uns Gelegenheit bietet, Irrtümer und Fehler vergangener Leben zu korrigieren, denn *»er zwingt den Menschen, sich mit der Vergangenheit auseinanderzusetzen und sich in der Gegenwart auf die Zukunft vorzubereiten«* (Alice Bailey). So begegnen wir im Leben auch immer wieder un uns selbst, denn unser momentanes Leben ist das Ergebnis vergangenen Denkens. Wenn uns dies bewußt wird, gewinnt Saturn seine volle positive Kraft, denn erst wenn wir begreifen, daß wir selbst Schöpfer unserer Lebensumstände sind, können wir die einschränkende, grenzensetzende Kraft dieses Prinzips als entwicklungsfördernd und richtungsweisend erfahren, die das erschwert und verhindert, was der Wesensäußerung der Seele entgegengesetzt ist und uns durch Mißerfolg zeigt, welche Ziele unseren Lebensvorstellungen und unserer eigenen Realität widersprechen.

Die Wirkung des Saturn wird auf den drei Bewußtseinsebenen unterschiedlich erlebt:

1. Als blindes Erleiden des Schicksals, das von außen zu kommen scheint und die freie Entfaltung einschränkt.
2. Als Wille, dem Schicksal nicht auszuweichen, sondern ihm mit Stärke zu begegnen.
3. Als Bereitschaft, ein Schicksal als Wissender zu erfüllen, um höheren Notwendigkeiten zu dienen.

Die Zuordnung des Saturn zu den Tierkreiszeichen

In der Zuordnung des Saturn zu den Tierkreiszeichen spiegeln sich die drei Entwicklungsstufen unseres Realitätsbewußtseins:

Exoterisch: Steinbock – Persönlichkeitsbewußtsein
Esoterisch: Steinbock – Seelenbewußtsein
Hierarchisch: Waage – Geistiges Bewußtsein

1. Stadium: Selbstbeschränkung, Pflichtgefühl

Saturn als exoterischer Herrscher des Steinbock

Als exoterischer Herrscher des Steinbock kennzeichnet Saturn die Phase, in der ein Mensch sich der Eigenverantwortung für sein Leben noch nicht bewußt ist. Die disziplinierende Kraft dieses Planeten, die den Einzelnen zu maßvollem Handeln, Augenmaß und zu einem Gemeinschaftsbewußtsein erziehen soll, in dem das einzelne Leben nicht wichtiger ist als das der anderen, wird zunächst als eine schicksalhafte, von außen auferlegte Selbstbeschränkung und Einengung erlebt, deren tieferer Sinn unverständlich bleibt. Denn das das »Gesetz des Karma«, das dem Saturn untersteht und das uns zwingt, vergangene Fehler zu korrigieren, wird in dieser Phase noch nicht verstanden.

Auf persönlicher Ebene wird Saturn daher als ein unbewußt verspürter Aufruf zur Pflicht erlebt, der den Menschen veranlaßt, sich den Normen, Traditionen und Gebräuchen einer Autorität oder eines übergeordneten größeren Ganzen (Eltern, Staat, Firma, Behörde, Verwaltung) zu unterwerfen, ohne deren Sinn zu hinterfragen, weil diese die sogenannte Realität des Lebens verkörpern, der der Einzelne sich aus Pflichtgefühl beugt.

2. Stadium: Verantwortungsbewußtsein

Saturn als esoterischer Herrscher des Steinbock

Wenn Saturn auch auf esoterischer Ebene dem Steinbock zugeordnet wird, so symbolisiert dies das Stadium beginnenden Seelenbewußtseins, in dem der Mensch zunehmend seine persönliche Verantwortung für das eigene Leben erkennt, akzeptiert und zu begreifen beginnt, daß er sich die Realität seines Lebens selbst erschafft. Durch Krisen, Leid und Schmerz hat er gelernt, seine persönlichen Vorstellungen vom Leben zu korrigieren, und er ist sich bewußt geworden, daß er das auf die physische Realität beschränkte Denken überschreiten muß, um sich als Teil eines größeren Organismus zu begreifen, in dem er als Einzelner Mitverantwortung trägt.

Auf der Seelenebene bewirkt Saturn, daß der Einzelne Selbstbeherrschung und Selbstdisziplin als notwendige Schritte auf dem geistigen Pfad erkennt, die erworben sein müssen, bevor er für die spirituelle Liebe empfänglich wird, die ihn schließlich die geistige Wirklichkeit hinter der Realität physischer Existenz erkennen läßt.

3. Stadium: Karmische Verantwortlichkeit

Saturn als hierarchischer Herrscher der Waage

Wenn Saturn hierarchisch der Waage zugeordnet wird, so beschreibt dies den Zustand eines geistig erwachten Menschen, der sich der kosmischen Gesetze bewußt ist, denen die Evolution der Natur und die Bewußtseinsentwicklung des Menschen unterliegt. Er weiß, daß alle Handlungen vergangener Leben ihren Niederschlag in den folgenden Leben finden und daß ein kosmisches Gesetz den Menschen zur wiederholten Reinkarnation zwingt, bis er alle »Schulden aus vergangenen Leben« abgetragen hat und die Waagschalen wieder ausgeglichen sind.

Saturn als hierarchischer Herrscher der Waage kennzeichnet ein Bewußtseinsstadium, in dem die Seele sich mit vollem Wissen zur Wiedergeburt entschließt, um das »Gesetz des Karma« zu erfüllen und der Menschheit zu helfen, die Gegensätze zwischen Geist und Materie auf der Erde harmonisch auszugleichen. Dadurch entsteht Gerechtigkeit, die niemals in einem Leben erreicht werden kann, die aber dennoch das Grundprinzip menschlichen Lebens darstellt.

Uranus als bewußtseinserweiternde Kraft

Entwicklung zum »höheren Selbst«
durch geistige Erkenntnis.

Okkultes, spirituelles Bewußtsein, geistiges
Erkennen kosmischer Zusammenhänge.
Drang, Verborgenes zu entdecken:
Erfindergeist, intuitives Erfassen neuer Ideen.
Wille zur Veränderung, Freiheitsdrang,
Unabhängigkeitsstreben, Emanzipation,
Revolution.

Die bisher beschriebenen sieben Planeten sind die gestaltenden Prinzipien, die den Menschen zu einer »integrierten« Persönlichkeit werden lassen. Sie schaffen die Grundlage für die Entwicklung des instinktiven, unbewußten Menschen zu einer eigenständigen und eigenverantwortlichen Persönlichkeit, und in diesem Sinne bilden sie ein geschlossenes Ganzes.

Mit Uranus betreten wir daher eine neue, höhere Ebene des Bewußtseins, nämlich die der überpersönlichen oder transformatorischen Planeten, zu denen auch Neptun und Pluto gehören. Diese transsaturnischen Planeten bilden das sogenannte Überbewußte des Menschen, das aus höherer Warte auf das saturnische Bewußtsein einwirkt, um die Begrenztheit des menschlichen Denkens zu durchbrechen und sein Bewußtsein zu transzendieren.

Der erste dieser transformatorischen Planeten ist Uranus, der als höhere Oktave des Merkur gilt und der als Prinzip höchster Spannung mit explosiver Dynamik und Plötzlichkeit radikale Veränderungen des Lebens bewirkt. Er hebt Bindungen auf, die die Entwicklung geistigen Lebens hemmen und wirkt allen taditionellen, festgefahrenen Lebensgewohnheiten entgegen, die den lebendigen Lebensfluß blockieren. Durch Streben nach Unabhängigkeit, Freiheit und unkonventionellen Lösungen veranlaßt er uns zur Auflehnung gegen veraltete, überholte Maßstäbe, die der Zeit nicht mehr entsprechen. Seine Wirkung ist daher stets in die Zukunft gerichtet, denn er drängt uns beständig zur Verbesserung unserer Lebensumstände, aber auch zur Erweiterung unseres geistigen Horizonts durch Befreiung aus einengenden Bindungen, traditionellen Strukturen und ideologisch-fixierten Weltanschauungen. Diese Verbesserung der Lebensumstände kann sich im Sinne einer revolutionären Grundhaltung, in Form von radikalen Umwälzungen zeigen, aber auch als evolutionäre Veränderung, die eine sinnvolle zeitliche Komponente einschließt. So ist Uranus der Planet, der uns veranlaßt, uns dem universellen Rhythmus anzupassen, indem er uns notwendige Veränderungen erkennen läßt oder diese erzwingt, je nachdem, ob unser Leben mit den Zielen der Seele in Einklang steht oder nicht. Er fördert unsere geistig-seelische Entwicklung durch ständige Erweiterung unseres Bewußtseins, bis wir schließlich den Drang verspüren, hinter die Kulissen zu schauen, um Verborgenes zu entdecken und nach dem zu suchen, was die Welt im Innersten bewegt und erklärbar macht.

In diesem Sinne ist er der Planet der »okkulten« Wissenschaften wie Astrologie, Parapsychologie oder Esoterik, denn er verhilft uns zur Erkenntnis des untrennbaren Zusammenhangs zwischen Geist und Stoff durch höhere Eingebungen oder innere Impulse der Seele, die aber nur verständnisvoll und einsichtig umgesetzt werden können, wenn das Denken entwickelt ist und das Bewußtsein eines Menschen die Intuition der Seele einschließt. Ist dieses Stadium erreicht, so läßt er uns in äußerster Abstraktion komplexe Zusammenhänge erkennen, die dem Intellekt nicht erfahrbar sind. Doch dazu bedarf es der Vorbereitung durch Merkur, denn ohne mentale Entwicklung sind wir nicht in der Lage, diese höheren Eingebungen gedanklich zu interpretieren und dem Gehirn zu vermitteln.

Zu Beginn der Entwicklung erfahren wir die Wirkung dieses Planeten – ähnlich wie die von Saturn – als eine von außen kommende, unverstandene Kraft, die plötzlich und völlig unerwartet in Form von schicksalhaften Einbrüchen in unser Leben einzugreifen scheint und uns zu übergangslosen Umstellungen zwingt, was nicht selten Unfälle oder nervliche Zusammenbrüche mit sich bringt, wenn der Körper nicht durch gedankliche Entwicklung auf die extrem hohe Spannung vorbereitet ist. Seine Wirkung ist deshalb meist blitzartig, wie aus heiterem Himmel, um uns aus inneren Erstarrungen, Fixierungen und einschränkenden Bindungen herauszureißen, die die Entwicklung seelischen Lebens blockieren, ohne daß uns dies bewußt ist. So bringt er sprunghafte, übergangslose Veränderungen, die einen Menschen völlig aus der Bahn werfen können, aber auch die Neigung zu schnellem Wechsel in schwierigen Lebenssituationen, die Flucht vor Auseinandersetzungen, Kurzschlußhandlungen, Sprunghaftigkeit des Denkens, mangelnde Kontinuität und unüberlegte Entscheidungen. Da er den Willen fördert, sich aus allen Beschränkungen, Einengungen zu befreien, besteht zu Beginn der Entwicklung auch die Tendenz, sich unangenehmen Pflichten zu entziehen, und solange das Aktuelle und Neue im Vordergrund stehen, wird sich der Drang zur Veränderung primär auf Materielles erstrecken.

Uranus kann seine bewußtseinserweiternde Wirkung daher erst voll entfalten, wenn

– die Sonne als zentrierende, integrierende Kraft,
– der Merkur als logisch-kritisches Denken und
– der Saturn als realistisch-begrenzendes Prinzip

eine Persönlichkeits-Basis geschaffen haben, auf der größere geistige Zusammenhänge erfaßt werden können. Erst wenn unser Denken sich aus der materiellen Begrenztheit löst und in abstrakte Regionen hinausgreift, die die begrenzte Zeit in eine Zeitlosigkeit auflösen, wird uns die höhere Ebene unserer Existenz wirklich bewußt. So verkörpert Uranus – im Unterschied zu Saturn, der ein auf der Vergangenheit beruhendes, zu Gedankensystemen verdichtetes Erfahrungswissen darstellt – das geistigintuitive Wissen der Seele, das wir durch Konzentration des Bewußtseins in blitzartig erkennender Zusammenschau erlangen können. Er ist der schöpferische Gedankenblitz, der Einzelbeobachtungen wie in einem Zeitraffer in ganzheitlicher Schau zusammenfaßt und uns so Wahrheit unmittelbar erkennen läßt, ohne daß es logischer gedanklicher Überlegungen (☿) bedarf. Uranus ist daher die »höhere Oktave« des Merkur, denn er transzendiert das Denken und gibt uns die Fähigkeit der höheren Schau oder der Intuition, die uns den tieferen Sinn und den Bedeutungszusammenhang zwischen geistiger und materieller Entwicklung erkennen läßt und uns ein spirituelles Verständnis der Welt ermöglicht, das über das materiell-wissenschaftliche Begreifen weit hinausgeht.

Auf entwickelter Ebene bewirkt Uranus deshalb auch die Fähigkeit zu geisteswissenschaftlicher Erkenntnis, die uns die wirklichen Ursachen der Formwelt verstehen läßt. Er aktiviert das höhere Denkvermögen und fördert – durch Verwandlung des Intellekts in Intuition – die Verbindung zwischen dem Überbewußten und dem Bewußten oder die Synthese zwischen dem höheren und niederen Selbst.

Zusammenfassend können wir sagen, Uranus ist der Planet, der uns zu einer höheren Ebene des Bewußtseins führt und uns die geistige Dimension unseres Seins erfahrbar macht. Doch diese Entwicklung braucht viel Zeit, und so wird er lange nur als Kraft erfahren, die als plötzlicher Wechsel der Lebensstruktur in Erscheinung tritt, oder aber als ein schnelles Aufblitzen von Einsichten (Geistesblitze) und ein schnelles Erfassen neuer Ideen oder zukunftsweisender origineller Gedanken, bis hin zu genialen Erfindungen, die plötzlich erkannt werden, wenn das Bewußtsein sich kurzfristig für höhere Ebenen öffnet.

Die esoterische Bedeutung des Uranus

Strahlqualität: **7. Strahl**

Prinzip: **Zeremonielle Ordnung**

Als Übermittler des 7. Strahls ist Uranus das Prinzip, das Geist und Materie verbindet, indem er in uns ein »*okkultes Bewußtsein oder jenen intelligenten Zustand erzeugt, der durch den einsichtsvollen Gebrauch des Denkvermögens das systematische Einswerden des höheren und des niederen Selbstes bewirkt*« (Alice Bailey). Denn Uranus symbolisiert unser »höheres Selbst«, das den Rhythmus und den Zweck unseres momentanen Lebens bestimmt. Seine Wirkung zielt darauf ab, unser kleines persönliches Leben durch Erkenntnis geistiger Zusammenhänge und kosmischer Beziehungen harmonisch in den größeren Rhythmus des »Einen Göttlichen Lebens« einzufügen. Da dies aber erst auf weit fortgeschrittener Ebene möglich ist, ist Uranus der Planet des Okkultismus oder des Verborgenen, das sich dem Menschen erst enthüllt, wenn der Intellekt voll entwickelt ist, seine Möglichkeiten sich erschöpft haben und ein Mensch sein Leben bewußt als Teil eines größeren zusammenhängenden Organismus erkennt. Für die Masse der Menschen gibt es daher keinen Okkultismus, und so ist Uranus auch der Planet, der das »Wesentliche verhüllt« und der »zum rechten Zeitpunkt das Wissen vom verborgenen Geheimnis« (Alice Bailey) geistigen Lebens übermittelt, das mit zunehmender geistiger Entwicklung von jedem Menschen intuitiv erfahren und entdeckt werden kann.

Dieses Entdecken des geistigen Lebenszwecks muß aber dem jeweiligen Entwicklungsstand des physischen Körpers und des Gehirns angepaßt werden, und so bestimmt Uranus auch »das im Bewußtsein jeweils neu zu Entdeckende« oder unser nächstes unmittelbares Entwicklungsziel, das die Veränderung unserer bisherigen Lebensgewohnheiten erfordert und das wir erst auf einer fortgeschrittenen hohen Entwicklungsstufe intuitiv bewußt wahrnehmen können. In diesem Sinne ist er der »innere Meister«, der uns auf dem Entwicklungspfad vorantreibt und uns drängt, unser Leben ständig zu verändern, um es dem Zeitfluß anzupassen, bis wir schließlich die Einheit alles Lebendigen im Bewußtsein erfahren. Dadurch werden wir fähig zu verstehen, daß wir alle Teil des »Einen Großen Lebens« sind, dessen Wesen durch die Evolution und ständige Weiterentwicklung der Formen immer vollkommener zum Ausdruck kommt, bis schließlich einmal Geist und Form in einem einheitlichen Rhythmus schwingen werden.

Die bewußtseinserweiternde Kraft des Uranus wird auf den drei Ebenen des Bewußtseins unterschiedlich erlebt:

1. Als urplötzliche, von außen kommende, blitzartige Einbrüche in Lebensgewohnheiten, die als permanenter Veränderungsdrang und mangelnde Kontinuität, aber auch als Unfälle oder nervliche Zusammenbrüche erlebt werden können.

2. Als Drang nach geistiger Entwicklung durch Erkennen größerer Lebenszusammenhänge und Einordnen des eigenen Lebens in ein Gruppenbemühen und in Gruppendienst.

3. Als intuitives Erkennen der Einheit allen Lebens, die durch das Gesetz des Rhythmus wirkt. Dies ist die Stufe, wo der Mensch die innere Kraft der Seele durch magisches Wirken mit der äußeren Form in Übereinstimmung bringt.

Die Zuordnung des Uranus zu den Tierkreiszeichen

Diese drei Entwicklungsebenen des Uranus finden ihre Entsprechung in der Zuordnung zu den Tierkreiszeichen:

Exoterisch:	Wassermann	– Persönlichkeitsbewußtsein
Esoterisch:	Waage	– Seelenbewußtsein
Hierarchisch:	Widder	– Geistiges Bewußtsein

1. Stadium: Wille zur Veränderung

Uranus als exoterischer Herrscher des Wassermann

Als exoterischer Planet des Wassermann verweist Uranus auf die Tatsache, daß sich Entwicklung stets durch Vereinigung zweier gegensätzlicher Kräfte (Geist als männliche Kraft und Materie als weibliche Kraft) vollzieht, die im Bewußtsein verschmolzen werden müssen. Dies ist auf persönlicher Ebene aber noch nicht erkennbar, und so kommt der instinktiv erlebte Drang zur Vereinigung der Gegensätze, der unbewußt alle unsere Aktivitäten bestimmt, auch zunächst im Verlangen nach sexueller Vereinigung zum Ausdruck, solange das Bewußtsein im Physischen verankert ist. Er zeigt sich aber auch als Wunsch nach Abwechslung und Neuerung, weil Uranus in uns einen ständigen Drang erzeugt, Gegenwärtiges zu verändern.

In Zeiten großer Stagnation und Verfestigung im Materiellen wirkt er in Form von plötzlichen Bewußtseinsänderungen, krisenhaften Erlebnissen oder Unfällen, die einen Menschen zuweilen wie aus heiterem Himmel zu treffen scheinen und ihn ohne Vorwarnung aus seiner gewohnten Bahn werfen, aber auch als schicksalhaft eintretende Wechselfälle des Lebens, die ein Umdenken erzwingen und ein Festhalten am Gewohnten unmöglich machen.

Auf persönlicher Ebene bewirkt Uranus die Tendenz zu häufigem Wechsel sowohl im Beruf wie im Privatleben und eine Offenheit für neue Entwicklungen, die sich aber zunächst auf äußere, den materiellen Fortschritt betreffende Dinge bezieht. Er erzeugt den Drang nach Freiheit und Unabhängigkeit von konventionellen Normen, denn er veranlaßt den Einzelnen, einen eigenen authentischen Weg zu suchen, der sich nicht an traditionellen Werten orientiert.

2. *Stadium:* Wille zur Vereinigung von Seele und Persönlichkeit

Uranus als esoterischer Herrscher der Waage

Wenn Uranus auf esoterischer Ebene als Herrscher der Waage gilt, so kennzeichnet dies die Phase beginnenden Seelenbewußtseins, in der ein Mensch versucht, die Gegensätze Seele und Persönlichkeit einander anzunähern und harmonisch aufeinander abzustimmen. Sein Interesse verlagert sich zunehmend von der äußeren Erfahrung auf die Ebene geistiger Erkenntnis, die nun weit wichtiger wird als sinnliche Erlebnisse oder äußere Beschäftigungen und Zerstreuungen. Denn Uranus bewirkt stets eine Neuorientierung und den Drang, den Hintergrund des Lebens zu verstehen, um die widerstreitenden Tendenzen des eigenen Wesens im Bewußtsein zu vereinen. So hört das Hin- und Herpendeln zwischen Persönlichkeit und Seele auf, und die anfängliche Unentschlossenheit weicht nun einer bewußten Orientierung ins Geistige, weil der Mensch im Denken empfänglich geworden ist für die Schwingung der Seele und der niedere Pol (Persönlichkeit) dadurch seine Anziehungskraft verliert.

Auf der Seelenebene bewirkt Uranus deshalb eine Offenheit für geistiges Wissen und intuitive Erkenntnis, die uns die Werte unseres Lebens in einer neuen Perspektive sehen läßt. Er bewirkt das Einswerden von Seele und Körper, indem er unser Interesse ins Geistige verlagert und uns nach geisteswissenschaftlicher Erkenntnis streben läßt, die uns den Sinn unseres Lebens offenbart.

3. *Stadium:* Identifikation mit dem »höheren Selbst«

Uranus als hierarchischer Herrscher des Widder

Wenn Uranus auf hierarchischer Ebene als Herrscher des Widder betrachtet wird, so zeigt dies das Stadium geistigen Bewußtseins an, in dem Geist und Materie keinen Gegensatz mehr bilden. Durch die Vereinigung von Seele und Persönlichkeit hat der Mensch seine persönliche Wahrnehmung überschritten und ist sich der Einheit geistigen Lebens bewußt geworden. Eingeweiht in das Geheimnis geistiger Gesetze, hat er das kosmische Harmonieprinzip entdeckt, das uns der gestirnte Himmel in seiner rituellen Ordnung offenbart, und er hat gelernt, sein indivi-

Die Planeten als Vermittler der Tierkreisenergien

duelles Leben mit der »zeremoniellen Ordnung« des Ganzen in Einklang
zu bringen.

Als hierarchischer Herrscher des Widder bewirkt Uranus ein kosmisches Bewußtsein, das den Menschen zur Einheit mit sich selbst führt,
wenn er es geschafft hat, den Rhythmus des eigenen Körpers auf den
größeren, universellen Rhythmus des Kosmos anzuheben.

Neptun als mystisches Einheitsempfinden

All-umfassendes Bewußtsein
im Sinne allgemeiner Menschenliebe.

Auflösung der Persönlichkeitsgrenzen,
Sehnsucht nach Einheit, mystisches Bewußtsein,
Idealismus, Hingabe an ein geistiges Ideal.
Transzendentale Wahrnehmung.
Psychische Feinfühligkeit, Feinsinnigkeit,
seelisches Einfühlungsvermögen, Musikalität.
Verblendung, Desintegration, mangelnder
Realitätssinn.

Neptun ist der zweite transformatorische Planet, und er gilt als die höhere Oktave der Venus, denn er verkörpert das Prinzip der Hingabe und grenzenlosen Liebe, die schließlich einmal an die Stelle menschlicher Begierde und besitzergreifender Liebe treten wird. Er ist das Prinzip, das uns die Empfindung der Ewigkeit oder des Unbegrenzten ermöglicht, da er die Grenzen unseres Ich-Bewußtseins auflöst und uns aus der Begrenztheit unseres Ich-Standpunktes befreit. So gilt er allgemein als der Planet, der uns »durchlässig« und feinfühlig werden läßt für Empfindungen aus höheren Ebenen der Existenz. Er läßt uns feinste Schwingungen erspüren und öffnet unser Empfinden für die Ganzheit unseres Wesens, bis hin zu einer Allverbundenheit, die in Augenblicken der Zeitlosigkeit wahrnehmbar wird. Daraus resultiert auch eine Fähigkeit zu visionären Ahnungen und zu Erlebnissen, die uns die gewohnte Realität des Irdischen überschreiten lassen, bis hin zu außersinnlichen Wahrnehmungen höherer Realitäten. Diese Fähigkeit bietet uns die Chance, uns in grenzenloser Verbundenheit mit allem Lebendigen zu erleben, aber auch die Gefahr der Verblendung, Selbsttäuschung und Illusion, bis hin zu religiösen Wahnideen und wirklichkeitsfremden Wunschvorstellungen, wenn der Persönlichkeitskern noch schwach und die Denkfähigkeit und Urteilskraft noch mangelhaft entwickelt sind.

Um Neptun als positive bewußtseinstranszendierende Kraft zu erleben, bedarf es daher eines gut entwickelten Denkens ($\female$) und eines verläßlichen Realitätssinns ($\saturn$), die eine Garantie dafür bieten, daß ein Mensch sich nicht in visionäre Traumwelten hineinziehen läßt, in denen die eigene Realität verschwimmt. Ist dies nicht der Fall, so kann die grenzenauflösende Kraft des Neptun eine Selbstentfremdung durch wehrloses Überflutetwerden von Fremdeinflüssen gefährden und in Extremfällen den Persönlichkeitszusammenhang gefährden und in Extremfällen den Boden schaffen für Massenpsychosen, religiöse Verblendungen und die Suche nach tranceartigen Bewußtseinszuständen, bis hin zu rauschhafter Süchtigkeit. Die Grenze zwischen höherer Inspiration und leichtgläubiger Täuschung ist gerade bei diesem Prinzip besonders schmal, denn die hohe Schwingung des Neptun, als feinstofflichstem Planeten unserer Sphäre, kann erst dann zuverlässig wahrgenommen werden, wenn die Empfindungen eines Menschen nicht mehr durch persönliche Gefühle und Emotionen getrübt sind. Die Grenze zwischen mystischer Wahrnehmung höherer Existenzebenen und Einbildungen bis hin zu wahnhaften Verblendungen, ist daher fließend, und auf unentwickelter Ebene bringt Neptun nicht selten die Gefahr der Selbsttäuschung und eines mangelnden Realitätssinns mit sich, da die Grenzenlosigkeit des empfindenden Wahrnehmens die Selbsterkenntnis erschwert. So ist seine Wirkung auch immer abhängig von der Ebene des Bewußtseins, die darüber entscheidet, ob uns Neptun als grenzenauflösende Kraft zu Inspirationen und visionären Eingebungen verhilft oder ob er weltfremde Phantasien, Selbsttäuschungen und Verblendungen, aber auch Unredlichkeit, Lügen und Ausflüchte jeder Art bewirkt, mit denen ein Mensch der Realität des Lebens zu entfliehen sucht.

Dennoch ist seine Wirkung immer als transformatorisch und bewußtseinserweiternd anzusehen, auch wenn er uns auf unentwickelter Ebene zuweilen »den Boden unter den Füßen wegzuziehen« scheint und uns zur Flucht vor Verantwortung veranlaßt. Denn er steigert unser wahrnehmendes Empfinden bis ins Übersinnliche, unser ästhetisches Werteempfinden ($\female$) zu einem Empfinden feinster Schwingungen und unser Einfühlungsvermögen ($\moon$) zu einer weitestgehenden Identifikation mit dem größeren Ganzen. Dieses Auflösen von Grenzen bringt vorübergehend die Gefahr der Persönlichkeitsüberfremdung mit sich, denn ein dominierender Neptuneinfluß macht einen Menschen offen für Umwelteinflüsse, aber auch für unbewußte Seelenschichten und für das Überbewußte. Doch gerade durch dieses Auflösen von Begrenzungen ist er der Garant dafür, daß wir mit unserer Seele in Verbindung bleiben und uns stets eine tiefe Sehnsucht nach Einheit und Ganzheit bewahren, die uns nach liebevoller Verbundenheit mit allem Lebendigen streben läßt.

Die wesentliche Aufgabe des Neptun ist es daher, unser seelisches Empfinden mit der Einheit kosmischen Geschehens in Verbindung zu bringen. Im Gegensatz zu Saturn, der dem Bewußtsein Grenzen setzt und uns zwingt, uns mit uns selbst und unseren eigenen Fähigkeiten und Möglichkeiten zu konfrontieren, erzeugt Neptun die Sehnsucht nach Befreiung aus den Grenzen des Ichs durch Versenkung und Meditation bis hin zur Suche nach mystischer Ekstase, in der das Göttliche erfahrbar wird. Er öffnet uns das Tor zu einer höheren Wirklichkeit, die wir nur durch selbstvergessene Hingabe erfahren können.

Zusammenfassend können wir sagen, Neptun steigert unsere Empfindung durch Transzendierung des Persönlichkeitsbewußtseins zu höchster Feinsinnigkeit bis hin zu mystischer Schau, und so ist er auch ein wesentliches Element des religiösen Erlebens, das uns aus dem Alleinsein zum »All-Ein-Sein« führt. In diesem Sinne kann er als die höhere Oktave der Venus betrachtet werden, da er die menschliche Liebe der Venus zur allgemeinen Menschenliebe wandelt, indem er die Grenzen unseres Ich-Bewußtseins auflöst. So führt er uns durch Sublimierung unseres persönlichen Empfindens zum Empfinden der Seele, deren Wesen allumfassende Liebe ist.

Die esoterische Bedeutung des Neptun

Strahlqualität: 6. Strahl

Prinzip: Idealistische Hingabe oder Devotion

Während Mars als Übermittler des 6. Strahls das Prinzip des Kampfes symbolisiert, mit dem ein Ideal im Physischen verankert wird, bewirkt Neptun als Überträger des gleichen Strahls die Fähigkeit zur Hingabe an ein höheres (göttliches) Ideal, in dem sich unsere tiefe Sehnsucht nach Liebe und Einheit unseres Wesens ausdrückt.

Esoterisch betrachtet ist der Dreizack des Neptun das Symbol des »welteneinweihenden Christus« oder der manifestierten Göttlichen Trinität, und so ist mit Neptun auch stets das Ideal »göttlicher Liebe« verbunden, das in uns allen als tiefe Sehnsucht nach Liebe und Glück vorhanden ist, das aber solange unerfüllt bleibt, wie wir dieses Glück im Materiellen zu erreichen suchen.

Neptun hat daher stets einen Bezug zum Jenseitigen, Transzendentalen, denn er ist der Planet, der uns ein »mystisches Bewußtsein oder jene angeborene Feinfühligkeit verleiht, die unbeirrbar zur höheren Schau führt und zur Erkenntnis der Wechselbeziehung, die sich aus der wesensmäßigen Dualität des Menschen während der Manifestationszeit ergibt« (Alice Bailey). Er erweitert unsere Liebesfähigkeit vom egoistischen Wunsch, etwas zu besitzen und Befriedigung zu erlangen, zur inneren Verbundenheit mit anderen bis hin zur Allverbundenheit.

Als Überträger der Energien des »Herzens der Sonne« kann Neptun als die Seele unserer Lebenssphäre betrachtet werden. Er wirkt vor allem auf unseren Astralkörper ein und veranlaßt uns durch Idealismus und selbstlose Hingabe an andere, unsere emotionale Natur zu verwandeln. Als Entsprechung des griechischen Meeresgottes Poseidon ist er der »Gott der Gewässer«, der unsere Gefühlsnatur verkörpert, die beherrscht und von niederen Emotionen befreit werden muß, um als Spiegel der Seele zu dienen. Neptun hat deshalb auch stets eine verfeinernde Wirkung, indem er uns durch subtile Umwandlung des emotionellen Verlangens in Liebe vom Ego befreit. Er wirkt auf das »Meer unserer Gefühle« ein, um die Wogen zu glätten, die unsere Emotionen und negativen Gefühle erzeugen und die uns hindern, die Liebe wahrzunehmen, die unsere wahre Natur ist und die allein fähig ist, unsere Sehnsucht nach Einheit zu erfüllen.

Die transzendierende Kraft des Neptun wird auf den drei Ebenen des Bewußtseins daher unterschiedlich erlebt:

1. Als Chaos verursachende, auflösende Kraft, die zu Mystifikationen, Lügen, Illusion, Selbsttäuschung und Verschleierung führt bis hin zu parasitärer Lebenshaltung.
2. Als Sehnsucht nach grenzüberschreitenden Erfahrungen durch Meditation, Versenkung bis hin zu mystischer Ekstase, aber auch als Idealismus, der dem Leben mehr Selbstlosigkeit verleiht.
3. Als Empfinden der inneren Einheit allen Lebens, in dem sich die

persönliche Liebe – die immer noch eine Begrenzung darstellt – zur allumfassenden Liebe wandelt.

Die Zuordnung des Neptun zu den Tierkreiszeichen

Diese drei Entwicklungsebenen des Neptun finden ihre Entsprechung in der Zuordnung zu den Tierkreiszeichen:

Exoterisch: Fische – Menschheitsbewußtsein
(Kollektiver Herrscher)
Esoterisch: Krebs – Seelenbewußtsein
Hierarchisch: Krebs – Geistiges Bewußtsein

1. *Stadium:* Mystisches Einheitsempfinden

Neptun als kollektiver Herrscher der Fische

Neptun wird auf persönlicher Ebene noch nicht als Herrscher der Fische betrachtet, weil unser Bewußtsein noch nicht fein genug ist, um auf seine Schwingung bewußt zu reagieren.

Doch auf kollektiver Ebene wirkt Neptun auf das Bewußtsein der Menschheit ein und erzeugt den Wunsch nach Einheit oder ein tiefes, unerklärliches, religiöses Urgefühl, das den Einzelnen veranlaßt, sich an ein unerkanntes höheres Prinzip hinzugeben, das für ihn der Inbegriff göttlicher Liebe ist. Neptun findet seinen reinsten Ausdruck im Ideal christlicher Nächstenliebe (unabhängig von jeder Konfession), doch weil dieses Ideal bis heute noch weitgehend unerreicht ist, zeigt sich seine Wirkung meist als tiefe unerfüllbare Liebessehnsucht, die fast jeder Mensch im Grunde seines Herzens spürt und die uns veranlaßt, nach unterschiedlichen Wegen zu suchen, um sie zu erfüllen. Dies erzeugt den Wunsch nach religiöser Hingabe, nach mystischer Versenkung, um die Einheit mit dem Göttlichen zu erreichen, aber auch die Versuchung, durch Drogen, trance- oder rauschartige Zustände der Tageswirklichkeit zu entfliehen.

Die Wirkung des Neptun zeigt sich in der Menschheit daher als tiefe Religiosität und Hingabe an das Ideal selbstloser Liebe, aber auch als Verblendung, Täuschung und Illusion, solange das Ideal göttlicher Liebe durch die eigene Wunschkraft umgestaltet und auf ein menschliches Maß reduziert wird.

2. Stadium: Feinfühlige Wahrnehmung höherer Existenzwelten

Neptun als esoterischer Herrscher des Krebs

Als esoterischer Herrscher des Krebs verweist Neptun auf die Entwicklung feinfühliger Wahrnehmung, die den Menschen mit zunehmender Bewußtwerdung immer deutlicher empfinden läßt, was die Seele wahrnimmt. Dadurch verstärkt sich das Gefühl des untrennbaren Zusammenhangs zwischen allem Lebendigen, und die innere Verbundenheit mit anderen Menschen wird als Liebe wahrnehmbar.

Auf der Seelenebene bewirkt Neptun eine zunehmende Feinfühligkeit, die uns erkennen läßt, daß sich das Gefühl der Trennung, die die Persönlichkeit zwischen sich und anderen Persönlichkeiten aufgebaut hat, auflöst. Dadurch werden wir fähig, unsere Mitmenschen als wesensverwandt zu empfinden und sie um ihrer selbst willen zu lieben, ohne daß diese Liebe eines äußeren Beweises und einer Erwiderung bedarf.

. Stadium: All-Bewußtsein

Neptun als hierarchischer Herrscher des Krebs

Wenn Neptun als hierarchischer Herrscher des Krebs betrachtet wird, so kennzeichnet dies das Endstadium seelischer Entwicklung, die im instinktiven Gefühlsbewußtsein ihren Anfang nahm. Der Mensch hat seine Feinfühligkeit soweit entwickelt, daß er fähig ist, den Klang der Welten zu hören und sich musikalisch in ihr Bewußtsein einzustimmen. Diese Ebene feinfühligen Wahrnehmens stellt das Endstadium der Seelenentwicklung dar, in der der geistig erwachte Mensch im vollen Einklang mit seiner Seelengruppe lebt und versucht, die Schwingung der Welt durch innere Einstimmung auf geistige Ebenen zu erhöhen.

Pluto als atomare Urkraft des Lebens

Der Wille zur Zerstörung,
der als Tod oder »höhere Gewalt« in Erscheinung tritt.

Persönlich: Tiefgreifende Wandlung durch Zerstörung alter, kristallisierter Gedankenformen und unterbewußter psychischer Strukturen, die die Seelenentwicklung behindern.

Kollektiv: »Höhere Gewalt« in Form von Katastrophen, Kriegen oder anderen gewaltsamen Veränderungen, aber auch zeitbedingte Bewußtseinsänderungen der Masse.

Pluto, die höhere Oktave des Mars, ist der am wenigsten verstandene Planet, denn er betrifft die unsichtbare Seite des Lebens, den Tod, den wir nur allzu gerne aus unserem Bewußtsein verdrängen. Doch Tod und Leben sind untrennbar verbunden, weil physisches Leben sich nur weiterentwickeln kann, wenn alte, nicht mehr zeitgemäße, kristallisierte Formen immer wieder zerstört werden, um neuen Lebensformen Platz zu machen. In diesem Sinne ist Pluto der »Zerstöreraspekt des Lebens«, der darüber wacht, daß kollektive Gedankenformen nicht bis in alle Ewigkeit fortbestehen und die Menschheit in ihrer Entwicklung behindern.

Pluto entspricht dem mythologischen Hades, dem Gott der Unterwelt, der – im Gegensatz zum sichtbaren Leben der Sonne – das Unsichtbare regiert. Er ist der Herr eines Schattenreiches, und nicht zufällig wird er mit rückwärts gewandtem Kopf dargestellt, denn er herrscht über die Vergangenheit oder das kollektive Unterbewußtsein der Menschheit, das einen Menschen solange im Reich der Toten festhält, bis er sich durch

Zerstörung aller alten Gedankenformen und Begierden vom Tod zum Leben befreit.

Als Hinweis auf seine Macht über Leben und Tod, in der sich die Dualität unseres Bewußtseins spiegelt, ist der Zweizack das Symbol des Hades. Diese Dualität, die das Wesen unseres Menschseins kennzeichnet, spiegelt sich auch in den beiden Flüssen der Unterwelt, aus dem die Toten trinken mußten: der rechtsfließenden Quelle Mnemosyne, »dem Gedächtnis«, und der linksfließenden Lethe, »dem Vergessen«. Diese mythologische Vorstellung deckt sich mit den neuesten Erkenntnissen über die Funktion unserer beiden Gehirnhälften:

— Rechte Gehirnhälfte: ganzheitliches, spirituelles Denken
— Linke Gehirnhälfte: konkretes, rationales Denken.

Die linke Gehirnhälfte, die rationale Seite unseres Denkens, entspricht dem Fluß des Vergessens. Wer also betont linksseitig denkt, trinkt aus der Quelle des Vergessens und lebt damit im Bewußtsein des Todes oder der Vergänglichkeit. Um aber Sieger über den Tod zu werden und das Reich der Schatten zu verlassen, muß der Mensch durch ganzheitliches, spirituelles Denken die rechte Hirnhälfte aktivieren, die ihn wieder mit dem übergreifenden Ganzen verbindet und ihm das Gedächtnis an sein eigentliches Wesen zurückgibt.

Psychologisch entspricht die Unterwelt also einem Teilaspekt unseres Bewußtseins. Das Reich der Toten lebt in uns; es ist unsere eigene Vergangenheit, die uns in Form von alten, längst überholten Gedankenmustern, Lebensstrukturen und Verhaltensweisen in der Unterwelt festhält. Diese alten Strukturen, unsere unsichtbaren Schatten, müssen durch Bewußtwerdung zerstört werden, damit wir vom Tod zum Leben erwachen. Denn Tod ist ja nur Unbewußtheit, die Identifikation des Menschen mit der Welt der Formen, und so existiert der Tod für uns auch nur solange, bis wir die Kontinuität des Bewußtseins erlangt haben.

Die Macht des Todes, die mit Pluto verbunden ist, ist daher eine unpersönlich wirkende, kollektive Kraft, die stets auf das Wohl des Ganzen gerichtet ist, dem der Teil geopfert werden muß, wenn er dem Zweck des Ganzen entgegenwirkt. Doch weil der Tod für uns noch immer ein großes Geheimnis darstellt und in seiner positiven Bedeutung nur selten erfaßt wird, wird Pluto meist als unbewußte Bedrohung des Bestehenden empfunden, an dem wir mangels größerer Weitsicht mit aller Gewalt festzuhalten versuchen. Doch gerade dieses krampfhafte, zuweilen zwanghafte Festhalten an Vorstellungen und Lebensstrukturen, aber auch das Verdrängen von Schuld und weit zurückliegenden Fehlern, die sich zu psychischen Komplexen verdichtet haben und das bewußte Leben unbewußt beeinflussen, fordert das Eingreifen der plutonischen Kraft heraus, die unerbittlich zerstört, was den universellen Lebensfluß hemmt. Denn Pluto verkörpert die Urkraft des Lebens, die aus dem inneren Kern jeder Form heraus zu gegebener Zeit die persönliche Schale sprengt, um eine höhere Entwicklung zu ermöglichen.

Da unsere Sicht der Dinge aber zunächst rein subjektiv ist, wird die positive Wirkung des Pluto erst auf hochentwickelter Bewußtseinsstufe erkennbar, wenn ein Mensch aus eigenem Antrieb zu Opfern bereit ist und seinen persönlichen Willen einsetzt, um durch Überwindung von Machtstreben und Begierden eine grundlegende Umgestaltung seiner Persönlichkeit und seines Charakters zu erreichen. Dadurch wird eine tiefgreifende Wandlung möglich und die Wertigkeit menschlichen Lebens erfährt eine Umkehrung. Der Mensch blickt nun nicht mehr nach außen, sondern nach innen. In diesem Sinne kann Pluto als die höhere Oktave des Mars betrachtet werden, als der Wille zur Unterwerfung der Persönlichkeit unter eine höhere geistige Zielsetzung. Dies erfordert notwendigerweise Machtverzicht, und um die Notwendigkeit von Opfern und Verzicht einzusehen, bedarf es natürlich eines klaren unterscheidenden Denkens ($\math☿$) und ganzheitlicher intuitiver Erkenntnis ($\math♃$, $\math♂$).

Da dies jedoch erst auf hochentwickelter Ebene möglich wird, hat Pluto auf unbewußter Ebene nur eine Massenwirkung als Impulsgeber für zeitbedingte Veränderungen im Bewußtsein der Masse, indem er darauf einwirkt, daß alte, nicht mehr zeitgemäße kollektive Gedankenformen der Menschheit ans Licht gebracht und zerstört werden. Dies zeigt sich nicht selten in Form von Naturkatastrophen, Kriegen und anderen Zerstörungen, die den physischen Tod bringen, aber auch als Zerstörung kollektiver menschlicher Lebensstrukturen, Weltanschauungen und Illusionen, die den Einzelnen als Teil der Menschheit natürlich auch treffen, aber eben nur mittelbar als Teil eines Kollektivs. Eine persönlich-verantwortliche Reaktion auf die Wirkung des Pluto wird aber erst möglich, wenn ein Mensch ein gewisses Maß an geistiger Entwicklung erreicht hat und bereit ist, bewußt an sich zu arbeiten und seinen eigenen Willen einzusetzen, um sich aus der Abhängigkeit unterbewußtgesteuerter Verhaltensstrukturen zu lösen. Dann wirkt Pluto vor allem auf das Gehirn und den Mentalkörper eines Menschen ein, durch den sich der Wille der Seele Ausdruck verschafft.

Zusammenfassend können wir sagen, Pluto verkörpert den Willensaspekt der Schöpfung, der die Zerstörung alter Formen erzwingt, um neuen besseren Formen Platz zu machen. Er wirkt bis jetzt noch vorwiegend als »höhere Gewalt« oder unbewußte Kraft der Zerstörung, weil wir die schöpferisch-aufbauende, erneuernde Kraft des Lebens, die sich dahinter verbirgt, nur selten bewußt wahrnehmen. Die eliminierenden Prozesse des Pluto lassen sich daher am besten am Bild des Samens erklären, der unter der Erde im Verborgenen neues Leben zur Entfaltung bringt, indem das Samenkorn aufgebrochen und zerstört wird. Doch das Lebensprinzip, das in der Form des Samens verborgen ist, kann nicht zerstört werden.

Das gleiche gilt für den Menschen; auch in ihm werden die Gedankenformen der Vergangenheit zerstört, die das innere keimende Leben an seiner Entfaltung hindern. So schafft Pluto durch Zerstörung die Voraussetzung für neues Leben. Er wirkt auf die inneren seelischen Lösungsprozesse ein, indem er alles Unbewußte, Negative und Verdrängte aus den tiefsten Tiefen unseres Unterbewußtseins an die Oberfläche bringt, damit wir die Schatten unserer Vergangenheit erkennen und verstehen lernen, was unser Bewußtsein an die Erde bindet und was uns hindert, uns als Teil eines größeren übergreifenden Schöpfungsplanes zu erkennen. So zwingt er uns durch Trennung, Tod und Zerstörung liebgewordener, unbewußter, gedankenloser Gewohnheiten und Traditionen, die den Blick für das größere Ganze verstellen, uns von unserer instinktiven separatistischen Natur zu lösen. Doch Pluto zerstört niemals den Bewußtseinsaspekt, und deshalb ist seine drastische, unerbittliche Wirkung, der wir persönlich nichts entgegenzusetzen haben, im Sinne der Seelenentwicklung stets ein Gewinn, auch wenn uns dies auf den ersten Blick nicht so erscheint.

Die esoterische Bedeutung des Pluto

Strahlqualität: 1. Strahl

Prinzip: **Wille oder Macht**

Als Überträger des 1. Strahls verkörpert Pluto das Prinzip des höheren Willens, der als unpersönliche Macht der Zerstörung in Erscheinung tritt, damit die höhere Ordnung gewahrt bleibt. Durch ihn kommt der Mensch *»unter die zerstörende Macht des Todes, des Todes des Begehrens, der Persönlichkeit und all dessen, was ihn zwischen den Gegensatzpaaren festhält, damit die endgültige Freiheit erreicht werden kann«* (Alice Bailey). Er bewirkt den Tod alter Formen und die Auflösung alter, von Gruppen vertretener Gedankenstrukturen und Weltanschauungen, in denen sich überholte Ideen, Ideale und Glaubensvorstellungen verkörpern, die mit der Wirklichkeit nicht in Einklang stehen. In diesem Sinne stellt Pluto den »Tod als Befreier« dar, der ein Garant dafür ist, daß alte kollektive Gedankenformen immer wieder aus dem Unterbewußten ins Tagesbewußtsein gebracht werden, um im Licht der Erkenntnis zerstört zu werden und nicht ewig als Schatten weiterzuleben und die Menschheit im »Reich der Toten« festzuhalten.

Sein Prinzip entspricht daher dem Prozeß der Psychoanalyse, und vielleicht ist es kein Zufall, daß seine Entdeckung (1930) mit der Entwicklung der Psychoanalyse durch Freud zeitlich zusammenfällt, der erstmals erkannt hat, wie stark das Unterbewußtsein auf gegenwärtige Verhaltensweisen des Menschen einwirkt. Die Psychoanalyse kann aber nur dann eine bewußtseinsverwandelnde positive Wirkung haben, wenn ein Mensch genügend Urteilskraft (☉), Einsichtsfähigkeit (♀) und persönliche Integration (☉) besitzt, um der Dunkelheit des Unbewußten soviel Licht entgegenzusetzen, daß ihn die Schatten der Vergangenheit nicht überwältigen. Ist dies nicht der Fall, besteht die Gefahr, daß die Dunkelheit des Unbewußten das Bewußtsein überflutet und den Blick in die Zukunft verhüllt. Um dies zu verhindern, hat die Natur den seelisch unentwickelten Menschen mit der Gnade des Vergessens ausgestattet, so daß eine bewußte Reaktion auf die Wirkung des Pluto erst mit zunehmender mentaler Entwicklung erfolgt.

Die transformatorische Kraft des Pluto wird auf den drei Bewußtseinsebenen deshalb unterschiedlich erlebt:

1. Ausschließlich als Massenwirkung, die je nach Stellung des Pluto im Tierkreis zeitbedingte Veränderungen im Bewußtsein der Menschheit bringt. In diesem Sinne kann er als »Zeitgeist« betrachtet werden, der die Masse unbewußt prägt.

2. Als Prüfungen des Lebens, sobald ein Mensch seelenbewußt wird und sich auf den »Pfad der Jüngerschaft« begibt. In diesem Stadium bewirkt er eine starke Willenshaltung, mit der der Mensch versucht, sich aus der Abhängigkeit seines Unterbewußtseins zu befreien und sich dem höheren Willen unterzuordnen.

3. Als »Wille-zum-Guten«, der sich als starke dynamische Kraft den Kräften des Materialismus entgegenstellt und durch Licht die Dunkelheit zerstört.

Die Zuordnung des Pluto zu den Tierkreiszeichen

Die drei Bewußtseinsebenen des Pluto spiegeln sich in der Zuordnung zu den Tierkreiszeichen:

Exoterisch: Skorpion (als Massenwirkung und auf hochentwickelter Persönlichkeitsstufe)

Esoterisch: Fische

Hierarchisch: Fische

1. *Stadium:* Zerstörung alter Gedankenformen und psychischer Strukturen

Pluto als exoterischer, kollektiver Herrscher des Skorpion

Auf exoterischer Ebene wirkt Pluto nur als kollektiver Planet, der den Zeitgeist einer Epoche bestimmt und den Einzelnen durch Veränderung der äußeren Lebensbedingungen zwingt, sich von alten überholten Denkmustern und psychischen Verhaltensweisen zu trennen. Dies geschieht aber noch nicht bewußt, denn die innere geistige Realität des eigenen Wesens wird noch nicht erkannt.

Auf persönlicher Ebene zeigt sich die Wirkung des Pluto daher auch in

Form von schicksalhaften Ereignissen, die das Leben eines Menschen zum Teil radikal verändern. Denn er wirkt hier im Sinne einer höheren, unpersönlichen Schicksalsmacht oder als »höhere Gewalt«, der der Einzelne nichts entgegenzusetzen hat und der er sich meist nur widerstrebend beugt, da es keine Alternative gibt.

2. *Stadium:* **Befreiung aus materieller und emotionaler Abhängigkeit**

Pluto als esoterischer Herrscher der Fische

Wenn Pluto als esoterischer Herrscher der Fische gilt, so beschreibt dies die Phase beginnenden Seelenbewußtseins, in der im Mensch den Willen verspürt, sich aus der Abhängigkeit der Formwelt und der physischen Begrenztheit zu lösen. Dadurch entsteht eine stärkere innere Richtkraft und die Entschlossenheit, den Schatten der Vergangenheit zu begegnen, die unser Bewußtsein an die Materie binden, bis wir uns durch das Licht der eigenen Seele von ihnen befreien. Dies bedeutet eine Loslösung von Schuldgefühlen, aber auch von Ausreden und Entschuldigungen für alles und jedes, was uns nicht gelingt und was so oft den Umständen angelastet wird, nicht aber der eigenen Trägheit und Unvollkommenheit, die wir so gerne verdrängen.

Auf der Seelenebene bewirkt Pluto als Herrscher der Fische den Willen, sich aus emotionaler Abhängigkeit und Verblendung durch materielle Gebundenheit zu befreien, um für die Liebe empfänglich zu werden, die das Wesen der Seele ist. Dies erzeugt die Stärke und die zuweilen fast unnachgiebige Willenskraft, die ab einem gewissen Entwicklungsgrad bei allen Fischen zu spüren ist, trotz ihrer vordergründigen Sanftheit.

3. *Stadium:* **Vollkommene Freiheit von persönlichen Bindungen**

Pluto als hierarchischer Herrscher der Fische

Wenn Pluto als hierarchischer Planet der Fische gilt, so beschreibt dies die Endstufe menschlichen Lebens auf Erden, an der ein Mensch sich von allen persönlichen Bindungen – auch der persönlichen Liebe – befreit hat, weil auch diese noch eine Begrenzung darstellt.

Diese Stufe kennzeichnet das Bewußtsein eines Welterlösers, wie Christus, Buddha u.a., die von Zeit zu Zeit wieder auf der Erde inkarnieren,

Die Planeten als Vermittler der Tierkreisenergien

um die Welt auf eine neue Stufe des Bewußtseins zu heben. Für uns stellt diese Ebene daher keine gelebte Realität dar.

Vulkan als »Gestalter der Seele«

Geistiger Wille,
der die Formbildung der Seele leitet.

Wille-zum-Guten als dynamische Kraft.
Ausdauer, Stärke und Beharrlichkeit auf dem
Weg zum Licht.
Zeitbedingte Erfahrung von Einsamkeit und
Isolierung durch Loslösung vom materiellen
Bewußtsein.

Der bis heute noch unentdeckte Planet Vulkan, der sich nach Alice Bailey im intermerkurialen Bereich befinden soll, hat keine Bedeutung in der Persönlichkeitsastrologie, denn er bewirkt die Transformation unseres Körpers, sobald die Seele es geschafft hat, diesen Körper nach ihrem Willen neu zu gestalten.

Dieser Gedanke ist für uns nicht leicht zu verstehen, weil wir gerade im Westen wenig Wissen besitzen über den Zusammenhang zwischen dem Körper und dem Energiegeschehen auf feinstofflichen Ebenen, durch die unser Körper sein Leben erhält und die seine Eigenart und Qualität bestimmen.

Ich möchte deshalb versuchen, die Wirkung des Vulkan anhand der mythologischen Gestalt des Hephaistos zu beschreiben, dem Magier, Waffen- und Kunstschmied der Griechen, der als Sohn des höchsten Götterpaares Zeus und Hera (Liebe-Weisheit) gilt. Für seine Kunst bedient er sich der Macht des Feuers (Mentalebene) als zerstörende und formende Kraft, die alles schmilzt, aber zugleich in eine neue Form bringt. Unter den olympischen Göttern ist er der Handwerker, dessen Kunst von außergewöhnlicher Schönheit und Kunstfertigkeit ist, die jedoch in krassem Gegensatz zu seiner äußerlichen Gestalt steht, die als bärtig, häßlich, lahm oder mit hinkendem Gang beschrieben wird.

Hephaistos verkörpert daher die Phase der Seelenentwicklung, in der ein Mensch sich von der äußeren Ebene des Bewußtseins zurückzieht, um sich seiner inneren magischen Kräfte bewußt zu werden, deren sich die Seele bedient, um einen neuen, der Seele entsprechenden Körper zu bauen. Bei diesem Vorgang wird die Energie aus dem unteren Teil des Körpers in den Kopf gezogen,[29] weshalb Hephaistos als lahm oder hinkend beschrieben wird, was nichts anderes bedeutet, als daß der Schwerpunkt des Bewußtseins sich von der physischen Ebene auf die inneren Ebenen verlagert hat und vorübergehend eine entwicklungsbedingte Schwäche im unteren Teil des Körpers entstehen kann.

In den Waffen von erlesener Schönheit, die er schmiedet, ist symbolisch die Idee der magischen Kraft angesprochen, die in Vorzeiten allen Waffen zugesprochen wurde, und so bezieht sich die Kunst des Hephaistos (Vulkan) auch auf die geheimnisvollen Transformationsvorgänge, die sich mit Hilfe des Kundalini-Feuers im Körper vollziehen und die dem Uneingeweihten unerklärlich bleiben müssen.

Seine Verbindung mit Aphrodite, der Göttin der Schönheit und Liebe, – die gleichzeitig mit Ares, dem Kriegsgott (Mars) liiert ist – weist gleichermaßen auf das Prinzip erkannter Schönheit hin, die stets mit der Seelenentwicklung verbunden ist, aber auch der Liebe, die die Grundlage des geistigen Willens bildet.

Die esoterische Bedeutung des Vulkan

Strahlqualität: 1. Strahl

Prinzip: Wille oder Macht

Vulkan übermittelt zwar den gleichen Strahl wie Pluto, doch dieser bewirkt hier nicht den Tod der Form, sondern den Aufbau eines neuen Körpers, der den Bedürfnissen der Seele besser entspricht. Seine Wirkung ist daher nicht zerstörend, sondern gleichzeitig umwandelnd und transformierend, so wie dies in der Schmiedekunst zum Ausdruck kommt. Ein Metall, als Symbol des verdichtetsten Aspektes der Materie, wird verflüssigt oder beweglich gemacht, um in eine neue Form gegossen zu werden.

29 Vgl. Kap. II, 5. Transformationsvorgänge in den Energiezentren

So hat Vulkan auch die Aufgabe, das tief Verborgene (die Seele) zu enthüllen und ans Licht zu bringen. Am tiefsten Punkt materieller Verdichtung muß er das Material suchen, an dem er seine Kunst zeigen kann, das zu formen, was im Sinne der Seelenentwicklung schön und nützlich ist. Deshalb herrscht er auch über die am stärksten verdichtete Form der natürlichen Welt (das Mineralreich) und über den Menschen, der »auf der ewigen Runde des Lebensrades« (Alice Bailey) an dem Punkt geistiger Entwicklung steht, wo sich der Wille der Seele als Sieger über das materielle Verlangen und die Begierde erweisen muß, denn diese bindet uns an die materielle Welt und verhindert das Erwachen zu Seelenbewußtsein.

Vulkan hat deshalb auch eine isolierende Wirkung, er bereitet den Menschen auf eine Entwicklungsstufe vor, auf der er sich willentlich vom Bewußtsein materiellen Lebens löst, um sich mit dem höheren Schöpfungsplan in Übereinstimmung zu bringen. Dies bringt eine Zeit der Einsamkeit und Isolierung mit sich, durch die jeder »Jünger auf dem Pfade« irgendwann einmal gehen muß, wenn er sich konsequent für eine neue geistige Lebensorientierung entschieden hat und die Vergangenheit vollständig hinter sich läßt. Dieser Vorgang der Loslösung von dem, was unten ist (Unbewußtes oder Vergangenheit), aber auch von dem, was oben ist (Zukunft oder Überbewußtes), bewirkt den Zustand vollständiger Geistesgegenwart. In diesem Stadium ist der Mensch allein und auf sich gestellt; einzig angewiesen auf die innewohnende Kraft der Seele, die ihm Ausdauer, innere Festigkeit und den unzerstörbaren, dynamischen »Willen-zum-Guten« verleiht, der die einzige Waffe des geistigen Menschen darstellt, die sicher zum Sieg führt.

Daraus erwächst ein starker innerer Wille, der den Menschen Härten, Entbehrungen und physische Beeinträchtigungen ertragen und innerlich akzeptieren läßt, weil er weiß, daß die Verwandlung des Körpers eine Voraussetzung für die Seelenentwicklung darstellt, denn er muß auf eine feinere und höhere Schwingungsfrequenz gebracht werden, damit er die Liebe als verbindende und heilende Kraft auch nach außen strahlen kann. Vulkan bewirkt daher im seelisch erwachten Menschen den unbeirrbaren Willen zur Transformation des eigenen Wesens und zur Verwandlung des Körpers, dem natürlich eine Neuorientierung des Lebens vorausgehen muß, die Verzicht auf gewohnte Bequemlichkeiten und liebgewordene Gewohnheiten mit sich bringt.

Die Zuordnung des Vulkan zu den Tierkreiszeichen

Esoterisch:	Stier — Seelenbewußtsein
Hierarchisch:	Stier — Geistiges Bewußtsein

Vulkan hat keine Wirkung auf die Persönlichkeit, denn der geistige Wille erwacht erst, wenn ein Mensch bewußten Seelenkontakt erlangt hat.

In der esoterischen und hierarchischen Zuordnung des Vulkan zum Stier wird der Gedanke der Erleuchtung sichtbar, die nur durch Überwinden der Begierde erreicht werden kann, und die, wie Buddha lehrte, die Wurzel allen Leidens ist. Und um dieser Begierde Herr zu werden, bedarf es eines entwickelten inneren Willens, der uns die Stärke gibt, uns den Einflüssen unserer Wunschnatur dort zu widersetzen, wo sie die eigene Entwicklung hemmt.

1. Stadium: Wille zur Erleuchtung

Vulkan als esoterischer Herrscher des Stier

Als esoterischer Herrscher des Stier wirkt Vulkan daraufhin, daß sich die Begierde – die eine Verzerrung der kosmischen Willensenergie ist – in den Willen verwandelt, der uns nach geistiger Entwicklung und Erleuchtung streben läßt, um das eigene Leben mit all seinen Wünschen und Bestrebungen in Übereinstimmung zu bringen mit den Zielen der Seele. Dieser Wille, sich durch Charakterbildung zu wandeln und die eigene Persönlichkeit zu formen, der auf unbewußter Ebene noch nicht vorhanden ist, bewirkt daher ein anhaltendes Bemühen um Entwicklung und geistige Erkenntnis, durch die das innere Licht verstärkt und die Schönheit innerer Harmonie sichtbar wird.

2. Stadium: Dynamisch angewandter Wille-zum-Guten

Vulkan als hierarchischer Planet des Stier

Auf hierarchischer Ebene stellt Vulkan das Prinzip der zeitweiligen Isolierung dar, das den höheren Eingeweihten von allen Bindungen befreit, um ihn auf die 4. Einweihung[30] vorzubereiten, bei der er sich auf

---

[30] Ein Hinweis auf diesen Vorgang sind die Worte Jesu Christi am Kreuz: »Mein Gott, mein Gott, warum hast Du mich verlassen?« Sie verweisen nach Alice Bailey auf die kurze Phase der inneren Isolierung, die der 4. Einweihung vorausgeht.

den »Pfad der höheren geistigen Evolution« begibt. Auf dieser Ebene wirkt Vulkan als dynamisch angewandter Wille-zum-Guten, der auf die Erde gerichtet wird, um der Menschheit zu helfen, den Weg ins Licht zu gehen und sich vom Materialismus zu lösen.

Erde als Ort der Erfahrung

Schöpferische Intelligenz,
die durch Erfahrung eines dualen Bewußtseins
entsteht.

Materielles Bewußtsein. Irdisch-planetarische
Erfahrung.

Die Erde nimmt eine Sonderstellung in der Planetenwelt ein, denn sie stellt den Lebensraum dar, der uns als Erfahrung materieller Verdichtung dient. Deshalb kann sie aus esoterischer Sicht auch nicht wie die anderen Planeten betrachtet und – wie es in jüngster Zeit immer häufiger geschieht – in das Radixhoroskop eingezeichnet werden. Vielmehr hat sie für uns eine Vermittlerfunktion, denn sie ist der Empfangsplanet für die Energien der übrigen Planeten, deren Wirkung wir über ihr Ätherfeld empfangen.

Die Erde stellt daher die Basis unserer materiellen Entwicklung dar. Sie ist der Ort der Reinkarnation, auf dem die Seele sich mit einer physischen Hülle aus irdischen Atomen umgibt, um die Erfahrung materieller Existenz zu machen, die einen Gegensatz zum geistigen Leben bildet. Diese Erfahrung dient der Evolution der Materie, denn der Mensch hat auf der Erde die Aufgabe, die Körperzellen durch Bewußtwerdung in ihrer Schwingung ständig zu erhöhen, damit der Körper ein immer besserer Leiter für das Licht der Seele wird und ihr Wesen zum Ausdruck kommen kann. Dieser Vorgang der Verwandlung oder des Gestaltwandels der physischen Körper geschieht in der gesamten belebten Natur in Form eines evolutionären Anpassungsprozesses der physischen Formen an sich verändernde Umweltbedingungen. Er beruht auf dem der Natur innewohnenden Prinzip der Intelligenz oder Weisheit, die die Esoterik als »Weltseele« versteht.

Doch der Mensch muß diesen Vorgang der Anpassung seines Körpers an die Bedürfnisse der Seele kraft seiner eigenen Intelligenz leisten. Zu diesem Zweck inkarniert sich die Seele immer wieder auf diesem Planeten, um sich durch Erfahrung der Begrenztheit in einem physischen Körper schließlich des größeren Lebewesens bewußt zu werden, das die Quelle seines physischen Lebens darstellt. Denn die Erfahrung irdischen Lebens hat das Ziel, unseren Körper, aber vor allem unser Gehirn durch Evolution so weit zu entwickeln, daß es in seiner Wahrnehmung immer umfassender wird, bis der Mensch sich schließlich als Teil der Erde begreift und wahrnimmt, daß er als Individuum nur eine Zelle im Körper dieses größeren einheitlichen Organismus darstellt. So verliert sich die Trennung, die der Einzelne im Zuge seiner materiellen Entwicklung zwischen sich und der umgebenden lebendigen Natur aufgebaut hat, und er findet zurück zur Einheit mit der gesamten belebten Natur der Erde, indem er die Erde als ein lebendiges Wesen begreift, das Teil seiner selbst ist.

Zusammenfassend können wir sagen, die Erde dient der Erfahrung der Verdichtung, die die Seele macht, um sich durch mentale Entwicklung wieder der Einheit allen Lebens und der persönlichen Verantwortung für die Entwicklung der Erde bewußt zu werden. Dadurch werden die Zellen des Gehirns, die heute zum größten Teil noch inaktiv sind, aktiviert, und es werden Lichtverbindungen zwischen den einzelnen Gehirnzellen (Synapsen) geschaffen, die den Menschen schließlich zu umfassender Wahrnehmung des Ganzen befähigen, sobald das Gehirn voll entwickelt ist.

Die esoterische Bedeutung der Erde

Strahlqualität: 3. Strahl

Prinzip: **Aktive Intelligenz**

Die Erde übermittelt den 3. Strahl wie Saturn, der unsere Individuation durch gedankliche Abgrenzung vom größeren Ganzen bewirkt, damit wir uns zu Eigenständigkeit und Eigenverantwortlichkeit hin entwickeln.

Bei der Erde, die den gleichen Strahl verkörpert, bezieht sich die Intelligenz auf unser Körperbewußtsein, das zunächst getrennt ist vom Bewußtsein der Erde, in deren Schwingungsfeld wir leben und deren

Leben untrennbar mit unserer körperlichen Existenz verbunden ist. Denn esoterisch betrachtet stellt die Menschheit in ihrem materiellen Aspekt das »Gehirn der Erde« dar, dessen Zellen erst durch Erfahrung durchlichtet und entwickelt werden müssen, bis es als Ganzheit funktionieren kann, so wie das Gehirn des Einzelnen auch erst durch Entwicklung aller Zellen zur Ganzheit entwickelt wird.

Die Aufgabe des Menschen auf der Erde ist deshalb ungewöhnlich und fordert in der Tat seine Intelligenz (3. Strahl) heraus, denn auf ihr »findet *ein großer Ausgleichsprozeß zwischen zwei großen kosmischen Energieströmen statt«* (Alice Bailey). Der Gegensatz zwischen diesen beiden Energien – Geist und Materie –, die ihren symbolischen Ausdruck in den Kräften des Lichtes und der Dunkelheit oder des Materialismus finden, die das Leben auf der Erde bestimmen, müssen durch jeden Einzelnen von uns dadurch ausgeglichen werden, daß wir uns aus freiem Willen für das Licht entscheiden und so die Kräfte der Dunkelheit auf der Erde und in uns selbst besiegen.

Doch dies ist ein langsamer, evolutionärer Prozeß, der mit viel Leid, Konflikten und Entwicklungskrisen verbunden ist, da die Kräfte des Lichtes und die Kräfte des Materialismus sich im Bewußtsein des Menschen kämpferisch begegnen, bis er sich seiner selbst als Seele bewußt wird und sich durch zielgerichteten Willen, Entschlossenheit und Mut aus den Fesseln materiellen Bewußtseins befreit und für den »Weg des Lichts« entscheidet. Ist dies der Fall, so wird der im Körper gebundene, innere Lichtfunke, der unser wahres Ich enthält, aus seinem »materiellen Gefängnis« befreit, und ein Mensch ist nun fähig, dieses Licht auf alle Körperzellen und auf die Umgebung zu übertragen, um diese in ein höheres Bewußtsein zu heben.

Die Erde, die Mutter unserer physischen Existenz, ist daher ein Planet, der die »intelligente Schöpferkraft« in uns anregt, um uns aus der Dunkelheit materiellen Lebens zu befreien und den Weg ins Licht zu finden, der uns zur Einheit zurückführt. Dieser Prozeß findet seine Entsprechung im Körper, dessen Zellen ebenfalls mit Licht erfüllt werden, sobald ein Mensch die Erleuchtung seines Denkens erreicht hat und sich als Teil des größeren Organismus Erde wahrnimmt, in dem er als Zelle funktioniert.

Dieses Wissen bildet den Hintergrund der mythologischen Überlieferungen der Erde als einer Muttergottheit, die noch in den religiösen Vorstellungen der Indianer und anderer Eingeborenen-Völker lebendig ist, deren Lebensstil und Kultur von tiefer Weisheit geprägt ist.

Die Zuordnung der Erde zu den Tierkreiszeichen

Esoterisch:	Schütze – Seelenbewußtsein
Hierarchisch:	Zwillinge – Geistiges Bewußtsein

Die Erde ist kein exoterischer Planet, und ihre Wirkung wird deshalb bewußt erst dann verspürt, wenn konkretes und abstraktes Denken (☿) und ein Verstehen der größeren Zusammenhänge des Lebens (4) bis zu einem gewissen Grad entwickelt sind. Dies spiegelt sich in der Zuordnung der Erde zum Gegensatzpaar Zwillinge-Schütze, mit dessen Hilfe der Mensch lernt, die Gegensätze irdischen Lebens durch weises Denken und Verstehen der Ganzheit aufzulösen und sich der organischen Einordnung in ein größeres Leben bewußt zu werden.

1. *Stadium:* Weltumspannendes, planetarisches Bewußtsein

Erde als esoterischer Herrscher des Schützen

Wenn die Erde auf esoterischer Ebene als Herrscher des Schützen betrachtet wird, so beschreibt dies die Phase erwachenden Seelenbewußtseins, in der ein Mensch sein individuelles Bewußtsein überschreitet und sich als Teil der Erdenmenschheit begreift. Sein Interesse und seine schöpferischen Aktivitäten werden nun weltumspannend-planetarisch, denn er beginnt, sich seiner Verantwortung für die Erde bewußt zu werden. Er begreift, daß er Teil der Erde ist und daß sein Schicksal und Karma untrennbar mit ihrem Schicksal verbunden ist. Diese Erkenntnis führt zu einem ökologischen Bewußtsein und zu einem selbstlosen Engagement für den Schutz unseres Planeten, der uns anvertraut wurde und an dessen Entwicklung jeder Einzelne durch sein eigenes Leben Anteil hat.

2. Stadium: Geistig-schöpferische Aktivität

Erde als hierarchischer Planet der Zwillinge

In der hierarchischen Zuordnung der Erde zu den Zwillingen zeigt sich das Endstadium der menschlichen Erfahrung als Erdbewohner. Der Einzelne hat in dieser Phase ein weltumspannendes Bewußtsein erreicht. Er begreift sich als Teil eines Entwicklungsplans, in dem die Menschheit – als die Seele der Erde – zum Mittler bestimmt ist zwischen der niederen Natur (Mineralien, Pflanzen, Tiere) und den geistigen Ebenen des Seins.

In der hierarchischen Zuordnung der Erde zu den Zwillingen wird das dualistische Prinzip menschlicher Erfahrung auf diesem Planeten deutlich. Denn die beiden großen Lebensströme Geist und Materie, die das irdische Leben bestimmen, führen dazu, daß ein Mensch sich im Laufe vieler Reinkarnationen zunächst vollkommen mit dem Körper identifiziert, dann zunehmend mit dem Geist, um schließlich zu entdecken, daß beide Ebenen sich im Prinzip gleichen und durch Liebe miteinander verbunden sind. Durch diese Erkenntnis, die das Ziel menschlicher Erfahrung auf der Erde ist, entsteht die menschliche Seele, die Geist und Körper zu einer Einheit verbindet, sobald sie im Physischen zur Liebe erwacht ist. Ist dies der Fall, dann wird das innere Lebenslicht aus der Begrenzung des Körpers befreit und seine Strahlkraft bewirkt die Durchlichtung aller Körperzellen. Dieser Vorgang, der den Eingeweihten kennzeichnet, bringt Licht in das Dunkel der Welt und wird in Zukunft, wenn immer mehr Menschen dieses Stadium erreichen, die Erde zu einer »Lichtstation« machen, auf der wahrhaft menschliches Leben möglich wird.

DAS PSYCHOLOGISCHE GRUNDMODELL DER PLANETEN

-------- DAS ÜBERBEWUSSTE – ZUKUNFT --------

Geistiges Bewußtsein

☉ Gesetz des Rhythmus / Intuition

♅ Gesetz der Liebe / Höhere Inspiration

♄ Gesetz des Karma / Verantwortungsbewußtsein

-------- DAS BEWUSSTE – GEGENWART --------

Seelenentwicklung

♃ Ganzheitliches Denken / Erkennen von Zusammenhängen

♀ Liebesfähigkeit / Harmonie- und Schönheits- / Empfinden / Beziehungsfähigkeit

Persönlichkeit mit oder ohne bewußtem Seelenkontakt

☉ Ich–Gefühl / Selbstbewußtsein / Eigenbewußtsein / Persönliche Schöpferkraft
mittleres, integrierendes Prinzip

☿ Unterscheidendes Denken / Intellekt, Logik

Beginn der Persönlichkeitsentwicklung

♂ Antriebsenergie, Sexualität, Aggression / Persönlicher Willensimpuls / Zielgerichtete, dynamische Kraft

-------- DAS UNBEWUSSTE – VERGANGENHEIT --------

Persönliches Unterbewußtsein

☽ Tier–Seele, emotionales Empfinden / Instinkt, Gefühl, Gemüt / Niederer Verstand

Kollektives Unterbewußtsein

☧ Tod der (Gedanken-)Formen, die die Entwicklung der Seele behindern / Zerstörung alter psychischer Strukturen

Die Planeten als
bewußtseinsgestaltende Kräfte

Wie im Grundmodell gezeigt, wirken die Planetenkräfte auf unterschiedlichen Ebenen unseres Bewußtseins, und sie symbolisieren die verschiedenen Schichten unserer Wahrnehmungsfähigkeit, die sich im Laufe vieler Leben gestaltet und mit zunehmender Entwicklung immer umfassender wird. Anhand der Bewußtseinsstufen[31] der Menschheit, die sich in der Kindheitsentwicklung wiederholen, soll dies nochmal etwas detaillierter aufgezeigt werden.

1. Instinktives Massenbewußtsein – Mond und Mars

Die Stufe kindhaften Menschseins mit ihrer instinktiven Wahrnehmung und ihrer durch Urtriebe und unbewußte Impulse geleitete Tätigkeit.

Die Entwicklung des menschlichen Bewußtseins, wie auch der Kindheit, beginnt mit der instinktiven Wahrnehmung, die auch jedem Tierkörper eigen ist. Durch Sinneswahrnehmungen, Empfindungen und instinkthafte Handlungen erfährt der Mensch die Welt. Nahrungsaufnahme und der Wunsch nach Schutz und Geborgenheit bilden die Triebfedern des Handelns. Das Leben verläuft weitgehend unbewußt. In dieser Phase sind *Mond* (als Phantasie, Traumbewußtsein, instinkthafte Reaktionen, emotionales Berührtsein und Wunsch nach Geborgenheit) und *Mars* (als Betätigungs- und Entdeckungsdrang, frühkindliche Sexualität, Aggression und Spieltrieb) die herrschenden Energien, die das Bewußtsein des Menschen über das *Sakralzentrum und Solarplexuszentrum* am stärksten beeinflussen.

[31] Vgl. Kap. II, 4. »Die Stufen menschlicher Bewußtseinsentwicklung« und II, 5. »Die vier wesentlichen Entwicklungsstadien in Bezug zu den Chakras«

2. Individuelles Bewußtsein – Merkur, Sonne, Saturn

Die Stufe der Persönlichkeitsentwicklung mit ihrer zunehmenden Denktätigkeit und dem Versuch, die eigene Identität zu finden. Wenn das Denken an Stärke zunimmt und individueller wird, beginnt die Persönlichkeit sich herauszubilden (☉), die den Menschen seine eigene Bedeutung fühlen läßt. Nun beginnt er, bewußt in die Gestaltung seines Lebens einzugreifen, indem er versucht, die eigenen Wünsche, Zielsetzungen und Träume im Leben zu verwirklichen. Gefühle und Gedanken vermischen sich; der Mensch setzt seine persönliche Intelligenz (♄) und seine intellektuellen Fähigkeiten (☿) ein, um etwas zu erreichen, doch er denkt in diesem Stadium noch ausschließlich in Ich-Kategorien, ohne die Fähigkeit, sich als Teil eines größeren Ganzen zu empfinden.

Die vorherrschenden Energien, die diese Entwicklungsphase bestimmen, sind die persönlichkeitsbildenden Kräfte **Sonne** als Eigenbewußtsein, **Saturn** als begrenzender Verstand und **Merkur** als intellektuelle Unterscheidungskraft. Natürlich bleiben auch Mond und Mars weiterhin wirksam, doch sie werden jetzt bewußter eingesetzt.

Mond, der im Kleinkindalter die symbiotische Mutter-Kind-Beziehung bewirkt und das Kind befähigt, durch Nachahmung zu lernen, beeinflußt den heranwachsenden Menschen weiter in Form von Phantasien und aus vergangenen Zeiten immer wieder auftauchenden (Wunsch)-Träumen, die als alte Gefühlsmuster Handlungen und Ziele vom Unbewußten her bestimmen. Er bewirkt unsere unbewußten instinktiven Reaktionen und unser unmittelbares Berührtsein durch andere. Doch mit zunehmender Verstandesentwicklung tritt er stärker in den Hintergrund des Bewußtseins und wirkt als Empfänglichkeit und Offenheit für Eindrücke aus der Umwelt und aus dem Unterbewußten, die auch im Traumgeschehen ihren Ausdruck finden.

Mars, der beim Kleinkind und auf kindhafter Menschheitsstufe als Betätigungsdrang, Aggression und Spieltrieb zum Ausdruck kommt, tritt nun – verändert durch die entwickelte Verstandestätigkeit – als Durchsetzungskraft eines Menschen in Erscheinung, der um seine Rangordnung in der Gesellschaft kämpft. Er bewirkt den unbewußt ausgetragenen Kampf zwischen den Geschlechtern, das stärkere Interesse an Sexualität und den Kampf um eine Vorrangstellung sowie die Beziehung zwischen Persönlichkeiten, die auf Konkurrenz basiert.

Natürlich tritt auch *Venus* in dieser Phase schon in Erscheinung, wenn ein Mensch die Erotik und die Liebe entdeckt. Doch sie wird zunächst noch in Verbindung mit Mars auf emotionaler Ebene gelebt, als persönliche Liebe, als Liebe zum Besitz und als Hang zum Genießen oder als Wunsch, eine Familie zu haben und sich äußerer Schönheit zu erfreuen. Ihre eigentliche Bedeutung als »intelligente Liebe« wird aber erst erfahrbar, wenn ein Mensch sich als Seele erkannt hat und fähig ist, den anderen um seiner selbst willen zu lieben.

In dieser Phase der »Ich-betonten« Persönlichkeit, die auch den heranwachsenden Jugendlichen kennzeichnet, ist das Bewußtsein vorwiegend im *Solarplexus* und *Kehlzentrum* konzentriert.

3. *Seelenbewußtsein – Venus und Jupiter*

Die Stufe der Seelenentwicklung mit ihrer Fähigkeit, zunehmend selbstlos zu sein und zu lieben.

Wenn der Mensch sich im Zuge seiner Entwicklung der Seele allmählich bewußt wird, beginnt der persönliche Ehrgeiz nachzulassen, und die innere seelische Beziehung zu anderen Menschen wird wichtiger als persönliche Erfolge und Macht. In diesem Stadium verlieren die unteren Energiezentren (Sakralzentrum und Solarplexus) ihre Dominanz, und so verlagert sich das Bewußtsein von der Persönlichkeitsebene (Solarplexus als Ich-Zentrum) zur Seelenebene (Herzzentrum), die den Menschen seine innere Beziehung zu seinen Mitmenschen deutlich wahrnehmen läßt. Nun verlieren sich persönliche Wünsche und Zielsetzungen als bestimmende Motive des Lebens, und der Intellekt wird von persönlichen Motiven frei.

Auf dieser Ebene zeigt der Mensch eine bewußte Reaktion auf *Venus* und *Jupiter*. Er beginnt nun, seine seelische Beziehung zu anderen zu erkennen und sein Leben in einem größeren kosmischen Zusammenhang zu sehen.

Venus als »Prinzip intelligenter Liebe« bewirkt beim seelisch erwachten Menschen, daß Liebe nicht mehr als Emotion ($\mathbb{C} + \delta$) erlebt wird, sondern als eine innere Verbundenheit. Denn Venus befähigt uns, in das Bewußtsein eines anderen einzutreten und ihn als wesensgleich oder wesensverwandt zu erkennen. Das bewußte Wahrnehmen des Venus-Prinzips stellt daher einen entscheidenden Wendepunkt in unserer Entwicklung dar. Es kennzeichnet den Kontakt mit der eigenen Seele, die sich nun zunehmend in einem Denken ausdrückt, das nicht mehr auf Zweckmäßigkeit, Nützlichkeit und materiellen Profit ausgerichtet ist, sondern auf das Wesen von Schönheit und Harmonie und die innere seelische Übereinstimmung mit anderen. So entstehen andere Prioritäten im Leben, denn die Qualität von menschlichen Beziehungen ist nun weit wichtiger als persönliche Profilierung und ehrgeizige persönliche Erfolge.

Durch *Jupiter*, dem Prinzip »weisen Verstehens« wird der Mensch fähig, ganzheitlich zu denken. Dadurch wird die Aufmerksamkeit auf tiefere, sinnhafte Erkenntnisse gelenkt, die Einblick geben in die größeren Zusammenhänge zwischen geistigem und physischem Leben. In dieser Phase zeigt sich ein Interesse an geistigem Wissen, das hinter der universellen Sprache der Symbole verborgen ist, da diese allein in der Lage ist, Ganzheit im Denken zu vermitteln. Dadurch wird das Denken umfassender, denn es bezieht sich nicht mehr ausschließlich auf die äußere phänomenale Welt, sondern schließt das geistige Erfassen von Wirklichkeit ein. Auf diese Weise werden Jupiter und Merkur verbunden und der Intellekt verliert seine trennende und isolierende Kraft in dem Maße, wie ein Mensch offen wird für die intuitive Erkenntnis des untrennbaren Zusammenhangs zwischen Geist und Stoff. Nun wird der Mensch empfänglich für umfassende geisteswissenschaftliche Erkenntnisse und für die Weisheit, die das Geschehen in der gesamten Natur lenkt.

In dieser Phase des reifen, bewußt lebenden Erwachsenen, die nur der seelenbewußte Mensch schon erreicht hat, ist das Bewußtsein im *Herzzentrum* konzentriert, weil er gelernt hat, im »Herzen zu denken« und Herz und Verstand zu verbinden.

Der seelisch erwachte Mensch unterscheidet sich vom seelisch noch schlafenden also vor allem dadurch, daß er die Energien von *Mond, Mars, Merkur, Sonne* sowie *Saturn, Venus* und *Jupiter* nicht nur für die Zwecke der eigenen Persönlichkeit nutzt, sondern daß er sie für das Wohl eines größeren Ganzen einsetzt, weil er sich seiner inneren Verbundenheit mit der Erde und seinen Mitmenschen bewußt ist. Dies ist das Stadium beginnenden Gruppenbewußtseins, in dem ein Mensch versucht, seine Ziele und Aktivitäten mit dem größeren Ganzen in Einklang zu bringen. Er beginnt nun, die Energien der Planeten bewußt wahrzunehmen, sie positiv zu verändern und aktiv für die eigene Entwicklung einzusetzen, weil er weiß, daß sein Bewußtsein die Ebene bestimmt, auf der sie wirken, und sein Wille ihre Absicht lenkt.

So entsteht ein Gefühl von Verantwortung für die eigene Entwicklung und ein Verstehen darüber, daß kosmische Energien und Kräfte zu lenken und zu transformieren sind, um sie schließlich einmal zu beherrschen.

4. Geistiges Bewußtsein – Neptun, Uranus, Pluto

Die transsaturnischen Planeten bilden das Überbewußtsein und wirken zunächst unbewußt auf das persönliche Bewußtsein ein, um den Menschen langsam mit der größeren Wirklichkeit vertraut zu machen, die ihm durch den Prozeß der Individuation verlorengegangen ist. *Uranus, Neptun* und *Pluto* wirken daher zunächst als Schicksalsplaneten, die die Zielrichtung des Lebens bestimmen und korrigierend eingreifen. Denn der Sinn ihrer Einflußnahme bleibt der Persönlichkeit so lange verborgen, wie sie ihr Leben noch nicht in einem größeren kosmischen Zusammenhang sehen kann. Das Überbewußtsein erscheint uns auf der Persönlichkeitsebene deshalb auch als eine Kraft, die außerhalb des eigenen Bewußtseins liegt, weil die persönliche Erfahrung diesen Bereich des Lebens noch nicht einschließt.

Doch wenn ein Mensch geistig erwacht ist und sein Bewußtsein sich im höchsten *Kopfzentrum* konzentriert (das Stadium des Meisters oder Eingeweihten), dann sind diese drei transsaturnischen Planeten ebenfalls Teil des persönlichen Bewußtseins, weil die Persönlichkeit nun nicht mehr durch Saturn, den persönlichen Verstand, begrenzt wird. Denn der Eingeweihte hat die Persönlichkeitsgrenzen transzendiert, indem er gelernt hat, die Persönlichkeit zum Ausdrucksmittel für Liebe und Weisheit zu machen, anstatt sie zu nutzen, um sich von anderen abzugrenzen. In diesem Stadium erkennt ein Mensch sich als Zelle eines größeren Organismus, in dem jedes Einzelbewußtsein eine ganz bestimmte Aufgabe hat. Er hat das Zeitbewußtsein (♄) transzendiert und begreift, daß Vergangenheit, Gegenwart und Zukunft nur drei Aspekte des ewigen Jetzt sind.

Weil dieses Entwicklungsstadium aber noch in der Zukunft der meisten Menschen liegt, wirken die bewußtseinserweiternden Energien von Neptun, Uranus und Pluto so lange unbewußt auf das persönliche Bewußtsein ein, bis wir nach unzähligen Reinkarnationen schließlich den tieferen Sinn unseres irdischen Lebens erkennen und uns als Teil einer größeren lebendigen Ganzheit begreifen. Die transsaturnischen Planeten werden deshalb allgemein als das kollektive Unbewußte bezeichnet. Mir scheint eine zusätzliche Unterscheidung zwischen dem Unterbewußten und dem Überbewußten jedoch sinnvoll zu sein, weil das Überbewußte unsere Zukunft enthält und das Unterbewußte unsere eigene Vergangenheit darstellt, aus der sich die Zukunft gestaltet.

Esoterisch betrachtet muß *Pluto* daher dem kollektiven Unterbewußtsein der Menschheit zugeordnet werden, dem das mythologische Reich der Schatten oder des Todes entspricht, wobei der Tod sich nur auf die physische Form, nicht aber auf das Bewußtsein bezieht. Denn Pluto ist die zerstörende Kraft des Lebens, die uns durch den Tod veralteter, überholter Formen zum wahren Leben befreit.

Neptun als allumfassende Liebe, die Begrenzungen auflöst und *Uranus* als intuitive geistige Erkenntnis verkörpern dagegen das Überbewußte, das wir durch geistige Entwicklung und Transformation erst in unser Bewußtsein integrieren müssen.

VI

Die zwölf astrologischen Häuser

Die Problematik der unterschiedlichen Häusersysteme

Die Häuser sind eines der schwierigsten und umstrittensten Kapitel der Astrologie, da es viele unterschiedliche Systeme gibt und unter den Astrologen keine Einigkeit darüber herrscht, welches das richtige ist. Deshalb sucht sich jeder die für ihn passende Methode heraus und ist im allgemeinen nach längerer Praxis auch überzeugt, daß sie die einzig richtige ist, obwohl andere Häusersysteme ebenfalls Verwendung finden und von anderen Astrologen als genauso richtig empfunden werden. Einige kombinieren sogar verschiedene Methoden, und andere wechseln im Laufe ihrer Berufserfahrung von einem System zum anderen.

Diese Situation scheint mir persönlich sehr unbefriedigend zu sein, denn durch die Differenz der Systeme fallen Planeten und Tierkreiszeichen in verschiedene Häuser und müssen daher zwangsläufig unterschiedliche Deutungen ergeben. Hinzu kommt, daß eigentlich niemand so richtig weiß, was da genau berechnet wird, denn die Begründung der unterschiedlichen Berechnungsmethoden der Häuser sind für die meisten so wenig nachvollziehbar und teilweise so akademisch und komplex, daß es höherer mathematischer Kenntnisse bedarf, um überhaupt zu verstehen, welche mathematisch-trigonometrischen Hilfskonstruktionen bemüht werden, um ein jeweils neues, angeblich noch richtigeres Häusersystem zu begründen. Und da heute der Computer die für die meisten eher lästige Berechnung der Häuser weitgehend übernommen hat, verläßt sich der astrologisch interessierte Laie im allgemeinen darauf, daß das, was traditionell verbürgt zu sein scheint und vom allgemeinen Konsens der Mehrheit der modernen Astrologen getragen wird, auch richtig sein muß. Ein verwirrendes Szenario, das mich persönlich nicht ruhen läßt, denn wenn die Astrologie eine esoterische Wissenschaft ist, dann muß es auch einen esoterisch begründbaren Weg geben, die Häuser zu berechnen und nicht viele, verschiedene voneinander abweichende Wege, die sich ja alle erst im Laufe der letzten Jahrhunderte entwickelt und etabliert haben. Ich werde deshalb auch nicht auf die

Unterschiede der verschiedenen Berechnungsmethoden eingehen, weil dies nicht zum Kern des Problems führt. Meines Erachtens kann die Richtigkeit eines Systems nicht mathematisch bewiesen werden, sondern sie muß sich aus der Sache selbst ergeben, aus der esoterischen Bedeutung der Häuser, die ja nur das Symbol eines inneren energetischen Tatbestandes sind.

In diesem Zusammenhang scheint mir die Tatsache bedeutsam zu sein, daß in der Antike bis etwa ins zweite Jahrhundert n.Chr. aufgrund des überlieferten hermetischen Wissens zunächst gleiche Häuser verwendet wurden. Dies läßt sich durch wiederentdeckte bruchstückhaft überlieferte Texte des »Liber Hermetis Trismegistos« eindeutig nachweisen.[32]

Diese uns erhaltenen Texte machen auch deutlich, daß das moderne astrologische Wissen sich auf der Grundlage dieses Urtextes entwickelt hat. Er wurde ständig überarbeitet und ging durch viele Hände, bevor er in zum Teil stark abgewandelter Form als Quelle astrologischen Wissens des Altertums Verwendung fand. Denn die moderne Astrologie beruht auf dem in Babylon und Ägypten von Priestern gehüteten Geheimwissen, das der Allgemeinheit zunächst nicht zugänglich war und das im westlichen Abendland erst Fuß fassen konnte, nachdem es auf der Grundlage hermetischer Quellen von griechischen und römischen Astrologen entsprechend ihres Verständnisses verändert und abgewandelt wurde. Daraus resultieren auch die vielen unterschiedlichen Lehren, Deutungselemente und in der Folge neu entwickelten Häusersysteme, die sich vom Kern des alten hermetischen Wissens immer mehr entfernten, bis der esoterische Hintergrund dieser Lehren nicht mehr erkennbar war. Die frühesten Nachweise der Sternenwissenschaft liegen, soweit es sich anhand von schriftlichen Quellen zurückverfolgen läßt, in Sumer und gelangten über Babylon und Ägypten schließlich aufgrund von Übersetzungen der »Bücher des Hermes« in den griechisch-römischen Kulturraum. Doch schon zu dieser Zeit gab es viele verschiedene Interpretationen der ursprünglichen Lehre, weil jeder sie nach eigenem Gutdünken und Verständnis abwandelte.

Erhalten geblieben und damit eindeutig nachweisbar ist aber das Vier-Quadranten-System, das auf einem 90°-Winkel zwischen Aszendent und MC beruht, und das sich darauf stützende System zwölf gleicher Häuser

[32] Wilhelm Gundel, *Neue astrologische Texte des Hermes Trismegistos*

von je 30°, das zumindest ab dem ersten Jahrhundert v.Chr. belegt ist und als Offenbarung des Gottes Hermes (Thot) galt.[33] Es muß allerdings angenommen werden, daß es weitaus älter ist und schon auf babylonische Quellen zurückgeht.

Grundlage des antiken Deutungssystems war also der 90°-Winkel zwischen AC und MC, dessen wichtige und hervorgehobene Bedeutung in babylonischer und ägyptischer Zeit allgemein anerkannt war. Die esoterische Begründung für diesen rechten Winkel liegt im Wissen, daß sich alles Leben bis in die Mikrowelt hinein nach geometrischen Mustern vollzieht[34] und das Leben auf der Erde gekennzeichnet ist durch zwei sich kreuzende Energieströme aus Raum und Zeit, die senkrecht aufeinander stehen und das »Kreuz der Materie« bilden.

Dieses Kreuz ist das Ursymbol der Menschheit, das schon lange vor dem Christentum existierte, denn es stellt das »Koordinatensystem des menschlichen Bewußtseins« dar, das durch Verbindung dieser beiden Energieströme entsteht. Deshalb scheint es aus esoterischer Sicht auch unabdingbar zu sein, daß es im Horoskop als Grundstruktur in Erscheinung tritt. So bildet das Kreuz, als Symbol materieller Existenz auch den Ursprung der Häuser- und Quadrantenlehre des Hermes Trismegistos. Es ist das »Lebensrad«, das in späteren abgewandelten Überlieferungen in der Vorstellung des Glücksrades wieder auftaucht.

Der 90°-Winkel der vier Quadranten und der MC als höchster Punkt

[33] Walter Koch und Wilhelm Knappich, *Horoskop und Himmelskörper, Grundlagen und Altertum*

[34] Alle Kristalle haben geometrische Strukturen. Auch die Elektronen ordnen sich in bestimmten Winkelbeziehungen um den Atomkern an und bilden damit eine geometrische Form. Denn die Geometrie bildet die Grundlage für alle Energiebeziehungen, die auf feinstofflichen Ebenen stattfinden. (Vgl. Kap. I, 4.)

des Horoskops stehen also nicht zufällig im Zentrum antiker Lehren, sondern sie spielen eine zentrale Rolle in der Deutung eines Horoskops. Und so galt die sogenannte »äquale Manier«, wie sie später genannt wird, auch bis etwa ins zweite Jahrhundert als unumstrittenes System, bis die antike Lehre vom energetischen Kreuz des Lebens allmählich verblaßt und nicht mehr erkannt wird, daß sie ein integraler Bestandteil antiker Deutung war.

In der babylonischen und ägyptischen Astrologie, die zunächst eine von Priestern ausgeübte Mundanastrologie war, wurde der Kreis – als Symbol des Lebens – in vier gleiche Teile geteilt, wobei der höchste Punkt dem Widder zugeordnet war. Er symbolisierte das »Haupt des Kosmos«, den Geist, oder den höchsten Punkt des Lebens (MC), und Krebs, als Zeichen der physischen Geburt, galt als das aufsteigende Zeichen (AC). Dies ist die Darstellung des Ur-Lebenskreises (der noch in der indischen Astrologie erhalten ist) oder der Menschheit, die, wie Alice Bailey schreibt, im Widder den Abstieg in die Materie beginnt und im Krebs zum ersten Mal physisch in Erscheinung tritt. Das Jahr beginnt hier noch mit der Sommersonnenwende.

Doch im Zuge der Entwicklung einer individuellen Astrologie, die vor allem im ägyptisch-griechischen Kulturraum entstand, wird der Beginn des Tierkreises auf die Frühlings-Tagundnachtgleiche gelegt, die zeitlich mit dem Tierkreiszeichen Widder zusammenfällt. Damit wurde der Widder mit dem Aszendenten und dem Beginn des tropischen Tierkreises gleichgesetzt, der die Grundlage der individuellen Horoskopdeutung bildet und dessen vier Kardinalzeichen *Widder, Krebs, Waage* und *Steinbock* den vier markanten Zeitpunkten des Sonnenjahres, den Frühlings- und Herbst-Tagundnachtgleichen und den Sommer- und Wintersonnenwenden entsprechen. Der Tierkreis, auf dem jede astrologische Deutung aufbaut, stellt somit eine Analogie zum jährlichen Lauf der Sonne dar, die uns zwölf Zeitqualitäten erleben läßt, die dem einzelnen Menschen ein jeweils anderes Lebensgrundgefühl vermitteln, weil alles Geschehen auf der Erde in die Raumzeit eingebunden ist, die in der Symbolik der Natur sichtbar wird.

Es gibt aber noch einen weiteren kleineren Rhythmus, der ebenfalls auf das Bewußtsein des Menschen einwirkt, und das ist der Rhythmus des Tages, der eine Analogie zum Jahresrhythmus bildet. Dieser kleinere Rhythmus, der mit seinen zwölf Doppelstunden die Grundlage babylonischer Zeitrechnung bildete, wird durch die Eigendrehung der Erde hervorgerufen, die den Menschen nochmals in ein zwölffach abgestuftes Energiefeld stellt, das uns wiederum im Laufe eines Tages zwölf Energiequalitäten erleben läßt. Diese Zwölf-Teilung des Tages ist die Grundlage des Zwölf-Häuser-Systems, das die individuelle Entsprechung des tropischen Tierkreises darstellt. Und der Anfangspunkt dieses individuellen Lebenskreises der zwölf Häuser wird durch das zum Zeitpunkt der Geburt am Osthorizont aufsteigende Tierkreiszeichen (Aszendent) bestimmt, das je nach Geburtszeit eines der zwölf Zeichen sein kann, weil sie im Laufe eines Tages der Reihe nach im Osten aufzusteigen scheinen und im Westen untergehen.

Der Zwölf-Häuser-Kreis entsteht also durch die Zwölf-Teilung des Tages, während sich der tropische Tierkreis durch die Zwölf-Teilung des Jahres ergibt. Dadurch erhalten wir auf zwei Ebenen des Bewußtseins jeweils zwölf analoge Energiefelder, in die ein Mensch eingebunden ist. Denn sowohl im Rhythmus des Jahres wie auch im Rhythmus des Tages entstehen energetisch zwölf Zeitabschnitte, die eine bestimmte Energiequalität haben, auf die der Mensch bewußtseinsmäßig reagiert.

Aufgrund der geneigten Erdachse, die einen Winkel von etwa 23° zum Äquator der Erde bildet, scheinen die zwölf Tierkreiszeichen im Laufe eines Tages aber in unterschiedlicher Geschwindigkeit aufzusteigen und haben daher auch unterschiedliche Zeitlängen, so daß sich die Zeichen, die zu einer bestimmten Tageszeit am Osthorizont aufsteigen, mit der Jahreszeit verändern. Diese Tatsache wird bei der Berechnung des Aszendenten jedoch berücksichtigt, denn das Horoskop basiert auf den drei Faktoren: *Geburtstag, Geburtszeit* und *Geburtsort. Der Schiefe der Ekliptik wird beim Aszendenten also Rechnung getragen, und so gibt es aus esoterischer Sicht keinen Grund für die Einführung eines zweiten äußeren Schnittpunktes der Ekliptik mit dem Meridian, weil die individuelle Zeit der Seele oder der der Eintritt in den eigenen Lebenskreis mit dem Augenblick der Geburt beginnt. Der Aszendent stellt also den Zeitpunkt dar (Zeit der Geburt), in dem die Seele die Erde (Ort der Geburt) berührt und damit in ein Raum-Zeit-Kontinuum eintritt, das ihren individuellen Rhythmus für ein Leben festlegt.

Die Erkenntnis, daß die Qualität jedes Lebens vom Anfang her bestimmt wird, bildet die Grundlage der Astrologie und ist deshalb in astrologischen Kreisen auch unwidersprochen. Wenn das aber so ist, dann muß dieser Punkt auch alleine für das gesamte Horoskop ausschlaggebend sein. Aus diesem Grund bezeichnete man ursprünglich den

Aszendenten als »Horoskopos«, und nicht das gesamte Geburtsschema, wie es heute der Fall ist. Denn in der Antike war man sich der Bedeutung des Aszendenten als dem einzig bestimmenden Punkt im 360°-Kreis noch bewußt, aus dem sich die vier Kardinalpunkte des Kreises – als Spiegelungen der vier Zeitmarken des Jahres – automatisch ergeben. Man betrachtete den individuellen Zwölf-Häuser-Kreis als individuelle Spiegelung der zwölf Tierkreiszeichen, die die zwölf grundlegenden Resonanzfelder erzeugen, auf die der Mensch potentiell reagieren kann. Und da der tropische Tierkreis zwölf gleiche Abschnitte von 30° hat, muß der individuelle Zwölf-Häuser-Kreis logischerweise auch zwölf gleiche Abschnitte von 30° haben, denn alles im Kosmos vollzieht sich nach analogen Prinzipien. »Wie oben, so unten« ist das von allen Astrologen als Grundlage esoterischer Wissenschaften akzeptierte Prinzip des Hermes Trismegistos, und dieses bildete auch den Hintergrund für das ursprüngliche System der gleichen Häuser (die äquale Manier), bei dem der MC immer 90° vom Aszendenten entfernt ist.

Doch beginnend mit der Römerzeit, die den Niedergang geistigen Wissens besiegelt, versucht man nun neue Häuser zu entwickeln, die nicht mehr auf einem inneren esoterischen Wissen gründen, sondern auf intellektueller Bewertung äußerer Faktoren, die zu einer Abkehr vom antiken Priester-Wissen führen, in dessen Kern das Wissen um die Geometrie des Lebens steht. So beginnt nun um die Zeitenwende ein regelrechter »Häuserstreit«, aber unter vielen Astrologen auch ein großes Unbehagen und eine Unsicherheit, denn während der Deutungsinhalt der antiken Häuserlehre vollkommen übernommen und beibehalten wird, ändert sich jetzt, angeregt durch moderne Mathematiker, die Berechnung der Häuser, wodurch ihre Größen nicht mehr gleich sind. Mit komplizierten mathematisch-trigonometrischen Berechnungen wird versucht, der Tatsache Rechnung zu tragen, daß die Erde eine Kugel und die Erdachse gekippt ist und damit unterschiedliche Sonnenstandsverhältnisse auf der Erde entstehen, wodurch der höchste Punkt nach Jahres- und Tageszeit verändert. Dadurch wurde in den Zwölf-Häuses-Kreis des Horoskops – in Abweichung zur antiken Lehre von der Bedeutung des Aszendenten als dem für das ganze Horoskop alleine bestimmenden Punkt – ein zweiter Schnittpunkt (der mathematisch berechnete MC) eingeführt, der den Lebenskreis nun in vier ungleiche Abschnitte teilt. Alles überlieferte Priester-Wissen wurde also verändert, weil man glaubte, das Wissen unserer antiken Vorväter korrigieren zu müssen, die angeblich so wenig über die äußeren physikalischen Phänomene der Welt wußten. So erlebt die Astrologie nun eine Abkehr von der alten Lehre des 90°-Winkels zwischen AC und MC, was zu großer Verunsicherung unter den Astrologen jener Zeit führt, weil sie mit Erstaunen feststellen, daß der neue mathematische MC, der ins Horoskop eingezeichnet wird, mal ins neunte und mal ins elfte Haus fallen kann, was sich mit der antiken Deutung nur schwer vereinbaren läßt. Deshalb wird diese Tatsache zunächst nicht mit in die Deutung übernommen, weil man, wie es beispielsweise vom sizilianischen Astrologen Firmicus (4. Jh.) überliefert ist, mit diesem neu in Mode gekommenen MC nichts anfangen kann.

Die wirkliche Einführung und Etablierung des mathematischen MC blieb also späteren Jahrhunderten überlassen, denn erst als die ursprüngliche Bedeutung des 90°-Winkels zwischen AC und MC immer weniger verstanden wurde und das antike Weltbild eines sich nach geometrischen Mustern vollziehenden Lebens immer mehr verblaßte, glaubte man schließlich, den mathematisch berechneten Schnittpunkt zwischen dem Meridian und der Ekliptik als neuen MC in das Horoskop einführen zu müssen. Dadurch entstanden unterschiedliche Häuser, die mit zunehmender Polhöhe immer unterschiedlicher werden, und der 90°-Winkel zwischen AC und MC verschwand, weil sich der MC nach rechts oder links verschiebt und dadurch unterschiedlich große Winkel mit dem Aszendeten bildet.

Die ungleichen Häusersysteme sind also alle Entwicklungen der modernen Zeit, hervorgerufen durch die zunehmende Bedeutung der Astronomie und Mathematik, die glaubte, ein altes integral überliefertes Wissenssystem korrigieren zu müssen. Doch die Berechnungen basieren auf einer Hilfskonstruktion (einem Himmelsäquator), der keinerlei Begründung in realen oder symbolischen Tatsachen hat. Deshalb muß es auch nicht verwundern, daß über die Jahrhunderte ständig neue Berechnungssysteme erfunden wurden, weil keines wirklich zufriedenstellend sein kann. Und so sehen wir uns heute einer Vielzahl von verschieden berechneten Häusersystemen gegenüber, denn während man sich weitgehend über die Einführung des neuen mathematischen MC einig war, wurden die neuen vier Quadranten nun von verschiedenen Astrologen nochmals unterschiedlich eingeteilt, weil bis heute keinerlei Konsens darüber erzielt werden konnte, welche Einteilung der Quadranten wirklich richtig ist. Es scheint mir deshalb auch wenig erhellend zu sein, auf die Unterschiede der allgemein verwendeten ungleichen Häusersysteme einzugehen, und so möchte ich mich darauf beschränken, ihre Entstehungszeit zu erwähnen, die deutlich macht, daß sie erst im Laufe der letzten Jahrhunderte entwickelt wurden, in einer Zeit, als das Eingeweihten-Wissen nur noch von wenigen verstanden wurde.

Die bekanntesten sind Campanus (1233–1296), Regiomontanus (1436–1476), Placidus (1603–1668) und Dr. Walter Koch (1895–1970), wobei Placidus- und Koch-Häuser am häufigsten verwendet werden. Allen gemeinsam ist die Zählung der Häuser ab Aszendent als Spitze des ersten Hauses in umgekehrter Uhrzeigerrichtung und die Ungleichheit der Häuser, die sich je nach Tages- und Jahreszeit in ihrer Größe verändern und mit zunehmender Polhöhe immer ungleicher werden. In den verschiedenen Systemen werden die beiden Hauptachsen AC und MC gleich berechnet, doch sie unterscheiden sich in der Größe der Zwischenhäuser.

Auf die mathematischen Begründungen für diese Unterschiede möchte ich hier nicht näher eingehen, da sie selbst erfahrenen Astrologen so komplex erscheinen, daß sie nicht zur Aufhellung des grundlegenden Problems unterschiedlicher Häusersysteme beitragen würden. Was sie alle kennzeichnet, ist die Abkehr vom antiken Verständnis des MC – als dem höchsten Punkt des Horoskops – zugunsten des äußerlich sichtbaren höchsten Punktes der Ekliptik. Dadurch werden die Häuser nun je nach Jahreszeit oder Tageszeit der Geburt und mit zunehmender Polhöhe immer ungleicher. Und ab dem 66. Breitengrad können diese Systeme überhaupt keine Anwendung mehr finden, weil die Häuser bei dieser geographischen Breite so ungleich geworden sind, daß Aszendent und MC zusammenfallen. Allein diese Tatsache müßte uns aufhorchen lassen. Kann ein System richtig sein, das Menschen jenseits des 66. Breitengrades nicht mehr erfaßt? Das widerspricht der Astrologie als einer universellen Wissenschaft vom Wesen des Menschen, die für alle Bewohner dieses Planeten gleichermaßen Gültigkeit hat und sich nicht auf eine bestimmte Lebenssphäre beschränken kann. Doch selbst wenn wir unterhalb des 66. Breitengrades bleiben und uns anschauen, wie unterschiedlich der Häuserplan eines Horoskops aussieht, je nachdem ob ein Mensch im Süden oder Norden, um Mitternacht oder am Mittag geboren wurde, dann scheinen mir ungleiche Häusersysteme nicht mehr nachvollziehbar zu sein.

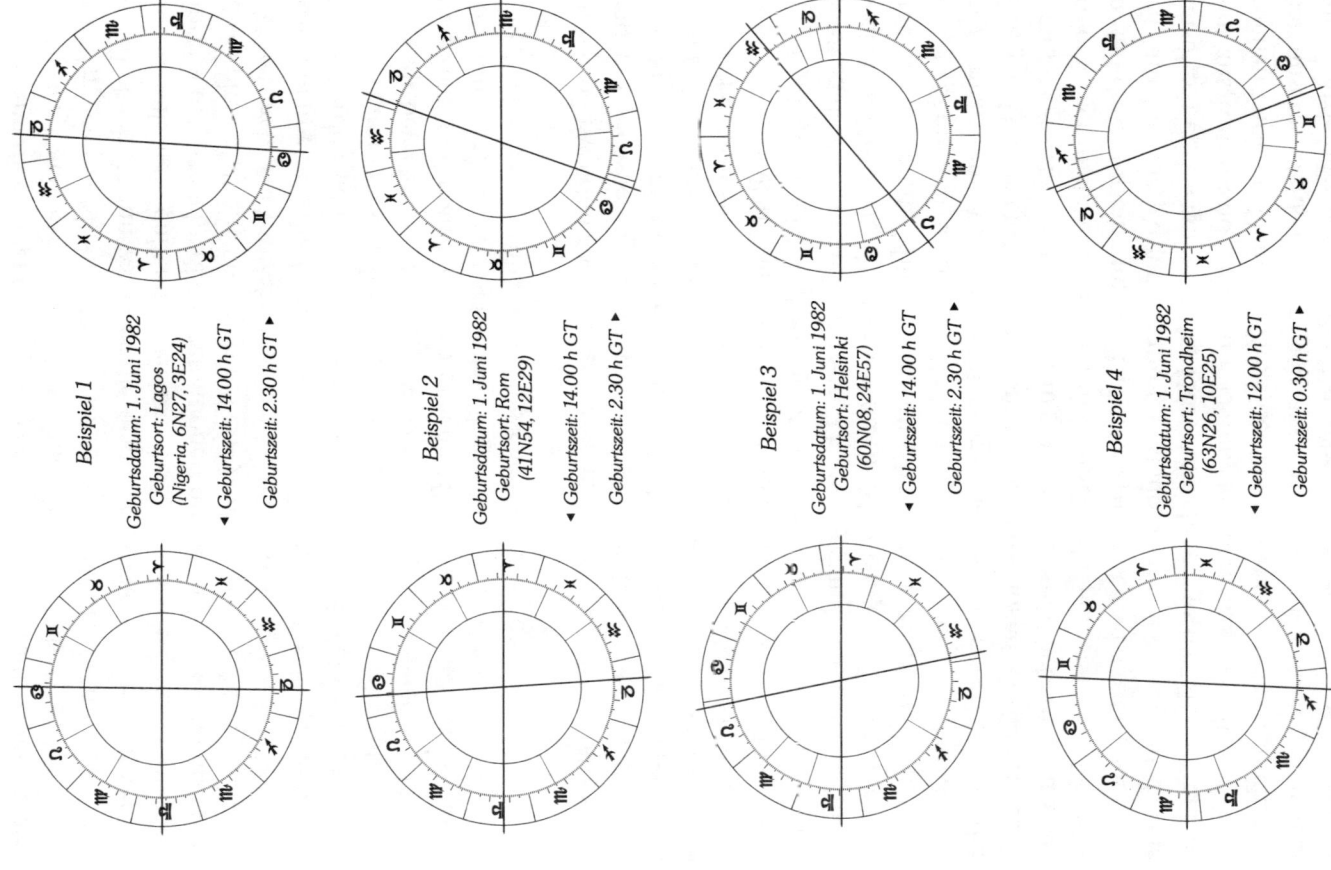

Die Problematik der unterschiedlichen Häusersysteme

419

Beispiel 1

Geburtsdatum: 1. Juni 1982
Geburtsort: Lagos
(Nigeria, 6N27, 3E24)

▼ Geburtszeit: 14.00 h GT

► Geburtszeit: 2.30 h GT ▲

Beispiel 2

Geburtsdatum: 1. Juni 1982
Geburtsort: Rom
(41N54, 12E29)

▼ Geburtszeit: 14.00 h GT

► Geburtszeit: 2.30 h GT ▲

Beispiel 3

Geburtsdatum: 1. Juni 1982
Geburtsort: Helsinki
(60N08, 24E57)

▼ Geburtszeit: 14.00 h GT

► Geburtszeit: 2.30 h GT ▲

Beispiel 4

Geburtsdatum: 1. Juni 1982
Geburtsort: Trondheim
(63N26, 10E25)

▼ Geburtszeit: 12.00 h GT

► Geburtszeit: 0.30 h GT ▲

Ich möchte dies anhand von vier verschiedenen Geburtsorten zeigen, die nach der Placidus-Methode berechnet wurden (Abb. S. 419).

Auf der geographischen Breite von Lagos sind die Häuser noch annähernd gleich. Wenn wir aber die beiden Horoskope von Rom vergleichen, so fällt auf, daß am gleichen Tag auf gleicher geographischer Position sehr unterschiedliche Situationen für einen Menschen entstehen. Und bei einer Polhöhe von Helsinki ergeben sich um die Mittagszeit und um Mitternacht vollkommen unterschiedliche Häusergrößen.

Am Äquator sind die Häuser also noch gleich, doch mit zunehmender Polhöhe werden sie immer ungleicher, so daß es beispielsweise für einen Ort wie Hammerfest (Norwegen) keine Möglichkeit mehr gibt, zwölf Häuser zu berechnen. Häufig wird von Verfechtern ungleicher Häuser dann gesagt, daß man hier eben gleiche Häuser verwenden müsse, doch warum nur hier? Welch nachvollziehbares logisches Argument gibt es für die ungleiche Betrachtung von Menschen an verschiedenen Orten der Welt?

Durch Verwendung von ungleichen Häusern sind die zwölf grundlegenden Lebensbereiche, auf die ein Mensch bewußtseinsmäßig reagieren kann, so extrem ungleich, daß ein Haus mehrere Tierkreiszeichen umfassen kann und andere so klein sind, daß mehrere Häuser von gleichen Tierkreiszeichen bestimmt werden. Aus meiner Sicht könnte man in diesen Fällen von keiner ausgewogenen Entwicklung mehr ausgehen. Und so ungleich sollten die »Gaben des Schicksals« verteilt sein? Dies zu glauben, fällt mir schwer. Denn aufgrund der extrem unterschiedlichen Größe der Häuser würde ein Mensch, je nachdem ob er zur Mittagszeit oder um Mitternacht, im Süden oder im Norden geboren wurde, vollkommen ungleiche Bedingungen vorfinden. Ich denke, das kann so nicht sein. Vielmehr scheint mir im Zuge der Verbreitung der ungleichen Häuser eine ganz wichtige, unseren antiken Vorfahren noch vertraute Tatsache verloren gegangen zu sein, nämlich die, daß die Astrologie sich nicht auf äußere physikalische Phänomene gründet, sondern daß diese nur eine innere Tatsache symbolisch widerspiegeln.

Ich möchte die Argumentation deshalb auf einer anderen Ebene weiterführen und versuchen, das Horoskopschema als das »Koordinatensystem aus Raum und Zeit« zu erklären, aus dem das Bewußtsein eines Menschen entsteht. Denn im Zuge der zunehmenden Verwissenschaftlichung unseres Denkens, der sich auch die Astrologie nicht entziehen konnte, wurde offensichtlich die Tatsache übersehen, daß unsere antiken

Vorfahren, zumindest aber die Eingeweihten und Wissenden dieser Zeit, die Erde sehr wohl als Globus betrachteten und ihre Beschaffenheit kannten. Aber trotzdem verwendeten sie ein gleiches Häusersystem, weil sie sich eben der Tatsache bewußt waren, daß die zwölf Felder des Horoskops »symbolische Häuser der Seele« sind und daß der MC nicht den höchsten Punkt der Ekliptik des Geburtstages darstellt, sondern den höchsten Punkt oder den Zenit des Lebens eines Menschen, der zeitlich durch den Augenblick der Geburt bestimmt wird und stets im 90°-Winkel zum Aszendenten stehen muß.

Im Grundschema des Horoskops, dem viergeteilten Kreis, wird eine Grundlebenssituation ausgedrückt: Es ist die Darstellung des Ursymbols der Menschheit, dem (energetischen) Kreuz, das jeder Mensch zu tragen hat, weil auf der Erde ein senkrechter und physischen kreuzt. Dies ist das »Kreuz der Materie«, das jeder Erfahrung im Physischen zugrundeliegt und die Basis jeglicher Entwicklung bildet. Dieses esoterische Wissen führte in der Antike zur Verwendung von gleichen Quadranten und gleichen Häusern. Auch war man sich immer bewußt, daß im 360°-Kreis des Horoskops nicht das äußerlich sichtbare Phänomen eines Erdentages abgebildet ist, sondern daß es sich hier um die Darstellung des »Lebenskreises eines Menschen« handelt, der analog dem Jahres- und Tagesrhythmus der Sonne seinen eigenen Lebensrhythmus aufweist. Symbolisch betrachtet gibt es einen Sonnenaufgang (Aszendent), einen Sonnenhöchststand (MC) der Seele und die entsprechenden gegenüberliegenden Punkte Sonnenuntergang (Deszendent) und Sonnentiefststand (Immun Coeli = IC). Dieser Lebenskreis, der das »Kreuz der Materie« einschließt, bildet die Grundlage für den Empfang von kosmischen Energien, die auf ein durch »Raum und Zeit gekreuzigtes Bewußtsein« einwirken, das den Menschen in Inkarnation darstellt. Das im Kreis eingeschriebene Kreuz stellt symbolisch also das grundlegende »Koordinatensystem« unseres Bewußtseins« dar, das gleichermaßen eine räumliche wie auch eine zeitliche Komponente beinhaltet.

Räumlich betrachtet symbolisieren die vier Quadranten die vier Ebenen des Bewußtseins[35], auf denen ein Mensch in der materiellen Welt lebt: die physische Ebene, die Astralebene, die Mentalebene und die

Kausalebene oder die höhere Mentalebene, auf der sich der Kausalkörper der Seele befindet.

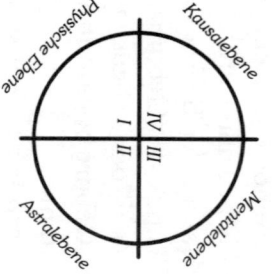

Zeitlich kann der viergeteilte Kreis aber auch als Lebensuhr betrachtet werden, die, in Analogie zum scheinbaren Jahreslauf der Sonne, den Frühling des Lebens, den Sommer, den Herbst und den Winter anzeigt. Die vier Quadranten spiegeln also auch den Sonnenlauf eines Jahres oder eines Tages (bezogen auf den Äquator) wider. Aus diesem Grund beschrieben indische Weise die Sonne als einen »Körper mit vier Seiten«, ein Bild, das noch in den vier Himmelsrichtungen enthalten ist, die auch von Vertretern ungleicher Häuser den vier Kardinalpunkten des Horoskops zugeordnet werden, obwohl ihre Achsen keine 90°-Winkel mehr aufweisen. Eine Ungereimtheit, die wiederum ein Beweis dafür ist, daß altes Wissen von modernen Auffassungen überlagert wurde, weil seine ganzheitliche Bedeutung verlorenging.

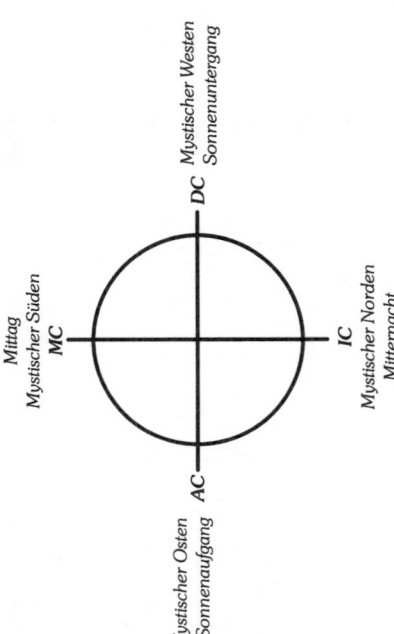

Mittag
Mystischer Süden
MC

Mystischer Westen
Sonnenuntergang
DC

IC
Mystischer Norden
Mitternacht

Mystischer Osten
Sonnenaufgang
AC

Nehmen wir nun die Analogie des Sonnenlaufs, so entspricht der Sonnenaufgang, der mystische Osten, dem Aszendenten und stellt die Geburt der Seele dar.

Der Höchststand der Sonne, der mystische Süden, wird mit dem MC gleichgesetzt, denn dieser stellt den Zenit oder den Höhepunkt des menschlichen Lebens dar.

Die beiden gegenüberliegenden Punkte DC und IC symbolisieren den Untergang der Sonne und den tiefsten Punkt der Seele, was zeitlich betrachtet einem langsamen Abnehmen der Lebensenergie oder dem Lebensabend entspricht.

So kann man das Horoskop mit seinen vier Quadranten und zwölf Häusern auch als eine Art Lebensuhr betrachten, die natürlich stets gleiche Zeitabstände aufweisen muß, wenn sie als Zeitmeßinstrument verstanden wird. Dieses Verständnis führte in der Antike zur Zuordnung der vier Quadranten des Horoskops zu den vier Lebensaltern des Menschen: Kindheit, Jugend, Reife und Alter, wobei wir esoterisch betrachtet die Zeit in zwei Richtungen ablesen können, im Uhrzeigersinn und gegen den Uhrzeigersinn.

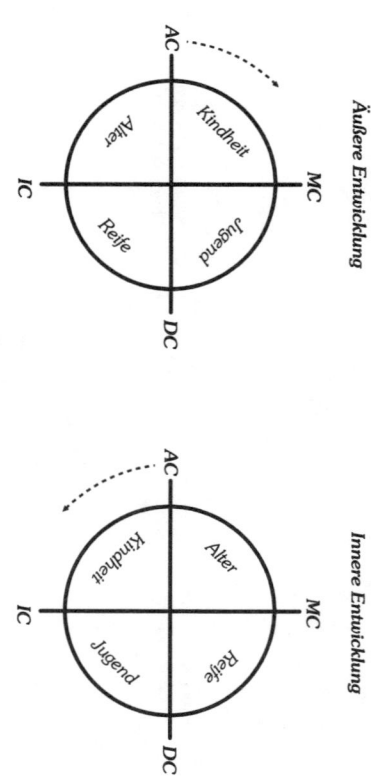

Äußere Entwicklung

Innere Entwicklung

Die vier Quadranten des Horoskops, die das »Kreuz der Materie« symbolisieren, haben also sowohl eine räumliche Komponente, die sich auf die vier Ebenen der materiellen Erfahrung bezieht, wie auch eine zeitliche Komponente, die eine symbolische Darstellung der »Seelenzeit« des Menschen ist, nicht aber die Abbildung der physischen Gegebenheit eines Tages.

Deshalb ist das ursprüngliche Häusersystem auch das gleiche Zwölf-Häuser-System, das eine Erweiterung des Vier-Quadranten-Systems darstellt. Dabei teilte man den Lebenskreis vom Aszendenten beginnend linksläufig, also gegen den Uhrzeigersinn, in zwölf gleiche Abschnitte zu je 30°, so daß der AC und MC einen Winkel von 90° bildeten und der MC stets den Beginn des zehnten Hauses darstellte. Dieses System galt als Offenbarung des Weisen Hermes Trismegistos und wurde deshalb als »hermetisches Zwölf-Häuser-System« bezeichnet.

In der Mitte des Häuserkreises stand nach antiker Auffassung nicht die Erde, sondern der Mensch, denn das Horoskop ist die symbolische Darstellung des menschlichen Bewußtseinsfeldes. Es spiegelt die Verbindung aus Raum und Zeit und stellt sowohl eine Lebensuhr wie auch die zwölf Resonanzfelder des menschlichen Bewußtseins dar, die der Seele die Möglichkeit geben, auf zwölf Schwingungsebenen mit der Umwelt in Kontakt zu treten. Diese zwölf Resonanzfelder, durch die ein Mensch Umwelteindrücke verarbeiten kann, müßten aber für alle Menschen gleich sein, egal ob sie am Nordpol oder in der Südsee geboren wurden.

Aus esoterischer Sicht lassen sich für die ungleichen Häuser deshalb auch keinerlei argumentative Grundlagen finden, und so bin ich nach eingehendem Studium hermetischer Schriften zu der Überzeugung gelangt, daß das System gleicher Häuser ganz offensichtlich nicht entstanden ist, weil man so unwissend war und die äußeren physikalischen Gegebenheiten der Erde noch nicht kannte, sondern weil man sich noch bewußt war, daß die Häuser einen inneren Tatbestand des menschlichen Lebens symbolisch ausdrücken. Außerdem bliebe noch auf die Tatsache zu verweisen, daß die Astrologie zwar die Grundbedeutung der Häuser aus der Antike vollkommen übernommen hat, sich aber angeregt durch neuzeitliche Mathematiker davon hat überzeugen lassen, daß die Berechnung der Häuser falsch war. Dies scheint mir angesichts der zunehmenden Tontafelfunde aus Sumer, die eindeutig belegen, daß der technische und geistige Wissensstand der Sumerer weitaus höher war als der moderne Mensch anzunehmen bereit ist, nicht mehr glaubhaft zu sein.

Ich möchte deshalb versuchen, den Blick nochmals auf die Geometrie zu richten, die wir schon zu Beginn als Wesensmerkmal kosmischer Schöpfungstätigkeit erkannt haben. Denn, wie es unsere antiken Vorfahren noch wußten, wirkt Gott als »der große Geometer des Universums«. Und weil alles Leben im Kosmos dem Gesetz der Symmetrie unterliegt, muß sich auch das Horoskop – die Darstellung des menschlichen Bewußtseinsfeldes – als geometrisch-symmetrische Form erweisen, denn es basiert auf dem gleichen Zahlenschlüssel, der allem kosmischen Geschehen zugrundeliegt und der jede Entwicklung im Physischen bestimmt.

VII

Das Horoskop
als Bewusstseinsraum
des Menschen

1. Die Geometrie des Horoskops

Esoterisch betrachtet ist das Horoskop die graphische Darstellung des Bewußtseinsraumes eines Menschen, der, wie jedes Lebewesen im Kosmos, durch eine Dreiheit von Energien bestimmt wird, die auf eine vierfältige Form einwirken, um im Laufe der Evolution eine bewußte Reaktion hervorzurufen. Die Geburt eines Menschen ist daher dem großen Schöpfungsakt vergleichbar, denn sie stellt die Entstehung seiner individuellen Bewußtseinssphäre dar, seines ganz persönlichen Universums, das ein Miniaturabbild des eigentlichen Universums ist.

So wird es uns nicht überraschen, daß wir im Grundschema des Horoskops wiederum den Zahlen 1–4 begegnen, die wir im Kap. I, 4. als die Symbole der Weltentstehung kennengelernt haben.

Die Eins

Die Einheit des Lebens

Die Grundform des Horoskops bildet der (Tier-)Kreis, in dessen Zentrum der Mensch steht. Der zentrale Punkt symbolisiert den in sich zentrierten lebendigen Geist, das »Ich bin«, das latent die Fähigkeit besitzt, sich selbst zu erkennen.

Der Tierkreis stellt also den Hintergrund des Lebens oder die Bewußtseinssphäre dar, innerhalb derer wir lernen, uns als Ich wahrzunehmen.

Doch weil dieser Lebenskreis endlos ist und weder Anfang noch Ende aufweist, ist eine Individualisierung nur möglich, wenn der Lebenskreis einen Anfangspunkt hat. Und dieser Anfangspunkt (der Zeitpunkt der Geburt) teilt den Tierkreis in eine obere und eine untere Hälfte und läßt so ein duales Bewußtsein entstehen.

Die Zwei

Die Dualität physischen Lebens

Der Aszendent, der Anfangspunkt des Lebens, teilt das Bewußtseinsfeld des Menschen in eine bewußte und eine unbewußte Hälfte.

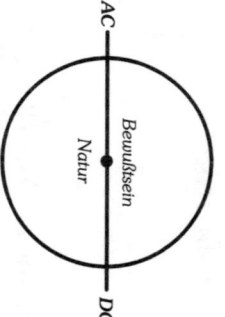

Die obere Hälfte symbolisiert das bewußte Erleben, die noch zu gestaltende Zukunft, die untere das Unbewußte oder Ererbte, das als Vergangenheit in die Gegenwart hineinreicht und die Zukunft beeinflußt. Die Aszendentenachse entspricht deshalb dem physischen Lebensstrom, der den Menschen in eine duale Bewußtseinswelt stellt.

Die Vier

Die vier Quadranten oder das »Kreuz der Materie«

Der geistige Lebensstrom, die MC-IC-Achse, teilt das Bewußtseinsfeld des Menschen außerdem in eine Ich-Hälfte und Du-Hälfte oder in das, was als Innenwelt (AC) und Außenwelt (DC) erlebt wird.

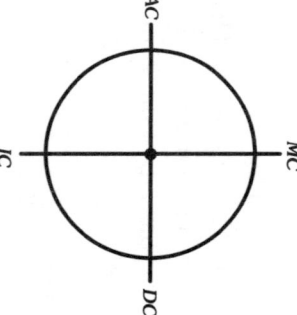

Dadurch entstehen die vier Quadranten, die den vier Ebenen der Erfahrung entsprechen, die ein Mensch mittels seiner vier Körper macht.

Die Zwölf (3 × 4)

Die zwölf Häuser als irdisches Resonanzfeld des Tierkreises

Jeder Quadrant enthält wiederum drei Häuser: ein *kardinales*, ein *fixes* und ein *veränderliches*, die eine symbolische Entsprechung zur Ur-Dreiheit *Geist, Seele* und *Körper* haben. Dadurch entstehen die zwölf Häuser oder zwölf grundlegende Erfahrungsbereiche des Lebens, auf die ein Mensch bewußtseinsmäßig reagieren kann. Diese bilden die Grundlage für den Empfang der Tierkreisenergien und der planetarischen Energien.

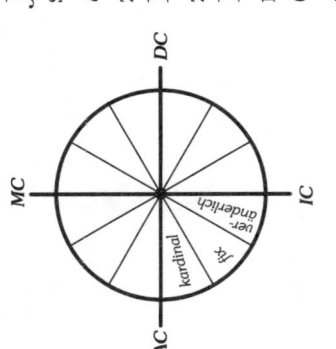

Das Horoskop eines Menschen ist also nichts anderes als der Plan seiner gegenwärtigen Bewußtseinssphäre. Es ist eine Momentaufnahme seiner Reise durch Raum und Zeit, wobei Raum und Zeit die Koordinaten seines Bewußtseins sind. Diese stehen senkrecht aufeinander, denn sie bilden das »Kreuz des Lebensrades«, an das der Einzelne gebunden ist, bis er sich durch Bewußtwerdung vom Rad der Wiedergeburt befreit und damit symbolisch vom Kreuz der Materie herabsteigt. Dies ist die esoterische Bedeutung der »Quadratur des Kreises«, die der Mensch dadurch lösen muß, daß er lernt, sein Bewußtsein im Zentrum des Kreises zu konzentrieren und sich wieder als Einheit wahrzunehmen, die die *Dreiheit* und *Vierheit* durchdringt und sich in der *Zwölf* offenbart.

2. Die Ebenen des Horoskops

Die Basis des Horoskops bildet das »*Kreuz des Lebens*«, das den Menschen in eine vierdimensionale Bewußtseinswelt stellt, die die Astrologie die vier Quadranten nennt.

falsch

Und auf dieses vierdimensionale Bewußtseinsfeld werden nun nochmals drei Energieebenen projiziert, die den drei Aspekten *Geist*, *Seele* und *Körper* entsprechen.

1. Der Tierkreis

Die Bewußtseinssphäre des Menschen wird begrenzt durch den Tierkreis, der die Einheit des Seins in ein zwölffach abgestuftes Energiefeld aufspaltet, das die Stufen unserer Bewußtwerdung symbolisiert. Der Tierkreis spiegelt den Geist oder den *Willensaspekt der Schöpfung*.

2. Die Häuser

Als Resonanzfeld des Tierkreises haben wir die zwölf Häuser. Sie stellen die zwölf Bereiche des physischen Lebens dar, auf die ein Mensch bewußtseinsmäßig reagieren kann. Die Häuser symbolisieren den Körper oder den *Materie-Aspekt der Schöpfung*.

3. Die Planeten

Als Mittler zwischen den Tierkreisenergien und den zwölf Wahrnehmungsbereichen physischen Lebens wirken die Planeten, die die Energiequalität und die Absicht der Tierkreiszeichen auf die Häuser übertragen. Die Planeten symbolisieren den *Seelen-Aspekt der Schöpfung*, sie formen Bewußtsein.

Das Grundhoroskop

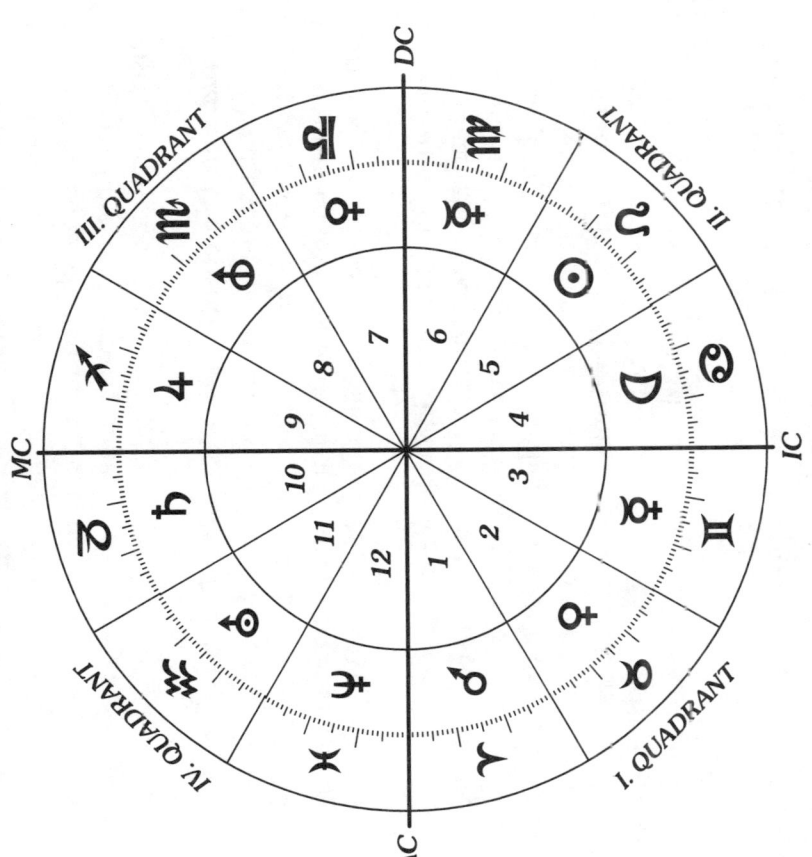

3. Die Bedeutung der vier Quadranten

Die Quadranten stellen die vier Ebenen der menschlichen Formnatur dar, die in der Esoterik als physische Ebene, Astralebene, Mentalebene und Kausalebene bezeichnet werden. Sie entsprechen den vier Körpern des Menschen, die der Seele die Fähigkeit verleihen, auf vierfache Weise mit der Umwelt Kontakt aufzunehmen und auf sie zu reagieren.

I. Quadrant: Die physische Welt – Das Ich

Der I. Quadrant dient der Selbsterfahrung im Physischen. Diese gründet auf unserer physischen Veranlagung, die wir in Form unseres Körpers mit ins Leben gebracht haben. Er beinhaltet das, was wir im letzten Leben gedanklich geschaffen haben und das nun in unserer physischen Konstitution, unseren Wertvorstellungen und unserer Kontaktfähigkeit zu unserer Umwelt in Erscheinung tritt.

II. Quadrant: Die emotionale Welt – Die Psyche

Der II. Quadrant verkörpert die Psyche eines Menschen oder das, was die »körpergebundene Seele« an subjektivem, innerem Erleben gespeichert hat. Er prägt unsere emotionalen Bindungen und Beziehungen und die Art, wie wir auf das emotionale Erleben unserer Mitwelt reagieren.

III. Quadrant: Die Welt der Gedanken – Der Andere

Der III. Quadrant verkörpert die Welt der Gedanken und Ideen, über die wir andere Menschen gedanklich wahrnehmen und erkennen. Er schafft die Möglichkeit weltanschaulicher Orientierung und schöpferischen Denkens, mit dem wir gestalterisch oder zerstörerisch in das Geschehen der Welt eingreifen können. Er ermöglicht uns, Beziehungen zu unseren Mitmenschen herzustellen, uns mit den »Selbstverständnissen« anderer auseinanderzusetzen und unser Ich in Bezug auf andere zu reflektieren.

IV. Quadrant: Die Welt der Seele – Die Menschheit als Ganzes

Im IV. Quadranten findet das Ausdruck, was an Gemeinschaftssinn oder persönlichkeitsübergreifendem Denken vom Menschen erfaßt werden kann. Es ist der Bereich der Seele oder der Gruppenzugehörigkeit, der uns in das »Kollektiv Menschheit« einbindet und uns die Universalität menschlichen Lebens wahrnehmen läßt, sobald wir für diesen Bereich bewußtseinsmäßig empfänglich geworden sind. Dieser Quadrant ist daher überpersönlich, dem Menschen in seiner umfassenden Bedeutung nicht unmittelbar zugänglich, denn er betrifft die Gruppenbeziehungen der Seele, die außerhalb der persönlichen Wahrnehmung liegen.

4. Die Bedeutung der zwölf Häuser

Die zwölf Häuser entstehen durch Dreiteilung der vier Quadranten, und sie bilden die zwölf Ebenen der irdischen Erfahrung, über die die Planeten und Tierkreiszeichen auf den Menschen wirken.

I. Quadrant: Physische Ebene – Die objektive Welt

1. Haus: Physische Erscheinung, physische Konstitution
Tätigsein im physischen Körper
Selbstbehauptung, Durchsetzung im Raum

2. Haus: Physischer Besitz, Werte, Geld
Kapital im physischen und geistigen Sinne
Selbstbewertung, Selbstwert durch Schaffung von Werten
Sammeln und Sammlung von Kräften
Abgrenzung des Eigenen

3. Haus: Kommunikation mit der Umwelt
Nähere Umweltbeziehungen
Kommunikation durch Sprache und Gebärden
Selbstausdruck, Selbstdarstellung

II. Quadrant: Astralebene – Die subjektive Gefühlswelt

4. Haus: Seelische Verwurzelung in der Menschheit
Verinnerlichung, Gefühlsleben, seelisches Empfinden
Familie, Herkunft, Tradition
Privatsphäre, das »Zuhause«

5. Haus: Individueller Lebensausdruck
Persönliche Kreativität, individuelle Schöpferkraft
Spiel, Erotik, Kinder (auch geistige)
Persönliche (Selbst-)Verwirklichung

436

6. Haus: Seelische Anpassung an Umweltbedingungen
Existenzsicherung, Arbeit (Job), Abhängigkeit, Dienst
Seelische Krisen, Krankheit

7. Haus: Gedankliche Begegnung mit anderen
Partnerschaft, Ehe, Beziehungen

**III. Quadrant: Mentalebene – Die Welt der Gedanken und
Ideale**

8. Haus: Transformation
»Stirb-und-Werde« durch Änderung des Denkens
Umpolung des Ich-Standpunktes auf Gemeinschaftsinteressen
Loslassen von (emotionalen) Bindungen und Begierden
Loslösung vom Verhaftetsein an die Materie (Erbschaftsan-
gelegenheiten)
Tod (des Ego), Trennung, Verzicht

9. Haus: Weltanschauung/Welterkenntnis
Gedankliche Orientierung, Ideale, ideologische Ausrichtung
Religiöse Orientierung, ideelle Leitziele des Lebens

**IV. Quadrant: Kausalebene – Der Mensch als Teil des
Kollektivs Menschheit
Gemeinschaftssinn**

10. Haus: Öffentlichkeit
Persönlichkeitsintegration, persönliche Autorität
Überpersönliche Bedeutung für andere
Berufung, Beruf, öffentliches Ansehen, öffentliches Wirken

11. Haus: Gruppenzugehörigkeit (»Seelenverwandtschaft«)
Seelische Verbindung zu anderen, geistige Freunde
Gemeinschaft von Gleichgesinnten, Orden, Parteien, Ver-
bände
Gesellschaftliche Gruppierungen
Religiöse oder esoterische Gruppen
Gruppenbeziehungen und Gruppenaktivität, Team-Geist

12. Haus: Die Einheit hinter dem Individuellen

Verwirklichung im Dienst der Allgemeinheit

Aufgabe der persönlichen Bedeutung, um seelisch zu wachsen

Aufgehen in einem größeren Ganzen, um der Welt zu dienen

Persönliche Anonymität: Aus dem Mittelpunkt in den Hintergrund treten

Bedeutung erlangen durch »Selbst«-Aufgabe

Ego- und Identitätskrisen sowie Phasen äußerer oder innerer Isolation, wenn die Identifikation mit einem größeren Ganzen nicht erfolgt und nur persönliche Profilierung gesucht wird

Offenheit für mystische und transzendentale Erfahrungen, aber auch: Realitätsferne und innere Isolation durch Entferntsein von anderen

5. Der esoterische Hintergrund der Quadranten und Häuser

Esoterisch betrachtet sind die zwölf Häuser nichts Äußerliches, sondern sie symbolisieren das zwölffach abgestufte Lichtfeld, das unseren physischen Körper umgibt und durchdringt und uns in Resonanz mit der Umwelt versetzt. Die Häuser sind also in uns; sie sind die Widerspiegelung des Tierkreises, der sich im Augenblick unserer Geburt unserem Schwingungskörper als Lichtinformation aufprägt und ihm seine zwölffach abgestufte atomare Substanzqualität verleiht. Denn jede Substanz ist festgewordenes Licht, und alles kosmische Wirken gestaltet sich nach Urbildern, die auf allen Ebenen ihre Entsprechung haben. Folglich nehmen wir in der Außenwelt die zwölf grundlegenden Lebensbereiche, die die astrologischen Häuser spiegeln, auch nur deshalb wahr, weil sie als zwölf Schwingungszustände in uns sind. Denn wir können außen nichts wahrnehmen, was nicht schon in uns vorhanden ist, weil jede Wahrnehmung auf dem Prinzip der Resonanz beruht:

»Wär nicht das Auge sonnenhaft, es könnt die Sonne nicht erblicken«   (Goethe)

Die zwölf Häuser und die vier Quadranten können esoterisch deshalb als eine Realität betrachtet werden, weil Quadranten als Realität betrachtet werden, die in uns schwingt und sich in verschiedenen Lichtzuständen manifestiert, die von Hellsichtigen wahrgenommen werden können. Energetisch betrachtet bilden die vier Quadranten ein vierfach abgestuftes Lichtfeld, das unseren physischen Körper als Aura umgibt und das uns befähigt, die äußere Welt auf unterschiedlichen Wirklichkeitsebenen wahrzunehmen und unterschiedlich auf sie zu reagieren.

Betrachten wir die Ebenen unseres Bewußtseins also unter dem Aspekt ihrer unterschiedlichen Lichtqualität, so erscheint der I. Quadrant mit seinen drei Häusern in einem festen Zustand, denn er bedingt unsere körperliche Existenz, die durch Verdichtung von Licht entsteht.

Das 1. Haus enthält die Grundqualität physischer Existenz, die sich karmisch für dieses Leben durch den Zeitpunkt der Geburt ergeben hat. Es ist das für das ganze Leben wichtigste und bestimmende Haus, da es das Haus ist, in dem die Seele sich körperlich verankert und das die Grundlebensenergie bestimmt.

Im 2. Haus wird dieser Körper empfindungsmäßig beeindruckbar, woraus sich ein Bewußtsein für die Werte und die Qualität des eigenen Lebens entwickelt. Dieses Empfinden von Qualität, aus dem ein persönliches Lebensgefühl entsteht, findet seine Entsprechung im II. Quadranten, der als eine Erweiterung des körperlichen Empfindens des 2. Hauses betrachtet werden kann.

Das 3. Haus betrifft die gedankliche Reaktion auf die Umwelt, die ihre Entsprechung im III. Quadranten findet, der wiederum eine Art Erweiterung des 3. Hauses darstellt. Es bezieht sich auf unsere Fähigkeit zur Kommunikation und zum sprachlichen Selbstausdruck, die sich aus der Erfahrung gedanklichen Austausches mit anderen ergibt.

Der I. Quadrant stellt deshalb bildlich gesprochen das »Fundament unseres körperlichen Hauses« dar, das die Seele beherbergt und das uns im Physischen zur Verfügung steht. Denn der Mensch baut sich von Inkarnation zu Inkarnation durch die gefühlsmäßige Beeindruckbarkeit (II. Quadrant), die sich als Ergebnis im 2. Haus niederschlägt und die gedankliche Gestaltungsfähigkeit (III. Quadrant), die sich als Fähigkeit zur Kommunikation und zum Selbstausdruck im 3. Haus niederschlägt, einen für die Seele immer besser geeigneten Körper, der mit jedem

Leben feinsinniger und sensibler auf innere und äußere Eindrücke reagiert. Die ins Leben mitgebrachte körperliche Konstitution ist also das Ergebnis vergangener gedanklicher Tätigkeit (III. Quadrant) und emotionalen Erlebens (II. Quadrant), die im festen Lichtzustand des physischen Körpers im jetzigen Leben in Erscheinung treten.

Wenn wir beim Bild des Lichtes bleiben, dann erscheint der II. Quadrant in einem fast flüssigen, sehr beweglichen Zustand, der gefühlsmäßig beeindruckbar und veränderbar ist, denn er entspricht der Astralebene, dem wässrigen Element des Lebens.

Im III. Quadranten, der mit dem Mentalkörper gleichgesetzt wird, richtet sich die Qualität des Lichtes nach der Art des Denkens. Es ist heller oder dunkler, fester oder beweglicher, je nachdem wie ein Mensch mit seinen eigenen Gedanken formend auf den eigenen Mentalkörper und den Gefühlskörper einwirkt. Aufgrund des Prinzips der Resonanz entscheidet die Art des Denkens auch darüber, was ein Mensch in seiner Umwelt vorfindet und wie er sie erlebt, denn wir sehen außen immer nur das, was wir auch innerlich in uns tragen.

Zusammengefaßt entsprechen die ersten drei Quadranten mit ihren neun Häusern den »drei Welten« des Menschen, der physischen, astralen und mentalen, in der wir uns als körperliche Wesen normalerweise erleben und bewegen. Sie finden ihre symbolische Entsprechung in den neun Monaten der Schwangerschaft, die der physischen Geburt vorausgehen, wobei das zehnte Haus in der Analogie aber nicht als die physische, sondern als die geistige Geburt verstanden werden muß.

Mit dem IV. Quadranten beginnt eine neue Ebene des Bewußtseins, denn er entspricht dem Kausalkörper, in dem all das gespeichert wird, was wir zum Menschheitsbewußtsein beizutragen haben. Er bezieht sich deshalb auf das Allgemein-Menschliche oder das Überpersönliche, das unsere physische Existenz überdauert.

Das 10. Haus, das mit dem MC beginnt, gibt Auskunft über die zu erreichende Persönlichkeitsintegration, die die Basis für die Seelenentwicklung ist. Es enthält die Essenz des persönlichen Lebens, also das, was wir als Summe unserer Erfahrungen an innerer Bedeutung und Autorität erreichen können und das, was ein Mensch (auch unbewußt oder unbeabsichtigt) zur Entwicklung des menschlichen Bewußtseins beiträgt. Das 10. Haus kann deshalb als die »Ernte des Lebens« betrachtet werden, als das, was wir – auf der Basis der mit ins Leben gebrachten drei Körper (I., II. und III. Quadrant) – durch Arbeit an uns selbst an persönlicher Integration erreichen.

Und weil sich der IV. Quadrant auf die Menschheit als Ganzes bezieht, enthält das 10. Haus auch das, was ein Mensch durch Persönlichkeitsentwicklung an überpersönlicher Bedeutung erreicht und was als allgemeine Erfahrung in das Menschheitsbewußtsein eingeht. Denn jeder Mensch hat als einzelner durch sein individuelles Leben Teil an der Entwicklung des Menschheitsbewußtseins, das wie alles Leben im Kosmos durch Evolution zu immer umfassenderer Wahrnehmung gelangt.

Betrachten wir den IV. Quadranten nun wiederum unter dem Aspekt seiner Lichtqualität, so erscheinen besonders das 11. und 12. Haus in einer fast transparenten Helligkeit, die dem Lichtzustand der Seele entspricht. Doch weil ein Mensch nur das wahrnehmen kann, was er auch schon in sich entwickelt hat, wirkt sich diese Helligkeit nicht selten als »Verblendung« aus, vergleichbar einem gleißenden Sonnenlicht, das uns blendet und uns unsere klare Sicht nimmt. Der IV. Quadrant stellt deshalb für die meisten lange Zeit einen Bereich des Lebens dar, der sich der bewußten Wahrnehmung und Einflußnahme entzieht, weil er der Seele entspricht, die stets in Gruppenbeziehungen denkt, und individuelle Gesichtspunkte somit keine Berücksichtigung finden. So werden Planetenstellungen, die die letzten beiden Häuser betreffen (vor allem aber das 12. Haus) auf unbewußter Ebene auch meist passiv erlebt, als etwas, das sich im Leben ereignet, ohne eigene Gestaltungsmöglichkeiten, solange der Wille der Seele oder die Zielrichtung des Lebens bewußtseinsmäßig noch nicht erfaßt wird.

Zusammenfassend können wir also sagen, der I. Quadrant enthält das, was für den Menschen unmittelbar selbst wichtig ist, weil es sein »physisches Gebäude« darstellt, in den im Laufe des Lebens das als Substanzqualität eingebaut wird, was wir im II. Quadranten gefühlsmäßig empfindend wahrnehmen, und das, was wir im Kontakt mit unseren Mitmenschen gedanklich erkennen (III. Quadrant) und als gestaltende Kraft in unser Leben übernehmen.

Der IV. Quadrant enthält, was wir geistig erwirken, also das, was über unsere persönliche Bedeutung hinausgeht. Deshalb kann der IV. Quadrant mit seinen drei Häusern auch als die Zusammmenfassung der ersten drei Quadranten betrachtet werden, denn in ihn wird die Erfahrung des I., II. und III. Quadranten im Sinne einer zunehmenden persönlichen, seelischen und geistigen Entwicklung eingebracht und im Kausalkörper gespeichert. Dieser bewahrt die Erfahrung aller Inkarnationen und überträgt sie als Schwingung auf die atomare Struktur des zukünftigen Körpers.

VIII

DIE PRAXIS
DER HOROSKOPDEUTUNG

1. Wie erstelle ich ein persönliches Horoskop?

Um das Horoskop eines Menschen zu erstellen, brauchen wir sein Geburtsdatum, Geburtszeit und Geburtsort. Aus diesen drei Daten wird der Aszendent berechnet, der den wichtigsten Punkt des Horoskops bildet, da er den Anfang des individuellen Häuserkreises bestimmt und damit alle weiteren Häuserspitzen festlegt.[36]

Beispiel: Geburtstag: 13.11.1949
Geburtszeit: 2.15 Uhr MEZ
Geburtsort: Parsberg

Als Aszendent ergibt sich: 24° 25' Jungfrau

1. Die Aszendentenachse

Die Aszendentenachse, die je nach Geburtszeit in jedes der zwölf Tierkreiszeichen fallen kann, teilt den Bewußtseinsraum eines Menschen in eine obere und eine untere Hälfte, in Bewußtes und Unbewußtes, und sie

---

[36] Ich möchte auf die Berechnung eines Horoskops in diesem Buch nicht näher eingehen, weil diese in jedem Astrologie-Buch für Anfänger sowie in den deutschen Häusertabellen ausführlich beschrieben wird. Zu beachten ist allerdings, daß für die esoterische Deutung eines Horoskops gleiche Häuser verwendet werden, so daß der MC sich automatisch aus dem 90°-Abstand zum Aszendenten ergibt.

legt die Grundlebensenergie fest, die ein Mensch in diesem Leben zur Verfügung hat und die sein inneres, seelisches Selbstverständnis ausmacht.

Im Beispielhoroskop haben wir einen Jungfrau-Aszendenten, der bei dem Horoskop-Eigner eine grundlegende Jungfrau-Betonung bewirkt, die als zentrale, innere Lebensqualität empfunden wird.

2. *Die vertikale MC-Achse*

Die vertikale Achse, die den Aszendenten im 90°-Winkel schneidet, bestimmt den MC oder den höchsten Punkt des Horoskops, der das Entwicklungsziel oder die Berufung eines Menschen enthält.

Durch Kreuzung der Aszendentenachse entstehen also die vier Quadranten des Horoskops, die unseren vier Körpern entsprechen: Physischer Körper, Astralkörper, Mentalkörper und Kausalkörper.

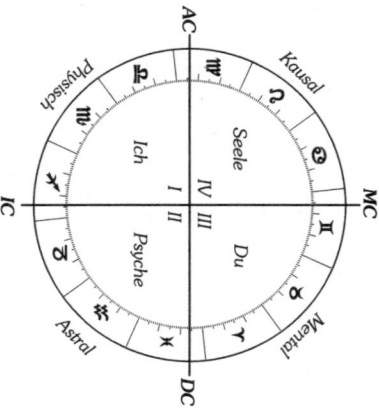

Der Aszendent, der den Anfangspunkt im Lebenskreis des Menschen festlegt, bestimmt also die vier Kardinalpunkte des Horoskops, deren Tierkreiszeichen die Grundprägung der vier Körper eines Menschen bestimmen.

In unserem Beispielhoroskop wird der I. Quadrant, der dem physischen Lebensausdruck entspricht, durch das Tierkreiszeichen Jungfrau bestimmt.

Der II. Quadrant, der Astralkörper oder die Psyche, erhält seine grundlegende Prägung durch das Tierkreiszeichen Schütze.

Der III. Quadrant, der Mentalkörper oder die Art, wie der Horoskop-

Eigner andere wahrnimmt, ist grundlegend vom Zeichen Fische geprägt.

Der IV. Quadrant, der Kausalkörper oder der Bereich überpersönlicher Bedeutung, erhält seine grundlegende Ausrichtung durch das Zeichen Zwillinge.

Die Kardinalpunkte des Horoskops, die das »Kreuz des Lebens« bilden, legen somit fest, welches Kreuz in diesem Leben vorherrschend ist. Und weil Jungfrau, Schütze, Fische und Zwillinge veränderliche Zeichen sind, spielt im Leben dieses Menschen das Veränderliche Kreuz mit seinen vier Zeichen, die sich als grundlegendes Temperament und Wesensmerkmal zeigen, eine dominante Rolle.

3. Dreiteilung der Quadranten – die zwölf Häuser

Die zwölf Häuser stellen die zwölf Resonanzfelder des Menschen dar, die es ihm ermöglichen, auf zwölf Wahrnehmungsbereiche in seiner Umwelt zu reagieren.

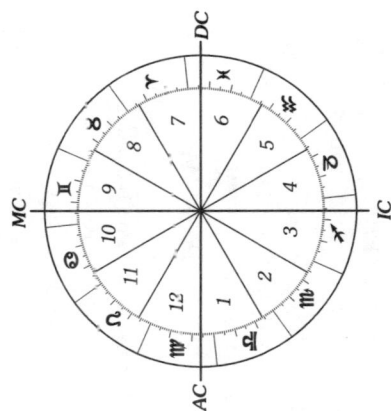

Die Häuser des individuellen Horoskops erhalten ihre Grundqualität durch die Tierkreiszeichen, die ihren Anfang (gegen den Uhrzeigersinn) kennzeichnen. Auf unser Horoskopbeispiel übertragen haben die jeweiligen Häuser also folgende Grundfärbung: 1. Haus = Jungfrau, 2. Haus = Waage, 3. Haus = Skorpion, 4. Haus = Schütze, 5. Haus = Steinbock, 6. Haus = Wassermann, 7. Haus = Fische, 8. Haus = Widder, 9. Haus = Stier, 10. Haus = Zwillinge, 11. Haus = Krebs, 12. Haus = Löwe.

Durch diese Verbindung der Tierkreiszeichenenergien mit dem individuellen Häuserplan eines Menschen (der sich aus der Geburtszeit oder dem Aszendenten ergibt), gewinnen wir wichtige Informationen über die Art, wie ein Mensch die Welt und sich selbst wahrnimmt.

In unserem Fall wird das 1. Haus – als Bereich der Ich-Durchsetzung und der Selbstbehauptung – durch das Zeichen Jungfrau bestimmt. Der Horoskop-Eigner wird also generell vorsichtig, bedächtig, eher vorausschauend und berechnend vorgehen, wenn es gilt, den eigenen Lebensraum zu erobern.

Das 2. Haus – das Haus der Werte, der Sicherung und des persönlichen Kapitals – wird von der Waage angeschnitten, und so ist sein Streben nach Besitz und sein Wertebewußtsein durch den Wunsch nach Ausgewogenheit und Harmonie bestimmt. Die Lebenssicherung wird also nicht offensiv betrieben, sondern eher zurückhaltend, immer darauf wartend, daß sich etwas anbietet, anstatt dynamisch-fordernd vorzugehen.

Das 3. Haus wird vom Skorpion angeschnitten. Damit ist der Selbstausdruck und die Kommunikation mit der Umwelt wenig offen und möglicherweise konfliktträchtig, solange das Mißtrauen anderen gegenüber, das durch die Skepsis der Jungfrau (1. Haus) genährt wird, aufrechterhalten wird. Ein skorpionisch-geprägtes 3. Haus bewirkt daher eine gewisse innere Zurückhaltung und Vorsicht im Kontakt und Umgang mit anderen.

Das gleiche Verfahren kann nun analog auf alle anderen Häuser übertragen werden. Dadurch erfahren wir die Grundfärbung oder

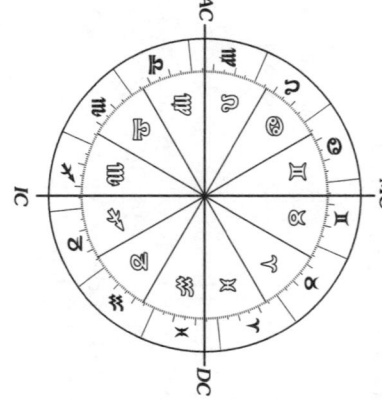

Grundenergierichtung aller Häuser und wissen, wie ein Mensch auf die zwölf grundlegenden Erfahrungsbereiche seines Lebens eingestimmt ist.

4. Die Planeten

Nachdem der individuelle Häuserplan sowie die Grundbedeutung und Grundqualität der Häuser nun durch den Aszendenten festgelegt ist, werden die Planetenstände des Zeitpunktes der Geburt anhand von Ephemeriden (Gestirnstandstabellen) in den Tierkreis eingezeichnet. So erhalten wir das Geburtsschema oder das Radixhoroskop, aus dem der Lebensplan eines Menschen ersichtlich ist, wenn wir es in all seinen Dimensionen erfassen und deuten können.

Im Horoskop sind also mehrere Ebenen in einem Schaubild miteinander verbunden. Die Kunst der astrologischen Deutung besteht nun darin, diese zunächst zu unterscheiden und dann wieder miteinander in Beziehung zu bringen, um so die Gesamtsituation eines Menschen zu erkennen.

2. Die Dreiheit Aszendent, Sonne und Mond im Horoskop

Die drei Kräfte Aszendent, Sonnenzeichen und Mond haben im Horoskop eine hervorgehobene Bedeutung, denn
– der *Aszendent* zeigt die Qualität der *Seele* an,

- das *Sonnenzeichen* verkörpert die Art der *Persönlichkeit*, durch die die Seele sich zum Ausdruck bringt, und
- der *Mond* bestimmt die Energiequalität des *Körpergefüges*, durch den die Persönlichkeit wirken muß.

Der Aszendent oder das aufsteigende Zeichen – Die Seele

Der Aszendent, der durch den *Zeitpunkt der Geburt* bestimmt wird, verkörpert die Energie der Seele. Er weist auf die Lebensabsicht oder das unmittelbare Seelenziel für diese Inkarnation hin, denn er betrifft die Absicht der Seele und das Bemühen des geistigen Menschen, von seiner augenblicklichen Stufe aus weiter voranzukommen. In der Zielrichtung des Aszendenten liegt deshalb auch der Schlüssel unseres gegenwärtigen Lebensproblems und ein Hinweis darauf, was wir erreichen können, wenn wir es richtig anpacken. Er zeigt an, was wir in unserem innersten Wesen nach sind und gibt Auskunft darüber, wie wir in unserem Leben Harmonie erreichen können, denn nur wenn die Energie des Aszendenten erkannt und nutzbar gemacht wird, führt dies zur Harmonie mit dem Willen der Seele in der jeweiligen Inkarnation.

Der Aszendent ist daher der wichtigste Punkt des ganzen Horoskops. Er enthält all unsere Entwicklungsmöglichkeiten vom derzeitigen Stand unseres Bewußtseins aus und regt die Persönlichkeit zur Empfänglichkeit für die Energie der Seele an, sobald wir ihn als unser eigentliches inneres Wesen erkennen und zum Ausdruck bringen.

Im Aszendenten liegt also unsere Zukunft; er enthält unsere Entwicklungsmöglichkeiten, das geistige Ziel und den Zweck der jeweiligen Inkarnation und stellt die Kraft dar, die uns zum Erfolg führt, wenn wir sie richtig einsetzen.

Das Sonnenzeichen – Die Persönlichkeit

Das Sonnenzeichen, das durch den *Tag der Geburt* bestimmt wird, ist ebenfalls von zentraler Bedeutung im Horoskop, denn es zeigt die Persönlichkeitskräfte an, durch die sich die Seele in der gegenwärtigen Inkarnation zum Ausdruck bringen muß, sowie die augenblickliche Lebensqualität.

Nach Alice Bailey ist das Sonnenzeichen in jedem Leben ein anderes, denn die Seele wählt jeweils den Monat zur Inkarnation, in dem sie im letzten Leben gestorben ist. So kann sie den Faden der Erfahrung dort wieder aufnehmen, wo sie ihn zurückgelassen hat. Bildlich gesprochen wandert der Mensch also auch durch den Tierkreis, indem seine Sonne in jedem Leben eine andere Tierkreis-Qualität hat, mit der die Seele ihre Aufgabe und Absicht erfüllen muß.

Das Sonnenzeichen bestimmt daher auch die Lebensumstände des Menschen, denn »es zeigt die vererbten Kräfte auf und zwingt die Umwelt, sich in bestimmter Weise über die betreffenden Menschen zu äußern« (Alice Bailey). Es wirkt bestimmend auf die Qualität, das Temperament und die Lebenstendenzen, die in der gegenwärtigen Inkarnation Ausdruck finden, und weist grundsätzlich auf »die Linie des geringsten Widerstandes« hin.

Im Sonnenzeichen liegen also die Möglichkeiten der Gegenwart. Es bezieht sich auf das Problem unseres augenblicklichen Lebens und weist auf den Typus der Persönlichkeitskräfte hin, durch die sich die Seele in diesem Leben ausdrücken muß.

Der Mond – Die Formnatur

Die Stellung des Mondes wird durch den *Aszendenten der Zeugung* bestimmt. Dies ist ein astrologisches Gesetz, das die Ägypter noch als »Regel des Hermes« kannten. Es lautet: Der Punkt des Tierkreises, an dem im Moment der Empfängnis der Mond steht, wird zum Aszendenten (manchmal auch zum Deszendenten) der Geburt. Und der Aszendent der Empfängnis bestimmt die Stellung des Mondes im Geburtshoroskop. Der Mond schafft also die Verbindung zwischen dem Zeitpunkt der Zeugung und dem Zeitpunkt der Geburt, denn er verkörpert das Geheimnis unserer Vergangenheit, die in der Schwingung unseres Körpers ihren Niederschlag findet.

Der Einfluß des Mondes ist vor allem physischer Natur. Er zeigt das »*Gefängnis der Seele*« (Alice Bailey) an, denn er bestimmt den Typ des Körpers bzw. der Körper (der lunaren Form), durch die sich die Persönlichkeit auf der physischen Ebene zum Ausdruck bringen muß, und die jeweiligen Begrenzungen und Hindernisse, die diese Körper der Entfaltung der Seelenkräfte bieten.

Das Haus, in dem der Mond steht, weist folglich auf jenen Bereich unseres Lebens hin, der weniger Beachtung finden sollte, denn – als Verkörperung des Trägheitsaspektes der Materie – ist der Mond die Kraft, die »zurückhält« und die zur Untätigkeit führt, wenn wir ihr zu viel Einfluß geben.

Der Mond enthält die Erfahrung früherer Inkarnationen, die in unserem Körper gespeichert sind, und er bezieht sich daher auf unsere

Vergangenheit oder unsere unterbewußte Instinktnatur. So ist seine Bedeutung auch nur zu Beginn der Entwicklung stark, und sie nimmt ab, wenn die Persönlichkeit (☉) sich entwickelt und ein Mensch zunehmend eigenbewußt wird. Dies erklärt die Beobachtung, daß Kinder oder seelisch unbewußte Menschen zunächst stärker auf Transite ihres Geburtsmondes reagieren als auf Transite, die den Aszendenten betreffen. Doch mit zunehmender Entwicklung, wenn der höhere Verstand (☿) das instinktive Körperbewußtsein oder den niederen Verstand (☽) ablöst, gewinnt der Aszendent an Bedeutung und der Einfluß des Mondes schwindet bis zur Bedeutungslosigkeit.

3. Die Grundregeln der esoterischen Horoskopdeutung

1. Aszendent

Als Grundlebensenergie enthält er die Qualität und Absicht der Seele, die die Zielrichtung des Lebens bestimmt.

2. Aszendentenherrscher

a) Wir schauen, in welchen Tierkreiszeichen der exoterische Planet steht, der dem Zeichen des Aszendenten zugeordnet wird, denn dadurch erkennen wir die Qualität, die er angenommen hat und überträgt.

b) Wir schauen, in welchem Haus der AC-Herrscher steht, um zu erfahren, in welchem Bereich des Lebens sich die Absicht der Seele (AC) verwirklichen soll.

Die Stellung des Aszendentenherrschers im Haus zeigt also an, welcher der zwölf Bereiche in diesem Leben die größte Priorität hat, und das Zeichen, in dem er steht, bestimmt die Art und Weise seines Vorgehens.

3. Sonnenzeichen

a) Das Tierkreiszeichen, in dem die Sonne steht, gibt Auskunft über die Qualität der Persönlichkeit und die Art und Weise, wie die Seele ihre Persönlichkeitskräfte einsetzt, um ihr inneres Ziel zu erreichen.

b) Das Haus, in dem die Sonne steht, zeigt uns den Bereich des Lebens, in dem die Persönlichkeitskräfte konzentriert sind, über die sich die Seelenabsicht verwirklichen muß.

4. MC (Medium Coeli) oder der höchste Punkt des Lebenskreises

In der Esoterischen Astrologie bildet der MC immer einen 90°-Winkel zum Aszendenten. Er ist der höchste Punkt im Horoskop, der uns zeigt, auf welche Weise sich unsere innere Berufung im äußeren gesellschaftlichen Ganzen verwirklichen soll. Der MC, der das 10. Haus anschneidet, weist also über unsere persönliche Bedeutung hinaus, und er gibt Auskunft darüber, wo unser Beitrag zur Gesamtentwicklung des Menschheitsbewußtseins liegt.

Im Quadrat zwischen AC (I. Quadrant) und MC (IV. Quadrant) liegt deshalb auch die Grundspannung eines Lebens, denn hier trifft das Individuelle auf kollektive Notwendigkeiten und Verantwortlichkeiten. Wir müssen lernen, beide in Einklang zu bringen, und in dem Maße, wie wir unser persönliches Leben in den Rahmen eines größeren Ganzen einordnen, wachsen wir zu einer integrierten, selbstverantwortlichen Persönlichkeit heran.

Auf unbewußter oder kindhafter Ebene wird dieser überpersönliche, kollektive Bereich des Lebens durch väterliche Autorität oder äußere (staatliche) Autoritäten repräsentiert. Auf bewußter Ebene ist es unsere innere Berufung, die uns drängt, uns durch zunehmende »Entpersönlichung« unserer Zielsetzungen zu einer dem Allgemeinwohl verpflichteten Persönlichkeit zu entwickeln. Das Spannungsgefüge Ich/Kollektiv stellt daher auch die Ausgangsbasis für die seelische Entwicklung dar, und deshalb bilden AC und MC einen Quadrat-Aspekt zueinander.

Symbolisch bezieht sich der MC auf das Kopfzentrum oder den Geistaspekt des Lebens, während der AC das Herzzentrum oder den Seelenaspekt verkörpert. Die beiden Achsen gehören also zusammen, sie sind eins, denn sie bilden das »Kreuz unseres Bewußtseins«, das stets im Unbewußten wirkt und unser Leben in Spannung hält. Der MC kann deshalb auch als das »unbewußt Erwirkte« des Lebens betrachtet werden, das als Zielsetzung von Anfang an feststeht, aber erst im Laufe des Lebens und mit zunehmender Reife als innere Berufung wahrgenommen werden kann.

5. Der Herrscher des MC

a) Wir schauen, in welchem Tierkreiszeichen der Planet steht, der dem Zeichen des MC zugeordnet ist, denn dadurch erkennen wir die Qualität der Energie, die er überträgt.

b) Durch das Haus, in dem der MC-Herrscher steht, erfahren wir, in welchem Bereich des Lebens unsere innere Berufung sich im Äußeren manifestieren soll, d. h. wo wir uns im Leben (beruflich) engagieren sollten.

Zusammengefaßt bilden diese drei wichtigsten Punkte des Horoskops den Ausgangspunkt jeder Deutung:

Der *Aszendent* bestimmt die Grundqualität unserer Lebensenergie, unser inneres Wesen, und der Aszendentenherrscher ist der stärkste Planet des Horoskops, weil er durch seine Stellung in Tierkreis und Haus das Ziel der Seele in diesem Leben anzeigt.

Das *Sonnenzeichen* legt durch seine Stellung im Haus den Bereich des Lebens fest, in dem die Persönlichkeit diese Seelenabsicht zum Ausdruck bringen muß.

Das *Medium Coeli* (MC) verkörpert die Synthese dieser beiden Kräfte, denn es stellt das Ziel unserer Persönlichkeitsentwicklung dar, die sich – entsprechend der Zielsetzung der Seele – im Rahmen eines gesellschaftlichen Ganzen vollzieht. Die Hausstellung des MC-Herrschers zeigt uns deshalb den Bereich des Lebens an, in dem unser Engagement für die Welt oder unser berufliches Wirken erfolgen sollte.

Ist diese Grundstruktur klar erkannt, dann läßt sich die Betrachtung des Horoskops auf die übrigen Elemente erweitern.

6. Mond

a) Der Mond als Hüter unserer Vergangenheit zeigt uns durch seine Stellung im Tierkreis die Begrenzungen und Hindernisse an, die unsere Körpernatur der Entfaltung der Seelenkräfte bietet.

b) Durch seine Hausposition zeigt er den Bereich des Lebens an, zu dem wir uns instinktiv hingezogen fühlen, weil er uns vertraut und am leichtesten zugänglich ist. Im Laufe des Lebens sollten wir ihm aber immer weniger Beachtung schenken, da er uns in die Vergangenheit zurückzieht und uns zu Trägheit veranlaßt, wenn wir ihm zuviel Raum geben.

7. Die übrigen fünf persönlichen Planeten (♂, ♀, ☿, ♃, ♄[37])

Diese persönlichen Planeten werden nun in der gleichen Weise, nach ihrer Stellung in den Tierkreiszeichen und Häusern betrachtet, um zu erfahren, in welchen Bereichen des Lebens sich beispielsweise unsere persönlichen Fähigkeiten wie Denken (☿), unsere Liebesfähigkeit (♀) oder unser persönlicher Wille (♂) bevorzugt auswirken.

8. Die unpersönlichen oder transsaturnischen Planeten (♄, ♃, ♅, ♇).

Die unpersönlichen Planeten bewirken Transformation und die Veränderung unseres Bewußtseins. Sie sind die Schicksalsplaneten, die sich unserer bewußten Wahrnehmung weitgehend entziehen.

a) Durch ihre Stellung in Zeichen und Häusern können wir deshalb sehen, in welchem Bereich unseres Lebens Veränderungen notwendig sind.

b) Durch ihre Stellung in den vier Quadranten erfahren wir, in welchen Körpern Transformation erfolgen muß.

9. Die Aspekte

Die Planeten bilden entsprechend ihrer Stellung im Tierkreis Winkelbeziehungen (z.B. 90°, 60°, 120°, 180°), die eine besondere Wirkung haben, weil sie musikalischen Akkorden entsprechen, die, wie alle Klänge des Kosmos, auf das menschliche Bewußtsein einwirken. Diese Winkelbeziehungen, die musikalische Harmonien oder Disharmonien hervorbringen, bezeichnet die Astrologie als »Aspekte«, und sie müssen bei der Deutung eines Horoskops neben den Grundelementen berücksichtigt werden. Sie geben Auskunft darüber, welche Schwierigkeiten ein Mensch bei der Bewältigung seiner Lebensaufgabe hat, welche Kräfte sich während seines Lebens als fördernd oder hemmend erweisen werden und ob die mit den Planeten verbundenen Kräfte harmonisch oder disharmonisch aufeinander einwirken oder ob sie ohne direkte Beziehung zueinander sind.

[37] Saturn wirkt sowohl als persönlicher wie auch als unpersönlicher, schicksalhafter Planet.

10. Die Transite

Schließlich kann das Geburtshoroskop, das alle Fähigkeiten und Entwicklungsmöglichkeiten eines bestimmten Lebens in einer Gesamtübersicht enthält, auch noch in seiner zeitlichen Dimension betrachtet werden. Dazu setzen wir es in Beziehung zu den sich ständig bewegenden aktuellen Planeten, den »Transiten«.

Es gibt noch eine Reihe anderer Prognoseverfahren, wie Primär-, Sekundär-, Tertiärdirektion, Solare, Lunare, Alterspunkte und anderes mehr. Doch ich möchte mich auf die Transite beschränken, weil es mir darum geht, die Astrologie wieder auf wenige, klar verständliche Elemente zurückzuführen und der Tendenz zu immer mehr Detailanalysen entgegenzuwirken. Denn durch die zunehmende Betonung unterschiedlicher prognostischer Systeme scheint mir das Wesentliche und Wesensbestimmende ein wenig in den Hintergrund zu treten.

Außerdem bieten Transite den Vorteil, daß sie nicht konstruiert sind, wie alle anderen Systeme. Sie ergeben sich aus dem natürlichen Rhythmus der Gestirne, der für jeden Tag einfach aus der Ephemeride ablesbar ist und der das individuelle Horoskop in einen größeren übergeordneten Lebensrhythmus stellt, in den jedes kleinere Leben eingebunden ist. (Vgl. Kap. X.)

4. Arbeitsblätter für die Praxis

DIE VIER QUADRANTEN

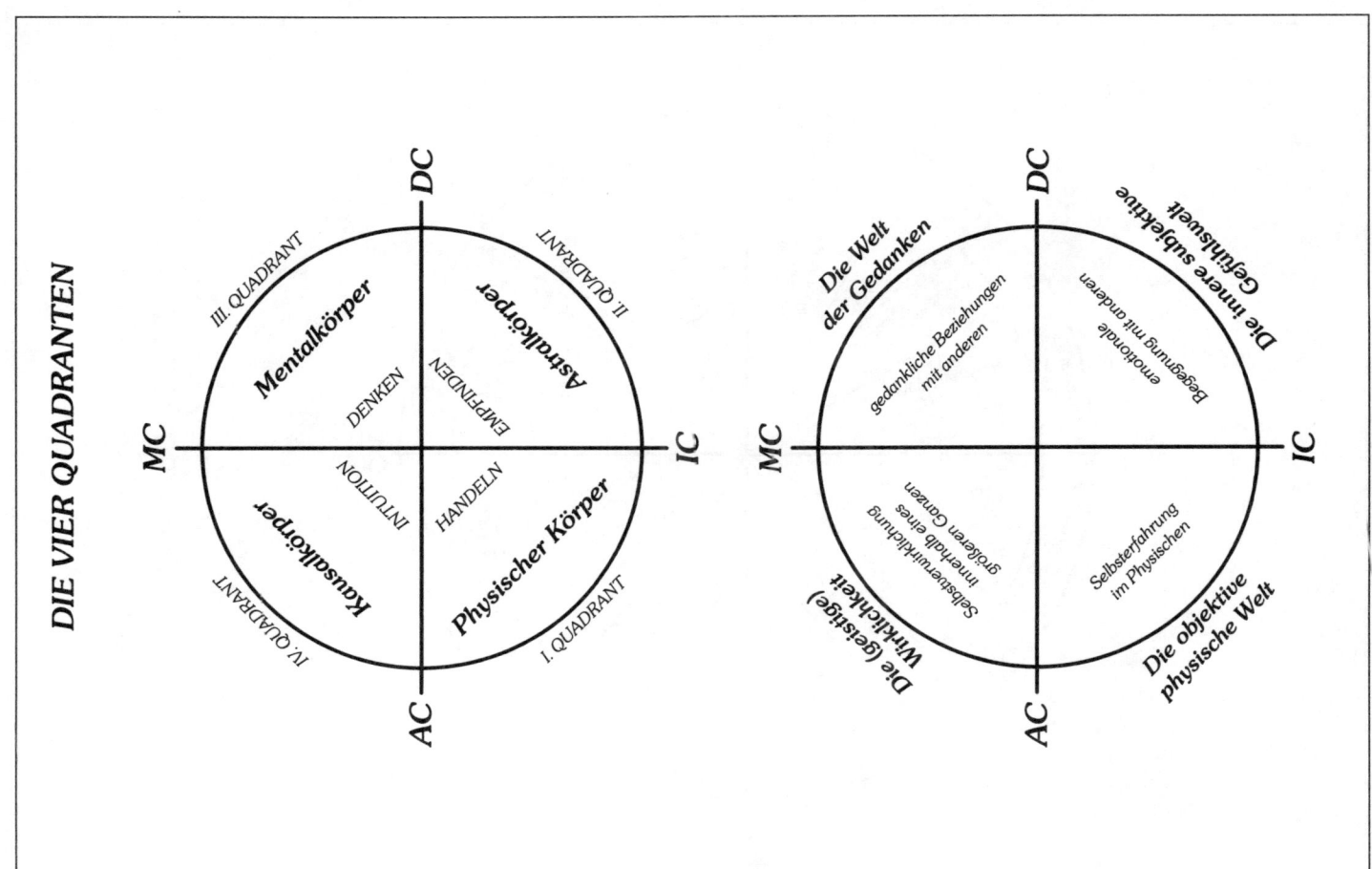

Linker Kreis:

DC

III. QUADRANT

Mentalkörper

DENKEN

Astralkörper — II. QUADRANT

MC

EMPFINDEN

IC

INTUITION

HANDELN

Kausalkörper

Physischer Körper

IV. QUADRANT

I. QUADRANT

AC

Rechter Kreis:

DC

Die Welt der Gedanken

Die innere subjektive Gefühlswelt

gedankliche Beziehungen mit anderen

emotionale Begegnung mit anderen

MC

IC

Selbstverwirklichung innerhalb eines größeren Ganzen

Selbsterfahrung im Physischen

Die (geistige) Wirklichkeit

Die objektive physische Welt

AC

Die Praxis der Horoskopdeutung

DER HÄUSERPLAN

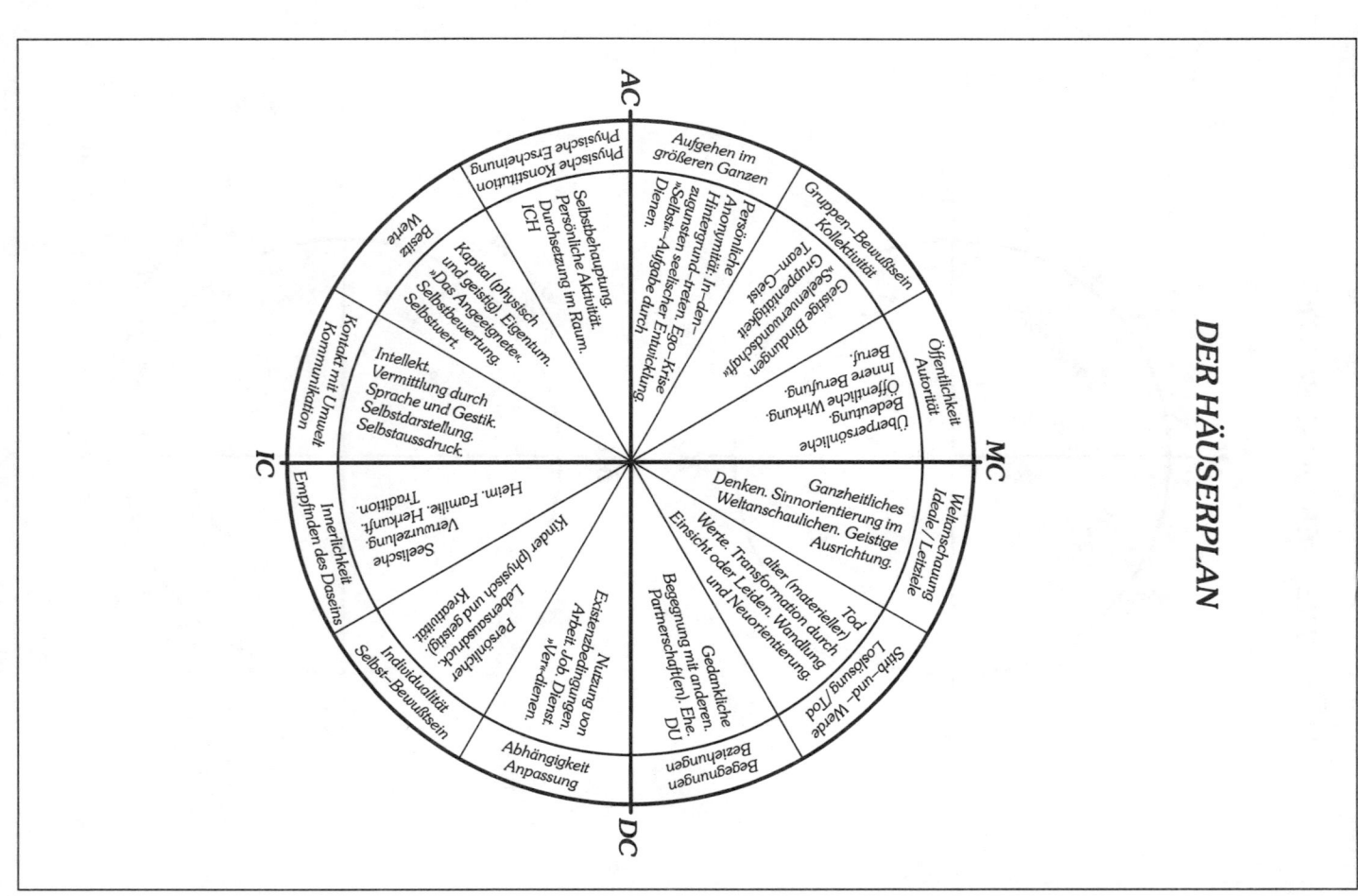

Arbeitsblätter für die Praxis

TIERKREISZEICHEN
EXOTERISCHE UND ESOTERISCHE HERRSCHER

Zeichen		Herrscher	
♈ Widder	Initialkraft / Wille-zu-sein	♂ Mars / ☿ Merkur	Persönlicher Wille / Ausgleichendes Denken
♉ Stier	Verlangen (zu wissen) / Abgrenzung	♀ Venus / Vulkan	Persönliche Liebe / Geistiger Wille
♊ Zwillinge	Dualität / Unterscheidung	☿ Merkur / ♀ Venus	Denkvermögen / Verbindendes Denken
♋ Krebs	Gefühlsbewußtsein / »Massen–Bewußtsein«	☽ Mond / ♆ Neptun	Instinktive Wahrnehmung / Feinfühligkeit
♌ Löwe	Individualität / Selbst-Bewußtsein	☉ Sonne / ☉(♅) Sonne	Lebenskraft / Seelenbewußtsein
♍ Jungfrau	Intelligenz / Anpassung	☿ Merkur / ☽ Vulkan	Zweckmäßiges Denken / Reinheit im Denken
♎ Waage	Ausgleich der Gegensätze, Harmonie	♀ Venus / ♅ Uranus	Beziehungsfähigkeit / Geistige Orientierung
♏ Skorpion	Tod des Ego / Seelenherrschaft	♂ Mars / ♇ Pluto / ♂ Mars	Kampf / Konflikt / Wille-zur-Zerstörung / Innerer Kampf
♐ Schütze	Zielstrebigkeit / Gedankenlenkung	♃ Jupiter / ⊕ Erde	Erweiterung / Verstehen / Schöpferische Intelligenz
♑ Steinbock	Ehrgeiz / Höherstreben	♄ Saturn / ♄ Saturn	Begrenzung / Verantwortungsbewußtsein
♒ Wassermann	Gruppen–Bewußtsein / Universalität	♅ Uranus / ♃ Jupiter	Veränderung / Liebendes Verstehen
♓ Fische	Einheitsbewußtsein / »Selbst-Losigkeit«	♃ Jupiter / ♆ Neptun / ♇ Pluto	Mitgefühl / Liebende Hingabe / Willensstärke

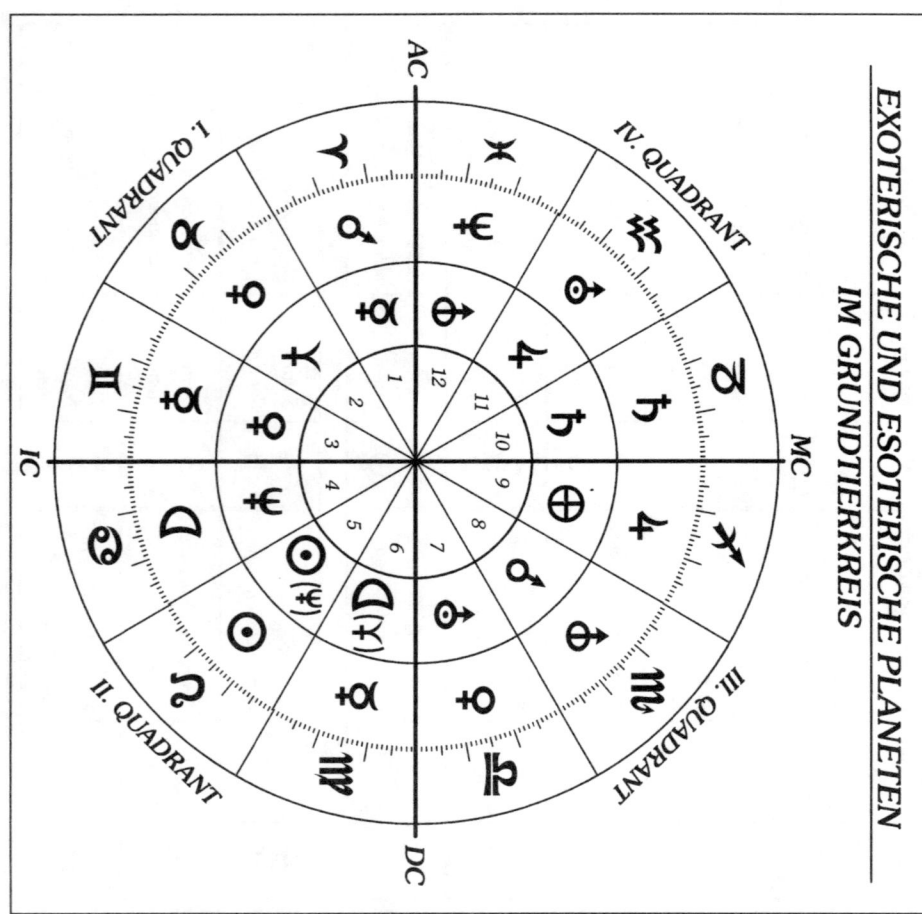

KURZREGELN FÜR DIE ESOTERISCHE DEUTUNG

1. Aszendent (Seelenqualität)
2. Aszendentenherrscher (Zielrichtung der Seele)
3. Sonnenzeichen (Qualität der Persönlichkeit)
4. MC (Berufsziel / Berufung, Ziel persönlicher Integration)
5. MC–Herrscher (Bereich der persönlichen Berufung)
6. Mond (Vergangenheit), Instinktives Gefühl (Körperbewußtsein)
7. Persönliche Planeten in Zeichen und Haus
8. Transformatorische Planeten in Quadrant, Zeichen und Haus
9. Aspekte (Karma / Schwierigkeiten / Chancen / Entwicklungsschritte)
10. Synthese (Persönlichkeitsprofil, Lebensaufgabe, Sinn, notwendige Transformation)
11. Zeitliche Dimension: Transite

EXOTERISCHE UND ESOTERISCHE PLANETEN IM GRUNDTIERKREIS

5. Die esoterische Deutung eines Beispielhoroskops

Männliche Geburt
13. 11. 1949
2.15 Uhr MEZ
Parsberg

1. Aszendent

Die esoterische Deutung eines Horoskops beginnt grundsätzlich mit dem Aszendenten, der die Grundlebensenergie bestimmt, die ein Mensch im Leben zur Verfügung hat. Er zeigt die Lebensrichtung an, die ihn zur Ganzheit seines Wesens führt und die sein gesamtes Entwicklungspotential enthält.

In unserem Fall haben wir einen Jungfrau-Aszendenten errechnet, und die Qualität der Jungfrau bestimmt hier also die Grundlebensenergie und die geistige Absicht des Lebens. Welche Absicht verbirgt sich folglich im Aszendenten?

Aus esoterischer Sicht ist es das Ziel der Jungfrau-Energie, den Menschen auf die Seele im Inneren aufmerksam zu machen, die sich nur durch eine entwickelte Persönlichkeit zum Ausdruck bringen kann. Die Betonung dieses Lebens liegt also auf der Entwicklung der Persönlichkeit, die sich in der Welt durch Anwendung von Intelligenz zum Ausdruck bringt und deren Körper im Zuge spiritueller Entwicklung von niederen Emotionen gereinigt und verfeinert werden müssen, bevor der Liebesaspekt der Seele sich durch sie offenbaren kann.

Da dieses Entwicklungsziel aber nicht in einem Leben erreicht wird, müssen wir bei der esoterischen Deutung eines Horoskops zunächst einmal feststellen, wo ein Mensch bewußtseinsmäßig steht. Betrachtet er sich als Ich-bezogene Persönlichkeit, die ihre Zielsetzung, ihre Sicherheit und ihr Selbstverständnis in der Sicherung des materiellen Lebens und im materiellen Erfolg sucht, oder ist er als Seele schon erwacht? Im ersten Fall handelt es sich um einen seelisch noch schlafenden Menschen, im zweiten Fall um einen seelisch erwachten, dessen Wahrnehmung über das Materielle hinausgeht. Dieser Punkt, mit dem keinerlei Wertung verbunden ist, muß im Gespräch zunächst geklärt werden, denn nur daraus kann sich ergeben, was ein Mensch in seinem Leben für wichtig hält und welche Wünsche, Zielsetzungen und Träume er hat.

1. *Fall:* Ich-bezogene Persönlichkeit

Ein Mensch gibt als Ziel seiner Wünsche an: Materielle Sicherheit, Erfolg, Geld, berufliches Vorwärtskommen, Lebensgenuß, Sport, Hobbies. Die Seele schläft also noch, denn die Identifikation des Bewußtseins bezieht sich ausschließlich auf materielles Erleben.

In diesem Fall gilt die erste Entwicklungsstufe des Tierkreiszeichens Jungfrau. Der Jungfrau-Aszendent zeigt sich auf dieser Ebene in einem eher materialistisch-orientierten Leben, in dem die Existenzsicherung und der materielle Erfolg des Persönlichkeitslebens im Vordergrund stehen. Die Verbindung zwischen Seele und Körper wird noch nicht bewußt wahrgenommen, und so wird es sich hier von der Grundveranlagung her um einen Menschen handeln, der dem Leben mit Vorsicht und Skepsis begegnet. Existenzangst bildet das wichtigste Motiv seines Handelns, und er wird daher alles tun, um das eigene Leben gegen latente Bedrohungen und Gefahren abzusichern. Er wird viel Zeit damit verbringen, alles zu ordnen und zu systematisieren, um das Leben überschaubar zu machen, weil es ihm aufgrund seiner Konzentration auf Details eher kompliziert erscheint. Er bemüht sich, Vorsorge zu treffen für Notzeiten und möchte auf die Wechselfälle des Lebens vorbereitet sein. Er wird keinerlei Risiken eingehen, da seine Anpassung eher langsam ist und er stets darauf achtet, den Weg des »geringsten Widerstands« zu gehen. Seine Vorsorge gilt deshalb auch dem Körper und der eigenen Gesundheit, deren geringste Beeinträchtigung mit großer Sorge beobachtet wird, was in Extremfällen bis zur Hypochondrie gehen kann. Denn er will nichts riskieren und die Reibung des Lebens so gering wie möglich halten, um möglichst bequem und mit dem geringstmöglichen Einsatz durchs Leben zu gehen.

Wenn das Denken mit zunehmender Persönlichkeitsreife stärker wird, versucht der Jungfrau-betonte Mensch, sich systematisch Wissen anzueignen, um die Funktion des Körpers und der physischen Umwelt besser zu verstehen und noch angemessener auf sie reagieren zu können. Im Vordergrund des Interesses stehen häufig Gesundheit, Umweltfragen, Psychologie und wissenschaftliche Erkenntnisse über die Welt, kurz alles, was der Erhöhung der Sicherheit dient und die intelligente Nutzung von sich bietenden Gelegenheiten erleichtert. Diese Fähigkeit der Anpassung an wechselnde Lebensumstände und ein Denken und Handeln, das – bis zum Opportunismus gehen kann –, dient der Vorbereitung für ein späteres, seelenbewußtes Leben und ist durchaus als Seelenabsicht zu betrachten, denn Körper und Persönlichkeit müssen entwickelt sein, bevor die Seele sich durch sie im Physischen äußern kann.

2. *Fall*: **Erwachtes Seelenbewußtsein**

Der Horoskop-Eigner gibt als Ziel seines Lebens an, sich entwickeln zu wollen und zu Selbst-Erkenntnis zu gelangen. Er nutzt seine Intelligenz nicht nur im materiellen Sinne und für persönliche und berufliche Zwecke, sondern es drängt ihn, mehr über die inneren geistigen Zusammenhänge des Lebens zu erfahren, um ein Wissen zu erlangen, das über den Bereich wissenschaftlichen Denkens hinausgeht. Überdies akzeptiert er die Verantwortung, die er für das eigene Leben hat.

Dies zeigt einen Menschen, der beginnt, sich als Seele zu erkennen und sich um mehr Bewußtheit über sich selbst bemüht. Denn das Kennzeichen erwachten Seelenbewußtseins sind Verantwortungsbewußtsein, Mut, Stärke sowie Liebe und Mitgefühl für andere und die Bereitschaft, die innere Entwicklung über materielle Ziele zu stellen.

Damit verändern sich die Lebensziele, und so wird es bei einem seelisch erwachten Menschen mit Jungfrau-Aszendent nicht mehr ausschließlich darum gehen, sich materiell abzusichern und die eigene Intelligenz einzusetzen, um aus der Welt persönlichen Nutzen zu ziehen. Vielmehr beginnt er nun zu begreifen, daß das physische Leben einem höheren Zweck dient und daß der Körper zum »Werkzeug der Seele« werden muß. Dadurch verlieren egoistische Motive und profitorientiertes Zweckdenken an Attraktivität, und die Motivation des Lebens ändert sich. Nun nimmt der Mensch die inneren Impulse der Seele immer deutlicher wahr, die ihn drängen, selbstloser zu werden und sich vom

Ich-Standpunkt zu lösen. Dadurch werden die Interessen der anderen zunehmend in die eigenen Entscheidungen einbezogen und als gleichrangig betrachtet.

Das Kriterium für Entwicklung ist also das Maß an Idealismus, Selbstlosigkeit und Nächstenliebe, denn dieses zeigt an, ob ein Mensch sich noch als Ich-bezogene Persönlichkeit erlebt oder ob er schon in Gruppenbeziehungen denkt und sich stärker für die innere seelische Entwicklung interessiert als für äußeren materiellen Erfolg. Dabei sollten wir beachten, daß Selbstlosigkeit hier nicht als noch unentwickeltes Eigenbewußtsein zu verstehen ist (was einem lunaren Bewußtsein entspricht). Gemeint ist hier eine mental entwickelte Persönlichkeit, die dabei ist, Intuition zu erlangen und sich trotz entwickeltem Intellekt der Ganzheit des Lebens wieder bewußt zu werden. Wird dies erkennbar, dann können wir davon ausgehen, daß es sich um einen Menschen handelt, der seelisch erwacht ist, und daß bei ihm die esoterischen Herrscher schon wirken und deshalb die zweite Entwicklungsebene der Tierkreisenergien in die entsprechenden Häuser übertragen wird. Diese Unterscheidung zwischen einer Ich-bezogenen Persönlichkeit und einem Menschen, der beginnt, seelisch zu erwachen, ist für die esoterische Deutung notwendig, um herauszufinden, ob der *exoterische* Aszendentenherrscher alleine wirkt oder ob er durch den *esoterischen* Herrscher in seiner Wirkung verstärkt wird und dem Menschen damit die Möglichkeit gibt, die Tierkreisenergien auf einer höheren Ebene des Bewußtseins zum Ausdruck zu bringen.[38]

Natürlich lassen sich diese beiden Ebenen nicht immer ganz klar voneinander trennen. Wenn ein Mensch beginnt, sich der Seele bewußt zu werden, dann ist er großen Schwankungen unterworfen, und sein Bewußtsein pendelt zwischen Eigeninteresse und Gruppeninteresse hin und her. Es ist also durchaus möglich, daß jemand in beiden Ebenen etwas findet, das ihn betrifft. Dies bedeutet, daß er sich in einer Umbruchsituation oder einer Phase der Wandlung befindet, in der er nach einem neuen Lebensverständnis sucht, das aber noch nicht ganz klar erkennbar ist.

Wichtig bleibt also festzuhalten, daß die Unterscheidung zwischen einer persönlichkeitsbezogenen und seelenbezogenen Selbstidentifikation notwendig ist, um einem Ratsuchenden eine Entscheidungshilfe für sein

[38] Vgl. Kap. IV, Die drei Entwicklungsebenen der jeweiligen Tierkreiszeichen

Leben zu geben, die von ihm praktisch umsetzbar ist, weil sie seinem Selbstverständnis entspricht. Mit dieser Unterscheidung ist jedoch keine Wertung verbunden, denn Geist und Materie sind nur zwei Seiten des »Einen Großen Lebens«, das durch Evolution (Entwicklung in Zeit und Raum) zur Bewußtwerdung gelangt. Wenn hier die Unterscheidung der Bewußtseinsstufen betont wird, so dient dies nur dazu, einen Menschen in seinen Möglichkeiten und Chancen genauer zu erfassen und auch seine Grenzen zu verstehen, die er noch nicht durchbrechen kann.

2. Aszendentenherrscher

In unserem Beispielhoroskop steht der AC-Herrscher Merkur auf 15° Skorpion und im 2. Haus. Dadurch erfahren wir, daß der Intellekt oder das Denken des Horoskop-Eigners skorpionisch gefärbt ist und er dem »Wahrnehmen seiner Seele im Inneren« (♏) dadurch näher kommt, daß sich sein Wertebewußtsein (2. Haus) durch unterscheidendes Denken (☿) zugunsten der Seele verändert. Das Entwicklungsziel des Skorpion ist es, die Persönlichkeit – wenn nötig durch Leiden und seelische Krisen – dazu zu bringen, sich den Zielen der Seele zu unterwerfen. Die Veränderung muß hier also über ein verändertes Denken erreicht werden: Die intelligente Anpassung (♏) soll nicht mehr an die äußere Umwelt in Form eines opportunistischen Denkens geschehen, das ausschließlich der persönlichen Lebenssicherung dient. Denn im Skorpion geht es um Transformation, um die Änderung des Denkens (☿ im ♏) im Sinne einer intelligenten Anpassung an die Zielsetzungen der Seele, was bei einer gleichzeitigen Skorpion-Persönlichkeit (☉ im ♏) ohne Krisen kaum zu erwarten ist.

Die exoterischen und esoterischen Herrscher

In der esoterischen Deutung unterscheiden wir zwischen exoterischen und esoterischen Herrschern, die sich auf die Persönlichkeit und die Seele beziehen. Die hierarchischen Herrscher[39], die den geistig erwachten Menschen betreffen, werden bei der praktischen Deutung nicht berücksichtigt, denn sie stellen die Endstufe der Entwicklung dar, die nur wenige Weise und Meister dieser Welt erreicht haben und die uns im allgemeinen in unserem persönlichen Umfeld nicht begegnen.

Doch die Unterscheidung zwischen den exoterischen und esoterischen

[39] Die dritte Stufe der Tierkreiszeichen und Planeten

Planeten, die, den seelisch noch schlafenden und seelisch erwachten Menschen kennzeichnen, werden in die Deutung einbezogen, um eine größere Genauigkeit in der Aussage zu erreichen. Mit dieser Unterscheidung ist – wie schon erwähnt – aber keinerlei Wertung verbunden, sondern nur die Feststellung der Ebene, auf der die Energien der Tierkreiszeichen Ausdruck finden. Sie läßt uns auch erkennen, welches der nächste Entwicklungsschritt sein kann und was noch in der Zukunft liegt. Denn niemand macht Entwicklungssprünge; alles entwickelt sich evolutionär, und jeder durchläuft im Laufe vieler Inkarnationen die gleichen Entwicklungsphasen. Deshalb ist es auch wenig sinnvoll, Selbstlosigkeit von einem Menschen zu verlangen, der gerade dabei ist, sich seines Ichs bewußter zu werden und dieses zum Ausdruck zu bringen. Genausowenig macht es, einem seelisch erwachten Menschen die Vorzüge von Macht, Reichtum und Geld zu erläutern, die ihm weit weniger attraktiv erscheinen, als innerer Reichtum, Harmonie und ein Gefühl der Verbundenheit mit seinen Mitmenschen.

Wenden wir uns also wieder unserem Beispielhoroskop zu. Der Aszendent ist Jungfrau, der (exoterische) Aszendentenherrscher ist Merkur, und er steht im Skorpion. Dadurch erkennen wir die Qualität, die dieser Planet überträgt (Skorpion), und durch die Stellung im 2. Haus erfahren wir den Bereich des Lebens, in dem sich die Zielrichtung des Aszendenten verwirklichen soll. An dieser Grundtatsache ändert sich auch bei der esoterischen Deutung nichts, da die Persönlichkeit die Basis der Seelenentwicklung bildet, und diese wird durch die exoterischen Herrscher der Zeichen bestimmt.

Die esoterische Deutung hebt also nichts auf, sondern sie gewinnt noch eine weitere Ebene der Deutung hinzu. Die Energien der esoterischen Planeten verbinden sich mit denen der exoterischen, und so wird durch Kombination von zwei sich ergänzenden Energien eine neue Qualität des Bewußtseins erreicht. Um dies anschaulich zu machen, betrachten wir wieder das gleiche Horoskop.

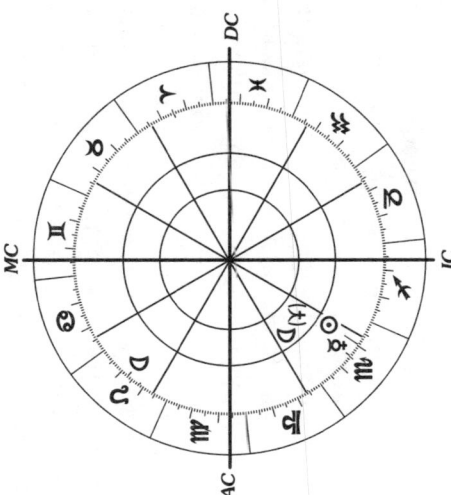

Aszendent: Jungfrau, AC-Herrscher: Merkur auf 15° Skorpion

Diese Grundstellung bleibt bestehen und die Grundaussage, die die Persönlichkeit betrifft, ebenfalls.

Doch nun erhält Merkur sozusagen auf einer höheren Ebene eine neue Qualität über den Mond, durch den im Falle der Jungfrau Vulkan wirkt.[40] Auf der Seelenebene wird die Jungfrau-Energie des AC also über den Planeten Mond ins 2. Haus übertragen, durch den sich mit Hilfe des Vulkan der geistige Wille des Menschen zu entwickeln beginnt, der ihn drängt, seine Persönlichkeit durch innere Willenskraft von Egoismen zu befreien und sich zu bemühen, die Körper, die ☽ zu reinigen und in eine höhere Schwingung zu bringen.

Um zu wissen, was sich nun in der Grundeinstellung des Menschen verändert, schauen wir uns die zweite Entwicklungsstufe des Tierkreiszeichens Jungfrau an. Das Leitmotiv dieser Ebene ist das »Wahrnehmen der Seele im Inneren«. Deshalb wird der seelenbewußte Mensch mit Jungfrau-Aszendent sein Interesse und seine Intelligenz weniger äußeren materiellen Lebenszielen widmen, sondern er wird seinen ganzen Willen (Vulkan, der durch Mond wirkt) einsetzen, um die Persönlichkeit so zu verändern, daß sie den Zielen der Seele dient und nicht durch Egoismen und persönlichen Ehrgeiz dem Zustrom von Licht entgegenwirkt. Der Unterschied zwischen dem exoterischen AC-Herrscher Merkur (Persönlichkeitsebene) und Merkur + Mond/Vulkan (Seelenebene) liegt also sehr

[40] Die zweite Entwicklungsstufe der Tierkreiszeichen

vereinfacht gesagt darin, daß der Mensch sich im ersten Fall damit begnügt, sich optimal an Umweltbedingungen anzupassen und sein Leben in einer Weise zu gestalten, daß es wenig Risiken und wenig Reibung erzeugt. Mit zunehmender intellektueller Entwicklung wird es darum gehen, faktisches Wissen zu sammeln, das das Leben überschaubarer, erklärbar und sicherer macht.

Dem seelisch erwachenden Menschen reicht dies aber nicht mehr, denn er ist sich bereits bewußt geworden, daß er Willensstärke (♀) entwickeln und einsetzen muß, um sich selbst charakterlich zu verändern, und daß theoretisches Wissen über die Zusammenhänge der Welt, das auch spirituelles Wissen einschließt, ihm nur dann wirklich etwas nützt (♏), wenn er es auch zur bewußten Gestaltung der eigenen Persönlichkeit anwendet.

Wenn also im Zuge der Seelenentwicklung der Mond (Vulkan) auf einer höheren Ebene an die Stelle des Merkur gesetzt wird, dann bedeutet dies, daß ein Mensch seine innere geistige Willensstärke entdeckt und sich bewußt geworden ist, daß nur die innere Willensstärke sein Denken zu einer Kraft gestaltet, die dem Leben eine Richtung gibt. Diese Erkenntnis bewirkt notwendigerweise eine Krise im Leben, die eigentlich eine »Krise des Denkens« ist, das sich von seiner Skepsis, seinem Zaudern und seiner Kritik lösen muß, um dem eigenen Leben eine Richtung ins Licht der Seele zu geben. Dadurch verliert das Denken seine Ausrichtung auf die eigene Person, und ein Mensch beginnt langsam, sich für andere zu öffnen und die eigenen Interessen nicht mehr über die Interessen der anderen zu stellen. Dadurch entsteht Licht im Denken und dieses *im Licht gehaltene Denken* (Alice Bailey) ist die Kraft, die den Körper verändert und ihm die Reinheit zurückgibt, die er im Zuge der materialistischen Orientierung der Persönlichkeit verloren hat. Dies ist die Reinheit, die im Symbol der Jungfrau verborgen ist. Sie bezieht sich jetzt nicht mehr ausschließlich auf den physischen Körper (in Form von Gesundheitsvorsorge, Hygiene, Ordnung und Umweltbewußtsein), sondern sie schließt das eigene Denken und die Gefühle ein, die die Gesundheit oder Krankheit des Körpers entscheidend mitbestimmen.

3. Das Sonnenzeichen

Das Sonnenzeichen verkörpert die Persönlichkeitskräfte, durch die sich die Seele (AC) im physischen Leben zum Ausdruck bringen muß. Es ist daher von elementarer Bedeutung im Horoskop, denn es zeigt die Art und Weise, wie ein Mensch sich im Leben zu verwirklichen sucht, aber auch die Grundspannung zwischen Seelen- und Persönlichkeitskräften, die sich aus dem jeweiligen Aszendenten und Sonnenzeichen ergeben.

In unserem Fall steht die Sonne auf 20° Skorpion. Daraus ergibt sich eine gewisse Übereinstimmung zwischen der Zielrichtung des AC-Herrschers und der Sonne, die beide im Skorpion stehen. Das Thema des Lebens ist also klar: »Stirb-und-Werde« oder Transformation. Der »Saulus« muß ein »Paulus« werden, oder die Persönlichkeit soll sich den Zielen der Seele unterwerfen. Da dies ein Mensch aber im allgemeinen nicht freiwillig tut, sind Lebenskrisen zu erwarten, die sein Bewußtsein langsam und gegen den erbitterten eigenen Widerstand auf den Willen der Seele lenken. Und so müssen wir auch hier wieder die Ebene des Bewußtseins beachten.

1. Fall: Ich-bezogene Persönlichkeit

Die Skorpion-Persönlichkeit geht von einem egozentrischen Standpunkt aus und versucht, sich dem inneren Druck der Seele zu widersetzen. Dadurch entsteht eine permanente Spannung, denn Jungfrau und Skorpion sind beides Zeichen innerer Krisen, die eine Transformation bewirken sollen. Weigert sich ein Mensch also, sein Leben höheren geistigen Gesetzmäßigkeiten anzupassen und seine gewohnten persönlichen, subjektiven Lebensvorstellungen aufzugeben, an denen der Skorpion so lange es geht festhält, so wird sein Leben sich an ständigen Widerständen reiben und die eigene Energie und Stärke immer wieder blockiert werden, weil die eigenen Gedanken nicht im Einklang stehen mit dem permanenten Wandel, der in diesen beiden Zeichen stattfinden muß.

Folglich werden Beziehungen schwierig sein, weil sowohl Jungfrau wie auch Skorpion auf persönlicher Ebene sehr ich-bezogene Menschen sind, die wenig Neigung zeigen, sich anderen zu öffnen und ihnen zu vertrauen. Zurückhaltung und Skepsis sind deshalb dominierend, denn der innere Widerstand gegen tiefgreifende Veränderungen bindet Kräfte und begrenzt die Offenheit für andere, die sich nur durch Vertrauen, Liebe und den Willen zur Veränderung ergeben kann.

2. Fall: Erwachtes Seelenbewußtsein

Die Skorpion-Persönlichkeit ist sich der Notwendigkeit tiefgreifender Veränderungen ihres Wesens und Charakters bewußt und ist bereit, den »Weg der Krise und der Schmerzen« bewußt zu gehen, um zurückgehaltene, tief verborgene Gefühle zu befreien. Dieser Weg ist schmerz-voll, aber effektiv, denn in dem Maße, wie ein Mensch sich der eigenen Unvollkommenheit stellt und diese akzeptiert, verliert sich die Skepsis und das Mißtrauen gegenüber anderen, und wo es nichts Verborgenes, Zurückgehaltenes, Geheimgehaltenes mehr gibt, ist auch kein Grund mehr vorhanden, sich vor anderen zu verstecken.

Im Fall des seelenerwachten Menschen beginnt die Skorpion-Persön-lichkeit also zu begreifen, daß sie durch ihr Denken Verantwortung trägt für das, was sie subjektiv und gefühlsmäßig erfährt und erlebt. Sie weiß nun, daß die eigenen Gedanken die Art der Erfahrung bestimmen, denn esoterisch betrachtet gibt es keine Erfahrung, die nicht vorher von uns gedacht worden wäre. Eine grundlegende Verwandlung und die Verän-derung seines Verhaltens anderen gegenüber wird für den Skorpion-Geborenen folglich erst möglich, wenn er begreift, daß Gedanken Reali-tät schaffen und er sich seine Umwelt und die Art seines inneren Erlebens durch seine eigenen Gedanken selber erschafft. Denn sein Leiden ent-steht ja ursächlich durch die Diskrepanz zwischen seinen Vorstellungen und der Realität seines eigenen Lebens, das seinen perfektionistischen Vorstellungen nicht entspricht.

Auf unbewußter Ebene werden die eigenen Mängel deshalb entweder verdrängt oder auf andere projiziert. Die Ohnmacht, die der Skorpion-Geborene häufig erlebt, wenn er sich bewußt wird, daß seine Ideale und Vorstellungen mit der Realität seines eigenen Lebens nicht in Deckung zu bringen sind, kann nur überwunden werden, wenn die eigenen Mängel nicht mehr verdrängt oder in Tugenden »umgedichtet« werden. Vielmehr muß er lernen, seinen Hang zum Perfektionismus zu mäßigen und die Unvollkommenheit seines eigenen Charakters zum Anlaß zu nehmen, um sich konsequent und hartnäckig den »Versuchungen des Lebens« entgegenzustellen, die ihn immer wieder daran hindern, dem eigenen Ideal von sich selbst zu entsprechen.

Der seelenbewußte Skorpion-Geborene unterscheidet sich vom see-lisch unbewußten also dadurch, daß er den Mut hat, sich der eigenen Wirklichkeit zu stellen und dieser schonungslos ins Auge zu blicken, während der unentwickelte die eigene unvollkommene Wirklichkeit ver-drängt und sie auf die Umwelt projiziert, die dann als Spiegel auf ihn zurückwirkt. Überdies besitzt der seelisch entwickelte Skorpion-Geborene genügend Willen und Stärke, um sich tatsächlich zu verändern und das im Leben zurückzuweisen, was die eigene Entwicklung hemmt, während die kleine Persönlichkeit die Kraft und Konsequenz zur Veränderung noch nicht entwickelt hat und daher die Schuld am eigenen Versagen stets bei anderen sucht. Diese Projektion des eigenen Versagens auf die Mitwelt und die ständige Suche nach einem »Sündenbock« führt deshalb auch zu periodisch wiederkehrenden Krisen und zeitweiligen Depressionen, wenn das »Bild der eigenen Wirklichkeit« sich zu weit von der Realität entfernt hat.

Zusammenfassend können wir sagen: Die Verbindung Jungfrau-AC und Skorpion-Sonne weisen auf ein wechselhaftes, durch Seelenkrisen gekennzeichnetes Leben hin, dessen Sinn darin besteht, dem Menschen ein neues geistiges Wertebewußtsein zu erschließen (2. Haus), das ihn befähigt, das physische Leben (I. Quadrant) aus einer neuen geistigen Perspektive zu betrachten und sich von der Identifikation mit dem Körper und der materiellen Sicht des Lebens zu befreien. Verstärkt wird dies noch durch Neptun, der aufgrund seiner Stellung im 1. Haus als Mitherrscher des Aszendenten betrachtet werden muß, sowie dem Quadrataspekt zwischen Sonne und Pluto. Dieser Aspekt bewirkt einen permanenten Persönlichkeitswandel im Sinne höherer kollektiver Notwendigkeiten, was auf unbewußter Ebene einen Perfektionsdrang bewirkt, der die persönliche Freiheit einzuschränken scheint.

4. MC oder das Ergebnis des Lebens

Der MC unseres Beispielhoroskops liegt im Zeichen Zwillinge und zeigt, was sich aus der Verbindung von AC und Sonnenzeichen (und aller übrigen Horoskopfaktoren) als Ergebnis im Laufe des Lebens entwickeln soll.

Zwillinge ist das Zeichen der Dualität, mit dem Ziel, den Unterschied zwischen Seele und Körper im Denken zu erkennen. Das Denken des Horoskop-Eigners soll sich also durch die Erfahrung und die Umstände des Lebens immer mehr von den Gefühlen lösen, die beim Skorpion-Geborenen stark und festgehalten sind, um neutraler und objektiver zu werden, denn nur so kann der Unterschied zwischen Seele und Körper wahrgenommen werden. Das Ziel des Lebens ist es daher, ein Denken zu entwickeln, das fähig ist, Unterschiede wahrzunehmen und die Realität wertfrei zu kennzeichnen, ohne sie an der eigenen subjektiven Erfahrung zu messen, was die Jungfrau auszeichnet. MC und AC bilden also auch inhaltlich eine echte »Quadratur des Kreises«, die nur dadurch gelöst werden kann, daß ein Mensch sich immer deutlicher als Seele oder als Bewußtsein erkennt, das den Körper lenkt, aber nicht mit ihm identisch ist. Erst wenn dies bewußt wird, wird das Denken objektiv und kann, unabhängig von subjektiver Erfahrung, in abstrakte Bereiche der Wirklichkeit eindringen und Erkenntnisse erlangen, die über das persönliche Erleben hinausgehen.

♄ im zehnten Haus verstärkt und erweitert diese Möglichkeit, da er offen macht für intuitive Wahrnehmungen.

5. MC-Herrscher

Der Herrscher des MC ist Merkur, und dieser steht wiederum im Skorpion und im 2. Haus, so daß das Ziel der Seele (AC-Herrscher) und das Ziel der Persönlichkeitsentwicklung (☉) dieses Lebens identisch sind. Beide sind auf eine Veränderung des Wertebewußtseins (2. Haus) gerichtet, das in unserem Fall nur durch Entwicklung und Anwendung des Denkens (☿) erreicht werden kann. AC-Herrscher, Sonne und MC-Herrscher werden im gleichen Zeichen und im gleichen Haus.

Jungfrau, Skorpion und 2. Haus sind also die hervorgehobenen Bereiche des Lebens. Die wesentliche Aufgabe dieser Inkarnation besteht also darin, ein neues (geistiges) Wertebewußtsein zu erreichen, das dem Leben einen Sinn gibt, der das materielle Denken übersteigt, um sich dadurch ein Lebenskapital (2. Haus) zu schaffen, das nicht auf das Materielle beschränkt ist.

Dies geschieht entweder

– unbewußt durch Leiden (seelisch unerwachter Mensch)

– oder bewußt durch ein verändertes, sich an geistigen Werten orientierendes Denken, aus dem der Sinn des Lebens und jedes einzelnen Lebens erkennbar wird (seelenbewußter Mensch).

6. Die persönlichen Planeten

a) Mond im 11. Haus (in Verbindung mit Pluto) im Zeichen Löwe.

Der Mond, der die Vergangenheit symbolisiert, steht im Haus der intuitiven Wahrnehmung und der Gruppenzugehörigkeit. Dies zeigt die instinktive Neigung, sich aus dem »Dschungel persönlicher Gefühle« herauszuhalten und diese Verstrickungen aus überhöter abgehobener Position zu betrachten. Doch weil der Mond gleichzeitig im Gegenzeichen Löwe steht, der sehr ich-bezogen ist, ist dies nicht so ohne weiteres zu erreichen. Außerdem steht der Mond in Konjunktion zu Pluto (Unterbewußtes), und so ist zu vermuten, daß Gefühle (karmisch-bedingt) verdrängt sind und daß versucht wurde, sie in einer Scheinneutralität zu überhöhen, ohne daß sie durch seelische Auseinandersetzung mit den Gegensätzen des Lebens transformiert und auf die Ebene der Intuition gehoben wurden.

Die Betonung des Denkens ist in diesem Horoskop folgerichtig stark ausgeprägt, denn es ist die Basis für die Persönlichkeitsentwicklung, auf der Grundlage eines neuen Wertebewußtseins (2. Haus). Es geht darum, sich ein sicheres und verläßliches Kapital anzueignen, das als Basis der Persönlichkeitsentwicklung dienen kann. Und weil Merkur und Sonne die Waage-Qualität des 2. Hauses skorpionisch färben, geht es nicht nur um ein physisches, sondern um ein geistiges Kapital.

b) *Mars und Saturn im 12. Haus im Zeichen Jungfrau*

Die Zielrichtung des Mars – als Symbol der Selbstbehauptung, des Kampfes und der Durchsetzung – ist auf den Bereich der Transzendenz oder des Hintergründigen, Nicht-Sichtbaren gerichtet. Dies deutet unter Umständen auf verdrängte Aggressionen hin, weil spontane Impulse nicht ausgelebt werden können. Es besteht überdies eine mangelnde Dynamik sowie eine zurückgehaltene Reaktionsbereitschaft und mangelnde Aktivität im Handeln, was durch Neptun im 1. Haus eine Verstärkung erhält. Die Durchsetzung im Physischen und die spontane Reaktion auf Umweltreize (die bei einem Jungfrau-Aszendenten sowieso verhalten sind), sind also erschwert und im Extremfall gelähmt und außer Kraft gesetzt, so daß der Horoskop-Eigner immer eine verzögerte Reaktion zeigen wird und nicht unmittelbar und schnell auf wechselnde Umweltbedingungen reagieren kann.

Saturn im 12. Haus (♍) zeigt an, daß Denkkonzepte und die gedanklichen Begrenzungen, die ein Mensch sich selbst setzt, einer Erweiterung bedürfen, um die Realität der Seele wahrnehmen zu können. Saturn im 12. Haus (entspricht sinngemäß ♄ ♆) deutet also darauf hin, daß Denkkonzepte zu starr sind und eine Loslösung von eingengenden, festgelegten gedanklichen Strukturen in diesem Leben erforderlich ist.

Mars (persönliche dynamische Durchsetzung) und Saturn (konzeptionelles, an Formen gebundenes Denken) sind in den Hintergrund des

Lebens (12. Haus) getreten, um im Licht der Seele transformiert zu werden und im Rahmen eines größeren umfassenderen Ganzen zu wirken, das nicht auf die eigene Persönlichkeit begrenzt ist. Denn Planeten im 12. Haus können nur im Rahmen eines größeren Ganzen voll aktiviert und eingesetzt werden, indem ein Mensch seine entsprechenden Fähigkeiten in eine Gemeinschaft einbringt. Tut er dies nicht und bleibt sein Selbstverständnis auf die eigene Persönlichkeit begrenzt, dann wird er Schwierigkeiten haben, die Planeten im 12. Haus willentlich zu nutzen und ihre Möglichkeiten voll auszuschöpfen.

c) *Venus im 4. Haus im Zeichen Steinbock*

Liebe und Beziehungen werden vor allem im Bereich der Familie und traditioneller familiärer Bindungen erlebt, und Schönheit wird durch die Steinbock-Betonung eher in klaren, geordneten Strukturen erkannt als in üppigen, lebendigen und lebensfrohen Formen. Beziehungen werden stärker auf emotionaler Ebene erlebt als im Denken, wobei die Gefühle aber durch Steinbock diszipliniert und dem Erfolg im Leben untergeordnet werden, und daher nicht in den Vordergrund treten.

Verstärkt wird diese Tendenz noch durch die Opposition ♀ ♄, die den Horoskop-Eigner veranlaßt, Menschen auf Distanz zu halten und keine zu engen emotionalen Beziehungen einzugehen.

d) *Jupiter im 5. Haus im Zeichen Steinbock*

Jupiter als Symbol des ganzheitlichen Verstehens, der uns nach Entwicklung, aber auch nach Wohlstand und (Macht-)Fülle streben läßt, steht ebenfalls im Steinbock, aber im 5. Haus. Dadurch wird der persönliche Lebensausdruck, die Art wie dieser Mensch sich der Welt darbietet, überzeugender und beeindruckender sein als der der Jungfrau eigen ist, denn Jupiter im 5. Haus gibt Selbstvertrauen und Selbstüberzeugtheit. Der Horoskop-Eigner wird es also verstehen, nach außen überzeugender und selbstbewußter aufzutreten als er in Wirklichkeit ist, weil Jupiter den persönlichen Lebensausdruck färbt. Verstärkt wird diese Tendenz noch durch den Mond im Löwen, der einem Menschen auf emotionaler Ebene das Grundgefühl von Größe, Bedeutung und Selbstbewußtsein verleiht, die nicht mit der Persönlichkeitsentwicklung ☉ in Einklang stehen muß.

7. Die transsaturnischen Planeten

Die transsaturnischen Planeten sind transformatorische Kräfte, die durch ihre Stellung in den Quadranten und Häusern auf die Bereiche des Lebens hinweisen, in denen Transformation erfolgen soll.

a) Neptun im 1. Haus im Zeichen Waage

Neptun als Planet der selbstlosen Liebe und Hingabe löst persönliche Begrenzungen auf, um uns aus der Illusion des Getrenntseins und der physischen Isolierung zu befreien.

Wenn Neptun im 1. Haus steht, löst er die persönliche Durchsetzungskraft und die dynamische Selbstbehauptung auf, solange sie im Physischen gesucht wird. Er bewirkt zunächst eine passive Lebenshaltung (verbunden mit Mars im 12. Haus) und mangelnde Standfestigkeit, bis sich der Ich-Standpunkt in ein »verbindendes Wir« gewandelt hat, was bei der Grundkonstellation dieses Horoskops nicht leicht ist. Unterstrichen wird dies noch dadurch, daß Neptun in der Waage steht, dem Zeichen des Ausgleichs und der harmonischen Beziehungen. Es geht hier also darum, die eigene Durchsetzungskraft auf Gruppenziele zu richten, denn Neptun löst nur das auf, was seiner Schwingung der Liebe und All-Verbundenheit entgegenwirkt.

Neptun bewirkt hier folglich eine Schwächung des Ego zugunsten der Seelenentwicklung. Es geht darum, Dienen zu lernen und die eigene persönliche Durchsetzungskraft für andere und für unpersönliche Ziele einzusetzen. Solange ein Mensch dies aber nicht kann, weil das Ego noch zu stark ist, wird er unter mangelnder Durchsetzungskraft leiden und oft das Gefühl haben, ohnmächtig zuschauen zu müssen, wie sich Dinge entwickeln, ohne eingreifen zu können, weil er sich wie gelähmt fühlt. Dieses Gefühl der »Handlungslähme« wird erst enden, wenn Motivation und Zielsetzung des eigenen Handelns zunehmend unpersönlich und von Liebe und Mitgefühl für andere gekennzeichnet sind.

b) Uranus im 10. Haus im Zeichen Krebs

Uranus ist der Planet der Intuition, denn er schafft die Verbindung zwischen Körper und Geist. Er bewirkt eine Öffnung des Denkens für geistige Zusammenhänge. Im 10. Haus wird er sich als intuitive Empfänglichkeit für höhere Bereiche des Lebens zeigen, die – gedanklich bewußt oder unbewußt – als innere Impulse wahrgenommen werden und das Berufsziel des Lebens beeinflussen. Durch seine Stellung im Krebs werden diese höheren Impulse der Seele jedoch stärker über den Gefühlsbereich empfangen als über das Denken. Uranus wird also eine intuitive Offenheit des Empfindens für Eindrücke aus Bereichen bewirken, die außerhalb des Physischen liegen. Vermutlich liegt eine psychische Feinfühligkeit und eine hohe Sensibilität vor, die das Bewußtsein des Menschen intuitiv auf außersinnliche Phänomene reagieren und in höhere Wahrnehmungsebenen eindringen läßt.

Weil Uranus im 10. Haus steht, befähigt er den Horoskop-Eigner, bei entsprechender Persönlichkeitsentwicklung, seine intuitive Offenheit auch beruflich zu nutzen und sie als persönliches Kapital einzusetzen (Herrscher des 10. Hauses steht im 2. Haus).

c) Pluto im 11. Haus im Zeichen Löwe

Pluto bewirkt eine tiefgreifende Transformation unseres Wesens, die gewöhnlich mit Leiden verbunden ist, da wir sein unpersönliches höheres Entwicklungsziel nicht wahrnehmen können. Er bezieht sich auf die Vergangenheit und bringt alte Gedanken und Gefühlsmuster ins Tagesbewußtsein, um uns mit uns selbst und unserer eigenen Vergangenheit zu konfrontieren.

In diesem Fall steht Pluto im 11. Haus in Konjunktion mit dem Mond. Die Auseinandersetzung mit verdrängten Gefühlen ist also notwendig, bevor Seelenbewußtsein oder ein intuitives Bewußtsein erreicht werden können. Erfolgt diese bewußte Auseinandersetzung und die Aufarbeitung der Gefühle nicht, bewirkt Pluto in dieser Konstellation Gefühlskrisen, Jähzorn und die latente Gefahr von heftigen Gefühlsausbrüchen, die sich unkontrolliert entladen, zumal der Mond im Löwen ein instinktives Gefühl von Größe, Einmaligkeit und Selbstherrlichkeit erzeugt, das auf jede Kritik von außen empfindlich und verletzt reagiert, solange wirkliches Selbstbewußtsein nicht erreicht ist.

Natürlich ließen sich noch weitergehende Aussagen machen anhand der Elemente, der unterschiedlichen Bewertung kardinaler, fixer und veränderlicher Häuser und anderer analytischer Details. Weil diese aber ausreichend in der Persönlichkeitsastrologie beschrieben sind, wurde bewußt darauf verzichtet, um die synthetische Sicht und den Einstieg in die esoterische Deutung nicht zu erschweren.

Synthese

Der Horoskop-Eigner ist von seiner Grundveranlagung her ein Mensch, der das Leben aus einer eher vorsichtigen, bedächtigen und kritischen Grundhaltung betrachtet und dem es schwerfällt, dem Leben und anderen spontan zu vertrauen. Sein Sicherheitsgefühl und Selbstverständnis gewinnt er aus kritischer Distanz zu anderen und vorsorglicher Planung, mit der er es versucht, die Lebensangst und die Risiken eigener Entscheidungen zu minimieren.

Die Verbindung des Aszendenten Jungfrau (Erde) mit dem Sonnenzeichen Skorpion (Wasser) bringt eine gewisse Erdenschwere und eine resignative Lebensgrundhaltung mit sich, die eine heitere Beschwingtheit, Begeisterung und bedingungslose Lebensfreude nur schwer aufkommen lassen. Das Leben wird also eher passiv-erleidend als aktiv-schöpferisch erlebt. Überdies besteht eine Neigung zu Vorstellungsgebundenheit und Vor-Urteilen (♍), die es schwer machen, Lebenshaltungen schnell zu ändern und aus spontanen Eingebungen und Begegnungen Inspirationen und Anregungen zu beziehen.

Wo liegt also die Chance und Aufgabe dieses Lebens?

Jungfrau und Skorpion sind Zeichen der Krise der Persönlichkeit, die sich der Seele öffnen muß. Die geistige Aufgabe dieses Lebens besteht also darin, die eigene Intelligenz (♍) zu nutzen, um die Seele wahrzunehmen, und sich (was dem Skorpion schwerfällt) einer höheren Macht unterzuordnen. Das Ego muß sich einem höheren Willen beugen, was die Persönlichkeit als Ohnmacht gegenüber der Schöpfung erlebt.

Das Grundproblem des Lebens und die wichtigste Aufgabe sind also: Loslassen lernen, um neue Erfahrungen zu machen, sowie negative Erfahrungen nutzen, um aus Fehlern zu lernen. Aufgrund der Betonung des 2. Hauses, das sinngemäß dem Prinzip Stier entspricht, werden festhaltende Tendenzen noch verstärkt, und das Loslassen von Besitz und alten, festgefahrenen Gewohnheiten fällt schwer. Um den Effekt des Loslassens und Geschehenlassens noch zu verstärken, stehen Neptun im 1. und Mars im 12. Haus.

Die karmische Absicht ist also klar:

Dynamisches Handeln, der Kampf ums Überleben und die Durchsetzung im Physischen treten zurück, um der Erfahrung des Transzendentalen und Hintergründigen mehr Raum zu geben. Es geht um die Schwächung persönlicher Macht und Ich-Durchsetzung, um das Erreichen eines neuen Wertebewußtseins (☿ und ☉ im Skorpion und im 2. Haus). Diese Tendenz wird noch verstärkt durch den Quadrat-Aspekt zwischen Sonne und Pluto, der ebenfalls auf die notwendige Wandlung der Persönlichkeit hinweist, denn Pluto, als unpersönliche transformierende Kraft, beeinträchtigt die spontane Lebensfreude und das nur sich selbst verpflichtete Lebensgefühl eines Menschen.

Das Gefühl der Ohnmacht, Passivität und des zeitweiligen Lebensverdrusses kann also nur überwunden werden, wenn der Horoskop-Eigner begreift, daß seine Initiativen, Gedanken, Vorstellungen und Wünsche nur dann Aussicht auf Erfolg und Realisierung haben, wenn sie nicht auf die eigene Person begrenzt sind. Vielmehr sollten sie sich an idealistischen Motiven orientieren, und die eigene Selbstentfaltung sollte im Rahmen eines größeren Ganzen gesehen werden, an das sich die persönlichen Ziele anpassen. Die Lebensrichtung muß sich folglich ändern: Das Ich-Bewußtsein muß zum Wir-Bewußtsein werden, ohne die eigene Identität zu verlieren.

Kein leichtes und problemloses Leben also, aber sicher eines, das eine wichtige Umbruchsituation und Wegmarke in der Kette der Inkarnationen darstellt, wenn ein Mensch lernt, Begrenzung als notwendiges Prinzip der Entwicklung zu akzeptieren und Ohnmacht in Macht zu verwandeln, indem er sich durch die Veränderung der eigenen Einstellung über das Leiden erhebt.

Diese Erkenntnis wird besonders deutlich im »Mythos von Sisyphos« von Albert Camus, der das Überwinden des unabänderlichen Leidens der Welt (Sisyphos) im Erkennen der eigenen Situation sieht. Sisyphos wächst über sich selbst hinaus, weil er seine Begrenzung erkennt und akzeptiert und dadurch im Denken eine Freiheit erlangt, die ihn über sein Schicksal erhebt. In einem anderen Werk, *Die Pest*, sieht Camus die Überwindung des Leidens im Dienen und in der Solidarität mit den Leidenden. Auch Camus hatte einen Jungfrau-AC und eine Skorpion-Sonne, und er brachte die pessimistische Grundstimmung dieser beiden Zeichen in seinen Büchern deutlich zum Ausdruck.

Im Hinblick auf die spirituelle Entwicklung ist das Schlüsselthema unseres Horoskops also:

Das Erreichen innerer Freiheit durch Akzeptieren der karmischen Begrenzungen und Überwinden des eigenen Leidens durch Solidarität mit den Leidenden dieser Welt, trotz zeitweilig empfundener Absurdität des Lebens. Dies ist der erste Schritt zu einer spirituellen Weltsicht, in der »Dienen aus Liebe« den Grundantrieb des Handelns bildet.

Soweit in wenigen angedeuteten Gedanken die esoterische Grunddeutung des Horoskops, aus der sich das Lebensthema und die Lebensaufgabe ergibt. Ob diese nun leicht oder schwer zu erreichen ist, und welche karmischen Hindernisse ein Mensch zu überwinden hat, das wird deutlich anhand der Aspekte eines Horoskops, die im folgenden Kapitel besprochen werden.

IX

ASTROLOGISCHE ASPEKTE

1. Die Geometrie der Aspekte und ihr musikalisches Intervall

Unter einem Aspekt versteht man in der Astrologie bestimmte Winkelbeziehungen von Planeten untereinander, die sich durch ihre Stellung innerhalb des 360°-Tierkreises aus der Erdperspektive ergeben.

Dies läßt sich am einfachsten am Beispiel des Mondes illustrieren, der im Laufe eines Monats vier entscheidende Winkelbeziehungen mit der Sonne bildet, die sich aus der Zweiteilung und Vierteilung eines Kreises ergeben.

Bei *Vollmond*, der am deutlichsten zu sehen ist, stehen Sonne und Mond in Opposition, d.h. die Erde befindet sich zwischen Sonne und Mond.

Astronomische Darstellung

Diese Konstellation bezeichnet die Astrologie als Opposition.

Astrologische Darstellung des Oppositionsaspektes

Nach etwa sieben Tagen stehen Sonne und (abnehmender Mond) von der Erde aus betrachtet in einem 90°-Winkel zueinander. Diese Konstellation bezeichnen wir in der Astrologie als Quadrat.

Astrologische Darstellung des
Quadrataspektes

Wiederum etwa sieben Tage später haben wir *Neumond*, d.h. astrologisch betrachtet stehen Sonne und Mond in Konjunktion, denn sie befinden sich an der gleichen Stelle.

Astrologische Darstellung des
Konjunktionsaspektes

Etwa sieben Tage später haben wir dann wiederum eine Winkelbeziehung von 90° bei zunehmendem Mond. Also wieder einen Quadrataspekt.

Astrologische Darstellung des
Quadrataspektes

Diese Winkelbeziehungen, die die im Tierkreis wandernden Planeten immer wieder miteinander bilden, bezeichnet die Astrologie als Aspekte, und diese haben eine besondere Wirkung auf das Erdengeschehen, denn sie entsprechen musikalischen Intervallen, die als »Sphärenklang« auf die gesamte Natur und auf das menschliche Bewußtsein einwirken.

Das Wissen über den esoterischen Hintergrund astrologischer Aspekte, der sich aus dem Zusammenhang zwischen Klang und sphärischer Geometrie ergibt, war bereits den Babyloniern bekannt und wurde durch Johannes Kepler gründlich erforscht. Er hat die Zusammenhänge zwischen Geometrie, Astrologie und Musik in seinem Buch *Weltharmonik* ausführlich beschrieben, denn er entdeckte, daß alle wirksamen astrologischen Aspekte sich aus regelmäßigen geometrischen Figuren ergeben, die einen Kreis in gleichmäßige Sektoren teilen. Er war sich bewußt, daß die Grundlage des Formaufbaus in der physischen Welt die Geometrie ist, die sich aus bestimmten Zahlenverhältnissen ergibt, die wiederum musikalischen Intervallen entsprechen. Zahl, Musik und Geometrie gehören für Kepler daher zusammen. Sie bilden die Ursache für die Entstehung physischer Formen in der Welt, und die Wirksamkeit der Aspekte beruht auf ihrer Geometrie, die ein Schwingungsmuster und einen Klang hervorbringt, der auf das Bewußtsein und den Körper des Menschen einwirkt und ihn zu einer Resonanz bewegt. Wir können die Wirkung der Aspekte leichter verstehen, wenn wir uns die Welt – der Raum unserer Erfahrungen – als einen Klangkörper vorstellen, dessen musikalische Intervalle sich aus den Abstandsverhältnissen der Planeten im Tierkreis ergeben. Und diese Intervalle, die für uns zwar unhörbar sind, uns aber dennoch ständig zu Resonanzen veranlassen, lassen sich im Horoskop anhand ihrer Zahlenverhältnisse errechnen und in Form von geometrischen Figuren sichtbar machen.

Dies wird anschaulicher, wenn wir uns den Tierkreis, unser Bewußtseinsfeld, als eine zum Kreis gebogene Tonsaite eines Monochords vorstellen.

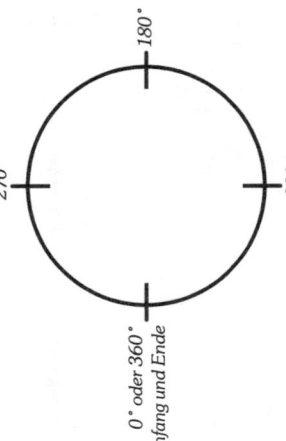

Der Tierkreis von 360° enthält das Ganze oder den Grundton des Lebens, der sich aus dem Aszendenten ergibt. Wenn nun aber ein Planet auf 0° und ein anderer auf 180° stehen, dann bilden sie eine Opposition, denn sie stehen im Kreis 180° entfernt. Betrachten wir diesen Abstand nun als Maß einer gespannten Saite eines Instruments, dann erhalten wir ein Intervall, das sich aus dem Längenverhältnis des Saitenabschnitts zur ganzen Saite ergibt. So erklingt die Oktave des Grundtons beispielsweise bei der Hälfte der Saitenlänge, die Quinte bei 2/3, die Quart bei 3/4. Dieses Thema wurde in Kap. I, 3. kurz angedeutet und soll an dieser Stelle nicht weiter vertieft werden. Wer sich ausführlich damit beschäftigen will, sei auf das Buch *Weltharmonik* von Johannes Kepler verwiesen, der sich eingehend mit dieser Thematik befaßt hat, denn er war sich bewußt, daß der gesamte Kosmos zahlenmäßig-geometrisch und damit musikalisch-harmonisch geordnet ist.[41]

Zur Unterscheidung der wirksamen und unwirksamen Aspekte orientierte er sich an der Geometrie. Wirksam waren für ihn nur Aspekte aus regelmäßigen Figuren, die mit Zirkel und Lineal alleine konstruierbar sind.[42] Gemäß Satz IX, Kap. 5 des 3. Buches der Weltharmonik sind deshalb folgende Winkelbeziehungen oder Aspekte für die Astrologie bedeutsam:

1. Konjunktion: ☌

Winkelbeziehung: 0°

Musikalisches Intervall: Prime

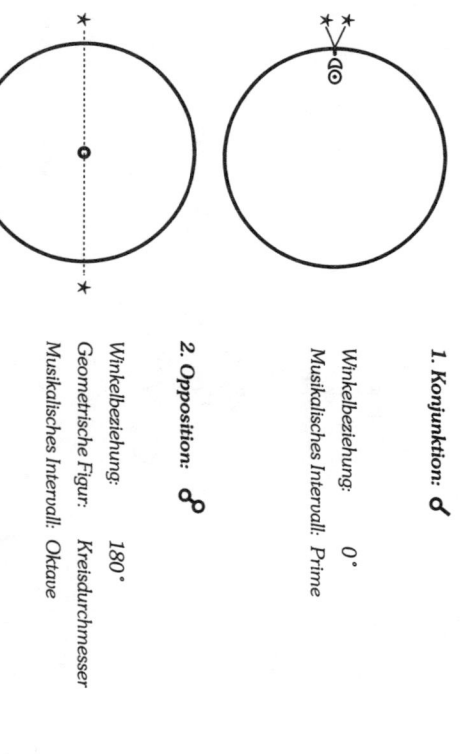

2. Opposition: ☍

Winkelbeziehung: 180°

Geometrische Figur: Kreisdurchmesser

Musikalisches Intervall: Oktave

---

[41] Cousto hat dieses Thema wieder aufgegriffen und auf musikalischer Ebene erweitert. Cousto, Die Kosmische Oktave

[42] Zirkel und Lineal sind auch zentrale Symbole der Freimaurer, worin das Wissen um den geometrischen Aufbau des Kosmos zum Ausdruck kommt.

Die Geometrie der Aspekte und ihr musikalisches Intervall

3. Quadrat: ☐

Winkelbeziehung: 90°
Geometrische Figur: Viereck
Musikalisches Intervall: Quarte

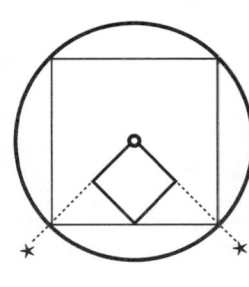

Opposition und Quadrat ergeben sich aus der Grundzahl 2 und gelten deshalb als disharmonischer oder als Spannungsaspekt.

4. Trigon: △

Winkelbeziehung: 120°
Geometrische Figur: Dreieck
Musikalisches Intervall: Quinte

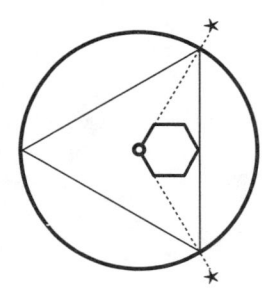

5. Sextil: ✱

Winkalbeziehung: 60°
Geometrische Figur: Sechseck
Musikalisches Intervall: Mollterz

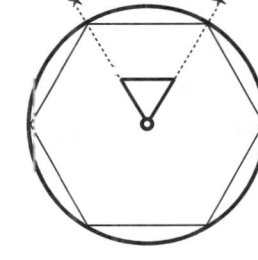

Trigon und Sextil ergeben sich aus der Grundzahl 3 und gelten deshalb als harmonische Aspekte.

Alle Aspekte lassen sich wiederum in Zahlen ausdrücken, denn sie sind die Ergebnisse ganzzahliger Divisionen, auf denen die gesamte Schöpfung aufbaut.

360 : 1 = Konjunktion	0°	☌
360 : 2 = Opposition	180°	☍
360 : 3 = Trigon	120°	△
360 : 4 = Quadrat	90°	☐

360 : 5 = Quintil	72°	✶
360 : 6 = Sextil	60°	✳
360 : 8 = Halbquadrat	45°	Γ
360 : 10 = Halbquintil	36°	∨
360 : 12 = Halbsextil	30°	⋉

Und aus diesen Grundzahlen ergibt sich auch die Wirksamkeit der Aspekte, die Kepler wie folgt angibt:[43]

»*Wirksame Konfigurationen sind jene, die vom Tierkreis folgende Bögen abschneiden:*

180° die Opposition, vom Kreisdurchmesser her;

90° die Quadratur, vom Viereck her;

120° das Trigon, und 60° der Sextil, vom Dreieck und Sechseck her;

45° der Oktil, und 135°, der Trioktil, vom Achteck und dessen Stern her;

30° der Halbsextil, und 150°, der Quincunx, vom Zwölfeck und dessen Stern her;

72° der Quintil, und 108°, der Tridezil, vom Fünfeck und vom Zehneckstern her;

144° der Biquintil, und 36°, der Halbquintil oder Dezil, vom Fünfeckstern und vom Zehneck her.«

»*Der erste und stärkste Grad der Wirksamkeit unter den Aspekten ist die Konjunktion und die Opposition.*

Der zweite Grad der Wirksamkeit unter den Aspekten ist das Quadrat.

Der dritte Grad der Wirksamkeit unter den Aspekten ist das Trigon, der Sextil, und der Semisextil. Hierbei haben Dreieck (Trigon) und Sechseck (Sextil) einen Vorrang.

Der vierte Grad der Wirksamkeit der Konfigurationen ist der Quintil, der Biquintil, und der Quincunx. Die beiden ersten Aspekte haben einen Vorrang, da die Figuren, das Fünfeck und sein Stern, auch im Raum kongruieren und zwei reguläre Körper bilden.

Der fünfte, letzte und schwächste Grad der Aspekte ist der Dezil, der Tridezil, der Oktil (Halbquadrat) und der Trioktil (Anderthalbquadrat), wobei Dezil und Tridezil ein wenig stärker sind als Oktil und Trioktil.«

[43] Weltharmonik, IV. Buch, Satz IX-XIV, Kap. 5

Diese Bewertung der Aspekte hat sich bis in die heutige Zeit erhalten. In der Praxis haben deshalb Konjunktion, Opposition, Trigon, Quadrat und Sextil die größte Bedeutung; die übrigen werden im allgemeinen zwar nicht als unwichtig, aber als untergeordnet betrachtet.

Der Orbis der Aspekte

Aspekte sind also geometrisch sichtbare Energiebeziehungen zwischen Planeten, die nach überliefertem esoterischem Wissen immer dann am wirksamsten sind, wenn sie an Endpunkten einer in den Kreis eingeschriebenen geometrischen Figur stehen. Die Grade der Aspekte müssen aber nicht genau sein, sondern man hat in der Astrologie empirisch einen Orbis (= Wirkungsbereich) von mehreren Graden bestimmt, der von Planet zu Planet, Aspekt zu Aspekt, aber auch von Mensch zu Mensch variiert und zwischen 5°-10° liegen kann. Einige Astrologen gehen sogar bis 15°.

Als allgemeine Richtlinie kann gelten, daß schnell laufende Planeten einen größeren Orbis haben (etwa 10°) und langsam laufende einen geringeren (etwa 6°). Überdies gilt, daß der Orbis bei größeren Winkeln wie der Opposition größer sein kann als bei kleinen Winkeln wie dem Halbsextil, das nur 30° beträgt.

Spannungsaspekte

Opposition ♂ – 180°
Eigenschaft: Spannung, Polarisation
                 potentielle Energie durch Verschmelzung der Gegensätze

Quadrat □ – 90°
Eigenschaft: Konfliktaspekt, dauerhafte Spannung
                 anregend, Ansporn zur Entwicklung

Konjunktion ☌ – 0°
Eigenschaft: Verschmelzungsaspekt
                 harmonisches oder disharmonisches Zusammenwirken zweier Prinzipien (je nach Qualität der Planeten)

Harmonische Aspekte

Trigon △ – 120°
Eigenschaft: Größte Harmonie
        harmonische Stabilität, erreichte Integration

Sextil ✳ – 60°
Eigenschaft: Innere harmonische Festigkeit, Stabilität
        angenehme Verbindung

Halbsextil ⚺ – 30°
Eigenschaft: Anregung, Wechselbeziehung, Möglichkeit

Herausfordernde schöpferische Aspekte

Quincunx ⚻ – 150°
Eigenschaft: Grenzsituation, scheinbar Unvereinbares wirkt auf-
        einander ein, Zwischensituation, Weder-Noch,
        Sehnsuchtsaspekt
        Lösung durch Verzicht: Hinweis auf geistigen Weg

Quintil ⬠ – 72°
Eigenschaft: Schöpferische Herausforderung
        Kreativität

Der 72°-Winkel mit dem Ergänzungswinkel (Biquintil) von 144° entspricht dem »Goldenen Schnitt« und muß deshalb als Schlüssel für die
verborgene innere Wesensstruktur eines Menschen betrachtet werden.
    Da diese Winkel aber nicht auf Anhieb festzustellen sind, werden sie
wenig beachtet und sind noch weitgehend unerforscht.

2. Die Bedeutung der transformatorischen Aspekte

Wenn wir uns nun der Bedeutung der Aspekte zuwenden, so sollten wir uns zu allererst die Tatsache bewußt machen, daß es aus esoterischer Sicht keine negativen oder positiven Aspekte gibt. Vielmehr sind Aspekte ihrem Wesen nach Tonschwingungen, die entweder harmonisch und leicht faßbar sind, wenn es sich um angenehme Zusammenklänge handelt, oder aber beunruhigend und schwer faßbar, wenn es sich um Intervalle handelt, die unharmonisch zusammenklingen. Und diese Tonschwingungen beeinflussen uns auf seelischer Ebene bewußt oder unbewußt, denn die Seele hat ein natürliches Empfinden für den harmonikalen Aufbau des Kosmos.

Auf die Energieebene der Planeten übertragen bedeutet dies folgendes: Quadrate, Oppositionen und Konjunktionen (je nach Planet) werden als Spannungsaspekte betrachtet, weil sie Tierkreiszeichen betreffen, die in ihrer Thematik und Zielsetzung scheinbar unvereinbar oder entgegengesetzt sind und deshalb zunächst einmal eine Spannung in uns erzeugen, die wir durch Bewußtmachen der Ursachen in uns beseitigen müssen. Deshalb lösen diese Spannungsaspekte im allgemeinen auch Ereignisse im Leben aus, die uns Probleme machen, damit wir diesem Bereich des Lebens Aufmerksamkeit schenken und die entgegengesetzten oder sich widersprechenden Tendenzen unseres Wesens stärker miteinander in Einklang bringen.

Oppositionen zeigen beispielsweise die Aufgabe, mehr Bewußtsein zu entwickeln über die Gegensatzpaare der Natur. Sie bewirken, daß wir uns nicht nur auf eine Seite unserer Wahrnehmung konzentrieren, sondern auch das Gegenteil in unser Bewußtsein integrieren, um daraus zu lernen, daß die Welt aus Gegensätzen besteht, die im Prinzip eins sind. Oppositionen zwingen uns, einen grundlegenden Zwiespalt unseres Wesens wahrzunehmen und wenn möglich aufzuheben, der durch die beiden gegenüberliegenden Tierkreiszeichen, in denen die Oppositionsplaneten stehen, symbolisiert wird. Sie veranlassen uns zu begreifen, daß es ein Ganzes stets zwei scheinbar entgegengesetzte Seiten hat, die es wahrzunehmen gilt, um sie schließlich als sich entsprechende und ergänzende Prinzipien des Gleichen zu erkennen.

Quadrate symbolisieren Kräfte in uns, die der Grundspannung zwischen Geist und Materie entsprechen. Sie sind im allgemeinen konfliktreicher als Oppositionen, weil diese gegenläufigen Kräfte nicht wechselseitig erlebt werden, sondern immer gleichzeitig als innere Spannung aufeinander einwirken. Deshalb können sie nicht auf einer Ebene der Entstehung gelöst werden, sondern nur auf einer höheren Ebene des Bewußtseins, auf der die scheinbaren Widersprüche der Welt sich ausgleichen und als Teile eines gemeinsamen Entwicklungsplans erweisen.

Quadraturen und Oppositionen können deshalb als Entwicklungsaspekte betrachtet werden, die den Menschen durch Schwierigkeiten herausfordern, die eigene Bewußtwerdung zu beschleunigen. So gibt es aus esoterischer Sicht auch keinen Grund dafür, die Quadrate des eigenen Geburtsschemas zu beklagen, denn wer gar keine Spannungsaspekte in seinem Horoskop hat, hat in diesem Leben auch weniger Ansporn zur Entwicklung.

Harmonische Aspekte, die im allgemeinen weniger auffallen, weil sie als eine selbstverständliche Begabung empfunden werden, zeigen dagegen an, welche Energien schon ausgeglichen und aufeinander abgestimmt sind, was ebenfalls als eine karmische Entwicklung betrachtet werden kann.

Trigon, Sextil und *Konjunktionen* von Planeten, die sich harmonisch ergänzen, sind beispielsweise Aspekte, die wir meist als angenehm erleben, die aber andererseits nur wenig Anreiz zur Entwicklung bieten, weil sie nicht als ständiger »Dorn im Fleisch« wirken und damit auch keine Dynamik auslösen.

Die transformatorischen Aspekte

1. Aspekte, die persönliche Planeten miteinander bilden:
   ☽, ♂, ☿, ♀, ☉, ♃, ♄.
   Diese stellen Eigenschaften, Fähigkeiten und Schwächen dar, die durch die Persönlichkeitsastrologie ausreichend beschrieben sind und deshalb nicht Gegenstand dieses Buches sein werden.

2. Aspekte von persönlichen Planeten mit transformatorischen Planeten:
   ♄, ♅, ♆, ♇.
   Die transformatorischen Aspekte unterscheiden sich in ihrer Wirkung von den persönlichen Aspekten dadurch, daß ein höherer, unpersön-

lich wirkender Planet sich mit einem persönlichen Planeten verbindet und diesen dadurch veranlaßt, sich einer höheren Schwingung anzupassen.

Saturn nimmt in dieser Hinsicht eine Sonderrolle ein. Er wirkt sowohl auf persönlicher als auch auf unpersönlicher Ebene, indem er uns Begrenzungen setzt, die karmisch bedingt sind und uns vom Unbewußten her beeinflussen.

Neptun, Uranus und *Pluto* verkörpern das Überbewußte bzw. das Unterbewußte, das auf kollektiver Ebene auf uns einwirkt und das wir durch Ausdehnung unseres Bewußtseins auf überpersönliche, transzendentale Ebenen in unser Bewußtsein eingliedern müssen.

Der Sinn der Aspekte zwischen »Planeten des Überbewußten« und persönlichen Planeten besteht darin, Überbewußtes allmählich in das persönliche Bewußtsein zu integrieren, indem uns durch physische Ereignisse, die die Aspekte mit sich bringen, gezeigt wird, wo wir im Sinne der Seele richtig oder falsch handeln. Die Wirkung von Aspekten mit Saturn (karmische Verbindlichkeit), Neptun (selbstlose Liebe), Uranus (Intuition) und Pluto (Zerstörung von Formen, die die Entwicklung der Seele behindern) ist daher auch immer bewußtseinserweiternd im geistigen Sinne. Dies schließt aber persönliche Veränderungen bis hin zu katastrophalen Einbrüchen in den normalen Alltag des Lebens nicht aus, wenn das Leben, das wir führen, zu stark von unserer inneren Wirklichkeit abweicht. Wenn sich bei Auslösung von Aspekten schwierige Lebenssituationen ereignen, die der Symbolik eines Aspekts entsprechen, so zeigt dies einfach nur an, daß wir den tieferen Sinn einer Aufgabe noch nicht verstanden haben und die Ereignisse des Lebens uns einen Anschauungsunterricht bieten, der uns die mit einem Aspekt verbundene Problematik sichtbar vor Augen führen soll.

Die transformatorischen Aspekte können deshalb auch als Wegweiser für uns dienen, indem sie uns zeigen, welche größeren Veränderungen oder Entwicklungen sich die Seele in diesem Leben vorgenommen hat und ob wir diese Lektionen bereits verstanden und umgesetzt haben oder nicht. Deshalb scheint es aus esoterischer Sicht auch wenig sinnvoll zu sein, die Ursachen und die Verantwortung für unsere Probleme, die durch die Aspekte angezeigt werden, auf unsere Eltern oder unsere Kindheit abzuwälzen, wie es uns durch die Psychologie immer wieder erklärt wird. Denn die Seele sucht sich ja eine Umwelt aus, die den

Bedingungen und Gegebenheiten des Horoskops entspricht, damit sie ihr Lernprogramm für dieses Leben erfüllen kann. Die Familiensituation, in die wir hineingeboren werden, ist folglich nicht zufällig, sondern sie bildet das notwendige Umfeld, in dem wir das lernen können, was wir zu lernen haben. Eltern oder Geschwister sind deshalb auch als die »Erfüllungsgehilfen unseres Schicksals« zu betrachten, mit denen wir eine karmische Beziehung haben und die uns helfen, schwierige Situationen zu erleben, aber auch zu meistern. Wie anders ließe sich sonst erklären, daß sich die Familiensituation sehr oft anhand des Horoskops erahnen läßt, das ja den Eindrücken der Kindheit vorausgeht und schon bei der Geburt feststeht?

In diesem Zusammenhang möchte ich an Edgar Cayce, den wohl bedeutendsten sensitiven Seher unseres Jahrhunderts erinnern, der in seinen Trance-Sitzungen, in denen er sich auf das kollektive Unbewußte einstimmen konnte, immer wieder hervorhob, daß jede Lebenszeit die gesamte Summe aller früheren Lebenszeiten ist, so daß jeder von uns in allen Erfahrungen seines Lebens immer wieder nur »sich selbst trifft«. »Was wir jetzt sind, ist eine Zusammensetzung dessen, was wir waren; und alles, was früher aufgebaut wurde, das Gute wie das Schlechte, ist in den Situationen dieses Lebens enthalten.« Die Seele wird, wie Cayce sich ausdrückt, »von den Einflüssen angezogen, die man von oben sehen kann«[44], was bedeutet, daß jeder Mensch die Aspekte in seinem Horoskop hat, die seiner eigenen Schwingung und Entwicklungsstufe am genauesten entsprechen.

Alle Aspekte, ganz gleich, ob es sich um Spannungsaspekte oder harmonische Aspekte handelt, sollten deshalb auch nicht als negativ, zerstörerisch oder gar schicksalserzwingend betrachtet werden, denn jedes Problem unseres Lebens birgt gleichzeitig seine Lösung in sich, so wie die Natur die Lösung für alle unsere Probleme bereithält, die wir aber nur dann finden können, wenn wir im Einklang mit ihr leben und sie nicht ausbeuten oder gar als Feind unserer egozentrischen Bestrebungen betrachten. Quadrate oder Oppositionen zeigen also nur an, daß gewisse Bestrebungen unseres Wesens sich noch widersprechen und gegeneinander arbeiten, als Resultat unserer Einstellung aus früheren Leben, in denen unsere Handlungen möglicherweise nicht in Einklang standen mit den Idealen und geistigen Zielen unserer inneren Wirklichkeit. Die

44 zitiert aus: Stephen Arroyo, *Astrologie, Karma und Transformation*

Lösung dieser Aspekte besteht nun darin, daß wir die sich widersprechenden Tendenzen unseres Wesens durch die immer stärker werdende Ganzheit und Einheitlichkeit unserer Persönlichkeit schließlich miteinander in Einklang bringen. Dies kann ein oder mehrere Leben in Anspruch nehmen, je nachdem, ob wir uns unserer Lebensaufgabe stellen oder ihr auszuweichen versuchen.

Aspekte können deshalb als die Saat betrachtet werden, die wir in der Vergangenheit gesät haben und die in diesem Leben zu gewissen Zeiten aufgehen wird, um uns den Stand unserer eigenen Entwicklung bewußt zu machen. Diese Zeiten, zu denen sie aufgeht, werden zuverlässig durch die Transite (Kap. X) angezeigt, die unser ganzes Leben von Anfang an in einen größeren Zeitrahmen stellen, in dem wir innerlich wachsen und uns entwickeln können. Doch weil wir die Ganzheit dieses größeren Zeitrahmens noch nicht erfassen und im allgemeinen nur unsere kleine, sehr begrenzte Zeitperspektive wahrnehmen, wirken sich vor allem die transformatorischen Aspekte oder Transite in vielen Fällen als gesundheitliche Probleme, psychische und seelische Krisen oder in Form anderer Konflikte und Schwierigkeiten des Lebens aus. Doch diese Schwierigkeiten und Krisen sind nur Ausdruck unseres inneren Seelenzustands; sie fordern uns auf, loszulassen und uns den notwendigen inneren Veränderungen nicht länger zu widersetzen.

Bei einer auffallenden Betonung von *Saturn-Aspekten* steht beispielsweise die Entwicklung einer eigenständigen und verantwortlichen Persönlichkeit im Vordergrund, während wir bei Überwiegen von *Neptun-Aspekten* davon ausgehen können, daß das Ich in der gegenwärtigen Entwicklungsphase zu stark geworden ist und der Mensch die Aufgabe hat, sich für die Impulse der Seele, für liebende Mitmenschlichkeit und Idealismus zu öffnen. Bei Betonung von *Uranus- oder Pluto-Aspekten* geht es um die Veränderung des Denkens im Sinne einer intuitiven Wahrnehmung und die Erweiterung des mentalen Bewußtseins. Dabei wirken Uranus-Aspekte vor allem darauf hin, daß wir uns aus einengenden Lebensbedingungen befreien und uns der eigenen Zukunftschancen bewußt werden, während die Wandlung des Pluto sich auf die Vergangenheit bezieht und durch zum Teil gewaltsame Zerstörung alter kollektiver Gedankenformen und Lebensstrukturen die Veränderung unserer Denkhaltung erzwingt.

Aspekte geben also Auskunft über die Lernschritte, die die Seele sich in einem Leben vorgenommen hat und über das, was sie als Karma mit ins

Leben bringt, denn in der Esoterischen Astrologie gehen wir davon aus, daß alle Aspekte karmisch bedingt sind. Aus dieser Sicht kann es keine negativen Aspekte geben, sondern allenfalls schwierig zu lebende, noch ungelöste Aufgaben, die aus der Vergangenheit eines Menschen resultieren. Diese ungelösten Aufgaben werden durch die Aspekte angezeigt, die Auskunft darüber geben, welche Energien schon integriert sind und welche Teile der Persönlichkeit noch im Widerspruch miteinander liegen und deshalb möglicherweise Konflikte mit sich selbst und der Umwelt auslösen. Denn alles, was wir erleben, ist ja nur eine Projektion innerer Kräfte und Energien, die sich im Äußeren widerspiegeln. Deshalb scheinen mir die vielen Bücher über Aspekte, die zum Teil an ein Kochbuch mit Rezepten erinnern, auch nur bedingt anwendbar zu sein. Sie verschleiern nicht selten den Blick für das, was ein Aspekt einem Menschen zu sagen hat und was er durch ihn lernen kann, weil die Probleme in den Vordergrund gestellt werden und versucht wird, das Problem auf der Symptom-Ebene zu behandeln, anstatt sich mit der Ursache zu beschäftigen.

Das gleiche gilt natürlich auch für die prognostische Astrologie, auf die ich später noch kurz eingehen werde. Auch im Hinblick auf Transite erlebe ich immer wieder, daß Menschen wie gebannt auf ihre Wirkung warten und das Gefühl haben, nichts machen zu können, weil sie ja schicksalsbestimmt sind. Diese Haltung ist nach meinem Verständnis wenig hilfreich, denn dadurch verpassen wir die Chance zu verstehen, welcher Entwicklungsschritt zeitbedingt notwendig ist, und diesen bewußt und aktiv zu vollziehen. Überdies dienen astrologische Konstellationen auch immer wieder allzu gerne als Ausrede für einen Mangel an Willen, aus ihnen zu lernen, anstatt sich von ihnen beherrschen zu lassen.

Ich möchte deshalb versuchen, ein Verständnis dafür zu wecken, daß die transformatorischen Aspekte uns eine Chance bieten, uns zu entwickeln. Wir wollen sie als Lebenshilfe und nicht mehr als Lebenshindernis begreifen, um offen zu werden für das, was sie an Wandlung bewirken. Denn aus esoterischer Sicht enthalten sie ein Schulungsprogramm, das sich die Seele für dieses Leben vorgenommen hat und das uns zu mehr Ganzheit führt. Es ist deshalb wichtig, uns bewußt zu machen, daß jeder Planet eine geistige Idee (Strahl) verkörpert, die seine Qualität und Zielrichtung bestimmt. Und wenn nun zwei unterschiedliche Ideen aufeinander einwirken, ergibt sich daraus ein Spannungsfeld, das eine Information enthält, auf die das das Bewußtsein des Menschen reagiert. Wird die Information verstanden, kann sie ins Bewußtsein integriert werden, und es ergeben sich daraus neue Möglichkeiten und Perspektiven im Leben. Wird sie aber nicht verstanden, dann müssen entsprechende Ereignisse uns begreiflich machen, was in unserem Leben nicht richtig läuft und worauf wir in Zukunft achten müssen. Die Grundidee oder Absicht eines Aspektes ist also klar und eindeutig, denn sie ergibt sich aus der Kombination zweier Energiequalitäten. Doch die möglichen Auswirkungen von Aspekten im physischen Leben sind vielfältig und unterscheiden sich entsprechend der Grundveranlagung und Entwicklungsebene eines Menschen.

So lassen sich Aspekte auch nicht zuverlässig ereignisbezogen deuten, sondern nur von ihrer geistigen Zielsetzung und vom Lernpotential her, das sie enthalten. Denn die Ereignisse, die sich in einem Leben aufgrund eines Aspektes ergeben, sind abhängig von der Gesamtkonstellation eines Menschen, aber auch davon, ob er den tieferen Sinn einer Aufgabe erkennt und akzeptiert, weil er mit den entsprechenden Energien schon vertraut ist, oder ob sie ihm in seinem Selbstverständnis so widersprechen, daß er sich innerlich dagegen wehrt. Ein Löwe wird beispielsweise mit viel mehr Widerstand auf einen Saturn-Aspekt reagieren als ein Steinbock, der ja an Einschränkung und Entbehrung gewöhnt ist und dem diese Eigenschaften natürlich erscheinen, während der Löwe gegen jede Einschränkung und Disziplinierung von außen mit allergrößter innerer Empörung reagiert. Und so werden sich Aspekte als mehr oder weniger konfliktträchtige Ereignisse zeigen, je nachdem, ob sie der Grundenergie eines Menschen entsprechen oder ihr vollkommen entgegengesetzt sind.

Die Aspekte werden im folgenden deshalb unter dem Blickwinkel der Seelenentwicklung betrachtet, um uns bewußt zu machen, daß frühkindliche frustrierende oder traumatische Ereignisse einen tieferen Sinn haben, weil sie auf eine notwendige Veränderung des eigenen Verhaltens hinweisen. Denn alle Erfahrungen in der Kindheit entsprechen einem karmisch-bedingten Entwicklungsplan, der im Licht der Seele betrachtet einem höheren Zweck dient. Alle Aspekte können sich trotz der damit möglicherweise verbundenen Leiden und Schwierigkeiten für die eigene Entwicklung als positiv erweisen, denn sie ermöglichen uns Erfahrungen, aus denen uns wichtige Fähigkeiten erwachsen, wenn wir ihren Sinn erkennen und akzeptieren.

Bei der Kürze der Betrachtung werde ich nicht zwischen Opposition, Quadrat oder Trigon differenzieren, weil diese sehr subtile Unterscheidungen darstellen, die erst bei der Deutung eines Gesamthoroskops zuverlässig bewertet werden können. Generell läßt sich aber sagen, daß Spannungsaspekte deutlicher wahrnehmbar sind und mehr Probleme verursachen, da in ihnen ein größeres Entwicklungspotential liegt. Abgeschwächt gilt das Gesagte auch für die entsprechenden harmonischen Aspekte, die sich im allgemeinen aber als weniger problematisch erweisen, weil sie eine schon erreichte Fähigkeit oder Stärke anzeigen.

3. Saturn-Aspekte

Saturn verkörpert die *Idee des 3. Strahls, der »Aktiven Intelligenz«*. Dieser bestimmt auch die Lebensqualität der Erde, denn er stellt die Energie der Verdichtung dar, durch die die physischen Formen erschaffen werden. Durch diese Eigenschaft der »Verfeststofflichung« von Energie, gibt der 3. Strahl der Menschheit die Möglichkeit, in dichter Materie zu erschaffen und dadurch Erfahrungen zu machen. So wirkt er auch vor allem als *»verursachender schöpferischer Impuls«*, der uns durch seine Fähigkeit zu verlangsamen, zu hemmen und Gedankenkraft zu verdichten, ein weites Feld für Versuche und Erfahrungen schafft. Denn er bewirkt, daß das physisch sichtbar wird, was wir gedanklich erschaffen haben, beispielsweise in Form von Traditionen, Ideologien, Weltanschauungen und menschlichen Erklärungen der Wirklichkeit, die die sogenannte Realität physischen Lebens bestimmen.

Mit Saturn verbinden wir daher stets das Prinzip der Formgebung und Verdichtung, aber auch der Kristallisation, die anzeigt, daß die Form nicht mehr zeitgemäß ist und zerstört werden muß. Er steht für das Gewordene im Gegensatz zum Werdenden, das noch nicht an eine Form gebunden ist und noch freie Energie darstellt.

Saturn-Aspekte haben generell einen Bezug zur Vergangenheit, sie sind das karmische Erbe, das wir in eine Inkarnation mitbringen. Die Begrenzungen und Einschränkungen persönlicher Planeten, mit denen er einen Aspekt bildet, deuten deshalb an, daß wir uns in diesem Bereich unseres Lebens stärker konzentrieren, disziplinieren und begrenzen müssen. Doch diese notwendige Begrenzung, die ein Aspekt uns auferlegt, ist immer karmisch bedingt und somit unsere eigene Schöpfung, denn

Saturn konfrontiert uns immer nur mit unserer eigenen gedanklichen Wirklichkeit, die die einzige Begrenzung zum größeren Leben des Kosmos darstellt.

Saturn als Symbol der Begrenzung kann nicht an sich als hemmend oder hindernd betrachtet werden, vielmehr verkörpert er die Struktur unseres eigenen Denkens, mit seinen Gedankenmustern, Schablonen und Schubladen, die ein Mensch als »Vor-Urteile« und vorgefaßte Meinungen über sich und seine Umwelt aus früheren Inkarnationen mit ins Leben bringt und die sich hemmend, einschränkend und behindernd auf die Freiheit der innewohnenden, verkörperten Seele auswirken, deren Prinzip Licht und grenzenlose Liebe ist. Nicht zufällig wird Saturn deshalb körperlich in Beziehung gebracht zu Knochen, Zähnen, Haaren und Nägeln, also den am stärksten verdichteten Teilen des Körpers, die ihm in Form des Knochengerüsts Struktur und innere Stabilität geben.

So hat Saturn auch eine wichtige Funktion für die Entwicklung einer höheren, integrierten Persönlichkeit, die wir nur durch Anstrengung, Disziplin und Eigenverantwortung erreichen können. Er verkörpert unser Rückgrat im konkreten und übertragenen Sinne und bildet damit im Zusammenhang mit der Sonne die Basis für unsere Persönlichkeitsentwicklung. Die Wirkung des Saturn, als konzentrierendes, begrenzendes, uns zu Eigenverantwortung erziehendes Prinzip, ist notwendig für unsere Wandlung vom instinktiv erlebenden, aber auch leidenden, durch die Masse bestimmten Wesen ($\mathrm{\mathbb{C}}$), das wir in der Kindheitsphase unserer Entwicklung sind, zu einem Individuum, das sich selbst versteht und sich der eigenen Fähigkeiten, aber auch der eigenen Grenzen bewußt ist ($\hbar$ als höhere Oktave des $\mathrm{\mathbb{C}}$). Und so wirkt Saturn auch nur dort einschränkend und behindernd, wo das eigene Denken den Interessen der Seele zuwiderläuft, und positiv stabilisierend und strukturierend da, wo es an der Konzentration des Denkens mangelt und festere Strukturen sinnvoll und entwicklungsfördernd wären.

Wenn wir die Wirkung der Saturn-Aspekte betrachten, sollten wir uns deshalb immer bewußt machen, daß sie keine von außen auferlegten Strafen darstellen, sondern daß sie innere Begrenzungen sichtbar machen, die wir uns im Laufe der Zeit selbst auferlegt haben und die in diesem Leben mit Hilfe der Spannungs-Aspekte sichtbar werden.

Saturn-Aspekte mit persönlichen Planeten ($\mathrm{\mathbb{C}}$, $\mathrm{\delta}$, $\mathrm{\varphi}$, $\mathrm{\breve{\varphi}}$, $\mathrm{\odot}$, $\mathrm{4}$) dienen nach meiner Erfahrung primär dazu, der Persönlichkeit mehr Festigkeit und innere Struktur zu geben, indem persönliche Wahrnehmungs- und Erfahrungsbereiche, in denen mehr mentale Kontrolle notwendig ist, eingeschränkt und diszipliniert werden. Deshalb sind diese Aspekte auch immer dann besonders zahlreich und betont, wenn ein Mensch für die Instinkt- und Gefühlsebene momentan zu offen ist und mehr Stabilität, eigene Denkkraft und Unabhängigkeit erreicht werden sollte.

Bei Saturn-Aspekten mit transformatorischen Planeten (♅, ♆, ♇) scheint mir das Gegenteil der Fall zu sein. Das Denken ist zu strukturierend, trennend und isolierend geworden, weil der Verstand überbetont ist. Deshalb muß nun wieder eine stärkere Öffnung des Ego für höhere Seinswelten und Wirklichkeiten erfolgen, was nur dadurch erreicht werden kann, daß die Grenzen des Persönlichkeitsfeldes wieder durchlässiger werden und der Mensch durch Mitgefühl und Idealismus (♆), intuitive Erkenntnis (♅) und Zerstörung alter Strukturen (♇) wieder empfänglich wird für das größere Ganze, von dem er ja nur ein Teil ist.

Diese Prozesse von Strukturierung und Aufweichung – der Persönlichkeitsverdichtung durch Abgrenzung und erneuten Auflösung der Grenzen – ist aber nicht als absolutes Entwicklungsmerkmal zu betrachten. Vielmehr entwickelt sich unsere Persönlichkeit (☉) in vielen Einzelleben beginnend mit der kleinen Persönlichkeit, die sich durch ausgesprochene Egozentrik auszeichnet, bis zur integrierten Persönlichkeit, die als »Werkzeug der Seele« dient, durch wiederholte Verfestigungen, die wieder Auflösung erfordern, um erneut verfestigt zu werden. Aspekte zeigen also immer nur momentane Notwendigkeiten der Entwicklung an, den »Ist-Zustand«, der bezogen auf die Gesamtentwicklung eines Menschen immer relativ ist.

Zeigen sich im Horoskop also überwiegend Saturn-Aspekte mit persönlichen Planeten, so können wir davon ausgehen, daß sich dieser Mensch gerade an einer Wegmarke seiner Entwicklung befindet, wo sein emotionaler Lebensausdruck stärkerer gedanklicher Kontrolle und Disziplinierung bedarf. Saturn-Aspekte geben in diesem Fall einen Hinweis darauf, in welchem Bereich unseres Lebens mehr Einschränkung und Kontrolle, aber auch mehr Konzentration und gedankliche Arbeit erforderlich ist, um zu mehr Eigenständigkeit und zu mehr Eigenverantwortlichkeit zu gelangen. Saturn ist daher ein wichtiger Planet in der Entwicklung, denn durch ihn müssen wir das »Prinzip des Karma«

begreifen lernen, indem wir allmählich akzeptieren und schließlich immer deutlicher wahrnehmen lernen, daß unsere eigenen Gedanken unsere Erfahrung schaffen und die Begrenzungen unseres Lebens unsere eigenen Schöpfungen sind.

Allgemein können wir davon ausgehen, daß alle Aspekte den Zweck haben, uns gewisse Teilaspekte unseres Wesens bewußt zu machen und sie harmonischer miteinander zu verbinden als sie bisher sind. Es reicht mir nicht, mit ihnen einfach gewisse Probleme, Fähigkeiten oder Unfähigkeiten zu assoziieren, weil dies nicht erkennen läßt, warum wir so sind, wie wir astrologisch geboren wurden, und welcher Sinn damit verbunden ist. Ich möchte deshalb an einem besonders spannungsreichen Aspekt (♂ ♄) zeigen, wie jeder Aspekt sich letztendlich als positiv und entwicklungsfördernd erweist, auch wenn er subjektiv als nicht besonders angenehm empfunden wird. Bei den anderen transformatorischen Aspekten werde ich mich darauf beschränken, das Entwicklungsziel stichwortartig anzudeuten, weil es im Rahmen dieses Buches nicht möglich ist, alle Aspekte ausführlich zu behandeln.

Mars – Saturn

♂
Dynamische initiale Kraft
Willensimpuls
Tatendrang, Initiative

♄
Beharrungskraft der Form
Widerstand, Beschränkung
Krafthemmung, Rückstau

Problemstellung: Widerstandsorientierte Energie
Spontane Willensimpulse und Initiativen (♂) treffen auf Widerstand (♄)
Bild: der Hürdenläufer; Autofahren mit angezogener Handbremse.

Entwicklungsziel

Dieser Aspekt hat das Ziel, den Menschen zu veranlassen, sich gegen Widerstände zu behaupten, und zu lernen, seine Ideen und inneren Ziele auch gegen konventionelle oder traditionelle Normen zu vertreten. Es geht um die Befreiung von der Herrschaft der in Formen erstarrten Gewohnheiten und überholten gedanklichen Strukturen, um zur Wirklichkeit des eigenen Wesens zu gelangen. Es ist der Kampf um die individuelle Freiheit des Willens gegen den Widerstand traditioneller Werte und Normen, die durch Erziehung und Sozialisation verinnerlicht sind und durch diesen Aspekt im Leben bewußt werden sollen.

Auswirkung im Physischen

Das Leben bietet dem Menschen von Kindheit an Umweltbedingungen, die seine Entwicklung hemmen und nur durch einen Höchsteinsatz von Energie und Eigeninitiative überwunden werden können. Die Lebenssituationen bestehen aus Hindernissen, Widerständen und Einschränkungen, die nur durch innere Stärke durchbrochen werden können. Mars-Saturn-Aspekte sind daher schwierig und werden meist somatisiert, weil diese Prinzipien sich hart aneinander reiben. Das Leben ist konfliktreich und phasenweise auch frustrierend und voller Enttäuschungen, denn nichts wird leicht errungen, alles muß erkämpft werden, und vieles, was ein Mensch will, ist einfach nicht erreichbar, weil sich unerwartet immer wieder Hürden aufbauen.

Bei willensstarken Menschen führt dies, nach vielen Konflikten, Auseinandersetzungen und Mühen, schließlich zu einer Stärkung der persönlichen Durchsetzungskraft, aber auch zur Erkenntnis, daß persönliche Willensimpulse, Initiativen und Ideale an der Realität gemessen werden müssen und in seinem Leben immer eine Reduzierung und Einschränkung erfahren.

Doch diese Einschränkung ist karmisch bedingt und dient der Erfahrung von Grenzen, die wir durch unser Denken in der Vergangenheit selbst gesetzt haben. Deshalb besteht die Lektion dieses Aspektes darin, unser inneres Wollen an karmische Begrenzungen anzupassen, die uns in jedem Leben in der Gestalt des Saturn begegnen, um uns daran zu erinnern, daß unser Wille sich den Gesetzen des Lebens beugen muß, ohne dadurch die eigene Identität und die eigene Kraft der Entwicklung zu verlieren. Mars-Saturn lehrt uns daher das Akzeptieren von Grenzen und Begrenzungen und ein wenig Demut, weil der eigene Lebensentwurf stets auf Widerstände trifft und nur schwer zu verwirklichen ist.

Unbewußt: Oppositionsgeist, streitlustig bis streitsüchtig, kampfbereit bis gewalttätig auf niederer Entwicklungsebene. Ein Mensch, der Widerstände unbewußt geradezu sucht und überall weckt, weil er diese braucht, um sich gegen sie zur Wehr zu setzen. Suche nach Herausforderungen des Lebens, die im Kampf und Wettstreit mit anderen gesehen werden (Kampfsport).

Bewußt: Der Mensch besitzt genug Willen und Stärke, um da Widerstand zu leisten und für seine Überzeugungen zu kämpfen, wo Strukturen entwicklungshemmend sind. Ansonsten hat er gelernt, Hindernisse des Lebens als notwendige Begrenzungen zu akzeptieren und über diese Akzeptanz das eigene Leben zu harmonisieren.

Gesundheitliche Komponente:
Energiestau, Muskel- und Gefäßkrämpfe, denn Antrieb und Hemmung sind gleich stark. Schwierigkeit, entspannt zu sein.

Aspekte mit Saturn in Stichworten

Der Einfluß der Saturn-Aspekte zeigt sich vor allem im *Mentalkörper*, der die Persönlichkeit formt.

 ♂ Dynamische Initiative
Mut zum Wagnis
Kampfgeist

♄ Statisches Beharren
Festhalten an Bestehendem
Formalismus

Widerstandsorientierte Energie. Antrieb und Hemmung sind gleich stark.

Problem: Oppositionsgeist. Streitlust. Mangelnde Fähigkeit zu entspannen.

Entwicklungsziel: Durchsetzung der Individualität gegen äußere und innere Widerstände. Befreiung aus der Herrschaft der Form.

 ♀ Sinnenfreude, Lebenslust
Freude an schönen Dingen

♄ Pflicht, Verantwortung

Sinnlichkeit und Lebensfreude werden begrenzt durch das Gefühl von Pflicht und Verantwortung. Wenige tiefe Beziehungen müssen erarbeitet werden.

Problem: Beziehungsschwierigkeiten. Häufig frustrierende emotionale Erfahrungen in der Kindheit. Gefühlskälte. Verstand dominiert Gefühl.

Entwicklungsziel: Disziplinierung des Wunschlebens. Liebe und Beziehungsfähigkeit lernen. Liebe und Verantwortung in einer Beziehung leben.

⚨ ♄

| Intellektuelles Denken Wechsel und Relativität des Standpunktes | Strukturiertes Denken, begrenzt durch Traditionen, Autoritäten und eigene (Vor-) Urteile |

Intellektuelle Skepsis. Festhalten an etablierten Lehrmeinungen und Autoritäten.

Problem: Mangelnde Flexibilität im Denken.

Entwicklungsziel: Denken strukturieren und auf das Wesentliche konzentrieren. Denken in sozialer Verantwortung.

☽ ♄

| Kindhaft-magisches Erleben Gefühlsdenken, Phantasie Traumwirklichkeit Anlehnung an andere | Realitätssinn Normierung der Realität durch das Denken Eigenverantwortlichkeit |

Emotionale Unsicherheit und Gefühl der Ungeborgenheit. Emotionale Bezugsperson fehlt oder vermittelt keine seelische Nähe.

Problem: Unfähigkeit, nein zu sagen, weil man aus innerer Unsicherheit ständig Bestätigung bei anderen sucht.

Entwicklungsziel: Gefühl und Verstand verbinden, um zu emotionaler Eigenständigkeit zu gelangen. Sicherheit im Denken finden.

 ☉ Selbst-Bewußtsein
Individuelle Freiheit
Schöpferische Kraft

ħ Pflichtbewußtsein
Verantwortungsgefühl

Große Arbeitskraft und großes Leistungsvermögen. Fähigkeit, über viele Stunden ohne Pause zu arbeiten.

Problem: Persönliche Freiheit und spontane Kreativität sind gehemmt. Die Arbeit wird überbetont.

Entwicklungsziel: Individuelle Freiheit in sozialer Verantwortung leben. Freiheit und Verpflichtung verbinden.

 ♃ Vertrauen in die Zukunft
Streben nach Erweiterung
Toleranz und Weite des Denkens

ħ Vertrauen in die Vergangenheit
Einengende Weltanschauung durch Bindung an Tradition und gesellschaftliche Normierungen

Große Konjunktion, die alle 20 Jahre stattfindet. Wandlungsphasen, die neue Entwicklungen einleiten.

Entwicklungsziel: Offenes und tolerantes Denken entwickeln bei gleichzeitiger Konzentration auf das Wesentliche.

Saturn hemmt und erschwert die Auswirkungen aller anderen persönlichen Planeten, mit denen er in einem Spannungsverhältnis steht. Er konkretisiert und konzentriert aber auch Erfahrungen, wenn ein Aspekt positiv gelebt und Eigenverantwortung übernommen wird.
    In Verbindung mit transsaturnischen Planeten wirkt er als persönlicher Planet, denn er stellt die Begrenzung der Persönlichkeit dar.
(♂ħ und ♆ħ siehe Uranus- und Neptun-Aspekte.)

ħ Persönliche Begrenzung durch das eigene Denken

 Zerstörung von Begrenzungen, die die Seelenwicklung hemmen

Saturn und Pluto beziehen sich karmisch auf die Vergangenheit, die nur schwer losgelassen werden kann. Stark festhaltende Tendenzen im Denken, die aber zwangsläufig aufgegeben werden müssen, weil die Kombination dieser beiden Planeten zwingende Lebenssituationen bewirkt.

Problem: Die Vergangenheit muß in diesem Leben aufgearbeitet werden. Lange zurückliegende karmische Schulden müssen beglichen werden. »Karmische Sackgasse«: Umkehr und Neuorientierung sind notwendig. Häufig werden zwanghafte Strukturen im Leben sichtbar, die auf unbewußte, festgehaltene Probleme hinweisen.

Dieser Aspekt wird nicht selten somatisiert, u.a. als Probleme der Hüftgelenke (symbolischer Bezug des Sakralzentrums zur Vergangenheit).

Entwicklungsziel: Loslassen von der Vergangenheit. Bewußtmachen von Verdrängungen und anderen lange aufgestauten Problemen.

Zerstörung von Gewohnheiten und Gedankenstrukturen, die uns hemmen, wenn nötig durch Leiden, Krankheit oder Unfälle, die eine Neuorientierung notwendig machen.

ħ ♁ ist ein zwingender Aspekt, der in einem Leben mit Sicherheit sichtbar wird, um gelöst zu werden.

4. Uranus-Aspekte

Uranus verkörpert die *Idee des 7. Strahls, der »zeremoniellen Ordnung oder Magie«.* Seine Aufgabe ist es, die physischen Formen zu vergeistigen und ein Einswerden von Geist und Materie zu bewirken, indem die Materie sich durch Evolution den Gesetzen des Geistigen anpaßt. So ist Uranus auch der Planet des Okkultismus oder des universellen geistigen Wissens, das positive magische Fähigkeiten beinhaltet, die uns potentiell in die Lage versetzen, unseren Körper zu beherrschen, indem wir die unterschiedliche Schwingung zwischen Seele und Persönlichkeit aufheben.

Da uns die geistigen Gesetze aber noch weitgehend unbekannt sind, wirkt er zunächst auf kollektiver Ebene verändernd auf das Bewußtsein der Masse ein. Er erreicht Fortschritt in der Menschheit, indem er den Freiheitswillen der Masse unbewußt aktiviert, so daß sie gegen Unterdrückung und Unfreiheit revoltiert.

Auf persönlicher Ebene zeigt sich Uranus als Kraft, die Befreiung bringt, indem sie den Menschen veranlaßt, sich gegen alles aufzulehnen, was seine innere Freiheit und Unabhängigkeit beeinträchtigt. Er bewirkt Entwicklung, indem er den Menschen veranlaßt, sich jeder Einengung und Beschränkung seines inneren Wesens zu widersetzen. Dies macht ihn zum Gegenspieler des Saturn, der die eigene Wahrnehmung begrenzt, damit wir uns zu einer eigenständigen Persönlichkeit entwickeln, während Uranus diese Grenzen immer wieder einreißt, damit sich der Wahrnehmungsbereich der Persönlichkeit ständig erweitern kann.

Uranus-Aspekte haben die Aufgabe, das trennende, auf die Persönlichkeit begrenzte Denken zu durchbrechen und die Persönlichkeit für die intuitive Wahrnehmung der Ganzheit des Lebens zu öffnen. Wo dies aber noch nicht gelingt, weil der Intellekt (☿) als Basis noch nicht genügend entwickelt ist, bewirkt er oft unerwartet und plötzlich eine Änderung unserer Lebensumstände überall dort, wo sie für die eigene Entwicklung zu festgefahren sind und zu wenig innere Freiheit bieten. Uranus hilft uns, frei zu werden vom Druck äußerer Normen und Maßstäbe, um unsere Verhaltensregeln auf inneren Überzeugungen aufzubauen anstatt auf äußeren Meinungen. Er bewirkt in uns die Erkenntnis, daß menschliche Gesetze gesprengt und immer wieder verändert werden müssen, solange sie sich nicht an universellen Gesetzmäßigkeiten und geistigen Gesetzen orientieren. Er lehrt uns, unser eigenes Gesetz zu leben und Befehle nur von der höheren Natur unserer Seele intuitiv zu empfangen und sie als einzige und letzte Instanz zu akzeptieren.

Saturn und Uranus symbolisieren deshalb wichtige Meilensteine in unserer Entwicklung. Während Saturn dem Menschen hilft, sich durch eigenständiges und eigenverantwortliches Handeln und Denken aus der Masse zu lösen, bewirkt Uranus, daß wir dieses persönliche Bewußtsein schließlich überschreiten, indem wir begreifen, daß wir auf seelischer

Ebene Teil einer Gruppe von Menschen sind, die im Rahmen eines größeren Ganzen (bewußt oder unbewußt) durch ihr Leben an der Entwicklung der Welt mitwirken.

Uranus-Aspekte mit persönlichen Planeten (☽, ☿, ♀, ☿, ☉, ♃, ♄) deuten darauf hin, daß in einem dieser Persönlichkeitsbereiche eine Veränderung und Erweiterung im Sinne einer geistigen Entwicklung notwendig ist. Diese Veränderungen dienen dazu, unsere Bewußtseinsgrenzen zu erweitern, und sie sind in einem Horoskop immer dann besonders zahlreich oder betont, wenn ein Mensch innerlich zu unbeweglich geworden ist oder zu stark rückwärts gewandt lebt. So muß er nun durch wechselnde Lebensumstände dazu veranlaßt werden, sich innerlich zu verändern und sich den für ihn einschränkenden Bedingungen zu widersetzen. Menschen mit betonten Uranus-Aspekten fühlen daher einen starken Drang, ihre Lebensumstände immer wieder zu verändern, und sie haben meist Schwierigkeiten, Gegebenes einfach hinzunehmen oder sich mit Einschränkungen abzufinden.

Uranus-Aspekte mit unpersönlichen Planeten (♆ und ♇) deuten auf eine intuitive Offenheit für höhere, nicht-sichtbare Bereiche des Lebens hin, die bewußt erst wahrgenommen und verstanden werden, wenn die mentale Entwicklung die Intuition einschließt. Da dies noch nicht häufig der Fall ist, wirken sie eher als eine unbewußte Resonanz auf neue Trends und epochale Veränderungen, die der Einzelne mit vielen anderen seines Jahrgangs auf kollektiver Ebene erlebt, sozusagen als Repräsentant eines zeitbedingten Bewußtseinswandels, in den viele eingebunden sind. Aspekte mit transsaturnischen Planeten, die stets Jahre dauern, betreffen deshalb immer eine Gruppe von Menschen, und sie prägen bestimmte Jahrgänge oder Generationen. Ihre Wirkung und Bedeutung geht über das Persönliche weit hinaus und stellt den Menschen in eine kollektive Beziehung zu seinen Mitmenschen, was es meist schwierig macht, ihre Erfahrungen auf der persönlichen Ebene zu erfassen.

Aspekte mit Uranus in Stichworten

Uranus-Aspekte wirken im *höheren Mentalbereich* in Form intuitiver Wahrnehmungen, Reaktionen und Handlungen.

♂ Persönlicher Wille
   Tatkraft

⚤ Höherer Wille
   Innere Unabhängigkeit

Freiheitsdrang. Innere Rebellion. Drang nach neuen, aufregenden Erlebnissen. Schnelle Erregbarkeit und schnelle intuitive Reaktion. Abenteuerlust. Verfechter fortschrittlicher, revolutionärer Ideen, die ihrer Zeit voraus sind. Freiheitskämpfer.

Problem: Ständiger Drang, Neues zu erfahren. Innere Unruhe. Das Gefühl, ständig etwas zu verpassen. Die Zeit brennt einem auf den Nägeln. Wenig Geduld.

Entwicklungsziel: Kampf um äußere und innere Freiheit. Engagement und persönlicher Einsatz für neue Entwicklungen und die Befreiung des Menschen aus Abhängigkeit und Fremdbestimmung.

♀ Liebesfähigkeit
   Beziehungsfähigkeit

 Freiheitswille
   Unabhängigkeit

Liebe und Freiheit oder Liebe in Freiheit. Distanzierte, manchmal unterkühlte Haltung zu Partnern. Wechselnde lose Kontakte zu Menschen, ohne enge Bindung und Verpflichtung. Oft unkonventionelle Beziehungen.

Problem: Emotionale Nähe und enge Beziehungen werden schwer ertragen. Bedürfnis nach Freiheit in Beziehungen und Sexualität, zuweilen Exzentrik und Wunsch nach Experimenten.

Entwicklungsziel: (Liebes-)Beziehungen, die auf Toleranz, Verständnis und geistigem Austausch beruhen. Äußere Freiheit verbunden mit innerer Nähe.

Intellekt

Intuition
Höhere Eingebungen

Dynamischer Energiefluß. Schnelle Auffassungsgabe. Schnelle Gedankenimpulse. Intuitives Denken. Erfindungsgabe. Gutes Gedächtnis. Schnelle Assoziation oder sprunghaftes Denken. Verstand arbeitet blitzschnell. Originalität und Exzentrik im Denken (Erfinder, Ingenieure, Vorkämpfer neuer Wege). Aufgeschlossenheit für Neues.

Problem: Starke nervliche Anspannung. Große geistige Unruhe und zuweilen nervlicher Streß. Ungeduld. Man kann nicht gut zuhören. Gedankensprünge.

Entwicklungsziel: Empfang von intuitiven Erkenntnissen, die der Intellekt interpretiert. Intuitives Denken.

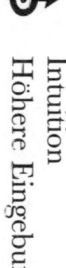

Mütterlichkeit
Gefühl

Freiheit
Unabhängigkeit

Distanz zum eigenen Gefühl, zum Mütterlichen. Befreiung vom Wunsch nach mütterlicher Geborgenheit. Über den Gefühlen stehen wollen.

Problem: In der Kindheit fehlende mütterliche Geborgenheit, weil die Mutter entweder zu sehr mit sich selbst beschäftigt oder zu dominierend ist und als Über-Ich empfunden wird. Im Erwachsenwerden Ablehnung und Suche nach Distanz. Häufig wird die eigene Mutter als überfürsorglich und zu besitzergreifend erlebt. Man versucht, sie auf Distanz zu halten und sich von ihr innerlich zu befreien.
Bei Frauen: Ambivalentes Verhältnis zu Schwangerschaft und Muttersein (zuweilen Stillprobleme). Wunsch nach Mutterschaft bei gleichzeitiger Suche nach unabhängiger Entwicklung und Freiheit.

Entwicklungsziel: Instinktives Gefühl in Intuition verwandeln. Loslösen vom Mutterinstinkt zugunsten einer geistig verstandenen Elternschaft, die Kindern Freiheit und

Eigenständigkeit gewährt und keine Dankbarkeit erwartet. Bindende Mutterliebe in geistige Freundschaft verwandeln.

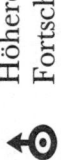 Selbstausdruck
Schöpferische Kraft

Höheres Selbst
 Fortschrittswille

Unkonventionelles Verhalten. Ständiger Drang nach Veränderung. Große Unruhe. Häufiger Wechsel (beruflich und privat). Abneigung gegen Routine.

Problem: Wenig Kontinuität. Neigung zu Beengungsgefühlen. Schwierigkeiten, sich auf ein Gebiet festzulegen und darauf zu konzentrieren.

Entwicklungsziel: Ausrichtung der Persönlichkeit auf neue erweiterte Lebensperspektiven. Selbstbewußtsein in Gruppenbewußtsein verwandeln.

 Weises Verstehen

Intuition
 Intuition

Intuitives Verstehen. Schnelles Erfassen von Zusammenhängen und ganzheitlichen Gesichtspunkten. Aufgeschlossenheit für esoterische Wissenschaften. Ideal für Astrologie und Philosophie. Unproblematischer Aspekt. »Schutzengel-Konstellation«: Problemsituationen finden oft in letzter Minute ein unerwartet gutes Ende.

Entwicklungsziel: Vertrauen in die Intuition. Verstehen geistiger Zusammenhänge. Vertrauen in die innere Führung, die sich durch sog. »Zufälle des Lebens« offenbart.

 Tradition

Fortschritt, Wandel
 Fortschritt, Wandel

Veränderungswille bei gleichzeitiger Tendenz, an Gewohnheiten und bestehenden Lebenssituationen festzuhalten. Bild: »Steckengebliebene Revolte«.

Problem: Angst vor Veränderung und vor Neuem. Nicht-loslassen-Können aus Angst vor einer unsicheren Zukunft. »Trennungskonstellation«, die sich häufig auf Beziehungen auswirkt, wenn diese entwicklungshemmend sind und trotzdem nicht aufgegeben werden.

Entwicklungsziel: Denken öffnen für neue Wege und neue geistige Perspektiven des Lebens. Lernen, sich ohne Rückversicherung auf Neues einzulassen. Tradition (Altes) und Fortschritt (Neues) müssen sich harmonisch verbinden. Aufgeben, was hemmt und einengt, öffnen für neue spirituelle Lebensformen.

Freiheitsdrang
Zukunftsorientierung

Zwang zur Veränderung
durch Begegnung mit der
Vergangenheit

Drang nach Unabhängigkeit und Freiheitswille werden gebremst durch alte unbewußte Strukturen und Verhaltensmuster der Vergangenheit. Auf die Zukunft gerichteter Freiheitswille und an Vergangenheit gebundene psychische Strukturen und Verhaltensmuster wirken aufeinander ein und behindern sich. Veränderung ist unausweichlich.

Problem: Man lebt in überholten Vorstellungen und Denkkonzepten, die innerlich festlegend sind und sich ändern müssen. Mangelnde Selbstwahrnehmung und Fehleinschätzungen durch alte festgehaltene, innere Bilder und Vorurteile.

Entwicklungsziel: »Ent-Täuschung« durch Erfahrungen des Lebens, die uns aus Täuschungen und Illusionen befreien. Häufig in Beziehungen erlebt, die zeigen, daß unser Selbstbild und unser Bild von Partnern mit der Wirklichkeit nicht übereinstimmt.

Wirkt auf kollektiver Ebene als Generationenkonstellation (1964–1968). Aus der Vergangenheit übernommene Denkkonzepte und Lebensstrukturen sind nicht mehr zeitgemäß und müssen sich ändern.

5. Neptun-Aspekte

Neptun verkörpert die *Idee des 6. Strahls der »Devotion oder der liebenden Hingabe«* an ein höheres (göttliches) Ideal. Er ist das Symbol der all-umfassenden Liebe und hat die Aufgabe, uns die Grenzenlosigkeit des Seins und die ideale Wirklichkeit hinter der Welt der Formen bewußt zu machen.

Deshalb bewirkt er in uns die Neigung zu Idealismus. Er lehrt uns, daß Liebe universell und grenzenlos ist und daß wir die Gefühle eines anderen niemals in Besitz nehmen können. Seine Lektion heißt: Los-lassen von persönlichen Bindungen und begreifen, daß wahre Liebe unpersönlich und selbstlos ist und nicht auf eine Person beschränkt bleiben kann. Dadurch entsteht in uns ein Empfinden für das größere Ganze und die Sehnsucht nach Einheit, die uns aus den Grenzen des Ichs befreit.

Doch bevor wir selbstlos werden können, müssen wir mit Hilfe des Saturn ein persönliches abgegrenztes Selbst geworden sein, um im »Ozean der Gefühle« nicht unterzugehen, sondern als Einzeltropfen im Ozean erkennbar zu bleiben. Durch gedankliche Entwicklung lernen wir, die Wogen unserer Emotionen zu glätten und zunächst einmal ein von anderen getrenntes Eigenbewußtsein zu entwickeln, um als entwickelte Persönlichkeit dann wieder mit dem größeren Ganzen zu verschmelzen. Neptun kann seine persönlichkeitstranszendierende Wirkung und seine grenzenlose Liebe also nur dann unserem Bewußtsein vermitteln, wenn wir schon ein Selbst geworden sind, d.h. wenn das Stadium des Massen-bewußtseins hinter uns liegt. Ist das Eigenbewußtsein aber noch schwach, dann besteht die Gefahr, daß psychische Wahrnehmungen nur auf der Astralebene erfaßt werden und sich dem Gefühlsbewußtsein einprägen, ohne gedanklich verstanden zu werden. Dadurch entstehen Verblendun-gen, Selbstüberschätzungen und zuweilen ein Verlust des Realitätssinns, wodurch ein Mensch dazu neigt, seine eigene Entwicklung, aber vor allem die eigene Liebesfähigkeit zu überschätzen.

Denn der Weg der selbstlosen Liebe und des praktizierten Idealismus ist ein langer und mühsamer Weg, und nicht selten versuchen gerade Neptun-betonte Menschen den leichteren Abkürzungsweg zu nehmen und durch sogenannte bewußtseinserweiternde Drogen die Transzendenz des Bewußtseins zu erreichen, ohne wie Christus und alle Weisen dieser Welt »durch die Hölle gegangen zu sein«, was ja nur ein Symbol der Läuterung des Charakters ist. Zu Recht werden Neptun-Aspekte deshalb mit einer Anfälligkeit für Alkohol und Drogen in Verbindung gebracht, denn Drogen stellen oft nur den Versuch dar, der Einsamkeit und Isolation zu entfliehen und ein Gefühl der Einheit und Verbundenheit mit einem größeren Ganzen zu erreichen, ohne das eigene Bewußtsein durch »gedankliche Arbeit an sich selbst« verändern zu müssen. Das gleiche gilt auch für bestimmte Meditationspraktiken oder religiöse Übungen, zu denen sich der Neptun-betonte Mensch hingezogen fühlt, um zeitweilig durch mystische Versenkung bis hin zur Ekstase dem Alltagsleben zu entfliehen und das Gefühl persönlicher Getrenntheit zu überwinden.

Auf unentwickelter Ebene, wenn die Persönlichkeit noch nicht gefestigt ist, führen Neptun-Aspekte oder ein betonter Neptun deshalb häufiger zu nebelartigen Bewußtseinszuständen, Verunsicherungen, Verblendungen und mangelnder Selbstwahrnehmung, weil das eigene Bewußtseinsfeld mit dem der anderen verschwimmt, so wie einzelne Wassertropfen sich in der Weite des Ozeans verlieren und nicht mehr erkennbar sind. Dadurch kann das Gefühl einer Selbstlosigkeit entstehen, die höchst selbstsüchtig ist und das Ego veranlaßt, die eigene Unsicherheit und mangelnde Persönlichkeitsentwicklung hinter einer übertriebenen Hilfsbereitschaft zu kaschieren und darüber Selbstbestätigung zu erlangen. (Helfersyndrom!) Dies erklärt auch die Psyche des »Scheinheiligen«, der über den anderen zu stehen glaubt und versucht, mit dem »Ego in den Himmel« zu kommen, ohne in seinen eigenen Gefühlen je unpersönlich, besitzlos oder gar wunschlos geworden zu sein.

Doch es gibt auf dem »Pfad des Bewußtseins« kein Überspringen von Etappen. Aus diesem Grund steht Saturn als »Hüter der Schwelle« am Tor zur Transzendenz oder zum Überbewußten, und er bewacht dieses Tor solange, bis wir uns gedanklich entwickelt haben und die Ebenen des Nicht-Sichtbaren nicht nur empfindungsmäßig wahrnehmen, sondern auch gelernt haben, sie gedanklich zu interpretieren. Durch Begrenzung auf sich selbst, zwingt Saturn den Menschen, sich in wiederholten Reinkarnationen immer wieder selbst zu begegnen, bis er im wahrsten Sinne des Wortes »Selbst-los« wird, weil er sich durch ständige Einwirkung von Neptun und Uranus auf das eigene Gedankenfeld schließlich als Teil eines größeren Bewußtseins erkennt.

Bei Neptun-Aspekten ist es deshalb besonders wichtig zu erkennen, wo ein Mensch bewußtseinsmäßig steht, weil sie in jedem Fall die Sehnsucht nach Auflösung von Grenzen bewirken. Ob ein Mensch aber wirklich transzendentale Erfahrungen macht, die das Bewußtsein richtig interpretiert, oder ob er sich in traumartigen Phantasie-Ebenen bewegt, die nur die Gefühle erreichen und so zu Verblendungen und Vernebelungen des Bewußtseins führen, das ist abhängig von der jeweiligen Entwicklungsstufe. Denn zuerst muß ein Mensch Saturn, dem »Hüter der Schwelle«, ins Auge blicken und die eigenen Fehler und Unvollkommenheiten erkennen und akzeptieren, um zu Selbstehrlichkeit zu gelangen. Tut er dies nicht, dann werden sie ins Unbewußte verdrängt, wo Pluto als Wächter der Unterwelt sie festhält, um sie zu gegebener Zeit wieder ans Licht des Tages zu bringen und sich ihrer als Werkzeug des Todes und der Zerstörung zu bedienen.

Neptun-Aspekte mit persönlichen Planeten (☽, ♂, ♀, ☿, ☉, ♃, ♄) bewirken immer eine »Entgrenzung« persönlicher Wahrnehmungsbereiche und damit auch die Schwierigkeit, sich in dem betroffenen Bereich auf das Ich zu begrenzen. Wenn wir im Horoskop eine Betonung von Neptun-Aspekten haben, so deutet dies an, daß Ego-Standpunkte zu stark geworden sind und daß ein Mensch sich in bestimmten Bereichen der Erfahrung wieder für andere öffnen sollte, weil ein Mitfühlen und Mitleiden mit anderen notwendig ist, bevor die Persönlichkeit sich weiter entwickeln kann.

Neptun-Aspekte mit transsaturnischen Planeten (♅ und ♇) deuten dagegen auf eine gewisse Offenheit für transzendentale Ebenen des Seins hin. Da das persönliche Bewußtsein diese im allgemeinen aber noch nicht wahrnehmen kann, wirken sie auf kollektiver Ebene. Sie manifestieren sich als Empfänglichkeit der Masse für zeitbedingte Ideale und Sehnsüchte, die im Menschheitsbewußtsein entsprechend der Thematik der Aspekte auftauchen und über nationale Grenzen hinweg als allgemeine Wunschvorstellung einer Epoche spürbar sind.

Aspekte mit Neptun in Stichworten

Neptun-Aspekte bewirken ein Auflösen von Begrenzungen der Persönlichkeit, die der Entwicklung von Liebe und Idealismus entgegenstehen. Ihr Einfluß zeigt sich daher vor allem im *Astralkörper*, denn es geht um die Verwandlung von Gefühlen und Emotionen in Liebe.

♂ Kämpferische Dynamik   ♆ Idealismus oder Passivität
Durchsetzung   Nachgeben, Ausweichen

Persönliche Energie läuft ins Leere, wenn Handlungen nicht durch Ideale motiviert sind. Bild: »Schlag ins Wasser«.

Problem: Handlungs- und Reaktionsschwäche bis Handlungslähme. Mangelnde Kraft und Durchsetzungskraft, wenn Motive zu persönlich und egozentrisch sind. (Kann sich auch auf Sexualität auswirken.)

Entwicklungsziel: Idealistisch-motiviertes Handeln. Spirituelles Streben. Handeln in Einklang mit Gruppeninteressen und Partnern. Sexualität mit Spiritualität verbinden.

♀ Sinnenfreude, Lebenslust   ♆ Feinsinnigkeit
Ästhetik, Form- und Farb-   Höhere Inspiration
bewußtsein

Persönliche Abgrenzung wird aufgelöst. Sinnlichkeit öffnet sich für den Bereich des Übersinnlichen. Künstlerische Neigungen und musische Begabungen. Feinsinnigkeit.

Problem: Mangelnde Fähigkeit, sich persönlich abzugrenzen. Geringe Stabilität und Verläßlichkeit in Beziehungen.

Entwicklungsziel: Verfeinerung der Sinne und des sinnlichen Empfindens. Offenheit für höhere Inspiration. Lernen, Beziehungen auf idealer Basis zu leben.

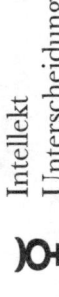

☿ Intellekt
Unterscheidungsfähigkeit

Ψ Einheitsbewußtsein
Inspiration

Die Abgrenzung des Intellekts von höheren Wahrnehmungsbereichen wird aufgelöst. Künstlerische oder musische Veranlagung. Offenheit für mystische oder psychische Wahrnehmungen.

Problem: Beeinträchtigung des unterscheidenden Intellekts. Schwierigkeit, sich klar auszudrücken. Mangelnde Schlagfertigkeit. Mangelnde Konzentration im Denken. Gelähmte intellektuelle Reaktion, evtl. Schul- und Lernprobleme. Mangelnde Logik.

Entwicklungsziel: Öffnung des Intellekts für höhere Wahrnehmungen und geistige Inspiration. Denken in Gruppenbezügen. Ideelles Denken.

☽ Instinktnatur
Gefühlsbewußtsein
Massenempfinden

Ψ Selbstlose, allesumfassende
Liebe
Idealismus

Psychische Feinfühligkeit und großes Einfühlungsvermögen in andere. Instinktive Hilfsbereitschaft und miteinpfindendes Wahrnehmen des anderen.

Problem: Zu große Offenheit des Ätherkörpers, dadurch leichte Übernahme negativer, schädlicher Schwingungen aus der Umwelt. Mangelnde emotionale Abgrenzung und zu große Beeindruckbarkeit durch Fremdeinflüsse.
Das Körperempfinden ist beeinträchtigt, weil eine ätherische Feinfühligkeit vorliegt. Dies führt nicht selten zu Problemen mit (Sexual-)Partnern, die diese Feinfühligkeit unterlaufen.

Entwicklungsziel: Persönliche Gefühle in Liebe verwandeln. Mitgefühl, mitfühlende Hingabe und seelisches Einfühlungsvermögen in andere entwickeln.

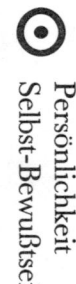

⊙ Persönlichkeit
Selbst-Bewußtsein

♆ Alles einbeziehende Liebe
Auflösen von Persönlichkeitsgrenzen

Der Persönlichkeitsbereich ist nicht abgegrenzt. Es besteht eine große Offenheit für andere. Künstlerische und musische Neigungen.

Problem: Mangelnde Selbstwahrnehmung. Selbsttäuschung. Mißachtung der Persönlichkeitsgrenzen anderer, weil die eigenen Grenzen nicht wahrgenommen werden.

Entwicklungsziel: Persönliche Entwicklung und Selbstbewußtsein durch gelebte Mitmenschlichkeit erlangen. Eigenliebe in Nächstenliebe verwandeln.

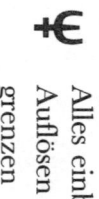

♃ Erweiterung
Weisheit

♆ Grenzenlosigkeit
Selbstlose Liebe

Toleranz, liebevolles und idealistisches Denken. Große Verständnisbereitschaft für andere. Weite des Verstehens. Ausgeprägter Idealismus. Musische Neigungen und Begabungen. Offenheit für höhere Inspiration.

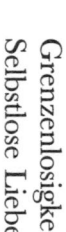

Problem: Die idealistische Grundeinstellung stößt in einer materiell geprägten Gesellschaft auf wenig Verständnis und wird oft als Weltfremdheit und Mangel an Realismus interpretiert. Aufgrund der natürlichen Hilfsbereitschaft Neigung, sich ausnutzen zu lassen, solange die eigene Unterscheidungsfähigkeit noch wenig ausgeprägt ist und durch mangelnde Persönlichkeitsentwicklung zu wenig Abgrenzung erfolgt.

Entwicklungsziel: Liebevolle Mitmenschlichkeit, die nicht auf Gefühlen, sondern auf Verständnis für andere und auf Toleranz gründet. Vom unbewußten Helfer, der nach Selbstbestätigung sucht, zum bewußten Helfer werden, der auch nein sagen kann, wenn es angebracht ist. Hilfe bewußt leisten, ohne Erwartung einer Gegenleistung (Liebe).

ħ Realitätssinn
Ordnung, Pflicht, Leistung

Ψ Entgrenzung
Auflösung verfestigter Gedanken

Harte Realität und höhere Empfindungsfähigkeit laufen parallel ohne bewußte Verbindung. Häufig: äußerer kühler Verstand bei gleichzeitigem musischem oder mystischem Empfinden. Zeitweilig Gefühl innerer Isolation und Einsamkeit.

Problem: Das Denken ist zu festgelegt und muß sich höheren Inspirationen wieder öffnen. »Inseldasein«: Tendenz, sich gedanklich von anderen abzugrenzen. Mangelndes Einfühlungsvermögen, weil der Verstand das Herz dominiert. »Im Leben erstarrte Menschen« (Minderheitenkonstellation), denn das Denken bewirkt eine zu starke Isolation durch (eigenwillige, ideologische, religiös-dogmatische oder weltanschauliche) Abgrenzung von anderen. Ein zu dominierender Verstand schließt die Wirklichkeit aus.

Entwicklungsziel: Der Mensch muß lernen, sich anderen mitfühlend und in größerer Offenheit zuzuwenden, um die Härte des Denkens und die damit verbundene innere Isolation zu überwinden.

Lernen, der inneren Eingebung mehr zu vertrauen als dem Verstand. Das Herzzentrum muß sich öffnen, um Verstand und höheres Empfinden zu verbinden.

☉ Intuition

Ψ Höhere Inspiration

Große Offenheit und Empfänglichkeit für intuitive Wahrnehmungen. Überwiegend kollektive Wirkung, weil Neptun und Uranus erst auf seelisch entwickelter Ebene bewußt erlebt werden.

Entwicklungsziel: Intuition und höhere Empfindung zu einer ganzheitlichen Wahrnehmung verbinden.

Zerstörung alter Gedankenformen, Tod

Selbstlosigkeit Liebe

Dieser Aspekt wirkt ebenfalls vor allem auf kollektiver Ebene, um die Menschheit durch (globale) Zerstörung und dem damit verbundenen kollektiv empfundenen Leid zu mehr Liebe und Selbstlosigkeit zu veranlassen.

Entwicklungsziel: Selbstlosigkeit entwickeln durch Loslassen von materiellen und emotionalen Bindungen, die die Seelenentwicklung behindern. Durch Erfahrung von Leid zu Liebe und Mitmenschlichkeit gelangen.

6. Pluto-Aspekte

Pluto verkörpert die *Idee des 1. Strahls, den »Zerstöreraspekt des Willens«*. Er zerstört (Gedanken-)Formen, die die Entwicklung der Seele hemmen und die Ganzheit der menschlichen Natur und ihre Synthese behindern.

Pluto wirkt deshalb als unpersönliche, unausweichliche Schicksalsmacht, die Zerstörung und Tod bringt, denn er hat die Aufgabe, die unterbewußten, verdrängten und nicht mehr zeitgemäßen Gedankenformen ins Licht des Bewußtseins (☉) zu bringen und zu zerstören. Auf diese Weise können wir uns von unseren Schatten befreien, die den Lebensfluß negativ beeinflussen und blockieren, weil sie nicht selten der Grund für unbewußte Schuldgefühle und Ängste sind.

Seine Wirkung ist meist unterschwellig beunruhigend und zuweilen bedrohlich, weil er uns mit einer weit zurückliegenden Vergangenheit oder der dunklen Seite unserer menschlichen Natur konfrontiert, die wir gerne unterdrücken und nicht zur Kenntnis nehmen wollen. Doch Pluto hat die Aufgabe, den Zugang zum Unterbewußtsein, zur »Welt der Schatten« zu öffnen. Er zwingt uns, dem zu begegnen, was uns niederdrückt und in das wir durch vergangene Handlungen verstrickt sind. Pluto-Aspekte haben daher immer etwas Zwanghaftes oder Zwingendes an sich, das sich meist erst im höheren Alter durch Einsicht und zunehmende Gelassenheit abschwächt, denn immer zwingen sie uns zum Loslassen von etwas über lange Zeit Festgehaltenem, das uns im Laufe des Lebens oft schmerzhaft und manchmal auch gewaltsam entrissen wird.

Pluto-Aspekte mit persönlichen Planeten (☽, ☿, ♀, ☿, ☉, ♃, ♄) deuten an, daß in den betroffenen Bereichen unseres Wesens unsere Ausdrucksmöglichkeit durch alte, festgehaltene Gedankenstrukturen und Verdrängungen eingeschränkt ist und daß wir von diesen loslassen müssen. Dies geschieht meist erst durch eine Reihe von schmerzhaften, zwanghaften und zum Teil leidvollen Erfahrungen, die aber immer eine Befreiung und Entwicklung darstellen, auch wenn uns dies oft erst viel später bewußt wird.

Pluto-Aspekte mit unpersönlichen Planeten (♅, ♆) deuten notwendige Veränderungen im Menschheitsbewußtsein an, die nicht selten mit globaler Gewalt und Zerstörung einhergehen, in die das individuelle Bewußtsein einbezogen ist. Diese Zerstörungen beruhen auf menschlichem (Gruppen-)Karma, das von Zeit zu Zeit die alten Schatten von Gier, Gewalt und Aggression (in Form von Kriegen oder Naturgewalten) an die Oberfläche des Bewußtseins bringt, um den Menschen zu zwingen, sich damit auseinanderzusetzen und diesen niederen menschlichen Eigenschaften eine positive Willenskraft entgegenzusetzen, um so an der Veränderung des Menschheitsbewußtseins mitzuwirken.

Ich bin mir bewußt, daß die Beschreibung der Aspekte in dieser Kurzform bei weitem nicht erschöpfend sein kann und vieles ungesagt und undifferenziert bleiben muß. Doch ich hoffe, daß es mir zumindest gelungen ist, einen Eindruck davon zu vermitteln, welche Entwicklungsziele mit den Aspekten verbunden sind, und die Bereitschaft dafür zu wecken, diese positiv und als Chance zu betrachten. Durch diese kurzen Hinweise auf das jeweilige Entwicklungsziel möchte ich vermeiden, daß wir mit Aspekten bestimmte Ereignisse verbinden und dadurch eine Erwartungshaltung schaffen, die unsere Entwicklungsfreiheit einschränkt. Denn das ganze Leben ist einem Fluß vergleichbar, dessen Bett sich mit Hilfe unserer Gedanken formt, das aber immer wieder umgestaltet wird, sobald sich der Lauf unserer Gedanken und unsere Lebenshaltungen ändern. Deshalb ist es so wichtig, den Lebensplan des Horoskops als

Chance und Möglichkeit zu betrachten und gedanklich keine zusätzlichen Blockaden und Hindernisse aufzubauen.

Ich möchte die Leser dazu anregen, die Aspekte anhand der kurzen Hinweise über ihr geistiges Entwicklungsziel durch Beobachtung und praktische Anschauung beim Deuten vieler Horoskope von nahen Bekannten und Freunden mit der Zeit selbst zu erforschen und sich dabei immer bewußt zu sein, daß unsere Bewertung von positiv oder negativ nur dadurch entsteht, daß die Einheit für uns noch nicht erkennbar ist.

Natürlich gibt es bereits eine große Anzahl von Büchern mit Detailbeschreibungen über Aspekte, die sich in ihren Inhalten jedoch stark unterscheiden, weil sie weitgehend ereignisorientiert sind und der tiefere Sinn der Aspekte daher unberücksichtigt bleibt. Als Anregung für die esoterische Interpretation von Aspekten kann das Buch *Astrologie, Karma und Transformation* von Stephen Arroyo dienen, das meiner Erfahrung und Interpretation der Aspekte sehr nahe kommt. Es eignet sich auch für die ergänzende und vollständigere Betrachtung von Transiten, die im folgenden nur sehr kurz angedeutet werden können.

X

Die zeitliche Dimension des Horoskops

1. Transite

Unter Transiten versteht man die laufenden Planetenbewegungen, die in Beziehung zum Geburtshoroskop gesetzt werden, denn das individuelle Leben und der eigene Entwicklungsplan sind immer Teil eines größeren Entwicklungsplans, der im natürlichen Lauf der Gestirne sichtbar wird. Das Radixhoroskop, das die planetarische Konstellation des Geburtstages wiedergibt, enthält zwar schon das Gesamtbild eines Lebens, doch die Einzelfaktoren und Lernziele werden sich erst im Laufe der Zeit entfalten, indem die Symbolik des Horoskops anhand von Ereignissen des Lebens sichtbar wird. Und dieses Sichtbarmachen von Lebensthemen geschieht im Rahmen eines größeren Zeitplans, der durch die Transite offenbart wird.

Deshalb scheinen mir für die esoterische Deutung, bei der es vor allem um das innere Wesen eines Menschen und um sein Entwicklungspotential geht, Transite am besten geeignet zu sein, den Zeitpunkt und die Art der notwendigen Veränderungen anzuzeigen. Sie stellen das Radixhoroskop in einen größeren kosmischen Zusammenhang, und sie bestimmen die globale Zeitqualität, in die jedes kleinere Leben eingebunden ist. Überdies bieten sie den Vorteil der Einfachheit, weil sie sich aus dem natürlichen Lauf der Gestirne ergeben, deren jeweilige Position in der Ephemeride für jeden Tag oder Zeitraum einfach ablesbar ist, während alle anderen Prognosesysteme konstruiert sind und berechnet werden müssen. Die verschiedenen Systeme, wie Primär-, Sekundär-, Tertiärdirektionen, Sonnenbogen, Alterspunkte, Schwingungshoroskope und anderes mehr, sind überdies nicht unumstritten, denn es werden unterschiedliche Berechnungen verwendet, woraus sich naturgemäß Unterschiede in der zeitlichen Auslösung von Ereignissen ergeben.

Ich möchte diese unterschiedlichen Prognoseverfahren, die wie die ungleichen Häuser aus posthermetischer Tradition stammen, nicht bewerten. Mir geht es vielmehr darum, den Blick wieder auf die Ganzheit zu lenken und bewußt zu machen, daß zukünftige Ereignisse niemals unabhängig von der Grundveranlagung eines Menschen eintreten und daß der Schlüssel und Auslöser für zukünftige Ereignisse immer im Radixhoroskop zu finden ist, was nicht selten bei der Vielzahl von Detailanalysen und -prognosen vergessen wird. Wenn wir beispielsweise mehrere Prognoseverfahren verwenden, die von ihren Verfechtern alle als bestens geeignet und zuverlässig empfunden werden, dann erhalten wir in der Tat so viele Auslösungspunkte und Zeitmarken, daß jedes noch so unbedeutende Ereignis irgendwie erklärbar und interpretierbar wird, zugleich aber unscharf und wenig hintergründig ist.

Dies trifft auf Transite nicht zu, denn sie geben von Anfang an ganz klare Rhythmen oder Zyklen vor, in die das individuelle Leben eingeordnet ist. Sie zeigen im Rahmen eines größeren Zeitgeschehens an, für welche Erfahrungen und Lernschritte ein Mensch zu einer bestimmten Zeit reif ist. Sie bestimmen den Rhythmus einer Inkarnation und legen fest, wann karmisch bedingte Probleme – symbolisiert durch Aspekte – an die Oberfläche des Bewußtseins treten, um in Form von Ereignissen gelöst zu werden, die der Betreffende je nach Veranlagung und Ebene des Bewußtseins anzieht. Transite können deshalb als die Zeiger der inneren Uhr eines Menschen betrachtet werden, die anzeigen, womit wir uns wann und auf welche Art innerlich auseinandersetzen müssen. Sie sind Indikatoren für Loslösungs- und Wachstumsprozesse, die trotz der Schwierigkeiten, die sie zuweilen mit sich bringen, von uns begrüßt werden sollten, denn sie fördern unsere Bewußtwerdung und unser inneres Reifen.

Transite haben grundsätzlich eine Wirkung auf:

– *Planeten,*

wenn sie mit diesen einen Aspekt bilden. Sie lösen Aspekte des Radixhoroskops aus, so daß ein Mensch sich ihrer entweder aufgrund von Ereignissen oder innerer Prozesse bewußt wird.

– *Häuser*

Transite durch ein bestimmtes Haus bewirken, daß die Thematik dieses Hauses in der Art und Weise des transitierenden Planeten bewußt wird. Ausgeprägt ist ihre Wirkung an Häuserspitzen, weil zu dieser Zeit die Konzentration von einem Bereich des Lebens auf einen anderen wechselt. Besonders deutlich ist dies bei den Kardinalpunkten zu spüren, vor allem wenn ein Transit über AC und MC geht.

Die Umlaufzeiten der Transite[45]

	Umlauf	1/4	1/2	3/4	1 Revolution
Mond					
synodisch:	29,5 Tg.				
siderisch:	27,3 Tg.	7 Tg.	14 Tg.	21 Tg.	28 Tg.
Merkur	88,0 Tg.	22 Tg.	44 Tg.	66 Tg.	88 Tg.
Venus	224,7 Tg.	56 Tg.	112 Tg.	168 Tg.	225 Tg.
Mars	687,0 Tg.	172 Tg.	343 Tg.	515 Tg.	687 Tg.
Jupiter	11,9 J.	3 J.	6 J.	9 J.	12 J.
Saturn	29,5 J.	6–8 J.	13–15 J.	20–22 J.	28–30 J.
Uranus	84,0 J.	19–21 J.	39–42 J.	60–63 J.	82–84 J.
Neptun	164,8 J.	39–42 J.	79–82 J.	120–124 J.	160–165 J.
Pluto	247,7 J.	38–62 J.	90–124 J.	160–186 J.	243–248 J.

[45] Die Zeiten wurden auf- oder abgerundet.

Transitäre Aspektbildung mit der eigenen Radixposition[46]

	Quadrat	Opposition	Quadrat	Konjunktion
Sonne	91 Tg.	182 Tg.	274 Tg.	1 J.
Mond	7 Tg.	14 Tg.	21 Tg.	28 Tg.
Merkur	22 Tg.	44 Tg.	66 Tg.	88 Tg.
Venus	56 Tg.	112 Tg.	168 Tg.	225 Tg.
Mars	172 Tg.	343 Tg.	515 Tg.	687 Tg.
Jupiter	3 J.	6 J.	9 J.	12 J.
Saturn	6–8 J.	13–15 J.	20–22 J.	28–30 J.
Uranus	19–21 J.	39–42 J.	60–63 J.	81–84 J.
Neptun	39–42 J.	79–82 J.	120–124 J.	160–165 J.
Pluto	38–62 J.	90–124 J.	160–186 J.	243–248 J.

[46] Die Zeitangaben stellen Näherungswerte dar und können aufgrund von Rückläufig-keitszyklen und elliptischen Bahnverläufen gewissen Schwankungen unterliegen.

Verweildauer in den Häusern

Sonne	ca. 30,5 Tg.
Mond	ca. 2,5 Tg.
Merkur	ca. 7,5 Tg.
Venus	ca. 19,0 Tg.
Mars	ca. 57,0 Tg.

530

Jupiter   ca.   1,0 J.
Saturn   ca.   2,5 J.
Uranus   ca.   7,0 J.
Neptun   ca.   14,0 J.
Pluto   ca.   13–30 J.
(variiert aufgrund der elliptischen Bahn)

2. Die Wirkung der Transite in Stichworten

♂ energetisiert, drängt zum Handeln, macht dynamisch. Kann den Rhythmus des Körpers durch Überaktivität (Fieber) stören.

♀ harmonisiert den Ausdruck unserer Erfahrungen und unserer Energien, bezieht sich auf (Liebes-)Beziehungen.

☿ wenig Bedeutung als Transit, evtl. Kontakte und Begegnungen.

☉+☾ bilden eine Einheit, sie lösen durch ihre Winkel zueinander andere Transite aus. Besonders wichtig sind Vollmond und Neumond, denn sie aktivieren andere Planeten, wenn sie im Aspekt zu ihnen stehen.

♃ öffnet unser Bewußtsein für neue Möglichkeiten. Bringt Einsichten und eine Abstimmung auf zukünftige Erfahrungsbereiche.

♄ verzögert und verlangsamt den Lebensrhythmus und konzentriert unser Bewußtsein auf das, was nicht mit unserem inneren Wesen in Übereinstimmung ist. Er konfrontiert uns mit der inneren Realität unseres Lebens und drängt uns durch Leiden und Einschränkung der äußeren Möglichkeiten zur Entscheidung für höhere (geistige) Werte. Deshalb sind Saturn-Transite im Aspekt zum Radix-Saturn (ca. alle sieben Jahre) wichtige Wegmarken und nicht selten Krisenzeiten.

ⵣ versucht, uns auf die höhere Schwingung der Liebe und eine idealistische Lebensweise einzustimmen. Folglich löst er auf, was zu grob und zu egozentriert ist, denn er sensibilisiert, verfeinert und spiritualisiert unsere Erfahrung.
Bei mangelndem Realitätssinn und geringem Eigenbewußtsein führt dies aber auch zur Vernebelung des Bewußtseins und zu Verblendungen, wenn das Ego zu stark ist und Bescheidenheit noch nicht zu den Tugenden eines Menschen gehört.
Neptun-Transite bewirken häufig Phasen der Verunsicherung, das Gefühl, daß einem der Boden unter den Füßen weggezogen wird. Nichts scheint klar, doch das Festhalten an Altgewohntem geht auch nicht mehr, was zu Zeiten großer Desorientierung und Verunsicherung führen kann, weil Neptun das auflöst, was der ideellen Natur und Ausrichtung des Menschen entgegenwirkt.

♅ beschleunigt den Lebensrhythmus und bringt Veränderungen des Lebens. Er revolutioniert und verändert das Denken, hebt heraus aus Situationen und aus der Bindung an Vergangenes, um das Bewußtsein für neue Lebensperspektiven zu öffnen.
Seine Wirkung ist überraschend, blitzartig und kann (nervliche) Zusammenbrüche und zuweilen Unfälle oder Krankheit bewirken, wenn eine Lebenssituation zu verfestigt ist. Dennoch ist sein Einfluß stets positiv, zukunftsweisend und bewußtseinserweiternd.
Besonders deutlich erleben wir den Uranus-Transit in Opposition zum Radix-Uranus mit ca. 40 Jahren, der sog. Midlife-Crisis, weil zu dieser Zeit die erste Hälfte des Lebens auf dem Prüfstand steht. In dieser Phase werden aufgrund des Uranus-Transits oft völlig neue Weichen gestellt, und in vielen Fällen ändert ein Mensch sein Leben radikal.

 zerstört alte Formen des Lebens, Denkmuster und psychische Strukturen, indem er sie an die Oberfläche des Bewußtseins bringt und uns zwingt, sie zu transformieren. Pluto-Transite wirken daher zwingend und sind oft mit Verlusten und Trennungen verbunden, die schmerzhafte Erfahrungen mit sich bringen, weil Pluto stets einen Bezug zu verdrängten Gefühlen und Erlebnissen sowie altem, unaufgearbeitetem Karma hat.

Pluto-Transite bringen daher nachhaltige, tiefgreifende Veränderungen des Bewußtseins mit sich, deren positiver Charakter erst nach Jahren erkannt wird, weil die äußere Wirkung nicht selten mit Gewalt, Zerstörung, Tod oder Trennung von geliebten Menschen oder Lebenssituationen verbunden ist. Und weil Pluto sehr langsam läuft und durch dreibis fünffache Übergänge über zwei Jahre lang einen Aspekt bildet, ist seine Wirkung tiefgreifend, nachhaltig und unterschwellig. Wenn es um innere Prozesse geht, die keinerlei äußere Ereignisse auslösen, dann werden Pluto-Transite auch als ein dumpfes, unerklärliches Gefühl empfunden, daß nichts mehr so ist wie früher, obwohl man momentan noch nicht genau sagen kann, was anders ist.

Die Transite von *Mars, Venus, Merkur, Sonne* und *Mond* sind von untergeordneter Bedeutung, denn aufgrund ihrer geringen Verweildauer in einem Haus oder in einem Aspekt zu Radixplaneten können sie keine tiefgreifenden transformatorischen Wirkungen hervorrufen. Deutlich spürbar in ihrer Wirkung, weil länger anhaltend, sind also nur *Jupiter, Saturn, Uranus, Neptun und Pluto.*

Mond und *Sonne* haben allerdings gemeinsam eine Sonderstellung, denn sie üben eine Impulswirkung auf andere Transite aus, die sich oft zu dem Zeitpunkt auslösen, wenn Sonne und Mond sich in exaktem Aspekt mit ihnen befinden oder selbst einen Aspekt bilden.

Über Transite sind ganze Bücher geschrieben worden, und es ist unmöglich, sie im Rahmen eines Gesamtüberblicks über Esoterische Astrologie erschöpfend zu behandeln. Ich möchte mich deshalb nur auf kurze Hinweise über die wichtigsten Zyklen von Saturn, Neptun, Uranus und Pluto beschränken, die mir für die Entwicklung und Transformation eines Menschen am bedeutsamsten erscheinen.

Grundsätzlich gilt, daß Transite stets nur das bewirken können, was in einem Horoskop angelegt ist. So bringt ein transitierender Aspekt von Saturn/Uranus beispielsweise eine deutlichere Wirkung hervor, wenn dieser Aspekt im Radix-Horoskop vorhanden ist. Und ein transitierender Saturn über dem eigenen Saturn wird unangenehmer erlebt, wenn der Radix-Saturn einen Spannungsaspekt hat als wenn er einen harmonischen Aspekt mit einem anderen Planeten bildet.

Wichtig scheint mir deshalb zu sein, alle Transite der langsam laufenden Planeten in ihrer ganz spezifischen Art als Impulsgeber für Zyklen und Epochen zu betrachten, in denen die eigenen Aspekte und Planetenkräfte deutlicher ins Bewußtsein drängen und auf eine neue Ebene des Verstehens gehoben werden sollten.

3. Die wichtigsten Entwicklungszyklen

Der wichtigste Rhythmus im Leben eines Menschen ist der Siebenjahreszyklus, der physische Wachstumsprozesse[47] und die psychische Entwicklung bestimmt. Für die geistige Entwicklung ist nach Alice Bailey der Neunjahreszyklus entscheidend.

Dieser Siebenjahreszyklus wird durch den Umlauf von Saturn angezeigt, der in ca. 29 Jahren einmal um den Tierkreis wandert und daher etwa alle sieben Jahre[48] einen Transit-Aspekt (Quadrat, Opposition, Quadrat und Konjunktion mit der Radixposition) bildet. Dieser Saturn-Rhythmus entspricht in Jahren dem Mond-Zyklus in Tagen, der in ca. 29 Tagen einmal den Tierkreis umrundet. Saturn wird also zu Recht als die höhere Oktave des Mondes betrachtet.

Uranus, der in ca. 84 Jahren einmal um den Tierkreis wandert, bildet ebenfalls im Siebener-Rhythmus Halbsextil, Sextil, Quadrat und Opposition zur Radixposition. Mit 14 Jahren steht er im Sextil, zwischen 20–21 Jahren im Quadrat zur Radixposition und mit etwa 40–42 Jahren leitet er die sog. Midlife-Crisis ein, die nicht selten eine radikale Neuorientierung des Lebens mit sich bringt.

---

[47] Jede Zelle des Körpers hat sich nach 7 Jahren erneuert, so daß ein Mensch nach jeweils 7 Jahren einen vollkommen neuen Körper hat.

[48] Durch (scheinbar) vor- und rückläufige Bahnen der Planeten wirken diese Transite über etwa ein Jahr.

Die Transite von Saturn und Uranus scheinen mir deshalb auch die wichtigsten Integrationsprozesse auszulösen, die die Seele, nach Alice Bailey, in jeder Inkarnation zu erreichen sucht.

Erster Siebenjahreszyklus: Aneignung des physischen Körpers mit seinen 5 Sinnen
0–7 Jahre

Dies geschieht zwischen dem vierten und sieb-ten Lebensjahr, wenn die Seele, die das Klein-kind bisher nur überschattete, von der physi-schen **Hülle** Besitz ergreift. Das **Licht**, das vor-her für Hellsichtige oberhalb des Kopfes sicht-bar ist, tritt in dieser Zeit in den **Körper** ein.

♄ bildet zwischen dem siebten und achten Lebensjahr das erste Quadrat zur Radixposition.
♅ bildet ein Halbsextil zur Radixposition.

Dritter Siebenjahreszyklus: Aneignung des Astralkörpers
14–21 Jahre

Dies geschieht in der Pubertät, die oft große Schwierigkeiten und Gefühlsverwirrungen mit sich bringt und die einen Menschen nicht selten grundlegend verändert.
Die Instabilität der Jugend.

♄ steht zwischen dem 13. und 15. Lebensjahr in Opposition zur Radixposition.
♅ bildet mit ca. 14 Jahren ein Sextil zur Radixposition.

Vierter Siebenjahreszyklus: Aneignung des Mentalkörpers
21–28 Jahre

Dies geschieht normalerweise zwischen dem 21. und 25. Lebensjahr, und nun sollte der Mensch beginnen, auf den Einfluß der Seele zu rea-gieren, was beim entwickelten Menschen auch der Fall ist.

♄ steht mit ca. 20–22 Jahren im Quadrat zur Radixposition.
♅ bildet ein Anderthalbquadrat zur Radixposition.

Sechster Siebenjahreszyklus: Bewußter Kontakt mit der Seele
35–42 Jahre

Zwischen dem 35. und 42. Lebensjahr entsteht eine **Krise**, in der die Seele versucht, einen bewußten Kontakt mit der Persönlichkeit herzustellen. Beim mental entwickelten Menschen beginnt die dreifache Persönlichkeit nun als Einheit zu funktionieren und auf den Seelenimpuls zu reagieren.

ħ bildet mit ca. 35–37 Jahren wieder ein Quadrat zur Radixposition.
♂ steht zwischen 39–42 Jahren in Opposition zur Radixposition (Midlife-Crisis). Die Frage nach dem tieferen Sinn des Lebens stellt sich jetzt für viele.

Neunter Siebenjahreszyklus: *Krise des Alters*
56–63 Jahre

Die restlichen Lebensjahre sollten eine immer stärkere Verbundenheit zwischen Seele und ihren Körpern bringen. Dies führt zu einer letzten Seelenkrise, in der sich entscheidet, ob die Seele die Beschaffenheit ihrer Körper noch weiter für geeignet hält oder ob sie beginnt, sich langsam wieder auf ihre eigene Ebene zurückzuziehen.

ħ beendet mit etwa 56–60 Jahren seine zweite Runde und bildet wieder eine Konjunktion mit der Radixposition.
♂ steht in dieser Zeit im Quadrat zur Radixposition.

In den *drei Runden des Saturn* spiegelt sich deshalb auch unsere Entwicklung zur integrierten Persönlichkeit, die sich in drei Phasen einteilen läßt:

1. Runde:

Die ersten 28–30 Jahre, in denen Saturn das Horoskop einmal umrundet, bilden vor allem einen Bezug zu vergangenem Karma, das durch frühe Kindheitseindrücke, Elternhaus und soziale Konditionierungen seinen Ausdruck findet. Während dieser Zeit ist der Mensch normalerweise noch auf der Suche nach sich selbst und weiß nur wenig darüber, wer er ist. Dieser erste Saturn-Zyklus ist daher gekennzeichnet durch Unsicherheit und passives Erleben und Erleiden der saturnischen Kräfte.

2. Runde:

Mit Ende des ersten Saturn-Umlaufs beginnt eine neue Phase der Entwicklung. Kindheit und Jugend sind vorbei und damit auch die erste Aufarbeitung karmischer Lasten des vergangenen Lebens. Die Chakras haben, wie Alice Bailey schreibt, in dieser Zeit den Zustand des vorigen Lebens wieder erreicht, so daß ein Mensch nun wirklich beginnen kann, Neues zu schaffen. Dies erzeugt ein Gefühl ungewohnter Freiheit und eine deutlichere Vorstellung davon, was man tun oder zumindest, was man nicht tun will. Der Mensch beginnt nun langsam, eine eigenständigere Rolle im Leben zu spielen und seine Möglichkeiten und Fähigkeiten bewußter einzusetzen. In dieser zweiten Runde des Saturn trifft er im allgemeinen auch die wichtigsten Entscheidungen seines Lebens und bestimmt die Richtung, die sein Leben zukünftig nehmen soll.

3. Runde:

Der dritte Umlauf des Saturn umfaßt das Altern und den Tod, und hier entscheidet nun die seelische Bewußtheit oder Unbewußtheit eines Menschen darüber, ob diese Phase des Lebens, die naturgemäß mit dem Alterungs- und Abbauprozeß des Körpers einhergeht, eine Leidenszeit und ein schmerzvoller Ablösungsprozeß ist oder ob ein Mensch sich seiner Seele bewußt ist. Wird der Tod als ein absolutes Ende des Lebens betrachtet, dann wird der dritte Saturn-Umlauf als eine quälende, schmerzhafte Zeit erlebt, in der ein Mensch zusehen muß, wie sein Körper, der alles ist, was er zu haben glaubt, seine Schönheit und Elastizität langsam verliert und wie ihm Stück für Stück genommen wird, was sein persönliches Selbst ausmacht.

Ist ein Mensch sich aber bewußt, daß die Vorstellung vom Tod als einem Ende des Lebens eine menschliche Illusion ist, dann kann er dem Alterungsprozeß des Körpers mit innerer Gelassenheit, Reife und Weisheit begegnen, die ihn erkennen läßt, daß das Wesentliche des Lebens darin liegt, bewußt gelebt zu haben und diese Erfahrung als Basis mit ins nächste Leben zu nehmen.

Uranus beendet seine erste Runde mit ca. 84 Jahren. Er bestimmt damit die durchschnittliche Lebenszeit eines Menschen, denn eine zweite erleben wir nicht.

Die Zyklen von *Neptun* und *Pluto* werden nicht vollständig erlebt: Ihre Wirkung bezieht sich deshalb auch stärker auf einen bestimmten Bereich des Lebens. So zeigt die Stellung des Neptun im Horoskop beispielsweise an, in welchen Körpern eine Verfeinerung bzw. eine Auflösung von Verfestigungen notwendig ist, um mehr Selbstlosigkeit zu erreichen.

Wenn Neptun wie in unserem Beispielhoroskop (siehe S. 463) im I. Quadranten (1. Haus) steht, dann bezieht sich seine verfeinernde Wirkung auf die physische Ebene. Er wirkt also auflösend auf die persönliche Durchsetzungskraft und Selbstbehauptung, mit dem Ziel, einen Menschen zu mehr Hingabe an ideelle Ziele zu bewegen. Im Laufe der Zeit läuft er im Transit auch durch das 2. Haus (Besitz, Eigentum) und das 3. Haus (Kommunikation mit der Umwelt), deren Erfahrungsebene sich ebenfalls vom persönlichen, egozentrischen Standpunkt auf eine ideellere Ebene verlagern soll. Geschieht dies nicht, dann ist eine ausgeprägte Passivität und Handlungslähmung in diesen Bereichen spürbar. Die Energie läuft ins Leere, und persönliche Zielsetzungen haben oft nicht den gewünschten Erfolg.

Da Neptun ca. 14 Jahre in einem Haus verweilt, ist allgemein zu erwarten, daß ein Mensch so lange lebt, daß Neptun auch noch den nächsten Quadranten durchwandert. In unserem Fall bedeutet dies, daß es im Laufe des Lebens auch noch um die Spiritualisierung und Verfeinerung des gesamten Gefühlsbereichs und der Psyche geht, denn Neptun im II. Quadranten hat die Aufgabe, Gefühl in Liebe zu verwandeln. Seine Wirkung bezieht sich im Fall unseres Beispiel-Horoskops daher vor allem auf den physischen Körper und den Astralkörper.

Bei einer Stellung im III. Quadranten geht es darum, Beziehungen auf eine höhere ideellere Ebene zu heben und das eigene Denken vom physisch-materiellen Blickpunkt in eine ganzheitlich-spirituelle Wahrnehmung zu erweitern. Wo dies entwicklungsmäßig noch nicht möglich ist, ist die Wahrnehmung anderer meist wenig zuverlässig und zuweilen illusionär.

Bei Ich-betonten Persönlichkeiten führt dies nicht selten dazu, daß Beziehungen sich immer wieder auflösen, daß Partner und Freunde (zufällig!) weit entfernt wohnen und daher nur gedanklich und nicht physisch nahe sind. In anderen Fällen werden Partner gesucht, die hilfsbedürftig, in irgendeiner Weise beeinträchtigt oder behindert sind, so daß die eigene Hilfsbereitschaft und eine idealistischere Grundhaltung in Beziehungen gefordert wird.

Bei einer Stellung im IV. Quadranten geht es im weitesten Sinne um das Ideal des Dienens zum Nutzen der Allgemeinheit.

Pluto durchwandert maximal vier bis fünf Häuser, und so können wir auch schon im voraus sagen, welche Bereiche des Lebens einer tiefgreifenden Transformation bedürfen und wo es vermutlich noch einige »Leichen im Keller« gibt, die ans Licht des Tages kommen werden. Deutlich spürbar ist das Pluto-Quadrat, das meist wichtige Korrekturen in der Lebensausrichtung bewirkt.

Eine genauere Betrachtung der Transite mit all ihren Aspekten und Wirkungen würde ein ganzes Buch füllen und kann deshalb im Rahmen eines Gesamtüberblicks nicht erreicht werden. Ich hoffe aber, daß es mir gelungen ist, einen Eindruck davon zu vermitteln, was man anhand von Transiten an Lebensperspektiven erfahren kann, und Sie als Leser zu motivieren, dies am eigenen Horoskop zu erforschen.

XI

SCHLUSSBETRACHTUNGEN

1. Spirituelle astrologische Beratung

Die Astrologie hat auf die Menschen seit Jahrtausenden eine große Faszination ausgeübt, weil man glaubte, sie sei primär dazu da, die Zukunft vorauszusagen. Diese Vorstellung hat sich bis heute hartnäckig gehalten, und sie führte auch dazu, daß sich, erleichtert durch die Erfindung des Computers, immer mehr Vorhersage-Systeme etabliert haben, die nicht selten den Blick für das Wesentliche verstellen. Doch je mehr Gewicht auf die Zukunftsdeutung gelegt wird, umso weniger Aufmerksamkeit gilt der Grunddeutung des Horoskops in seiner Tiefe der Erfahrung und seinem Blick auf das eigentliche Wesen des Menschen, seine Seele, die bis heute noch völlig unerforscht ist.

Ich möchte mich mit dem Trend zur zunehmenden Detailanalyse und zur progressiven Deutung des Horoskops deshalb bewußt entgegenstellen, weil mir die Grunddeutung weit wichtiger erscheint als Zukunftsprognosen, die das Denken eines Menschen nicht selten auf eine Richtung festlegen und seine Freiheit beeinträchtigen. Denn Gedanken sind schöpferische Kräfte, die jeder materiellen Manifestation vorausgehen, und so können Vorhersagen, die einen Menschen gedanklich beschäftigen, sein Leben auch nachhaltig beeinflussen.

Um dies deutlicher zu machen, möchte ich die Praxis der Prognostik einmal kurz vom energetischen Standpunkt betrachten. Allem Geschehen im Physischen geht ein Gedankenimpuls voraus und dieser schafft eine sichtbare Realität, wenn es ihm gelingt, die Astralebene zu durchdringen und bis in die physische Ebene durchzukommen. Aus esoterischer Sicht durchläuft ein reales Ereignis von seiner Entstehung her stets drei Stufen:

1. Gedanke
2. Emotionen oder Gefühle, die eine Anziehung an das Physische erzeugen
3. Sichtbare Realität

Damit ein Ereignis stattfinden kann, wird von uns zunächst ein Urbild gedanklich geschaffen, dann verbinden wir damit ein Gefühl oder einen Wunsch, und durch diese Wunschenergie wird es an die physische Ebene herangezogen. Wird einem Menschen also ein gutes Ereignis vorausgesagt, so entsteht in ihm spontan eine emotionale Erwartungshaltung, auch wenn er als rationaler und aufgeklärter Mensch betont, daß er nicht unbedingt daran glaubt. Doch in seiner Mentalaura bilden sich Gedankenwellen, die mit dem Näherkommen des vorausgesagten Zeitpunkts unbewußt eine Hoffnung oder die Erwartung erzeugen, daß es sich so ereignen könnte. Damit wird im Laufe der Zeit ein Bild der Zukunft projiziert, das beginnt, Gestalt anzunehmen, wenn die Gedanken nur oft genug erinnert und damit energetisiert werden. Doch er ist sich ja nicht sicher, ob es geschehen wird, und so entstehen gleichzeitig auch Gedanken des Zweifels an der Voraussage, und diese Gedanken wirken verwirrend auf die projizierte Zukunft ein, denn sie erzeugen Schwingungen der Unsicherheit und der Befürchtung, daß es ja vielleicht doch nicht so geschieht. Auf diese Weise mischen sich Hoffen und Bangen, was eine klare Ausrichtung unmöglich macht. So ist die Wahrscheinlichkeit, daß das Ereignis wie vorausgesagt eintrifft, auch nicht sehr groß, denn esoterisch betrachtet ist es die Kraft des eigenen Willens, die ein Ereignis stattfinden läßt oder nicht. Wenn diese Kraft aber von zu vielen, sich widersprechenden Gedankenformen behindert wird, ist sie nicht stark genug, um eine klare Richtung anzuzeigen, und so werden selbst mögliche Voraussagen nicht immer eintreten.

Bei negativen Voraussagen ist häufig das Gegenteil der Fall, weil die Betroffenen aus Angst eine große Willenskraft aufbringen, um ein gefürchtetes Ereignis nicht stattfinden zu lassen. Doch die meisten können mit ihrer Willenskraft noch nicht wirklich verläßlich umgehen, und so ist die Angst vor der Zukunft meist größer als der dynamische Wille, sie zu verändern. Und diese Angst, die eine niedere astrale Schwingung ist, schafft, solange wir sie nicht unter Kontrolle haben, immer wieder neue Gedanken, die das Negative geradezu heraufbeschwören, anziehen und festhalten. Deshalb wird sich das negative Ereignis mit größerer Wahrscheinlichkeit auch manifestieren, aber nicht weil es unvermeidbar war, sondern weil wir es durch unsere angstbesetzten Gedanken in unserer Aura festgehalten und geholfen haben, es stattfinden zu lassen.

Diese Erkenntnis ist nicht nur theoretisch, sondern sie ist in mir im Zuge einer langjährigen Beratungspraxis gereift, in der mir bewußt geworden ist, welche Macht und welche Verantwortung mit der Astrologie verbunden sind. Ich habe immer wieder erfahren, wie stark die Wirkung astrologischer Aussagen auf Menschen sein kann, die sich selbst noch wenig kennen, und daß Aussagen, die nur so nebenbei gemacht wurden, noch nach Jahren im Gedächtnis haften bleiben. Die häufig geäußerte Kritik an der Astrologie als einer »sich selbst erfüllenden Prophezeiung« ist also nicht von der Hand zu weisen. Sie geht aber am Kern des Problems vorbei, weil sie ignoriert, daß das Wesentliche der Astrologie nicht darin besteht, Prognosen für die Zukunft zu machen, sondern darin, den Entwicklungsweg eines Menschen zu erkennen.

In der Beratung mache ich deshalb keine Zukunftsprognosen, auch wenn der Erwartungsdruck von Klienten zuweilen groß ist. Denn Sinn und Schwerpunkt meiner Beratungen ist es, einen Menschen zu sich selbst zu führen, indem ich ihm anhand seines Horoskops zeige, welche Entwicklungen, Chancen und Probleme sein Leben beinhaltet, wobei für mich Schwierigkeiten und Probleme immer nur ein Hinweis auf Lebensaufgaben sind, die gelöst und bewältigt werden müssen, um wachsen zu können. Ich versuche im Dialog zunächst herauszufinden, auf welcher Ebene ein Mensch lebt und sein Leben begreift, um ihm zu helfen, den nächstmöglichen Entwicklungsschritt zu erkennen, den er gehen kann. Dabei ist es mir ganz wichtig zu spüren, wie weit ein Mensch gehen kann und gehen will, welche Wahrheiten er verstehen wird und welche vielleicht noch nicht angesprochen werden sollten. Dazu bedarf es einer sehr offenen und vertrauensvollen Atmosphäre, die meist schon nach kurzer Zeit entsteht und in die dann intuitiv das einfließt, was für einen Klienten zum momentanen Zeitpunkt richtig und zeitgemäß ist. Es ist mir wichtig zu vermitteln, daß sich karmisch-bedingte Ereignisse zwar manchmal nicht vermeiden lassen, daß es aber durchaus möglich ist, die eigene Einstellung dazu zu verändern. Und durch diese Veränderung des Blickwinkels, unter dem wir das Leben betrachten, verändert sich auch das Leben selbst.

Zukünftige Ereignisse werden folglich durch die Vergangenheit, aber auch durch unsere momentane Lebenshaltung bestimmt. So versuche ich auch, das Bewußtsein eines Menschen positiv auf die Zukunft einzustimmen und ihm zu vermitteln, daß alles, was uns begegnet, durch unsere eigene Gedankenkraft veränderbar ist. Denn wir sind es, die die Ereignisse im Rahmen eines größeren umfassenderen Entwicklungsplans gestalten, auch wenn dies in einem einzigen Leben nicht immer erkennbar ist. Wenn wir dies verstehen und akzeptieren, gewinnen wir eine Freiheit, die es uns möglich macht, bewußt an der Gestaltung unseres jetzigen Lebens mitzuwirken. Diese spirituelle Betrachtungsweise schließt negative Aussagen und Vorhersagen natürlich von vornherein aus, weil das Leben auf der Erde ein geistiges Wachsen und ein »Sich-Hinein-Entwickeln« in neue größere Erfahrungsbereiche ist, die dem Leben seine Spannung und seinen Reiz verleihen. Deshalb versuche ich, einem Klienten anhand seines Horoskops seinen Entwicklungsplan bewußt zu machen und ihn, wenn möglich, für die Vision seines eigenen Lebens zu begeistern, damit er beginnt, sich auf das zu freuen, was das Leben für ihn an Bewußtseinserweiterungen und neuen Erfahrungen bereithält, anstatt gebannt auf den »bösen Saturn« zu warten, der wieder einmal seine Runde macht.

Mit dieser inneren Haltung, alles, was im Horoskop ersichtlich ist, als notwendige, aber auch bereichernde Erfahrung zu sehen, möchte ich im anderen eine positive Erwartungshaltung schaffen, deren langanhaltende Wirkung meine eigenen Erwartungen nicht selten übertroffen hat. Die Erfahrung, die ich seit vielen Jahren mache, daß Menschen durch eine mitfühlende, verständnisvolle, aber bewußt positive Betrachtung von erlebten Schicksalsschlägen und unvermeidbaren Problemsituationen des Lebens, in ihrer Grundhaltung umzustimmen sind, hat die Art meines astrologischen Vorgehens grundlegend verändert. Sie hat mich auch zum Schreiben dieses Buches veranlaßt.

Denn immer wieder erlebe ich, daß Menschen, die sich astrologisch beraten ließen, mir erzählen, was sie alles nicht können, wo sie blockiert sind und welche Mißgeschicke und Hindernisse ein Planet in irgend-einem Haus angeblich erwarten läßt. Und wenn ein Mensch dies über Jahre glaubt, dann ist es auch so, denn Gedanken wirken schöpferisch auf das Leben ein. Aus diesem Grund ist es aber auch möglich, einen Menschen – bei entsprechender Entwicklung – gedanklich in den Bereich des Lichts oder der Seele zu führen und ihn durch Resonanz des eigenen Denkens intuitiv wahrnehmen zu lassen, was die Seele wahrnimmt.

Spirituelle astrologische Beratung bedeutet für mich, in Resonanz mit dem inneren Wesen eines Klienten zu treten und ihn während der Beratung spüren zu lassen, was er sein könnte, wenn er all sein Potential ausschöpfen würde. Doch wieviel seines Potentials er tatsächlich verwirk-lichen will und wie weit er sich dem Lichtbereich der Seele nähert, das unterliegt ganz allein seinem freien Willen, in den ich nicht eingreifen will. Deshalb beschränke ich mich darauf, Lebenssituationen auf dem Hintergrund der Astrologie verständlich zu machen und in einen größeren Sinnzusammenhang zu stellen, der sich aus der Synthese eines Horoskops als Lebens- und Entwicklungsplan ergibt. Ich zeige alternative Möglichkeiten auf und versuche, Ideen zur Lebensgestaltung anzubieten. Doch die Entscheidung über den schließlichen Weg und die Geschwindigkeit, mit der ein Mensch sich entwickeln will, die muß jeder für sich selbst treffen und in diese möchte ich nicht eingreifen. Unter spiritueller astrologischer Beratung verstehe ich also eine Begleitung auf dem Weg zu mehr Selbsterkenntnis, mehr Selbstbewußtsein und mehr Selbstbestimmung, verbunden mit Hinweisen auf zukünftige Entwicklungsphasen und Lebensaufgaben, die sich für mich erschöpfend aus der Grunddeutung der Symbole und den laufenden Transiten ergeben.

2. Die zeitgemäße Deutung antiken zeitlosen Wissens

Die Astrologie hat sich mir, nach einem anfänglich eher verwirrenden und durch sehr unterschiedliche Erfahrungen gereiften Leben als eine Wissenschaft und Kunst offenbart, mit der das irdische Leben einen tieferen Sinn erfährt, weil persönliche Erlebnisse erklärbar werden und eine kosmische Bedeutung bekommen. So ist die Begegnung mit dieser tiefgründigen Wissenschaft für mich auch zur wichtigsten Erfahrung und zum Wendepunkt meines Lebens geworden, und diese Erfahrung möchte ich mit anderen teilen, um auch sie für die »Wissenschaft vom Wesen des Menschen« zu begeistern und sie zu befähigen, sich selbst besser zu verstehen.

Es ist aber aufgrund des modernen Trends nach immer größerer Vielfalt und Differenzierung der Systeme nicht leicht, die wissenschaftlich fundierten Grundlagen der Astrologie zu erklären, weil die Abweichungen in den Systemen zu groß sind. Es wer deshalb auch mein Anliegen, die gemeinsame verläßliche Basis wiederzuentdecken, auf der die Astrologie entstanden ist, und zu zeigen, daß sie auf geistigen Gesetzen beruht, die einheitlich und nachprüfbar sind. Denn die astrologischen Gesetze entsprechen – wie es aus der Antike überliefert ist – den Gesetzen der

Geometrie, die der Formerschaffung zugrundeliegen und die auch das Urbild unseres Bewußtseins sind. In der Geometrie, der räumlichen Abbildung von Zahlen, haben wir somit eine Ordnung, an der wir unsere subjektiven Wahrheiten überprüfen und in objektive Wahrheiten verwandeln können, indem wir uns bewußt machen, daß jede Abweichung von der Geometrie und Symmetrie eine Abweichung vom Urbild ist und möglicherweise eine Verzerrung des Urwissens darstellt. Eine Verbindung zwischen zeitgemäßer psychologischer Deutung und antiker zeitloser Weisheit bedeutet für mich, die Klarheit und Einfachheit des astrologischen Systems aufrechtzuerhalten, die sich aus seiner geometrischen Ordnung ergibt, und die Schönheit, Symmetrie und Ästhetik zu zeigen, die sie offenbart, wenn wir ihre antiken Wurzeln bewahren und diese in ein modernes Verständnis des Lebens und eine moderne Sprache übersetzen.

So versuche ich mich auch bewußt dem modernen Trend nach immer analytischeren Methoden der Deutung zu entziehen und mich auf die Einfachheit der Grundsymbolik zu konzentrieren, die einen Wissensschatz enthält, der von der modernen Astrologie zum Teil überlagert ist und erst wieder entdeckt werden muß, um die Vielfalt der sich entwickelnden astrologischen Deutungssysteme auf eine gemeinsame Grundlage zu stellen und sie so überprüfbar zu machen. Ich denke, daß der Astrologie – als der ältesten und größten aller Wissenschaften – alle anderen modernen Wissenschaften untergeordnet sein müßten, weil sie tiefgründiger und weitreichender ist als alle erdachten wissenschaftlichen Systeme. Die noch sehr junge Erfahrungswissenschaft der Psychologie, die ohne Zweifel einen sehr bedeutsamen Beitrag zur Entdeckung des menschlichen Bewußtseins liefert, hat wesentlich dazu beigetragen, die Grundlagen der Astrologie in ein modernes psychologisches Verständnis zu übertragen. Denn Psychologie und Astrologie sind wesensverwandt; sie versuchen das Unbewußte des menschlichen Wesens zu ergründen, und die Psychologie kann deshalb auch helfen, die Astrologie vom Vorurteil des Aberglaubens zu befreien. Ich denke aber, daß die Verbindung von Astrologie und Psychologie nicht dadurch geschehen sollte, daß das tiefgründige, zeitlose und symbolische Wissen der Astrologie an das noch sehr junge Erfahrungswissen der Psychologie angepaßt wird. Vielmehr sollten die verschiedenen psychologischen Denkrichtungen und -systeme anhand des universellen Systems der Astrologie auf ihre Richtigkeit und Zuverlässigkeit überprüft werden. Damit möchte ich keinesfalls die Verdienste Freuds, Jungs, Adlers oder anderer namhafter Psychologen in Frage stellen, doch die Astrologie als eine kosmische Wissenschaft ist umfassender, und sie schließt die geistigen Gesetze von der Entwicklung des menschlichen Bewußtseins ein, die bis heute noch nicht Grundlage der Psychologie sind.

Wenn die Astrologie sich also zu einer ernstzunehmenden Wissenschaft entwickeln will, dann sollten moderne Abweichungen vom ursprünglichen System nicht nur mit subjektiven Erfahrungen begründbar sein, sondern auch eine Erklärung in fundamentalen geistigen Lebenszusammenhängen finden, die ja durch die Astrologie definiert werden. Die Astrologie sollte sich wieder auf gemeinsame verläßliche Basisprinzipien stützen (die Zahlen und ihre Geometrie), die bei antiken Philosophen noch als logische Beweiskriterien galten und für das Begreifen von Metaphysik und die Entwicklung des Bewußtseins als weitaus wirklicher und bedeutsamer angesehen wurden als äußere physikalische Phänomene, auf denen die Astrologie nicht begründet ist. Wenn wir aber, veranlaßt durch moderne naturwissenschaftliche Entdeckungen äußerer Phänomene oder eine je nach eigener Wahrnehmung unterschiedliche, subjektive Bewertung psychischer Phänomene, diese Basis verlassen, verlieren wir die Verläßlichkeit und Sicherheit des ganzen Systems, und die Astrologie wird tatsächlich zu einem »Glaubenssystem«, das sie von ihrem Ursprung her niemals war.

Ich denke, daß die zukünftige Entwicklung der Astrologie zu einer verläßlichen Wissenschaft im Verstehen ihrer Einfachheit liegt, deren Komplexität bis heute noch weitgehend unerforscht und nicht ausgeschöpft ist. Deshalb glaube ich auch nicht, daß der Computer – außer für die Berechnung – besonders hilfreich ist, denn er dient nur dazu, das momentane Wissen zu standardisieren und zu verbreitern und den Blick von der Synthese abzulenken, die die eigentliche Aufgabe astrologischer Deutung ist.

Mit diesem Buch wollte ich zeigen, daß es nicht unbedingt neuer Systeme, der Entdeckung neuer Planeten oder Planetoiden bedarf, um die Vielgestaltigkeit menschlichen Lebens noch genauer zu erfassen, weil die wenigen Grundbausteine der Astrologie schon so vielfältig, tiefgehend und reichhaltig sind, daß es mir bei weitem nicht möglich war, ihre Vielschichtigkeit erschöpfend zu behandeln. Ich hoffe aber, daß es mir wenigstens gelungen ist, deutlich zu machen, daß das Leben klaren, einfachen Prinzipien folgt, die in der Differenzierung durch die persönliche Freiheit und Kreativität jedes Einzelnen sehr vielfältige Entwicklungs- und Gestaltungsmöglichkeiten beinhalten. Unser Leben ist folglich auch nicht festgelegt und durch genaue Vorhersagen im voraus bestimmbar. Es ist aber eingeordnet in einen größeren, übergreifenden Organismus, innerhalb dessen sich das individuelle Leben vollzieht. Und wenn wir diese Ordnung erkennen und anerkennen, wachsen wir über uns selbst hinaus, weil wir beginnen, in einem uns übersteigenden größeren Bewußtsein gedanklich mitzuwirken.

Astrologie, richtig verstanden, bewirkt also entgegen landläufiger Auffassung eine größere Freiheit und keine Festlegung oder Begrenzung, wenn sie von Astrologen praktiziert wird, die die Freiheit anderer Menschen achten. Dies ist sicher in vielen Fällen noch nicht der Fall, da der Nimbus der Astrologie als einer Prophetie noch stark ist, und deshalb sollten wir jedem astrologischen Berater mißtrauen, der behauptet, genaue Voraussagen über zukünftige Ereignisse unseres Lebens machen zu können. Denn das individuelle Leben ist trotz Einbindung in eine höhere Ordnung voller Geheimnisse und Überraschungen, und ich glaube nicht – wie viele Astrologen es vorgeben –, daß jedes noch so kleinste Ereignis im Horoskop zu erkennen ist. Wo bliebe der freie Wille des Menschen, den die Esoterik als Grundprinzip irdischen Lebens zweifelsfrei anerkennt, wenn alle Ereignisse des Lebens im Horoskop ablesbar wären? Es muß also Entscheidungen und ihre Folgen geben, die nicht im voraus berechenbar sind, und so liegt die Zukunft der Astrologie für mich auch darin, den tieferen Sinn des irdischen Daseins zu erklären. Sie sollte den Menschen zu innerer Freiheit führen, indem ihm bewußt wird, daß sich sein Leben nach einem höheren Entwicklungsplan vollzieht, innerhalb dessen jedem Einzelnen zwar Grenzen gesetzt, aber auch vielfältige Gestaltungsmöglichkeiten gegeben sind, die er nutzen kann, um schöpferisch an der Gestaltung seines eigenen Lebensentwurfes mitzuwirken.

Die Autorin

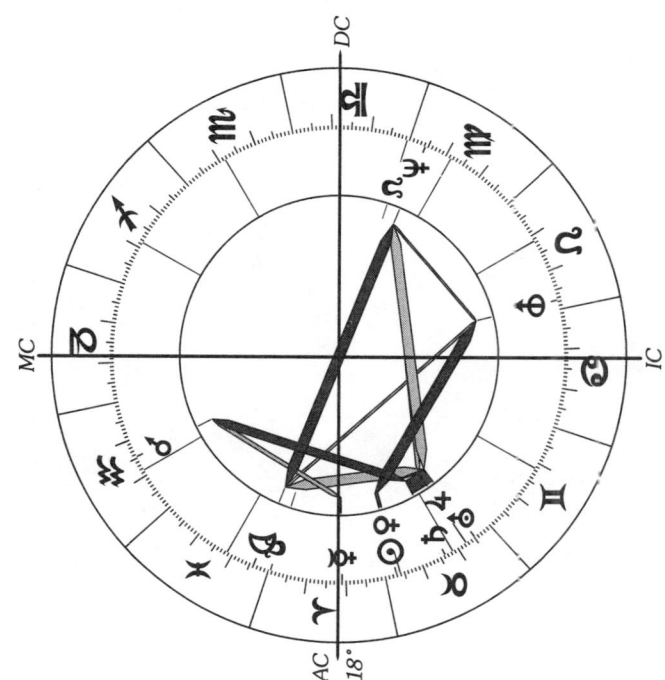

Gunda Scholdt, geboren am 23.4.1941, Diplom-Übersetzerin, Heilpraktikerin und Astrologin, ist Mitbegründerin des Geistigen Schulungszentrums in Wörthsee, das es sich zur Aufgabe gemacht hat, das zeitlose esoterische Wissen auf einem modernen und praktischen Lebenshintergrund zu vermitteln.

Bei Interesse an einer Vertiefung esoterischen Wissens, einer astrologischen Beratung, einer Ausbildung in Esoterischer Astrologie oder Geistiger Psychologie wenden Sie sich bitte an:

GEISTIGES SCHULUNGSZENTRUM
Waldstraße 23
82237 Wörthsee
Tel. 08153/8100

Literaturverzeichnis

Adler, Oskar: *Das Testament der Astrologie*, Bd. 1–3. Hugendubel, München, 1991–1993.

Aivanhov, Omraam M.: *Die geometrischen Figuren und ihre Sprache.* Prosveta, Fréjus/Cedex (Frankreich), 1989.

Arroyo, Stephen: *Astrologie, Karma und Transformation.* Hugendubel, München, 1980.

Arroyo, Stephen: *Astrologie, Psychologie und die vier Elemente.* Hugendubel, München, 1982.

Arroyo, Stephen: *Astrologische Psychologie in der Praxis.* Hier & Jetzt, Hamburg, 1988.

Bailey, Alice A.: *Eine Abhandlung über die Sieben Strahlen,* Bd. I u. Bd. II. Genf, 1976 und 1973.

Bailey, Alice A.: *Esoterische Astrologie – Bd. III der Sieben Strahlen.* Lucis, Genf, 1981.

Bailey, Alice A.: *Esoterisches Heilen – Bd. IV der Sieben Strahlen.* Lucis, Genf, 1973.

Bailey, Alice A.: *Die Strahlen und die Einweihungen – Bd. V der Sieben Strahlen.* Lucis, Genf, 1973.

Bailey, Alice A.: *Die Arbeiten des Herkules.* Lucis, Genf, 1974.

Bailey, Alice A.: *Eine Abhandlung über Weiße Magie.* Lucis, Genf, 1974.

Bailey, Alice A.: *Eine Abhandlung über Kosmisches Feuer.* Lucis, Genf, 1981.

Bailey, Alice A.: *Der Yoga-Pfad.* Lucis, Genf, 1978.

Bailey, Alice A.: *Erziehung im Neuen Zeitalter.* Lucis, Genf, 1980.

Bailey, Alice A.: *Telepathie und der Ätherkörper.* Lucis, Genf, 1972.

Bailey, Alice A.: *Verblendung: Ein Weltproblem.* Lucis, Genf, 1986.

Bailey, Alice A.: *Von Bethlehem nach Golgatha.* Lucis, Genf 1974.

Benedikt, Heinrich E.: *Die Kabbala,* Bd. 1 und 2. Bauer, Freiburg i. Br. 1986 und 1988.

Berendt, Joachim Ernst: Nada Brahma. Insel, Frankfurt 1983.

Blavatsky, H.P.: *Die Geheimlehre*, Bd. 1–4. J.J. Couvreur, Den Haag 1899.

Charon, Jean: *Geschichte der Kosmologie*. Kindler, München, 1970.

Cousto: *Die Kosmische Oktave. Synthesis*, Essen, 1984.

Döbereiner, Wolfgang: *Heyne Tierkreis-Bücher*, Bd. 1–12. Heyne, München, 1974.

Döbereiner, Wolfgang: *Astrologisch-homöopathische Erfahrungsbilder*, Bd. 1. Hugendubel, München, 1980.

Frankhauser, Dr. Alfred: *Das wahre Gesicht der Astrologie*. Orell Füssli, Zürich, 1980.

Greene, Liz: *Saturn*. Hugendubel, München, 1981.

Greene, Liz: *Jenseits von Saturn*. Hugendubel, München, 1984.

Greene, Liz/Arroyo, Stephen: *Saturn und Jupiter*. Hugendubel, München, 1986.

Gundel, Wilhelm: *Neue Astrologische Texte des Hermes Trismegistos*. Verlag der Bayer. Akademie der Wissenschaften, München, 1936.

Haase, Rudolf: *Keplers Weltharmonik heute*. Param, Ahlerstedt, 1989.

Huber, Louise: *Die Tierkreiszeichen*. Verlag Astrologisch-Psychologisches Institut, Adliswil/Zürich, 1983.

Hürlimann, Gertrud I.: *Astrologie*. Novalis, Schaffhausen, 1984.

Kepler, Johannes: *Weltharmonik*. Verlag R. Oldenbourg, München-Berlin, 1939.

Koch, Walter: *Horoskop und Himmelshäuser*, 1. Teil (Grundlagen und Altertum). Siriusverlag Dr. Koch, Göppingen/Fils, 1959.

Krishnamacharya, Ekkirala: *Spirituelle Astrologie*. World Teacher Trust, Edition Kulapati, Hamburg, 1985.

Krishnamacharya, Ekkirala: *Spirituelle Psychologie*. WWT e.V./Edition Kulapati, Hamburg, 1990.

Leo, Alan: *Esoterische Astrologie*. Hier & Jetzt, Hamburg, 1989.

Lionel, Frédéric: *Das Vermächtnis des Pythagoras*. Aquamarin, 1990.

Magazin für neues Bewußtsein 2000 Nr. 93 Myrddin-Verlag, Düsseldorf 1993.

Riemann, Fritz: *Lebenshilfe Astrologie*. Verlag J. Pfeiffer, München, 1976.

Ring, Thomas: *Astrologische Menschenkunde*, Bd. I-III. Bauer, Freiburg i.Br., 1985, 1969 (vergriffen).

Rudhyar, Dane: *Astrologie der Persönlichkeit*. Hugendubel, München, 1981.

Thomas, Hans (Hg): *Naturherrschaft*. Verlag Busse + Seewald, Herford, 1991.

Vetter, Richard: *Lebendige Astrologie.* Sphinx Medien Verlag, Basel, 1989.

Wedemeyer, Inge von: *Pythagoras*, Bd. 1. Param/Verlag G. Koch, Ahler-stedt, 1988.

Ebertin Verlag · Freiburg im Breisgau

Der leichte Einstieg in die Astrologie

Markus Jehle

Wenn der Mond im siebten Hause steht …

Kreative Astrologie für Einsteiger

2. Aufl.; 226 Seiten mit 14 Zeichnungen; kartoniert;
ISBN 3-87186-083-2

Das ungewöhnliche Lehrbuch von Markus Jehle vermittelt astrologisches Wissen auf eine völlig neue Weise: Statt vorgefertigte Deutungsrezepte nachzuvollziehen, kann der interessierte Leser hier schnell zu einem schöpferischen Umgang mit der astrologischen Symbolsprache gelangen, die ihn innerhalb kurzer Zeit zu einer eigenständigen und kreativen Deutung von Horoskopen befähigt.

Das Buch umfaßt die wichtigsten Grundlagen der Astrologie, wie Planeten, Zeichen, Häuser und Aspekte. Der Autor gibt dem Leser mit Frage- und Checklisten vielfältige Anregungen zum selbständigen Erarbeiten eigener Horoskopdeutungen an die Hand. Zahlreiche praxisbezogene Lern- und Übungsschritte garantieren einen leichten und dennoch fachlich fundierten Einstieg in die Horoskopdeutung.

Ebertin Verlag · Freiburg im Breisgau

Ebertin Verlag · Freiburg im Breisgau

Wolfgang J. Denzinger

Die Entfaltung des Aszendenten

Der Weg zur Persönlichkeit im Horoskop

2. Aufl.; 412 S. mit 18 Zeichnungen, kartoniert,
ISBN 3-87186-082-4

Der Aszendent ist das zum Zeitpunkt der Geburt im Osten aufsteigende Tierkreiszeichen. Seit jeher ist er einer der wichtigsten Faktoren in der Astrologie. Immer mehr Menschen kennen neben ihrem Sonnenzeichen (z.B. »Ich bin Stier«) auch das Zeichen ihres Aszendenten.

Dieses Buch stellt ein Konzept vor, das ebenso einmalig wie revolutionär ist, denn erstmals wird dabei der Aszendent als Ausgangspunkt eines geistig-seelischen Entwicklungsweges verstanden.

Grundlage hierfür ist die kosmische Signatur des Aszendenten und die Deutung des Orion-Mythos. Daraus ergibt sich ein stufenweiser Entfaltungsplan für jeden Aszendenten, der durch den Tierkreis führt und zeigt, wie sich die Entwicklung der Persönlichkeit eines Menschen vollzieht. Dieser Stufenplan wird für jeden der zwölf Aszendenten als die zwölf Wege der Wandlung aufgezeigt und ausführlich beschrieben.

Der Astrologie-Interessierte kann dadurch das »Entfaltungskonzept« des Aszendenten im eigenen Horoskop nachvollziehen und sich auf die angegebenen Wandlungsschritte einlassen. Für fortgeschrittene oder beratende Astrologen eröffnet das vorliegende Konzept eine neue Betrachtungsweise des Aszendenten, welches die große Chance bietet, sich – im Sinne des beginnenden Wassermannzeitalters – neu zu orientieren.

Dieses Buch ermöglicht erstmalig eine »dynamische« Interpretation des Aszendenten mit seinen zeitlich aufeinanderfolgenden Wandlungsstufen. Ohne Übertreibung kann hier von einer eigenständigen »Astrologie des Aszendenten« gesprochen werden, deren zukünftige Anwendungsmöglichkeiten auf weitere Horoskopfaktoren heute noch nicht absehbar sind.

Ebertin Verlag · Freiburg im Breisgau

Ebertin Verlag · Freiburg im Breisgau

Lois M. Rodden

Geld und Erfolg durch Astrologie

359 Seiten mit 52 Horoskopabbildungen und 12 Zeichnungen, kartoniert, ISBN 3-87186-080-8

Dieses Buch handelt von Geld, Arbeit, Erfolg und Karriere aus astrologischer Sicht. Die Autorin kann selbst auf ein langes und erfolgreiches Leben zurückblicken. Sie läßt sich aber nicht zu einfachen und schnellen Antworten aus dem Horoskop verleiten. Das Geburtshoroskop beschreibt ihrer Auffassung nach lediglich die Werkzeuge und Wegweiser, die dem einzelnen für eine erfolgreiche Entwicklung zur Verfügung stehen.
Geld und Erfolg durch Astrologie erforscht diejenigen Horoskopbereiche, die das größte Potential für eine finanziell und beruflich erfolgreiche Entwicklung bieten. Die Autorin liefert einen Überblick über die astrologischen Hauptfaktoren, die mit Geld und Erfolg im Horoskop in unmittelbarem Zusammenhang stehen.

Zahlreiche Horoskopbeispiele veranschaulichen die Ausführungen. Intensive Quellenrecherchen bei den verwendeten Geburtsdaten belegen den Ruf, den die erstklassige Datensammlerin und Autorin weltweit genießt.

Ein fundiertes Werk für Astrologie-Einsteiger mit Grundkenntnissen und für Profis, die Menschen mit alltäglichen Fragen nach Geld, Beruf und Karriere beraten.

Ebertin Verlag · Freiburg im Breisgau

Ebertin Verlag · Freiburg im Breisgau

Erik van Slooten

Lehrbuch der Stundenastrologie

Fragen und Antworten aus dem Horoskop des Augenblicks

225 Seiten mit 36 Horoskopabbildungen, kartoniert

ISBN 3-87186-078-6

Die Stundenastrologie ist eine Kunst die darin besteht, für einen bestimmten Augenblick ein Horoskop zu stellen und aus diesem Horoskop Antworten und Entwicklungen auf die gestellte Frage zu erkennen. Das »Lehrbuch der Stundenastrologie« ist eine ausgezeichnete Einführung in die Kunst der Stundenastrologie. Es ist aus der Beratungspraxis heraus entstanden und kann sehr gut zur Beantwortung eigener Fragen benutzt werden.

Eine Signifikatorenliste bietet erstmals ein umfangreiches Stichwortverzeichnis, dem die jeweiligen astrologischen Zuordnungen zur richtigen Fragenbeantwortung auf einfache Weise zu entnehmen sind.

Dieses Buch stellt die Stundenastrologie auf eine Grundlage, die dem psychologischen Denken unserer Zeit entspricht. Es wird deshalb auch von psychologisch ausgerichteten Astrologen mit Begeisterung aufgenommen werden.

Ebertin Verlag · Freiburg im Breisgau